戦国武将と城

小和田哲男先生古稀記念論集

SUNRISE

刊行にあたって

私たちが敬愛してやまない小和田哲男先生がこのたび目出度く古稀をお迎えになられました。申すまでもなく先生は戦国史研究の第一人者であり、多くの後進がその学恩にあずかってまいりました。先生のご研究は戦国史に多大の成果を生んだだけではなく、マスメディアを通じて歴史をわかりやすく解説され、歴史考証を手掛けられたことによって、一般市民の方々に歴史を身近なものとした功績を忘れることはできません。先生が講演をされるとき、会場はいつも満員で、全国に数多くの小和田ファンがおられるのはご存じのとおりです。また、全国の城跡の調査整備委員も数多くお引き受けになられ、その的確なご指示により史跡の保存活用にも多大の尽力をしてこられました。

静岡大学をご退任されるにあたっては、大学の教え子たちで退職記念論集が刊行されました。今般の古稀記念では大学の教え子だけではなく、先生から日ごろ指導をいただいている全国の研究者から広く論文を募り、献呈しようと計画し、早速に執筆者を募ったところ、お願いをした大半の方から執筆のご快諾を賜り、全国から四三もの論文を掲載することができました。また、巻頭に小和田先生自らご論文を執筆いただけることとなり、論集に大輪の花を飾ることができました。

論集刊行の計画を企画した段階より、その内容を大きく二部構成としました。一部は戦国史篇とし、二部を城郭篇といたしました。先生のご専門は言うまでもなく戦国史ですが、城郭史についてはご専門であるばかりでなく、お城博士の異名をお持ちの大のお城好きでもあられます。先生は城北高等学校のご卒業で、城の字の付く高校に通っていたことをよく自慢され、封書の封に凸印をお書きになることはよく知られています。そこで二部では城郭に関わる論考だけでまとめてみることとしました。

さらに漫画家宮下英樹氏も論集刊行にご賛同してくださり、挿図作画を引き受けてくださいました。宮下氏の描く戦国漫画は小和田先生の研究成果を参考に描かれており、宮下氏もまた先生の門下生の一人でもあります。

小和田先生は古稀とは思えぬ活動で、今も数多くの書籍を監修、執筆されており、書店で先生の名を目にしないことはありません。今後もご健康に留意され、第一線で活躍されることを祈念してこの論集を献呈させていただきます。先生、これからもますますお元気で、楽しい戦国史研究を多くの方にお聞かせください。

平成二十六年三月

小和田哲男先生古稀記念論集刊行会

発起人を代表して　中井　均

目次

城郭篇

特別寄稿

戦国大名の戦死者遺族への戦後補償

小和田哲男

はじめに

戦国時代には膨大な数の戦死者が生まれている。武田信玄と上杉謙信が戦った永禄四年（一五六一）九月十日の第四次川中島の戦いでは、一日の戦いで両軍合わせて七〇〇〇の戦死者が出たという。軍記物の記載なので、数に誇張があったとはいえ、戦国時代全体をみれば、すさまじい数の戦死者があったことはまちがいない。

では、そうした戦死者遺族に対し、戦国大名はいかなる手当をしていたのか。遺族年金にあたるような戦後補償はあったのだろうか。しかし、この問題に関して、これまで正面から取り組んだ研究はほとんどなかったといってよい。わずかに、立花基氏の「戦国島津氏の彼我戦没者供養—その政治的機能—」[註1]が注目される程度である。立花氏は同論文で『島津家御旧制軍法巻鈔』（『新薩藩叢書』三）を紹介し、そこに、戦死者の子どもが小さかった場合、その子が十六歳になるまで島津氏から遺族に対し「御養ひ料」が下付されていたことを明らかにしている。

今川・武田・北条そして浅井氏の研究をしてきて、戦国期の文書を多数目にしてきたが、この島津氏のように、戦死者遺族に対し、「御養ひ料」のようなものが下付されていたという史料は記憶になかったため、みすごしていたのかもしれないと思い、あらためて、今川・武田・北条氏を中心に史料を博捜《はくそう》し、この問題を考えることとした。

一　死に対する武士たちの意識と戦後補償

戦国武士たちの死生観をあらわす言葉としてよく引きあいに出されるのが連歌師宗長が『宗長手記』[註2]の中で述べている言葉、すなわち、「戦場にして討死する事、さぶらひの常のことなり」である。こうした死生観はかなり一般的だったとみえ、大道寺友山の著わした『落穂集』[註3]巻之五の「武士勝手噂の事」でも、「家中諸士の義も我人共に先今日の義は身命恙なしといへ共、只明日にも戦場に於て討死を逐へきも難レ斗と世間をはかなく存る」と記されており、「戦いに出ていけば、討死はあたりまえ」という認識をもっていたことがうかがわれる。

ただ、その一方で、やはり、残された家族に対する未練の気持ちはあった。二つほどあげておこう。一つは、小瀬甫庵の著わした『信長記』（註4）巻第八にみえる天正三年（一五七五）の長篠・設楽原の戦いにおける鳥居強右衛門に関するものである。

長篠城を武田勝頼の軍勢に包囲されたとき、鳥居強右衛門が秘かに城外へ脱出し、徳川家康に救援を要請することになり、強右衛門が「吾母一人孺子《じゅし》一人御座候。御運開御恩賞ましまさば、孺子が才のほど〳〵に付て、御計ひ奉レ恐也」といって任務についたことが知られている。要するに、「自分が死んだら、子どもを取りたててほしい」というわけである。

なお、このことに関して、新城市の設楽原を守る会の会員から、地元の牧野文斎の著わした『設楽史要』に関連する文書が収録されていることを教えられた。

今度於長篠、亡父軽（マヽ）死之忠義、無比類、至感云（マヽ）ニ不足、依之
其方雖為幼少、為加増五百貫文合八百貫文宛行者也。
天正三亥六月　信昌（奥平）判
鳥居亀千代とのへ

文面等疑義があるが、吉田の小野久四郎という人の家から出たものという。貫高が鳥居強右衛門の家にしては多すぎるとの印象がある。ただ、子が奥平信昌によって取りたてられたことはたしかだったと思われる。

もう一つは、『甲陽軍鑑』（註5）品第五十二につぎのようにみえる。

……然処に笠井肥後守ト申信玄公御代より旗本にをひてゆびおりの剛の武者、いつくよりか勝頼公御馬のすゝまさるを見て、はやめて来、馬よりとんでおり、是にめし候へと申、勝頼公被レ仰は、左様候はゝ、其方討死有へきと仰らるゝ。そこにて肥後守、命は義によつてかろし、命は恩の為に奉る。我等せかれを御取立有て被レ下候へと申て、此馬ニ屋形をのせ参候。

「自分は死んでも、倅《せがれ》を取りたててもらえれば本望である」という考えは、当時の武士に共通するものだったことがわかる。実際、戦いで壮絶な死を遂げた家臣の子が、親と同じ地位に取りたてられるというケースは多く、名誉の戦死は子どもへの遺産となっていたことがわかる。

しかし、今川・武田・北条氏の文書からは、前述した島津氏のような「御養ひ料」が下付されたことを示すものはみあたらない。ただ、つぎの武田勝頼判物（註6）は「御養ひ料」ではないが、戦死者の母親に対する隠居分と牌所新寄進について記したもので注目される。

定

一息兵部助用宗（駿河国有度郡）にをひて討死、忠節ひるい（比類）なく候あひた、惣九郎を以兵部助妹に嫁せしめ、名跡相続の上ハ、しせん至後々年離別之儀あらは、知行・家人等悔かへし、兵部助妹かくこ（恪勤）

まかせ、名跡をたてへき事
一老母隠居分参拾貫文、惣九郎妻女いしやう（衣装）免、次女合力拾貫文、兵部助時のことく不可有相違之事
付、母儀居住の屋敷諸役免許之事
一兵部助牌所新寄進五貫文、永代相違あるへからさる事
付、寺中普請役めんきよの事
右、如此のそミにまかせ令領掌の上は、なかく不可有相違者也、
仍如件、
天正七年己卯
十一月五日　かつ頼（武田）（花押）
三浦兵部助老母

武田勝頼の家臣三浦兵部助が用宗の戦いで戦死した。惣九郎がどのような人物かはわからないが、兵部助には子がいなかったのであろう。惣九郎と、兵部助の妹を結婚させて家名を存続させるとともに、兵部助の母親に隠居分として三十貫文を与え、さらに、兵部助の牌所に、五貫文を与えたものである。

戦国大名武田氏の戦死者遺族への戦後補償に該当する文書ということになるが、意外なことに、この種の文書はほとんどない。一般的に、遺族年金のようなものはなかったのではないか。基本は、周囲の人びとの相互扶助だったと思われる。

近江の戦国大名浅井氏の家臣だった島氏について、「島記録」（註7）という史料があり、そこに、元亀元年（一五七〇）九月十四日付、島・井戸村氏ら土豪たち五人の「条々」が収められており、その中に、「討死之衆子共若年ニ候共、皆々無如在、引立可有異見候」という文言がある。戦死者の子どもがまだ小さかった場合、同僚たちがその子どもの面倒を見ることを取りきめていたのである。

同様な例は織田信雄の家臣だった滝川雄利の家中においてもみられる。『勢州軍記』（註8）に興味深い事例がある。星合左衛門尉という武士の娘が、十八歳で滝川雄利の家臣に嫁いだ。ところが翌年、夫が死んでしまい、彼女は出家して慶宝尼と名乗り、夫の同僚たちの援助によって生活を成りたたせていた。

天正十二年（一五八四）の小牧・長久手の戦いのとき、その同僚たちが伊勢松ヶ島城に籠城し、羽柴秀長の軍勢に包囲されるということがあった。全員玉砕の覚悟を決めていたところ、同僚たちの援助を受けていた慶宝尼が秀長の陣所を訪ね、秀長に城兵の助命を直訴しているのである。秀長は慶宝尼の熱意に心を動かされ、囲みを解いたといわれている。戦国大名は、家臣の死後、遺族の生活補償はせず、同僚たちの相互扶助にまかせていたことがわかる。

では、討死した場合の戦後の生活補償はどのようになっていたのだろうか。

二　討死を賞して実子に本領を安堵

一般的なのは、討死した武士に子どもがいた場合である。この場合は文句なく子どもに本領が安堵されている。最もオーソドックスなのは、つぎのような例である。これは、永禄三年（一五六〇）五月

十九日の桶狭間の戦いで討死した平野輝以の子鍋松に、今川氏真が本領安堵をした判物写（註9）である。

当知行分之事
一所鎌田原（駿河国有度郡カ）
一所庄安西之内芝
一弐拾七石九斗　所持市部郷（益頭郡）之内
一拾九石余　本年唐升
同所代官給
同升、弐斗五升俵
一四拾俵　志太郷（志太郡）代官給、但下方三斗俵、
一定夫　壱人足窪（安倍郡）但、是ハ粟嶋四郎左衛門前可召仕之、
以上
右者、五月十九日於尾州天沢寺殿（今川義元）御討死之刻、父輝（平野）以無比類令討死段、甚以忠節之至也、因茲任先判形之旨、当知行分幷代官所、永不可有相違、自然代官之地自余之輩爾雖出置之、既為討死之跡上者、代官分其改替之儀可出置之、然者於市部郷令所務、弐拾七石五斗分ハ彼郷諸損免雖有之、不可有其引立旨、是又所任先判形也、守此旨弥可励忠抽之状、仍如件、
永禄三庚申年七月晦日　氏真（今川）（花押）
平野鍋松殿

平野鍋松という名前からすると、鍋松はまだ元服前の子どもだったと思われるが、特に名代とか陣代を立てることなく、そのまま相続されたようである。つぎの亀千代もまだ幼名なので、子どもだったものと思われる。今川義元判物（註10）に、

「松平亀千代殿（懸紙ウハ書）　治部大輔」
去廿日、父忠茂（松平）於保久・大林（三河国額田郡）討死、忠節之至也、知行被官以下、如前々永不可有相違、若被官百姓就有緩怠之儀者、遂糺明可令成敗、其外之事者、父忠茂仁出置如判形領掌了、弥可励忠功者也、仍如件、
弘治二年
二月廿七日　治部大輔（今川義元）（花押）
松平亀千代（家忠）殿

とある。

今川氏の例だけでなく、武田氏の場合も同様で、天正九年（一五八一）三月二十二日の高天神城の戦いで討死した栗田鶴寿の子永寿に当知行、すなわち本領を安堵した武田勝頼朱印状写（註11）もある。すなわち、

親父鶴寿三ヶ年高天神籠城（遠江国城飼郡）、被竭粉骨之上戦死、誠忠信不浅次第候、然者、被拘来旧領当知行幷同心被官、聊不可有相違条、速に被相計、向後弥可被抽忠節義〔儀〕、可為肝要者也、仍如件、
天正九辛巳五月廿五日　勝頼（武田）印
栗田永寿殿

とある。父親としては、自分が討死しても、子どもが自分と同じように取りたててもらえるという思いはあった。だからこそ、城を枕に討死ということを厭わなかったものと思われる。

実際、天正十年（一五八〇）六月三日に落城した越中魚津城の城将十二名は、自分の名前を板に書き、それを鉄線で耳に結わえつけ

て死んでいったが、上杉景勝はその子どもたちに遺領を安堵するとともに取りたてているのである。
ただ、男子がいても、まだ幼かった場合は、名代なり陣代を立てることもあった。その具体例をいくつかあげておこう。
「武田勝頼陣触書」といわれる武田家朱印状写（註12）に注目すべき記述がある。すなわち、

『多賀谷菊多郎』

（竜朱印）
条目

『武田勝頼陳（陣）触書』

一来歳者無二至尾・濃・三・遠之間、動干戈、可遂当家興亡之一戦之条、累年之忠節此時候間、或近年令隠遁之輩、或不知行故令蟄居族之内、武勇之輩撰出之、分量之外催人数有出陣、可被抽忠節戦功儀、年内無由断支度肝要之事

（中　略）

一討死幷忠節人々遺跡、為幼少者至十八歳迄、以武勇之人陣代可被申付、但於堪忍分者無不足可渡之、然而及十八歳之翌年者、速知行・被官以下可還附之旨、以誓詞可被相定之事

一向後於陣中、貴賤共振舞一切可停止之、然則定器之外、椀・折敷以下無用之荷物帯来禁法之事

已上

天正三年乙亥

十二月十六日

とあり、「続錦雑誌」は宛所を「小泉総三郎」としている。討死した者の子がまだ十八歳以下ならば陣代をつけることを指示したもので、十九歳になったら、知行などを還附すべきことを規則としていたことがわかる。前述した立花論文では、島津氏において十六歳まで「御養ひ料」を下付していたことが知られ、十六歳を一人前の年齢とみていたのに対し、十九歳というのは少し遅い気がする。
なお、つぎの徳川家康判物写（註13）では、年齢についての規定はない。

服部中宛行本知行分之事

合百弐拾貫文

此内（引佐郡）百貫文者遠州刑部村　弐拾貫文者参州岡村

右、年来戦忠明鏡之上、今度境目就調略、若於遂討死者、宛行知行分、息子つう丸ニ可申付、彼者幼少之間者、安孫刑部右衛門以異見、知行分可所務もの也、

天正五丁丑年四月廿三日　　家康公（徳川）御判

服部中殿

なお、この場合、「若於遂討死者」という文言からも明らかなように、まだ討死をしていたわけではないが、事前にこうした安堵状を受け取っていたこともうかがわれる。

三　男子がいない場合の安堵

では、討死した者に男子がいなかった場合はどうだったのだろう

か。一般的なケースは、兄の遺領をそのまま弟が継承する形で、この種の文書はかなり多く残されており、それだけ、討死した者が多かったことを物語っているわけで、ここではその具体例を、今川氏の例、武田氏の例をそれぞれ一つだけあげておきたい。

まず、今川氏の例であるが、これも桶狭間の戦いでの討死に関する文書で、今川氏真判物写（註14）である。

尾上彦太郎跡職之事
右、去年五月十九日、兄彦太郎尾州一戦之刻、致天沢寺殿（今川義元）供、無比類遂討死、為忠節之跡候間、知行以下任先判形之旨、不可有相違、次ニ長増寺之事、山林竹木等如前々可為地頭計也、其上用水井溝等之事、是又可為如先規、若違乱之百姓等令追却、郷中新百姓可申付候、縦百姓等寄事左右、雖企濫訴、一切不可許容、守此旨弥可励奉公之状、仍如件、
永禄四辛酉年
二月廿八日　氏真（今川）

宛所が欠けているため、弟の名前はわからないが、尾上彦太郎の跡職を彦太郎の弟がついでいたことがわかる。

武田氏の例としてあげるのはつぎの武田勝頼判物（註15）である。

定
兄久兵衛尉於三州長篠（設楽郡）討死、忠功之至神妙候、仍就于無実子、名跡相続之上者、知行等聊不可有相違者也、仍如件、
天正四年丙子
十二月廿五日　（武田勝頼）（花押）
大須賀小次郎殿

ここに、「於三州長篠討死」とあるように、天正三年（一五七五）五月二十一日の長篠・設楽原の戦いで討死した大須賀久兵衛尉の知行と名跡を弟の大須賀小次郎に安堵した内容である。武田氏関係の文書でこの長篠・設楽原の戦いで討死した武士に関する文書はかなりの数にのぼっている。それは、『信長公記』（註16）に、その戦いで討死した大将分の名前を列挙したあと、「此外宗徒の侍、雑兵一万ばかり討死候」とあることからも明らかである。

ここに今川氏の例、武田氏の例としてあげたのは、いずれも男子がなく、弟がいた場合である。おそらく、当時の一般的な風潮として、討死した当主に男兄弟がいれば、それが優先されたものと思われる。

では、男子はいないが、女子がいた場合はどうだったのだろうか。ここでは、長篠・設楽原の戦いで討死した望月左衛門尉と加津野次郎右衛門尉を例に検討しておきたい。まず、望月左衛門尉であるが、彼は武田信豊の弟である。武田勝頼判物写（註17）に、

定
於于三州長篠（設楽郡）合戦之砌、左衛門尉（望月）討死、誠忠節之至無是非次第候、然者依無実子、以其息女嫁相当之人、望月之名跡可為相続之由、印月斎（望月信雅）訴訟之間、令感激応諾候、尤於信豊（武田）茂同意専一候、

然而家督相定人成人之間、印月斎ヘ相渡候隠居分之外、望月之領中悉被相計之、諸被官以下被指置幕下、軍役等無疎略様、御肝煎可為肝要候者也、仍如件、

天正三年乙亥

十一月十九日　勝頼（武田）判

左馬助殿（武田信豊）

とあるように、長篠・設楽原の戦いで討死した望月左衛門尉に男子がなく、娘がいた。勝頼はそこで、その息女に「相当之人」を婿に迎え、望月の名跡をつがせるよう指示した内容になっている。女子にも家督をつがせた例としても注目される。この場合、「相当之人」が誰なのかはわからないが、つぎの加津野次郎右衛門尉の討死後については具体的に名前がはっきりする。すなわち、武田勝頼判物（註18）に、

定

加津野次郎右衛門尉於三州長篠（設楽郡）討死、忠節之至不浅次第候、然者就無実子加津野存知之砌、以其方嫡子出羽、次郎右衛門尉息女ニ令嫁之、可名跡相続之旨、連々令出語之由、次郎右衛門尉老母言上頻及訴訟候之間、被任其意、嫡子出羽加津野息女被嫁之、名跡相続申付候、依之加津野本領牛奥（甲斐国）之郷土貢百三十八貫八百文・夫丸壱人之所相渡候、軍役厳重勤仕尤候、然者為其方嫡子幼少之間、改当名字号加津野、弥奉公可為簡要者也、仍如件、

追而簡要者、対加津野老母并息女、無疎略可有懇切者也、

天正五年丁丑閏七月十三日　勝頼（武田）（花押）

加津野一（信昌）右衛門尉殿

とあるように、討死した加津野次郎右衛門尉の娘に、一族と思われる加津野一右衛門尉の嫡子出羽と結婚させて相続させるという内容である。討死した加津野次郎右衛門尉の本領は娘に引きつがれた形であった。こうした例は多かったものと思われる。これも、戦死者遺族への戦後補償として機能したことになる。

四　分国法に規定はあるか

ところで、戦国大名当主の発給文書に戦死者の相続に関する内容のものが多いこともあり、分国法にもこのことに関する規定が相当数盛り込まれていたと考えるのがふつうであろう。ところが、意外なことに、戦死者にかかわる規定は少ないのである。

たとえば、今川氏の「今川仮名目録」であるが、今川氏親の制定した全三三条、義元が制定した「仮名目録追加」全二一条にも、戦死者にかかわる規定はみられない。あるのは相続に関する規定だけである。あれだけ戦国合戦で多数の戦死者が出ているにもかかわらず、戦死者遺族への戦後補償に関する規定がないということは、戦国大名にとって、「家臣が討死するのは当然」とはいわないまでも、それに近い認識だったからではないかと思われる。特に、討死したからといってその遺族を厚遇する意識はもっていなかったと考えられる。

ただ、数ある分国法で、結城氏が制定した「結城氏新法度」（註19）に、

討死した子の家督相続に関する規定がある。その五三条に、

一　二親在世之内、幾度も其子共用ニたち、うち死するのミにて候、それハおや《（親）》の綺あるへからす、こなた《（此方）》より名代はからい候へく候、其死候もの男子を持ならは不レ及二是非一、女子にて候共、其死候もの丶子を本躰として、□□□つ《（い?）》れの子成共中合候而、其跡つかせへし、子共多もち候とて、其跡をけつり、殘之兄弟共たて候ハん義、以外之曲事たるへし、又其死候もの、男子女子にてもなくハ不レ及レ力、親のみはからい《（見計）》ニ可二相任一候、此義たれもあやまられへからす、

とあるのがそれである。しかし、一読して明らかなように、戦死者遺族全般にわたっての規定ではなく、両親が健在な内に、その子どもが討死してしまった場合に限定しての規定で、親が家督を決めるのではなく、「こなた」、すなわち結城氏から指定するという内容である。

なお、この五三条で注目されるのは、討死した者に男子がいれば問題なく、その子に家督が譲られるが、女子しかいなかった場合、「其死候もの丶子を本躰として」とあるように、女子であっても、その子を中心に考え、その子に婿を取ることがルールになっていたという点である。討死した者の両親が健在で、討死した者に兄弟がいたとしても、すぐ弟に家督をまわすのではなく、討死した者の子、それが女子だけであっても、その子が優先されるというわけで、これは、実際の相続に関する文書にもみられ、このころの実態を反映していたと思われる。

おわりに

いうまでもなく、封建制的主従関係は御恩と奉公の関係である。戦国大名にとって、家臣に知行なり俸禄を与える御恩は、見返りとしての奉公を期待していた。期待していたというよりは義務づけていたといった方がよい。その奉公の中心は軍役である。

軍役をつとめ、戦いに出れば討死ということも当然ある。戦国大名にとってある意味、家臣の討死も奉公の一つとして織り込みずみだったのではないか。討死も想定して、家臣たちに知行や俸禄を与えているという認識だったと思われる。

そのために、討死した者の家督相続・本領安堵は行うが、戦死者遺族に対する戦後補償にかかわることはほとんど眼中になかった。本稿でみた武田勝頼の、三浦兵部助老母に対する「老母隠居分」の手当支給などは、どちらかといえば例外だったのではなかろうか。

ただ、戦国大名の多くは、戦死者に対する供養は行っている。もちろん、討死した者への慰霊の意味あいが強いが、それだけではなく、「慈悲深い主君」をアピールするねらいもあった。

註

（1）『日本歴史』七六二号（二〇一一年十一月）
（2）『静岡市史』古代中世史料、三六一頁
（3）『江戸史料叢書』（人物往来社）一二六頁

（4）国民文庫刊行会本『信長記』、一六三頁
（5）『甲斐史料集成』九、五〇九頁
（6）「渡辺文書」（『静岡県史』資料編8）五一五頁
（7）拙著『近江浅井氏』三一七頁
（8）『続群書類従』第二十一輯上、六四頁
（9）「今川家瀬名家記」一（『静岡県史』資料編7）一〇五四頁
（10）「東条松平文書」（同右）八四二頁
（11）『武徳編年集成』十九所収（『静岡県史』資料編8）五七九頁
（12）「秋田藩採集文書」三（同右）三八一頁
（13）「記録御用所本古文書」一（同右）四二三頁
（14）「掛川誌稿」巻九尾上文書（『静岡県史』資料編7）一〇八九頁
（15）「大須賀文書」（『愛知県史』資料編11）六三九頁
（16）角川文庫『信長公記』巻八、一八四頁
（17）「古今消息集」一（『愛知県史』資料編11）五六一頁
（18）「木村文書」（同右）六四六頁
（19）『中世法制史料集』第三巻武家家法Ⅰ、二四〇頁

〔追記〕本稿は去る二〇一三年二月十六日の第四〇〇回戦国史研究会の例会報告に手を入れたものである。

戦国史篇

北条氏邦の花押について
変遷と年次比定を中心に

浅倉直美

はじめに

北条氏邦文書の研究は、多くの研究史の蓄積があり、[註1]なかでも、一九七一年に小和田哲男氏編による『武州鉢形城主　北条氏邦文書集』[註2]が刊行されたことは、特筆すべきことである。同書は一七八点（書状・判物七九点）を収録し、差出名および花押型などについて解説されている。氏邦文書が一書にまとめられた意義は大きく、その後の氏邦研究は、一九八〇年代にかけて大きく進展した。[註3]

また、北条氏の文書は、『小田原市史』[註4]をはじめとする自治体史と『戦国遺文　後北条氏編』[註5]に収録され、山口博氏による氏康・氏政・氏直の花押変遷についての詳細な研究[註6]に代表されるように、細部にわたる分析と検討により、無年号文書の年次比定が進められた。

最も基本的で不可欠な年次比定について、氏邦文書では『氏邦文書集』[註7]をはじめ、『戦国遺文　後北条氏編』と黒田基樹氏の蒐集により検討されるとともに、武井尚氏の論考[註8]のほか、近年、伊藤拓也氏が重要点を発表された。[註9]本稿では、氏邦文書における花押の変遷を検証し、『氏邦文書集』の刊行以降に進展してきた氏邦文書研究に、いまいちど時系列的な視点を加えてみたいと考える。

氏邦発給文書に据えられた花押は九二点で、正文および影写本の花押を中心に、できる限り写真を掲載する。なお、以下に示すNo.は、末尾に示した〈表「北条氏邦の花押一覧」〉のNo.である。

一　乙千代花押の変遷と問題点

乙千代花押の変遷

氏邦の幼名が乙千代であることは、伊禮正雄・福島正義両氏の研究[註10]により明らかで、近年、武井尚氏が[註11]乙千代文書の総括的な分析を行い、文書点数八点で、三種の花押型があることを確認、年代の比定をなされた。

乙千代１型
№１（折紙）
永禄３.９.８

乙千代２型
№５
永禄５.４.２

乙千代２型
№２（折紙）
永禄４.１２.１８

乙千代３型
№７（折紙）
永禄５.４.１７

乙千代1型　乙千代1型は、現在一点のみ確認される。武井氏は、永禄四年（一五六一）に比定され、兄氏政の花押に近い、と分析されている。№1の年次は、藤田領をめぐる情勢と花押型の特殊性から、永禄三年と推定するが、この点は後述する。

乙千代2型　乙千代2型は№2・5で、永禄四年十二月三日に高松開城にあたって出された北条家朱印状（『戦北』七三〇号）との関連から、永禄四年と翌五年に比定される。

乙千代3型　乙千代3型は、現在のところ№7一点のみ確認される。2型と比較して右足部分に変化が見られる。

乙千代花押の問題点

氏邦は、元服前の永禄元年七月頃[註12]、藤田泰邦の嫡女大福御前の婿養子となった。氏邦の元服は、永禄五年十月十日（乙千代終見、№7）から同七年六月十八日（実名氏邦の初見、『戦北』七三〇号）までの間である。氏邦の生年には天文十年（一五四一）と同十二年の二説あり、元服が永禄五年か六年とすると二十歳から二十三歳くらいまで元服していないことになり、兄氏照の場合など[註13]を考え合わせると、元服の年齢としては遅いといえる。永禄元年ころ藤田氏の婿養子となった乙千代は、数年後に元服して藤田家当主となるはずであったが、同三年九月の越後長尾景虎の関東侵攻により藤田領をめぐる情勢が一変[註14]、元服できないまま、同五年にかけて北条軍とともに藤田領の奪回につとめ、藤田家中が安定したうえで晴れて元服、家督継承した、と考えられる[註15]。

永禄三年、北条側は、はじめ不利な情勢で、藤田家中でも離叛者が出て厳しい状況であった。北条軍の反撃は翌四年の夏頃から優位となり、九月に乙千代に敵対する藤田家中の籠る天神山城も陥落した。こうした混乱状況のなか、応急的に北条家当主の花押[註16]に似せて花押型が考案されたとして、№1を永禄三年と考える。翌四年になって徐々に攻勢挽回なり、九月に秩父地方が帰属する（『戦北』七一六）頃には、戦闘の合間に花押型を考案する余裕もでき、また、戦後処理の文書発給をみすえ、花押2型に藤田家継承者としての政治的意図も込めたと推定する。

二　氏邦花押の変遷

氏邦は、永禄十二年に花押型を大きく変化させた。永禄十〜十一年の氏邦花押を確認できないため推定の域をでないが、永禄十一年末から十二年八月の間[註17]に印章を変えているので、これと同時期に花

氏邦１型
№８（折紙）
永禄８.２.24

氏邦２型
№10
永禄12.２.26

氏邦２型
№19
（永禄12）９.10

氏邦２型
№23（折紙）
（元亀１）２.12

氏邦３型
№25
元亀２.７.27

氏邦３型
№28（写）
（元亀２）極.３

氏邦１型
№９（折紙カ）
永禄９.６.13

氏邦２型
№15（切紙）
永禄12.７.11

氏邦２型
№22
（永禄12）12.22

氏邦２型
№24
（元亀１）８.13

氏邦３型
№27（折紙）
（元亀２）９.23

氏邦３型
№30（写）
（元亀３）２.朔

押型も変えたと考えられる。２型に変化して以降、花押の基本型は変わらないが、中央の脚部分における鋸歯状のぎざぎざの有無、全体における脚部の割合によって２型～５型に分けることができる。

氏邦1型　氏邦１型は、乙千代花押を変形させたとみなされ、二点確認されている。

№８は現小鹿野町両神の出浦《いでうら》家に伝来し、花押右上の氏邦署名は後筆である。[註18] №９は表装時に裁断されているが、書き直しは当初のものと認められ、[註19] №７および№８と祐筆は同じである。

氏邦2型　永禄十二～元亀元年の２型は、中央脚部分のぎざぎざが明瞭で、３型以降と比べて、横幅がひろく全体的に丸みをおびている。花押型の大きな変化は、永禄十一年末からの越後上杉氏との同盟締結交渉役を担うことが契機と考えられる。

氏邦3型　元亀二年になると、ぎざぎざ部分の凹凸が小さくなり、脚部分の割合が高くなる。この傾向は、すでに№22にも見ることができる。

№25と№27の花押型は酷似しており、武田氏の侵攻に対する内容であることから、未年は元亀二年である。

№30は、上野一宮である貫前神社遷宮の際の狼藉を禁じた高札写である。同社現存の写は忠実に複写されたとみられ、ぎざぎざ部分と、脚部分が長い点から３型と判断される。これまで天正十年と推

氏邦３型
No.32（折紙）
元亀３.12.15

氏邦３型
No.34（折紙）
（永禄12〜天正４）
８.朔

氏邦４型
No.36（切紙カ）
（天正６）10.23

氏邦４型
No.39（折紙）
辰（天正８）２.27

氏邦４型
No.45
（天正８）10.14

氏邦４型
No.47
（天正10）３.12

氏邦３型※
No.33
（元亀３）極.22

氏邦３型
No.35（切紙）
（天正２〜６）
８.10

氏邦４型
No.38（折紙カ）
（天正７）10.20

氏邦４型
No.42（折紙）
（天正８）卯.28

氏邦４型
No.46（折紙）
（天正９）霜.28

氏邦４型
No.48（折紙カ）
天正10.３.14

氏邦４型※
No.49
（天正10）５.23

氏邦４型
No.53（折紙）
天正10.７.11

氏邦４型
No.55
（天正10）８.26

氏邦４型
No.58（折紙）
天正11.正.７

氏邦４型
No.60
天正11.２.13

氏邦４型
No.62（切紙）
天正11.２.15

氏邦４型
No.52（折紙）
（天正10）７.７

氏邦４型
No.54（写）
（天正10）８.９

氏邦４型
No.56（写）
天正10.９.19

氏邦４型
No.59
（天正10〜同11）
正.吉日

氏邦４型
No.61
天正11.２.13

氏邦４型
No.63
（天正11）２.28

定されてきたが、３型の該当時期のうち、甲相同盟成立直後に北条氏が上野に出陣している元亀三年の可能性が高いと考えられる。

No.33は３型に分類されるが、花押部分に加墨あるいは加筆された可能性があり、[註20]花押型による年次推定は検討を要する。便宜、大道寺政繁の岩付在番についての記事が、元亀三年十二月の氏政の岩付在城に関連すると考え、この年におく。

No.34は史料編纂所影写本によるが、中央脚部に凹凸が認められること、上書の差出が仮名新太郎であるため、[註21]永禄十二～天正四年である。No.35は、ぎざぎざ部分の凹凸が小さいことから３型とみとめ、年次については伊藤氏[註22]の説によった。

氏邦４型
No.64
天正11.3.28

氏邦４型
No.66
（天正11）5.17

氏邦４型
No.68（折紙）
（天正13）卯.11

氏邦４型
No.65
（天正11）5.10

氏邦４型
No.67（折紙）
（天正11）6.11

氏邦４型
No.69（折紙カ）
（天正13）5.26

氏邦４型

元亀三年末から約六年間の氏邦花押は現在確認されず、No.36から４型ととらえる。No.76以降の５型と比較して、４型は脚の開き角度が大きく、上部の円が楕円形の傾向がある。

No.36は、越後御館の乱における上杉景虎救援に関する内容から、天正六年に比定される。No.38は、国文学研究資料館寄託の岡谷文書のうちの一点で、折紙を切断して表装したとみなされる。花押型はNo.39に近似していて、十月下旬の臨戦態勢から天正七年と考える。

上野国渋川の岸大学助の戦功を賞したNo.42について、『戦北』は花押型から天正十一年と推定し、「此度於度々走廻由、自入道殿蒙仰候」の入道殿を赤見氏とする（二五三〇号）。No.42は、No.63～66に類似しているが、No.39・No.45にも近似している。入道殿は赤見氏ではなく長尾憲景ととらえられ、憲景が天正六年六月に北条氏に従属し、翌七年に入道していることから、No.42は天正八年ととらえる。No.45を天正八年とするのは黒田氏の説による。[註23]No.46は駿河における武田氏との戦闘についての内容で、関連する北条氏照書状とともに天正九年とする『戦北』の年代推定に従う。

No.47・49・52・54・55は上野・信濃の情勢から天正十年と比定される。天正十年三月十四日づけのNo.48は、中央脚部分のぎざぎざが明らかで３型に近い。祐筆はNo.53と同じとみられる。[註24]ぎざぎざ部分については、No.62・73・76にも若干の凹凸があるように、曲線部分をつくる筆遣いから、自然に生じたものと理解できるか。No.66は「去年信州語乱入の時分」、No.67は「近日者遠州御使衆（徳川氏使者）」の文言より、天正十一年である。No.68は、異筆書き入れの「天正十三年

氏邦４型
No.70
（天正13）6.10

氏邦４型
No.73（折紙）
（天正11～同14）
霜.5

氏邦４型
No.75
（天正13～同14）
極.22

氏邦４型
No.72
（天正14）卯.10

氏邦４型
No.74（折紙）
（天正６～同14）
霜.13

酉四月十五到来」より、天正十三年と比定する。
No.69・70も、由良氏の桐生退去の記事およびNo.68の花押型と近似している点から、天正十三年と考える。No.72は、No.68～70に類似していることから天正十二～十四年と推定され、この間に上野国吾妻地方で合戦のあった天正十四年の可能性が高い。

年欠文書のうち、No.59・73・74・75が４型とみなされる。No.59は類似性から天正十～十一年、No.73はNo.57に近似し、和田氏[註25]の北条氏帰属が天正十一年正月なので天正十一～十四年。No.74は４型とみなされるが、年次は未確定（天正六～十四年）、No.75は脚の開き角度と、楕円形による類似から、天正十三～十四年と考える。

氏邦５型　氏邦花押の５型は、４型と比較して、円が丸く脚の開き角度が狭く、脚部分が長くなり、全体的に細長い傾向がある。No.76は、箕輪城普請人足の供出を命じた天正十五年五月四日づけ北条家朱印状（宇津木文書、『戦北』三〇九一号）を届ける内容であることから天正十五年に比定され、５型の初見となる。

No.79は天正十二年と推定されてきたが、花押型は５型であることから天正十五年以降となり、八月末から九月にかけて足利方面で合戦のあった天正十六年に比定され、「長新（長尾顕長）至于今日、不被応御下知候間」は、天正十七年に長尾顕長が再度北条氏に服従する前の状況[註26]を意味していると捉えられる。

No.82は、対豊臣軍への臨戦態勢から天正十七年十二月、No.86は小田原合戦に関して天正十八年正月に比定される。５型の年欠のうち、No.83・84・85が天正十五～十七年、No.89が天正十五～十八年である。なお、No.83上半分の形状はNo.75（４型）に酷似しているが、脚部分が長い点を特徴とみて５型と判断した。

おわり

氏邦花押の変遷と年次比定について検討してきたが、最後に署名について、ふれておきたい。

〈表「北条氏邦の花押一覧」〉に見えるとおり、氏邦の署名としては「氏邦」のみが最も多く六五点、上杉氏重臣山吉豊守あての「藤田新太郎氏邦」五点、「安房守」一点（No.86）である。[註27]

このほか、No.33「新太氏邦」とNo.49「安 氏邦」は前述の通り、花押部分に加墨あるいは加筆された可能性があることから、同時に署名部分に加筆されたとの推測の余地も残される。

氏邦５型
No.76
（天正15）5.8

氏邦５型
No.79
（天正16）９.３

氏邦５型
No.82
（天正17）極.11

氏邦５型
No.84
（天正15～同17）
8.21

安房守５型
No.86
（天正18）正.７

氏邦５型
No.77
天正16.閏5.27

氏邦５型
No.80（切紙）
天正16.9.11

氏邦５型
No.83
（天正15～同17）
6.2

氏邦５型
No.85
（天正15～同17）
極.27

氏邦５型
No.89（折紙）
（天正15～同18）
3.27

No.47は、破損部分補強のためか裏打ちがなされ、その際、墨の薄くなった部分に加墨・加筆され、[註28]このとき「安房守」の官途名も加筆されたと見受けられる。同様に、No.40「安房守氏邦」、No.51「北条安房守氏邦」、No.54「鉢形安房守氏邦」[註29]も、書写される際に注釈の意味から加えられた可能性が否定できないと考える。

註

（1）杉山博「武州鉢形城主北条氏邦」（『練馬郷土史研究』五〇、一九六四年）、小和田哲男「北条氏邦とその文書」（後掲註（2）解説、のち同氏著書『後北条氏研究』、吉川弘文館、一九八三年刊に収録）、武井尚「北条氏邦の文書―乙千代発給文書を中心に―」（『鉢形城開城―北条氏邦とその時代―（鉢形城歴史館開館記念特別展図録）』、寄居町教育委員会鉢形城歴史館、二〇〇四年）、新井浩文「鉢形領」（『江南町史』通史編上巻、二〇〇四年）ほか

（2）小和田哲男編『武州鉢形城主 北条氏邦文書集』（後北条氏研究会 研究史料第二輯、近藤出版社、一九七一年）。なお、以下、『氏邦文書集』と略す。

（3）主な氏邦に関する研究は、黒田基樹・浅倉編『北条氏邦と武蔵藤田氏』、浅倉編『北条氏邦と猪俣邦憲』（ともに岩田書院、二〇一〇年）を参照されたい。

（4）『小田原市史』史料編（中世Ⅱ小田原北条氏1・中世Ⅲ小田原北条氏2・「小田原北条氏五代発給文補遺」、一九九一～九八年）

（5）杉山 博・下山 治久・黒田 基樹編『戦国遺文 後北条氏編』一～六巻（東京堂出版、一九八九～九五年）。文書番号を示す場合は『戦北』と略す。

（6）山口博「北条氏直花押の変遷について―年欠文書年代推定のための基礎作業―」（『おだわら―歴史文化』三号、一九八九年）、「北条氏康花押の変遷について」（『神奈川地域史研究』一七号、一九九九年）、「北条氏の改

判について」（『小田原地方史研究』二三号、二〇〇五年）いずれも、同氏著書『戦国大名北条氏文書の研究』、岩田書院、二〇〇七年刊）に収録。

（7）黒田基樹「小田原北条氏文書補遺」（『小田原市郷土文化研究報告四二、二〇〇六年）ほか

（8）武井尚註（1）論文に同じ

（9）伊藤拓也「武蔵鉢形領における衆編成—秩父衆の場合—」（佐藤博信編『中世房総と東国社会【中東国論④】』、岩田書院、二〇一二年）

（10）伊禮正雄「一つの謎 杉山城址考」（埼玉史談』一六巻三、一九六九年）。福島正義「鉢形城主北条安房守氏邦について」（『埼玉県史研究』一、一九七八年）

（11）武井尚註（1）論文に同じ

（12）永禄元年七月十九日、北条氏が藤田泰邦の母に扶助した五貫五〇〇文は、乙千代の養子縁組成立に対する堪忍料と解釈される（『戦北』五九三号）。

（13）氏政の元服は十七歳といわれる。氏照は、弘治元年（一五五五）十四歳で大石綱周の養子となり、元服して大石氏当主の仮名源三を名乗り家督継承し、朱印状の発給開始が十八歳である。元服は氏政と同じく十七歳と考えることができようか。氏照については『戦国人名辞典』（加藤哲執筆、吉川弘文館、二〇〇六年）、黒田基樹『北条早雲とその一族』（新人物往来社、二〇〇七年）など。

（14）長尾景虎の関東侵攻による藤田領については多くの論考がある。黒田基樹「戦国期藤田氏の系譜と動向」（註（3））、伊藤拓也「戦国期鉢形領成立過程における「一乱」」（『埼玉史談』五八ー一、二〇一一年）など。

（15）氏政・氏照の元服の歳から推測して、長尾景虎の関東出兵以前、氏邦が十七歳になっていたら元服していたと想定され、氏邦は永禄二年に十七歳未満であった可能性がある。

（16）氏康の初見花押は、註（6）山口氏著書一八〇頁、氏政の初見花押は、『後北条氏と東国文化』（神奈川県立博物館、特別展図録、一九九九年）一八四頁。

（17）氏邦の印章は、1型が永禄十一年極月九日（『戦北』一一一三号）まで、2型が十二年九月一日（『同』一三〇七号）から使用が確認される。

（18）昭和二〇年代に文書を整理された当主の方の加筆と推測される。なお、№８は折紙、縦三一・四㎝、横四五・六㎝。

（19）№９は、縦一九・九㎝、横三七・四㎝。現状は切紙状態であるが、もとは折紙で、上下左右いずれも裁断されたと見える。上部と下部には横に一本線ずつ線が入り、下部の横線は、下端から約一・五㎝で、元の折紙の中央折線にあたる。上部の横線（上端から二・五㎝）は、切断した元の下部分を張り合わせた接合線。文書の奥で計測したところ、上端と元の折紙中央折線まで一八・二㎝、これから上部接合部分の二・五㎝を引いて二倍すると三一・五㎝となり、№８の縦の長さとほぼ等しくなる。文字の書かれた部分の体裁を整えるためか、左右の余白を切断、上下部分に切断と接合の加工がなされている。また、「白岩」の二文字は刷り消しの上に書き直され、「仍件」の間に書き加えられた「如」は№８の筆跡と一致する。

（20）東京大学史料編纂所架蔵の影写本『安居文書』（明治十九年影写）には、№33の氏邦花押はごくわずかに細い線が描かれ、№49の氏邦花押は左右の脚部分の一部が薄く写されている。筆跡等は同じであることから、現在、小田原城天守閣に所蔵されている二点の氏邦書状は、明治十九年に群馬県碓氷郡板鼻町の安居亀太郎家にあったときには、花押部分の大半が薄く見えない状態であったといえる。

（21）仮名新太郎の終見は、元亀三年正月二十五日（『戦北』一五七二号）、安房守の初見は天正四年（『同』一八三三号）。

（22）註（9）に同じ

（23）黒田基樹「戦国期の女淵郷と北爪氏」（『ぐんま史料研究』二三号、二〇〇五年、のち同氏著書『戦国期領域権力と地域社会』、岩田書院、二〇〇九年刊に収録）

（24）事・御・調・天・正・月などの筆跡が同じである。

(25)黒田基樹「和田氏の研究」(『戦国大名と外様国衆』、文献出版、一九〇〇年)
(26)黒田基樹「足利長尾氏の研究」(同前)
(27)本稿で検討の対象からはずした花押を書写していない文書では、「氏邦」のみ一九点、「新太郎氏邦」一点、「藤田新太郎氏邦」一点がある。
(28)縦中央の折れ線による破損があり、一行目の「八崎」に加筆が認められ、「崎」の文字は裏打紙に記されている。三行目の「箕輪」に加墨がある。
(29)No.54は、「勝頼分国中、氏直就御静謐」の内容からは天正十年となるが、花押型がNo.47・52に類似しているのに、2型同様ぎざぎざ部分が明瞭である点、本文と花押が同墨に見受けられる点から写しとみられる。同じく信濃諏訪大社の上社神長官守矢氏あてには藤田泰邦の書状(『戦北』四二二二号)があり、泰邦後継者の氏邦がNo.54以前に守矢氏と音信していたことも想定され、2型花押の書状から誤写の可能性もあろうか。藤田泰邦書状等については柳川英司氏より教示をうけた。

〔付記〕氏邦花押の閲覧および写真掲載にあたっては、秋山善子氏、一之宮貫前神社、出浦信行氏、井上友治氏、岩田英二氏、岩田修太郎氏、上田市立博物館、大阪城天守閣、小田原城天守閣、神奈川県立公文書館、神奈川県立歴史博物館、狩野光作氏、京都大学文学部古文書室、群馬県立文書館、国立国会図書館、国文学研究資料館、極楽寺大久保純岳氏、埼玉県立文書館、埼玉県立歴史と民俗の博物館、相模原市博物館、住心院中村覚祐氏、関山典弘氏、高井重男氏、高岸五郎氏、高崎市立中央図書館市史担当、館山市立博物館、茅野市神長官守矢史料館、東京大学史料編纂所、栃木県立文書館、鳥居和郎氏、中澤俊一氏、名古屋大学附属図書館、長谷部照代氏、鉢形城歴史館、林一彦氏、榛名神社、榛名歴史民俗資料館、鑁阿寺山越忍隆氏、藤国子氏、逸見明弘氏、三春誠氏、宮崎勝子氏、三夜沢赤城神社眞隅田吉安氏、村上市郷土資料館、無量光寺、守矢早苗氏、柳川英司氏、米沢市上杉博物館をはじめ関係各位機関に御高配いただいた。

北条氏邦の花押一覧

No.	年月日	署名(花押型)	宛所	所蔵・所収(備考)	写真掲載刊本	出典
1	(永禄3)9.8	乙千代丸(乙千代花押1)(折紙)	斎藤新四郎殿	斎藤文書(埼玉県立文書館所蔵)	鉢形①23頁/氏邦展10頁	3972
2	(永禄4)12.18	乙千代(乙千代花押2)(折紙)	秩父衆	逸見文書(埼玉県立文書館寄託)	埼中世9頁	740
3	(永禄4)12.18	乙千代(花押)	秩父衆	内田文書		741
4	(永禄5)正.29	乙千代(乙千代花押2写)	秩父衆中	武州文書		744
5	(永禄5)4.2	乙千代(乙千代花押2)	用土新左衛門尉殿	逸見文書(埼玉県立文書館寄託)	鉢形①24頁/氏邦展2頁	752
6	(永禄5)4.17	乙千代(花押写)	秩父左衛門尉殿	小田原編年録		3970
7	永禄5.10.10	乙千代(乙千代花押3)(折紙)	逸見蔵人殿	逸見文書(埼玉県立文書館寄託)	鉢形①24頁	791
8	永禄8.2.24	「氏邦」(花押1)(折紙)	出浦左馬助殿	出浦文書	両神口絵	896
9	永禄9.6.13	氏邦(花押1)(折紙切断カ)	坍和又八郎殿	埼玉県立歴史と民俗の博物館所蔵文書	江南口絵/鉢形①25頁	4674
10	(永禄12)2.26	氏邦(花押2)	井上雅楽助殿	井上文書	鉢形①26頁/氏邦展12頁	1160
11	(永禄12)2.26	氏邦(花押2写)	四方田源左衛門尉殿	諸州古文書		1161
12	(永禄12)2.26	氏邦(花押2写)	四方田源五郎殿	諸州古文書		1163
13	(永禄12)3.17	氏邦(花押2影)	細川兵部大輔殿御返報	細川文書(永青文庫所蔵)	細川家文書146頁	1182
14	(永禄12)6.11	藤田新太郎氏邦(花押2写)	山吉孫次郎殿御宿所	伊佐早謙採集文書八		(1262)
15	永禄12.7.11	氏邦(花押2)(切紙)	出浦左馬助殿	出浦文書	両神口絵/氏邦展12頁	1283
16	永禄12.7.11	氏邦(花押2写)	多比良将監殿	武州文書		1284
17	永禄12.7.11	氏邦(花押2写)	斉藤右衛門尉五郎殿	武州文書		1285
18	永禄12.7.11	氏邦(花押写)	朝見伊勢守殿	武州文書(要検討)		1286
19	(永禄12)9.10	藤田新太郎氏邦(花押2)	山吉孫次郎殿	上杉家文書(米沢市上杉博物館)	新潟3－121頁	1312

No.	年月日	署名(花押型)	宛　　所	所蔵・所収(備考)	写真掲載刊本	出典
20	(永禄12)霜.20	藤田新太郎氏邦(花押２)	山吉孫次郎殿	山吉文書	新潟５－29頁	1337
21	(永禄12)霜.晦	藤田新太郎氏邦(花押２写)	山吉孫次郎殿御宿所	歴代古案六		1349
22	(永禄12)12.22	氏邦(花押２)	遠左(遠山康光)	上松文書		1361
23	(元亀元)２.12	氏邦(花押２)(折紙)	進準(進藤家清)参	上杉家文書(米沢市上杉博物館)		1380
24	(元亀元)８.13	藤田新太郎氏邦(花押２)	山吉孫次郎殿	上杉家文書(米沢市上杉博物館)		1437
25	未(元亀２)７.27	(花押３)	山口物主上吉田壱騎衆其外衆中	山口文書	氏邦展26頁	1496
26	元亀２.７.28	氏邦(花押３写)	高室院	集古文書七十		1498
27	(元亀２)９.23	(花押３)(折紙)	さいと三郎右衛門・高谷(岸)三郎左衛門	高岸文書		3996
28	元亀２.極.３	氏邦(花押３写)	高岸対馬守殿	高岸文書	氏邦展18頁	1563
29	元亀２.極.３	氏邦(花押３写)	栗原宮内左衛門殿	山口文書		1564
30	(元亀３)２.朔	氏邦(花押３影)	一宮新太郎殿	貫前神社文書		2300
31	元亀３.３.５	氏邦(花押３写)(朱印影)	朝見伊賀守殿	武州文書(要検討)		1584
32	元亀３.12.15	氏邦(花押３)(折紙)	正乗坊	極楽寺文書		1624
33	(元亀３)極.22	新太氏邦(花押３※)	大駿(大道寺政繁)参	安居文書(小田原城天守閣所蔵)	小田原城７頁	1451
34	(永禄12～天正４)8.朔	氏邦(花押３)(折紙)	西光院	高室院文書(東大史料編纂所影写本)		3989
35	(天正２～６)８.10	(花押３)(折紙)	逸見蔵人佐殿	逸見文書(埼玉県立文書館寄託)		3990
36	(天正６)拾.23	氏邦(花押４)(切紙カ)	却上御報(葦名盛隆)	秋山文書(東大史料編纂所影写本)		2025
37	卯(天正７)５.21	氏邦(花押写)(５型に近似)	片野善助殿	片野文書(東大史料編纂所影写本)		2071
38	(天正７)10.20	氏邦(花押４)(折紙切断ｶ)	岡谷隼人佐殿	岡谷文書(国文学研究資料館寄託)		3998
39	辰(天正８)２.27	(花押４)(折紙)	北爪将監殿	北爪文書	宮城41頁	2145
40	天正８.３.28	安房守氏邦(花押写)	新井主水太郎殿	町田文書		2155
41	辰(天正８)卯.16	氏邦(花押写)	片野善助殿	片野文書(東大史料編纂所影写本)		2168
42	(天正８)卯.28	氏邦(花押４)(折紙)	岸大学助殿	岸文書		2530
43	天正８.５.23	氏邦(花押４写)	少林寺	武州文書		2171
44	天正８.６.16	(花押４写)	仁杉与兵衛殿	本朝武家諸姓分脈系図		小24
45	(天正８)10.14	氏邦(花押４)	女淵地衆大小衆中	北爪文書	宮城40頁	2432
46	(天正９)霜.28	氏邦(花押４)(折紙)	大藤式部丞殿	大藤文書(東大史料編纂所影写本)		2292
47	(天正10)３.12	「安房守」氏邦(花押４)	真田殿御宿所	正村文書(上田市立博物館所蔵)	真田57頁/鉢形②22頁	2325
48	天正10.３.14	氏邦(花押４)(折紙切断ｶ)	天王左衛門大夫殿	高井文書		2326
49	(天正10)5.23	安氏邦(花押４※)	大駿御返事	安居文書(小田原城天守閣所蔵)	小田原城７頁	2342
50	(天正10)６.21	氏邦(花押４写)	岩田河内とのへ	武州文書		2351
51	(天正10)６.22	北条安房守氏邦(花押４写)(折紙)	供野善九郎殿	武州文書		2358
52	(天正10)７.７	氏邦(花押４)(氏照連署)(折紙)	樋口木工左衛門尉殿	児玉文書(東大史料編纂所影写本)		2366
53	天正10.７.11	氏邦(花押４)(折紙)	極楽院	浦野安孫氏所蔵文書(群馬県立文書館寄託)		2368
54	(天正10)８.９	鉢形安房守氏邦(花押３写)	神長官	守矢文書		2389
55	(天正10)仲秋26	氏邦(花押４)	神長官	守矢文書		2405
56	天正10.９.19	氏邦(花押４写)	岩田玄蕃頭殿	岩田修太郎氏文書		2414
57	(天正10)閏極.一	(花押写)	新木河内守殿ほか３名	林文書		2470
58	未(天正11)正.7	氏邦(花押４)(折紙)	垪伯(垪和康忠)	山田文書	氏邦展29頁	2479
59	(天正10～11)正.吉	氏邦(花押４)	黒沢日向守殿	千田文書	埼中世317頁	3978
60	未(天正11)２.13	氏邦(花押４)	三夜沢神主殿	奈良原文書	氏邦展４頁/宮城27頁	2493
61	未(天正11)２.13	氏邦(花押４)	榛名山別当坊	榛名神社文書	榛名口絵/氏邦展31頁	2494
62	未(天正11)２.15	(花押４)(切紙)	新木主悦助殿	林文書		2496

№.	年月日	署名(花押型)	宛　　所	所蔵・所収(備考)	写真掲載刊本	出典
63	(天正11) 2.28	氏邦(花押４)	宇下(宇津木氏久)	宇津木文書(大阪城天守閣所蔵)	鉢形②10頁/玉村26頁	2502
64	天正11.3.9	氏邦(花押４)	極楽院	住心院文書		2511
65	(天正11) 5.10	氏邦(花押４)	神主紀伊守殿	奈良原文書	宮城21頁	2534
66	(天正11) 5.17	氏邦(花押４)	埒伯(埒和康忠)	小室文書	鉢形②９頁	2537
67	(天正11) 6.11	氏邦(花押４)(折紙)	佐藤源左衛門尉殿ほか	角屋文書(名古屋大学附属図書館所蔵神宮皇学館文庫)		小32
68	(天正13)卯.11	氏邦(花押４)(折紙)	小幡兵衛尉殿	小幡文書	源喜堂古文書目録	2799
69	(天正13) 5.26	氏邦(花押４)(折紙ｶ)	(富岡氏)	原文書(東大史料編纂所影写本)		2813
70	(天正13) 6.10	氏邦(花押４)	阿久沢能登守殿	阿久沢文書(京大文学部古文書室影写本)		2815
71	(天正13)閏８.９	氏邦(花押)	宿12ヶ所	坂本宿本陣文書		2851
72	(天正14)卯.10	氏邦(花押４)	中沢越後守殿	中沢文書		2948
73	(天正11～14)霜.５	氏邦(花押４)(折紙)	和兵部	国立国会図書館所蔵文書	国会図書館	4001
74	(天正６～14)霜.13	氏邦(花押４)(折紙)	当麻役所中萩原殿ほか	長谷部文書(埼玉県立文書館寄託)	氏邦展48頁	4002
75	(天正13～14)極.22	氏邦(花押４)	宇津木殿	宇津木文書(大阪城天守閣所蔵)	玉村11頁	4004
76	(天正15) 5.8	氏邦(花押５)	宇津木下総守殿	宇津木文書(大阪城天守閣所蔵)	玉村24頁	3095
77	(天正16)閏５.27	氏邦(花押５)	岡谷隼人佐殿	岡谷文書(国文学研究資料館寄託)		3330
78	(天正16) 7.28	氏邦(花押５写)	吉田新左衛門殿	諸州古文書		3355
79	(天正16) 9.3	氏邦(花押５)	阿久沢能登守殿	阿久沢文書(京大文学部古文書室影写本)		2705
80	天正16.9.11	氏邦(花押５)(切紙)	北爪新八郎殿	北爪文書(鉢形城歴史館所蔵)	鉢形②33頁/氏邦展33頁	3369
81	(天正16)10.13	氏邦(花押５写)	吉田新左衛門殿	諸州古文書		2431
82	(天正17)極.11	氏邦(花押５)	狩野越後守殿	狩野勝次郎氏文書	氏邦展34頁/群馬口絵	3574
83	(天正15～17) 6.2	氏邦(花押５)	富岡六郎四郎殿参	宮崎健一氏文書	埼玉地方史20号口絵	3984
84	(天正15～17) 8.21	氏邦(花押５)	鑁阿寺衆中	鑁阿寺文書		3991
85	(天正15～17)極.27	氏邦(花押５)	和兵部参	神奈川県立公文書館所蔵中世諸家文書	神奈川	4005
86	(天正18)正.7	安房守(花押５)	無量光寺	当麻山無量光寺文書	相模原19頁	3608
87	(天正18) 4.2	氏邦(花押)(要検討)	町田土佐守殿	町田文書		3698
88	(天正18) 4.11	氏邦(花押写)(５型に近似)	(宛所欠)	片野文書(東大史料編纂所影写本)		3703
89	(天正15～18) 3.27	氏邦(花押５)(折紙)	関山二郎左衛門尉殿	関山文書	氏邦展48頁/相模原32頁	3979
90	年未詳正.8	氏邦(花押写)	橋(北)詰大学助	酒井家史料十二		小47
91	年未詳7.3	氏邦(花押写)	佐藤源左衛門殿	雑録追加七		3987
92	年未詳7.29	氏邦(花押写)	猪俣左衛門尉殿外５名	正龍寺文書		3988

<註>　本表には、花押および花押写が据えられた氏邦文書のみを掲げた。また、写真掲載刊本としては、主なものを挙げるにとどめた。

<刊本略>　小＝『小田原市郷土文化館研究報告』42号、2006年／氏邦展＝『鉢形城主 北条氏邦文書展（昭和六十年度特別展解説）』図録、埼玉県立文書館、1985年／小田原城＝『特別展 小田原城天守閣所蔵優品展 』図録　、小田原市、2008年／神奈川＝神奈川デジタルアーカイブ中世諸家文書／群馬＝『群馬県史（資料編７　中世３）』、1986年／源喜堂古文書目録＝1978年／江南＝『江南町史（資料編２ 古代・中世）』、1998年／国会図書館＝国立国会図書館ホームページ デタル化資料、武家文書／埼玉＝『埼玉県史（資料編６　中世２　古文書２）』、1980年／埼玉地方史20号＝1987年、／埼中世＝『埼玉の中世文書』、1965年、埼玉県立図書館／相模原＝

『相模原市史（第五巻）』、1965年／真田＝『真田氏史料集』第13刷、上田市立博物館、2013年／玉村＝宇津木文書研究会編『玉村戦国文書資料集』、玉村町歴資料館、2011年／細川家文書＝熊本大学文学部附属永青文庫研究センター編『永青文庫叢書 細川家文書 中世編』、吉川弘文館刊、2010年）／新潟3＝『新潟県史（資料編3　中世一 文書編Ⅰ）』付録、1982年／新潟5＝『新潟県史（資料編5　中世三 文書編Ⅲ）』付録、1984年／ 鉢形①＝『鉢形城開城─北条氏邦とその時代─』図録、寄居町育委員会鉢形城歴史館、2004年／ 鉢形②＝『北条安房守と真田安房守』図録、寄居町育委員会鉢形城歴史館、2009年／榛名＝『榛名町誌（資料編2 中世）』、2007年／宮城＝『宮城村中世文書』、1986年、（群馬県勢多郡）宮城村文化協会・宮城村教育委員会／両神＝『両神村史（史料編一 中・近世 出浦家文書）』、1985年

近世初頭三島宿問屋笠原氏の系譜について
後北条氏遺臣笠原隼人佐を中心に

厚地淳司

はじめに

戦国期の大名権力による交通政策、とりわけ戦国大名の伝馬制度については、後北条・武田・今川の諸氏をはじめとしてある程度の研究の蓄積がみられる。(註1) このうち、後北条氏の伝馬制度については、賃銭や宿の問題を中心に、かなり実態が明らかにされている。(註2)

ところが、本稿が対象とする三島、とりわけ戦国期に関しては、史料的な制約もあるためか、近隣の丹那郷(註3)や駿河国駿東郡北部の神山・茱萸沢・竹之下・須走といった宿駅(註4)と比べて研究が立ち遅れており、(註5) わずかに後北条氏の徳政に関連して「西町」をめぐる問題が追究されたに過ぎない。(註6)

以上の研究状況を踏まえて、本稿では、戦国期の宿駅としての三島の一端を明らかにする前提として、近世初頭に三島宿問屋を勤めた笠原氏の系譜について検討する。

ところで、近世初頭(慶長~寛永期)の宿駅問屋については、戦国期からの武士の系譜をもつ在地有力者であり、領主との関係において任命されたもので、様々な特権を持ち、戦国期の伝馬問屋とほとんど差異を認められないような存在であったとされる。(註7) このような通説的な理解に対して、中野達哉氏は、板橋宿の近世前期における宿役人について検討し、同宿の宿役人が、中世において他地域で武家として活躍し、近世に入ってから宿内に移住した、在地性を持たない存在が宿役人として宿運営の主体となっていくことを明らかにされている。(註8)

また、戦国期の問屋については、阿部浩一氏が商人宿を起源とし、市の興業や交通業などの業務の拡大によって商人問屋へ発展したものという見解を出している。(註9) 阿部氏の見解を前提とした場合、戦国期の伝馬問屋は大名権力、近世の宿駅問屋は幕藩権力の交通政策において人馬継立に関する機能が付与されたものと理解すべきものとなろう。

以上より、近世初頭の宿駅問屋を明らかにするにより、直接的には当該期の幕藩権力、さらには戦国期からの連続性を考慮するならば、戦国大名の交通政策の一端を明らかにし得るものと考えるものである。

一　近世前期における三島宿問屋所持者
―寛文七年伊奈忠易書状より―

寛文七年（一六六七）二月、三島宿問屋神戸佐左衛門は、問屋一巻を「町中」＝伝馬衆へ売却した。三島代官伊奈忠易は、この時の売却手続きについて、手代遠山八郎右衛門に対し、書状により次のような指示を出した。

【史料一】　寛文七年二月「伊奈忠易書状（註10）」

い上

一筆申遣候、然者其許問屋を今度町中江買取候付、先年佐左衛門買候時、笠原助之進方ゟ之買券証文可在之候間、今度佐左衛門買券手形ニ差添請取可申由、町中申旨権左衛門・六太夫方迄申越候、右之問屋之儀ハ下田与四右衛門引負有之ニ付、御　公儀欠所被召上金子三百五拾両ニ佐左衛門ニ兵蔵売渡候間、右之問屋之儀ニ付、横合寄構申者有之間鋪候、此段町中江可被申渡候、以上

壬（ママ・寛文七年）二月廿一日　　伊（伊奈忠易）兵右㊞

遠山八郎右衛門殿
参

この書状における伊奈忠易から遠山八郎右衛門への指示内容とは、①売却手続き上の留意点は、笠原助之進方からの「買券証文」＝権利関係文書があるので、今回の佐左衛門作成の「買券手形」に添付して受け取ること、②このことを扱い人＝仲裁者の権左衛門・六太夫を通じて売却先の伝馬衆へ通知すること、の二点である。

さらに、書状の内容から、次のようなことがわかる。

すなわち、今回の売却元である佐左衛門が問屋一巻を入手した経緯は、下田与四右衛門という人物が抱えていた「引負」＝債務の担保として公儀が接収したものを、前任の三島代官伊奈忠公より金三五〇両にて買得したものであったことである。すなわち、佐左衛門は下田与四右衛門の債務処理の過程で問屋を入手したのであった。

さらに、「笠原助之進方ゟ之買券証文可在之候間」という文言から、問屋の権利の元来の所持者、ないしはその権利関係の文書を相続してきた人物が笠原助之進という人物であることがわかる。

以上より、問屋・屋敷の権利の移動を確認していくと、笠原助之進…（不明）…下田与四右衛門→（収公：伊奈忠公）→問屋神戸佐左衛門→「御伝馬衆中」＝「町中」、という経過をたどることがわかる。

なお、売買対象となった問屋一巻の内容とは、この売却に関する寛文七年正月の「覚書」に「問屋家屋敷・居屋敷・長屋・両裏屋敷・問屋賄ひ共ニ」とあるごとく（註11）、問屋役の職務と問屋場屋敷を内容としていた。すなわち、問屋場屋敷の所持権が問屋役に付随しており、問屋場屋敷所持者＝問屋であることがわかる。このことは、十八世紀半ばまでの関東各地において、村の名主役が田畑屋敷に付随して

売買される状況に注目し、名主役と田畑＝土地との結合を指摘する宍戸知氏の見解に通じるものである。[註12]

二　笠原助之進と笠原隼人佐の墓碑銘

先述のごとく、佐左衛門より「町中」への売買対象となっている問屋の元来の権利関係の文書を所持していた人物は、笠原助之進である。この助之進は、『豆州志稿』の「笠原隼人佐墓」の記事に次のように記されている。

【史料二】　秋山富南『豆州志稿』巻十二[註13]

〇笠原隼人佐墓　在法華寺（三島二日町）、北条氏政臣、寛永三年（一六二六）正月六日、六十餘ニテ病卒ス、碑面ニ題曰、笠原院殿春山宗永居士、ソノ旁ニ笠原助之進、延宝七年（一六七九）霜月六日建ト

すなわち、延宝七年（一六七九）霜月六日、三島二日町（現三島市東本町）法華寺に、笠原隼人佐という人物の墓を建立したことが確認される。ここから、笠原隼人佐の系譜をひく人物であるものと推察される。同時に、延宝期に墓を建立した助之進が元和・寛永期に三島宿問屋の権利を有していた下田与四右衛門以前に問屋の権利を所持していたとは考え難い。したがって、【史料二】にみられるように、笠原助之進が三島宿問屋の権利関係文書を所持していた事情として、三島宿問屋の権利の元来の所持者は隼人佐であり、その系譜をひくことから関係文書を助之進が引き継いでいたものと理解しておきたい。

ところで、笠原隼人佐は、右記【史料二】より、「北條氏政臣」、すなわち後北条氏の臣下であり、寛永三年（一六二六）正月六日に六十余歳で病没していることがわかる。一方で、上記の墓碑銘以外に、江川氏の系譜類の英長の箇所に名前を残すのみであり、隼人佐に関する史料はほとんど残存しない。[註14]このため、わずかに仲田正之氏が『寛政重修諸家譜』（以下、『寛政譜』と略す。）をもとに江川英長の経歴について概括した中で、後北条氏の家臣であった笠原隼人が英長と徳川氏との関係を讒言したため、英長が隼人を討ち取って三河へ移ったことに触れているのみである。[註15]なお、江川英長に関しては、高橋敏、[註16]関根省治[註17]の両氏による考察もあるが、笠原隼人との対立には触れていない。

三　江川氏の諸系譜と近世幕府代官江川氏について
―江川氏系譜類に関する先行研究―

ここで、笠原隼人佐に関する稀少な史料である江川氏の系譜類について検討を加えてみたい。江川氏の諸系譜類に関しては、高橋敏、仲田正之、関根省治の三氏が検討を加えている。以下、三氏の見解をみておこう。

高橋敏氏は、江川氏の諸系譜類について、『寛政譜』系統の家譜と『二宮尊徳全集』掲載の「江川家由来記」系統のものの二系統

の存在を指摘した。その上で、前者が幕府による一定の基準での審査・認定を経たものであるのに対し、後者は江川氏当主英彰（前半）・英毅（後半）自身により作成されたもので、英彰の時代は享保八年（一七二三）の罷免以来、韮山代官を離れていた時期、英毅の時代は膨大な負債整理を勘定所から厳命されて江川氏が存亡の危機にあった時期で、徳川家恩顧の関係を主張して廃絶を回避する目的をもつものであるとして、前者の『寛政譜』の系統の方が後者の「江川家由来記」の系統よりも真実性が高いとしている。[註18] 以上の高橋氏の見解のうち、「江川家由来記」の系統の系譜類が、江川氏が廃絶の危機を回避すべく江川氏と徳川氏との関係を主張する目的で作成したとする指摘はきわめて重要である。

仲田正之氏は、「いずれも近世に入ってつくられたもので、伝承の流布・確立は寛政期のものとなると、中世の江川氏を立証することは困難である」としている。さらに、仲田氏は系譜において父子とされる英吉・英長が兄弟であり、前者が本家筋、後者が分家筋であったものを、後者が本家筋を名乗るようになったと推測する。また、英吉・英長の没後間もない寛永十八年に始まった『寛永諸家系図伝』（以下、『寛永系図』と略す。）編さんを契機として、英長の系統が本家筋と称するようになったと推測している。ここから、『寛永譜』の内容についても疑問を呈している。[註19]

英吉・英長が兄弟であり、後に韮山代官を世襲していく英長の系統が分家筋であったとの推測については、関根省治氏も仲田氏の見解に従い、「現在江川文庫に後北条氏関係文書が一点も伝世されていないことを勘案すれば、その蓋然性はさらに高いと考えられる卓見である」としている。また関根氏は、江川氏の諸系譜のうち江川文庫所蔵の「江川家系譜」[註20]について、『寛政譜』の引用する「呈譜」と整合性を持つことから、『寛政譜』作成にあたり江川家呈譜として作成されたものに追補されたものとしている。[註21] なお、関根氏が英長の系統を分家筋とする根拠の一つに後北条氏関係文書が伝世されていないことをあげているが、この点の検証については近年実施された「江川文庫古文書史料調査」（二〇〇二～二〇〇六年度）の成果に基づく史料公開が俟たれるところである。[註22]

以上、三氏の見解より江川氏の系譜類についてまとめると、次のごとくとなる。

①系譜類の諸系統については、高橋氏は『寛政譜』系統と「江川家由来記」系統の二系統とするが、後述のごとく、「江川家由来記」の記述内容の混入の有無を考慮すると、A：『寛永系図』、B：「江川家由来記」、C：『寛政譜』系統、の三系統に分類すべきものと考える。すなわち、AはBによる作為を全く含まないもの、Bは江川氏自らが作成する過程で作為が加わったもの、CはBによる作為を含みつつ、A等との整合性を図りながら修正を加えたもの、と分類することができよう。

②「江川家由来記」に作為が入り込む原因は、高橋氏の指摘のごとく、代官罷免や財政窮乏により、窮地に陥った江川氏が代官復帰・再興を幕府へ訴える目的で、極端に祖先と徳川家康との関係を強調する内容で作成したためであると考えられる。

③仲田・関根両氏が、英吉と英長との間で江川氏の当主の系統転換があったとする指摘は、可能性として否定できず、さらには系譜類の史料的信憑性を考える上で極めて重要な指摘であるが、判断するための材料、とりわけ一次史料が余りにも僅少である。今後の史料発掘が望まれるところである。

四　江川氏系譜類にみられる笠原隼人佐

次に、以上の江川氏系譜類に関する検討を踏まえて、江川氏の諸系譜において笠原隼人佐がいかに描かれているのかを確認していきたい。なお、先の検討においてあげた三分類に基づいて、諸系譜類をみていきたい。

『寛永系図』における関係箇所の内容

『寛永系図』には、笠原隼人佐を示す具体的人名は全く表記されていない。関係箇所を示すと次のごとくである。

【史料三】『寛永諸家系図伝』第三　江川英長[註23]

……北條氏直につかへしとき傍輩と口論をして浪人となる……

ここでは、「北條氏直につかへしとき」とあり、江川英長が北条氏直に臣従していたことを明記している。一方で、「傍輩と口論をして浪人となる」とのみ記しており、後でみる「江川家由来記」や『寛政譜』系統の系譜類にみられる、英長が対立した相手が笠原隼人佐であること、英長が家康との関係があったがゆえに隼人佐に讒言されたこと、英長が隼人佐を討ち取ったこと、いずれも全く記載されていない。すなわち、『寛永系図』には英長と家康、隼人佐との関係は全く記されていないのである。この点は、後でみる「江川家由来記」や『寛政譜』系統の系譜類と比較してきわめて特徴的である。

以上のごとき、内容上の特徴は、『寛永系図』編纂開始が寛永十八年であり、隼人佐の死去した寛永三年から十五年、英長の死去した同九年からは九年しか経過しておらず、延宝七年の隼人佐の墓碑建立の三八年前という時期であり、未だ関係者が存命中という事情が背景にあったためと考えられる。

なお、『東京市史』外編は、『寛永系図』の英吉・英長を抄録したものであり、関係箇所は「氏直ニ仕喧嘩シテ浪人ス、氏規親書ヘ書ヲ奉リ、岡崎ヘ送リ遣ス」と記載内容されている。[註24]

「江川家由来記」における関係箇所の内容

続いて、十八世紀後半～十九世紀初頭、江川英彰・英毅の時期に作成されたものと推定される「江川家由来記」をみていく。この史料においても笠原隼人佐を特定する表現はみられない。

【史料四】「江川家由来記」[註25]

一私(江川英彰)より六代以前江川太郎左衛門(英長)儀、三河遠江へ度々参上仕、
権現様へ御目見、難有上意御座候、此儀を北條家へ讒言仕候

者御座候に付、則右之讒人を討捕直に三河へ罷越候処、早速
被召出御奉公相勤申候

まず、「三河遠江へ度々参上仕、権現様へ御目見、難有上意御座候」とあり、江川英長と徳川家康との関係が明記されている。そして、「此儀を北條家へ讒言仕候者御座候に付、則右之讒人を討捕直に三河へ罷越候処」と、英長は家康との関係を讒言されたため、讒言した人物を討ち取り、直ちに三河へ行ったことが記載されている。

以上より注目されるのは、次の諸点である。①『寛永系図』には記載されていなかった、英長と家康との関係、讒言により讒言した者を討ち取ったことが明記されている。②一方で、『寛永系図』にはみられた後北条氏への臣従に関する記述内容が消去されている。③英長が三河へ行ったとする記述が二か所ほどみられる。④討ち取った相手を特定する表現はみられない。

以上の①〜④の注目点の背景は次のごとくである。①については、英長と家康との関係、さらに後北条氏勢力との対立の中で英長が「討捕」という軍功をあげたことを明記することにより、江川氏が家康との特別な関係や徳川氏への忠誠を強調する姿勢が窺える。②では、『寛永系図』では記載されていた英長と後北条氏との関係を抹消することにより、やはり徳川氏への忠誠を強調したものと推測される。③については、後北条氏と徳川氏との対立関係が明確化してくるのは、北条氏規が上洛して豊臣秀吉と謁見し、韮山城に入ったものと推定される天正十六年以降、すなわち小田原攻めが近付いた時期であること[註26]から、事実でない可能性が高い。むしろ、讒言から討ち取りに至る一連の記述内容は、小田原攻めに際しての韮山城攻防戦におけるものの可能性が高い。おそらく徳川氏の父祖の地である三河との関係を挿入することにより、英長と家康との関係が特別なものであることを強調したものであろう。④については、次で取り上げる『寛政譜』の内容との関係で特徴的である。

このような江川氏が「江川家由来記」において、徳川氏、とりわけ家康との関係を強調するのは、十八世紀半ば以降、存亡の危機に晒された江川英彰や英毅が、韮山代官江川氏としての生き残りをかけて作成したものであるという性格を有するためであることは、先述のごとくである。それゆえに、その内容は過度に家康との関係が強調されたものであることに留意した史料解釈が必要となる。

『寛政譜』系統の系譜類にみられる笠原隼人佐

まず、『寛政譜』系統として筆者が分類する系譜類とは、「江川家系譜」、『寛政譜』と「江川家系譜」をもとに作成した「農兵之義申上候書付」を指す。以下、これらの史料に笠原隼人佐がいかに描かれているのかをみていく。

【史料五】「江川家系譜」英長[註27]

……太郎左衛門英長ハ三州へ度々参上仕候、権現様へ御目見仕、
毎度蒙御懇命候、此儀ヲ北条家ノ士笠原隼人申者北条家へ讒言
仕候ニ付、右隼人ヲ打取、三州へ立退候節……

【史料六】『寛政重修諸家譜』江川英長(註28)

……英長はしばしば三河に参り、東照宮にまみえたてまつり、御懇の仰をかうぶりしこと、同僚笠原隼人某これを讒言せしかば、英長慍みて隼人を殺害し、三河にのがれて浪人となる……

【史料七】「農兵之義申上候書付」(註29)

……九代以前太郎左衛門英長義三州岡崎江度々参上仕　権現様江御目見仕、蒙御懇命候処、此義を北條家之士笠原隼人と申者北條家江讒言仕候ニ付、右隼人を討取三州江退候処、……

史料の文言をまとめると次のごとくとなる。①江川英長は三河へ度々参上し、徳川家康に謁見して、懇命を受けていた。②このような英長の家康との関係を後北条氏の臣下「笠原隼人」が、後北条家へ讒言した。③このため、英長は「隼人」を討ち取り、三河へ逃れた。

以上より注目されるのは、次の諸点である。①英長を後北条氏へ讒言し、討ち取られた人物を「笠原隼人」と特定していること。②「笠原隼人」は後北条氏の臣下であるとしていること。③英長が三河へ行っているとしていること。④『寛政譜』のみ、英長が笠原と「同僚」とし、笠原殺害後「浪人」となったとしている。

以上の①～④の注目すべき点の背景は次のごとくである。①については、『寛政譜』編纂のための「呈譜」作成において、同じく十八世紀後半に編纂された『豆州志稿』編纂の成果が付加された可能性をあげておきたい。ただし、『寛政譜』以降の系譜類において英長が笠原を討ち取ったとする点については、『豆州志稿』所収の墓碑銘にある笠原隼人佐の寛永三年病死という内容と矛盾する。両者の矛盾については、英長が当初から家康との関係を有し、これを讒言されたため笠原を討ち取ったという内容が、「江川家由来記」作成において、江川氏と家康との関係を強調するために加えられた作為であり、これが「江川家系譜」や『寛政譜』にも持ち込まれたものと解釈しておきたい。やはり、系譜類から「江川家由来記」の内容を除外することは、十八世紀後半以降の江川氏の存続にとって致命傷になりかねないものと、歴代江川氏当主が意識していたものと判断する。②と④については、『寛永系図』における、英長が当初後北条氏臣下であったこと、「傍輩」と対立したこと、後に「浪人」となったこと、といった記述内容との整合性を持たせるために、対立した相手の後北条氏臣下の笠原と「同僚」と表現し、三河に逃れた後に「浪人」となったという表現をとったものと考えられる。なお、英長が笠原の「同僚」であったとの内容について、『豆州志稿』所収の墓碑銘に「北条氏政臣、寛永三年正月六日、六十餘ニテ病卒ス」とあることから、笠原の生没年は一五六〇年代～一六二七年となり、英長の生没年一五六一年～一六三二年ともほぼ重なるため、少なくとも「同僚」であった可能性を否定することはできない。いずれにせよ、これら②と④に関わる内容、すなわち、江川英長と笠原隼人佐がともに後北条氏臣下で「同僚」あり、対立後英長が浪人となったことについては事実と把握して間違いないものと判断する。③については、先述のごとく家康との関係の強調のための作為であろうと考えられる。

五　笠原隼人佐と笠原助之進の系譜について

以上の整理を踏まえて、江川氏の諸系譜類に見られる笠原隼人佐と笠原助之進に関する内容を概括すると、次の通りとなる。

①笠原隼人佐と江川英長は、ともに後北条氏の臣下として、小田原攻めに際して韮山城の守衛を担当していたものと推測される。これは英長が韮山開城の勲功により、天正十八年の家康の関東入国に際して所領安堵を受け、慶長元年に代官に任命されたこと、(註30)隼人佐が英長の「同僚」「傍輩」であったことによる。しかし、両者は対立し、英長は韮山城を退去する。江川氏の諸系譜類のうち、「江川家由来記」以降のものには、英長が対立した人物を討ち取ったとするが、『豆州志稿』所収の三島二日町法華寺所在の墓碑銘に寛永三年正月に病死したとする笠原隼人佐と同一人物とした場合、両者の内容は矛盾する。ここから、英長は実際には隼人佐を討ち取っていない可能性が高いものと判断する。

②隼人佐が英長と対立した時期は、江川氏の諸系譜類における、英長が三河あるいは遠江へ行き家康に謁見したとする記載内容からは、天正十年以前、家康の岡崎あるいは浜松在城時代とも読み取れる。しかし、江川氏の諸系譜類にみられるごとく、両者の対立が後北条氏と徳川氏との緊張状態を背景とするならば、必然的に武田氏滅亡後の天正十年の天正壬午の乱以降とならざるを得ない。特に徳川氏と後北条氏が明確に対立し、徳川方、後北条方いずれに参加すべきか選択を迫られる状況は、北条氏規が上洛して豊臣秀吉と謁見し、韮山城に入り、小田原攻めへ向けて動きが具体化する天正十七年以降の可能性が高い。(註31)

③その後の笠原隼人佐の動向は不明であるが、三島二日町法華寺にある隼人佐の墓の建立者であり、後の三島代官陣屋さらには問屋場となった屋敷の権利文書の所持者である笠原助之進が、隼人佐の系譜を引く後継者とするならば、隼人佐は小田原落城後、三島宿内に屋敷を所持し、寛永三年に病死するまで在住していた可能性が高い。

④①〜③でみたごとく、笠原隼人佐は後北条氏臣下として軍事的活動が認められ、かつ三島を本拠としていたことが推定できる。『小田原衆所領役帳』に伊豆衆筆頭にあげられ、伊豆郡代として伊豆支配の中心であった笠原綱信・政晴の一族との関係も推測されるが、(註32)全く不明である。

⑤後北条氏の遺臣たる笠原隼人佐の墓を延宝七年に建立している笠原助之進は、その系譜を引く、あるいは主張する人物であり、寛文期の三島代官伊奈忠易書状にみられる三島宿問屋場、あるいは三島陣屋の屋敷の権利に関わる文書は、笠原隼人佐から相続したものと考えられる。役が土地所持と結合しているとする宍戸知氏の見解に従えば、(註33)笠原隼人佐、あるいは助之進は、三島宿問屋を勤めたことが推測される。その時期は、元和〜寛永期に下田与四右衛門が三島代官であった時期以前となるが、助之進は延宝七年

に墓を建立していることから、当該期に問屋を勤めていた可能性は低い。したがって、元和以前に問屋場屋敷を所持し、問屋役を勤めていたのは隼人佐であり、権利に関わる文書のみ助之進が相続したものと推測される。

おわりに

以上、五節にわたり、近世初頭に三島宿問屋であった笠原氏の系譜、とりわけ笠原隼人佐について検討してきた。この結果、隼人佐は三島二日町の法華寺に墓所があり、小田原攻めにともなう韮山城攻防戦における軍事的活動が確認される後北条氏臣下であり、小田原落城後は三島において宿駅問屋となったことが判明した。

ここから、笠原隼人佐は、中野達哉氏[註34]が述べられた、宿駅に移住した武士が宿駅問屋となるケースに該当する。他方、阿部浩一氏[註35]が問屋の起源とされた商人宿としての性格は見出し難い。

すなわち、近世期の宿駅問屋、あるいは戦国期の伝馬問屋の持つ伝馬役・人足役の運営主体としての要素と、その起源とされる商人宿としての要素は、問屋の持つ二つの異なる要素であり、問屋が商人宿を起源とするにしても、近世において宿役人化する過程で、商人宿としての要素を欠落させていく。

以上より、残された課題として、中世の商人宿を起源とする問屋が、近世において伝馬役・人足役の運営主体に特化していくという視角から、改めて確認していく作業が必要となることをあげて本稿をむすぶこととしたい。[註36]

註

（1）研究史のまとめについては、阿部浩一　一九九六「戦国期東国の問屋と水陸交通」『年報都市史研究4　市と場』七五～九〇頁、大石泰史　二〇一二「今川領国の宿と流通―宿と流通を語る『上』と『下』―」『馬の博物館研究紀要』第一八号　一～一八頁、黒田基樹　二〇一二「北条氏の陸上交通政策」同前書　一九～三六頁、平山優　二〇一二「武田氏の流通統制について」同前書　三七～五八頁、を参照。

（2）前掲（註1）黒田基樹氏論文にあげられた諸研究。

（3）下山治久　一九八一「丹那郷関係の後北条氏文書二通」『戦国史研究』二号　一九～二〇頁

（4）相田二郎　一九四三「戦国時代に於ける東国地方の宿　問屋　伝馬」『中世の関所』畝傍書房　四〇一～四七〇頁、同　一九四三「駿河駿東郡御厨地方の中世交通史料」同前書　四七一～四九八頁、豊田武　一九五二『増訂　中世日本商業史の研究』岩波書店　一九四～二六三頁、福田以久生　一九七六「中世における東駿地方の交通」同『駿河相模の武家社会』清文堂出版　一八五～二〇四頁、等

（5）小和田哲男　一九九六「戦国期東海道周辺の宿と伝馬役」静岡県地域史研究会編『東海道交通史の研究』清文堂出版　一〇三～一三〇頁が、「経覚私要抄」という史料より、応仁二年（一四六八）頃の東海道宿駅の中に三島が存在することを確認している程度であり、戦国期の伝馬手形等において東海道宿駅としての三島の地名は見出し難い。

（6）山口博　一九八八「『三島西町』と流質をめぐって」『小田原地方史研究』一六号　六～一七頁、阿部浩一　一九九七「永禄三年後北条氏徳政と『西町』」『戦国史研究』三三号　一～一一頁

(7) 丹治健蔵　一九六六「近世宿駅問屋の確立過程」『日本歴史』二二〇号　四二～五九頁
(8) 中野達哉　二〇〇〇「近世前期中山道板橋宿の名主・問屋役について」『駒沢史学』五五号　一四二～一六七頁
(9) 前掲（註1）阿部浩一氏論文
(10) 三島市郷土資料館所蔵・静岡県立中央図書館歴史文化情報センター所蔵複写資料：06004/10/88A
(11) 三島市郷土資料館所蔵・静岡県立中央図書館歴史文化情報センター所蔵複写資料：06004/10/87A
(12) 宍戸知　二〇〇七「名主役売買と名主地―武蔵国幸手領樋籠村名主家文書の検討を中心として―」『地方史研究』三三〇号　三四～五一頁
(13) 高橋廣明監修　二〇〇三『豆州志稿　復刻版』羽衣出版　二六九頁
(14) 下山治久・黒田基樹編　一九九五『戦国遺文　後北条氏編』第6巻補遺　人名索引・地名索引・寺社名索引　東京堂出版　六五～一五九頁、下山治久編　二〇〇六『後北条氏家臣団人名辞典』東京堂出版　一九四～一九八頁、にも笠原隼人佐の名前は見られない。
(15) 仲田正之　一九九一「韮山代官確立過程の諸問題」本多隆成編『近世静岡の研究』清文堂　二四三～二七九頁
(16) 高橋敏　一九六八「初期代官江川家について」『史潮』一〇四号　五九～六八頁
(17) 関根省治　一九八九「近世初期小代官の歴史的性格―豆州代官江川家を中心にして―」『史潮』新二五号　二一～三七頁
(18) 高橋敏　前掲註（16）
(19) 仲田正之　前掲註（15）
(20) 江川文庫所蔵・韮山町史編纂委員会編　一九九二『韮山町史』第六巻（上）一号　二六～二七頁
(21) 関根省治　前掲註（17）
(22) 静岡県教育委員会文化課編　二〇〇七～二〇一三『江川文庫古文書史料調査報告書　1～8』静岡県教育委員会
(23) 『寛永諸家系図伝』第三　一八六～一八八頁
(24) 前掲註（20）『韮山町史』第六巻（上）、八号
(25) 佐々井信太郎編　一九二九『二宮尊徳全集』第二〇巻　二宮尊徳偉業宣揚会　二〇一～二〇三頁
(26) 小和田哲男　一九九二「北条氏規に関する基礎的考察」（『韮山町史の栞』第一六集　三～一八頁、同　一九九六「北条氏規と豊臣秀吉」『韮山町史の栞』第二〇集　三～一四頁
(27) 前掲註（20）
(28) 『新訂寛政重修諸家譜』第五　三七九頁
(29) 勝海舟『陸軍歴史』巻十四・前掲（註20）『韮山町史』第六巻（上）、七号。
(30) 仲田正之　前掲註（15）。関根省治　前掲註（21）
(31) 小和田哲男　前掲註（26）
(32) 前掲註（14）『後北条氏家臣団人名辞典』一九六～一九八頁
(33) 宍戸知　前掲註（12）
(34) 中野達哉　前掲註（8）
(35) 阿部浩一　前掲註（9）
(36) 荒木美緒知　二〇一三「中近世移行期中山道地域と伝馬問屋の形成―軽井沢宿を中心に―」第二回交通史学会〈第三九回〉大会報告。

小堀正一の作事と普請
正一書状にみる作事を中心に

伊藤一美

はじめに

小堀正一は①茶人、②幕府官僚、③土木建築技術者の顔を持つ。①の研究蓄積はいうまでもない。[註1]②では、朝尾直弘氏の「上方八人衆体制」によって先鞭がつけられ、[註2]その具体的姿は高木昭作氏により幕府「国奉行」制として明確に打ち出だされた。[註3]その後「国奉行」論を地域と時期、その担当者の公事職掌に分けて分析した藤田恒春氏は、初期は小堀正一と北見勝忠との国分割支配を、寛永十一年（一六三四）以降は小堀と五味豊直の力能による地域分割支配に転換していくとした。[註4]正一の官僚としての姿はここに明確となった。

③では、森蘊氏が作事（建築）と普請（土木）技術者、庭園プランナーとしての姿を明らかにした。[註5]さらに市立長浜城歴史博物館「小堀遠州とその周辺」特別展は、技術者としての姿を彷彿とさせた。[註6]それを基礎に太田浩司氏は、テクノクラート（技術官僚）として最大限評価した。[註7]こうした研究が隆盛となった背景は、正一に関する基礎史料集の刊行も大きい。[註8]以上の研究史をふまえ本稿の中心課題は以下の二点である。

第一に正一書状から見えてくる技術官から技監（本稿では官僚としての姿と技術者としての面を捉えてこのようによぶ）としての姿を作事を重点にして具体的に示すこと。彼の作事と普請の存在は既に明らかだが、その作業実際は研究史でも明確ではない。幕府と朝廷に関わるそれらのうち、書状に表れる作事を中心に明らかにする。

第二に、事業執行にあたり資材をいかに手配集約し、どのようにその収支決算を行っていったのかを、小堀家の統治システムとからめて明らかにする。

一　技術官小堀正一の登場

若き正一とその環境

佐治家文書中の「小堀家譜」は、「テクノクラート正一の業績を考える基本史料」と位置づけされている。(註9)慶長五年(一六〇〇)から寛永十九年(一六四二)まで三十七カ条あって、父新助正次とその跡式を継承してからの仕事がほぼ網羅される。「縄打」(検地)や「仕置」(領地の受け渡し)、「国奉行」の事項もあるが、基本は「作事」にある。

藤田恒春氏は父正次の時代から彼はともに活動していたこと、父の勝れた算勘技術を学んだことを指摘している。(註10)ただ作事や造園に関わる素養をどのように学んだのかは疑問とされている。(註11)

慶長二年(一五九七)十九才で藤堂高虎養女(実父は藤堂嘉清女)と結婚した。(註12)当時、高虎は四十二才の熟年であり、(註13)以後、義父から技術的な指導を受けた可能性は高い。

慶長六年(一六〇一)と想定される十一月十七日付け藤堂良直宛て藤堂高虎書状に、高虎より十三才の上の一門長老藤堂良直に「さく介」(作介・小堀正一)によくよく仰せ含めるべきだとあるところからも正一が信頼されていたことはまちがいない。なお高虎は正一の父「小新」(小堀新介正次)と藤堂良直の対面をも同意していることもそれを物語る。この年、父正次は伏見城作事奉行を務めていることも関係あるだろう。(註15)

(慶長十四年(一六〇九)八月十九日付け藤堂勘解由(駿府藤堂屋敷留守居)・吉田貞右衛門(同作事奉行)宛て藤堂高虎書状では、藩邸の作事に油断無く行うことや「小遠州ニみせ候て、内作事之指図談合可仕候也」と指示していることは重要な点である。(註16)

藤堂高虎は慶長十二年(一六〇七)三月に家康から駿河に屋敷を与えられ、翌年から普請に入る。(註17)家康は「廊下」「庇」などに念をいれて作事を行うように指示し、「内作事之事」は小堀正一と「談合」(相談)するように留守居と作事奉行に命じている。このほか、高虎から両役人へ「数寄屋の路地」のしつらえ指示を正一に相談させていた。(註18)この翌年、慶長十四年、正一は駿府城普請奉行を拝命している。(註19)高虎が現地にいる正一に頼ったことが想像される。すでに三十一才となった正一への、義父高虎の信頼は不動のものとなっていたと考えられる。

幕府公務による初期城内作事

本節では備中国奉行となる直後の記事を中心にみる。

慶長六年(一六〇一)伏見城内作事である。父正次がその奉行であった。(註20)正一がいかなる立場であったかは不明である。父正次とともに藤堂高虎へ連絡をとっていることから、この作事に関わっていたらしい。因みに十一月から十二月にかけて、正一は伏見六地蔵で松屋久好の茶会にでている。父とともに伏見にいたことは間違いない。(註21)

慶長九年(一六〇四)二月、正次は下向途中、相模藤沢にて死去する。(註22)父の遺領一万二四六〇石余と備中国奉行も受け継ぐ。(註23)

父正次との作事業務は、正一がこの後その仕事を進めていく上で役だったことが想定されるが、その具体的な証拠はない。

同年閏八月二十一日付け幕府大工頭中井正清宛て正一書状は伏見城本丸の御座敷に関する、初期の仕事を示す。[註24] 古田織部が伏見城御小座敷の設計図を把握していなかったこと、作事の直接担当は鈴木新五左衛門尉であり、その実質指揮官は大工頭中井正清であった。正一は大工頭中井正清の補助的立場におり、直接には小座敷建築に関与はしていないとみるべきだろう。[註25]

なおこの手紙と同日付の中井正清宛て古田織部書状は具体的となる。[註26] はじめ中井正清に作事が命じられたが、正一と古田織部にともに中井と「談合」して急いで建築せよと徳川家康から強い命令があったことを示す。正一と織部は後から建築に関与したこと、正一をこの作事に呼び込んだのは織部と考える。すでに二十六才の正一はようやく技術官としての道を本格的に歩みはじめる契機をここに得た。茶の師匠としての織部は、座敷建築への目を開いた師匠であった。この時期、藤堂高虎もまた伏見城水手丸の縄張なども担当していた（『高山公実録』）。正一は織部、藤堂という当代きっての名士から技術指導を受けたと想定できる。[註27]

二　幕府公務による朝廷の作事と普請

後陽成院御所の作事

慶長十一年、後陽成院御所御作事が正一の担当として行われた。[註28] 女御様御殿・殿上之間・御台所・北面所の四カ所である。[註29] これに先立ち老中から大工頭中井正清に宛てて「院御所御作事御材木」「大工弐千人余」の指示、さらに監査役の派遣を通知している。[註30] この時期の作事奉行は板倉正勝や小堀正一しか名が明らかではない。

慶長十七年徳川家康の黒印状から第二次「禁中御作事奉行」は知られているが、ほぼ第一回めを踏襲していると考えてよい。具体的には、板倉勝重・日下部定好・米津正勝・山口直友・小堀正一・村上吉政・日向正成・肥田時正・長野内蔵亮の九人が担当奉行であり、小堀正一もその中の一人でしかないことに注意すべきである。[註31]

なお第二次作事に伴う、材木や飾り金物などの仕様・調達についても、この史料から日向国からの松材が大坂湊へ送付され、奉行が立ち会いの上で中井正清に渡すように指示、また飾り金具は御納戸構と妻戸構、蔀釘隠だけに使用するよう命じている。[註32]

前後するが、第一次後陽成院御所「禁中様御作事」にかかわる資材請取状が正一から中井正清宛てに出されている。[註33] 木数は大小あわせて三六〇三本、板数は四七二三枚、板の寸法は七尺八分が基本となっている。これらの資材代金は「代米」二四二石五斗六升九合の支払いであった。文書末が欠けているが資材入手と運搬にかかる手間賃の内容を示している。本文書の記載内容は資材の請取であるので別に精算が行われた可能性が高い。

新院御作事

正一は寛永十七年（一六四〇）十月から同十九年八月まで「禁中

御作事」を担当する。[註34]これを示す年欠八月七日付け小堀正一書状がある。[註35]宛名は彦根藩主井伊直滋である。彼もまた禁中作事の担当奉行の一人であった。

『小堀家譜』によれば、寛永十九年(一六四二)九月から「新院御作事、被仰付候」とある。正一自ら記した同史料の最後にあたる。当時「新院」とは明正院であり、正一は「御所修理奉行」となっていた。[註36]

実際は寛永十八年から準備が始められていた。正月八日付け姫路城主松平忠明宛て正一書状によれば、「禁中の御なわはりなとも仕可申と存候」と見える。[註37]幕府大工中井正純と正一がそれぞれ江戸城二の丸作事と造内裏作事に係わった。[註38]

寛永十八年八月二十五日付け正一書状によれば将軍家光は内裏修復事業にかかわる正一の登城を遠慮するように命じた。[註39]老中方と作事への段取りなどを確認するように指示していた。この時に話し合われた内容が「禁中御殿数之覚」である。[註40]御所内の「内侍所」「紫宸殿」「清涼殿」から「蔵」「御番所」「湯殿」「御台所」などほぼすべての部屋や廊下、その他施設名が記載されている。本書冒頭に「小堀遠江守・五味金右衛門被書付候　禁中御殿数之覚」とあるので、正一と五味豊直の両人にその確認が行われた。しかし両者にすべての施設の作事仕事分担が振り分けられたとみることには躊躇を覚える。

またこの禁中改修作事に関して「禁中御築地御用ニ遣申手伝之覚」は重要史料である。[註41]第一条に「古築地弐百五拾八段こわし人足、但壱段ニ付五拾五人余」で総計一万四一九七人、第二条では「惣廻り古築地屋禰瓦繕手代」四五〇〇人、第三条では「五万千六百二拾人」として「御築地百八拾五須(段カ)之万手伝、但壱段ニ付弐百七拾九人当ル」とある。実計算では合計五万一六一五人となる。さらにこの人足内では一四五二人が「惣廻り築地洗」、二五〇〇人が「仮御殿築地こわし・古俵ゆい共ニ」となっている。前者の具体的な仕事では「御築地之地築」「同石垣仕出シ並御材木持」「大工手伝」「瓦持其外瓦ノ土持諸色手伝」である。古築地を壊す時、土壁破却役と屋根瓦撤去は別にされていたこと、土壁破却役は段あたり五五人余、総勢一万四一九七人、屋根瓦撤去役は四五〇〇人の担当であった。さらに新築「御築地」分一八五須(段カ)は「万手伝」役として段あたり二七九人計算で、五万一六二〇人が動員されたこととなる。破却人数より多いのは新築地の施行管理に慎重を期していることと捉えられる。

またこれらの基礎作業とその補助ともなる「惣廻り築地洗」が一四五二人、禁中内の「仮御殿築地こわし・古俵ゆい」が二五〇〇人、人数総計は七万三一七人となる。彼らは毎日「着到表」でもって勤務管理されていた。この役人には、小堀正一・五味豊直・中坊時祐・豊嶋勝直・中村之重・彦坂吉成・多羅尾光吉・井狩宗重の「内の者」たちがそれぞれ共同で行っていた。奉行衆たちは、自家の手代役人らを登用しているが、その任用についても事前に「誓詞」をとっていた。小堀家の場合、家老小堀権左衛門に「新院之御作事ニ付而、奉行共誓詞其方へ請取置候哉」と奉行任命への確認をしている。[註42]具体的には家中の侍三人ほどに誓詞を差し出させ、順番に御作事場を監察させ、その状況をつぶさに報告させる態勢をとっていた。

他の担当奉行衆の家でも同様と考えてよいだろう。

さらに人足の労務管理もまた手代の重要な役目であったことが寛永二十年正月二十四日付け正一書状から分かる。[註43] 内裏の御作事については毎日その担当部署の作業進行状況を確認し、必ず手代から担当奉行へと連絡するようになっていた。労務と進行管理計画はかなり徹底していた。また築地人足たちは上・下京の「惣中」→「町代」を通じて連絡・招集されていたことが寛永二十年卯月二日京都所司代板倉重宗の裏書から明らかとなる。[註44]「御築地之人足」（＝禁中築地人足）は担当の奉行衆が人員を確保すること、その運用資金は上・下京全体で「代銀」を出すこととなっていた。「日用」（＝日雇人足）は「築地つき候大工」が人足を確保し、賃金は個々に決定して大工から支払うようになっていた。

こうして「御作事」は進行し、会計勘定の時期を迎える。[註45]（寛永二十一年）七月九日付け小堀家老小堀権左衛門宛て正一書状によれば、[註46] 家中の奉行手代方会計と思われるが、五郎右衛門・[註47] 七郎左衛門・次大夫の三人からの「勘定帳」が正一のもとに送られてこなかった。正保元年（一六四四）十二月二十二日の小堀権左衛門に宛て正一書状でも確認を再度行っている。[註48] 正保二年正月に至っても同様で、上方八カ国奉行小堀正一と同役の五味豊直からも申し入れがあった。[註49] 小堀権左衛門へ正一は三度目の至急指示を出している。[註50] 資材調達から最終処理の勘定精算にいたるまでにはかなり苦労があったようである。

後水尾院・東福門院御所作事

後水尾院はすでに退位以前から予定されている院御所の建築にはいっていたが、その担当奉行が正一であった。寛永七年には東福門院御所もあわせて建築、これも正一が担当奉行となっている。なおこれ以前寛永四年七月に「仙洞御所造営材木」の準備、十一月から翌年の十月までは「仙洞・国母様御作事」を仰せつけられていた。[註51] この関係史料が中井家文書に残されている。[註52] 幕府大工頭中井正侶から正一に「院御所・中宮様両御作事」についての、将軍家光の意向確認と仕様等について、伝奏の三条西実条と中院通村へ申し入れするよう連絡している。中井家設計による指図内容を基本にしながらも幕府当局の意向をふまえて、従来の建物規模を踏襲しつつ連絡していることが知られる。また院や中宮の好みに任せる部分や引家をしてそれを従前同様にすることなどかなり細かく連絡調整がなされている。作事奉行としての正一と大工頭中井正侶の息のあった連携がうかがわれる。彼らは「茶」を通じても交流のあったことが知られている。[註53]

三　幕府公務による城郭の作事と普請

本丸等の作事と普請

『小堀家譜』には慶長六年（一六〇一）伏見城作事にはじまり駿府城・名古屋城・伏見城・大坂城など多数書き上げられている。正一が書状のなかで具体的な作業を語っているものに限り述べていく。

【名古屋城】

慶長十七年（一六一二）四月十六日、正一は駿府の徳川家康に拝謁する。[註54] 正一は名古屋にいる大工頭中井正清に伝え、必要なことがあれば連絡を乞うと書いている。この時点ではまだ名古屋城作事奉行ではないので、この拝謁が事前の面接となっていたと考える。[註55]

慶長十七年（一六一二）五月十一日、家康は尾張名古屋城の「御城作事奉行衆」を決定する。[註56] 大久保長安・小堀正一・村上吉正・長野内蔵允・日向政成・原田成氏・寺西藤左衛門・藤田忠次・水谷九左衛門の九人で、うち原田・寺西・藤田は尾張徳川家御国奉行である。[註57] 家康は上方職人の作料は上方での支給、原材料の石灰は三河から送付することを中井正清へ直接に指示している。しかしその後の進捗状況は遅れ、特に「御天主御材木なにやうの木不足候哉」と幕府老中たちから正一をはじめ担当奉行衆は詰問された。[註58] その材木は「材木御手伝衆」と「同奉行衆」が中心に調達することであった。

同年十二月五日付け尾張藩御国奉行衆宛て正一奉行衆勝田左近・杉村新丞連署書状によれば「名護（古）屋御殿守御材木」内訳が示され、「気屋木（欅）末口角物」四〇八本、「檜木角物」二〇八五本、「檜木平物」一七五本以下、多数あげられている。[註59] これらは五重天守各階に必要数が配分され、「板子」などは「穴蔵一重目」と「へひ（塀）」に使用されている。[註60]

【大坂城御殿主作事】

寛永三年（一六二六）四月、正一は近江の大工頭某に「江州千石夫」の徴発につき通達した。[註61] しかし「江州大工・大鋸・小引」は拒否する。正一は「国奉行」北見勝忠時代の「折紙」と所司代板倉勝重の「折紙」を引き合いに出し、「今度之儀者重而之引例ニハ成間敷候」とするので「夫役相勤可申候」と低姿勢で頼み込んでいる。

翌寛永四年（一六二七）正月十日勘定頭衆連署状では、近江観音寺から松平正綱・伊丹康勝宛てに国役免除要請があったにもかかわらず、負担すべき指示が幕府からでた。[註62] 織田信長以来の先例は認められなかった。

完成に近づき景観整備も行われ「大坂御城露地之植木」を確保しようと醍醐や山科方面を調査する。[註63] 門跡の寛海法親王方に正一は依頼の申し入れを所司代板倉重宗他行につき、先に行う。二月二十六日に検分、[註64] 三月十一日に三間半以下の檜木九本分を門跡手代小畑彦右衛門から正一手代谷口九左衛門は請けとり、大坂へ送った。[註65] なおこの作事に伴って完成した「大坂城本丸御殿」の図面が大阪城天守閣に残されている。[註66]

【水口城】

正一は元和八年（一六二二）にはすでに早く東海道宿場水口の「水口御茶屋」を預かっていた。[註67] 後に正一が水口城と関わり出すのはかかる前史があった。

寛永十年（一六三三）十一月、正一は近江国甲賀郡水口から浜松城主高力忠房の道具立て注文への返事を出す。[註68]「拙者事、水口御普請申付居申而、京都へも罷上候事無之ニ付而、只今も水口ニ居申候」とある。この年は将軍家光の上洛が行われた。[註69]

寛永十年極月二十八日付けの正一・跡部良保・島三安発給による

勘定書によれば、「土居」「辰巳水道堀」「石垣」「御堀」「御堀外」「がんぎ石」など広範囲の普請が実施された。(註70)「辰巳水道堀」は「日用」四一八人を投入、一人二匁の賃金を支払った。「御石垣」では「大坂組」の「孫右衛門」「新右衛門」が請負い、「本御石垣」単価は坪あたり八三匁、「見付枡形出角」は坪あたり九九匁六分と前者の二割増しとなっている。「がんき石」の持場では二七五八間二尺七寸五分を上中下に分け、上は一間あたり二二匁五分、中は一九匁、下は一六匁宛てとしている。これら普請事業に係わった職人は「木屋与吉」と「大坂組」である。前欠の文書でその他の普請箇所もいくつかあったと思われるが、「がんき石」代金は銀五〇貫五九三匁七分、「大坂組」の委託支払金は二三三貫九一〇匁二分四厘、「木屋与吉」分は一八一貫八九八匁九厘となっている。

寛永二十一年(正保元・一六四四)八月、「今度之大水大風」は畿内から関東各地に大きな被害を出した。(註71)正一は水口城にいた御番衆から老中への報告を聞き、その対策を家老小堀権左衛門に指示する。(註72)水口城城代の八代忠正からまもなく連絡がくることを知っていた正一は、塀修繕の対応準備と城内各所の修繕対応を行うように命じた。あわせて自分の知行所被害も入念に調べるよう指示する。(註73)同年九月十日付けで老中から正式に「修復」と「勘定」が命じられた。(註74)十二日には家老小堀権左衛門に具体的な指示を出す。(註75)東海道に面した水口城を、外観から修復を開始するよう老中からも指示がでた。小堀権左衛門へは二人の奉行人の選定と修復作業を始めるよう正一は指示している。また城内の修繕も見える部分から着手するよう念を押している。さらに十一月二十二日の家老宛の手紙でも、今後の対応も含めて命令を伝える。(註76)特に将軍家上洛が続く寛永年間は水口城への宿泊なども想定されていたので、柵木の入れ替えと転倒防止策、門の根廻りの固めなど指示は細かい。

なお大工頭中井家には寛永十一年六月正侶の記載した「水口城指図」が伝来している。(註77)本丸は東西七五間、南北七九間、東側には「出丸」があった。「中之御殿」は高石垣と堀に囲まれ、隅には「櫓」があげられていた。「二之丸」には賄所が設置され宿泊機能をより高めていた。南庭に面した「御亭」は二階建てで、ここに正一による庭と建物配置の特徴が出ている。(註78)

四　資材調達の様相とその決済

資材調達

慶長十七年(一六一二)九月二十八日正一書状によれば畳の入手方がわかる。(註79)江戸へ送った畳面が依頼注文書と異なっていた。上中下三種の注文に対して上々・上中を仕入れて送付した。ために江戸では請け取りを拒否していた。

また、「助右衛門」が「駿府御城之面」、城内に敷く畳面の納入期日を守らず、いまだ大坂にいて買い付けをしていないことへの詰問であった。彼は江戸への畳面買い付けをも請け負っていたが、これらの手配の送付監督責任者である深町喜左衛門もまた送付書類に「加判」をしたことからその責任を追及されている。深町喜左衛門

とは小堀家の「下代」であり、[註80]「小払」を手形で行うなど勘定実務を行う者（金融業を兼ねる）であった。[註81]

さらに「こゝもと御天主畳面之事」とあり、かつ書状別条に「こゝもと御天主、昨日二十七日ニ棟上出来候」とあるところから、名古屋城のそれに該当する。[註82] この畳面もまた助右衛門に依頼していた可能性が高い。しかし駿府の家康から当分は畳を敷く必要はない旨の連絡があり、買い付けを停止させている。さらに深町喜左衛門から銀子を受け取ったことから「手形」で決済をするように伝えている。

以上、三つのケースから買い付けする役目の助右衛門、勘定役の小堀家「下代」深町喜左衛門など家政機関を動員しての資材調達方式であったことが判明する。

人員の確保

元和三年（一六一七）の禁中作事が決まった時の事例からみよう。[註83]「禁中御作事被仰付候、来春早々より御作事ニ取付可申候、材木や諸職人かたへ当年より前かしニも相渡可申候間、米之つもり可申越候」とある。この禁中作事は同四年九月にはじまる「女院御殿」作事（構造奉行）の内示をうけていたことを示す。[註84] 作事開始の一年前から資材の調達準備を行い、多数の職人を確保するため前倒しで契約賃金（米）を渡していたことがわかる。いくつもの作事が錯綜して腕の良い職人が払底する可能性もあることを考えさせる。

寛永十九年（一六四二）九月「新院御作事」（明正院）の場合、[註85] 職人へは手形で支払いが行われた。国元の家老小堀権左衛門から、裏書きのない判紙を三〇枚ほど同僚の五カ国物奉行五味金右衛門豊直に送らせて手形を組んで大坂で支払いを命じている。職人への支払いが銀子そのものか、手形であるかは恐らくその時のケースによるのだろう。だが基本は手形決済とみるべきと考える。

財源の確保

元和三年の事例が参考となる。[註86] 当時、正一は河内国奉行を命じられていた。[註87] 備中蔵米を相場の高いときに売り払い、大坂などでも「才覚」することを国元の中村重右衛門と小堀権左衛門に要請している。作事や普請のための資金繰りとは異なるが、蔵米を元に利益をあげることが結果的に財源調達の一つとなっていったことはまちがいない。なおこの中村氏なども備中国元に米六・七〇〇〇石の保管をしており、正一も国元での「弐万石之御蔵詰之米」を自分の方（京都か）へ送付してほしいと依頼している。

また「うり付銀」を国元から至急京都に送るように要請しているが、その地元担当者が真安与一である。彼は「小田之さねやす」ともいわれ、備中国小田にいた複数の商業関係者の一人である。[註88] 彼らは国元の「御蔵詰之米」を管理し、それを市場に出して換金する業務を請け負っていた。その蔵米の「公儀へ之御算用」を作成していることからも明らかである。[註89]

以上のように、蔵米を換金して得た金が「うり付銀」にあたると考えてよい。なおこの他に備中特産の鉄（つく・銑）を購入して保管する「松山鉄蔵」や「いたか」（備中国哲多郡井高）への搬入な

どによる算用も彼らが同様に係わっていることが知られるが、ここではふれない。(註90)

支出勘定の様子と精算

正一の作事や普請に関わる幕府公金の支出を知るには「江州元和七年分払寄目録」がある。(註91) 同目録は同八・九年、寛永元年から四年までである。小堀家支配の近江幕領年貢等勘定が寛永五年(一六二八)にまとめられ、家老小堀権左衛門から幕府勘定所へ提出された控えである。(註92) これらは正一が近江国奉行として関わった時期であり、(註93) この職掌と普請・作事との関わりを位置づけた上で考えなくてはいけないが、いまは支払いの状況のみについて触れる。

元和七年(一六二一)の場合、幕領からの年貢は所管各代官の所から米・稗・大豆で納められる。それを幕領出入りの御用商人に渡して換金、銀子にしたものを石換算にして支払う態勢であることがわかる。

「大坂御作事銀渡」(一〇二石三斗六升二合)、「水口御茶や修復入用ノ内銀渡」(一〇六石五升)、「伊庭御茶や修復入用ノ内銀渡」(二六石一斗三合)が挙げられる。また元和九年の将軍家光上洛計画に伴い、「御作事渡」となった「大坂御城御作事用諸職人ニ渡」米二〇六七石二斗二升三合三夕分は、二年前から準備を始める職人等へ支払われた。当該部分に付箋で「公儀払と合」とあり、大坂の幕府蔵米による支払いと近江幕領からの収入分で支払ったことがわかる。支払いの基本は銀決算だが、幕領蔵米は公儀へ現物渡しとし、小堀家手代支払分は大豆で決済される。また近江国奉行正一自身の御用に関わる支出分も銀決済で処理されている。このほか、「二条石垣御普請」では米四九六六石余を「御扶持方」へ、石を大津まで運送する「加子方」(水主)にも米一四七石余の支払を公儀分と近江幕領から双方で行っている。

このように正一は近江国代官としての立場をもちつつ、幕府公務としての普請と作事に関わる支払決算を技監としてその管轄国財政から支出させていたことの概要はつかめた。

むすび

以上、小堀正一の仕事のうち、作事を中心に述べてきた。実務官僚であり、技監としての姿、また藩主としての国元支配の一部もふれたが、いまだ不十分である。

残された課題も多い。城割や仕置、寺院の庭園・部屋等の作事の実態も正一書状や関連絵図類などの史料からさらに明らかにできる。また資材調達や人員確保などに、正一が国奉行としてかかわっていたかどうかなども要検討である。次を期したい。

註

(1) 熊倉功夫の研究の他、多くがあり、通常は「遠州」とよぶが本稿では書状に多く見える正一を使用する。

(2) 朝尾直弘　一九六七『近世封建社会の基礎構造』お茶の水書房

（3）高木昭作　一九七六「幕府初期の国奉行制について」『歴史学研究』第四三一号、同　一九七六「幕藩初期の身分と国役」『歴史学研究』一九七六年度大会報告別冊。なお、これ以前に人見彰彦　一九八六『備中国奉行小堀遠州』山陽新聞社がある。

（4）藤田恒春　一九九四「近世前期上方支配の構造」『日本史研究』第三七九号

（5）森蘊　一九六六「小堀遠州の作事」『奈良国立文化財研究所学報第十八冊』、同　一九六七『小堀遠州』吉川弘文館、森蘊・恒成一訓　一九七四『小堀遠州』創元社

（6）市立長浜城博物館編　一九九七『小堀遠州とその周辺』市立長浜城博物館

（7）太田浩司　二〇〇二『テクノクラート小堀遠州』サンライズ出版

（8）高橋正彦編　一九八三『大工頭中井家文書』慶應通信、『佐治重賢氏所蔵小堀正一関係文書』一九九六　思文閣出版（以下『関係文書』と略す）、藤田恒春編著　二〇一二『小堀遠江守正一発給文書の研究』東京堂出版（以下『発給文書』と略す）などである。本論文は藤田氏の成果によっていることを付記する。なお茶人としての小堀正一書状に関しては、小堀宗慶編著　二〇〇二・二〇〇六『小堀遠州の書状』正続　東京堂出版を参照。

（9）前掲註（6）。本文には「愚親小堀新助」「私被　召出」「親新助」「私弟」などが使用され、明らかに本人が記したことがわかる。

（10）『発給文書』

（11）『発給文書』

（12）『寛政重修諸家譜』十六　佐治家

（13）久保文武　二〇〇五『藤堂高虎文書の研究』清文堂出版（以下『高虎文書の研究』と略す）、『藤堂高虎文書集』二〇〇八　伊賀文化産業協会

（14）『高虎文書の研究』第八五号

（15）『寛政重修諸家譜』一六、小堀家

（16）『高虎文書の研究』第一二一号

（17）『高山公実録』一五　伊賀古文献刊行会、『高虎文書の研究』

（18）『高虎文書の研究』第一三〇号

（19）『発給文書』慶長十四年の項

（20）『新訂寛政重修諸家譜』一六、小堀家

（21）『発給文書』慶長四年の項

（22）前掲註（15）

（23）『小堀家譜』佐治家資料、『新訂増補国史大系徳川実記』一

（24）『発給文書』第四号

（25）この点に関して前掲註（6）第四五号文書の解説では織部が責任者で正一はこれを補佐する立場にあったのだろう、としていることはいえないと考える。またこの書状が正一の初期のものであり、花押の形態も後のように父正次のものと似ていない。父からの技術指導をまだ十分に受け継いでいなかった段階のものと、その花押から考えることができるのではないか。

（26）前掲註（6）第八三号。なおこの文書は本文に引用した正一書状と同じ包紙に包まれて伝来したという。

（27）福島克彦　二〇一〇「伏見城の機能とその破却について」『ヒストリア』第二二二号、中井均　二〇一〇「伏見城と豊臣・徳川初期の城郭構造」同。また古田織部の研究は多数にのぼるが古典的研究書として桑田忠親　一九四六『古田織部』宝雲社などをあげておく。

（28）前掲註（23）『小堀家譜』

（29）平井聖　一九七六『中井家文書の研究』第一巻　中央公論美術出版

（30）『中井家文書』第一六〇号　二月二十六日幕府老中連署状

（31）「中井家文書」慶長十七年五月十一日付け徳川家康黒印状、前掲註（6）所載四二号、『発給文書』第四七号

（32）『発給文書』第四七号

（33）慶長十二年十二月二十二日小堀正一書状（『発給文書』第二二号）

(34) 前掲註（23）『小堀家譜』
(35)『発給文書』第四三七号
(36)『寛永諸家系図』小堀家、『徳川実記』三
(37)『発給文書』第四五〇号
(38)『発給文書』第四五〇号補注
(39)『関係文書』第六一号
(40)『発給文書』第四五四号
(41)『発給文書』第四八八号
(42)『関係文書』第七三号
(43)『関係文書』第七五号
(44) 前掲註（41）
(45)『発給文書』一九号。小堀権左衛門はもと爪田休足という。慶長十年二月十一日爪田休足宗勝書状（同）で彼は「小堀遠江守内爪田休足宗勝」と名乗っている。
(46)『関係文書』第一一三号
(47)『関係文書』第一一三号、注
(48)『関係文書』第一二四号
(49) 小堀正一と五味豊直は寛永十一年七月八日「国奉行」、同十九年には上方八人による活動となり「上方八人衆体制」と概念化されている（藤田恒春「近世前期上方支配の構造」）。
(50)「酉」正月二日小堀正一書状、『関係文書』第一二六号
(51) 前掲註（23）『小堀家譜』、『徳川実記』二
(52)『発給文書』第二〇五号
(53)『発給文書』第二三〇号
(54) 前掲註（6）所収第五二号
(55) 前掲註（6）の同文書解説では「正清を通す形で、すでに間接的に工事に関与していた可能性」を指摘している。
(56)『発給文書』第四八号
(57)『名古屋叢書　三編』二、『発給文書』第五二号注解
(58)『発給文書』第五一号
(59)『発給文書』第五三号
(60) 城戸久　一九八一『名古屋城と天守建築』名著出版
(61)『発給文書』第一七三号
(62)『発給文書』第一八九号
(63)『発給文書』第一九八号
(64)『発給文書』第一九九号
(65) 森蘊『小堀遠州の作事』
(66) 前掲註（6）所収第五〇号
(67)『発給文書』第一三八号
(68)『発給文書』第二七八号
(69) 森蘊『小堀遠州』。『小堀家譜』にも「同酉（寛永十）之七月より戌（同十一）之六月迄、水口御城御普請被仰付候」と見えていることに相当する。
(70)『発給文書』第二八〇号
(71)『徳川実記』三
(72)『関係文書』第一一五号
(73)『徳川実記』三、寛永二十年十一月一日条
(74)『関係文書』第一一七号
(75)『関係文書』第一一八号
(76)『関係文書』第一二三号
(77) 前掲註（6）所収第五四号
(78) 前掲註（6）所収第五四号注釈
(79)『関係文書』第一八号。本文中に「こ々もと御天主、昨日二十七日ニ棟上出来候」とあり、これが名古屋城天主に相当するので慶長十七年と見ることができる。『発給文書』第五二号、五三号参照。

(80)『関係文書』第八号
(81)『関係文書』第二五号には「小払ニハ定而喜左衛門手形可在之候間」とあることからも分かる。その他に第三一号、三七～三九号参照。また『発給文書』第三五号を参照。
(82)『発給文書』第五二号
(83)『関係文書』第三〇号
(84)『徳川実記』二
(85)『関係文書』第七八号
(86)前掲註(83)
(87)『発給文書』元和三年の項
(88)彼らの他に「佐内与介・下くら喜介・柳井新右衛門」がおり、「右之もの共ハ備中のものにて候間、知行ニ相渡り候へハ、其所ニ相残ものニて候」(『関係文書』第二五号)。特に柳井新右衛門は高級和紙の製作者であり、江戸仕様の高級紙を小堀正一は依頼している。同第一三四、一三五号も参照。なお彼らの動向については人見彰彦『備中国奉行小堀遠州』を参照。
(89)『関係文書』第二五号
(90)『関係文書』第二六、三〇、三一号参照。
(91)『関係文書』第Ⅲ部一四一号。幕領の研究は佐々木潤之介　一九六四『幕府権力の基礎構造』吉川弘文館を参照。
(92)『関係文書』解題・藤田恒春執筆
(93)前掲註(4)

家忠の流儀

「家忠日記」の改行

大嶌聖子

はじめに

「家忠日記」の記事を読み解き、この日記の理解をより深めること、これが本稿の目的である。

　この日記は、深溝松平家の松平家忠が生涯にわたって書き続け、原本の一部が伝来する。[註1] 竹内理三編『増補続史料大成　家忠日記』（以下、「刊本」と略する）の刊行により、この日記をめぐる研究は進展してきたといえる。そうした研究は、この日記が同時代史料であることから、「刊本」の引用によってなされてきた。史料集等の刊行の方針が、記事を捉える時に制限をかけてしまう場合がある。一方で史料は原本に立ち返ると、新たに読み解けることが出てくることも事実である。原本を詳細に眺めていくと、簡潔な記事が続くものの、「刊本」では把握しきれないさまざまなことをこの日記の原本は教えてくれる。

「家忠日記」の原本を素材に、筆者はこれまでにいくつかの論考をまとめている。冒頭と文末が断簡であるものの、元服から死去の直前まで書き続けていただろうことを明らかにしたほか、日記の記事は、同日の記事でも書く位置により時間差が存在することも明らかにした。[註2]

　「刊本」は、日記の改行が記されず、一日の記事が長いときは、続けて一行で翻刻されている。この翻刻方法を採用したことで、「刊本」刊行時点で解決されていなかったことがいまだ解決されず、「家忠日記」の難解さを示す。それは前後いづれの日の記事であるか判断しがたい記事である。こうした記事の存在は、「刊本」の解題でも指摘されており、該当する行が前後の日のどちらか判断のつかないときは、前後の日の行間に該当行を挿入し読者にその判断を任せるとしている。[註3] このような記事（以下「行間記事」とする）も、原本を見直すことが不可欠である。

　すでに前稿で検討した「家忠日記」の記事の記述方法の特徴、言い換えるならば、家忠が記事を書く際に決めていた決まりごとにあてはめれば、「行間記事」の行く先の手がかりとなる。[註4] 同様な事例で編者が判断をくだし、前後の日の記事に組み込んでいる場合もある。つまり、いったんはその記事の前後の所在を判断しながら、注記を残す記事である。これも判断が下されなければ、「行間記事」の延長にあるといえよう。そしてこのような記事は、原本のとおりに改行を行い、記事を捉え直すことでどちらの日の記事か判断が可能となる。原本の改行通りに理解することは、「家忠日記」を考える上で重要である。

本稿では、紙幅の都合から、「刊本」では、一応の日付を特定しながらも、その判断をいまだ読者の判断に任せるとして注記の付された記事の行き場を示し、どちらの日の記事と判定すればよいかを示すことにしたい。

一 「家忠日記」の規則性

「家忠日記」の原本を見ると、日記の書き方に一貫性のあることがわかる。すなわち、日記を書くとき、家忠はある程度のきまりをもって書いていたことがわかっている。それは、日記をつけはじめてから続くこと(①)であったり、途中からのきまり(②)になったり、[註5] あるいは、その時々の状況から記事が書かれた場合(③)もある。こうしたきまり、規則性のあることを理解することで、第二章でとりあげる記事の解釈は解決する。ここでは、前稿での検討結果を踏まえ、①と③について、第二章の前提としてその確認をしておきたい。

家忠の日記の書き方

原本からわかる一貫性のある約束には、つぎのような点があげられる。

家忠は一日のスペースを決めていた。「家忠日記」の一日は、日付が何日と書かれ、その下に割書の形で十干十二支が右から左に書かれ、そして記事が始まる。それぞれの日の記事は、何日とある日の字の真下から書き始めている。各日の起筆場所は、巻頭から巻末まで一貫していた。このきまりから外れた記事は、位置づけを再検討する必要が出てこよう。

その日の主要な事柄は、日付の中央下に書き込んでいる。日にちごとに記事は三つの列に分けられ、記事が続くと十二支の下へ続く。その日の天気は十干の下、つまり中央の右側に書き込んでいることがわかる。このことは、記事がまっすぐ書かれずに斜めになっていても守られ、例えば天正十九年閏正月二十三日条に「夜雨降」と書かれている場合がこれにあたり、こうした場合も十干の下から書き始めていることから、決まりとしていたことがわかる(十干下の記事は後述)。この三つの列、スペースがその日の基本的なスペースである。記事が長い場合は、さらに何行かにわたり、その左の部分もその日のスペースである。記事が長くなると、当日の日付と、翌日の日付の間に空間ができることになる。

家忠の表現方法

ここでは、記事の書き方についてみていきたい。

その日の記事を書き終えたあと、記事を追加している場合は、注意を要する。その場合、二つのケースがある。ひとつは、つぎの日の記事がなく、スペースが空いている場合、翌日のスペースまで入り込んで記事が書かれることがある。日付と日付の間が空いていないようなとき、このように書かれると、その記事は後から書かれたものである。つまり、これは、少なくともつぎの日の日付を書いた後にその記事が書き込まれたという時間的な開放が起きていることを示す。いいかえれば、日付の日の記事でありながら、時間的には後から書かれたことになる。家忠としては、その日に書く必要があったから、あとからでも、その場所に書き込んだと考えられる。もうひとつは、左へと記事が増えずに、書き出しの右側へと、つまり十干十二支の十干の下から続きの記事が始まる場合があり、下部の空間を埋めるようなイメージで細かく改行が行われ、左に記事が進んでいく（後述）。

すでに前稿で検討した点であるが、以下に紹介する記事の書き分けは、記事の時間差が存在する。つまり、その日の記事の部分に書き込まれながらも、後から書き込まれたことが判明する記事である。

あとからの書き込みであることがはっきりとわかる書き方がある。前稿で後筆記事とした記事である。それは伝聞の記事であることが多い。原本を見ると、字が小さく表記されている場合や、二字下げてある場合などがある。たとえば、天正十八年五月二十六日の「三州竹谷全保死去候由申来候」という記事は後者にあたる。五月二十五日から二十七日までの記事はまとめて書かれていることがわかるので、二十八日の記事と関連し後から記入されたと思われる。こうして二字さげて表記されている場合は、ほかにも日記に散見する。

自身の覚えとしても書き込んでいる場合がある。天正二十年三月六日から十日にかけての記事は、「かつさ知行分」として一括の記事である。空いているところに埋め込むようにして家忠は書き留めた。これは三月九日の記事に関連したものと前稿では捉えた。

あとから書かれ、どの順序で書かれたかがわかる記事群もある。先に翌日の記事が書かれ、そのあとに前の日の記事が書かれた場合などである。(註6)

ところで、各日の一行目、十干の下に書かれた記事が、じつはその日の記事の最初の記事ではなく、最後の記事となっていることは、原本をみると明らかな事実である。記事のスペースをどのように使っているかということ、さらに、記事の内容からもこうした判断を下すことができる。(註7) 一日の記事を書く順番を確認すると、日付下の中央から左（十二支の下）へ、そして右（十干の下）へと続く。この表記方法は、書状の追而書きの書き方にならうものである。ここでは文禄二年正月二十八日条をみてみよう。

　　　甲　年号かハり候、文禄ニ成候、
廿八日、　雨降、晩より大雪ニ成候、
　　　申　大納言様御帰候由風説也、

原本には一行目の波線「年号かハり候、文禄ニ成候」は甲の下に「文禄」の字が一際大きく書き込まれている。「雨降、晩より大雪ニ成候」

の行が二十八日の真下に書かれ、次の行に「大納言様御帰候由風説也」と書かれている。波線部分だけ墨色が異なる。「申」の左側も空間があり書き込むことは可能であるが家忠は書き込まなかった。そして、この月の冒頭には、「天正廿一年癸巳正月小」と書かれた右側に「文禄二年かハり候」と書かれており波線部分と墨色が酷似する。おそらく、家忠は文禄に年号がかわったことを二十八日に知り、二十八日の記事として書き込み、かつ月の冒頭にも書き込んだと考えられる。波線の墨色が二十八日の他の部分とは違うことは、時間的にも違う段階で書き込んだことが明らかである。問題は、記事を書き込んだ空間・場所である。空間があるにもかかわらず、三行目には書かずに、一行目の「甲」の下に書き込んでいる。このことは、あとから書き込む場合、一行目に立ち戻って書き込むというきまりを家忠は持っていたことを示す。家忠はこれをいわば法則のようにしていたことがわかる。あとからわかったことは一行目に立ち戻って書き込むというきまりである。書状では追而書を書く、まさにその書き方である。これを前稿において、家忠日記における「追而書の手法」と名付け、その事例を挙げて検討した。どちらの日の記事か判断しがたいときは、この「追而書の手法」の法則をあてはめることで、どちらの日の記事かその解答を得ることができる場合が多い。

このように判断していけば、日にちと日にちの間に書かれているように見えて、どちらの日の記事か判然としなかった記述も整理されてくる。実際にこのように考えて刊本の記事を移動させる必要のある記事はいくつかある。(註8)

二 「行間記事」を読み解く

「追而書の手法」の援用を実際に行ってみたいと思う。

その記事が前後どちらの日の記事か判断するもうひとつの手がかりは、次の日との間に空間があるかどうかである。該当記事と翌日の記事との間に、空間が有れば、その行は前の日の記事となる。空間がない場合、後から書き込まれた可能性が高くなる。個々の事例を検証する必要があるが、多くは「追而書の手法」から、次の日の記事となる。次の日にあとから書き込まれた記事である。それでは、以下に掲げる史料は、いわゆる、「行間記事」であるものの、いったんは編者の判断が下されている記事である。判断基準を示し、どちらの日の記事であるかの解答を示したい。[刊本]で判断が保留された記事は、以下の七点である。

【史料1】 天正一七年二月七日・八日（[刊本]328頁目）

七日、乙
酉
丙 (A)同勘解由入道して玄佐と申候、
八日、三州・遠州・駿州連歌士共御よせ候て、点取連歌被成候ハ
んとて今日御よせ候、
戊

傍線（A）には、［刊本］では「七日条カ八日条カ詳ラカナラズ」と注記があり、文字を小さくし、八日条に寄せて翻刻がされている。原本では、七日条の十二支の下に書かれているように見えるものの、七日条の日付下の中央には書かれていない。また、七日と八日条の間は空間が無い。そのため、この状態から、（A）は七日ではなく、八日の記事に関連して書かれたとみられる。八日の波線の記事は、原本では「三州」とある書き始めは、日付の真下から三行にわたって書かれている。波線部分を書いた後に、手紙でいえば追而書に当たる部分に（A）を書き込んだと考えられる。（A）を一字下げて書いていることも、この一行が後から書かれたことを示す。七日は掲出の通り、もともと記事がないため、（A）は七日条の範囲にゆったりと書かれたと考えられる。もしも、（A）が七日の記事であれば、七日の日付の真下から書かれるか、あとから記入されたとしたら、十干の「乙」の下に書かれるであろう。

　記事にみえる玄佐は、松平康定のことである。同月十一日に御城で連歌会があり、その連歌会のメンバーの一人である。このたび呼び集められたことで、玄佐が入道したことを家忠は知り得て、傍線部の記事を書いた後に（A）を記入したと考えられる。

【史料2】 天正二〇年二月二日・三日（［刊本］416頁目）

二日、癸巳　家康様から入ニかぬ川迄御出馬候、御送ニひゝや迄参候、

（B）知行残り五千石の事ニ小田原迄酒井平右衛門越候、

三日、甲午　雨降、をしへ日かけニ帰候、

　三日から改丁されている。傍線（B）と記述された部分は、［刊本］では「以下二日条カ三日条カ詳ラカナラズ」と注記があり、二日と三日の間に文字を本文と同じ大きさで示してある。原本では、（B）は「をしへ日かけニ帰候」とある行よりは小さな文字で書き始まり、「甲　雨降」の右脇に書かれている。そして一行目は「知行残り五千石の事ニ酒井」とあり「甲　雨降」の下部に「小田原迄平右衛門越候」と記入されている。この日の記事であるが下方に書き込んであることから、後筆記事である。さらに原本を見ると、同月一日条に「下総知行へ、をしより修理殿越候、下総知行へも原田内記をこし候」とある記事と（B）の一部の「小田原迄平右衛門越候」との墨が酷似している。ここからこれらの記事は、関連して一斉に書かれたと考えられる。「知行残り五千石の事ニ酒井」は「小田原迄平右衛門越候」と書かれた後にこの説明として書き込まれたと捉えられる。よって、（B）は三日条である。［刊本］では一日の記事とする「下総知行へも原田内記をこし候」は、原本では二日の記事に寄せて書いてあり、二日の十干の下に書き込んだと考えられる。

【史料3】 天正二〇年八月二一日・二二日（［刊本］433頁）

廿一日、戊申　教伝ニ夢想連歌候、江戸奉行大窪十兵衛小見川ヘこし候て、音信ニ酒井平右衛門こし候、

廿二日、己酉　(C)十兵ヘ助崎ヘ被帰候て、平右衛門尉助崎迄越候、会下ヘ参候、江戸普請出来候て、跡ニ残置候人数返候、

傍線(C)について、［刊本］では「以下十九字、或ハ廿一日条カ」と注記がある。原本は十干の「己」の下に書き込まれており「追而書の手法」を考えれば、この記事は二十二日でよいだろう。二十一日の記事とも連動し、大窪が二十一日に来て翌日、助崎（現成田市）に帰った(C)と考えれば符合するだろう。二十二日は「会下へ参候」が日付の真下にあり、この記事からこの日の記事は始まり、江戸普請のことが続く。（註9）

史料3と同様に十干の下に記事が書き込まれていることが、原本を見るとわかる記事は、以下の3つの記事である。史料4・5・7がそれにあたる。簡単に確認しておこう。

ひとつめは、天正二〇年十月一五日条（［刊本］38頁、**史料4**）の記事のうち「江戸より十三郎こし候」(D)の部分に「以下十文字、或ハ十四日条カ」と注記がある。(D)は「辛」の下に書き込まれており、十五日の記事でよいだろう。十三郎は家忠の弟、松平玄成である。前日十四日条の「鷹師をき候」は、原本を見ると薄い墨で書かれ、同月十二日条「隼一ツかい候」と書かれた記事の墨と似ている。別々の日付に書き込まれた記事ながら関連するものとして、家忠が後からまとめて書き込んだことが考えられる。そして、この墨は(D)の墨色とも酷似するものの、書き込んだ位置により、やはり十五日条の記事としてよいだろう。

ふたつめは、天正二〇年一一月七日条（［刊本］441頁、**史料5**）に書き込まれた「跡大炊助被帰候、かしまへ被越候」(E)とある記事で、［刊本］では「跡以下十四字、或ハ六日条カ」とする。(E)は七日の「癸」の下に書かれており、七日の記事としてよいだろう。原本では、七日条の左に余白がある。丁が変わり、八日条右側にも同様の幅の余白があるので、実際には七日条は左側には書き込めなかったとみられる。あわせて、四日・五日・六日の各日にも「跡大」と、それぞれ本文右側へ書き込みがある。「跡大炊助」は、家康の家臣となった跡部昌出のことで、昌出の滞在中のことを家忠がまとめて注記したものとみられる。

三つめは、文禄二年八月十八日条（［刊本］468頁、**史料7**）の「江戸ヘ酒井権之助こし候」(F)とある記事である。この記事について、［刊本］では「江以下十一字、十七日カ十八日カ不詳」として、文字を小さくし、「正佐息善甫京都より見舞ニ被越候」の記事に寄せる。原本の(F)は、十八日の「庚」の下に二字下げて書かれている。そのため十八日に後から書き込まれた記事であると捉えられる。

［刊本］で判断が保留された記事のもうひとつは、文禄二年五月九日条（［刊本］459頁、**史料6**）に翻刻された「角介脇差ヲくれ候」(G)とある記事である。「角以下八字、或ハ八日条カ」と注記があ

る。原本を見ると、九日の三行のスペースから右側にはずれた位置に（G）は書き込まれている。家忠は八日に神角介の所で連歌会に参席し、ここで家忠は発句を読んだ。この記事は、内容からしても八日条である。

まとめにかえて

いったんは編者の判断が下されている記事について、「追而書の手法」を中心にその記事が前後どちらの記事であるかという点を検討した。このように、改行通りに考えることは、「家忠日記」の記事を読み解く上でいかに重要かということは、記事の日付を確定するときに明白である。

紙幅の都合で触れえなかったが、家忠は記事に線を入れ、当初書いた場所から記事を移動させていることがある。これは、その事柄を体験してすぐに記事をつけなかったことによると考えられる。あるいは伝聞による記事のため前後の日に誤記入がなされ、それを訂正するために使用された場合もある。このような線を使用した訂正も、改行通りに考えることで正しい理解が可能になる。

最後に本稿で検討した結果を原本の改行通りに示しておきたい。

翻刻

【史料1】 天正一七年二月七日・八日（HP第五巻63頁目）

七日、乙酉　同勘解由入道して玄佐と申候、
八日、丙戌　三州・遠州・駿州連歌士共御よせ
候て、点取連歌被成候ハんとて
今日御よせ候、

【史料2】 天正二〇年二月二日・三日（HP第六巻54頁目）

癸　下総知行へも原田内記をこし候、
二日、家康様から入ニかぬ川迄御出馬候、
巳　御送りニひゝや迄参候、
――――改丁
知行残り五千石の事ニ酒井
甲　雨降、　小田原迄平右衛門越候、
三日、をしへ日かけニ帰候、
午

【史料3】 天正二〇年八月二一日・二二日（HP第7巻6頁目）

戊
廿一日、　教伝ニ夢想連歌候、

申　江戸奉行大窪十兵衛
小見川へこし候て、音信ニ酒井
平右衛門こし候、
廿二日、己　十兵へ助崎へ被帰候て平右衛門尉助崎迄越候、
会下へ参候、江戸普請出
酉　来候て、跡ニ残置候人数返候、

【史料4】 天正一〇年一〇月一四日・一五日（HP第七巻10頁目）

庚
十四日、おゆミ西郷弾正所へ、為音信
子　使をこし候、鷹師をき候、
辛　江戸より十三郎こし候、
十五日、会下へ参候、ていの前
丑　ひろけ候、

【史料5】 天正一〇年一一月六日・七日（HP第七巻12頁目）

壬　跡大
六日、晩同九七郎所へふる舞候、
戊
癸　跡大炊助被帰候、かしまへ被越候、
七日、筑紫殿様へ年頭の御礼として、
亥　酒井助大夫つかハし候、（後略）

【史料6】 文禄二年五月八日・九日（HP第七巻26頁目）

壬　雨降、
八日、貝塚神角介所へ連歌
戊　にて越候、
発句※　家忠
五月雨ハ水口ならぬ里も
なし
角介脇差ヲくれ候、
※江戸ゟ去五日ニ武州祭へつかハし候、
くろの馬中納言めし意承候由候、
癸
九日、雨降、去五日ニ武州祭へ越候
亥　くろの馬、中納言様御意ニ参候て、
御馬屋ニたち候由平右衛門尉所
より昨日申来候、

【史料7】 文禄二年八月一七日・一八日（HP第七巻33頁目）

己　雨降、
十七日、ゝ　持寄連歌候、
亥　発句　吉祥寺朝意
花々をなひかす秋の野風哉
庚　江戸へ酒井権之助こし候、
十八日、ゝ　正佐息善甫京都より

子　見舞ニ被越候、ちやせん・下緒・
　上ちや持参候、

註

(1) 原本は、駒澤大学図書館が所蔵する。図書館のＨＰで写真の閲覧が可能である。また、東京大学史料編纂所に写真帳が架蔵されている。

(2) 大嶌聖子「『家忠日記』の末尾記事」『無為　無為』一六号　二〇一〇年、大嶌聖子「『家忠日記』の冒頭記事」『無為　無為』三号　二〇一一年、大嶌聖子「『家忠日記』の情報―日記の中の時間と情報―」久保田昌希編『松平家忠日記と戦国社会』岩田書院、二〇一一年（この三本めの論考を本稿では前稿とする）。

(3) 竹内理三編「増補続史料大成　家忠日記」解題　3頁。［刊本］で行間に示し、判断を保留した行は三一箇所である。

(4) 大嶌前稿参照。

(5) 「家忠日記」の記載方法の変化で大きな点としてあげられるひとつは、毎月の二日目以降に日付の脇に「同」と記している時期とそれが書かれなくなる時期とがある。

(6) 大嶌前稿参照。

(7) 前稿では天正十九年十二月十三日条を事例に考えた。参照願いたい。

(8) 例えば天正十七年七月二十五日と二十六日の間の「むらた参候」は二十六日の「辛」の下から書き始まっている。

(9) ［刊本］では、二十三日条の記事として「郷々へ吉田（中略）使を付候」とある。二十三日の十干の庚の下から二行にわたって書かれた記事である。少なくとも二十二日から二十四日の記事はまとめて書かれたとみられる。二十二日の記事が二十三日のスペースに入り込んだ可能性が高い。もし二十三日の記事であるとしたら、日付の真下から記事が書かれたであろう。

戦国大名浅井氏家臣・赤尾氏の基礎的研究

太田浩司

はじめに

戦国大名浅井氏の家臣団研究については、小和田哲男氏の成果をベースに考える必要がある。[註1]小和田氏によれば、浅井氏の家臣団は旧国人の系統を引く上層家臣と、土豪である下層家臣に分けることが出来るが、時代を経るに従って浅井氏によって、上層家臣（国人）が下層家臣（土豪）を支配する形態を否定し、下層家臣を直接支配する状況を作り出していったと述べている。この考えに対して、私は浅井氏においては上層と下層、国人と土豪・地侍の区別を明確にすることが不可能であるという指摘をかつて行ったことがある。[註2]

さらに、浅井氏家臣団については、個別の家臣ごとに、その役割や地位を明らかにする作業が必要とも述べた。[註3]これを受けて、本稿では浅井長政の時代、その筆頭宿老[註4]と目される赤尾清綱を出した赤尾氏について、基礎的な考察を試みるものである。

一　浅井氏重臣「海雨赤三士」の記述

赤尾氏事績の概要をつかむために、まず江戸時代の地誌『淡海温故録』[註5]の伊香郡赤尾の項から、赤尾氏についての記述を引用してみよう。

赤尾　赤尾筑後守清成、同与四郎・同孫三郎、後美作守ト改ム、江北浅井家ニテ海雨赤三士ト云フ武勇ノ覚ノ侍也、天正元年小谷ニテ生捕レシ時、信長公ヨリ助命アリテ本領ニ倍シテ加領シ抱玉フベキ由ナレドモ訴訟シテ切腹ス、息新兵衛モ共ニ生捕レシガ、コレハ助命シテ召抱ラレ、後京極高次公ニ属シ、大津篭城ノ節江北先方衆山田大炊介（後ニ多賀越中守ト改ム）、赤尾新兵衛（後伊豆守ト改）、黒田伊予守・浅見藤右衛門ハ西国衆ト挑戦ヒシコト記ニ出ヅ、赤尾駿河守教政ハ浅井備前守亮政ノ

兄ナレトモ、氏ヲ改テ赤尾ト号ス、大永九年米原坂合戦ノ大将
也シガ、六角家ニ打負戦死ス

ここで、赤尾美作守（清綱）の息・新兵衛が京極高次の家臣になったと記すが、これは後述する赤尾清冬のことと推定される。その他の事項も、順次本稿で触れていくが、ここで注目したいのは、浅井家武勇の侍として「海雨赤三士」を上げる点である。これは、他の江戸時代の地誌類にも記述がある。『淡海木間攫』[註6]では、同じく浅井家の「海雨赤三士」とあり、『近江輿地志略』[註7]の赤尾村の項には、「浅井合戦の時、雨・海・赤の三傑といへる勇士の中、赤尾美作守孫三郎等出生の地也」と記述している。さらに、浅井氏家臣で坂田郡飯村（米原市飯）の地侍・嶋氏の年代記『嶋記録』[註8]にも、「海北善右衛門・雨森弥兵衛・赤尾作州小谷三人衆トテ老分之由申候」と記されている。

このように、江戸時代において、浅井郡瓜生村（長浜市瓜生町）の海北氏、伊香郡雨森村（長浜市高月町雨森）の雨森氏、伊香郡赤尾村（長浜市木之本町赤尾）の赤尾氏が、「三士」・「三傑」・「小谷三人衆」と呼ばれ、浅井氏の三重臣と考えられていたことが知られている。これについて、私は残された古文書から、三重臣の内赤尾氏についてのみは歴史的事実であるが、他の二氏については重臣と考えることが出来ないとして、以下のように結論した[註9]。

浅井氏家臣団の構成については、「雨海赤の三傑」の伝承は否定し、少なくとも長政段階では、赤尾氏を頂点とした構成を想定すべきだと考えている。赤尾氏以外では、織田信長との戦闘の中で、支城主として登場する堀秀村・磯野員昌・阿閉貞征・浅見対馬守らは、軍《いくさ》奉行として特別な地位にあったことが予想される。また、『竹生島文書』の中で島と関係者の利害調整に奔走する中島直親や遠藤直経は、長政側近として特別な役割を担っていた可能性がある。

これが、私の浅井氏家臣についての概観であり、今もこの考え方に変わりはないが、家臣一人一人について、残された文書から、その浅井氏家臣団内での地位を実証する作業は行っていなかった。そこで、本稿では、浅井氏の宿老筆頭と目される赤尾氏について、残された古文書に当たりながら、詳細に事績を検討していくことにする。本来ならば、『浅井三代記』などの軍記物も対比しながら、論を進めるべきと思うが、紙幅の都合もあるので史料上確実な古文書からの検証のみにとどめたい。

二　赤尾氏の本貫地について

古文書の検証に入る前に、赤尾氏の本貫地である伊香郡赤尾（長浜市木之本町赤尾）の同氏屋敷について考えてみよう。赤尾氏が如何なる出自を持つかを考える際に参考になると思われるからである。『近江伊香郡志』の「赤尾氏」項には、次のように記されている。

赤尾氏の邸址と称せらる、もの伊香郡赤尾にあり。後には山を負い、数町にわたれる俗に猪止めと称する塹壕を繞らし、豪族邸宅歴々として見るべきものあり。邸内の一部が蛇が池と称する池水あり、清冽なる水滾々として湧出す。古来不浄を禁じ妄に人の立寄るを許さず、伝説によれば赤尾美作の妻某氏、浅井氏滅亡の際この池水に投して主家の難に殉じたりと。然るに其後白蛇ありて屡ば池畔に出現す、或夜臈たけたる一人の美女忽然として現はれ守邸の人に告げて曰く、我は赤尾美作の室にして蛇ヶ池の主なり。汝須く後方の山麓に祀るべしと。其人愕き醒むればこれ南柯の一夢にてありける。然るに其後も同様の事屢々ありければ人々相謀りて祠を山麓に建てこれを祀りたり。これより怪異の事なかりしという。毎年九月三十日を以て祭典をとり行い伝えて以て恒例とせり。

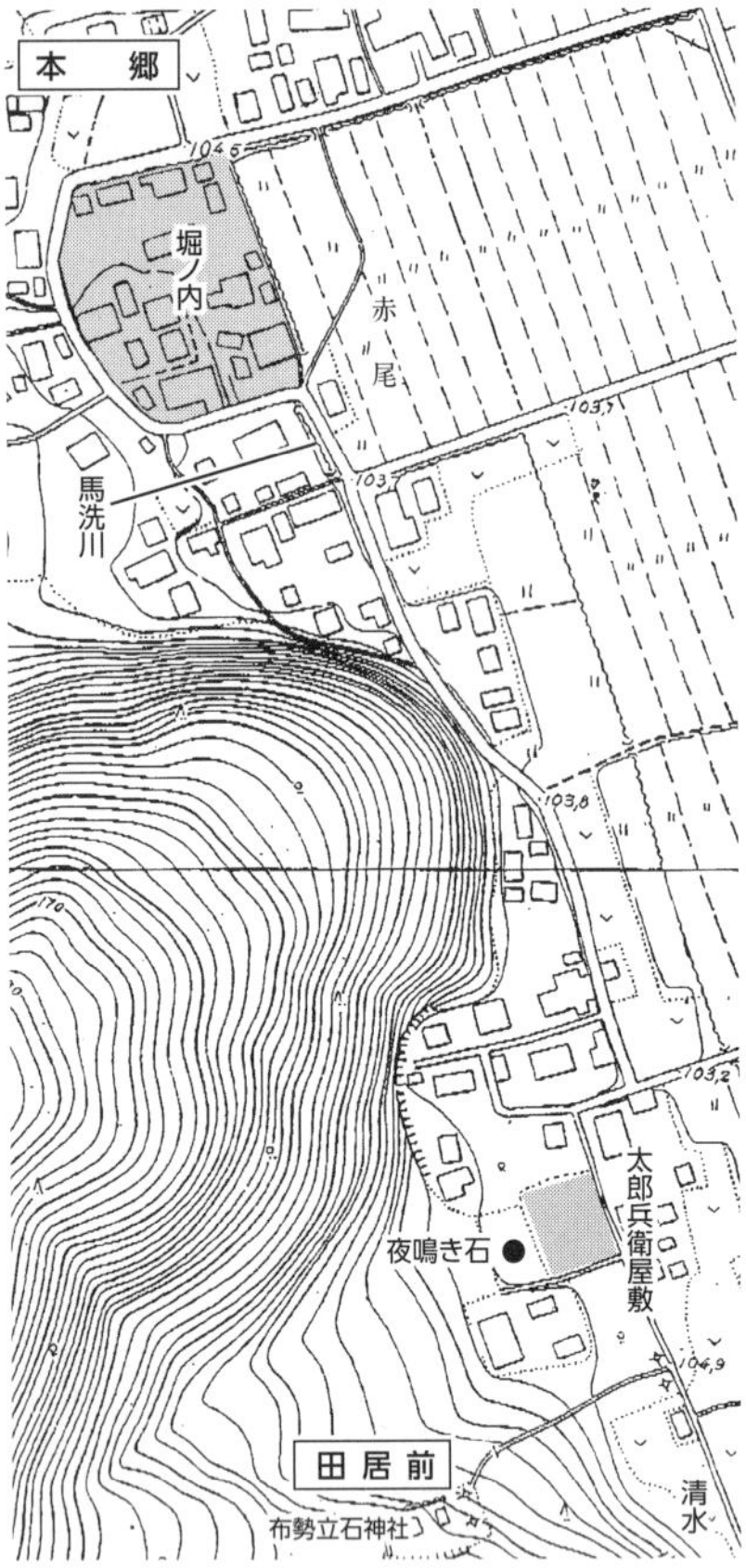

図1　木之本町赤尾集落図

現在の木之本町赤尾は、南流する余呉川の西に位置し、西野丘陵を背にして所在する。集落は大きく二つに分かれ、北の大きな谷にある集落を「本郷」、南の小さな谷にある集落を「田居前《たいま》」と呼ぶ。『近江伊香郡志』が赤尾氏の邸址が所在したとする箇所は、後者の「田居前」の集落内であると考えられる。[註10] しかし、同書に記す「蛇ヶ池」の伝承は現在失われており、現存する「布勢立石神社」の社頭に存在する「清水」が、これに相当する可能性もある。また、この「田居前」には「太郎兵衛屋敷」と呼ばれる宅地があり、その前栽には敵が来る際に泣いたという「夜鳴き石」と呼ばれるものが現存する。『近江伊香郡志』の通り、「田居前」で赤尾氏屋敷を想定すれば、この「太郎兵衛屋敷」[註11]附近が該当することになろう。

しかし、明治の地籍図等の検討を行うと、赤尾氏の屋敷は「本郷」の小字「堀ノ内」にあったと考えるのが至当であろう。明治十八年（一八八五）の地籍図や現状を見ると、「堀ノ内」の周囲を回るように道が付けられており、同地を中心に集落が形成されていることが分かる。「堀ノ内」自体が、城館地名として一般的であること考慮すれば、赤尾氏の屋敷は「堀ノ内」とすべきと考えられる。また、「堀ノ内」の南を流れる小川を「馬洗《ませ》川」と呼ぶが、館内の馬を洗う場所との推測もなされている。

この「堀ノ内」が赤尾氏本来の屋敷地とすれば、同氏は元来、赤尾一村のみを支配する地侍・村落領主であったことが確認できる。しかし、後述するように『江北記』によれば、赤尾氏は戦国期前半の守護・京極高清の時代から、地侍よりは規模が大きい「国衆」[註12]と認知されており、さらに浅井長政の時代には、その筆頭宿老までつとめる。このように「国衆」となってからの赤尾氏の本拠が、依然としてこの「堀ノ内」であったとすると、城館規模が小さ過ぎると考えられる。「国衆」に成長してからの赤尾氏屋敷は、本貫の地を離れ、後述する小谷城内の赤尾屋敷などに移ったと考えるべきだろう。

三　清綱以前の古文書

戦国大名浅井氏の家臣・赤尾氏が古文書に最初に登場するのは、竹生島の大工で浅井郡富田（長浜市富田町）に居住した『阿部文書』中の、天文九年（一五四〇）十一月二十四日付の「とんた太郎ひやうへ」宛「赤尾清世等判物」（表番号一）である。本書は「いわまつ」と「あかをしんひやうへ（赤尾新兵衛）清世」が債権の質流れとして取得した「やしき（屋敷）」を、阿部家の当主である富田村の太郎兵衛へ渡すことを保証した文書である。この清世は、実名に赤尾氏当主が使用する「清」を用いていること。先の『淡海温故録』の記述に当主・美作守（清綱）の子息の通称が新兵衛であったことから、新兵衛は当主若年時の通称と考えてよいこと。この二点からして、赤尾氏当主・清綱の先代か先々代と考えていいだろう。

また、この屋敷の所在地は、阿部氏が居住した浅井郡富田村周辺か、阿部氏が大工をつとめた浅井郡竹生島にあったと考えられよう。伊香郡赤尾村の地侍である赤尾氏が、隣郡である浅井郡内の屋敷に権利を所有していた事実は、すでに赤尾氏は通常の一村規模の地侍ではなく、浅井氏領国内で広域に力をもつ、比較的規模が大きい「国衆」に成長していたことを示している。これは、北近江の守護京極氏の年代記『江北記』において、赤尾氏を今井氏・河毛氏・堀氏・安養寺氏・三田村氏・浅井氏などと共に、京極氏の「根本当方被官」十二家の一つとして扱っている点とも符合する。『江北記』[註13]に見える「根本当方被官」は、浅井氏が戦国大名として成長する以前、戦国前期の京極高清の時代に、北近江の有力「国衆」を列挙した記録と考えざるを得ないからだ。

『阿部文書』にはもう一通、赤尾氏関連の文書がある。弘治二年（一五五六）十一月十日付[註14]の「とん田太郎兵衛」宛「赤尾久右衛門尉清彦書状」（表番号三）である。これも、質流れした「藤の木畠、五郎介下地」を礼物二十疋（二百文）で、富田村の太郎兵衛へ譲り渡すことを記した文書である。「藤の木畠」の所在地は不明だが、阿部氏が居住する富田村周辺と考えられよう。赤尾氏の郡域を越えた広範囲の土地集積活動を確認できよう。また、久右衛門尉清彦は、赤尾氏当主の通字である「清」の字を名としており、時代的には清世―清彦―清綱という家系も想定できなくはない。

さらに、坂田郡飯村（米原市飯）の地侍・嶋氏の年代記『嶋記録』所収、四月六日付の「今井左近尉書状」（表番号二）は、坂田郡箕浦の「国衆」今井氏が、坂田郡忍海庄（現在の長浜市布勢町・小一条町付近）の知行状況を、浅井氏の重臣である浅井又次郎（後の石見守）・赤尾美作・雨森弥兵衛に報告したものである。『嶋記録』の註によれば、本書は「覚、天文廿一ト見ヘタリ」とある。宛名の「赤尾美作」は通常であれば清綱を指すが、天文二十一年（一五五二）の段階では、清綱の先代である可能性が高い。『阿部文書』に登場する清世か、清彦とも考えられる。それはともかく、ここでは赤尾氏は浅井三代の二代目に当たる久政の段階から、浅井氏重臣の一画に加わっていたことを確認しておこう。

なお、時代不明ながら『己高山中世文書』に見える、十二月五日付の「飯福寺年行事」宛「赤尾駿河守清政」（表番号十二）も、赤尾氏一族の重要人物と考えられる。本書は飯福寺養蔵の跡目について、玉泉への相続を追認した内容である。この清政については、先の『淡海温故録』に見えた「赤尾駿河守教政ハ浅井備前守亮政ノ兄ナレトモ、氏ヲ改テ赤尾ト号ス、大永九年米原坂合戦ノ大将也シガ、六角家ニ打負戦死ス」とある教政と関連あろう。ここで、教政が浅井亮政の実兄だとする記述は検証しようもないが、浅井氏と赤尾氏が深い繋がりがあることを後世に説明しようとしたもので、事実で

戦国期赤尾氏関連文書一覧

番号	年月日	文書名	差出	宛名	内容	出典	刊本	備考
一	天文九年十一月二十四日	赤尾清世等判物	あかをしんひやうへ清世（花押）	とんた太郎ひやうへ	屋敷の譲渡	阿部文書	『東浅井郡志』4	
二	天文二十一年四月六日	今井左近尉書状	今井左近尉	浅井又兵衛・赤尾美作・雨森弥兵衛	忍海庄本所の所職の安堵	嶋記録所収文書	『滋賀県中世城郭分布調査』7	
三	弘治二年十一月十日	赤尾清彦書状	赤尾久右衛門尉清彦（花押）	とん田太郎兵衛	藤の木畠陥落禁止	阿部文書	『東浅井郡志』4	
四	永禄三年十二月二十八日	浅井賢政書状	浅新九賢政　判	赤尾美作守	嶋若狭の今井方出頭依頼	嶋記録所収文書	『滋賀県中世城郭分布調査』7	
五	永禄三年十二月晦日	赤尾清綱書状	赤尾美作守清綱　判	嶋若狭	嶋若狭の今井方出頭依頼	嶋記録所収文書	『滋賀県中世城郭分布調査』7	
六	永禄四年閏三月十三日	赤尾清綱書状	赤尾美作守清綱（花押）	中島日向守（直頼）	横山入城衆の狼藉禁止	大原観音寺文書	滋賀県文化財保護協会『大原観音寺文書』	
七	永禄四年六月二十日	浅井長政書状	浅井備前守長政（花押）	垣見助左衛門尉	垣見新次郎の赤尾新兵衛尉従臣の詫状	垣見文書	『改訂近江国坂田郡志』6	
八	永禄四年七月三日	赤尾清綱書状	赤尾美作守清綱　判	今井藤九郎　他5人	今井定清味方討の詫状	嶋記録所収文書	『滋賀県中世城郭分布調査』7	
九	永禄九年七月二十六日	赤尾清綱書状	赤尾美作守清綱（花押）	遠藤喜右衛門尉（直経）	竹生島御供米の納入勧告	竹生島文書	『東浅井郡志』4	年号は推定
十	元亀二年二月十九日	浅井家奉行人連署書状	中島吉介家昌（花押）・赤尾新兵衛尉清冬（花押）	長命寺御房中	放火・乱妨の禁止	長命寺文書	滋賀県教育委員会『長命寺文書調査報告書』	
十一	年欠八月二十二日	浅井長政書状	長政（花押）	赤新兵（赤尾新兵衛尉）	大工職裁判の指示	阿部文書	『東浅井郡志』4	
十二	年欠十二月五日	赤尾清政書状	赤尾駿河守清政（花押）	飯福寺年行事御坊中	養蔵跡目を玉泉とする	飯福寺文書	木之本町教育委員会『己高山中世文書』	
十三	天正十年八月十八日	羽柴秀勝黒印状	次　秀勝（黒印）	赤尾孫介	（丹波国）氷上郡新郷の宛行状	五藤家文書		
十四	天正十年八月十八日	羽柴秀勝判物	次　秀勝（花押）	赤尾孫介	丹波国千石の宛行状	五藤家文書		
十五	天正十年九月十五日	羽柴秀勝判物	次　秀勝（花押）	赤尾孫介	（丹波国）多喜郡後河三百石の宛行状	五藤家文書		

ない可能性がある。受領名「駿河守」が同一なだけで、清政と教政が同じ人物と見なせるかも不明だが、教政については『江州佐々木南北諸士帳』[註15]に「赤尾駿河守教政」と記述があり、坂田郡「上野村今七城（右郡代ニ而暫居住／則浅井氏族也）」とある。坂田郡上野村（米原市上野）は伊吹山麓、「今七城」は本項が「石田（村）」の隣にあることから七条村（長浜市七条町）と見られる。赤尾氏の一族が坂田郡に暫住していたことが事実なら、赤尾氏の「国衆」としての広域な展開を表しており興味深い。

四　赤尾清綱の古文書

浅井長政の宿老として活躍する赤尾清綱の確実な初見史料は、『嶋記録』所収の十二月晦日付の「嶋若狭」宛「赤尾清綱書状」（表番号五）である。本書は坂田郡飯村の地侍である嶋若狭守秀安に対して、嶋氏の直接の主人である今井定清が幼少なので、逼塞せず家中に出頭して意見を述べよと命じた文書である。『嶋記録』には、直前の十二月二十八日に赤尾美作守清綱宛てに出された、同内容の「浅井賢政（長政）書状」（表番号四）が収められるが、それを受けた形で発給されたものである。嶋氏が逼塞した経緯は究明し難いが、浅井氏にとって陪臣に当たる嶋氏の出頭を、長政がまず清綱に伝え、清綱はさらに嶋氏に伝えるという形を取っている。これは、浅井氏当主から陪臣への直接の伝達を遠慮した為であろう。さらには、清綱の立場を考えた場合、長政の代弁者（奉者）の立場で、その意向を嶋氏に伝えたことになる。清綱が長政の筆頭宿老であったことを証明するものだろう。本書は、長政についてその初名「賢政」が使用されていることから、永禄三年（一五六〇）の文書と推定されるが、[註16]同年十月に家督相続した長政にとって、清綱がその当初から筆頭宿老として在任したことを確認することが出来る。

『嶋記録』には、さらにもう一通、赤尾清綱が浅井長政の宿老としての立場であったことを確認できる文書がある。永禄四年（一五六一）七月三日付の「今井藤九郎・今井中西・岩脇筑前守・嶋若狭入道・今井藤介・嶋四郎左衛門尉」等の今井家家臣宛「赤尾清綱書状」（表番号八）である。この書状は同年七月一日夜に、浅井氏の軍隊が六角氏との「境目の城」である太尾城（米原市米原所在）を攻撃した際、今井定清が浅井氏の小谷勢の何者かによって、馬上背後から槍で突かれ討死した事件の詫び状である。『嶋記録』ではこの事件を、「定清みかた討にあひし事」と称している。同書には、太尾城攻撃を指揮していた磯野員昌の今井家中への詫び状も掲載するが、本書には「今日参り申し入るべき処、彼是隙を得ず候て其の儀に能わず候、備前（長政―筆者註）定めて御弔いニ参らるべく候、内々其の為に御覚悟申し入れ候」（書下文に改めた）とある文言から、赤尾清綱が浅井長政に代わって出した詫び状である。これは、浅井家の筆頭宿老の立場で、家臣へ不手際の謝罪を行っていると解することができよう。

さらに古文書から、清綱の事績を追おう。永禄四年閏三月十三日付の「中島日向守」宛「赤尾清綱書状」（表番号六）では、小谷の支城である横山城（長浜市石田町・米原市朝日等所在）にいた番衆が、山麓の大原観音寺へ「濫妨」することを禁止している内容である。中島日向守直頼は「志賀の陣」に当たって、小谷城の留守居に当たったとされる浅井氏重臣である。[註17]その中島に指示を与えている事実は、清綱が浅井氏家臣として、より高位にいた事実を読み取ることが出来よう。

他方、浅井郡竹生島にも清綱の文書が残る。「竹生島天女御供米」を滞納していた笠原又三郎に対して、供米の催促を行うよう浅井井規や遠藤直経に命じているのが、永禄九年（一五六六）七月二十六日付の「遠藤喜右衛門尉（直経）」宛「赤尾清綱書状」（表番号九）である。浅井井規は菅浦代官を務めた浅井井伴の子と言われ、元亀二年（一五七一）五月六日に、信長軍と浅井軍・一向一揆軍が戦った、箕浦合戦における浅井氏の主将であった人物である。また、遠藤直経は姉川合戦の際、信長の首を狙って竹中重矩に討ち取られたことで有名だが、[註18]『嶋記録』には「東宇賀野侍遠藤喜右衛門尉といふ御前さらすのきり物あり」と称された武将であった。「御前去らずの切れ者」と呼ばれたことは、長政の側近中の側近であった可能性が高い。このような浅井井規や遠藤直経に指示を与えられる赤尾清綱は、やはり長政の筆頭宿老と考える他はなかろう。

五　赤尾清綱の最期

小谷落城時の赤尾清綱については、『嶋記録』に「赤尾美作・浅井石見ヲ隔テサセ、イケドルヲ見テ、長政ハ家ヘ下リ入、切腹トソ」とある。すなわち、浅井長政の最期に当たって生け捕られたとのみ記す。これに対し、『当代記』には「浅井備前守腹を切、浅井石見守・赤生美作ヲ生捕、サテ生害され」とあり、『武徳編年集成』にも「浅井石見明政・赤尾美作ハ虜ト成テ誅ニ伏ス」とあり、生捕られて殺害されたと伝える。

小谷落城時の清綱について、最も詳しいのは、『総見記』[註19]である。少々長いがそのまま引用する。ここでも両者生捕られて殺害されたと記す。

> 九月朔日ニ備前守長政居城ヲ出ラレ、伴ノ者百人アマリ也、然ル處ヘ父下野守久政一昨日切腹ノ由告来ル、長政扨ハ出シヌカレタリ、敵ノ手ニワタリ忽ニ誅セラレン事末代マテノ悪名ナリトテ、其マヽ家老赤尾美作守カ宿所ヘ入テ腹切テ死給ヘハ、【中略】浅井石見守・赤尾美作守ハ生捕ト成テ、信長公ノ御前ヘ引出サル、石見ハ御前ニテ種々ノ悪口申上ル、美作ハ何トモ不申屈服シ居タリ、美作カ子赤尾虎千代生年十五歳、イツクヨリカ馳来テ御前ヘ罷出、父カ介錯仕リ度候間、御慈悲ヲ以テ介錯ノ事御免ナサレ、其後某ヲ誅せられ下さるへシト申上ル、信長公御感涙ヲタレヲレ、扨々稀ナル童哉、敵ナカラモ加様ノ者ハ孝義ヲ感シテ助置ヘシトテ、美作目ノ前ニテ赤尾カ親類多賀休徳斎ヲ召され、是ヲ汝ニ預ルソ、扶ケ置テ養育セヨト仰せ付けられ、美作心底如何計カ嬉カリケン、扨此虎千代後ニハ赤尾孫助トテ武功ノ者也、其後石見・美作トモニ浅井家ノ老臣トシ

テ何トテ備前守ヲ諌メ謀反ヲモ起サセヌカ、或ハ又タトヘ一旦謀反ヲシタリトモ、諌メテ味方ニ成ス一家ヲモ相続セス、讒ニ敵対サセ家ノ滅亡ニ及ハスル事、是逆臣ニ非ヤトテ、其外数箇条ノ罪科ヲ仰せ立られ、即二人トモニ誅せられケリ、

ここで、浅井長政が「家老赤尾美作守カ宿所へ入テ腹切テ死給」とあるように、浅井長政の最期の場所は、赤尾清綱の屋敷であったとするのが通説になっている。赤尾屋敷の場所は、江戸時代に描かれた「小谷城絵図」によって、天守（鐘丸）の東側に取り付く腰郭であるとされる。北村圭弘氏が小谷城絵図を分析したデータによると、[註20]小谷城を南から描いたBタイプの七種の絵図には、いずれも天守（鐘丸）東の位置に、赤尾屋敷の記載があるとされる。また、北村氏が分析の対象としなかった、新出の小谷城絵図（長浜市新庄馬場町誓伝寺蔵本）は、同じBタイプの絵図[註21]だが、該当部分に「此赤尾美作守屋敷江、元亀四年九月朔日ニ、大将長政殿御入御自害有之、生年廿九才」とある。ここでも、小谷城主郭部にあった赤尾清綱宅で、浅井長政は最期を迎えたと記される。

図２　小谷城縄張図

また、小谷城を西から描いたAタイプで、最も著名な小谷城絵図と言える、小谷城址保勝会蔵本では、該当地に「赤尾孫二郎屋敷」の記載を載せる。「孫二郎」は『淡海温故録』に見える「孫三郎」のことだろうが、赤尾屋敷の伝承を伝えることは間違いなかろう。これら、赤尾屋敷を鐘丸東とする伝承は、いずれも江戸中期を遡らないであろう小谷城絵図[註22]でしか確認できない。ただ、貞享二年（一六八五）頃には成立していたと見られる先の『総見記』の記事でも「長政居城」と「赤尾美作守カ宿所」は至近距離との想定で書かれているようである。

このように、通常の浅井氏家臣の屋敷地が清水谷や城下に展開していたと言われている中、赤尾氏の屋敷だけが小谷城の主郭にあるのは、極めて特異なことと言うべきであろう。この事実は、赤尾氏が浅井氏の筆頭宿老であったことを、城郭構造上も表していると考えるのが最も自然な見

方であろう。しかし、穿って考えれば、江戸時代から赤尾氏の浅井家臣団内での秀でた立場は知られており、その屋敷地を後世の人が適地を求めた結果、鐘丸東郭という結果に至ったと考えることもできる。いずれにしても、小谷城の赤尾屋敷の位置は、後世の推定であったとしても、その筆頭宿老として地位を示すものとして積極的に評価したい。

六　赤尾清綱の子孫

永禄四年（一五六一）六月二十日付の「垣見助左衛門尉」宛「浅井長政書状」（表番号七）は、助左衛門尉の与力であった垣見新次郎が、赤尾新兵衛尉方の与力として働いていることに対して、長政が一連の合戦が終了するまで、新次郎を自分に預けてくれるよう助左衛門尉に断りを入れている内容である。赤尾新兵衛尉は、他人の与力までその支配下としていることから、浅井氏家臣中でも大きな力を保持していたことが読み取れる。さらに、『阿部文書』中に、八月二十二日付「赤新兵（赤尾新兵衛尉）」宛「浅井長政書状」（表番号十一）があり、竹生島大聖院末房東蔵坊大工職をめぐる裁判について連絡を行っている。

蒲生郡長命寺の所蔵文書に、年未詳二月十九日付、「長命寺御房中」宛て「浅井家奉行人連署書状（註23）」（表番号十）がある。本書は、長命寺門前である奥島に出された長政禁制の副状であるが、信長と近江勢力の戦いである元亀争乱の中で出されたものと考えられる。ここに差出人として署名しているのは、「中島吉介家昌」と「赤尾新兵衛尉清冬」の二人である。本書は浅井家治世の最終段階で萌芽的に整備されたとされる（註24）、浅井家奉行人連署奉書の一種であるが、「浅井氏長政禁制」の副状という性格から、赤尾一族でも当主クラスの者しか署名できないと考える。そう考えた場合、この赤尾清冬は清綱の子で、赤尾当主家を継ぐ予定者と推定できる。先の「垣見助左衛門尉」宛「浅井長政書状」の新兵衛尉や、『阿部文書』中の長政書状の宛名「赤新兵」も、この清冬を指すと推定できる。また、先に新兵衛尉を当主若年時の通称と推定したのは、この清冬の事例からである。

冒頭に記した『淡海温故録』に「息新兵衛モ共ニ生捕レシガ、コレハ助命シテ召抱ラレ、後京極高次公ニ属シ」大津籠城戦にも参加したとされるのは、この清冬を指すのではないかと推定される。なお、赤尾氏の子孫には、慶長五年（一六〇〇）九月二十四日に、大津城を退城した京極高次と共に高野山へ入った家臣の中に「赤尾久助」の名が見え（註25）、高次の子息・忠高の出雲国松江城主時代の家臣録である『京極出雲分限帳』に「赤尾主殿助」・「赤尾三右衛門」・「赤尾伊織」が登場するという（註26）。これは、清冬一族が京極高次・忠高親子に従い、その家臣として繁栄したことを示していよう。

他方、先の『総見記』には清綱の子として、「虎千代」なる人物が登場していた。同書は「此虎千代後ニハ赤尾孫助トテ武功ノ者也」とあるが、この清綱の子とされる赤尾孫助については、土佐国高知城主山内家の重臣で、安芸城主であった五藤家に関連資料が残る。この五藤家の当主で、山内一豊に仕えた五藤為重の正室は「まつ」と言い、近江国坂田郡飯村の地侍・若宮左馬助の一人娘であった。それは、永禄九年（一五六六）閏八月十三日付、「若宮左馬助殿御まつ御料人」宛て「浅井長政書状」[註27]によって判明する。この「まつ」は最初、丹波国亀山城主・羽柴御次秀勝の家臣であった赤尾孫助に嫁し、天正十二年（一五八四）に長女「しょろ」を長浜で生んだ。しかし、赤尾孫助が「小牧の合戦」で討ち死にしたので、「まつ」は五藤為重に再嫁したが、為重と側室・法信院との間には「正友」が生まれていた。そこで、「まつ」は五藤家正嫡「正友」に連れ子の「しょろ」を娶せたというのである。[註28]

「まつ」の五藤家への婚姻は、生家である若宮家と、前夫の赤尾家の家督を背負ってのもので、複雑な背景が存在した。この「まつ」が赤尾家の家督を背負っていた証拠に、五藤家には赤尾孫助宛ての三通の秀勝文書が伝来する。その存在は、意外と知られていないので、そのすべてを紹介しておこう（表番号十三・十四・十五）。[註29]

赤尾孫助関係系図

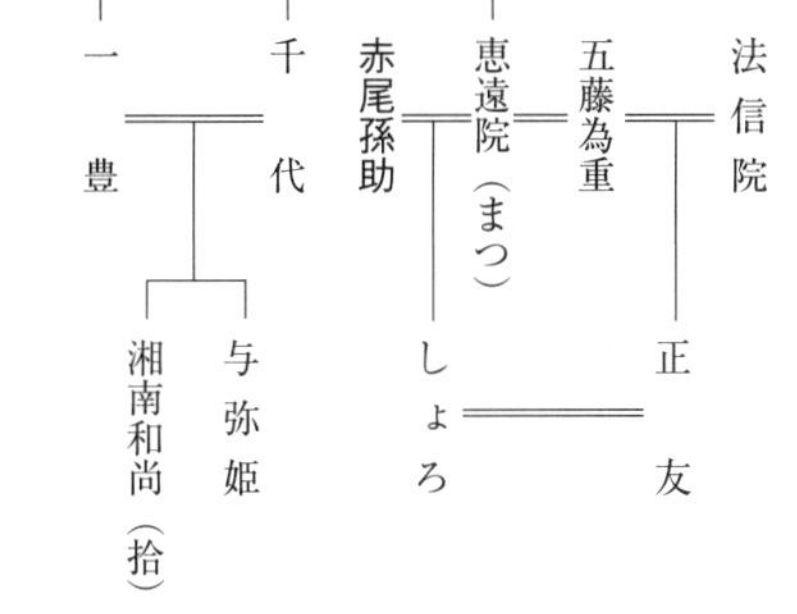

1
羽柴秀勝黒印状
以氷上郡新」郷之内、五十石余」令加増之畢」全可知行之状、」如件
天正十年　次
八月十八日　秀勝（黒印）
赤尾孫介とのへ

2
羽柴秀勝判物
赤尾孫介与力分
千石　鉄砲五十丁」上下百人
弐百石　何鹿郡」八田部村
百五拾石　同」山家村
百五十石　ひかみ郡」氷上村
五百石　惣七分」西足立村
以上
天正十年八月十八日　次　秀勝（花押）
赤尾孫介殿へ

3
羽柴秀勝判物
以多喜郡後河」三百石、令扶助」畢、全可有知」行候、恐々謹言、
天正十　次
九月十五日　秀勝（花押）
赤尾孫介殿へ

この孫介によって男系が途絶える赤尾家と、京極氏に仕官したとみられる新兵衛尉清冬の赤尾家との関連は不明である。

おわりに

以上、伊香郡赤尾村の地侍から「国衆」に成長した赤尾氏は、浅井長政の時代には、多くの浅井氏家臣の中では秀でた地位を確立しており、筆頭宿老的な存在であったことは確実である。今後の研究では、他の重臣である磯野員昌や遠藤直経などについて、個別に検証することで、浅井氏家臣団の全貌を明らかにする作業を進めたい。そこで、結論として想定されるのは、家臣団内での明確な役割分担は見られず、周辺の戦国大名が採用していた奉行人制も確立されない事実から、浅井氏の支配機構・行政機構は、一見すると「未熟」とすることである。しかし、これは宮島敬一氏が説くように、[註30]地方寺社や惣村が力を持つ先進地域・成熟した地域に存立した戦国大名の特性と考えてよいだろう。従って、浅井氏の支配組織を「未熟」の一語で片づけるのは無理がある。浅井氏支配のあり方は、寺社・惣村と力関係のバランスを図りながら進められたものであり、「柔軟」の文言こそ、その実態を的確に表現していると言えよう。「柔軟」な国家システムには、日本封建制が行きついた「縦の支配」ではく、「横の連携」による国家成立の可能性が秘められていた。

また、本稿では赤尾氏子孫の織豊期から江戸初期への展開についても触れた。私は別稿で嶋一族の土佐藩山内家や、三河国刈谷藩士井家への仕官の実態に触れたことがあるが、[註31]この赤尾氏の場合も、秀吉の養子である於次秀勝（信長四男）や、京極高次への臣従の事実を指摘した。北近江は天正元年（一五七三）から十年間にわたって、後に天下人になる羽柴秀吉によって統治されてきた地域であり、そこに居住した浅井氏旧臣たちは、石田三成の例を上げるまでもなく、多く秀吉家臣に登用されている。さらに、その近江で登用された秀吉家臣の家臣、つまり秀吉から見れば陪臣の中にも、多くの浅井氏家臣出身者がいる。その事例をなるべく多く収集することで、北近江という地域が、戦国の日本社会に果たした役割を浮き彫りに出来ると考えている。浅井氏家臣の個別研究は、その子孫たちの動向を踏まえることで、日本の戦国社会での一地域の役割を考える事例を提供する。

註

（1）小和田哲男　一九七三　戦国史叢書6『近江浅井氏』　新人物往来社　一七六頁
（2）太田浩司　二〇〇八　「浅井氏の家臣団と領国統治」『戦国大名　浅井氏と北近江―浅井三代から三姉妹へ―』　長浜市長浜城歴史博物館　八五頁
（3）前掲（2）書　八七頁
（4）戦国大名の支配機構において、最高職にある家臣（近世大名の家老職に相当する者）を何と呼ぶかについて定説はないと思うが、ここでは一般に使用されている「宿老」という言葉を用いた。『朝倉孝景十七箇条』でも、その第一条で「宿老」という文言を使用している。
（5）滋賀県地方史研究家連絡会　一九七六　近江史料シリーズ（2）『淡海温故録（稽古蔵本）』　滋賀県立図書館　八〇頁。（　）内の文字は割書部分。
（6）『淡海木間攫』は、『近江伊香郡志』上巻の「赤尾氏」項（五一八頁）によった。
（7）宇野健一編　一九七六　『新註　近江輿地志略』　藤本弘文堂　一〇五三

頁

（8）『嶋記録』の翻刻は、前掲（1）書にもあるが、ここでは　太田浩司　一九〇〇「嶋記録」『滋賀県中世城郭分布調査』7　滋賀県教育委員会によった。以下の『嶋記録』の引用も同書による。

（9）前掲（2）書　八九頁

（10）以下の考察は、長浜市木之本町赤尾での聞き取りによる。二〇〇八年に行なった聞き取りには、赤尾の三家多賀成氏、川合行雄氏、谷口源太郎氏にお世話になった。

（11）滋賀県教育委員会　一九〇〇「赤尾村地引全図」『滋賀県中世城郭分布調査』7　二二〇頁

（12）「国人」と「国衆」は、歴史学上はほぼ同意と考えられるが、私としては一村を支配する「土豪」よりも規模が大きい浅井氏家臣を「国人」と呼ぶのは抵抗があるため、敢て「国衆」という文言を使用した。ただし、北近江において数村を支配する浅井氏家臣を何と称していいかは結論を得ておらず、ここでは取り敢ず「国衆」の言葉を使用することを断っておく。

（13）『江北記』は、『群書類従』合戦部二（巻第三百八十七）に掲載されているが、その書誌学的考察は、太田浩司　二〇〇〇「戦国期の京極氏家臣団　文献史学からの考察」『上平寺城跡遺跡群分布調査概要報告書』Ⅱ　伊吹町教育委員会　を参照のこと。

（14）『東浅井郡志』巻四所収の「阿部文書」は、本書を「弘治十二年」とするが、弘治年間は四年までなので、「弘治二年」と判断した。『阿部文書』の原本は現在行方不明である。

（15）『江州佐々木南北諸士帳』は、滋賀県教育委員会　一九八七　『滋賀県中世城郭分布調査』5　に全文翻刻されている。

（16）永禄三年十月に長政が家督相続してから、永禄四年四月二十五日付の「竹生島年行事御坊」宛「浅井賢政書状」までは、「賢政」の名を使用していた。「長政」使用の初見は、永禄四年六月二十日付の「垣見助左衛門尉」宛「浅井長政書状」（本稿　表番号七）である。よって、「賢政」名の十二月の書状は、永禄三年に特定できる。

（17）『東浅井郡志』巻三　七七四頁

（18）『信長公記』による。

（19）『総見記』は『史籍集覧』第十二冊によるが、返り点が付された部分は、書下文に改めた。

（20）北村圭弘　二〇〇三「浅井氏の権力と小谷城の構造」滋賀県立安土城考古博物館『紀要』11　二九・三〇頁

（21）前掲（2）書の一〇四頁に写真が掲載されている。

（22）彦根城博物館には、五種の小谷城絵図が収蔵されるが、その内「江陽浅井郡小谷山古城図」と題された一本には、「天正十九年九月吉日図画之」という墨書銘が入る（谷口徹　一九九八「小谷城の絵図」彦根城博物館『研究紀要』9）。また、二〇一〇年十一月に「小谷城下まちめぐりウォーク」実行委員会によって、旧浅井郡内の個人宅から、上記の彦根城博物館蔵本と同様に、「天正十九年九月」銘の絵図が発見されている。これらは、いずれも写と判断されるが、原本に倣ったと推定される墨書を見る限り、原本が天正十九年（一五九一）の絵図とは考えられない。そおらく、後から本図の信憑性を高めるため、「天正十九年」の墨書を加えたものと判断され、絵図自体は江戸中期の製作を遡らないと判断する。

（23）滋賀県教育委員会文化財保護課　二〇〇三『長命寺古文書等調査報告書』三四五頁

（24）大音百合子　一九九五「近江浅井氏発給文書に関する一考察」『古文書研究』四一・四二　吉川弘文館　一三二頁

（25）『改訂近江国坂田郡志』第二巻　八〇八頁

（26）『改訂近江国坂田郡志』第二巻　八〇九頁

（27）『改訂近江国坂田郡志』第七巻　二八六頁、本書は同書の「大脇文書」（『東浅井郡志』巻四では「若宮文書」とする）の一通である。「大脇文書（若宮文書）」の原本は失われているが、高知県立図書館蔵『土佐国蠹簡集残編』に忠実な写が掲載されている。

（28）太田浩司　二〇〇六「一豊夫人と同郷だった若宮まつの話」『一豊と秀吉が駆けた時代─夫人が支えた戦国史─』　市立長浜城歴史博物館

（29）（高知県）安芸市歴史民俗資料館蔵「五藤家文書」別置分、この三通の写真は、市立長浜城歴史博物館　二〇〇六『一豊と秀吉が駆けた時代─夫人が支えた戦国史─』七六頁に掲載されている。

（30）宮島敬一　一九九六『戦国期社会の形成と展開』吉川弘文館　三四〇頁

（31）前掲（2）書　九〇頁

北条氏照初期の居城と由井領

加藤　哲

はじめに

北条氏康の三男氏照が、武蔵守護代の系譜を引く大石氏に入嗣し、その支配領域を継承して滝山・八王子領支配を確立していったことは周知のことであろう。また長く、地元に残る「木曽大石氏系図」によって、氏照は滝山城主大石定久の養子となって滝山城に入城したとされてきた。しかしながら、斎藤慎一氏はこの通説に疑問を投げかけ、氏照が滝山城に入ったのは永禄十年までその徴証がみられず、滝山城以前は、一般的には浄福寺城とよばれている八王子市下恩方町松竹の城を「由井城」とし、この城こそ氏照が大石領を継承して最初に入城した城であるとした。（註1）この説に対しては、いままで大きな反論もなく、定着しつつあるように思う。そこで、本稿では斎藤氏の研究に学んで、もう一度氏照初期の居城について考察したい。

一　氏照初期の居城について

北条氏によって関東を追われた山内上杉憲政は、越後守護代長尾氏を頼り、関東回復の機会を待っていた。そして、ついに永禄三年（一五六〇）にいたって長尾景虎の関東出兵を実現させた。越後勢は永禄三年から四年にかけて関東を転戦して三月には北条氏の本城小田原城下に迫った。この長尾景虎の関東遠征において、氏照の居城とされる滝山城では、戦闘のあった形跡がない。この間、景虎や長尾軍に従った太田資正は高尾山薬師堂に制札を掲げ、高尾山麓の小仏谷・案内谷における自軍の乱暴狼藉を禁じていることから、（註2）景虎率いる越後・関東の諸軍勢は八王子近辺を通過したと思われる。しかしながら、滝山城周辺での戦闘の痕跡は、地元の伝承も含めて残っていない。このことは氏照が滝山城に入城していないことを意味していると思われる。その点で、注目すべき史料が次の北条氏照印判状である。

【史料1】

番匠綾野横合申懸ニ付而、以目安申上候間、御赦免条々、
一、年中納物之事、
一、棟別之事、
一、不可有横合非分事、
以上

右、如前々致御百姓公事等無懈怠可走廻、就中今後敵当城へ取懸ニ付而者弓ニ而も嗜、各ヲもかたらひ走廻ニ付而者、随望可有御褒美者也、仍如件、

庚申
十二月廿一日　（印文「如意成就」）

落合
八郎左衛門尉

〔落合文書〕

この文書は従来『新編武蔵国風土記稿』多摩郡の写しにより干支は「甲戌」とされ、天正二年に比定されてきた。しかし、原本調査によって干支は「庚申」の誤りであること、および印影が「如意成就」であることが確認され、永禄三年に確定した。この印判状で氏照は、敵の侵攻が近いことから、落合の八郎左衛門尉に当城に入って防戦に当たるよう指示している。この場合の敵とは、同年に越後から関東に出馬し、当時北関東に滞陣中の長尾景虎軍を指すことは明白である。問題はこの当城が、何城を指すかということである。氏照が当城と呼んでいることから、この時点での氏照の居城ということになる。その城については、八郎左衛門尉の居住する落合がその手がかりとなる。文言からは、八郎左衛門尉が番匠の綾野氏の不当な要求を氏照に訴えたことがわかる。この綾野氏は氏照支配下の番匠頭として、天正十六年正月八日付け北条氏照印判状によって、配下の番匠を妻子ともに八王子城に入城させるべきことを命じられており、[註3] 建築関係の職人を統率する立場にあった。八郎左衛門尉も綾野氏配下の職人であったと考えられる。落合は八王子市高尾町の小字で、小仏川と案内川の合流点に位置し、古くから高尾山の堂社の建築や修理にあたる職人が居住していた。江戸期の史料ではあるが、下恩方浄福寺所蔵の享保八年（一七二三）の再興棟札に「案内村大工藤原朝臣栗原左兵衛尉能政」とあって、落合周辺に大工の居住が確認できる。その落合の八郎左衛門尉に氏照は入城防戦に当たるよう指示していることから、当時の氏照の居城は高尾山麓の落合からさほど遠からぬ場所でなければならないだろう。また、永禄四年三月二日、北条氏は多摩郡上椚田の栗原彦兵衛に土地二貫二〇〇文を与え「油井飛脚役」を務めさせている。[註4] 上椚田は落合にも近く、この事例も氏照の居城が高尾周辺にあったことの傍証になる。やはり斎藤慎一氏の指摘のように、氏照初期の居城は、現在一般的に浄福寺城と呼称されている「由井城」が妥当と考えられる。

では、由井城周辺には永禄三年の越後長尾軍との戦闘の形跡はあるのだろうか。そこで注目できる史料が前述の享保八年の浄福寺再興棟

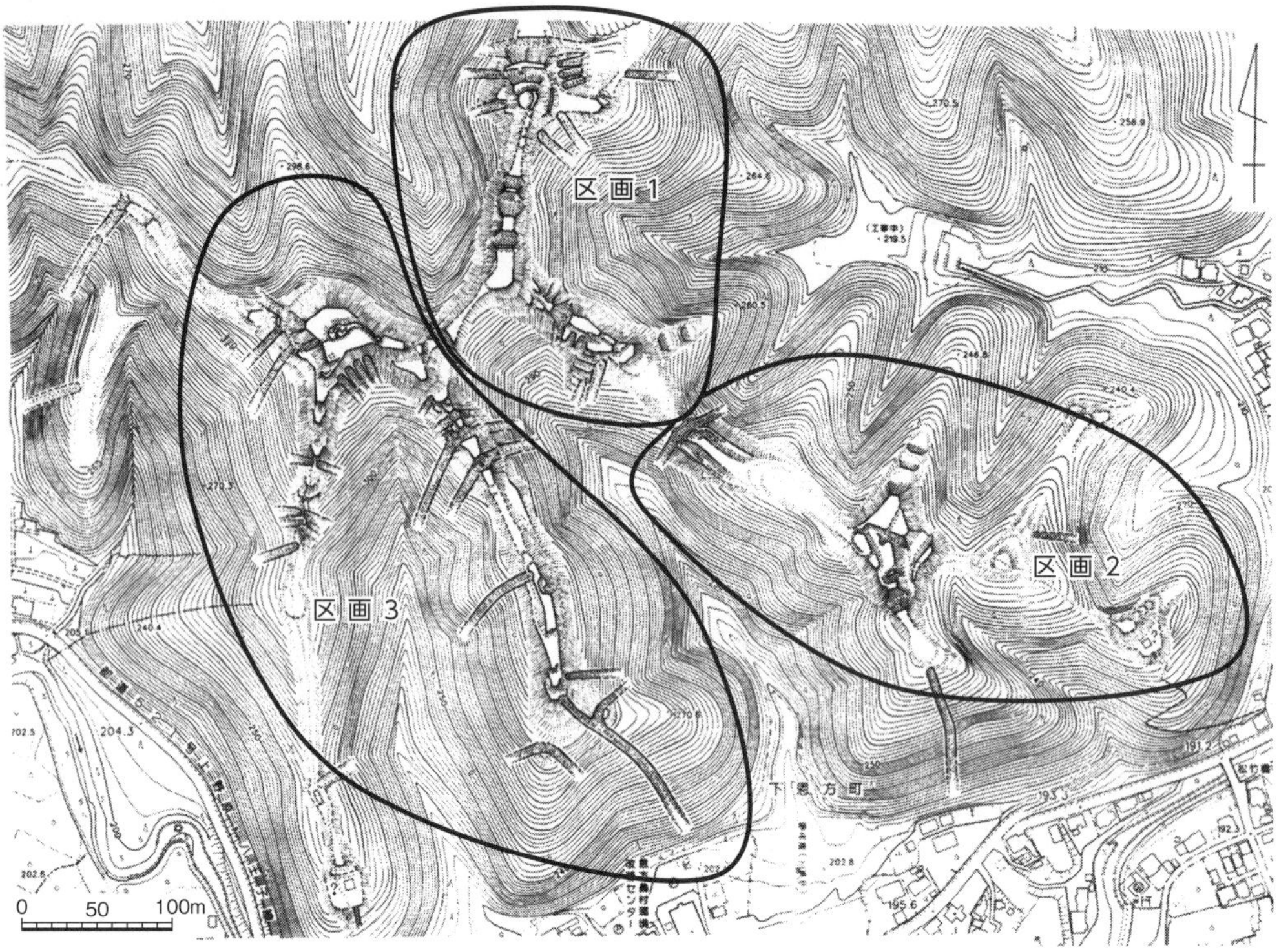

図1　浄福寺城跡縄張図
『東京都の中世城館』東京都教育委員会編

札である。「永禄三庚申天 当寺三世法印長全建立 享保八年百七十年至及破壊」とある。すなわち永禄三年に浄福寺の伽藍を建立、百七十年が経過したため寺堂の再興を行ったというのである。永禄三年とされる堂舎の建立は、その頃寺堂が焼失したための再建ではないだろうか。事実、浄福寺には上杉憲政の攻撃を受けて寺堂を焼失したとの伝承もあり、推測の域を出ないが由井城での戦闘の一痕跡といえる。

由井城の構造は、現状では三つの部分によって成り立っているようにみえる（図1参照）。すなわち城域北部の比較的小規模な曲輪が集中している部分（区画1）。城域東南部の方形の虎口状区画と東に伸びる尾根上の段曲輪の部分（区画2）。そして、城域西側の城内最高所とそこから南側に馬蹄形の曲輪が雛壇状に配置されている部分（区画3）である。これらの三区画はそれぞれ独立的であるが、区画1と区画2は連続性が感じられ、おそらく複合的に使用されたと考えられる。これに対して区画3は、大きな堀切で区画1・区画2と遮断されており、いわゆる一城別郭の独立した城郭と見ることも出来る。注目すべきは区画3が、八王子城要害部の曲輪構成に近似していることである。区画3は、『東京都の中世城館』[註5]が記述する「この城の最大の特徴は、曲輪面を確保せずに遮断に徹した縄張を行っているところ」「居住性を配慮せず、実戦時における防禦性のみを追求して徹底的に無駄を排除した縄張」という指摘がまさに当てはまる。氏照の拠点が八王子城に移転後、その出城として案下道の監視、もしくは豊臣軍との決戦を前にした実戦用の拡張部分である可能性が考えられる。一方、区画1も一見、畝状竪堀群や中心

写真1　区画1の畝状縦堀群

部直下を大きな堀で防護した居住性を配慮しない実戦的曲輪群にみえる。

しかしこの連続的な竪堀や中心部直下の堀を後の改修とすると、この部分は広めの曲輪が高所の本曲輪を中心に階段状に配置され比較的古態を残す曲輪群にみえる。従来の居住性が高く広い曲輪に平行する三本の竪堀を入れることで曲輪として使用することを困難にしている（写真1）。そして、さらに区画1の中心部直下には大きな横堀を入れて中心部の曲輪の面積を減らすと共に防御性を増す工夫をしている。区画2はこの区画1に連続する部分で、区画1への接近を困難にし、威儀を整えた虎口が築かれている。

以上から区画1は、大石氏の本拠として使われていた時期の由井城と考えられる。浄福寺背後の山城を由井城と呼ぶことは、浄福寺付近が八王子市恩方であって由井とは呼ばないことから、地元にとっては極めて違和感が強い。しかし、この城が東を正面として川原宿や小田野方面から区画1に登攀するルートを登城路と考えれば、この城郭は大幡宝生寺を見下ろし、由井方面を向いており、由井城と呼ぶことの違和感は薄れる。また区画2については、戦国大名北条氏から養子入りした氏照の居城にふさわしい威容の虎口を築き、東南の尾根沿いに登城ルートを変更する改修を施したものとみられる。区画1の段階での登城口は東側の谷戸から上るルートが想定できるが、区画2を設けることで中心部へ至るルートを城域東南部に変更して主郭にいたる経路を迂回させ、より強固な防備を持つ城郭へと変貌を遂げさせている。

由井城から北へ約二km、八王子市美山町に「御屋敷」と呼ばれる場所があり、戦国期に有力武将が居住していたとの伝承がある。御屋敷地区に近い乾晨寺は、寺伝によれば開基を大石遠江守とし、開山は永禄八年（一五六五）七月八日に示寂した心源院四世自山臨罷という。御屋敷が大石氏に関連する人物の居館だった可能性を示している。御屋敷伝承地は御屋敷川に面した畑地で、御屋敷川にそそぐ支流がその周囲を画しており、防御性に優れた場所である。また、御屋敷伝承地から御屋敷川を隔てた対岸の丘陵部は「ユダテヤマ」とよばれており、弓立山であろうか。いざというときの要害であった可能性が高い。この御屋敷は由井城から、戸沢峠を経て川口にいたる交通路を監視するのに最適な場所である。この街道は、川口から網代峠を越えて伊奈（あきる野市）・平井宿（日の出町）に達し、「鎌倉街道山の根道」と呼ばれている。伊奈・平井宿は永禄五年六月、北条氏によって伝馬宿が設定されており、[註6]北条氏にとっても重要な交通路であった。また、伊奈・平井からは、梅ヶ谷峠をへて青梅に達し、北条氏照が三田氏を滅ぼし三田谷を併合する際には重要な役割を果たしている。また、川口川を遡上して小峰峠を越えると広徳寺のある小和田（あきる野市）に達する。広徳寺は大石道俊によって寺領を安堵され、大石氏の崇敬篤い寺院の一つであり、川口川上流に向かう街道も重要な交通路といえよう。このように御屋敷地区は由井城と秋川・多摩川流域を結ぶ幹線上の要衝として注目できる場所である。領域支配の開始と御屋敷を通過する街道の重要性に注目すれば氏照初期の居城は、斎藤氏の指摘どおり、由井城と想定できる。一八世紀中葉の成立だが『日本洞上聯灯録』の心源院天叟順孝の項には同寺開基を「武州由井城主源（大石）定久」と記し、大石氏が由井城を本拠としたと記している。

二　由井領の形成

浅川・湯殿川流域を中心とする地域は、八王子市中山の白山神社経塚から出土した仁平四年（一一五四）の「観普賢経奥書」から「船木田御荘」に属していた。荘園領主は治承四年（一一八〇）五月の皇嘉門院処分状から崇徳上皇中宮皇嘉門院藤原聖子だったことがわかる。[註7]藤原聖子は摂関藤原忠通の娘であり、長く政権中枢にいた父忠通が獲得した荘園を譲られたのであろう。その後、船木田荘は九条兼実を経て、九条家領として伝領されるが、[註8]現地管理者は、前掲白山神社経塚出土「観無量義経奥書」に勧進者としてみえる「小野氏人」、すなわち武蔵七党の横山党の人々であった。横山党の惣領横山時広の妹は、侍所別当和田義盛の妻であり、義盛創建にかかる浄楽寺の運慶作不動明王・毘沙門天像の胎内銘札に「大願主平義盛芳縁小野氏」と記されている。[註9]また、時広の娘は義盛の子常盛に嫁いでおり、横山氏と和田氏は二重の婚姻関係で結ばれていた。しかしこのことは建暦三年（一二一三）五月、北条氏と和田氏の対立から惹起した和田合戦に、横山党が義盛方として参加する要因となり、義盛の敗死とともに横山時兼以下の横山党は族滅の悲運に見舞われた。『吾妻鏡』には「常盛・時兼以下謀叛之輩所領、美作・淡路等国守護職、横山庄以下為宗之所々、先以収公之、可充勲功之賞云々」と記されている。「横山庄」は船木田荘の別称とされ、横山党滅亡後は大江広元に与えられ、以後は広元の子時広を初代とする大江姓長井氏によって支配されていくことになる。

その後長井氏は戦国期に至るまで湯殿川流域を中心に領主制を展開しており、八王子市初沢町高乗寺および山田町広園寺は、長井道広が応永十五年（一四〇八）三月に示寂した峻翁令山を開山として創建したとされ、現在は失われた応永四年十一月の広園寺梵鐘銘には「大江朝臣沙弥心広建立広園精舎」とあった。[註10]心広は道広と同一人物とされる。

湯山学氏は座間郷内の新戸（神奈川県相模原市）常福寺開基を『建長寺史』によって前記の高乗寺と広園寺を創建した長井道広であると指摘された。また同所の長松寺も長井氏開基にかかる寺院であり、元徳二年（一三三〇）六月九日に「座間郷内長松寺」を了堂素安に管理させた高秀は長井氏であると考証した。こうして座間郷が長井氏によって支配されていたことを明らかにされ、その支配は横山氏滅亡後に大江広元に与えられた横山氏旧領にさかのぼるものと推定された。そして、この座間郷が後に大石氏の支配を経て北条氏支配下の由井領に組み込まれていることに触れられ、『小田原衆所領役帳』にいう、「油井領」の成立の一端を究明する可能性が出てきたと述べられた。[註11] 極めて重要な指摘である。
長井氏の滅亡については、横浜市南区堀ノ内町宝生寺所蔵の「唱道法則」が次のように記している。

【史料2】

今日作善者、為大江朝臣広直中書公、法名道印大禅定門三十三回追福令勤修法席也。（中略）去永正元年比、東海乱劇シテ人民ノ騒動逆浪如覆船ヲ、関山乱入、諸家損失、暴風如散葉、爰ヲ将軍輔翼別左右ニ上杉ノ幕下諍二方ニ、然間北国諸軍引率シテ越山シ、武上ノ将兵襲来防戦ス。依之所々村邑驚テ権威滅却シ、在々城廓恐テ大威敗北ス。終則於武州椚田城一族廿余人同心生涯、其外討死不知其ノ数ヲ、然ニ居諸如矢遷リ、星霜如雷ナリ。轉シテ経タリ、三十三回ノ春秋ヲ。（中略）

天文五年丙申十二月三日

於手広青蓮寺造之、　善朝

天文五年は一五三六年に当たり、そのとき三十三回忌を迎えたのであるから、椚田城が落城して長井一族が滅亡したのは、一五〇四年の永正元年ということになる。長享元年（一四八七）以来、関東では扇谷上杉定正と山内上杉顕定の関係が悪化し、両氏は各地で戦いを展開する。この一連の争いを長享の乱といい、明応三年（一四九四）に定正が死去すると、養子朝良は駿河守護今川氏の支援を受けて顕定に対抗する。永正元年八月、扇谷上杉朝良は今川氏親および伊勢宗瑞の援軍を得て、多摩郡立河原（立川市）で山内上杉顕定軍と激突した。[註12] この立河原の戦いで顕定側は多数の戦死者を出して潰走したが、この報を聞いた越後守護上杉房能は実兄顕定を救うべく、守護代長尾能景を関東に派遣した。そして、十一月に今川の援軍が撤退して守備が手薄となった河越城の朝良を攻撃、さらにその余勢を駆って十二月一日には、椚田城（八王子市初沢町か）を攻め落とした。次の史料3はそのことを示すものである。

【史料3】

去朔日、武州椚田要害攻落候、被官被疵之条、神妙之至候、謹言

（永正元年）　　　　　（上杉）

十二月十日　　　　　房能（花押）

発智六郎右衛門尉殿

〔発智文書〕

長井氏は扇谷上杉氏に従っていたため、越後勢を中心とする山内上杉軍に滅ぼされたのである。その後も椚田は、扇谷上杉氏の武蔵における拠点河越城と領国の相模を結ぶ交通の要衝に位置していることから、両上杉氏にとって争奪の場となっていった。八王子市川口町法蓮寺の阿弥陀如来立像修理銘には「かハこへのともよし、こ

のくちへはたらき時」とあって、河越城の上杉朝良が椚田城を奪回すべくこの地を通過した時、阿弥陀像が破損したと記している。

そして、永正七年六月十二日付山内上杉可諄（顕定）書状[註13]は「伊勢宗瑞至于武州出張、既椚田自落、無人数之間、不可拘之段、兼日議定故、普請等及五六年止之間、城主由井移候歟」と記し、椚田城が伊勢宗瑞の攻撃を受け、城主は城を出て由井へ退いたとしている。顕定は、扇谷上杉方から椚田城を奪取したものの人数が少ないため、城には十分な防備はせず、普請も止めていた。そのため火急の際には城の放棄も止むなしと定めていたらしい。この城主は、山内方の武将であり椚田城放棄後に由井に移動しており、山内上杉氏から長井氏旧領を与えられて由井領を形成した大石氏の可能性が高い。この頃、由井が大石氏の支配下にあったことは、『新編武蔵国風土記稿』多摩郡下恩方村浄福寺の条に記載される大永五年（一五二五）十二月十三日付の棟札に「大檀那大石源左衛門入道道俊并子息憲重」とあることから確認できる。またこの憲重は、石見国大田南八幡宮（島根県大田市）に巡礼行者六十六部によって経筒を納入しており、「大永五年五月吉日　大石源三朝臣憲重」と記している。大石源三は後に大石家を継承した氏照の初名であり、この憲重は氏照の養父、後の綱周と考えられる。

このように長井領を併合した大石氏の支配領域が由井領で、前述の長井氏開基の常福寺・長松寺が所在する座間郷を『小田原衆所領役帳』は「油井領」と記載している。また、座間郷の古刹星谷寺に宛てた北条氏照印判状[註14]には「於由井領、夏秋両度以勧進、上葺并造作、当年中被致立候」とあり、星谷寺の修理に由井領の勧進を以て充てることを認めている。また、由井領は秋川流域にも及んでおり、あきる野市小和田の広徳寺には次の史料がある。

【史料4】

由井之広徳寺領深沢之山萱之事、寺家為修理立置候、於深沢かや苅取者有之者、可処罪科候、堅可有成敗者也、仍如件、

（北条家虎朱印）

弘治三丁巳 七月四日 狩野又四郎 奉之

広徳寺

〔広徳寺文書〕

広徳寺が「由井之広徳寺」と呼ばれている。由井は本来の八王子市弐分方町周辺の由井郷を離れ広域地名化している。広徳寺も由井領に属しているのである。由井領は座間から椚田・由井を含んであきる野までを包括した相模・武蔵両国にまたがる地域であった。

また、広徳寺には、天文二十年九月の大石道俊の寺領安堵状が所蔵されている。この判物の袖には、北条家の虎朱印が捺されており、大石氏の支配が北条氏の保護下で進められていたことを示している。この北条権力を背景とした大石道俊の安堵は、この地方への北条氏勢力の伸長を示すものと考えられる。しかし、大石氏が秋川流域の

支配を開始する以前、この地域は在地領主小宮氏による支配が行われていた。小宮氏に関する史料を掲げよう。

【史料5】「快元僧都記」

天文二年（一五三三）二月九日条

神主山城守、伊豆山我観房同宿和泉相連、上野口へ氏綱為使被差遣了。同二十二日帰倉。即少々奉加有之。三田弾正・小菅・平山・大石不可有相違人数也。内藤又御家風ニ参上、（中略）以註文屋形様被仰付。以清斎平山伊賀・内藤左近将監・以月斎大石・小宮宗右衛門・三田弾正忠、是等者、領状無之。秩父孫次郎・藤田小三郎（中略）令領状、馬・太刀等奉加也。

この史料によれば、「小宮宗右衛門」は、北条氏綱によって大石氏や三田氏と共に武蔵国内の勧進先として挙げられ、一定領域を独自支配する地域領主として存在していたことをうかがわせる。小宮氏は日奉姓で、由井牧・小川牧を中心に血縁的に結成された武士団西党に属し、その一族は鎌倉時代には伊予国弓削島荘に地頭として赴任、領家の東寺の間に相論を展開している。(註15) その後、寛正四年（一四六三）のあきる野市草花の小宮神社梵鐘に「武州多西郡小宮郷大明神御宝前、奉鑄鐘」「大檀越　上野介憲明」、また天文五年（一五三六）のあきる野市山田の瑞雲寺観音堂棟札銘文には「奉再造立御堂一宇之事、大檀那小宮上野介顕宗、同左兵衛尉綱明」とある。さらに、天文十六年十二月のあきる野市横沢大悲願寺棟札にも「奉修造大堂破風之事、大檀那小宮孫四郎綱清」と記されている。このように小宮氏は、室町・戦国期において多摩郡秋川流域の寺社造営修理に関わり、この地域に独自の領主制を展開していたことをうかがわせる。しかしながら、その痕跡は天文十六年十二月のあきる野市横沢大悲願寺棟札を最後に見られなくなり、同二十年九月には、前記のように大石道俊が広徳寺に宛てて寺領安堵判物を発給している。天文十五年のいわゆる河越夜戦を契機に起きた北条氏による在地支配の展開の中で小宮氏は滅亡し、大石氏へ支配が移行した可能性が高い。道俊判物に虎印が捺されたのは、北条権力による在地支配の再編を意味しよう。こうして北条権力を背景に、相武にまたがる広大な由井領は形成された。また、そうであるからこそ氏照の由井領継承は、北条氏にとって既定の方針であったと考えられる。

三　滝山城への移転

では、氏照が滝山城に移った時期は、何時なのだろうか。また、滝山城は氏照による新規築城にかかる城郭なのか。あるいは大石氏が築城した城を氏照が受け継いだのだろうか。この点は明確な史料はなく、推測の域を出ないが、滝山は相模原方面から北上する伝鎌倉街道が加住丘陵を越える地点であり、道はさらに八王子市高月を経て秋川を渡河し、あきる野市二宮に至る。二宮も高月も由井進出以前の大石氏の拠点である。また、加住丘陵の南は谷地川に沿って古甲州街道と呼ばれる街道が東西に伸び、滝山城大手の南側で両街道は交差する。したがって旧長井領を併合して由井領を支配することになった大石氏にとって、滝山は当然抑えておかなければならない地点である。何らかの城郭設備が構えられたに違いない。その点で、本土寺過去帳「大過去帳」中の十八日「滝山大石隼人佑殿御内妙法善尼丙子九月」は注目できる記載である。葛西城が北条氏によって攻略され、葛西大石氏が没落したのが天文七年二月であるから、丙子はおそらく永正十三年（一五一六）と思われる。長井氏滅亡から間もなく、由井領形成時期の大石氏一族の記載と考えられる。滝山城の存在を証拠付ける記載ではあるまいか。ただし大石氏の本拠は前述のように由井城が妥当と思われるので、ここでは由井城と滝山城が並行して存在していたと指摘し、滝山城も大石氏によって築城されたと考えたい。

【史料6】

金子屋敷・桑良屋共免許之事

一、棟別銭・官銭先方借銭来事、印判無之而押立・伝馬等之事、右、川越江送迎之儀、昼夜走廻付、御赦見之御判被下之、但三田郡之内、万事雖由井下知可走廻者也、仍如件、

永禄六年癸亥卯月八日　奉之　大道寺駿河守

金子大蔵少輔殿

〔水月古簡三〕

北条家朱印状の写しである。写本のため誤写と思われる記載があり意味をとりづらいが、金子大蔵少輔の奔走に対して棟別銭・官銭（反銭か）免除等の特権を付与したものである。注目すべきは「三田郡之内、万事雖由井下知可走廻」の文言である。この時期、多摩川上流の三田谷を支配してきた三田氏は、北条氏によって滅ぼされ、その旧領は氏照支配下に編入されている。[註17] したがって三田郡内の内に対する「由井下知」とは氏照の下知のことである。北条当主とはいえ氏照の領域支配には介入できなかった。さてそこで由井の下知とはどういう意味だろうか。「由井」在城の氏照の命令か、あるいは「由井」領支配の氏照の命令か、慎重な判断が必要である。すでに述べたように由井は広域地名として使用されている。座間郷も小和田も由井なのである。したがって由井領支配の拠点となった滝山城を由井と呼ぶこともあってよい。

永禄十二年七月、小田原の北条氏政は、氏照が家臣団を引率して駿河へ出陣した後、手薄となった滝山領の防備に栗橋城を守る氏照家臣団を呼び戻して充てることとし、「為由井之留守居、栗橋衆召寄度候」と述べている。[註18] 永禄十二年、この年、氏照の居城は滝山城であることは確実で、この「由井」は滝山城を指している。斎藤慎一氏は、この「由井之留守居」を「由井城」（浄福寺城）と捉え、この時点でまだ由井城が使われていたとしておられる。[註19] しかし、江戸時代、幕府の留守居は、将軍不在時に江戸城の留守を守る役割を果たし、諸藩の留守居も藩主が江戸藩邸にいない場合に藩邸の守護にあたっている。いずれにしろ基本的に主人の城を預かる意味であ

る。したがって由井の留守居は氏照本城の留守を預かる意味と考えられる。この時期の氏照の本城は滝山城であり、滝山城の留守を任せることを「由井之留守居」と表現したのである。支城の由井城の守備を任せたという意味ではない。氏政が「由井之留守居」を気に懸けたのは、そこが氏照の本城であったために他ならない。

このように氏照の初期の居城は、由井とあっても滝山城である可能性が指摘できる。したがって【史料6】の「由井下知」も、単純に氏照が由井城に居る証拠とはならない。単に氏照のことを指しているると考えることも可能である。そこで以前指摘したことではあるが、(註20)永禄四年七月四日付け横地監物判物(「大江文書」)が重要である。すなわち、宮寺与七郎に金子掃部助一跡を宛行う判物であるが、文中に「御移之上、直々御判形相調」えると明記し、宮寺与七郎に対して、氏照がお移りになった上で直接判物を与えるとしている。そしてその直々の御判形と考えられる文書が、永禄五年五月十九日付けの氏照判物(「大江文書」)である。この時点で氏照は三田領を併合し、由井領の北に勢力を蓄えていた三田氏を滅ぼしている。この三田氏滅亡によって北方の脅威を克服した氏照は、山間の由井城から、新たな拠点へと「御移」を果したのではなかろうか。そして、その拠点こそ多摩川の渡河地点を押さえ、河越・岩付から、さらに下総・常陸方面へと北条氏が勢力を拡大するために有効な滝山城だったのである。

おわりに

推測に推測を重ねるような結果になったが、自分自身が由井に居住していることもあり、どうしても浄福寺城を「由井所在の城」と思えないことに引っかかりを感じてきた。しかし由井を広域地名と考え、初期氏照領の全体を指すと考えればよいのではないかということが本稿の出発点となった。しかしそうなると浄福寺城から滝山城へは何時移動したか不明確となってしまう。そこで検討を加えてみたが、その結論は以前に書いたものを繰返すような結果となり、目新しいものではないが、自分自身としては今のところそう考えることが最も違和感がないのである。今後さらに検討を続けたい。

註

(1)『中世東国の道と城館』東京大学出版会(二〇一〇)三六七頁
(2)高尾山薬王院所蔵。永禄四年二月、長尾景虎制札・太田資正制札
(3)『新編武蔵風土記稿』多摩郡。落合四郎左衛門宛北条氏照朱印状写
(4)『新編武蔵風土記稿』多摩郡。栗原彦兵衛宛北条家朱印状写
(5)東京都教育委員会『東京都の中世城館』(主要城館編)(二〇〇六)三四頁
(6)田中芳重氏所蔵。永禄五年六月四日、平井郷伝馬奉行宛北条家朱印状
(7)宮内庁書陵部所蔵九条家文書。治承四年五月十一日付皇嘉門院惣処分状
(8)宮内庁書陵部所蔵九条家文書。元久元年四月二十三日付九条兼実惣処

分状

（9）神奈川県横須賀市芦名浄楽寺所蔵

（10）『新編武蔵風土記稿』多摩郡。広園寺鐘銘

（11）『武蔵武士の研究』岩田書院（二〇一〇）一三五頁

（12）「宗長手記」

（13）「歴代古案」三。永正七年六月十二日付長尾景長宛上杉可諄書状写

（14）星谷寺所蔵。天正八年三月六日付星谷寺別当宛北条氏照朱印状

（15）京都府立総合資料館所蔵東寺百合文書。正応二年二月東寺法印厳盛挙状案

（16）「快元僧都記」天文七年二月朔日条

（17）拙稿「北条氏照による八王子領支配の確立」（『國學院大學大学院紀要』第八輯、一九七七）

（18）野田家文書。永禄十二年七月朔日付野田景範宛北条氏政書状

（19）『中世東国の道と城館』東京大学出版会（二〇一〇）三七五頁

（20）拙稿「後北条氏の南武蔵進出をめぐって」（『戦国史研究』六・一九八三）

津波堆積物と考古資料からみた北条早雲の伊豆・相模進攻戦

金子浩之

はじめに

明応年間（一四九二〜〇〇）の伊勢宗瑞（以下、北条早雲と記す）の動きは、文献史料が少ないために諸説が交錯して未だ定説がない。伊豆進攻年は長い間、延徳三年（一四九一）とされてきたが、小和田哲男氏の指摘によって、ようやく明応二年（一四九三）に改められた。伊豆進攻の具体的な過程を示す史料も数少なく、その途次に起こる小田原奪取の年についても未だ確たるものがない。伊豆進攻と小田原奪取は、早雲が戦国大名として躍進を遂げる重要な転換点であるにも関らず、具体的な経過をたどることが出来ていないのである。

一方、近年の発掘調査等の進展で十五世紀末の伊豆の様相を語り得る資料が現れてきた。宇佐美城、鎌田城、河津城の三城で早雲の伊豆進攻戦を示す遺物に恵まれ、また、伊東市宇佐美遺跡では十五世紀末の津波堆積物層から多数の陶磁器片等が得られた。従来、文献史料のみに頼って不明確であった明応年間の早雲の行動を実物資料を援用することで立体的に捉えることを以下に試みたい。

一　城郭からの出土遺物と石造塔

近年の中世陶磁器の研究は高い精度で進められている。窯業生産地の窯ごとの前後関係が確認され、一方で消費地の年代指標を伴った出土状態との照合が進むことで、小さな陶片であっても遺跡の使用年代が決定できる段階に達している。ここではまず、伊豆半島内の山城で早雲との関係を指摘できる出土資料と石造物を確認する。

宇佐美城と宇佐美一族墓の史料性

伊豆宇佐美（現伊東市域）を名字の地とした有力武士宇佐美氏は、中世前期の居館位置は特定できていないが、中世後期には宇佐美城

第1図　伝宇佐美一族墓所

と通称される山城を根拠地としたものとみられる。その山裾には、第1図に示した伝宇佐美一族墓の石塔群が所在している。

　この一族墓は、宝篋印塔と五輪塔で構成された石塔群だが、佐伯玲魚氏による実測調査で、十四世紀前半に造塔を始め、連続的に新たな石塔を加えたのち、十五世紀末で突然造営が止まっていると報告されている。(註1)

　一方、同じ宇佐美の日蓮宗朝善寺の伝承では、宇佐美氏の祖宇佐美祐茂の墓と伝える石塔が同寺境内にあり、この寺は元、海岸近くにあったが、津波被害で現在の高台へ永正十三年（一五一六）に移転し、祐茂の石塔も同時に移されたという。(註2)この伝承は、中世武士の一族墓造営の一般的な姿を考え合わせると、単なる石塔と寺の移転ではないと想定できる。

　中世武士の一族墓では、大きさや荘厳度を一段高くした石塔が一族の始祖の供養塔として中心に構えられ、その周囲に中小の塔が集まる構成を執っている。つまり、始祖的な人物の石塔の周囲に子孫の供養塔を加える行為を繰り返して、血脈で結ばれた一族墓を形成し、武士団結束の精神的表徴としているのである。

　宇佐美氏の場合、北条早雲との戦いと合わせて後述する津波堆積物の存在から、十五世紀末に根拠地である宇佐美郷が潰滅的な被害を受け、菩提寺や一族墓も津波で被災している。このため、被災から十数年後の永正十三年に朝善寺を高台で再興し、そこに宇佐美氏歴代墓の核と意識されてきた宇佐美祐茂の石塔を朝善寺境内へ移したものとみられる。城山の宇佐美氏一族墓が十五世紀末に放棄されたのは早雲との戦いに敗北し、さらに明応四年の津波被災によって菩提寺を高台移転して再興した復興措置だった可能性が高い。

宇佐美城出土遺物の年代観

　宇佐美城は平成元年に試掘調査が行われて、土塁や竪堀等の城郭遺構を検出した。出土した中世遺物を第3図に示した。(註3)遺物は少ないが、青磁杯・瀬戸美濃擂鉢・常滑甕・カワラケで構成され、十五世紀末までの年代に収まって、十六世紀代の遺物を欠いている。年代を確定しやすい遺物は第3図2の擂鉢で、口唇部の補強帯が内面に巡っており、この形態から古瀬戸後期様式末期のものと言える。輸入磁器には第3図1の青磁杯と青白磁の小片がある。これらは、若干年代的に古いものとみられ十五世中頃以前の年代であろう。

　出土遺物の示す年代観から宇佐美城は十五世紀末までに機能を停止して、十六世紀代には人の気配がない状態だと言える。山裾の伝宇佐美一族墓が十五世紀末に放棄されたのと同じ経緯をもっている。

鎌田城の出土遺物

　鎌田城は、標高三一〇mの独立した山上にある山城で、これまで何人かの城郭研究者が、縄張の特徴や規模などから後北条氏後半期の支城であると評価されてきた。平成十四、十五年に計八個所の試掘溝が発掘され、比較的多くの遺物を検出した。それを第３図中段に示したが、遺物の構成は宇佐美城と同じく輸入磁器、古瀬戸、常滑焼とカワラケである。年代を示し得る遺物には、古瀬戸後期末の擂鉢（第３図10―13）があり、大窯様式段階には下らない時期にあたる。第３図15の常滑焼大甕は第三郭に散乱状態で出土したが、熱で破片各々が変色している。これは、落城時に城内の器物が破壊されて取り散らかされ、その後火災の熱を受けて埋没した結果とみられる。[註4] 郭の中央部に器物の破片が散乱したまま出土したので、この城が落城した後に再利用されたことはないものと判定される。

河津城の出土遺物

河津城と通称されている山城は、後に後北条氏の家臣となる蔭山氏の居城と伝承されている。[註5] 発掘調査は平成五年に主郭、第二郭等が発掘され、落城の際に火を消す水が無く、穀物をかけて消火したという伝承に合致する炭化した穀物粒が出土した。この穀物と共に破壊された多数の常滑大甕（第３図22、23）、茶臼（第３図24、25）、鎧の小札等が出土しており、落城の際に焼かれ、器物も壊されたことが分かる。[註6] 強い火災と、器物の散乱状態は前述の鎌田城も河津城も同じ姿である。常滑の大甕と瀬戸美濃の擂鉢の形態から十五世紀末から十六世紀初頭という年代観であることは確定的であるし、遺物の出土状態からしても、後に城郭として再利用されたことはないものと結論できる。

第２図　河津城の大甕出土状態
（写真提供 河津町教育委員会）

深根城の落城伝説と足利茶々丸の墓

山内上杉氏の被官という関戸播磨守の城館とみられるのが、下田市堀之内の深根城である。未発掘のために出土資料はないが、いくつかの落城伝説や足利茶々丸の墓とみられる五輪塔が所在している。この五輪塔に対して「御所の墓」と呼んできたという伝承が採録されている。[註7] この「御所」が堀越公方の後継者の足利茶々丸を指し、『王代記』の明応七年八月条に「伊豆ノ御所腹切玉ヘリ、伊勢早雲御敵ニテ」と記された点と合わせると足利茶々丸の自決の地がここであり、没年も明応七年八月であることが確定できる。

大見城の出土遺物

早い時期から北条早雲側についた大見三人衆が、長年籠城した城が大見城である。山頂の一部が近世後半以降墓地にされた他は、旧状を留めている。山裾の居館部分に現在は實成寺（日蓮宗）が建つが、発掘調査はその居館部と城域との境界辺で行なわれて、柵を巡らした柱穴列が検出された。[註8] 遺物は十六世紀代から近世に至るものが中

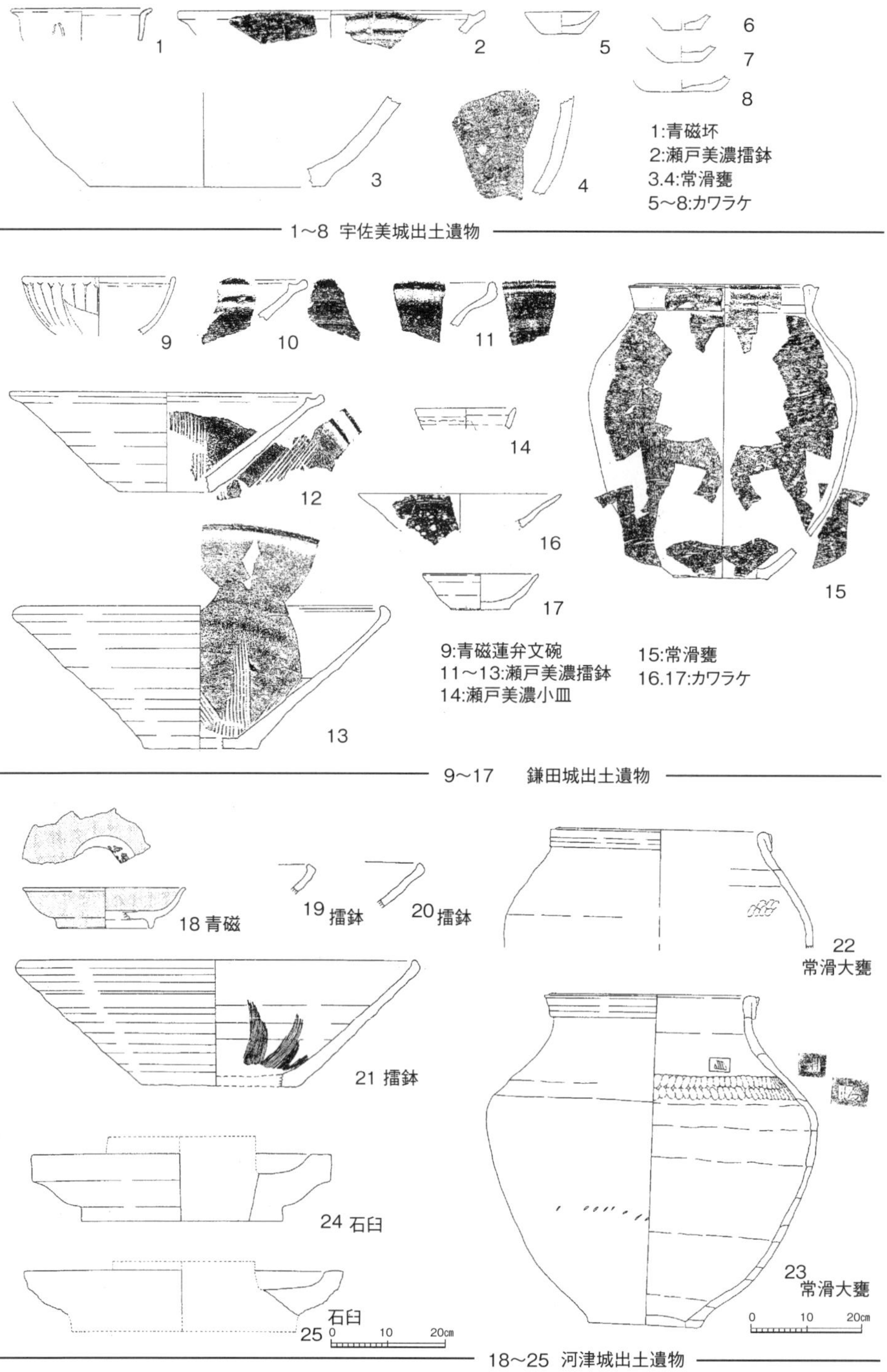

第3図　宇佐美城・鎌田城・河津城の出土遺物実測図
（各発掘調査報告書から抜粋し転載した）

心である。本城や居館部分の発掘が必要だが、現状までにみられる遺物は十六世紀代のものが多く、大見三人衆が早雲の進攻直後から家臣としてこの城を維持していった経過を反映している。

二　明応四年までの北条早雲の行動

早雲の伊豆進攻過程は、古くは沼舘愛三氏(註9)が城郭との関係を視野に入れて検討した。その後、小和田哲男氏が大見三人衆由緒書の内容を加えて伊豆各地の戦乱の存在を指摘した。(註10)さらに、家永遵嗣氏からは明応七年の南海地震津波後に早雲の伊豆征服が完遂したとの所見が示されている。(註11)ここでは、こうした先学の研究に学びながらも文献史料と実物資料との整合性を確認しておきたい。

堀越御所急襲と宇佐美家の抵抗

延徳三年四月三日、堀越御所足利政知が病死すると後継争いとなり、足利茶々丸が継母と弟を殺害して家督の座に就く。明応年間に茶々丸は讒言を元に家臣の外山豊前や秋山蔵人を殺害してしまい、伊豆全体が混乱に陥る(『鎌倉九代後記』)。明応二年、伊豆の混乱を好機とみた早雲は、京都での政変と呼応しつつ黄瀬川を越えて伊豆に侵入した(『妙法寺記』『喜連川判鑑』)。これを迎えた堀越御所では、宇佐美貞興が討死し(『朝鮮征伐記』)、茶々丸は守山に籠ったものの陥落し、山を下って切腹したとする一書もある(『北条五代記』)が、実際には、その後の行動が確認できるので、この時は堀越御所から宇佐美や伊東などの有力武士を頼って落ち延びたとみられる。その『妙法寺記』には明応四年「御所嶋へ落玉フ」とあるので、宇佐美氏や伊東氏の元で再起を図る戦いを二年ほど続けたものの再び敗戦し、ここから伊豆諸島へ落ち延びたとみられる。

堀越御所で当主を失った宇佐美家では、貞興の弟の宇佐美高忠の元で伊豆の武士を糾合し、上杉顕定からの援軍も得て早雲に立ち向かうが、地侍の寝返りのために敗北したという(『朝鮮征伐記』)。ただし、右記の宇佐美家の抵抗戦の模様は同時代史料がないために具体的な合戦の場所や規模などをたどることができない。しかし、このことを記した『朝鮮征伐記』が宇佐美氏の後胤と意識していた人物によって記された書であり、今のところ他に史料がない点などから、そうした合戦のあったことは認めて良いものと思われる。

宇佐美高忠の戦いの詳細は不明だが、宇佐美城の出土遺物が十五世紀末で途絶えているので、少なくともこの城が早雲方に囲まれて落城する結末だったことは確定的である。また、伝承に宇佐美貞興の供養が、代々の先祖供養の場の城山とは別の東光寺で行なわれたという点も、宇佐美家が早雲に強い抵抗戦を挑んで敗北し、遂には宇佐美城落城に至るという結果を反映しているものとみられる。

伊東氏の抵抗と鎌田城の遺物

伊豆の有力武士には狩野・伊東・宇佐美氏がある。宇佐美氏の抗戦は前述したが、残る狩野・伊東両家も徹底抗戦をした。これは、駿河今川家の内訌に小鹿範満を推した狩野・伊東家と今川氏親を庇護した北条早雲との争乱が、そのまま伊豆へ持ち越されたという経緯からも連続的であり、むしろ、早雲の伊豆侵入は駿河安倍山にいた狩野・伊東両家への追撃戦だとみることもできよう。

伊東家の動きは旧版『伊東市史』などに、南北朝期に失っていた本拠奪還のために、侵入初期から早雲に味方したとされてきたが、『豆相記』では狩野・伊東の門族は早雲に撃刹されたとあって矛盾している。しかし、明応四年二月五日付の伊東伊賀入道(祐遠)宛文書からも、明応二年の侵入から二年ほどの間、伊東氏は早雲に抵抗戦を続けたとみた方が正しい理解であろう。明応四年二月五日に早雲から伊東七郷のうちの本郷を宛行われたのは、この日までに伊東家が敗北して早雲側に降り、伊東七郷のうちの本郷のみを残して他を没収されて北条家の家臣化されたと理解すべきである。(註12)

これらの史料を踏まえると、鎌田城の出土遺物は明応四年二月に伊東家が早雲と戦った際の遺物だと確定できよう。鎌田城では十五世紀末の陶磁器片が城内に散乱した状態で出土しており、以後十九世紀代までこの城には人の気配がない。強い炎で焼かれた痕跡を留めており、河津城落城の姿と非常によく似ている。また、足利茶々丸が伊豆諸島へ落ち延びたのが明応四年であるから、伊東家の敗北が契機となった可能性は高い。

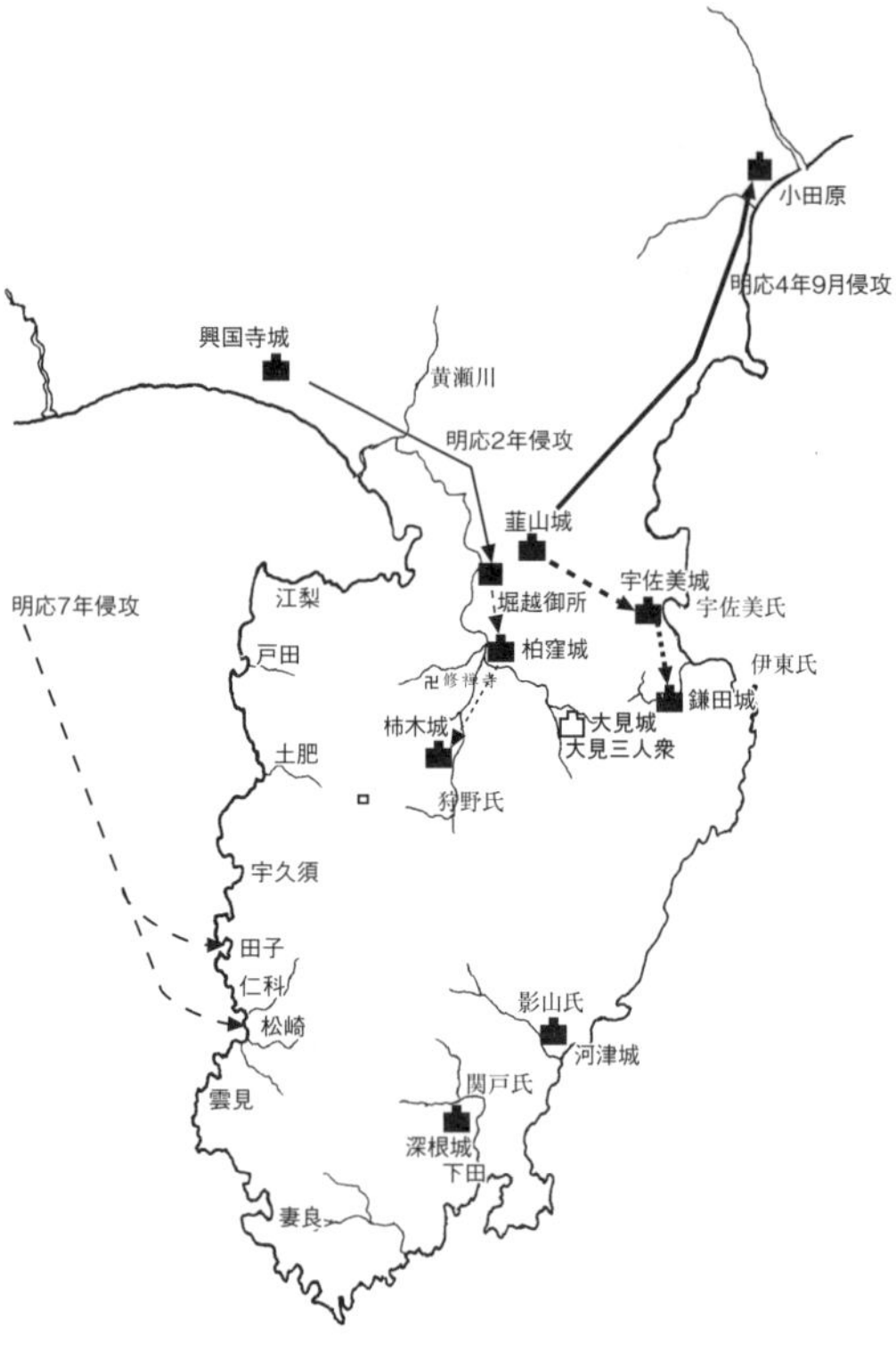

第4図　伊豆半島の関係集落・史跡等

三　明応四年八月十五日の津波

理学・工学系の研究者が地震や津波の周期性に注目し、次の大地震を予測する方法のひとつとして、歴史的に津波の発生序列を遡及する研究が進んでいる。その遡及法は、歴史学と同様に史料の探索と批判を基本にしたが、近年では津波堆積物層を探したり、地殻変動の痕跡を探索する方法なども執られている。また、各地の埋蔵文化財の発掘調査でも地震痕跡を留める遺構や津波で流失した中世集落の発掘例もある。津波災害の実態が明らかにされ、海溝型地震と津波が歴史に与えた影響を正しく位置付ける必要性が痛感される。

津波堆積物と出土遺物

十五世紀末の津波で著名なものには、明応七年(一四九八)八月二十五日の南海トラフ地震津波(以下、明応七年津波と記す)がある。この津波で潰滅した集落の発掘例に遠州灘沿岸の元島遺跡が知られるが、[註13]この遺跡では出土陶磁器片の時期別の数量把握によって津波で被災した集落が姿を消し、以後一〇〇年ほど土地利用が無くなる状況が確認されている。静岡や神奈川県下には、津波で消滅した中世集落が他にも多数あるはずで、文献からも、例えば『日海記』に小川（現焼津市域）の御堂坊という寺が津波で流没して周囲は河原のようになったとある。

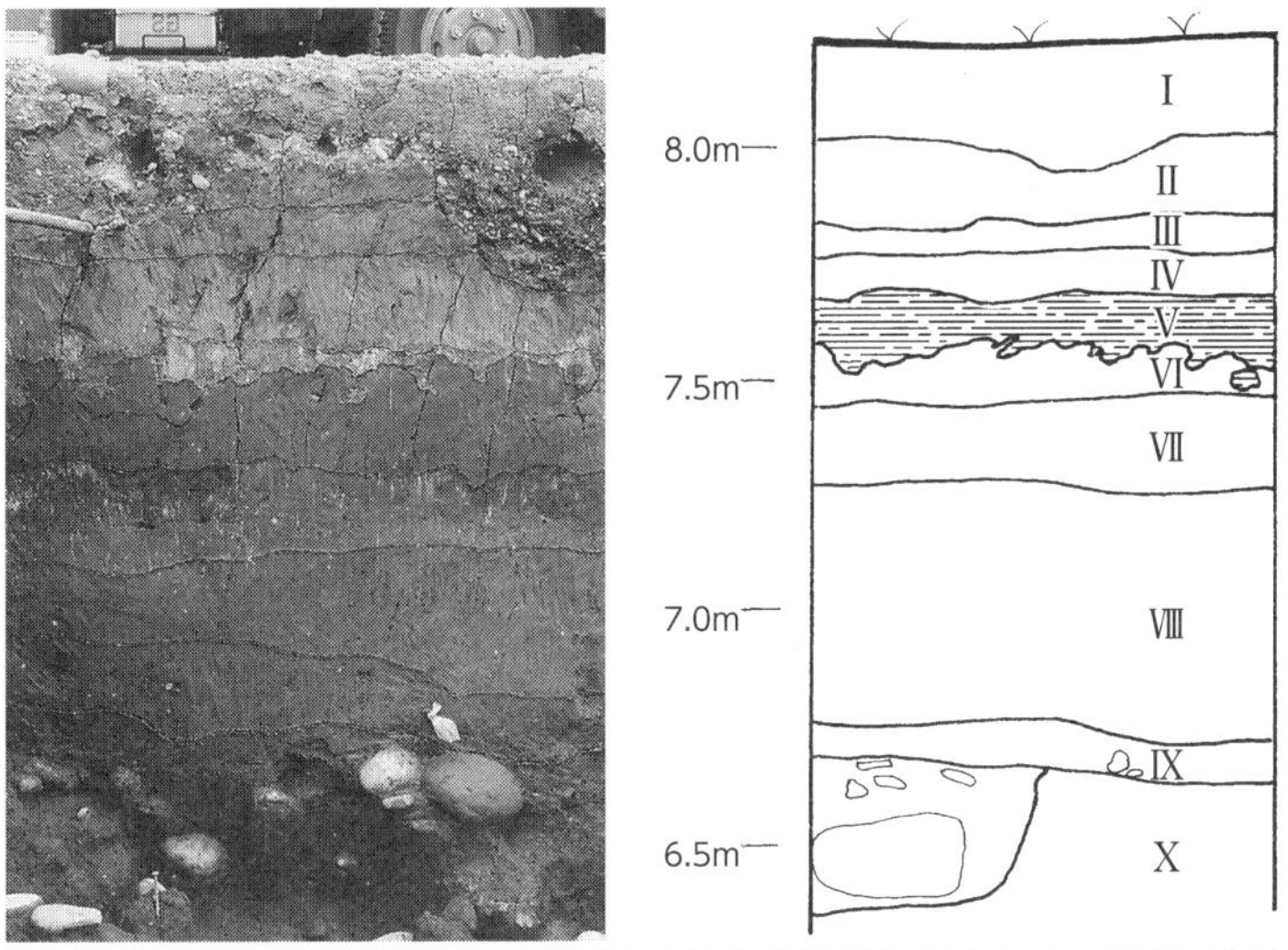

第5図　宇佐美遺跡の津波堆積物層（Ⅳ・Ⅴ層）検出状況（左）とその模式図（右）

ところで、宇佐美遺跡で検出した津波堆積物の垂直位置は標高七・七m前後を測り、その地層に含まれていた陶磁器片約五〇〇点の年代観から十五世紀末の津波によるガレキを包含していると判明した。この津波堆積物を形成した地震の震源や波高などを推定する必要がある。

まず、波高は、その後の地盤上下動が無いものとして、最低でも七・七m、普通に考えれば一〇m近い津波だと推定される。震源推定には、過去の津波との比較が必要である。南海トラフを震源とする地震には、安政元年（一八五四）地震や宝永四年（一七〇七）地震などがあるが、両地震とも伊豆東海岸での津波被害は小さかったことが史料上確認される。これに対して、相模トラフ地震の大正十二年（一九二三）地震と元禄十六年（一七〇三）地震は共に宇佐美に大きな津波を到達させた。この経験から宇佐美に大津波をもたらす地震は、南海地震ではなく、関東地震だといえる。つまり、十五世紀末の関東地震の存在を認めて初めて宇佐美遺跡の津波堆積物を説明できるのである。

明応四年津波と関連史料

そこで、改めて全体を見渡すと、明応四年（一四九五）の関東地震が地震学者からの史料批判によって明応七年地震の「誤記」と判定され、歴史から消される経緯をたどっていたのである。誤記であるとの結論のままでは、宇佐美遺跡の津波堆積物が説明できず、史料の見直しが必要である。[註14]

明応四年の関東地震に関する史料を確認すると、まず『鎌倉大日記』には「（明応）四乙卯八月十五日大地震洪水鎌倉由比濱海水到千度檀水勢大仏殿破堂舎屋溺死人二百余　〇九月伊勢早雲攻落小田原大森入道」として、[註15]津波で鎌倉は甚大な被害となり、九月に北条早雲が小田原の大森入道を攻め落としたとしている。また『熊野年代記』[註16]も明応四年八月十五日に「鎌倉大地震」と書き留めた。熊野信仰は既に東国武士の間に浸透しており、鎌倉辺で起こる事件は参詣者の動向を左右するため、熊野神人にも大きな関心事であったことであろう。ちなみに、同年代記は、明応七年津波について「諸国大地震」「浦々浪入」「那智坊舎崩」「堀内火事」などとして、震源に近いために、より具体的な被害の模様を記している。

『鎌倉市史』に示された「善法寺寺領書上」という文書は、明応六年七月二五日付で鎌倉中心部の米町の近くの善法寺の寺領を列挙した。同市史の筆者は、この寺領明細の土地表記に注目し、鎌倉が京都に対抗して丈尺単位を執って来た慣例をこの時点で捨てており、これ以降鎌倉は都市ではなく、田舎の繁華な集落に過ぎなくなったと評している。つまり、この文書によって都市鎌倉の衰微は、明応六年頃までに顕著になったことが確定され、間接的な史料ながら明応四年津波による荒廃が原因であると推定できるのである。

萬里集九の鎌倉評と地盤変動

文明十八年（一四八六）、禅僧萬里集九は江戸・鎌倉を遊覧した。その詩文等をまとめた『梅花無尽蔵』に鶴岡八幡宮を評して「高門飛橋、回廊曲檻、離玉縷金、巍然不滅其昔」と記し、文明十八年段階でも鶴岡八幡宮の耀く姿は昔と変わらないという。このため鎌倉の衰微が足利成氏の鎌倉退去以後の為政者不在で進行したとするには無理があり、私見では右記「善法寺寺領書上」が示すとおり、明応四年津波で都市的な姿を大きく損じたと考えられ、少なくとも地震学者のいう明応七年津波の被害ではないことに注意したい。

萬里集九は、文明十八年（一四八六）十月に船で江ノ島弁天に参詣した。しかし、『鎌倉大日記』の文明十八年項には「相州江ノ島前海忽成陸、明応地震又為海」という地盤変動の記述がある。つまり江ノ島前の海岸が文明十八年に忽然と陸と繋がり「明応地震」で再び沈水したという。江ノ島の前海が忽然と陸になったという現象が何を意味するかわからないが、「明応地震」で再び海になったという。ここでいう「明応地震」は江ノ島の地盤変動を伴うので、関東地震であるゆえの現象である。安房小湊誕生寺の沈下も指摘されているが(註17)、同じ地震による変動であろう。津波は数百km遠方にも到達するが、地盤変動は震源に近い範囲にしか起こらないものであり、この動きは明応七年津波では説明できないのである。

四　早雲の小田原奪取と明応四年津波

明応四年の関東地震が実在のものとすると、津波による壊滅的な被害は南関東沿岸一帯におよんだはずである。この時、早雲の伊豆進攻戦は、口伊豆と東海岸の一部を押えたのみの段階で、地震直前の八月に早雲は甲州に侵入して武田信縄と対陣し、和議となって撤収している（『勝山記』明応四年条）。

北条早雲の小田原奪取は明応四年九月とする説が有力だが、この時期は伊豆平定戦の初期段階であり、甲斐武田氏や関東の上杉氏の動きが正面にあり、背後にはこれと連携する狩野氏の勢力が温存されている。三方を敵に囲まれた中を東進して相模に侵入すれば、南

第1表　小田原奪取の年に関する諸説

小田原奪取年	諸書の表記
明応3年(1494)	『鎌倉九代後記』
明応4年2月	『相州兵乱記』 『鎌倉九代記』 『喜連川判鑑』
明応4年9月	『鎌倉大日記』

北から敵を受ける可能性が高く、この時期の早雲の東進は非常に危険な情勢下にあったとみるべきであろう。

早雲の小田原奪取は大事件であるにも関らず、年月日が確定できない。第1表に示すとおり、記録にズレがあるからで、最も有力な説は明応四年九月説である。『神奈川県史』などもこの説を採ったが、未だに異論が多く実証的な史料から文亀三年（一五〇二）とみるべきとする所見も出されている。[註18]しかし、明応四年九月とすると小田原は八月十五日の津波被災の直後にあたり、小田原城主の大森藤頼も戦乱に敗れたというよりも津波のために抵抗できないまま退去するという行動だった可能性はある。諸書の食違いも津波の甚大な被害ゆえに生じた結果とみることもできる。これらの諸点をどう理解すべきだろうか。

早雲の小田原奪取の模様を『北条記』では次のように伝えている。大森氏に向けて早雲から「何度も鹿狩をするうちに箱根山に鹿が逃げ込んだが、他国領ゆえに人数を無断で入れるのが憚られる。勢子を入れて伊豆国側に鹿を追い出したいが、いかがか」と使者を送った。この申し入れに疑いを持たなかった大森氏の油断につけこみ、早雲は数百人に夜討ちの支度をさせ、一手には千頭の牛の角に松明を結び付けて石垣山や箱根の山を登らせ、もう一手は日金山を越えて石橋・米神に待機後、夜に入って小田原城下の板橋まで押し出して町屋に放火させた。箱根の山裾で揺れ動く牛角の松明と板橋の炎を見た大森方は大軍に囲まれたものと錯覚し、折から両上杉の合戦に加勢を出して手薄だったために、岡崎辺まで落ちて再起を図ろうと決断して手勢六騎で落ち延びた。これによって早雲は一度の反撃を受けることもなく小田原城を奪取したという。

これは『北条記』の記述だが、この書は後北条氏の動きを知る基本史料とされながら「読みもの」の域を出ないとも評される軍記物である。『相州兵乱記』にも千頭の牛の角に松明を結んで攻め入ったという奇策が記されているが、こうした作り話的な奇略は、これまで他に史料がないために、眉に唾しながらも説明としてこれを執るか、或いは、小田原奪取の年に疑義を提起するに終始してきた。

軍記物の記載内容に根拠を欠く部分があるとしても、小説のような創作話が突然に入り込むというのも不自然である。この記述はむしろ、『北条記』が編纂される段階で既に確たる史料が見出せず、当時の言い伝えを元に口承文芸的な表現を『北条記』が取り込んでいるのだと理解すべきではないだろうか。歴史学として実証的な史料を重視すべきは勿論だが、だからと言って民間伝承を完全否定するのも正しい態度とは言えまい。

「津波」という言葉が一般化するのは近世以降であろう。「海嘯」も近代以降の用語である。中世以前の記録は津波を「洪水」とか「大浪（波）」などとして、津波を一言で表す言葉はみえない。しかし、大津波は百年ほどの間隔で各地に発生しているから、適当な語彙を用いる記録が無くとも、民衆的な表現や記憶はあったはずである。

それが何かを詮索する紙幅はないが、角に火を付けた千頭という異常な数の牛という表現が、何の根拠もない創作であるとは言い難い。なぜならば、津波や土石流などの洪水的な災害を「牛」「赤牛」「牛鬼」などの魔物に仮託して語る伝承は、国内各地に多数確認できるからである。民衆的な表現として津波を牛の大群や魔物の牛に例えたのだと仮定し、また、東日本大震災の津波の姿を目撃してみると、津波の挙動は牛の大群の猛り狂う姿になぞらえ得るように感じられる。小田原攻めの千頭の牛は津波を比喩したのであろう。

日本の民衆の伝統として、土石流・竜巻・豪雨などの水害は龍や大蛇などの仕業だと語られてきた。そうした昔話や伝承が全国に多数広がっていることは周知のとおりであり、それが発生する場としての川・沼・淵などの主は多くの場合、龍や大蛇や牛であると考えられてきた。つまり、水害の背後には龍などの魔物がいると意識されてきたのだが、そのことを認めるのならば、津波の正体が牛鬼と呼ばれる魔物として語られてきた伝統があることも認めねばなるまい。なぜならば、牛鬼として語られる津波の伝承は、龍・大蛇の水害伝承と同様に日本の沿岸各地に多数広がっているからである。

全国の赤牛や牛に関する伝説を集成した笹本正治氏は、民間伝承で赤牛とされる妖怪の正体を土石流災害であろうと結論されている。[註19]この例からも、日本人の伝承の中では、さまざまな自然の猛威を洪水や大(台)風などの漢語的表現で捉える一方で、龍や牛鬼のような魔物や妖怪に仮託して災害を語る伝統が確認できるのである。

早雲の小田原奪取は、本物の牛を先陣に立てたのではなく、明応四年八月十五日の津波という魔物の牛が石垣山や箱根の山裾まで這い上がり、小田原城下が壊滅状態となった直後の九月に早雲の軍勢が小田原城下に侵入し、既に抵抗する力を無くしていた大森氏から、一度の反撃もないまま占領に成功したという経過があるものとみられる。その事実に対する民衆的な記憶や語りを『北条記』が取り入れて採録したのではないだろうか。

五　明応五・六年の動き

早雲は明応五年（一四九六）に相模国西郡内で上杉顕定と戦い、弟の伊勢弥九郎が討死と伝えられるほどの大きな敗戦を経験する。実際には弥九郎は明応六年十二月五日付の大見三人衆宛文書に名が見え、使者として大見城に入っているので討死は誤報であろう。

一方、伊豆の武士団を代表する狩野氏は、明応四年の早雲との戦いで盟友の伊東家を失い、自らも敗北した。続いて詳細は分からないが、「高橋文書」によって明応五年十二月二十七日頃に狩野氏の本拠の柿木城の周辺で危機的な一戦が行われた。しかし、この時には狩野氏の決定的な敗戦とはならず、翌明応六年四月に狩野氏の勢力圏北部の柏窪で大規模な合戦が行われている。これは大見三人衆が伝えた明応六年四月二五日付文書に「今度柏窪一戦刻、忠節無比類」とし、また同文中に伊豆奥と中の入手のあかつきには、さらに恩賞を与えると約していた。よって、この時期でも伊豆「中」の狩野郷には狩野家が健在で、一進一退の厳しい戦いが続いていたことを示している。さらに、明応六年七月二日付文書では狩野家の軍勢は伊東に向けて行動しており、その動きを注進した大見三人衆に対する褒状が残されている。狩野家は柏窪で敗戦して厳しい状況に陥りながらも、未だ攻勢に出る姿勢を示しているのである。

続いて、先にも触れた明応六年十二月五日付の大見三人衆宛文書では、早雲の弟弥九郎が使者となって大見城の長年の籠城を慰労したので、この段階に至っても狩野氏は健在である。しかし、四年以上にわたる長い抵抗戦も、おそらくこの年末から翌年正月にかけて、柿木城で狩野家が最後の籠城戦をしており、最終的には狩野介家当主が、修善寺か、その近くで自刃して決着している（『豆州誌稿』）。ただし、狩野介家は、その後も北条家の有力家臣団の一角を形成しているので、狩野氏の血筋が徹底して廃されることはなく、伊東家と同様に名字の地としての核心的な所領の「日向」のみに減封されて家臣団に組み込まれる経過をたどっている[註20]。

なお、この戦乱の首魁のひとり足利茶々丸は、明応四年に島へ落ちた後、武蔵国を経て明応五年に甲斐の富士吉田から富士登拝をした。この足取りは、武田家との間で早雲への抵抗戦を組織化しようと企てていた可能性が高いが、最終的には明応七年八月の津波と深根城の落城によって切腹に至ったものとみられる。

明応七年の南海トラフ地震と早雲の行動

明応七年（一四九八）八月二十五日辰刻、南海トラフを震源とする巨大地震が発生する。津波は伊勢志摩で一万人、伊勢湾内の大湊で五千人という犠牲者を出した（『内宮子良館記』）。静岡県内も深刻な被害となり「大浪又競来、海辺之堂舎・仏閣・人宅・草木・牛馬・六蓄等悉水死」と記録した（『日海記』）。伊豆では西海岸が壊滅的な被害となった。

この巨大地震と津波による大被害を歴史の中に正しく位置付ける必要があるが、既に家永遵嗣氏によって被災後の西伊豆に早雲の軍勢が武装上陸して救済策を執りつつ行軍するうちに早雲の元に参じる軍勢が増え、下田の深根城に関戸播磨守吉信を攻めて落城させるという『北条五代記』の記述に解釈を加えつつ考察されている。家永氏の考察は正鵠を射ているものと考えられる。

以上のとおり、明応四年の関東地震と明応七年の南海地震の両者

第2表　伊豆進攻戦の経過　（　）内は根拠史・資料

明応２年(1493)	早雲、伊豆へ侵入し堀越御所を襲う(妙法寺記)
明応２年	宇佐美定興、堀越御所で討死.宇佐美高忠が早雲と戦い敗れる(朝鮮征伐記、宇佐美城跡出土遺物)
明応４年２.４	狩野・伊東両家、早雲と戦う。伊東家、北条家臣に降り本郷を安堵される(伊東家文書、鎌田城出土遺物)
明応４年	この年、堀越御所足利茶々丸伊豆諸島へ落ち延びる(妙法寺記)
明応４年８.15	関東地震で鎌倉・宇佐美に大津波(鎌倉大日記、宇佐美遺跡津波堆積物)
明応４年９月	早雲、小田原城の大森氏を追う(鎌倉大日記)
明応５年12月	狩野家の本拠柿木城の周囲で合戦(高橋文書)
明応６年４月	早雲、柏窪で狩野氏と激戦.大見三人衆後詰めして早雲側優位に(大見三人衆由緒書)
明応6年７.２	狩野家の軍勢が伊東方面へ攻勢に出る(大見三人衆由緒書)
明応６年12月	早雲、籠城の大見三人衆の労をねぎらう(大見三人衆由緒書)
明応７年１月	狩野道一修禅寺で自害(豆州誌稿)
明応７年８.25	南海地震で大津波(日海記、北条五代記他)
明応７年(1498)	深根城落城(北条五代記).関戸播磨守河津で落命(豆州誌稿)
明応７年か	河津城落城、城将蔭山氏は北条家の家臣に降る(北条五代記)

が実在するものとして、関係史・資料を北条早雲の行動に突き合せて考察してきた。その結果の集約は、第二表に示すとおりである。特に注意すべき点として、明応七年地震津波の記録には諸史料にほぼ同様の記述が見えて地震と津波の存在に疑う余地がないが、明応四年の関東地震は確かな史料が少なく、後世の編纂物の『鎌倉大日記』『熊野年代記』『野史』などに見られるだけで、信憑性の点でやや劣っているとみることもできる。しかし、出土陶磁器・津波堆積物・石造物・民間伝承などによって史料の不足を補うことで、明応四年の関東地震は実在すると結論できるし、それによって早雲の小田原奪取という行動の矛盾点も解消できよう。

短い人生に、二度もの巨大地震と津波に遭遇することがあるのだろうかという素朴な疑念もある。しかし、既に例示したように元禄十六年(一七〇三)関東地震と宝永四年(一七〇七)南海地震の間には、わずか四年の間隔しかない。このため、マグニチュード8クラスのふたつの海溝型地震の体験者は江戸時代にもたくさんいる。同様に、他の時代の地震でも関東地震と南海地震との間隔は近接している例が多く、両地震は連動していると言いたくなるほどである。明応年間にも関東地震と南海地震との連続性が現れたのであろう。

註

（1）佐伯玲魚二〇〇五『伊東市の石造文化財』伊東市　十三―三十八頁
（2）大正元年『宇佐美村誌』伊東郷土研究会復刻版を参照した。
（3）大三輪龍彦・福島宗人他一九八九『宇佐美城跡発掘調査報告書』から引用した。
（4）金子浩之二〇〇四「鎌田城発掘調査速報」『伊東の今・昔―伊東市史研究―』第4号による。
（5）宮本達希一九九八「河津城と中世の河津」『伊豆歴史文化研究』創刊号を参照した。
（6）宮本達希一九九三『河津城跡発掘調査報告書』河津町教育委員会から引用。
（7）戸羽山瀚一九七〇『史話と伝説 伊豆・箱根』松尾書店
（8）静岡県埋蔵文化財調査研究所一九九七『大見城跡』による。
（9）沼館愛三一九三七「伊豆狩野地方における古城址の研究」『静岡県郷土研究』八輯二一〇・二四五頁
（10）小和田哲男一九八八「北条早雲の伊豆進攻過程と中伊豆の城」『古城』一―八頁
（11）家永尊嗣一九九九「北条早雲の伊豆征服」『伊豆の郷土研究』二十四号二十八―三十八頁
（12）山田邦明二〇〇二「伊東氏の五〇〇年」『伊東の今・昔―伊東市史研究―』第2号一―二十四頁
（13）加藤理文他『元島遺跡I』静岡県埋蔵文化財調査研究所　一九九九による。
（14）詳細は金子浩之二〇一二「宇佐美遺跡検出の津波堆積物と明応四年地震・津波の再評価」『伊東の今・昔―伊東市史研究―』第10号に報告した。
（15）『増補続史料大成』別巻所収「鎌倉大日記」一九七九による。
（16）熊野三山協議会『熊野年代記』所収「熊野年代記古写」一九八九による。
（17）都司嘉宣一九八〇「明応地震・津波の史料状況について」『月刊海洋科学』一二九号五〇〇―五二六頁
（18）黒田基樹二〇一三「伊勢宗瑞論」『伊勢宗瑞』戎光祥出版六―五十一頁
（19）笹本正治二〇一三「災害から生まれた文化」『伊東の自然と災害』三四五―三六八頁
（20）北条氏所領役帳に狩野介家の所領に伊豆日向があることによる。

戦国大名の交替と寺社

今川から武田へ

久保田昌希

はじめに

戦国大名今川氏は、永禄十一年（一五六八）十二月十三日に隣国の戦国大名武田氏（信玄）の駿府侵攻を受け、当主氏真は室北条氏を伴って退出し、遠江懸川に入城する。駿府は武田勢の占領下におかれるが、今川氏を後援した北条勢が付近の薩埵山に到着したことにより、武田氏は北条勢と対陣する。また遠江では徳川氏との軍事行動の齟齬、さらに駿府近郊では今川残党の一揆が起こるなど、駿府占領の目論見は外れ、甲府へ撤退せざるをえなかった。翌年四月二十四日のことである（信玄第一次駿府攻め）[註1]。

しかし、信玄の行動は素早い。それは駿府をめぐる政情が不安定で、このままでは武田領国化への途は厳しかったからである。まず信玄は対北条氏を牽制する軍事行動をとる。すなわち、北条領国への軍事行動であり、十月には北条氏の拠点小田原城を囲み、帰途相模三増合戦で北条勢を破り、十一月に再び駿府を目指し、十二月十三日に駿府に入った。同日に信玄は駿府浅間社に「高札」を掲げているが、おそらく前年の駿府入りを意識した行動であったろう。その後、翌元亀元年（一五七〇）二月半ばにかけて、信玄は駿河西域における今川残党の籠もる花沢城や徳一色城を攻め開城させ、また駿府近辺の寺社や武田氏に従った旧今川給人へ領地の安堵や宛行を実施している（信玄第二次駿府攻め）[註2]。

こうした流れは、武田氏の駿府侵攻→今川氏の駿府放棄→武田氏の駿河撤退と北条氏への牽制→武田氏の駿府再侵攻・駿府地域の安定化、とまとめられる。こうして戦国大名今川氏から戦国大名武田氏への交替、今川領国の終焉から武田領国の形成という政治的変化がなされるのである。

そもそも武田氏による駿河領国化、駿河支配という観点からの研究は、とくに若林淳之氏「武田氏の領国形成―富士山麓地方を中心に見た―」[註3]に始まるといってよいだろう。その後二十年を経て前田利久氏、[註4]さらに臼井進氏、[註5]その後黒田基樹氏、[註6]村井章介氏、[註7]小川隆司氏[註8]による研究が見られる。この過程で『静岡県史』の編纂が開始・進捗し、駿河・遠江に関する武田氏発給文書が収集刊行[註9]されたことの意義は大きく、『静岡県史通史編』の刊行後も柴裕之氏、[註10]平山優氏、[註11]小笠原春香氏、[註12]小川雄氏[註13]の研究成果が相次いでいる。とくに武田氏研究会による『武田氏研究』には関連する論考も多い。[註14]さらに『戦国遺文　武田氏編』[註15]の刊行意義も欠かせないだろう。

本稿では、これら諸研究の成果に学びながら、今川から武田という大名交替に晒された領国内の寺社は、どのような経過と大名の措置を受け留めていったのかという点について考えてみたい。

一　駿河・遠江における武田氏発給文書

ところで武田氏の駿河・遠江支配をめぐる史料については、とくに『静岡県史資料編』[註16]中世四に武田氏（等）の発給文書が網羅されているが、また『戦国遺文武田氏編』も相次いで刊行され、基本的な史料は揃ったといえる。その分析については、近年の村井章介氏、臼井進氏、小川隆司氏による研究が注目される。村井氏[註17]は静岡県の武田氏文書について、静岡県史の編纂過程のなかで明らかになった成果として、氏の判断によりそのリストと表（文書の分類と通数）を示し分析されている。それによれば、穴山氏などを含む武田氏関係文書は八三九通（点）で、当主としては信玄・勝頼合わせて二八二点、武田家としては三八七点、合わせて六六九点とし、武田氏として出された場合が多いことに注目されている。

また信玄と勝頼の各時期区分として、その時期を信玄の場合には武田氏による駿府侵入まで（永禄十一年十二月十三日）、信玄の死まで（天正元年〈一五七三〉四月十二日）、勝頼の場合には長篠戦大敗まで（天正三年五月二十一日）、その後武田氏滅亡まで（天正十年三月）とされ、この期間（十四年間）の武田氏発給文書は、前支配者今川氏が年間当たり一三点であるのにたいし、四五点であり、そこには両者における支配の質の変化が反映されているとし、具体的には武田氏による同内容文書の一斉大量発給にあるとしている。そして永禄十二・元亀元・同二年の文書が大量に残っているのは、駿河・遠江支配が順調に進展している。さらに信玄より勝頼の文書が多いのは、長篠大敗以後「何とか領国を保とうとする努力の結果があらわれているということ」と指摘する。

ついで臼井氏[註18]は元亀三年から天正三年初期にかけて武田氏文書全体のなかでの駿河・遠江への発給文書の割合がかなりの量になること、元亀三年の文書増加は駿河領国化に対応するもので、元亀四（天正元）年、同二年の増加は、勝頼の代替り安堵であるとし、また天正二・三年には軍役衆の拡充策、天正四年以降は寺社の愁訴に備えることで新たな矛盾を生み出していったと指摘した。

さらに小川氏[註19]は、両国における武田氏発給文書の内容別・年次別特徴、奉書形式文書の検討をふまえて、とくに所領宛行・安堵と諸役免除を通して、その領国化の問題については寺社と給人に対しては「少なからず所領の二重宛行といった混乱があったこと」を指摘された。

これらの研究から、駿河・遠江における武田氏発給文書は、信玄より勝頼の方が多いこと、また発給時期は永禄十一年末から天正九年までみられること、発給のピークには、①永禄後半から元亀年間、②天正初期があり、③天正三年長篠大敗後はピーク時の約半分弱に減少すること、などが指摘されている。とくに③は村井氏が指摘されたように、何とか領国を立て直していこうとする姿勢の表れということになる。この点は、前支配者たる今川氏の場合も同じで、永禄三年五月桶狭間敗戦後、氏真の発給文書が当然ながら出されるが、永禄十一年の駿府退去にいたるまで、何とか領国の立て直しをはかっていこうという姿勢が読み取れるのである。

なお村井氏の指摘についてだが、確かに今川一三点、武田四五点というように、その支配期間数で均すならその通りだが、今川氏発給文書は戦国大名としての存在期間約九十年間のうち、義元と氏真の当主期間約四十年間で両者の発給文書は今川氏全体の約八割を占めるから、三河支配に関する部分を差し引いても、実質的には氏が示した数値ほどには開かないだろう。しかし、武田氏による文書発給数は、駿河・遠江の領国化を、早急に進めていくという施策の結果であったことを示しているであろう。

二　駿河における大名支配の交替と寺社文書

戦国大名今川氏の領国は、駿河・遠江と三河（とくに東三河中心）であった。しかし駿河は武田氏による侵攻をうけその領国となり、遠江は西からの徳川氏の侵攻をうけ、戦国大名としては終止符を打つことになる。その後駿河東域は、武田・北条氏の抗争、遠江も武田氏優位とはいえ、徳川氏との抗争が展開される。その後、武田氏が滅びると、徳川氏が名実共に駿河・遠江を支配、さらに徳川氏の関東転封により、豊臣系大名の領国となる。こうした大名支配の交替は、当然ながら寺社文書に影響することになる。そこで、例として駿河の寺社がどのような大名文書を所蔵しているか、『静岡県史料』(註20)によって大概をみてみよう。

駿河寺社への大名発給文書点数一覧(註21)

富士郡

東光寺（今1）、多聞坊（今7・北3・武7）、医王寺（今1）、永明寺（今3・武1・徳1・豊1）、東泉院Ⅰ（今6・北1・豊1）、実相寺（武2）、東泉院Ⅱ（今12・武3）、安養寺（今3・豊1）、久遠寺（今3・武1）、大鏡坊富士氏（今11・武1・徳1）、池西坊北畠氏（今7・徳1・豊2）、辻坊葛山氏（今6・北1・徳1）、大宮浅間社（北3・武1・豊1）、大宮司富士家（今10・北7・武14・豊2・中2）、公文富士家（今1・武6・徳2・豊1）、案主富士家（今4・武2）、富士別当宝幢院（今3・武6・徳1・豊1）、正鎰取鎖是氏（武5）、権鎰取鎖是氏（武1）、後権鎰取鎖是氏（今1・武3）、山宮大夫山田氏（武13）、一和尚宮崎氏（今3・武3・徳2）、四和尚宮崎氏（今6・武10・徳3）、所司大夫宮崎氏（武1）、二和尚須藤氏（武1）、祝子鈴木氏（武2）、富士宝積寺（武1）、大悟庵（豊1）、先照寺（今7・武3・徳1・豊1）、北山本門寺（今9・北1・武1・徳3）、大石寺（今8・北5・武2・徳2）、妙蓮寺（武4・徳2）、延命寺（武1）、光徳寺（武1）、西山本門寺（武3・徳2）

庵原郡

本成寺（武3）、永精寺（徳2）、清見寺（今2・武3・徳1・豊5）、蜂ヶ谷八幡宮（徳1）、長福寺（今1・武2）、真珠院（今4・徳1）、妙慶寺（今1・徳1）、梅蔭寺（武1）、久能寺（今10・武5・中1）、海長寺（豊1）、寿昌寺（今1）、三保社旧社家太田氏（武4・豊1・中1）

安倍郡

平沢寺（今2・武3）、草薙神社（武1）、楞厳院（武1）、誓願寺（武6）、歓昌院（武1）、松雲寺（武1）、徳願寺（今8・武2）、南海院（今5）、満願寺（今2・武1）、安養寺（今4・徳1）、瑞応寺（今川3）、増善寺（今5・北1・〈今1〉・武1）、建穂寺（武1）、慶南院（今1）、中性院（武1）、龍津寺（今4・武3）、見性寺（今2・武3）、宝泰寺（武2）、長谷寺（今5・武4・徳1）、泉動院（武2）、八幡神社（武7・豊1）、神龍院（今1）、桃源寺（豊1）、宝樹院（今2）、玄忠寺（豊1）、雷神社（武2）、長善寺（今1・豊1）、修福寺（今2・武1・徳1）、駿府浅間社（今5・武13・徳5・豊2）、新宮神主（今1・武4・北1）、惣社神主（武5・徳3）、稲川大夫（今1・武3・徳1）、東大夫（今1・武2）、村岡大夫（今11・武5・徳2）、庁守大夫（今1・武7）、先光大夫（武2）、奈吾屋大夫（今3・武3・徳1）、山宮大夫（武1）、玄陽坊（武7）、報土寺（徳2）、安西寺（今3・徳1）、瑞光寺（武2）、顕光院（今1・徳1）、瑞龍寺（豊1）、臨済寺（今11・武10・徳2）、松源寺（今2）

志太郡

清水寺（今4・武1）、青山八幡宮（豊1）、永源寺（武1）、長慶寺（今3）、常楽院（今1）、高根神社（武2）、普門寺（今1）、峯叟院（今2）、静居寺（今2）、智満寺（徳2・豊1）、慶寿寺（今4）、東光寺（今5・武1）、圓良寺（今5）、圓永坊（今1）、長楽寺（今1）、焼津神社（今1）

まず、戦国期駿河において、大名から文書発給を受けた寺社であるが、富士郡では三四、このうち大宮浅間社の組織として存在した宮司家や神職・別当・鎰取職などを一括して考えれば二〇となる。庵原郡では一二、安倍郡では四六だが、駿府浅間社をさきの大宮浅間社の場合と同じに、組織一括として考えれば三六、志太郡が一六となる。合わせて八四寺社（または一〇八寺社）となる。

さきの一覧について、郡ごとにそれぞれ大名の発給文書数を示すと、富士郡では今川一一〇・北条一八・武田九九・徳川二二・豊臣一二・中村一、庵原郡では今川二〇・武田一八・徳川六・豊臣三・中村二、安倍郡では今川六九・北条二・武田一〇七・徳川二一・豊臣七、志太郡では今川三〇・武田五・徳川二・豊臣二となり、総数は五五六となる。

各大名ごとでは今川二二九・武田二二九・北条二〇・徳川五一・豊臣二四・中村三である。ここで注目されるのは今川・武田両氏の発給文書総数がここでは同じということで、これは武田氏による短期間での領国化推進の結果であるといえるであろう。駿河における武田氏の発給文書だが、寺社以外、在地や在地武士等に宛てた文書が概数一三六点であり、全体三六五点のうち、寺社が約六三％、在地等が約三七％となる。この点から考えて、武田氏の駿河侵攻にともない、その領国化の大きな方針は、駿河の寺社への対応だったと想定しえよう。

ところで、郡ごとの大名発給文書の特徴であるが、富士郡においては、今川・北条・武田・徳川・豊臣・中村という順序で文書発給がみられる。これは今川氏の支配の中、武田氏による侵攻にともない、北条氏が今川氏を援護するという情勢と関わっており、その後は武田氏の支配、さらにはその滅亡後に徳川氏が入り、また徳川氏の関東転封後、豊臣氏による支配領域化と配下大名中村氏の分封という流れが、それぞれの寺社が所蔵する文書に反映されている。とくに武田氏の文書が多い。また庵原郡においては今川・武田・徳川・豊臣氏となり、北条氏は寺社についてはみられない。さらに安倍郡でも同様だが、武田氏が圧倒的である。なお、武田氏による在地宛ての文書は二八点である。志太郡は今川氏文書が多く、武田氏文書は少ない。在地に宛てているのは一三点である。この点安倍郡とは対照的である。志太郡は今川氏の守護時代からの関係寺院が多く、武田氏の意識はそこには向かず、むしろ在地に向けられていたのかも知れない。

三　今川から武田へ

つぎに、具体的に大名の交替にともなう文書発給について考えてみたい。一覧で示したように、富士郡上方の先照寺には今川・武田・徳川・豊臣氏の文書一二点(註22)が伝えられている。

①天文二十四年六月十九日　今川義元判物
②弘治三年二月二十四日　今川義元判物
③永禄三年六月二十四日　今川氏真禁制
④永禄三年七月二十四日　今川氏真判物
⑤永禄五年六月七日　今川氏真判物
⑥永禄六年二月二十七日　今川氏真朱印状
⑦永禄八年三月五日　今川氏真朱印状
⑧永禄十一年十二月十日　武田氏高札
⑨(元亀三年)十二月十八日　武田氏朱印状
⑩元亀四年八月二十七日　武田勝頼判物
⑪天正十一年十月五日　徳川家康朱印状
⑫天正十八年十二月二十八日　豊臣秀吉朱印状

①から⑦までが今川氏によるもので、寺領の安堵や諸役免除、検地増分の新寄進、祈願所認定、寺内保護など義元・氏真の時代における先照寺への対応が知られる。ついで⑧は、武田氏の駿府侵攻に

際しての武田氏による高札である。

○高札（龍朱印） 千勝寺
当手甲乙之軍勢、於于彼寺家、不可乱妨狼藉、若背此制止者、
可被行罪科者也、
永禄十一年戊辰
十二月十日 土屋奉之

今川氏が駿府から逐われる前であるが、事前に先照寺が、その存在保証をえようと高札を求めたのであろう。ついで武田氏は駿府を攻略したが、反武田の動向もあって一次撤退、翌年の同時期にこれを回復する。その三年後の元亀三年十二月十八日付の「駿州口宿中」宛てに出された武田氏朱印状が伝えられている⑨。内容は駿州口宿中に対して、甲府への伝馬三匹を出すよう命じたものである。この文書がなぜ先照寺に伝えられているのかは不明だが、伝馬を富士上方に命ずる武田氏の支配体制が着々と形成されて来つつあったことを示している。あるいは先照寺は、地域の伝馬整備に関わったのかもしれない。いずれにしろ先照寺もこうした武田氏の支配のなかに位置づけられていったのである。その翌年の八月二十七日付武田勝頼判物⑩をつぎに掲げよう。

定
被拘来寺産、并門前之棟別其外諸役等、如今河義元同氏真時、
不可有相違者也、仍如件、
元亀四年癸酉
八月廿七日 勝頼（花押）
先照寺

文言からわかるように、新支配者武田勝頼により、先照寺は今川義元・氏真の時の如く「拘来寺産」を安堵されたのである。武田氏の滅亡後は、天正十一年十月五日に徳川家康から朱印状が出されている⑪。

駿州富士上方先照寺領拾貫三百六十文、并寺内門前山林竹木
諸役等免許之事、
右、如先々不可有相違之状如件、
天正十一年
十月五日○（印文「福徳」） 井出甚之助奉之

そして、家康の関東転封後に秀吉の朱印状が出されるのである。

駿河国青見郷拾六石事、任当知行之旨今度以検地之上右高頭請
取之全可令寺納、然上者如有来諸役、并山林竹木等令免除候也、
天正十八年十二月廿八日○（豊臣秀吉朱印）
先照寺

家康の転封の後、秀吉による検地が実施され、あらたに家康の安堵による寺領青見郷「拾貫三百六十文」が「拾六石」と定められて、これまでの諸役と山林竹木役が免除されたのである。基本的にはこれまでの今川氏による安堵・諸役免除が、勝頼に受け継がれ承認され、家康も受け継ぎ、秀吉の検地を経て寺領の内容変更は想定されるものの、寺領等の構成要素は基本的に安堵されていったと考えてよい。しかし文言はかなり簡易化されていることが特徴としてみてとれよう。

まとめれば、先照寺は今川氏からえた①②③④⑤⑥⑦について、今川氏の滅亡時、新支配者たる武田氏から⑧をえることで存在の保証をえ、おそらく⑨で武田氏の支配体制における奉公を実践しつつ、⑩の安堵を実現し、それをさらにその後の大名交替時に⑪から⑫へとつなげていったのである。

四　秀吉朱印状の意味するもの

あらためて、一覧をみれば明らかであるが、個別寺社は、交替した大名から必ず安堵等の文書を受給されているわけではない。それは伝えられている文書からみて、今川・北条・武田・徳川・豊臣氏のうち、いくつかが抜けていたり、また今川氏や武田氏のみであったりと、むしろ揃っていないのが普通であったと考えられる。このことは大名の交替に際して、大名は当該領域のすべての寺社に対して、寺領等の安堵や宛行などの文書を発給したということではないことになる。したがって、大名の交替時には新たな大名の安堵や宛行を受けるものだという、これまでのイメージは再検討すべきではないかと思われる。しかし一方、寺社によっては、大名から文書が発給されたが、いつの時点でか、それが紛失・滅却したということもあったであろう。とはいえ、そのケースの多さを想定するよりは、何よりも揃っているケースが少ないことを念頭におけば、くり返すがむしろ、そもそも大名の交替時において、新たな大名が、当該地域のすべての寺社に安堵等の文書を発給するということを前提に、考えるべきではないと考えた方が良さそうである。そう考えると、寺社にとっての安堵の行われ方であるが、この点で、見通しを立てるなら、文書で安堵等を受ける以外にも、憶測ではあるが、例えば口頭で、寺社に対しその存立を含め安堵を伝えることも多くあったのではないかとしておきたい。そう考えなければ、とくに地方・地域における中小寺社のその後の存続は考えられない。そこでつぎの史料を示そう。（註23）

当寺山林竹木不可伐採、幷寺家門前諸役令免除訖、山屋敷八貫文之所、如先々被下置之条、全可寺納、光室總旭為菩提無相違寄附之間、勤行等不可有怠慢之由候也、

天正十八

八月廿日〇（豊臣秀吉朱印）

駿河国

瑞龍寺

これは、豊臣秀吉が小田原陣の帰途、駿府井宮の瑞龍寺に宛てて出したものである。瑞龍寺は、この年に亡くなった秀吉の異父妹の旭姫を弔う曹洞宗寺院で、法名「瑞龍寺殿光室總旭大禅定尼」に因る。秀吉から「光室總旭」の菩提のため寺領と寺家・門前諸役免除が安堵されている。同寺の開創は永禄三年（一五六〇）、能屋梵藝によるという。したがって開創から天正十八年（一五九〇）までの三十年間は今川氏や武田氏の安堵をうけていたのであろうか。「山屋敷八貫文之所、如先々被下置之条」とあるから、本文書はこれらの安堵であろう。おそらく「山屋敷八貫文」は今川氏から宛行われて、武田氏に安堵されていたのではないだろうか。しかし、文書は伝えられていない。この秀吉文書にその後の慶長七年（一六〇二）の家康朱印状[註24]が続くが、秀吉は異父妹の菩提寺ということで、その縁により朱印状を出したのであろう。つまり、こうした秀吉との縁がなければ秀吉朱印状は出されなかったのではないか。

以上の点から、おそらく瑞龍寺は今川氏から「山屋敷八貫文」を宛行われ、武田氏から安堵されていたのであろう。しかしそれらは文書をともなっていたか不詳である。受けていなかった可能性も大きいのではないか。秀吉の朱印状はその可能性を示唆する。

五　大宮浅間社と駿府浅間社をめぐって

戦国期駿河における大名が領国支配をする上で関心を払ったのは、一覧からも明らかなように、大宮浅間社と駿府浅間社であったと考えられる。それはとくに発給文書の数によって知られるが、先にも述べたように駿河寺社宛の発給文書数は五五六である。

そのうち大宮浅間社には一一二、駿府浅間社には九〇、合計で二一二であり、駿河寺社宛の三八％を占めている。

また、武田氏による大宮浅間社宛は七〇、今川氏は二八、駿府浅間社宛は武田氏が五二で、今川氏は二三となっている。武田氏は両浅間社に一二二、今川氏は五一であり、とくに武田氏よるものが最多である。さらに武田氏の駿河寺社宛文書への比率は五三％、今川氏は二二％である。したがって、武田氏は駿河寺社支配において、最も両社を重視していたということである。これは寺社支配ということに止まらず、駿河支配にとって重視していたことの表れでもあったろう。その点で想起されるのは武田氏と信濃諏訪社の関係であろう。信玄は信濃支配に関わって諏訪社との関係を深めた。駿河支配についても、「侵略者」たる武田氏としては、両社に意を傾注したということであろう。武田氏と両社の関係については、すでに前田利久氏の詳細な研究[註25]と小川隆司氏による有意義な指摘[註26]があり、ここではそれに依拠する。なお、遠江でとくに意を払った神社はどこであろうかはっきりしない。武田氏による両社への対応であるが、まず大宮浅間社について、同社の宮司は同地方の国人富士氏であり、大宮城という軍事拠点をもち、今川氏に属していたが、今川氏没後、ようやく武田氏に属す。武田氏はとくに天正六年以降は、富士氏のもつ軍事力を頼らずに一貫して「大宮司」として把握する姿勢を示している[註27]。これは明らかに本宮浅間社の神威を高め、宗教的権威を梃子として、領国統治策を推進させるための方途だと考えられ、大宮浅間社もそれを受け入れていったのであろう。

また、駿府浅間社については、つぎのような注目される記事が記載されている史料(註28)がある。

駿府浅間宮宝物之覚
朱唐櫃弐通但 内ばりは綾也 唐のゑびぢやうおろし
拾弐御手箱弐通　梨地内はりは錦なり
此内壱ツニ入候御道具
一かけこには弐の子色々の御量立やう物入
（略）
一御はぐろ皿　壱対打物　一蓋ノ覆一かけ
以上
是ハ廿年一度斗風満し候、其時
御国主　御守護御奉行立御符御付候、
以上略之
去天正七年九月十九日当国兵乱ニ付焼失之候、以上
天正十年正月吉日
大方覚之通書置申候、自然末代ニ御尋之ためニ如此候
右之御道具取出被置、　新宮大夫

これは天正七年（一五七九）九月十九日に駿河において「兵乱」があり、浅間社が炎上した際の焼失した宝物の書き上げである。ここでは、浅間社の焼失について注目する。ここでの兵乱は、武田・徳川の抗争をさすことは言うまでもない。しかしこの時期の抗争については、『家忠日記』(註29)の同年九月十九日条に「同たうめ坂・持船之城、牧野衆・かけかわ衆責崩、三十程うち取候」とあり、徳川勢が、駿河当目坂・用宗城を落としている。その抗争が駿府浅間社付近まで及んだということであろうか。そうなると浅間社は徳川勢により焼かれたということになる。一体どれくらいの焼失だったかはよくわからないが、武田氏による早速の造営が始まる。つぎに史料(註30)を示そう。

定
駿府浅間之宮為造営番匠三人法叫一番可令扶助之由肝要被思召候、向後自余細工一切御赦免候之条、宮中之作事可被申付之由被仰出者也、仍如件、
天正七年己卯◯（龍朱印）　跡部大炊助奉之
十二月朔日
新宮神主
兵部少輔殿

おそらく浅間社の造営は駿河支配者たる武田氏にとって威信をかけたものであったにちがいない。同じく同日付で新宮神主兵部少輔に宛てたもう一通の朱印状(註31)には「駿府浅間之宮再造之御普請、厳重可被申付」ともある。天文年間に行った北条氏による鶴岡八幡宮の

造営と同じような意味をもつものであったろう。そして、翌年十一月十八日付で武田氏による「当社浅間宮御祭之御道具」(註32)についての準備がなされているから、一年で造営復興にこぎ着けたのであろう。

　しかし武田氏にとっての駿河・遠江領国は東は北条氏、西は徳川氏との抗争のなか、徐々に支配の綻びは進んでいくのである。

むすびに

以上、大名による領国支配の交替ということが、その領国の寺社にとっては、どのような影響を受けたのか。とくに駿河をめぐって考えてみた。また大名にとっては、新領国形成の過程で、寺社勢力と規模の大小に関わらず、対立することは、民衆統治の上からも得策ではない。

　したがって諸寺社への安堵や対応策は重要であった。それは大名の発給文書の占める量的な部分ににも明確に表れている。とくに有力な寺社に対しては、より手厚い対応をすることが必要があった。

　一方、新たな大名を迎える寺社にとっても、それへの対応は重要であった。そのせめぎ合いの中に新領国が成立する。なお、大名の安堵ということについては、果たしてすべての寺社に大名は文書を出して、そのことを遂行するのか、という疑問点が、今日伝えられる文書の伝来状態から浮かんでくる。

　あるいは寺社の安堵には、すべて文書で対応するのか、例えば別の形での安堵の方法はなかったのか、「口頭」などによる意思表示などはなかったのか。こうしたことを考えることは必要であると思っている。

　なお、今後は有力寺院としての久能寺や臨済寺なども含め、総合的に考えなければならないであろう。本稿はその始点であることを断っておく。

註

(1)『静岡県史』通史編(静岡県、一九九七年)
(2)註(1)
(3)『地方史静岡』創刊号(一九七一年)
(4)「戦国大名今川・武田氏の駿府浅間社支配」(『駒沢史学』三九・四〇、一九八八年)「戦国大名武田氏の富士大宮支配」(『地方史静岡』二〇、一九九二年)
(5)「武田氏の駿遠支配について—時間的経過とともに—」(『武田氏研究』一〇(一九九三年)
(6)「武田氏の駿河支配と朝比奈信置」『武田氏研究』一四号(一九九五年)
(7)「武田氏と駿河・遠江」(『静岡県史研究』一三、一九九七年)
(8)「武田氏の駿河・遠江支配について」(『武田氏研究』二二、二〇〇〇年)
(9)『静岡県史』資料編七・八(中世三・四、一九九四・一九九六年)
(10)「武田勝頼の駿河・遠江支配」(『武田勝頼のすべて』新人物往来社、二〇〇七年)
(11)「戦国期東海地方における貫高制の形成過程—今川・武田・徳川氏を事例として—」上・下(『武田氏研究』三七・三八、二〇〇七・二〇〇八年)
(12)「武田氏の駿河侵攻と徳川氏」(『地方史研究』三三六、二〇〇八年)
(13)「甲斐武田氏と駿河湾の海上軍事」(戦国史研究会第三八〇回例会報告レジュメ)

(14) これまでに示した論文のほか、その一端を示す。
小和田哲男「今川・武田両氏の同盟と非同盟」（『武田氏研究』四、一九八九年）
荒上和人「武田氏の領国支配構造―駿河・遠江における国衆統制より―」（『武田氏研究』二八、二〇〇〇年）
拙稿「今川領国から武田領国へ」（『武田氏研究』四六、二〇一二年）

(15) 柴辻俊六・黒田基樹・丸島和洋各氏編（東京堂出版）

(16) とくに今川氏滅亡後、永禄十二年閏五月四日から、徳川家康関東転封前の天正十八年七月十三日までの史料を編年で収める。

(17) 註（7）

(18) 註（5）

(19) 註（8）

(20) 当該期の史料を収める基本的なものは『静岡県史料』と註（9）『静岡県史』資料編七・八である。前者の初版は戦前の刊行で家別（所蔵別）、後者は編年である。両書の間は刊行の年代が離れているとともに、採集対象も後者の方が広い。細かくみるなら、後者を優先すべきであろうが、しかし前者においても大概はつかめるであろう。その点でも前者の利用的価値は失っていない。本稿ではそれをふまえて、『静岡県史料』第二・三輯を用いた。なお今川氏関係の文書集としては『戦国遺文今川氏編』（東京堂出版）もあり、そこに重複掲載されている史料もあるが、出典としてとくに示さなかった。

(21) 「一覧」中、（ ）内の「今」は今川・「北」は北条・「武」は武田・「徳」は徳川・「豊」は豊臣・「中」は中村の各大名を示し、数字は文書点数を示す。また例えば穴山氏は「武」に含め、井出氏などの徳川奉行人は「徳」に含めて数字表記をした。一例のみだが安倍郡の増善寺に〈今1〉とあるのは、年次的に北条のあとに出されていることを示す。なお所蔵名は『静岡県史料』の表記によるが、東泉院Ⅰは六所家、同Ⅱは三日市場浅間神社蔵となっている。

(22) 『静岡県史料』第二輯（駿州古文書）三七七～三八六頁

(23) 「瑞龍寺文書」『静岡県史料』第三輯（駿州古文書）五五八頁

(24) 「瑞龍寺文書」『静岡県史料』第三輯（駿州古文書）五五九頁

(25) 註（4）

(26) 註（8）

(27) 拙稿「戦国大名今川氏の町支配をめぐって―駿河富士大宮と遠江見付府の場合―」『日本の都市と町』（雄山閣出版、一九八二年）。のち改題して拙著『戦国大名今川氏と領国支配』（吉川弘文館、二〇〇五年）に再録。

(28) 「旧新宮神主文書」『静岡県史料』第三輯（駿州古文書）四五一～四五三頁

(29) 『静岡県史』資料編八中世四史料番号一二二六号

(30) 「浅間神社文書」『静岡県史料』第三輯（駿州古文書）三九九～四〇〇頁

(31) 「浅間神社文書」『静岡県史料』第三輯（駿州古文書）四〇〇～四〇一頁

(32) 「浅間神社文書」『静岡県史料』第三輯（駿州古文書）四〇一～四〇六頁

〔追記〕本稿との関わりのある研究として、さらに大久保俊昭氏『戦国期今川氏の領域と支配』（岩田書院、二〇〇八年）、大塚勲氏『駿河国中の中世史』（羽衣出版、二〇一三年）を加えておく。とくに大久保氏著書には、年次的にみて、「はじめに」で述べた若林氏と前田氏の研究の間に位置する論考があることを記しておく。

高天神城石牢の大河内氏

小林輝久彦

はじめに

高天神城（掛川市下土方）は、徳川・武田両氏の間で激しい争奪戦が繰り広げられたことで有名な城である。この城跡本曲輪の真下の東北側斜面に石窟がある。これが世に名高い「大河内の石牢」であり、徳川方の軍監大河内源三郎が幽閉されたところとされる。源三郎の話は小説にも取り上げられ、(註1) 広く人口に膾炙しているが、小和田哲男先生は次のように整理されている。（天正九年の高天神城落城後の）「もう一つのドラマは、城内の石牢（石窟）から大河内源三郎が救出されたことである。大河内源三郎は名を正局といって、先の天正二年（一五七四）の戦いのとき、城主小笠原長忠の去就に不安を持った家康が、軍目付として高天神城に送りこんでいた家康の家臣であった。そのため、武田方に降った小笠原長忠に捕えられ、石牢に入れられたまま置かれていたものである。家康は七年間も節を曲げなかった正局の忠節を賞し、その後、好遇している」(註2)

しかしこの話にはつじつまの合わないところがある。小和田先生も述べられているとおり、天正二年に高天神城を攻めた武田勝頼は開城の条件として、城兵の命を保障したばかりかその後の去就についても城兵の判断に任せることにした。こうして武田方に就いた者が「東退」、徳川方に就いて浜松城に入った者が「西退」と呼ばれたという。(註3) それならばどうして源三郎も「西退」して浜松城に入らなかったのだろうか。仮にそれを措くとしても、もし源三郎を幽閉する必要があるならばなぜ武田氏の本拠である甲府に送らずに、徳川方への内通者の手引きにより逃亡される危険のあるような最前線の高天神城内に置いたままにしたのだろうか、ということである。

一　三河物語の中の大河内某

実は高天神城の大河内氏については、「三河物語」にも記述がある。

高天神城縄張図(静岡古城研究会会長水野茂氏提供)

竹千代様は、駿河之国え御下(り)成、駿付之少将之宮之町に御年七歳寄《より》十九之御年迄、御気仵《きづかい》ヲ被成候御事、云(ふ)に無斗《はかりなし》。(中略)然(る)所に大河内と申(す)者ハ、其比、サイ〳〵御前えモ参(り)、御用ヲモタシテ御奉公ブリヲ、イタシタル者ナレハ、城寄モ何時切て出ル供、汝等ハ石河伯耆守責口之前に石風呂之有ケル中え入(り)て居ヨト仰ケレバ、御意之ゴトク大河内ハ石風呂之中にゾ居タリケルヲ、命ヲ御扶被成、其(れ)耳弄《のみならず》、物ヲ被下て送リて国え御帰シ有(り)(註4)。

つまり徳川家康が駿河今川氏に人質として府中宮崎に居た頃に、大河内という者はしばしば家康の御前に出て御用足しをし、あたかも家臣のように振舞った者であったので、家康から高天神城内に居た大河内に「石川数正の担当する攻め口に石風呂があるのでお前たちはその中に隠れて居るように」と申し入れた。果たして大河内は石風呂に隠れていたので殺気だった徳川方の攻城兵に誤って殺されることなく助命された。そればかりか品物を下されて、その故国に送り帰されたというのである。この大河内某とは前述の源三郎のこととみて間違いないであろう。しかし話の内容は巷間伝えられている「大河内の石牢」の話とはかなり異なっている。

引用を省略したが、実は「三河物語」はこの話の前節で触れている孕石主水元泰との対比(家康の駿河人質時代に孕石は家康を冷遇し、大河内某は厚遇した)でこの大河内某の話を持ちだしている。

孕石は駿河今川氏に従い、同氏の滅亡後に甲斐武田氏に服属して、高天神城に在番したのだから、話の流れからすれば大河内某も(註5)

孕石と同様、甲斐武田氏に帰属する以前は駿河今川氏に仕えていたものであり、孕石とともに武田方として高天神城に籠城していたとみるべきだろう。「三河物語」の作者の大久保忠教は天正九年当時二十一歳で高天神落城の際の戦闘にも参加して城将岡部元信に太刀付けしているのだから(註6)、大河内某の話も実体験であって疑いようがない。そうすると「大河内の石牢」の話はかなりあやしくなってくる。それではこの石牢の話の出処はどのような史料なのであろうか。

二　石牢の話の出処史料

管見の及ぶ限り、「大河内の石牢」の話の出処史料として一番古いものは「貞享書上」に載る「鯰江正休覚書」（以下、「覚書」という。）である。(註7) 鯰江正休という庶民身分の者が、先祖より申し伝えた「歴代之像」であるとして貞享元年（一六八四）五月に江戸幕府に提出しているものである。

ここで大河内源三郎は、三河国額田郡寺津城主大河内左衛門佐元綱の子大橋源左衛門重綱の二子政局として登場する。

大河内源三郎政局△（前略）
甲戌天正二年六月　遠江国飢飼郡高天神城を武田勝頼囲て是を攻る、城主小笠原与八郎長忠公を省て武田に降る、源三郎援兵として篭といへども二心なし、与八郎憤て源三郎を虜にして石風呂に押籠、高天神城陥て武田の兵を城に入、勝頼鈴木弥次右衛門をして武田に属すべし本知一倍を宛行べしと云々、源三郎同心せず勝頼怒て堅く石風呂に鎖なす、横田甚五郎源三郎が忠義を感甚憐（中略）
辛巳天正九年四月二十一日、高天神の城没落、石川伯耆守数正源三郎を石風呂の内より召出し席に乗せて公の御前に蹲踞《そんきょ》す、命曰汝多年敵の獄に在て労身し、且旧功誰が源三郎に肩を比べんと御手より短尺金子の事三十個長刀短刀を賜、源三郎感涙を流し、敵に降らずといへども其名を黷《けが》すを愧《はじ》て髪を薙《なぎ》て背空と号、久《ひさしく》獄に在之労虚《ろうきょ》して足なゆる、其養生として御暇を給て津島に送せらる、気色快気之後遠州稗原を賜（後略）

これは正しく「大河内の石牢」の話である。類話を記す後続の編纂史料であるところの『兵家茶話』（享保六年序文）、『武徳編年集成』（寛保元年成立）、『神武創業録』（宝暦五年成立）『大三川志』（寛延・宝暦頃成立）及び『改正三河後風土記』（天保四年成立）は源三郎の祖父にあたる大河内元綱をおしなべて三河国額田郡寺津の城主としており、「覚書」と同じ誤記をしているので、「覚書」が出処であると考えられるのである。(註8)

「覚書」は非常に長文に亘るものであるが、(註9)その内容は大略、大河内元綱とその子で尾張国海辺郡津島奴野城主大橋氏の養子に入った大橋重綱を中心とした大河内・大橋一族の武功譚である。しかしこの「覚書」の内容は史料に照らすと非常に疑問が多い。

例えば「覚書」は大河内元綱の長男重一が養子に入った津島の大橋定安の弟である大橋新三郎定祐が、弘治元年（一五五五）八月三日に「尾張国海辺郡蟹江城」(註10)を巡る戦闘で戦死したと記している。この戦いは『蟹江町史』(註11)などの自治体史にも掲載されているが、典拠はこの「覚書」であり、当時の海東郡における尾張織田氏勢力の伸長情況から推して、この戦いの存在自体を疑問視する見解が以前からある。(註12)

実は大橋新三郎は史料上では天正八年（一五八〇）閏三月二十日付で大給松平真乗の家臣書立が作成された際に「大橋新三郎跡松平四郎兵衛」と見え、これ以前に真乗の家臣であったのが、当時何らかの理由で大給松平家を離れ、所領を没収されていたことが伺える。(註13)そして天正十二年（一五八四）六月から七月にかけて、三河徳川氏が尾張国海東郡蟹江城主の前田一族を攻撃した際に、新三郎が大給松平氏の下で参戦して戦死したことも「尾州蟹江合戦討死手負注文」(註14)から伺える事実なのである。つまり大橋新三郎が尾張国海東郡蟹江城攻めで戦死したこと事体は史実であるが、「覚書」はその年代を三十年も遡らせて記述していることになる。また「覚書」には、同じ時期に提出された他の書上のように、古文書などの写しは一切掲出されていないため、記述を裏付けることもできない。

そもそも「覚書」の作成者である鯰江正休という人物については、同時代人である尾張藩士天野信景の次のような証言がある。(註15)

（前略）江戸にては鯰《ナマズ》江正休佐々木氏の氏族と云々など古系伝記を伝ふ、浅羽氏松下氏等各自に古系の伝記をかたれり。右の数人はじめのほどは実事のみを語り、或ひは筆にしるせしに、諸大名より招きて事をとひ、または礼物にて人の伝記などたのみしまゝ、後にはあらぬ事をも作りそへて出せしかば、実違ひ事戻りて識者のうたがひを残せしも亦方々也。（下略）

つまり鯰江正休は、最初は史実を記していたのが、諸大名旗本などの先祖の事績を調査・報告して礼金を受け取るうちに段々脱線して、依頼者の先祖に都合のよいような史実を改ざんして記述するようになったというのである。実は天野信景自身も尹良親王とその子良王の二代の事績を記した書であるという「波合記」を偽作した可能性が高いことが既に指摘されており、(註16)信景が自ら史書を偽作できるほどの博聞強記の識者であったから、鯰江正休の正体も看破できたとみられる。「覚書」の記述はほぼ信用できないものであると結論づけてよいだろう。ただ信景が言うように、正休が近江佐々木氏族であるならば、同じ源氏でも宇多源氏の鯰江氏が何故系統の異なる清和源氏の大河内氏を先祖と主張するのか、この点は疑問として残されるところである。

三　駿河大河内氏と三河大河内氏

それでは「三河物語」に記された大河内氏とは正しくはどのような系譜を持つ大河内氏なのであろうか。

大河内氏として著名なのは、三河国額田郡大平村字大河内（岡崎市大平町）を名字の地とし、同国幡豆郡寺津城（西尾市寺津町）を本貫地とした三河大河内氏である。この家は源三位頼政の後胤と自称し、南北朝から室町期を通じて三河吉良氏に仕えたが、吉良氏が没

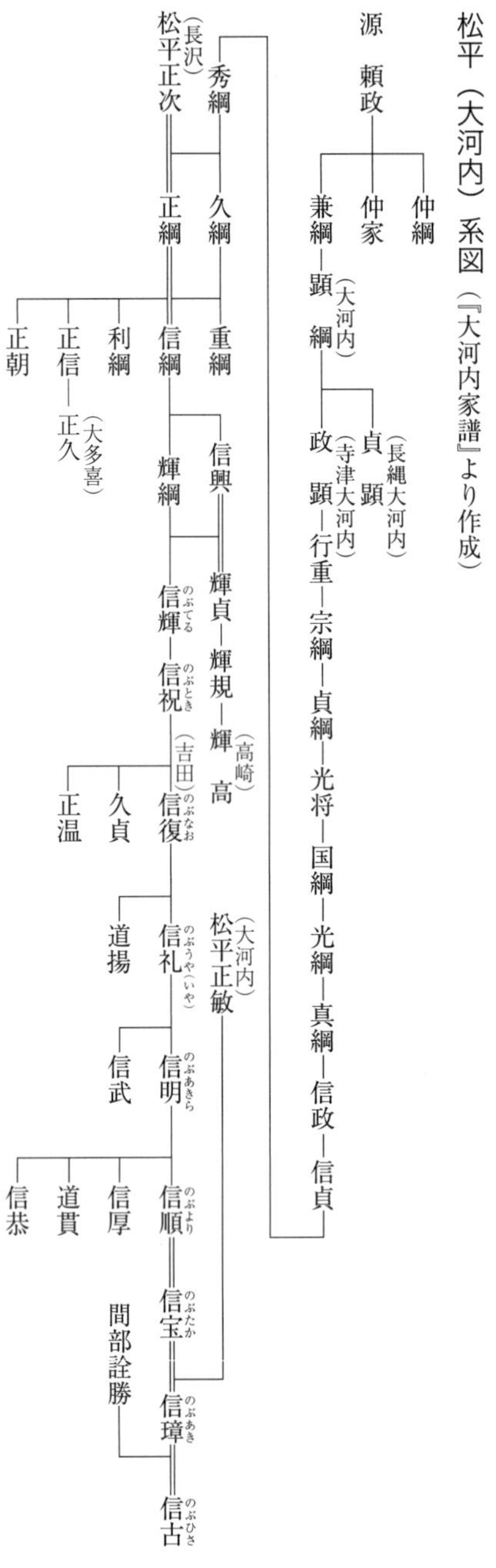

松平（大河内）系図
（『大河内家譜』より作成）

落したのち大河内秀綱が徳川家康に仕え、さらにその子正綱が長沢松平氏の養子に入り、松平姓に改めた。

その子孫は上総国大多喜藩二万石、三河国吉田藩七万石及び上野国高崎藩主八万二千石の大名として幕末まで存続して栄えた。

この家は先祖が源三位頼政の後胤であることを誇りとしていたので、祖先の事績に対する関心が高かった。[註17] このため吉田藩主松平信祝の時に本格的な家譜編纂が行われ、享保十九年（一七三四）に清和天皇から発し、頼政を経て信輝までの「大河内家譜」四巻が完成し、以下「附録」「別録」も含めた三十七巻が宝暦（一七五一～六三）末年頃に完成したとされる。[註18]

「附録」は秀綱以前の分流の系譜を収録しており、この巻第六の「大河内綱忠系」の系譜の頭書によると、この家は幕府小普請組兵左衛門忠勝の代の宝永元年（一七〇四）に居宅が類焼して古記を焼失したものの、大河内因幡守綱忠以降の記録を伝え、さらに大河内源三郎一房の事績を記し、大河内元綱とは同家であり、また一房と綱忠は兄弟であるとしている。[註19]「附録」編者が考察するようにこの一房とは大河内源三郎政局と同人とみてよいだろう。

系譜によると初代大河内因幡守綱忠は「母不知　生于駿州　今川義元幕下」と記すのみである。そしてその子勘解由左衛門忠正も「母不知　生于駿州　今川義元武田晴信勝頼幕下　天文九年辛巳三月高天神城落城之節被　召出奉仕于　東照宮其後卒」と記されている。天文九年は天正九年の誤記であろう。

実はこの大河内勘解由左衛門は史料の上からその存在を確認できる。元亀三年（一五七二）四月十八日付で駿河国府中の富士浅間社の社僧である玄陽坊に対して武田家が発給した朱印状がそれである。[註20]

定
大般若免之内、大河内勘解由左衛門尉分相違候、為彼
替地、来六月惣知行御改之上、米穀四拾俵可被下置之
旨、被仰候者也、仍如件、
元亀三壬申年
卯月十八日（龍朱印）
市川宮内助奉之
玄陽坊

文中の大般若免とは、これに先行して永禄十三年（一五七〇）二月二十一日に同じ玄陽坊宛に発給された武田家朱印状（註21）を読むと明らかになる。すなわち武田家はこのとき玄陽坊に対して毎月三日間の大般若経の転読を命じ、その費用を支弁するために寿昌院の寺領から四十俵分を宛行ったのであり、これが「大般若免」と称されていたのである。転読とは大般若波羅密多経六百巻の経典の要所数行または題目と品名とだけを読んで全体を読んだことにするものである。永禄十三年当時武田信玄は駿河で越年して年明け早々に山西（駿河国志太・益頭郡）を攻め、二月はこれを制圧した直後であるから（註22）、おそらく駿河国の国家静謐などを祈願したものであろう。寿昌院とは駿河今川氏の菩提寺臨済寺の末寺で、安倍郡府内にあった寺院である（註23）。したがって今川方寺院として武田氏により寺領を一部没収されたものであろう。そしてこの永禄十三年二月当時には、この寺領内に何らかの権利を有していたとみられる「大河内勘解由左衛門尉分」が問題となっていないところからすると、このとき大河内勘解由左衛門尉はまだ武田氏に服属していなかったと考えられる。それが続く元亀三年四月の段階になり「相違」したということはこの時までに勘解由左衛門尉が武田氏に帰属したということになるであろう。寿昌院の寺領は鳥坂（静岡市清水区鳥坂）にあったので（註24）、「大河内勘解由左衛門尉分」も鳥坂にあったものだろう。

このように史料を解釈すると、系譜にいう勘解由左衛門忠正の経歴―すなわち駿河生まれで、今川義元・武田信玄・勝頼父子に仕えた―というのはかなり信用できる。そうすると続く―天正九年三月の高天神城落城の際に徳川家康に召し出されてその幕下になった―というのも史実としてよいだろう。

つまり忠正は庵原郡鳥坂郷内に所領を有する駿河今川氏の家臣であった。そして宮崎附近に居館を構え、幼少時代の家康に丁寧な接遇をした。のち武田氏に服属し、兄弟の政局とともに武田氏の命で高天神城に籠城したが、この駿河時代のよしみをもって家康に助命された。こう解すれば「三河物語」に大河内某に対する家康の呼びかけを「汝等」と複数人称で記しているのも自然に理解できよう。

ところで「附録」巻第六「大河内綱忠系」の系譜の頭書ではこの家は「先祖代々住于三州臥蝶又駿府」と記し、三河大河内氏との関連を示唆している。これは史料上確認できるのだろうか。

四　三河大河内氏と遠江大河内氏

　残念ながら三河国内に「臥蝶」という地名は現存しないし、過去に存在したという史料も確認できない。ただ三河国幡豆郡寺津城の別名は臥蝶城といい、[註25]臥蝶とは寺津の別名とも考えられる。しかし前掲の「大河内家譜」には駿河国に分出した系統は見出せない。

　この三河大河内氏の中世期の一次史料は非常に少なくて、「大河内家譜」と符合しないものも多い。松島周一氏は、一方でこれら系図類の記載に頼ることの困難性を指摘されている。[註26]ただ他方で、遅くとも南北朝期までには三河吉良氏と大河内氏との統属関係が作られていたことを史料上確認されている。[註27]

実は室町期においても、三河西条吉良氏の重臣としての大河内氏の存在が史料上から確認できる。すなわち応永十六年（一四一二）に三河国金星山華蔵寺の大蔵経の経巻を収納する経蔵が建立された際に、その落慶法要に参列した者として西条吉良義尚とともに大河内省貞・巨海濃州省柔の名が見られるのである。[註28]

　戦国期においては、永正十年（一五一三）の三河国幡豆郡吉良庄寺津村八幡宮の再造営の棟札銘に「願主大河内大蔵少輔源朝臣信綱」の名が、同じく天文三年（一五三四）の棟札銘には「願主大河内孫太郎源朝臣信貞」の名がそれぞれ見られる。[註29]また永正十年に、西条吉良義信が近衛尚通邸に歳暮の御礼の使者として派遣したのが「大河内」という者であった。[註30]そして最近発見された江川文書所蔵の今川義元書状[註31]によると、弘治元年（一五五五）の駿河今川氏に対する三河西条吉良氏の「逆心」の際に、その首謀者として今川義元が指摘したのが、冨永与十郎と「大河内」という者であった。

　このように室町・戦国期を通じても大河内氏は三河西条吉良氏の重臣の位置にあったことが史料からも確認できる。

　三河西条吉良氏は南北朝期から室町期及び戦国期に入るまで、遠江国浜松庄地頭職を保持していたが、[註32]この浜松庄の代官として史料上名前が現れるのが遠江大河内氏である。大河内眞家は浜松庄代官職を務め、寛正二年（一四六一）から同六年（一四六五）の間には浜松庄に隣接する蒲御厨の代官職も兼帯した。[註33]蒲御厨は東大寺領であり、用水の関係で惣村内は東方と西方に分かれ、その諸公文はそれぞれ守護斯波氏と吉良氏の勢力と結びついて対立抗争を繰り返していた。この経緯については大山喬平氏らの先行研究により明らかにされている。[註34]この大河内眞家は、官途を兵庫助、受領名を備中守といい、入道して道光と号した。[註35]眞家の「眞」の字は当時の西条吉良氏当主義眞の偏諱であると考えられる。[註36]大河内眞家の名は「大河内家譜」には見当たらない。しかし彼が三河大河内氏の出自であることは、寛正五年（一四六四）九月、彼が東方諸公文の寄合談合中にこれを襲撃した際に率いた軍勢が史料上「国之軍勢・三川勢」と表記されることからも明らかにできる。[註37]

　眞家の官途と受領名は遠江大河内氏の世襲であったらしい。明応七年（一四九八）十一月に浜松庄阿多古郷の天照大神宮の造立に喜捨をした者に「大河内兵庫守（ママ）」がいるが、[註38]これは文亀元年

（一五〇一）に村櫛庄にいた斯波氏被官の堀江下野守と共謀して黒山（堀江城）に籠城して駿河今川氏に抗した浜松庄奉行の「大河内備中守」[註39]と同一人物と考えられる。

十六世紀初頭になると大河内備中守貞綱[註40]という者が、浜松庄引間城を拠点として駿河今川氏との抗争を繰り返したことはよく知られている。最終的には永正十四年（一五一七）八月の引間城落城により「大河内父子兄弟」[註41]は切腹して抗争は終了し、駿河今川氏は守護国である遠江から対抗勢力を駆逐することに成功した。[註42]

駿河今川氏は氏親の先主義忠が遠江国侵攻過程で戦死したという経緯から、早くから遠江国の支配を目論んでいた。その本格的な侵攻は明応六年（一四九七）からであったが、その前年の明応五年（一四九六）から駿河今川氏の侵攻が目前に迫ったことを察知した遠江の国人は混乱して、国内が戦闘状態となっていた。[註43]

この明応五年に今川氏親は「大河内弥三郎」という者に判物を発給している。[註44]

駿河国入江庄内勝木之事
右、為松光大夫跡改替所充行也者、守先例可其沙汰之
状如件、
明応五年七月十九日　（今川氏親）五郎（花押）
大河内弥三郎殿

つまり、松光大夫の没収地である有度郡入江庄勝木の土地を大河内弥三郎に給与し、新たな支配者に替えるというのである。松光大夫というのはよくわからないが、府中浅間社の社人ではないだろうか。松光大夫に何か失態があり、所領が没収され直轄地になっていたのだろう。勝木という地は現在字名にも見当たらず、これも比定できないが、入江庄は前記の勘解由左衛門忠正の所領と推定される庵原郡鳥坂とも近い位置にある。このことから弥三郎は駿河大河内氏の先祖とみてよいだろう。

ところでこの「弥三郎」という仮名は「大河内家譜」にもしばしば散見される仮名であり、[註45]三河大河内氏との関連を示唆するようでもある。そして明応五年という時期が、前記のとおり今川氏親の本格的な遠江侵攻の前年の争乱期にあったこととも考え併せれば、この弥三郎とは、三河大河内氏に出自を持つ遠江大河内氏の一族の者であり、遠江大河内宗家である備中守とは去就を異にし、氏親にいち早く帰服した者であると推定できないだろうか。氏親としてはその遠江にあったであろう弥三郎の所領を安堵しようとしても、まだ遠江国侵攻前のためそれができず、やむなく本国の駿河国内の直轄領を、替地として宛行ったと考えたい。このように解釈すると駿河大河内氏も三河大河内氏にその出自を求めることができると考える。

駿河大河内氏はもともと先祖が三河国の者であったから、同じ三河国人の松平氏宗家八代広忠の子である家康を親しく遇したのであろう。平野明夫氏によると、松平宗家六代の信忠の正室で七代清康

法多山尊永寺の石窟の開口部
（静岡古城研究会会長水野茂氏提供）

の生母は大河内但馬守満成の娘であるとする。[註46] 平野氏はこの大河内満成を前記寺津村八幡宮の棟札に見える大河内信綱に比定される。そうであれば、三河大河内氏と松平宗家はもともと姻戚関係にあったのだから、その一族である駿河大河内氏も清康の孫である家康を大切にしたというのも素直に理解できることになる。

おわりに

「大河内の石牢」の話は全くの虚構であった。「貞享書上」は五代将軍綱吉が諸大名・旗本に対して、徳川家との由緒を書き上げて提出を求めたものであり、そこに掲出されている古文書は信用性のあるものとして、自治体史の資料集にも載せられているものである。しかし古文書の裏付けのない由緒そのものの信用性にはなお一考を要するものであるということになる。

それでは高天神城の「石牢」が牢獄でないのだとしたら、いったいどのような性格を持つ施設なのであろうか。この点を最後に考察しよう。

静岡古城研究会会長の水野茂氏は、この「石牢」が①開口部が丑寅の方向に向いていること、②高天神城の位置する鶴翁山が古来から信仰の山で、修験道の行場として利用されていたこと、③「石牢」の構造は遠州の法多山尊永寺の石窟と酷似しているが、この尊永寺の石窟は行者窟とされていることなどから、高天神城の「石牢」も修験者の行場であると推定されている。実はこの「石牢」は安政の大地震の際に崩壊したのを明治になって掘り返している過去がある。[註47] 信仰の場所であるからこそ、村人が大切に思い、わざわざ労力を掛けて復原したものと考えられる。水野氏の見解に従うべきであろう。

註

（1）山岡荘八『徳川家康』第七巻颶風の巻（講談社・一九七九重版）「三河の意地」
（2）小和田哲男『中世城郭史の研究〈小和田哲男著作集第六巻〉』（精文堂出版・二〇〇二）四二三頁
（3）前掲註（2）三八五頁
（4）齊木一馬・岡山泰四・相良亨校注『日本思想大系二六　三河物語・葉隠』（岩波書店・一九七四）七三頁
（5）『戦国人名辞典』（吉川弘文館・二〇〇六）八一七頁「はらみいしもとやす」の項
（6）前掲註（4）一三六頁
（7）『内閣文庫影印叢刊譜牒余録下巻』（国立公文書館・一九七三）巻之三十九庶民之上

(8) 寺津は正しくは三河国幡豆郡に属する。『角川地名大辞典23　愛知県』（角川書店・一九八九）八五六頁

(9) 津島は正しくは尾張国海西郡に属する。『角川地名大辞典23　愛知県』（角川書店・一九八九）八四五頁

(10) 蟹江城は正しくは尾張国海東郡に属する。『角川地名大辞典23　愛知県』（角川書店・一九八九）三九二頁

(11) 『蟹江町史』（蟹江町・一九七三）六七頁

(12) 横山住雄『織田信長の尾張時代』（戎光祥出版・二〇一二）七一頁　なお「覚書」より成立が早いとみられる「松平記」にも弘治元年の蟹江合戦の記述があるが、「松平記」には作者以外の者による増補部分のある可能性が指摘されている（平野仁也「上ノ郷城合戦に関する考察―戦国の争乱と近世成立の史書―」三頁『上ノ郷城Ⅰ第1次～5次発掘調査報告書』（蒲郡市・二〇一二））ことを指摘しておく。

(13) 『愛知県史資料編一一　織豊1』（愛知県・二〇〇三）一三七九号文書（以下、「愛一一―一三七九」と表記する。）

(14) 「愛一二―七六七」

(15) 『日本随筆大成第三期第一四巻』（吉川弘文館・一九七七）所収天野信景「塩尻」六〇頁

(16) 『国史大辞典一〇巻　と―にそ』（国史大辞典編纂委員会・二〇一二重版）「なみあいき」の項（小林計一郎執筆）

(17) ただし太田亮博士が『姓氏家系大辞典』一巻（角川書店・一九六三）一一六八頁でも指摘するとおり、顕綱が信用できる史料に登場しないことなどから、大河内氏を源三位頼政の後胤とする徴証に乏しいとされる。

(18) 『豊橋市史』第六巻（豊橋市・一九七六）「一三　大河内家譜（全）」五五四頁解説、なお「大河内家譜」の原本は、大河内家から豊橋美術博物館に寄託・保管されている。

(19) 『寛政重修諸家譜』巻第二百五十八では同家の系図は「覚書」に沿ったものとなっているが、これは後代になり「覚書」に汚染されたものであろう。

(20) 『静岡県史資料編八中世四』四三〇号文書（以下、「静八―四三〇」と表記する。）

(21) 「静七―一七一」

(22) 前田利久「武田信玄の駿河侵攻と諸城」『地方史静岡』第二十二号（地方史静岡刊行会・一九九四）

(23) 「静七―三五八三」

(24) 『大龍山臨済寺の歴史』（臨済寺史研究会・二〇〇〇）七二頁

(25) 『愛知県幡豆郡寺津村誌』（寺津村役場・一九二三）一三九頁　なお寺津城の遺構については石川浩治「三河寺津城」『城』第一五二号（東海古城研究会・一九九四）参照

(26) 松島周一「吉良貞家と南北朝期初期の尾張・三河」『安城市史研究』第七号（安城市・二〇〇六）

(27) 同じ南北朝期である暦応四年（一三四一）五月五日に三河国幡豆郡吉良庄寺津村八幡宮に和鏡を寄進した人物に「源教綱」なる者がおり、大河内氏の先祖であるとされる。しかし教綱の名は「大河内家譜」には見えず、また大河内姓であることも金石文上確認できないので不詳とするほかはない。なお和鏡金石文の釈文は「西尾市岩瀬文庫秋季文化財展にしおふるさと再発見！」型録（西尾市岩瀬文庫・二〇〇四）に掲載されている。

(28) 「愛九―九四五」

(29) 『西尾市悉皆調査報告七　社寺文化財（建造物Ⅳ）報告書神社（三和・室場・平坂・寺津地区）』（西尾市教育委員会・二〇〇二）なお永正十年及び天文三年の棟札の手跡は天正十三年の棟札と酷似している。ただ文言に不自然な点がないことから、天正十三年に以前の棟札が整理され、再製されたものと理解しておきたい。

(30) 『陽明叢書記録文書編第三輯　後法成寺関白記　三』（思文閣出版・一九八五）永正十年十二月二十九日条

(31) 有光友學「史料紹介江川文庫蔵後北条氏発給文書等の紹介」『古文書研究』七〇（二〇一〇）、なお小林輝久彦「天文・弘治年間の三河吉良氏」『研究紀要』第一九号（安城市歴史博物館・二〇一二）参照

(32) 大塚克美編著『浜松の歴史』（東洋書院・一九八三）一四三頁坪井俊三執筆部分

(33) 「愛九―二一三八」によると寛正四年に尾張国妙興寺は覚阿弥上洛費用の算用状を書き出しており、「大河内兵庫殿」に渡船料を支払っているがこの「大河内兵庫」は時代的にみて眞家に比定されよう。ただし眞家がどの料所の渡船料を徴収したのかは分からない。

(34) 大山喬平「十五世紀における遠州蒲御厨の在地構造」『オイコノミカ』三―一・二（一九六六）菊池武雄「戦国大名の権力構造」『歴史学研究』一六六（一九五三）、小和田哲男・本多隆成共著『静岡県の歴史―中世編―』（静岡新聞社・一九七八）一六〇頁前掲註32『浜松の歴史』一五三頁、斎藤新「選択する公文たち」『浜松市博物館報』第一四号（浜松市博物館・二〇〇二）、松島周一「室町中期の遠江国蒲御厨をめぐる甲斐氏と吉良氏」『日本文化論叢』二一（二〇一三）

(35) 『戦国人名辞典』（吉川弘文館・二〇〇六）「おおこうちまさいえ」の項（森田香司執筆）

(36) 谷口雄太「吉良義尚と吉良義真」『静岡県地域史研究』第二号（静岡県地域史研究会・二〇一二）

(37) 「静六―二四四九」

(38) 「静七―二五五」

(39) 「静七―三〇三」、森田香司「今川氏親と文亀・永正の争乱」静岡県地域史研究会編『戦国期静岡の研究』（清文堂・二〇〇一）

(40) 貞綱という実名は「名古屋合戦記」のような後世の編纂物にしか登場せず、史料上確認できないが、この名も「大河内家譜」には表れない。

(41) 「静七―六五四」

(42) 『寛永諸家系図伝』第十五巻（続群書類従完成会・一九九四）二二六頁によるとこの大河内貞綱の子と見られる兵庫某の子孫が小田原後北条氏に仕え、さらに陸奥弘前藩の津軽為信の婿となり、姓を津軽に改めて典医として幕府に仕えたとするが真偽は不明である。

(43) 大塚勲『今川氏と遠江・駿河の中世』（岩田書院・二〇〇八）五九頁

(44) 「静七―二一八」 なお『静岡県史資料編』には収録されていないが、天正十八年三月十日付で徳川家伊奈忠次から駿河国庵原郡南高橋郷及び志太郡瀬戸谷郷の地が大河内和泉守という者に与えられている（豊橋美術博物館寄託「大河内文書」二三四三号文書）。弥三郎の子孫であろうか。

(45) 「大河内家譜」によると宗綱の仮名は弥三郎といい、「附録」によると政顕の次男仲顕の孫の久兼及びその子某の仮名も弥三郎という。

(46) 平野明夫『三河松平一族』（新人物往来社・二〇〇二）二一一頁

(47) 土屋比都司「高天神攻城戦と城郭―天正期徳川氏の付城を中心に―」『中世城郭研究』第二三号（二〇〇九）

〔付記〕この論考は平成十三年十一月二十四日に静岡県地域史研究会定例会で報告したものにその後の知見を加えて脱稿したものです。

今川氏真子息、澄存について
近世初期、本山派修験再編との関わりから

酒入陽子

はじめに

戦国大名今川氏最後の当主、今川氏真には三人の男子がおり、嫡子範以、次男高久は、その子孫が高家となり江戸時代を通じて家系を維持していくことはよく知られている。(註1)しかし三男澄存については、これまであまり注目されず、不明な点も多い。本稿ではこの澄存に光を当てていきたい。

懸川開城後の今川氏真は、天正十八年(一五九〇)の家康の関東転封以降、京に上り、冷泉家の歌会に参加するなど公家的な素養や人脈により今川家を存続させていく。後に高家としてとりたてられる素地もここに見出すことができるだろう。(註2)また今川家では、嫡子以外の子弟を寺院に入れる例が見られ、澄存は幼少期に聖護院に入っている。聖護院は、近世には全国の山伏を統括する修験道本山派の本寺として、醍醐寺三宝院を本寺とする修験道当山派と並んで全国の山伏を統括していた門跡寺院である。(註3)澄存が、聖護院入室後、勝仙院・若王子住持となることは、これまでも知られていたが、豊臣氏から徳川氏へと政権が交代する政治的不安定な状況下に、本山派修験組織の再編に寄与し、若王子の中興の祖と称されるほどの重要人物であることはあまり知られていない。

本稿では、今川氏の一族である澄存について、その活動を明らかにすると同時に、豊臣~徳川政権初期における本山派修験の政治的状況とその再編について考察する。

一　澄存の経歴と当該期の政治状況

聖護院に入室した澄存の動向については、系譜類等から基礎的事実は明らかになっているが、本山派修験組織の中での役割や発給文書の分析等は行なわれておらず不明な点も多い。(註4)澄存の経歴について簡単に述べれば、天正七年、氏真三男として浜松城に誕生、中山親綱

の猶子となり聖護院へ入室、その後は勝仙院住持を経て、筆頭院家の若王子住持となり、慶安五年(一六五二)に没す。初め澄興と称す、といったものである。澄存の「澄」の字は、聖護院門跡道澄の字を受けたと推測できるが、澄存は、この道澄に次いで興意(初め道勝)、道晃という三人の門跡の下で活躍した。特に、興意の受法灌頂と同時期に勝仙院へ、道晃の聖護院門跡就任時に筆頭院家若王子へ入室したことに注目すれば、興意・道晃の両門跡との繋がりが強いと思われる。

ところで、興意の受法灌頂は慶長六年(一六〇一)、道晃の門跡就任は元和七年(一六二一)で、澄存の活躍するこの時期は、政権が豊臣から徳川へと交代する激動期である。澄存の聖護院入室時の門跡である道澄は、天正十八年の小田原攻めでは秀吉の戦勝祈願を行ない、文禄四年(一五九五)には方広寺大仏殿住持を命じられて寺領一万石を寄進される等、秀吉政権の一翼を担う存在であった。(註5)次の門跡興意も、慶長十二年に大仏殿管領を譲り受け、同十九年五月には秀頼から再興された大仏殿供養の証義を務めるよう要請されていることからわかるように、(註6)依然として豊臣政権との繋がりが強かった。このため徳川政権との関係は緊張を孕み、同十九年の大坂冬の陣前に、大仏殿棟札のことで家康の不興を買い、さらに関東調伏の嫌疑をかけられ、徳川政権下での勢力は衰退した。(註7)大坂夏の陣後の元和元年七月、家康は、方広寺住持を興意から妙法寺常胤法親王に替え、寺地も妙法寺に与えている。(註8)その後も徳川政権からの嫌疑は晴れず、ようやく許されたのは元和三年頃と思われる。(註9)元和六年四月に白川の地を与えられてそこへ移り、(註10)同十月、謝礼のために下向した江戸で急死する。(註11)

興意の死を受けて門跡に就任したのは、まだ一〇歳の年若い後陽成天皇皇子吉宮、後の道晃であった。道晃の聖護院門跡就任は、興意の死の翌年であり、門跡不在後の幼少門跡就任という非常事態の中で、聖護院および本山派修験の勢力をいかに維持するかは、本山派組織にとって緊急かつ重要課題であったと考えられる。

このような中で、幼少門跡就任と時を同じくして若王子に入ったのが澄存である。澄存には、筆頭院家である若王子の住持として幼い門跡を支え、徳川政権との関係修復を行ないながら、本山派修験組織をまとめることが求められたであろう。

実は、聖護院門跡支配の危機はこれが初めてではなく、興意の二代前、僅か三才で門跡に就任した道増の時代、聖護院が独占していた熊野三山検校職を五年間にわたり円満院に奪われ、聖護院の本山派内での求心力が低下した時期があった。この時は、門跡道増自身が諸国を廻国し先達職を安堵する等して、直接、在地山伏を掌握することで乗り切り、逆に聖護院を頂点とした本山派の組織化が進んだ。(註12)しかしそれは同時に、聖護院と在地山伏との間を介在することで勢力を保ってきた、筆頭院家で熊野三山奉行である乗々院の力を制限することにもなった。本山派内での聖護院門跡への求心力が高まり組織化が進むことによって、聖護院(熊野三山検校)の下で筆頭院家として勢力を維持してきた乗々院(熊野三山奉行)の権限は限定されていき、名称も若王子となったのである。(註13)

このような本山派組織の改編期に、勢力を低下させる乗々院(若王子）と入れ替わるように力を伸ばしたのが、新興院家の勝仙院である。[註14] 勝仙院は、澄存前任の増堅の頃より、聖護院の使僧を務めたり、戦国大名と聖護院との取次を行なうなど、聖護院側近としての活動が見られるようになる。[註15] 勝仙院は、本山派内の組織化が進む中で、門跡道増・道澄の側近として勢力を伸ばす新興院家だったのである。この勝仙院（増堅）の跡を継いだ澄存も、増堅と同様に聖護院側近として行動していく。祖母が武田信虎の娘、母が北条氏康の娘という澄存の出自は、大名間の取次役には適任であっただろう。

しかし澄存が勝仙院に入室する慶長期、江戸幕府が成立し、聖護院門跡の勢力は制限された。このような中で門跡興意の突然の死後に澄存が若王子に入る意味を考えるならば、澄存は、新興勢力である勝仙院住持という門跡側近の役割を維持しつつ、力を落としたとはいえ熊野三山奉行で伝統的権威を持つ若王子の住持となることで、両院家の力を結集して危機を乗り切り、本山派組織の立て直しを図ろうとしたと考えられるのではないだろうか。澄存が後に「若王子中興之祖」と称されるのも、このような背景があったからだろう。

二　澄存の発給文書

ここでは、澄存の発給文書の分析を行ない、澄存の本山派内における立場を考えたい。澄存の発給文書は、現在一九点確認できる（表1）。[註16] これらの文書は、勝仙院の霞関係（分類欄A）、当山派修験との争い関係（B）、新門跡（道晃）入峯関係（C）、神祇管領吉田家との争い関係（D）、その他（E）、に分類できる。

まずAだが、九点の文書中、①⑮は信濃国の大井法華堂に出されたもの、③⑧⑨⑩⑪⑫は信濃国和合院に出されたもの、⑯は甲斐国岩殿山七社権現社僧常楽坊・大坊に関するもので、この三者はいずれも本山派修験の山伏で、近世には勝仙院の霞下の有力修験である。

①⑮の宛所の法華堂は、[註17] 信濃国佐久郡に十三世紀頃から続く本山派の修験で、永正十四年（一五一七）の乗々院御教書があることから、もとは乗々院配下の修験だったことがわかる。[註18] しかし文禄五年には、増堅より「信州佐久郡大井山伏中之事」を、慶長十一年には、増堅後任の澄興[註19]（澄存）より「信州佐久郡大炊之旦那先達職之事」を（①）、さらに寛永十四年（一六三七）には、澄存より「大井年行事職並檀那職之事」を安堵され（⑮）、乗々院配下だった法華堂が、増堅の頃より勝仙院配下となったと推測される。また⑮で、すでに若王子大僧正である澄存が、[註20]「勝仙院大僧正澄存」と署名しているのは、法華堂が勝仙院の霞だったためであろう。[註21]

⑯は、澄存が、甲斐国岩殿山七社権現社僧常楽坊・大坊は「勝仙院数代の同行」で、本山派の古跡の山伏であるとして、寺社奉行の安藤・松平に朱印の下付を願い出たものである。[註22]

③⑧⑨⑩⑪⑫は、澄存が和合院へ、信濃国の木曽・川中嶋・筑摩・安曇・諏訪・伊那郡の先達職を安堵したものである。[註23]

では次に、Bの当山派との争いに関する文書を見ていきたい。

本山派と当山派との確執は、慶長七年の三宝院門跡義演による佐渡大行院への金襴地袈裟許可で表面化し、数度にわたる幕府の裁許

⑪	A	元和6.6.15	1620	澄存御在判	和合院	和合院文書	信濃国諏訪郡諸山参詣檀那先達職之事、先規証文に任せ引導すべし
⑫	A	元和6.6.15	1620	澄存御在判	和合院	和合院文書	信濃国伊奈郡諸山参詣檀那先達職之事、先規証文に任せ引導すべし
⑬	C	（寛永7）3.23	1630	若王子僧正澄存（花押）	蒲倉	大祥院文書	聖護院門跡（道晃）の当秋入峯に付
⑭	C	（寛永7）卯.2	1630	若王子澄存書判	玉林坊	玉林院文書	聖護院門跡（道晃）の当秋入峯に付
⑮	A	寛永14.8.15	1637	勝仙院大僧正澄存（花押）	法華堂	大井法華堂文書	信州佐久郡大井年行事職並檀那職之事、申付ける
⑯	A	慶安3.7.22	1650	勝仙院大僧正澄存（花押）	安藤右京進殿・松平出雲守殿	北条熱実家文書	甲州鶴郡岩殿山七社権現社僧常楽坊・大坊は勝仙院数代の同行、本山古跡之山伏故、朱印頂戴儀に付
⑰	E	（年不詳）7.3	—	勝仙院澄存（花押）	竹貫山伏中	石川頼賢文書	年行事職之儀、八大坊に下す
⑱	E	（年不詳）8.6	—	若王子澄存（花押）	山本房机下	山本坊文書	月光院門寿坊三峯観音院坊跡の儀に付
⑲	B	（年不詳）8.25	—	勝仙院澄存（花押）・伝法院玄順（花押）・千勝院法永（花押）・玉瀧坊乗西（花押）・大覚院乗秀（花押）・南光院海善（花押）	酒井備中守（忠利）様　参人々御中	山本坊文書	当山派との争い（御料地川越庄十如坊、福寿、大乗という山伏が、当山先達衆が押し取られたことについて）

1999年、初出は1994年。「大井法華堂文書」…大井章・大井元編『信濃の修験大井法華堂』（非売品）、1979年。「北条熱実家文書」…『大月市史』通史編。「石川頼賢文書」…『福島県史』7巻。「山本坊文書」…『新編埼玉県史』史料編18巻　中世近世宗教。

表1　澄存発給文書

番号	分類	年月日	西暦	差出	宛所	文書名	内容
①	A	慶長12.9.17	1607	澄興（花押）	法華堂	大井文書	佐々木大炊の旦那先達職安堵
②	B	（慶長16）8.14	1611	勝仙院在判	当山二宿	本光国師日記六	当山派との争い
③	A	慶長16.9.吉	1611	澄存御在判	和合院	和合院文書	信濃国河中嶋四郡年行事之事、懇望に任せ申付ける
④	B	（慶長16）12.13	1611	勝仙院	玄陽坊	本光国師日記六	覚　当山派との争い
⑤	B	（慶長17）正.19	1612	勝仙院・佐々木少貮	圓光寺様・金地院様・板倉伊賀守様　尊報	本光国師日記六	当山派との争い
⑥	B	（慶長17）2.17	1612	勝仙院澄存在判・佐々木少貮長守在判	圓光寺様・金地院様尊報	本光国師日記六	当山派との争い
⑦	D	（元和6）5.13	1620	勝仙院澄存（花押）	吉田殿（兼英）人々御中	鈴鹿文書	信州富士参詣先達の儀に付、神祇管領吉田家との争い
⑧	A	元和6.6.15	1620	澄存御在判	和合院	和合院文書	信濃国木曽両郡諸山参詣檀那先達職之事、申付ける
⑨	A	元和6.6.15	1620	澄存御在判	和合院	和合院文書	信濃国川中嶋四郡諸山ニ参詣之道者先達、先規証文に任せ引導すべし
⑩	A	元和6.6.15	1620	澄存御在判	和合院	和合院文書	信濃国筑摩郡安曇郡諸山参詣諸先達職之事、先規証文に任せ引導すべし

出典：「大井文書」…『信濃史料』20巻。「本光国師日記」…『大日本史料』12編－9。「和合院文書」…『信濃史料』21編・23編。「鈴鹿文書」…『信濃史料』補遺下巻。「大祥院文書」…『三春町史』1巻 通史編、掲載の写真により修正。「玉林院文書」…新城美恵子「本山派修験玉林院関係文書について」（『本山派修験と熊野先達』、岩田書院、

を経て、慶長十八年の修験道法度により一応の決着を見る。幕府はこの法度により、本山派・当山派双方にそれぞれの配下山伏の支配を認めたが、これは当山派に有利な裁定であった。本山派に比べ組織化が遅れていた当山派にも、本山派と同様に全国の山伏支配を認めたからである。双方の筋目支配という形をとりながら、お互いを競合させ、本山派を統制するというのがこの時期の幕府の宗教政策だった。[註24]この政策は、聖護院にとっては全国山伏に対する支配力の低下、引いては本山派の勢力低下を意味するものでもあった。

　以上の点を踏まえ、②④⑤⑥の文書を見てみると、この一連の文書は、家康のブレーンであった金地院崇伝が記した「本光国師日記」に載る、慶長十六年～十七年にかけての両派山伏衆の出入に関するものである。この中に、本山派担当者として勝仙院澄存の発給文書が含まれる。文書からは、江戸で公儀の沙汰が行なわれ、両派の先達衆が江戸に向かうよう命じられたことや、本山派先達衆が遅参し催促をうけたこと、澄存自身も江戸へ下ったこと等を知ることができる。また、この出入の結果は、崇伝自身が「一、当山本山出入之事、如在来、入峯可仕旨被仰、殊ニ真言宗へ、しめはらい役之事もやみ申候由被仰聞候、当山まるかちにて候」と記したことで有名なように、当山派の「丸勝ち」＝大勝利に終わっている。[註25]

　この他、⑲も当山派との対立の中で出された文書で、勝仙院澄存他五人が川越城主酒井忠利に、御領地内の山伏が当山派先達衆に奪い取られていることを訴えたものである。発給年は不詳だが、忠利の川越入部は慶長十四年九月、没年が寛永四年十一月なので、この間の関東での対立を示すものと考えられる。

　次にCだが、⑬⑭はともに寛永七年のもので、当秋の門跡道晃入峯に際し、蒲倉、玉林坊という地域の有力山伏に、諸同行衆に相触れ七月二十五日までに上洛し入峯供奉するよう命じたものである。[註26]入峯修行は重要な宗教行事であると同時に、在地の山伏に供奉や役銭を課し配下へ取り込み、各地の山伏は、自身の所属を認識、確定させられた。これは本山派にとっては組織強化になるが、⑬で「本山之同行者当山江参候者、再三其者ニ届、同心無之者、急度可被申渡候」とあるように、当山派との対立を引き起こすことにもなった。

　このように入峯供奉によって修験の全国組織化が進むと、一人でも多くの山伏を自派に取り込もうとする本山派・当山派は対立を先鋭化させたのである。[註27]

　Dは、信濃国における富士参詣先達をめぐり、社家を統括する神祇官領吉田家と本山派山伏を統括する聖護院との間での争いに関するものである。当該期の本山派は、当山派との対立のみならず、神祇管領吉田家への対応にも迫られていたのである。信州での本山派と吉田家との争いは、本山派・当山派の組織化や幕府の宗教政策とも絡み合いながら推移し興味深い。以下、この問題について章を改めて詳しく見ていく。

三　本山派と神祇管領吉田家との対立

　まず、澄存から吉田兼英に宛てた⑦の文書を見ていきたい。

【史料一】「鈴鹿文書」（『信濃史料』補遺下）

尚以、去年仙石殿使へ被仰渡候処歴然之条、依御報　公儀之御沙汰ニ及間敷候、以上、

態以飛脚申候、仍近年申達候信州富士参詣先達之儀ニ付而、去年仙石兵部殿（忠政）御使片岡彦左衛門方へ、権少・采女方両使ニ而、神家ニ引導先達職無之旨被仰渡候而令満足候処、此度仙石殿ゟ社家にも先達引導職有之様貴殿被仰越之由被申候条、驚存候、左様ニ御紛候ヘハ申事果不申候、尤急度　公儀得御意候而目安を以可申候得共、去年権少輔・采女方ニ拙者使差添、仙石殿使者へ被仰渡儀実正候間、餘不審ニ存一往届申候、依御返事重而御裏判申請差上可申候、急度可預御返報候、恐惶謹言、

（元和六年）五月十三日　澄存（花押）

勝仙院

（兼英）吉田殿

人々御中

（傍線筆者、以下同じ）

傍線部で澄存は、富士参詣先達について、昨年、「神家」には先達職が無いことが吉田家から領主仙石氏へ使いを通して仰せ出されたにも関わらず、この度、「社家」には先達職があると吉田家が主張していると仙石氏から連絡があり、あまりに不審に思い、吉田家へ直接に真意を質したものである。澄存にしてみれば、先達職は「山伏」にあり「神家」には無いという約束であったはずで、「神家」には無いが「社家」にはある、という吉田家の主張は詭弁に思えたのであろう。「左様ニ御紛候ヘハ」という澄存の言葉に、その困惑ぶりが伺える。この澄存の書状に対する吉田兼英の返事が次の史料である。

【史料二】「鈴鹿文書」（『信濃史料』補遺下）

尚々度々御尋候共、此分之義候、御理も自由候間、御心得所仰候、以上、

重而貴札拝見申候、仍山伏は（A）社家之富士参詣者、為此方難測候、幸富士社家つかさとり存、其間、（B）御尋候て先例次第可然候哉、（C）次三家之神道之内ニ本迹縁起神道在之候、諸国社家者此通候、神道執行候当家神道は相違候間、それ〳〵の作法可在之候間、能々可被立聞候哉、恐惶謹言、

元和六年　六月廿七日　吉田　兼英

勝仙院

貴報

兼英は、社家の富士参詣についてはわからない（傍線A）とし、お尋になって先例次第にするのがよいのではないか（傍線B）という。さらに、傍線Cで神道には三家神道（本迹縁起神道・両部習合神道・元本宗源神道）があり、諸国の社家は本迹縁起神道―本地垂迹に基づく各社に伝来した縁起によって行なう神道―であるとし、吉田家の元本宗源神道とは異なるとして澄存の質問に正面から答えていない。兼英は、本迹縁起神道は、「神家」と「社家」は同じかもしれないが、吉田家の神道は別であると言いたいのだろう。

しかし、これより一六年前の慶長九年九月朔日付で、兼英の父兼

治が信濃国河中嶋四郡の社家に出した文書からは、そのような主張は見られない。

【史料三】「武水別神社文書」『信濃史料』二〇巻

信濃国河中嶋四郡之社家、如先規神役可専之事、第一ハ山伏之作法仕候之由、一段曲事候、縦富士雖為禅定、為社家之姿可致参禁(勤)候、其上社家之者ヲ無理ニ山伏道江於引入者、重而令上洛、照高院殿へ達而御理申、其上　公方様へも可得御意候、此段両三人目明仕、社家於猥者、家内可申者也、

（以下、略）

傍線に注目すれば、「社家」が「神役」を勤めるよう命じており、ここに区別は見られない。この文書で問題になっているのは、「社家」が「山伏」の作法を行なって山伏道に入ることであり、吉田家はこれを阻止しようとしているのである。そもそもこのような山伏と社家（神家）との対立の原因は、先達を行なっていた在地の民間宗教者が、本山派・吉田家の組織化が進んで行くなかでいずれに属するかが問われ、対立が起きたものと考えられる。もともと様々な宗教活動を行ない、山伏とも社家とも性格を明確に区別することができなかった在地の民間宗教者たちが、本山派と吉田家の組織化の中で、いずれの配下に属するかによって、山伏か社家かの立場をとるようになっていったのであろう。

本山派による全国組織化は戦国期からすでに始まっていたとされるが、[註28]遅れて組織化を進める当山派との対立が慶長期より激化し、さらに民間宗教者を社家として掌握して組織化しようとする吉田家とも対立が起きたと考えられる。

再度、【史料一】【史料二】に戻り、この文書が出された元和六年という時期に注目したい。元和三年にようやく家康の嫌疑が晴れた聖護院門跡興意は、同六年四月に白川の地を与えられ、その直後の五月に澄存の書状が出されているのである。興意は同年九月に江戸に下向し、その地で突然の死を迎えている。つまり【史料一】の澄存の書状は、徳川政権からの嫌疑が晴れたとはいえ、聖護院を中心とした本山派勢力が衰退した時期を経て本山派勢力の回復を図るなかで出されたものと考えられるのである。本山派の力が弱まった時期、信州において吉田家を頼る社家等の動きが強まり、吉田家による組織化が進んだのではないだろうか。このような動きに対し異議を申し立てた澄存に対して吉田兼英は、よくわからない、先例次第がよいのではないかと述べて、弁明や正当性の主張をしない。本山派勢力が低下している間に勢力拡大を図ってきた吉田家には正当性を主張することができなかったのではないだろうか。

さらに注目したいのは、兼英の「先例次第可然候哉」という文言である。前章で本山派・当山派の対立における幕府の対応を見たが、そこでの幕府の政策は、双方の筋目支配という形をとりながら、お互いを競合させ、本山派を統制するというものだった。つまり筋目支配＝先例次第という吉田家の主張は、幕府の宗教政策に即したものだったのである。[註29]

次いで翌元和七年、兼英は、信州河中嶋四郡之社中へ宛てた文書で、新たな理論を述べて、社家の富士参詣引導を正当化する。

【史料四】「武水別神社文書」『信濃史料』二三巻

信濃国者諏方大明神之主坐霊神也、莫不敬此神威、日本者為神国、自往古諸社之儀、当家重職掲焉也、然者、従神代至人皇四十一代極々際限之年数也、不遑計、夫富士山者人皇第七孝霊天皇之御宇桶出之名山也、文武天皇御宇、役行者此時代也、年数自文武至当今九百廿余年計也、神代与役行者之時分遙相違也、抑富士権現鎮座太以先也、以社家崇敬勿論也、殊任先例社家者某社々之以風儀、檀那氏子等引参詣尤可為専用也、者神道裁許之状如件、

元和七辛酉年四月廿三日　（以下、差出・宛所略）

兼英は、富士権現の鎮座の方が役の行者より古い、つまり山伏より社家の方が古くから崇敬しているという新たな理論と、先例次第という幕府の政策を援用し、勢力拡大を図っていくのである。

このような吉田家の動きに対し、勝仙院は、信州の諸領主に働きかけて、領内の山伏による参詣引導を認めさせて対抗するが、(註30)吉田家も、元和八年五月に使者として山本主殿助を争いの起こっている信州へ下向させ、(註31)その下向に際し、信州河中嶋郡内の総社家に三カ条の法度を出し、(註32)さらに同年十一月二十一日にはこれに二カ条を加えた五カ条の法度を信州十二郡之総社宛に出して対抗する。(註33)この五月の法度の第一条は、「一、信州河中嶋郡内之社家至其社之神主・祢宜・社家、不慮之申分在之者、為総社中之申談、一味同心之肝入専用也、若此旨於相背之輩者、為各可申改者也」とあり、吉田家を中心とする社家組織の一味同心が重視され、第三条では、新儀に山伏衆を抱えることをやめさせ、第二条では、祢宜・社家が祓や参詣引導をすることは「先規の如く」にせよ、と命じている。社家等の一味同心を促し、社家意識を高めさせた上で、先例次第としたのである。

その後も対立は続き、寛永元年、ついに勝仙院自らが信州に下向する。これについて、吉田兼右の子梵舜は、『舜旧記』に「今度三條之勝仙院下向ニテ、信州河中嶋社家共山伏へ可付之由、知行主へ申入、理不盡ニ社家之旦那共被取上、山伏被付義也」と記し、勝仙院が領主へ申入れ、理不尽に社家の旦那を取り上げており、末世の沙汰であると非難している。(註34)さらに寛永三年九月八日条にも「信濃国八幡宮社家縫殿助来、（略）信州社家者山伏方へ利(理)不盡被取候由申也」とあり、信濃の社家が梵舜の許を訪れ、厳しい状況を報告している。このような中、吉田家は再度、元和八年五月と同文の三カ条法度を国中之社家に出して勝仙院に対抗する。(註35)

以上のように、元和から続く本山派勝仙院と吉田家の信州での対立はその後も続き、これは信州だけでなく各地でも起こっている。寛文五年、幕府が吉田家の諸国社家支配を公認する諸社禰宜神主法度を出すことにより、吉田家の全国社家組織化は一つの節目を迎えたと考えられるが、社家と山伏の対立は組織化が進む限り続いたであろう。(註36)

おわりに

以上、三章にわたり澄存の活動を見てきたが、澄存は、豊臣から徳川へと政権が交代し、在地社会が変容する中で、本山派組織の勢

力回復・維持に努め、組織再編に貢献した人物であったといえよう。

最期に澄存の活躍と今川の家柄との関連について考えてみたい。これまでも今川家と公家との関係については注目されてきたが、澄存の聖護院入室の例から、今川家のコネクションの多様性を改めて知ることができよう。これは言い換えれば、当時の社会において、人的繋がりや交渉ルートの確保がいかに重要であったかということでもあり、今川家の血を引く澄存が、聖護院の取次として様々な活躍を期待されたとも考えられよう。澄存の連歌の素養についても人脈形成の面から注目できそうであるが、この点については今後の課題としたい。

註

（1）『寛永諸家系図伝』今川の項。続群書類従完成会、一九八〇年

（2）観泉寺史編纂刊行委員会編『今川氏と観泉寺』吉川弘文館、一九七四年、井上宗雄『中世歌壇史の研究　室町後期（改定新版）』明治書院、一九八七年、米原正義『戦国武士と文芸の研究』桜楓社、一九七六年、小川剛生『武士はなぜ歌を詠むか』角川書店、二〇〇八年等参照。

（3）聖護院は、智証大師（円珍）の草創になる天台宗寺門派の門跡寺院。現在、京都市左京区聖護院中町にあり、本山修験宗の総本山。

（4）澄存に関する研究は、前掲註2『今川氏と観泉寺』第二部第二章「若王子と澄存」（嗣永芳照執筆）、第三章「今川氏とその学芸」（井上宗雄執筆）、高埜利彦「修験本山派院家勝仙院について」（『近世日本の国家権力と宗教』東京大学出版会、一九八九年所収、初出は一九八〇年）がある。また首藤善樹「近世における聖護院門跡と本山修験」（『山岳修験』五〇号、二〇一二年）で澄存について触れられている。なお、拙稿「今川氏真子息、澄存について」（『戦国遺文　今川氏編』第三巻　月報3、東京堂出版、二〇一二年）において澄存の簡単な紹介を行なった。

（5）『史料総覧』一一編―九一二冊（東京大学史料編纂所データベースより。『史料総覧』からの引用はすべて同データベース）、天正十八年二月二十八日条、同年四月二十八日条。『史料総覧』一一編―九一三冊、文禄四年九月二十一日条。

（6）『大日本史料』一二編（東京大学史料編纂所データベースより。『大日本史料』からの引用はすべて同データベース）、慶長十二年八月九日条、慶長十九年五月七日条。

（7）『大日本史料』一二編、慶長十九年八月五日条、同十一月六日条。

（8）『大日本史料』一二編、元和元年七月十日条。

（9）『大日本史料』一二編、元和三年四月二十九日条に、秀忠の行なった本丸での能に興意が召し寄せられている記事がある。

（10）『大日本史料』一二編、元和六年四月十八日条。

（11）『大日本史料』一二編、元和六年九月十四日条、十月七日条。

（12）聖護院門跡自身が諸国を廻国し、在地山伏を直接掌握していくことや、乗々院などの各院家が掌握していた在地の先達職を聖護院門跡が掌握し、在地山伏を直接編成していくこと等、本山派修験組織の成立に関しては多くの研究がある。代表的な研究として、宮家準『修験道組織の研究』（春秋社、一九九九年）を挙げておく。

（13）近藤祐介「修験道本山派における戦国期的構造の出現」（『史学雑誌』一一九編四号、二〇一〇年）。近藤氏は、このような聖護院門跡を頂点とする山伏組織は、聖護院門跡と在地山伏が直接結びつくことによって、戦国期になって形成されたものであるとし、これが近世の修験道本山派本寺として全国の山伏を統括する聖護院門跡の姿に繋がり、本山派修験組織の

成立とする。但し、近藤氏の考察は、天正十九年までであり、本稿では澄存を通して、慶長以降の本山派の再編について考察する。

(14) 勝仙院が出世より院家に昇格するのは澄存の若王子入寺以降のことと考えられるが（註4の高埜氏論文）、ここでは、後に院家になるという意味で、混乱を避けるために院家で統一する。

(15) 永禄七年、門跡道増が、足利将軍義輝の命を受け毛利元就と大友義鎮との仲介のため安芸に下向するが、その際、元就から勝仙院（増堅）に長州安国寺領半済から二〇石が与えられている（「住心院文書」。「住心院文書」は、特に断らない限り、住心院文書研究会「史料紹介『住心院文書』」『史学研究集録』二二、一九九七年を使用する）。また武田信玄は「当家先祖新羅三郎義光已来、園城寺江由緒之事」（「真如苑所蔵文書」『戦国遺文 武田氏編』一九二一号。以下、『武田』一九二一と略す）、「当家之事、園城寺可崇敬由緒候条」（「住心院文書」『武田』二〇七八）等と述べており、武田家と園城寺の関係は深く、勝仙院は、「正擭院《（聖護院）》為御代官」（「思文閣古書史料目録」『武田』四一七四）や、「御門跡様へ之御取成」（「思文閣古書史料目録」『武田』三八七七）を頼まれている。また、今川氏真の父、義元も、勝仙院に宛てて「駿・遠両国修験道」についての文書を発給している（「京都大学所蔵古文書纂九」『戦国遺文 今川氏編』一五一五）。

(16) 前掲註4拙稿で一五点の文書を紹介したが、四点を付け加える。

(17) 長野県佐久市岩村田。大井法華堂には、正和二年（一三一三）を初見とする中世・近世古文書七〇〇点程が伝来し、永禄十一年には武田家の普請役免許を受けるなど、中世～近世を通じて佐久郡の有力修験であった。「大井法華堂文書」は、大井章・大井元編『信濃の修験大井法華堂』（非売品）、一九七九年（山本英二氏の御教示による）。

(18) 「大井法華堂文書」には、永禄十一年から増堅の免許状類が見られるが、それ以前は乗々院御教書による免許状や、乗々院家司三上長隆の書状等があることから、もとは乗々院配下であったものが増堅の頃より勝仙院下になったことがわかる。

　高埜氏は、前掲註4論文で、『聖護院若王子記録』の『御当家御祈祷御由緒之事』に、「一、若王子配下修験之儀は往古ゟ支配仕来候、従聖護院宮配分与申儀ニ無御座候」とあること等を挙げ、若王子支配下の修験は往古より支配してきたもので、勝仙院支配下の修験のように、聖護院の要請や、勝仙院の懇望により聖護院からへ与えられたものとは異なり、若王子と勝仙院とではその歴史的な伝統、格の重さが異なるとしている。

(19) 澄興と署名がある文書は、管見の限りこの一点のみである。記録類では、「潅頂日記」（園城寺文書編纂委員会編『園城寺文書』七、二〇〇四年）慶長六年に「御潅頂ノ次第　十一月廿五日（中略）十一月朔日、勝仙院澄興大阿同　尊雅僧正」とあり、慶長六年に勝仙院に入室していたこと、澄興を名乗っていたことがわかる。

　なお、「大井法花堂文書」には、慶長二十年と推定される「勝仙院増堅」と署名した文書が二通あるので、澄存が勝仙院住持になるのは、その後のことであろう。慶長二十年（元和元年）は、聖護院門跡興意が方広寺住持を解任された年であり、これに伴い、興意側近の増堅も勝仙院住持を退いたのかもしれない。

(20) 澄存が大僧正となるのは、寛永十四年三月二日（「住心院文書」）。

(21) 「大井法華堂文書」には、天和二年（一六八二）八月十日付聖護院令旨、同八月日付若王子御教書があるが、この二点の文書の裏に、澄存後任の晃玄が「洛陽新熊野別当勝仙院大僧正霞下故令裏書畢」と判を据えている。これ以降は聖護院令旨のみとなり、若王子御教書はなくなるが、裏には必ず住心院（勝仙院から住心院へと名称が変更）の裏判が据えられている。

(22) ここでの署名も「勝仙院大僧正澄存」とあり、澄存が、勝仙院と若王子を併称し使い分けていたことがわかる。

(23)「和合院文書」の差出には、勝仙院とは記されていないが、「和合院文書」に「信州木曽谷年行事職」を安堵した増堅の文書があり（「和合院文書」慶長六年九月付『信濃史料』一九）、前述の甲斐の常楽院にも郡内諸旦那中宛の増堅判物があり（天正十三年（ヵ）九月二日付「旧常楽院北条熱実氏所蔵史料」前掲註4高埜氏著書一二六頁）、これら法華堂・和合院・常楽坊は、いずれも増堅の頃より勝仙院配下となり、澄存に引き継がれた勝仙院の霞であろう。

(24) 宮家準『山伏』（評論社、一九七三年）等参照。幕府の宗教政策において一つの宗旨を二分して相互に牽制させるという方法は、真宗においてもみられる。

(25)「本光国師日記」七、（慶長十七年）卯月二六日付栄任尊老宛書状（『大日本史料』一二編）

(26) ⑬の文書は、『三春町史』では差出を「若王寺僧正隆存（カ）」とするが、掲載の写真および花押形により澄存に改めた。

(27) 前掲註4高埜氏著書では、天正～慶長というのは、「先達職に伴う得分を、旦那（在地領主やその一族一家被官人のこと—筆者注）を対象に徴収するのではなく、霞にいる支配下山伏を対象に、彼らの大峰役銭や、山伏に僧位僧官や金襴地などの結袈裟を補任する際の補任料を取り立てることに収取の対象を変化させていった」変化の過渡期であるとしており、この変化は、戦国期から近世という在地社会の構造変化にともなうものとしている。

(28) 前掲註13近藤氏論文。

(29) 真野純子氏は、慶長十八年の当山派への幕府の政策と寛文六年（一六六六）に幕府が社家と本山派に対して行った「筋目次第」の政策は、慶長期の本山派と当山派に対する政策と類似していることを指摘している（「諸山諸社参詣先達職をめぐる山伏と社家」、圭室文雄編『論集日本仏教史』第七巻、雄山閣出版、一九八六年）。本稿では、吉田家がこの政策を、かなり早い段階から利用している点を指摘しておきたい。

(30) 元和七年五月日付勝仙院宛堀淡路守直升判物写には「所々引導之事、諸山伏中存知之通、聖護院御門跡様依仰、任先規之旨不可有相違候、若神家之輩令違犯者、急度可申付者也」（「和合院文書」『信濃史料』二三巻）とある。この他、元和八年五月十五日から十一月八日までの間に、諸領主から勝仙院宛に、同様な文書が発給されている（『信濃史料』二三巻）。

(31)『舜旧記』（続群書類従完成会）元和八年五月十三日条。なお、山本は七月十日に信州から帰京している（『舜旧記』同日条）。

(32) 元和八年五月十二日付吉田兼英三ヵ条法度（「武水別神社文書」『信濃史料』二三巻）

(33)「武水別神社文書」（『信濃史料』二三巻）

(34)『舜旧記』寛永元年七月二十二日条

(35) 寛永三年十月二十一日付吉田兼英三カ条法度（「松田文書」『信濃史料』二四巻）

(36) 真野氏（前掲註29）や宮本袈裟雄氏（「信濃国における修験道の組織化」『里修験の研究　続』岩田書院、二〇一〇年、初出一九八八年）は、この争いについて、山伏側の勝利、社家側の惨敗との認識であるが、本稿では、聖護院側の視点からこの争いを見ることで結論が異なっている。また本稿では、この争いは社家と山伏の争いという側面だけでなく、戦国期から近世にかけての在地社会の構造変化によって、本山派と吉田家が、先達職に伴う得分をめぐって争い、性格のあいまいであった在地の民間宗教者を、自身の配下に組織化していく中で生じた問題と捉えている。

安房「妙本寺文書」の雪下殿定尊安堵状について

享徳年号の襲用をめぐって

佐藤博信

はじめに

関東足利氏の有力な一族に足利成氏の弟定尊に始まる雪下殿（鶴岡八幡宮若宮別当）・小弓公方の家系が存在する。定尊以後、尊倣《そんじょう》・義明・頼淳と次第し、近世喜連川家に繋がった家系である（拙稿「戦国期の関東足利氏に関する考察―特に小弓・喜連川氏を中心として」『中世東国の権力と構造』校倉書房、二〇一三年）。その始祖となる定尊の発給文書は本紙十通と封紙二通、それに未紹介文書一通（常陸「吉川座主家文書」）が確認されるにすぎない（『戦国遺文　古河公方編』東京堂出版、二〇〇九年三版。戦古～はその所収番号を示す）。しかも、年号記載文書は、次の安房「妙本寺文書」一通だけである（『千葉県の歴史　資料編　中世3（県内文書2）』二〇〇一年所収「妙本寺文書」一〇四。写真版を参照。以下、本文書と略す。「妙本寺文書」～はその所収番号を示す）。その全体像を十分に描けない状況たる所以である（『古河公方足利氏の研究』校倉書房、二〇〇二年二刷。『中世東国政治史論』塙書房、二〇〇六年）。

（花押）

安房国吉浜村妙本寺門前・山等事、如先例、不可有異変、次坊主職事、可守前住持譲与旨、不可有衆徒并檀那綺（綺）状如件、

享徳五年十二月十五日

妙本寺

しかも、本文書については、特に記載の「享徳五年」の理解については、過去様々な問題が存在したのであった。本稿は、その点を若干整理したい。

なお、安房妙本寺（以下、妙本寺と略す）は、千葉県鋸南町吉浜字中谷に所在する富士門流の日蓮宗寺院である。

一　本文書の紹介

本文書は、東京大学史料編纂所の影写本「妙本寺文書」（五巻本。明治十九年三月作成）に収録されているが、これは、修史局の重野安繹以下が明治十八年（一八八五）に採訪したのをもとに作成されたものである。刊本での最初の紹介である『房総叢書　第一巻　縁起・古文書』（紀元二千六百年記念房総叢書刊行会、一九四三年）は、その影写本を翻刻したものである。しかし、戦後の『千葉縣史料　中世篇　諸家文書』（一九六二年）の「妙本寺文書」には収録されず、重永卓爾編著『房総里見・正木氏文書の研究　図版篇』（日本古文書学研究所、一九八一年）で初めて原本の写真版が紹介されたのであった。重永氏は、研究の面でも一九八六年七月の日本古文書学会で「安房国妙本寺文書について」を発表し、本文書に言及されている（『古文書研究』二十六号、一九八六年に要旨を掲載）。小笠原長和「永禄二年妙本寺日我作『いろは字』の奥書と房州の逆乱」（『日本歴史』三一三号、一九七四年。後に『中世房総の政治と文化』吉川弘文館、一九八五年に収録）が発表され、妙本寺への関心が高まるなかでの発表であった。そして、わたくしも、本文書を「室町・戦国期東国社会の一動向―特に雪下殿の軌跡を中心に―」（『歴史学研究』五七九号、一九八八年）で使用した（後に前掲『古河公方足利氏の研究』に「雪下殿に関する一考察―小弓公方研究の視点を含めて―」と改題し収録）。

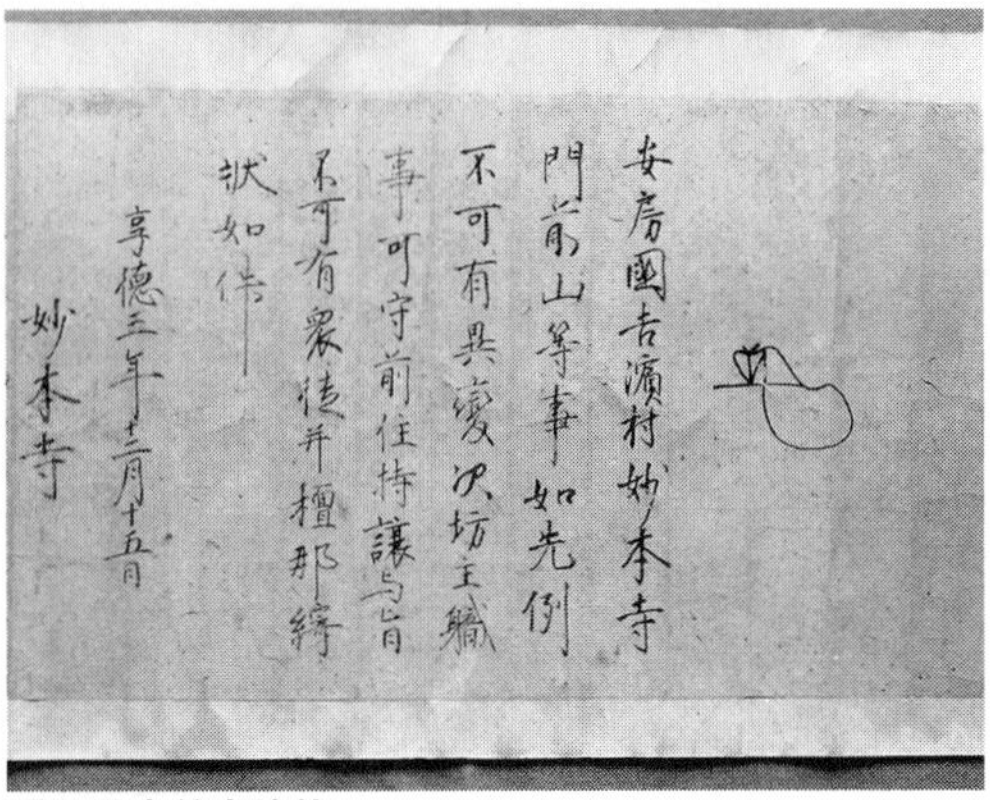
雪下殿定尊安堵状

ただその際、重永氏も、わたくしも、本文書を「享徳三年」十二月十五日の発給文書として掲載し利用したのであった。それは、東京大学史料編纂所の影写本からも、重永卓爾編著書掲載の写真版からも、「享徳三年」十二月十五日と読めたからであった。前者によった先述の『房総叢書　第一巻　縁起・古文書』が人物比定はないものの、同年のものとして翻刻したのも当然であったのである。

ところが、本文書は、先述の『千葉県の歴史　資料編　中世3（県内文書2）』では「本文書の年号『享徳五年』の『五』は、後世の擦り消しにより現在は『三』にみえる」という注記が付されて「享徳五年」の文書として掲載されたのであった。さらにその「本書を理解するために」で「本文書は、従来享徳三年とされてきたが、『三』は『五』の一画が擦り消されたもので、同五年のものであることが分かった。享徳五年は、京暦の康正二年にあたる。成氏は、反幕府から室町幕府の改年号に従わず享徳年号を襲用し続けたのである。その意味で、本文書は、大乱中の妙本寺と足利成氏・定尊との関係を示す貴重な史料といえる」（佐藤執筆分）と記したのであった。

次いで、佐藤・坂井法曄「安房妙本寺文書の古文書学的研究―特に無記名文書の筆者特定について―」（『千葉大学人文社会科学研究』二十三号、二〇一一年）でも「原本を子細に見ると、『五』の一画が故意に削られたものであることがわかった」「享徳五年は、京暦の康正二年にあたるが、定尊の兄である、鎌倉公方足利成氏は、反幕府の立場から、幕府の改元に従わず『享徳』の年号を襲用し続けた」「ところが後人は、そうした事情を知らず、年号の合わないことをいたんで、これを削除したのであろう」（坂井氏執筆分）とし、原本と東京大学史料編纂所の影写本の年月日の部分と花押形の図版を示したのであった。影写本や写真版で、擦り消しの痕跡を微細に窺うことは、土台無理であったのである。まさに原本精査の成果といってよい。

この様に、本文書には、その年号記載をめぐって、改竄という一つの大きな出来事が存在したのであった。本文書が享徳五年十二月十五日の文書として位置づけ直されれば、享徳三年（一四五四）十二月二十七日の鎌倉公方足利成氏による関東管領上杉憲忠謀殺を契機とする享徳の大乱勃発直前のものではなく、大乱勃発後にして定尊が鎌倉を離れて下総古河（茨城県古河市）に移った兄成氏と行動をともにしていた際のものということになる。「定尊ハ公方様（成氏）有御同道、古河ニ御座間云々」（東京大学史料編纂所影写本「鶴岡八幡宮寺供僧次第」）といわれる所以である。

そもそも、妙本寺は、鎌倉府（関東足利氏）の祈願寺として応永年代以降雪下殿の支配を受けていた（「妙本寺文書」九七～一〇一）。その延長上に享徳三年七月一日付牧定基奉定尊禁制（「妙本寺文書」一〇二他）が存在したのであった。「甲乙人等不可致濫妨狼籍（藉）」という禁制であった。さらにそれを前提に時の住持日永は、享徳の大乱勃発後の混乱から寺領と住持職を守るべく定尊に安堵を申請し、本文書を得たのであった。享徳の大乱勃発直前といい直後といい、江戸湾に面する妙本寺は、その政治的混乱の余波を直に受けていたのであった（『中世東国日蓮宗寺院の研究』東京大学出版会、二〇〇三年）。

二　本文書の年号改竄をめぐって

それでは、本文書の享徳五年から「享徳三年」への改竄は何時如何なる形でなされたのであろうか。その検討の前に「妙本寺文書」にみえる本文書の有り様を確認するうえで、まず注目されるのは、「御証文目録」＝三通（「妙本寺文書」二九五～二九七。二九五・二九六は同筆。二九七は別筆か）の記載である。以下、代表的な二通を掲げる（「妙本寺文書」二九五（A）・二九七（B））。

（A）妙本寺先証文之分
「鎌倉家并里見家御証文目録」（端裏書）

一尊氏将軍之　御判　左衛門尉奉
　　　建武二年三月十一日

二代目
一基氏瑞泉寺殿　御判　文和弐年四月十三日
三代目
一氏満永安寺殿　御判　応永弐年十二月十一日
絵図并添状弐通
四代目
一満兼勝光院殿　御判　応永八年十月廿七日
法印奉
五代目
一持氏長春院殿　御判　応永十七年二月十八日
栄快奉
一定尊蓮花光院　成氏之御舎弟 享徳五年十二月十五日
国主里見家
一　義堯　義弘　義康　忠義
御判有之、

（B）妙本寺先証文之分
（端裏書）「妙本寺証文之注文　妙本寺日東」
妙本寺先証文之分
一尊氏将軍之御判　左衛門尉奉

二代目
一基氏瑞泉寺殿御判　文和弐年四月十三日
三代目
一氏満永安寺殿御判　応永弐年十二月十一日
四代目
一満兼勝光院殿御判　応永八年十月廿七日
法印奉
五代目
一持氏長春院殿御判　応永十七年二月十八日
栄快奉
社家
一蓮花光院殿定尊　成氏之御舎弟
享徳五年十二月十五日
国主里見家
一　義堯　義弘　義康　忠義
御判有之、
為火急之注進之間、此内尊氏将軍之御判形、里見義康・忠義之御判計写越申候、春中大久保六右衛門殿（忠尚）[二八]皆々御目にかけ申候、右之外　禁中よりも御書いたし、いまに頂戴いたし候、以上、

このうち、特に(B)の端裏書には住持日東(在職は元和二年〈一六一六〉十月二十六日～寛永六年〈一六二九〉)の名前がみえ、また本文には里見氏伯耆国替後に代官中村吉繁とともに元和二年九月七日付「書出」(「安房国寺社領帳」。川名登編『里見家分限帳集成【増補版】』岩田書院、二〇一〇年)を認めた日蓮門徒大久保六右衛門忠尚(?～寛永七年〈一六三〇〉九月二十一日)の名前がみえるので、これらの証文は、元和二年十月二十六日以前のものと推定される。その段階、明らかに享徳五年とあったのである。それが、先述の通り明治十九年(一八八六)の東京大学史料編纂所の影写本には、「享徳三年」として影写されているのである。とすれば、まずその間の改竄ということになろう。

なお、この(A)・(B)において、本文書が「定尊蓮花光院　成氏之御舎弟」とか「蓮花光院殿定尊　成氏之御舎弟」と記している点は、後年の記述とはいえ、定尊=「蓮花光院」の可能性を示す唯一の史料であり、「簗田家譜」にみえる「蓮花光院之御事也　乙若君様　御三年」を定尊に比定する有力な支証となると考える(拙稿「雪下殿定尊について」前掲『中世東国政治史論』)。

三　享徳年号の襲用をめぐって

以上の様に、本文書の改竄は、まず元和二年〈一六一六〉以前から明治十八年(一八八五)の間に行われたと推定される。さすれば、改竄の背景として指摘される享徳年号襲用の問題とは如何に結び付くであろうか。そこで、享徳年号の襲用についての既往の理解を整理すれば、以下の通りである。

こと東国の享徳年号の襲用について学問的に言及されたのは、田中義成『足利時代史』(明治書院、一九二三年)の次の文書(足利成氏加判茂木持知申状。「茂木文書」戦古一六六、小切紙)に対する「幕府に対してはあくまで反抗の態度を取り、享徳以来年号屡々改まりしも、成氏は之を奉せず、依然として享徳の年号を用ひたり、故に下野茂木文書の中に、享徳二十年と書せしものあり」というコメントが最初ではなかろうか。この的確な指摘は、職場(後の東京大学史料編纂所)での関係史料閲覧故と思われる。「茂木文書」は、明治三十二年(一八九九)に影写本が作成されており、その実見のうえでの理解であったのである。

(花押)

茂木式部大夫持知申

一、野州山根七ケ村事

一、相州懐島六ケ村事

享徳廿年七月廿二日

この「茂木文書」自体は『史料綜覧　巻八　室町時代之二』(一九三三年)に掲載されていないが、享徳十七年正月十六日付香取大禰宜宛足利成氏巻数請取状(「香取大禰宜家文書」戦古一五四)は応仁二年同月同日の事項に、また享徳十八年十一月十二日付足利成氏加判高師久申状（「高文書」戦古一六三）は文明元年同月同日の事項に、それぞれ掲載されているので、享徳年号の襲用については東京大学史料編纂所において共通の認識になっていたかと思われる。ただ東京大学史料編纂所員松本周二氏が『安保文書』（北畠顕家卿奉賛会、一九四一年）で享徳二十七年四月七日付足利成氏加判安保氏泰申状（「安保文書」戦古一七七）を「本状は疑ふべきものである」と「解説」している例もみられ、必ずしも全体的な理解には至っていなかったかにみえる。

その点は、戦後の（元東京大学史料編纂所員）高柳光寿・貫達人他編『鎌倉市史　史料編　第三・第四』（吉川弘文館、一九五八年）が享徳二十六年九月十日付足利成氏加判報国寺寺領目録（「報国寺文書」戦古一七三）の「享徳」に「マ、」を付し、さらに「コノ文書ノ享徳廿六年ノ文字、不自然ナレドモ或ハ意味アルカ、姑ク不審ヲ存ス」と注記していることにも繋がろう（貫達人編『改訂新編相州古文書　第四巻』角川書店、一九六九年も同文の注記を付す。それ故か『改訂新編相州古文書　第五巻』の「編年総目録」には、享徳六年のものとして記載する）。また「静岡大学教授田中勝雄先生をはじめ、東京大学史料編纂所の諸氏に、なみなみならぬ御厄介になった」という静岡市史編集室編『指定文化財　静岡市　別符家文書』（一九六六年）も、「享徳十六年」（後筆）十一月十五日付結城七郎（氏広）宛足利成氏書状（「別符文書」戦古一五一）を「実在しない年だが、応仁元年（一四六七）丁亥に当る」と注記しているのである。

この様に、田中義成の理解は、戦後に至るまで必ずしも十分に東京大学史料編纂所の関係者においても継承されていなかったのであった。その転機となったのは、高柳光寿氏執筆（「佐脇（栄智）君に援助して貰った」とあり）の『鎌倉市史　総説編』（吉川弘文館、一九五九年）が「なおこの文書（享徳六年四月十三日付足利成氏加判黄梅院領知行注文のこと。「黄梅院文書」戦古一三四）は享徳六年とある。康正の年号を用いていない（享徳四年七月康正と改元）。それは前に持氏が永享の年号を用いなかった例によったものであり、成氏の幕府に対する態度を窺うべきである」と記したり、荻野三七彦「地方の文書」（『日本歴史』一六四号、一九六二年。後に『日本中世古文書の研究』一九六四年に収録）が享徳七年四月二十日付梅沢太郎宛足利成氏感状（「下野島津文書」戦古一三九）を「この文書の年号は実は享徳七年となっているが長禄二年（一四五八）のことである。実際の年号は享徳・康正・長禄となっているので享徳七年とは称していなかった。成氏は京都に反抗して、京都の正朔を無視していたということの一つの証拠がこの文書に見られる。（中略）小形の切紙文書であり、（13・05×17・05㎝）という寸法である。（中略）形は小さくともまずまず立派な文書と云い得る」と評価したりしたことではなかったかと思われる。いずれも、いわゆる中世東国史と東国文書史からの視点の評価であった。

これらは、田中義成の理解＝古河公方足利成氏の享徳年号の襲用を反幕府の姿勢を示すものとする理解の復権に繋がるものであった。そして、その復権を決定付けたのが、峰岸純夫「東国における十五世紀後半の内乱の意義―『享徳の乱』を中心に―」（『地方史研究』

六十六号、一九六三年。後に『中世の東国　地域と権力』東京大学出版会、一九八九年に収録）であった。当時確認される享徳年号の襲用例を列記し、併せ当時の内乱を「享徳の乱」と命名し、応仁・文明の乱に先立つ内乱と位置づけたのであった。これを契機に広く認識されるに至ったのである。その後、峰岸「十五世紀の東国の内乱はなぜ起ったのか」（児玉幸多他編『日本歴史の視点　2中世』日本書籍、一九七三年）などで敷衍されている。（※）

なお、この「享徳の乱」の名称は、現在高等学校の日本史の教科書にも掲載されるに至っている。これは、戦後の中世東国史研究上の成果の一つといっても過言ではない。改めて田中の烱眼と峰岸の研究には、瞠目させられる。

すなわち、東国における享徳年号の襲用とその歴史的意義が一般的に理解されるのは、戦後のことであったのである。

四　本文書の改竄の背景をめぐって

以上の様な享徳年号襲用に関する理解の歴史を考えると、本文書の享徳五年の歴史的意義を正しく評価するということは、その改竄が元和二年（一六一六）以前から明治十八年の間であったとすれば、ほぼ不可能であったと思われる。となれば、その改竄には、別な事情が存在したと推定される。その点を検討したい。

そこで、まず注目したいのは、寛永十四年（一六三七）十一月十六日付日前覚書（「妙本寺文書」三四六）に「当寺（妙本寺）ニ尊氏将軍之御教書有之、年号之義、年代記ニ不合也、建武者弐年ニ限ル也」と記された建武五年三月十一日付某左衛門尉奉某袖判安堵状（「妙本寺文書」七六・七七・五〇四）の存在である（拙稿「安房妙本寺における由緒と伝統の創成―特に『妙本寺文書』の一通をめぐって―」『千葉大学人文研究』四十二号、二〇一三年）。この文書の年号＝建武五年が「年代記」（年表）によって「不合」とされたのであった。ただ現実には享徳五年文書と同様に建武五年文書も「妙本寺文書」（七八・七九・三二五）のみならず、他にもかなり確認されるのである（佐藤和彦・山田邦明他編『南北朝遺文　関東編　第一巻』東京堂出版、二〇〇七年）。その意味では、妙本寺の参照した「年代記」が錯綜した南北両朝併存期の年号を厳密に記載していなかったために「不合」と看做されたという実情も存在しようか。寺院では、民間以上に年忌などの確認のために「年代記」が早くから利用されていたものと思われる。

この「不合」とされたこともあって、建武五年三月十一日付文書は、様々な軌跡を生むことになったのである。七六に「建武五『二年』年戊寅三月十一日『建武者二年三年ハ延元也』」と、七七の「裏書」に「建武五年戊寅□□暦応元ニ□　□建武五延元二暦応元」と、また五〇四に「建武□年　三月十一日」という具合に、様々な注釈や細工が施されて行ったのであった。

その点で、明治七年（一八七四）の太政官布達による歴史編纂を受けた千葉県の調査報告書である明治十六年の高橋正明編「安房国古文書摘要」が建武五年三月十一日付文書に付した次の様なコメントが注目される(拙稿「妙本寺と高橋正明・重野安繹」前掲『中世東国日蓮宗寺院の研究』)。「建武五年戊寅ハ年表等ニ記載セス戊寅ハ北朝暦応元年ニシテ建武五年トアルハ疑ヒヲ免レスト雖モ尊氏自ラ称シテ建武五年トナセリ他ニ又往々同年号ヲ用フルモノアリト云フ本書年表等ノ符合セサル以テ五ノ字及戊寅ノ字ヲ故ニ刪去セシモ幸ニシテ僅カニ其筆跡ヲ見ルコトヲ得寺僧等事実ニ暗キヨリ起リシモノナランカ」と記し、「年表等ノ符合セサル以テ五ノ字及戊寅ノ字ヲ故ニ刪去セシモ幸ニシテ僅カニ其筆跡ヲ見ルコトヲ得」と。その時に「刪去」の痕跡が窺われたというのである。その文書とは、軸表装された「妙本寺文書」(五〇四)のことである。これは、明治十八年の修史局の重野らの調査以前のことであった。

すなわち、建武五年三月十一日付文書は、「年代記」に「不合」とされたことで、「刪去」＝改竄が行われたのであった。

とすれば、この様な建武五年三月十一日付文書の軌跡は、本文書の軌跡に貴重な示唆を与えようか。それと「本文書は、従来享徳三年とされてきたが、『三』は『五』の一画が擦り消されたもので、同五年のものであることが分かった」とか「原本を子細に見ると、『五』の一画が故意に削られたものであることがわかった」ということとは、「後人」「寺僧等」の年号の「不合」による改竄という共通性を看取しうると思われるのである。

なお、「安房国古文書摘要」には、「妙本寺文書」が「拾八通」収録されているが、本文書は含まれていない。それ故、「享徳三年」か享徳五年かは定かではないが、数年後の修史局の重野段階に「享徳三年」とみえるので、同様であったと思われる。その意味で、改竄の下限は、明治十六年までとなろう。

五　本文書の改竄と江戸幕府の寺領安堵をめぐって

ところで、こうした「年代記」による年号確認が文書の改竄を招来させたとすれば、そこに至るそれなりの歴史的背景が存在したはずである。それは、天正十八年(一五九〇)の小田原合戦後から寛永十三年(一六三六)十一月九日付徳川家光印判状(「妙本寺文書」四八〇)の下付に至るまで、妙本寺が里見氏や江戸幕府に対して様々な寺領安堵の申請を行ったことと緊密な関係にあったと思われる。その由緒と伝統を顕示する史料を証文として準備し、また提出したからである。その間にあって、元和二年(一六一六)九月十五日付中村吉繁判物(「妙本寺文書」三四〇)が前後を分かつものであった。将軍の印判状は、これを前提に出されたからである。その意味で、様々な史料が証文として機能し得たのは、基本的には中村吉繁判物以前で、それ以降は事実上その意義を喪失したのであった(前掲拙稿「安房妙本寺における由緒と伝統の創成—特に『妙本寺文書』の一通をめぐって—」)。

その点、建武五年三月十一日付文書の改竄は、(A)に「建武二年三月十一日」とみえて、元和二年(一六一六)以前に行われていたことが知られる。ただ(A)(B)には、本文書は「享徳五年」とみえ、「享徳三年」に改竄されていない状態である。これは、年号が「不合」

な両文書とはいえ、同時的な所為ではなかったことを示唆しようか。もちろん、その時期の特定は出来ないが、やはり寺領安堵の証文としての緊張関係を持ちえた江戸時代初頭であったと推察される。

おわりに

以上、安房「妙本寺文書」の享徳五年十二月十五日付妙本寺宛定尊安堵状の年号記載をめぐる歴史を関連する諸問題と絡めながら検討してきた。その結果、その「享徳三年」への改竄は、一般的に推測される様な近代以降のことではなく、江戸時代初頭から明治十六年の間、とはいえほぼ江戸時代初頭であったろうこと、その歴史的背景に里見氏や江戸幕府などへの証文としての文書年号などの確認がなされていたこと、などを見通した。その意味で、それが古河公方足利成氏の反幕府の姿勢を示す行為と認識されるには、近代史学の田中義成まで待たねばならなかったのである。さらにそれが一般化されるのは、実に戦後になってからであった。ここに本当の意味での復権がなされたのであった。

註

（※）その後、峰岸氏は「災異と元号と天皇」（『中世災害・戦乱の中世史』吉川弘文館、二〇一一）で再論し享徳年号の襲用を「不改元号」の使用と位置づけている。

〔付記〕本稿執筆に際し、妙本寺鎌倉日誠師および興風談所坂井法曄師から種々貴重な教示を得た。記して拝謝す。

生駒氏の讃岐入部に関する一考察

橋詰　茂

はじめに

天正十三年（一五八五）七月、羽柴秀吉の四国平定がなるが、その際の功績により仙石秀久が讃岐を拝領する。だが、秀久は九州戸次川の戦いで大敗した責任で讃岐を没収される。十五年正月、そのあとを継いだ尾藤知宣も島津攻めの失敗で失脚する。そして、同年八月、生駒親正が秀吉から讃岐一国を与えられ、播磨国赤穂から讃岐へ入部する。

生駒氏は尾張国丹羽郡出身の武士で、親正は甚介と称し永禄年間（一五五八〜七〇）に木下藤吉郎に仕え、天正六年に近江で二〇〇〇石を領す。同十二年伊勢国神戸城に入り、翌十三年には近江国高島郡で二万三〇〇〇石を領した。翌年には神戸城から播磨国赤穂城へ移り六万石を領す。秀吉子飼いの大名であった。

讃岐の近世は、生駒氏の讃岐入部からが始まりとされている。生駒親正の入部に関しては、『香川県史』にわずかなスペースで記述されているだけであり、(註1)入部前後の状況は十分とはいえない。とくに入部にあたり、讃岐の東端に位置する引田に城を築きながら、各地を転住して最終的に高松に新城を築き、城下町を形成して讃岐支配の拠点とした。(註2)高松城は、生駒氏の後を受けた松平氏による讃岐統治の中核であったことから、当初親正が入城した引田の存在はあまり注目されていない。親正が引田に入城した理由はいかなるものであったのか。

秀吉政権下で、豊臣系大名が全国に配置されていく中での生駒氏の讃岐入部は何を意味するのか。なぜ生駒氏が讃岐に入部したか、の疑問に答えなければ讃岐の近世を明確にすることができない。

そのためには、戦国末期に長宗我部元親の讃岐侵攻にかかる中で、秀吉の四国攻めが讃岐にもたらしたものは何かを検証する必要があろう。生駒氏に関しては生駒騒動が注目され、それ以外のことは十分な研究が進んでいるとは言い難い。(註3)ただ初期の段階の残存史料が乏しく、やむ得ないこともあるが、讃岐一国の視点で生駒氏を捉えるのではなく、秀吉政権下における四国での生駒氏を捉え直す必要があろう。

ここでは、戦国末期の讃岐の様相を踏まえながら、生駒氏の讃岐入部の意義付けを明確にするとともに、讃岐入部にともなう生駒氏の果たした役割を検討する。

一　引田入城前後の状況

生駒親正の引田城入城から高松城築城までに関する史料は『生駒記』[註4]のみであり、詳細は不明である。以下、『生駒記』に記された内容からその経緯を記してみる。

天正十五年丁亥年讃州一国を賜ふ、……其頃引田浦に小城（今に城山と言）、先爰に入部ス、然共国の東成ゆへ西部農民共の為ニ不宜、依て鵜足津の古城に移らんとす、此城昔細川右馬頭頼之住、以後廃城と成、天正十三乙酉年仙石権兵衛秀久爰に入部ス、然共漸々二三年の中にして再中絶ス、則爰に移らんとすれ共内殊に狭し、ゆへに那珂郡津森の庄亀山に城を築んとす、然れ共大内郡江一日の中ニ到る事ならす、依て又山田郡上田井村由良山を構んとすれ共水乏し、爰に香東野原之地ハ豊田郡江遠里なれ共一日の中ニ至ル、是に依て城地野□□（原之）庄に極る、天正十六子年細川越中守忠興の縄張にて野原之庄に新城を築き高松の城と号、亦黒田如水の縄張共言、

まず引田に入り城を築くが、讃岐の東端に位置して統治に不便であったため、宇多津→那珂郡津森亀山→山田郡上田井村由良山と変遷し、最終的に香東郡野原庄に新城を築いた。これが高松城の前身である。以後、高松城を拠点として讃岐の領国支配を進めるのである。[註5]

入部当初に親正の築いた引田城の詳細は、文献史料から見ることはできない。ただ、戦国期に築かれていた場所に、親正も築城したことは間違いない。[註6]

現在、引田城跡の調査検討が行われているが、織豊系城郭の代表的な遺構としてその存在価値が高く評価されている。引田入部の翌年に高松に新城を築城して移ったといわれているが、その後の引田城は放置されたのであろうか。現存する高石垣は、短期間で築けるようなものではなく、引田城は継続して築城されていたと推定できる。また出土瓦には高松城に用いられていたものと同系統のものが見られており、高松城に入城した後も、引田城は存在していたと考えられる。[註7]ではなぜ、引田を重要視したのであろうか。

引田は讃岐の最東部に位置し、阿波と接する。北は播磨灘が開け、沖合に淡路島・小豆島を眺望する位置にある。引田から東は急峻な山が海岸線まで迫っており、後背地にある大坂峠を越えるのが主幹線道であり、古代の南海道もこのルートであった。そこには讃岐最初の駅家が置かれ、古代より陸上交通の要地であった。

また、瀬戸内海沿岸地域では、古代より物資の輸送は海上ルートを用いた。十三世紀末に、京都浄金剛院領大内庄が立荘される。引田は荘園年貢物の積出港として発展していく。このように陸海交通の要衝地であった。（註8）

引田が最も栄えるのは、室町期に入ってからである。文安二年（一四四五）の『兵庫北関入船納帳』に引田船が度々記載されている。引田船は延べ二一回の入関しており、積荷の大半が塩である。塩は当地産であり、良質の塩として高額で取引されていたと推測できる。塩の生産を行う場合、大量の燃料材が必要になる。後背地には山が迫っており、大量の燃料材を入手することが可能であった。切り出した木材は、塩釜用の燃料材に利用するだけでなく、一般の燃料材として各地へ搬出された。東大寺に残されている『兵庫関雑船納帳』には引田船籍の木船・人船の入関が記されており、引田船の木船は一番多い。これは引田付近が、薪材の産出地・集散地であったことを示す。一方、人船は引田船一三艘を見る。定期的に畿内と結ぶ船が存在していたと推測できる。（註9）永禄九（一五六六）年の備中新見庄を訪れた東寺検田使の日記には、都へ帰るにあたり、海路で引田へ入り、引田浦の旅籠に滞在し、そして引田から船出をしている。（註10）港で船待ちのため宿泊したのであろう。

これらのことから、引田が当時有数の港で多くの船を所有していたことを知る。四国から畿内への移動には、引田が最良の地であったことの表れでもある。このように東讃岐有数の港町であった。

引田が再びクローズアップされるのは、戦国期になってからである。

天正六年夏、長宗我部元親は讃岐侵攻を開始、中西讃地域を支配下におく。同十年八月、元親は阿波中富川で三好勢を打ち破り、勝瑞城を陥落させた。そして讃岐に攻め入り、十河存保（註11）の籠もる十河城を攻撃するが、冬になったため一時撤退した。その間に存保は羽柴秀吉に救援を求めたため、仙石秀久が援軍として派遣された。

尚以讃州引田表其外敵地無昼夜境かせき申付由尤候、弥無油断可被申付候、以上

書状之旨一々得心候、其元諸事無由断申付由尤候、就其別紙申越趣、能々遂糺明成敗可仕候、委細寺木口上ニ相含候、恐々謹言

（天正十年）拾月十日　筑前守 秀吉（花押）

千石権兵衛尉殿（註12）

史料に見るように、秀吉は引田が阿讃の攻防の要であるため、秀久に油断無きよう指示していることを知る。そして翌十一年正月、秀久は引田城に家臣森九郎左衛門を入れ、存保と合力して長宗我部氏を迎え撃つ体制を備えるが、秀久は讃岐へ入ることができず、小豆島に留まり備えをした。

春になり、長宗我部勢は大窪越えで侵入し、大内・寒川郡境の田面峠に陣を構えた。これに対して、仙石秀久は二〇〇〇の兵を率いて引田浦に着岸し、長宗我部軍と戦う。これを入野合戦と呼ぶ。当

初は仙石軍優位な戦いであったが、体勢を立て直した長宗我部軍の反撃にあい、退き引田の古城（引田城）に立て籠もる。これを追うように元親は引田へ入り、引田湊の上の山に陣取り城攻めを開始、ついに引田城は陥落するのである。

このように引田をめぐる攻防は、瀬戸内海制海権をめぐる抗争でもあった。秀吉にとっては引田は四国への足がかりとする重要な地点であり、長宗我部氏にとっても、秀吉政権へ対抗し瀬戸内海を視野に入れた拠点であった。引田の重要性が現れる戦いと意義づけられる。

親正が讃岐入国にあたり、最初に引田に城を築いたことは意味があった。前述のように、中世以来の引田の状況が大きな要因である。畿内からの視点で引田を捉えなければならない。信長・秀吉といった中央権力者にとって、瀬戸内海はあらゆる面で重要な地域であった。早くから船と港を抱える引田は、瀬戸内海制海権を掌握しようとする権力者にとって何事にも代え難い地であった。信長は、石山本願寺との抗争のなかで制海権を伸長させるに当たり、まず大阪湾を掌握、それについで明石・淡路・鳴門を結ぶラインを形成した。ついで重要になるのは、播磨室津・小豆島・引田を結ぶラインである。このラインを掌握することは、東瀬戸内海制海権掌握を可能ならしめる。この制海権掌握は信長の命を受けた秀吉があたった。天正九年段階で小豆島は秀吉の支配下に収まり、小西隆佐により統治されていたと考えられる。すでに秀吉は播磨沿岸の者を用いて水軍を編成していた。淡路岩屋をめぐる毛利氏との抗争に、淡路を制圧した秀吉は親正に対して岩屋城の守備を命じている。（註13）このように親正は、秀吉の配下として、瀬戸内海制海権掌握に寄与していたことを知る。このことが、やがて讃岐国拝領へと結びつく。

秀吉は、阿波に蜂須賀家政、讃岐に生駒親正といった子飼いの大名による東四国の統治を目指したのである。引田は讃岐と阿波を結ぶ接点であり、畿内へのルートの讃岐の窓口でもあった。そこには中世以来の港の存在を無視できない。軍事行動を起こす場合の畿内からの直結の位置にある点を考慮すべきであろう。以上のことから、港と制海権の掌握をはかる目的で引田に入ったのである。

二　親正の讃岐入部と蔵入地

秀吉は四国平定後、四国の国分けを行い、阿波は蜂須賀家政、伊予は小早川隆景、讃岐には仙石秀久が与えられ、長宗我部元親は土佐一国の領有となった。秀久は、すでに天正十年頃から讃岐とかかわりをもっており、四国攻めの功績により讃岐を与えられたのである。内二万石は十河存保に与えられた。長年にわたる長宗我部軍の侵入による戦いが続き、田畑は荒廃し年貢未納の者も多く、秀久は統治に困難を極めた。九州攻めの失敗により失脚し、後を継いだ尾藤知宣も失脚という、このようにわずか二年の間に領主がめまぐるしく替わる状況であった。そのような状況下に親正は入部したのである。

ここで左記の史料を検証してみよう。

讃岐国宛行畢、但為御料所、壱万石令代官可運上、其外一円全
可領知候也
天正十五
八月十日　（朱印）
生駒雅楽頭とのへ（註14）

これは、秀吉から讃岐一国の宛行状だが、「但為御料所、壱万石令代官可運上」とあるように、秀吉の蔵入地が置かれていたことがわかる。

秀吉は地方蔵入地の多くを大名預り地とし、知行目録に明記しており、讃岐は親正を代官として管理を命じた。全国的にも早い段階での実施である。秀吉蔵入地は四国では阿波と土佐では見られず、讃岐と伊予だけである。全国的に正確な状況は困難だが、慶長三年（一五九八）の蔵納目録により、全般的傾向を知ることが出来る。讃岐では国高一二万六二〇〇石のうち一万三二五〇石が蔵入分である。伊予は三六万六二〇〇石中七万九八七石である。（註15）

親正が秀吉から拝領した石高がいくらであったかは明らかでない。慶長三年検地目録には一二万六二〇〇石とあるがその根拠は不明。関ヶ原の戦いの翌慶長六年五月に親正の子一正に一七万一八〇〇石が与えられた。『恩栄録』によると二万三〇〇〇石を加増されて一七万三〇〇〇石となっている。若干の違いがあるがこれがほぼ正確に近い数値と思われる。つまり親正の時は一五万石であったと考えられる。秀吉の蔵入地は総石高の一割を占める。

だが、これ以前にすでに蔵入地があったという。それは天正十三・十四年分の「讃岐国御蔵米目録」の存在である。（註16）十三年には大内・寒川・三木・山田の東讃岐四郡を除く領内に一万三四一五石の蔵入地が置かれ、翌十四年には三木郡を除く三郡が加わって一万九二三〇石と大幅に増加している。この蔵入地は、天正十三年の四国平定と同時に設定されたのであろうか。十四年の増加は十河存保が九州遠征で討死し、その闕所地が蔵入地となったと考えられる。九州攻めにおける兵糧確保の目的を持って讃岐に蔵入地を設定したのであろう。仙石秀久の時に蔵入地が設定され、それが生駒入部にもそのまま存続することとなった。

同年十二月には次いで左記の朱印状が出される。

一さぬきの国にをいて、為御蔵入高壱万五千石を以定納壱万石、雅楽頭御代官仕可致運上事
一拾壱万石之分ニ人数五千五百人の役儀可仕事
一残る壱万六千弐百石ハ、雅楽頭台所入として、役なしに被下候事
一のこるあれふの事ハ連々に毛をつけさせ、雅楽頭もの共にそれそれにかさねて可扶助事
一山銭海の役銭ハ雅楽頭台所入に可仕候事
以上
天正拾五年十二月廿二日　（朱印）

生駒雅楽頭とのへ(註17)

蔵入地の石高は一万五〇〇〇石であり、その内の一万石を大坂へ上納としている。八月の一万石はそのことを示そう。また三項目に「残る壱万六千弐百石、雅楽頭台所入」とあるが、これは親正に直轄分として認められたものと考えられる。本来はこの両方を併せた三万一二〇〇石が蔵入地高であったのではなかろうか。

このように親正の讃岐入部にあたり、従来の蔵入地はそのまま存続させ、代官として管轄することを命じたのであった。

この後、朝鮮出兵にかかる兵糧の確保が必要であり、そのため蔵入地が存続したのである。左記の史料は年未詳だが、朝鮮出兵にかかるものと考えられる。天正十六年に浅野長政は弾正少弼に叙任されるところからそれ以降のものであり、「来春九州へ可被遣」とあることから、朝鮮出兵の前年天正十九年と推定する。(註18)

於其国蔵入分之儀念被入可納置候、来春九州へ可被遣御人数之条、御兵糧ニ可被召遣候条、可成其意候、猶浅野弾正少弼・増田右衛門尉可申候也

十月十三日　(朱印)

生駒雅楽頭とのへ

朝鮮出兵に際し、浅野長政・増田長盛をもって蔵入地の管理を厳重にするよう命じている。親正の管理する讃岐蔵入地はまさに朝鮮出兵にかかる兵糧確保のためのものであった。

その後の蔵入地の状況はどうであったのか。天正十八年・文禄元年・同二年の三カ年分の蔵入米一万五〇〇〇石が日損のため未納であったが、慶長九年に一〇分の一を免除され大坂へ送付している。また同三年・四年にも御蔵米として二五〇〇石が上納されており、この時期まで蔵入地が存続したと考える。ただ、蔵入地石高が明らかでないため、詳細は不明である。注意すべきは蔵米の上納が換金されている点である。一万五〇〇〇石の内四〇〇〇石は、「壱枚ニ付而四拾石かへ大坂にて」とあり、大坂での米相場で上納するよう指示されている。また「さぬきより大坂へ船ちん、石別五升つゝ」と船運賃まで詳細に記している。(註19)秀吉の蔵入地における蔵米処理を指示する市場統制が図られていたことに注目できよう。慶長九年は江戸幕府が開かれた数年後であるが、秀吉の蔵入地がそのまま認められる状況であったのか。

六年に親正から一正へと代替わりになるが、豊臣家の蔵入地からの上納は容認されていたのである。蔵米御勘定状に見る奉行は片桐且元であり、秀頼の台所入りであったろう。

左記の朱印状は文禄四年(一五九五)のものである。

讃岐国御蔵入五千石事、為在大坂料令扶助候訖、全可領知候也

文禄四

七月十五日　(朱印)

生駒雅楽頭とのへ(註20)

「御蔵入五千石事、為在大坂料」と見るが、親正が大坂城に居したため、賄料としてとして下附されたものである。讃岐の蔵入地一万石であったが、賄料として五〇〇〇石拝領したため、実質は五〇〇〇石の蔵入高であった。前述の三カ年の蔵入米一万五〇〇〇石は、この石高に応じて求められたのではなかろうか。

三　家臣編成と知行宛行

讃岐に入部した親正は、円滑な領国支配を進めるため、在地武士を家臣に取り立てていった。戦国期以来の国人の中には、長宗我部氏の土佐退去に伴い、香川氏とともに土佐へ落ち延びた者がいた。西讃岐地域の三野・河田・山路氏などである。また長宗我部氏に従っていた者の中には仙石秀久により領地没収された者もいた。その後の九州攻めで十河存保を始め、安富肥前守・香川民部少輔・羽床弥三郎などが討ち死したため、古来からの名族が多く滅亡するのであった。そのため在地に残る国人層を家臣に取り組む必要があったのである。

まず、入部直後に香東郡由佐を本拠とする由佐平右衛門に那珂郡で二四〇石を[註21]、大内郡水主の大山入蔵に阿野郡で一五〇石を[註22]与えている。また香西氏の一族である香西加藤兵衛を始め武士三〇人足軽数百人が召し出されたという。[註23]だが親正に抵抗して在地土豪や農民が年貢未進におよんでいた。親正も秀久と同様に領国統治には苦慮していたのである。そこで同十七年には、末石五郎兵衛・佐藤志摩介・佐藤掃部・三野四郎左衛門を配下にして農村の支配にあたらせたという。[註24]生駒氏は秀吉の元で成長していく過程で登用された家臣をそのまま讃岐へ同行したが、領内統治には在地武士を登用しなければ藩として成立しない弱さがあった。この後、朝鮮出兵・関ヶ原の戦いを経ていくなかで、新たな家臣団の構成が変化していくが、その過渡期であり、登用にあたっては様々な方策がとられていたであろう。

先に述べた由佐氏は、讃岐守護細川氏の頃から香川郡に勢力を持つ有力国人であった。そのため、親正入部以前に仙石秀久から所領を給付され家臣に抱え込まれていた。[註25]親正は由佐氏を用いることにより、高松南部の安定を図ろうとしたのであろう。由佐氏の知行地を見ると本来の知行地と離れた那珂郡である。それらの地は闕所地であり、それを本来の知行地のうえに加増し宛行う方法をとったと考えられる。文禄五年の一正知行宛行状には「五百石油（マヽ）佐村ニ而代官申付候、年貢等堅可納者也」[註26]とあり、一正の頃になると直轄地代官として存在していた。

ここで生駒氏の発給文書を検証してみよう。親正の知行宛行状は天正十九年を境に見られない。史料の残存数が少ないため、一概に決めかねるが、同年に一正が讃岐守を叙任したあと、在国における権限は一正が持つようになる。以後すべて一正からの宛行である。これは親正が大坂城に在城し、讃岐は一正による実質的統治が行われたと考えられる。[註27]

天正十八年、秀吉は後北条氏を降して全国を掌中に収めた。翌十九年九月、明国攻めを望み諸大名を集め評議するが、その中に親正の名を見る。(註28)秀吉政権の中でも重要な地位にいたことが知れる。親正は、堀尾吉晴・中村一氏とともに豊臣家三中老の一人といわれている。三中老は組織上に見ることができず、どこまでが事実かどうかは不明だが、豊臣家内部で重要な地位にいたことを示すものととらえられる。(註29)親正は大坂に詰めているか、度々往来していたのであろう。ゆえに、讃岐の統治は一正に委ねていたと考える。

文禄元年(一五九二)の朝鮮出兵では、親正は一正とともに五五〇〇の兵を率いて出兵する。文禄の役では秀吉は九州・中国・四国の諸大名を地域的に編成し、四国の諸大名は五番隊に編成された。慶長二年(一五九七)の再度出兵の時は親正は大坂に在し、一正が二七〇〇の兵を率いて渡海した。この慶長の役では、四国の諸大名は四国衆と称され、土佐の長宗我部元親、伊予の藤堂高虎・池田秀雄・加藤嘉明・来島通総が豊後の中川秀成、淡路の菅達長とともに六番隊に、阿波の蜂須賀家政、讃岐の生駒一正が淡路の脇坂安治とともに七番隊に編成されている。四国衆は水軍としての性格の共通性を持つが、集団として行動することはなかった。だが、生駒・蜂須賀氏は常に共同して軍事行動を共にする。(註30)

両者は天正十八年の小田原攻めの際、韮山城攻撃の中軍に属して戦っている。この時から生駒・蜂須賀氏は常に一体化する軍団として存在していた。四国衆は、生駒・蜂須賀組を基本にして組織されたものと考える。秀吉は東四国を主軸とする四国支配を早い段階から見据えていたのである。

秀吉の死により、全軍撤退し戦いは終結する。この二度にわたる朝鮮出兵は讃岐及び生駒氏にとって何の利益ももたらさない結末であった。

おわりに

信長は瀬戸内海中央に位置する塩飽を掌握下におくことにより、東瀬戸内海制海権を形成した。これは、政権確立には、阿波・讃岐と大阪湾を含む東瀬戸内地域の取り込みが西国への進出の最重要点と意識したからである。そのため阿波三好氏への政策転換を進め、これにより長宗我部氏との完全対立を迎えるのである。信長の死により、その政策は秀吉に継承されていく。秀吉も信長と同様、東瀬戸内地域を意識した。四国平定後、阿波へ蜂須賀、讃岐へ仙石を封したのはそのためであった。ただ讃岐は仙石・尾藤が失政したため、最終手段として生駒氏を入れたのである。

引田は東瀬戸内地域を考える場合の四国の拠点である。塩飽や宇多津でなく、阿波を見据えたならば、両国に接する引田が最も重要になる。生駒氏のあと、讃岐を領した松平頼重が、鹿狩りと称して度々引田へ出向いている。以後の藩主はそのような動向は見せない。頼重は引田の重要性を認識していたからであり、外様となった蜂須賀の動向を監視する目的をも併せ持つものであったと考える。その意味でも親正が最初に引田へ入ったことが理解できよう。

秀吉は、朝鮮出兵の部隊編成にあたり、四国の大名を四国衆として捉えながらも、伊予・土佐とは異なり、蜂須賀・生駒を一つの組にしたのは、阿波・讃岐を一体と捉え、東瀬戸内の一部としての考えからである。四国国分けで、阿波・讃岐に子飼い大名を置いたのは、まさしく対長宗我部政策であった。その中核となるのが生駒氏であったといえよう。四国衆と称される諸大名の中で、秀吉の下での評議に参加しているのは親正だけであり、四国の目付的役割を果たす存在であったと推測する。

以上のように、秀吉政権下では重要な地位にいた親正だが、その詳細は明らかでない。ただ、関ヶ原の戦いでは大坂方に、一正は徳川方に付くように、親子で両陣営に分かれる結果となった。戦後、一正はそのまま讃岐一国を領したが、それ以後の生駒氏は、外様大名として、恭順を示すために並々ならない労苦をするのであった。

本来ならば、親正の領国統治及び関ヶ原後の生駒氏についても言及せねばならないが、今後の課題としたい。

註

（1）『香川県史』通史編近世1（香川県、一九八九）、木原溥幸氏『藩政にみる讃岐の近世』（美巧社、二〇〇七）で修正・加筆している。

（2）上野進・佐藤龍馬氏「中世港町野原について」（『歴史に見る四国―その内と外と―』雄山閣、二〇〇八）において、近世城下町が形成される以前の野原（高松）の様相を検証しており、中世港町が近世城下町へと転換していく在地的要素を考察している。

（3）生駒騒動に関しては、木原溥幸氏「生駒騒動に関する史料について」（『日本歴史』五〇三、一九九〇）・同「生駒騒動の史料的検討」（『徳島文理大学比較文化研究所年報』二五、二〇〇九）、後に『史料にみる近世の讃岐』（美巧社、二〇一〇）に収録。吉永昭氏「高松藩生駒騒動の研究」（『福山大学一般教養部紀要』一九、一九九五）などがある。

（4）成立年代・作者は不明だが、生駒氏における唯一の史料として活用する。諸本あるが、本稿では、『新編丸亀市史』史料編（丸亀市、一九九八）を使用。

（5）佐藤龍馬氏「初期高松城下町の在地的要素」（『中世讃岐と瀬戸内世界』岩田書院、二〇〇九）で中世都市と近世都市の連続性を追求し、城下町の成立過程と構成を考察している。

（6）『元親記』『南海通記』といった後世の軍記物に元親の引田城攻めの記述があるが、内容からみて、現在の引田城跡の場所に比定できる。城跡の一部に戦国期と思われる遺構が残されている。

（7）千田嘉博氏「引田城の構造と歴史的価値」（『引田城シンポジウム秀吉時代讃岐第一の城、その姿にせまる』報告レジュメ、東かがわ市教育委員会、二〇一二）。二〇一〇年から引田城跡調査検討委員会が設置され、現在調査が進められている。新たな発見資料があり、今後の引田城跡に関する詳細が明らかになるであろう。なお、『引田城跡総合調査報告書』が二〇一四年に刊行予定。

（8）萩野憲司氏「中世における引田の位置の景観」（『中世讃岐と瀬戸内世界』岩田書院、二〇〇九）

（9）拙著『瀬戸内海地域社会と織田権力』（思文閣出版、二〇〇七）

（10）「備中国新見庄使入足日記」教王護国寺文書

（11）三好実休の次男で讃岐十河氏を継承。三好本宗家の義継の死後三好姓に改め、その後三好義堅と改名するが、秀吉の国分けの中で十河として位置づけられる（天野忠幸氏「総論阿波三好氏の系譜と動向」（『阿波三好氏』岩田書院二〇一二）。本稿では、全体の共通性を持たすため十河存保の名称を用いた。

(12) 大阪城天守閣所蔵文書

(13) 拙著前掲書

(14) 生駒家文書

(15)『大日本租税志』中編（金沢税務調査会、一九〇八）

(16) 徳川義宣氏「加藤清正と讃岐国」（『徳川林政史研究所研究紀要昭和四十七年度』、一九七三）。ここで、左記の史料を紹介して加藤清正が一時讃岐代官であった可能性を言及している。その裏付け史料として、本史料が用いられている。内容の一部に疑問の箇所があり、詳細な検討を要する。また清正代官関係史料は他に見られないため、確かなことは不明である。

加藤主計頭とのへ

讃州江相越平山城生駒雅楽頭相渡由被聞召候、就其米以下能々相改罷帰可言上候也

八月十七日　（秀吉朱印）

加藤主計頭とのへ

（阿部四郎五郎所蔵古文書写）

(17) 生駒家文書

(18) 生駒家文書

(19) 生駒家宝簡集（東大史料編纂所謄写本）

(20) 生駒家文書

(21) 由佐家文書

(22) 大山家文書

(23)『南海通記』巻一七

(24) 讃羽綴遺録（『香川県史』資料編近世史料1　香川県、一九八七）天保四年生駒親孝が著したもので、上下二巻からなる。史料的価値に問題があるが、生駒時代の史料が希少であるため、生駒氏研究には欠かせない。古文書の引用があり、残存している文書と一致するものもあり、ある程度の信憑性を持つ史料である。

(25) 由佐家文書　細川氏から安堵されていた香東郡井原庄一〇〇〇石の他山田郡などで七六〇石が宛行われた。

(26) 由佐家文書

(27) 初見文書は天正十五年三月三日付知行宛行状（由佐家文書）であるが、秀吉朱印状が八月であり、それ以前に親正が知行宛行うことはあり得ない。原文書を見たところやや疑義を持つ。今後の検討課題とする。管見の親正発給文書は一四通を数える。親正が領主であった時期に、寺社への寄進状は一正が発給しており、役割分担がなされていたと思える。

(28) 讃羽綴遺録

(29) 時代は降るが、会津上杉攻めの直前、慶長五年（一六〇〇）五月七日付で、親正・吉晴・一氏と、前田玄以・増田長盛・長束正家の三奉行が連署して、井伊直政宛てに会津征伐延期を勧告する書状を発している（豊臣氏奉行衆連署条書、『歴代古案』巻十四）。これは三中老が実在し機能していたことを示すものと推測されるが、親正ら三人がいかなる資格で連署に加わったかは判然としない。

(30) 津野倫明氏「慶長の役における四国衆」（『歴史に見る四国―その内と外と―』、雄山閣、二〇〇八）

「牢人」再考

牢人集団の一様相

長谷川　弘道

はじめに

「牢人」とは如何なる存在なのか。栗田元次氏は「『牢人』は『牢籠人』であり、領地・官職・地位等を失うことを意味する語、『浪人』は令制期以降の『浮浪人』を意味し、戦・警備・開墾にも用いられたもの」とする。また、「『牢人は武士の失業者』、『武士は文武の教養ある当時の儀表階級である』」から「同じく失業者といっても、王朝の浪人や、今日の労働者階級の失業者とはその性質を異にする」とし、これが一般的な解釈となっている。[註1]「牢人」を多数輩出しているであろう戦国期の研究において、傭兵として、あるいは開発に「牢人」が用いられたことが、個別・断片的に取り上げられても、これを正面から考察の対象とした研究はない。[註2]中近世移行期の兵農分離策の考察に際しては、在地社会の「浪人追放令」をめぐる議論がある。そこでは、追放対象となった「浪人(牢人)」を、全国統一の中、戦場という行き場を失った武家奉公人とする説、在地社会では武家奉公人の存在は未だ容認され、彼らの中で特定の権力と主従関係を形成せず、農業を営むことのない者とする説に分かれる。後者では彼らの出自を中間層に求めている。[註3]大坂籠城においては「城中之事、頭分之牢人衆、下々ニ又牢人を抱置候」[註4]と、「頭分」の「牢人衆」と彼らのもとに抱え置かれる、つまり階層的に下位身分にあたる「牢人」の存在が示される。[註5]前述の開発への動員については「何方之牢人、何者も開く人。永代知行ニ可被下事」[註6]とされる。これなどは百姓を出自とする中間層と捉えることもできようが、古河公方の旧臣土肥氏は、北条氏傘下で「御牢人」とされ、「堪忍分」の開発を認められている。[註7]「牢人」はその出自、階層を含めて、実に多様な形態で在地社会に存在している。本稿で兵農分離の問題について言及する用意はないが、「牢人」が戦国社会において如何なる存在であったのか、を改めて考察する必要があると考える。そこで本稿では「牢人」再考の一環として、まず「牢人」集団について考察を行う。なお、近世の由緒書、家譜類には個人の来歴を示すものとして「牢人」の語は散見されるが、「牢人」の実態解明のためには正確さを欠くと考え、東国を中心に、当該期に記された古文書類を用いる。

一 「牢人となる」者たち

近世の家譜類では子孫が、また、古文書類でも第三者が、当該人物の指標として「牢人」の語を用いる場合が多い。しかし、自ら「牢人」を称しているものも散見される。高野山蓮華定院に宛てた、旦那である信濃国佐久・小県地方の国衆の書状もその一つである。いずれも年記がなく、年次比定が難しい。本稿では『信濃史料』や『戦国遺文　武田氏編』が、天文年間の武田氏の佐久・小県への侵入に関連するものとしていることに従っておく。(註8)

信濃国高井郡の国衆市河氏の一族と考えられる市河道喜は「乱入付而、当上州江牢人仕、正印与供いたし堅固御座候、御書中并御音信、乱国与申、遠路馳走披(被)申尽存候、在所本意仕様合(マヽ)之御奉公申度念願候」(註10)、神宮寺清雅は「御札本望至候、如仰信州乱入、我等浮沈可有御察候、兼又拙者御下向以来、田口江罷帰、其一両年以後彼国忩劇故、旦那与致同心、当国江令牢人、不如意為体、言語道断ニ候」(註10)と蓮華定院に書き送っている。市河道喜は「牢人仕」、神宮寺清雅は「令牢人」と、両者ともに(武田信玄の)侵攻によって信濃が争乱状態に陥る中で、自身が「牢人」となったとする。

また、信濃国佐久地方国衆の望月昌頼は「如仰当年者未申承候処、急度御巻数当(到)来、目出度候、弥々御祈念所仰候、随而者去秋不忍之進退罷成候、于今不致還住候、可為御詫言候哉、一度遂本意度迄候、一途還住之御祈誓奉頼候、同坊主様へも切紙進候、御届尤候、如毎年之鳥目雖可進候、牢々之儀候間、令無沙汰候、爰元之不如意可過御察候、然共小諸ニ致滞留候間、可有御意易候」(註11)とする。ここでは「去秋」から「耐えられない状況」となり、「未だに還住することができず」「小諸に滞留している」とし、これを「牢々之儀」と表す。また、伴野氏一族で被官の小野沢守儀は「如仰在所一旦致本意候之処ニ、無幾程世上相替候間、重而罷除、未遂還住候」(註12)とし、「牢人」「牢々」の語は用いていないが、望月昌頼と同様に「未遂還住候」としている。市河道喜は上野へ、望月昌頼は小諸に、それぞれ移っていると明示している。まさに在所から離れることを余議なくされた状況におかれていた。

注意すべきは彼らが在所を離れて他所に移ることを「牢人仕」「牢々」「令牢人」と表現している点である。彼らは、自身の意志によって「牢人」となったのである(小野沢の場合、「罷除」の語が対応する)。つまり、ここでの「牢人」「牢々」とは、不本意ではあるものの自らの意志で、戦乱を避ける(「罷り除ける」)ために自ら在所を離れることを意味しているといえる。敗走に等しく、「領地を失う」という状態になったといえるが、ただの逃亡ではない。「牢人」となって状況の好転する機会を待っているのである。

武田氏、ついで織田氏に仕え、その滅亡後、北条氏に仕えた依田信季は、天正十年の徳川と北条の国分けに際し、[註13]「信州家康へ被相渡候故、不慮ニ当上野へ令牢人、惣社ト申地ニ住居仕候」[註14]、伴野（依田）信蕃は「我ら進退以不計儀抽忠信之旨、家康与　氏直国分之御事故、無拠在所退出」[註15]とし、依田季広・依田常林も同様の旨を書き送っている。[註16]彼らは、北条氏が和与に応じたことにより、覚悟の上で「牢人」し、すなわち在所を引き渡し、北条氏領国の上野国に居を移したのである。ここでも「牢人」したとしている点に注意をはらう必要があるだろう。十二月七日、伴野信是の被官瀬戸是慶は「三ケ年以来不申通候、仍不慮御世上故、上州へ令牢々」[註17]としており、主人伴野氏が国分けによって信濃を退去することに伴い、被官瀬戸氏も同様に信濃を退去、上野国に移ったのである。

前述の市河・望月昌頼はいずれも静謐（本意）、それにともなう還住の達成を求めて祈念を要請している（この状態は望月宗齢のように三年にも及んでいる場合もある）[註18]。小野沢の場合も状況の好転で一旦は在所に戻ったが、結局退去し、在所にもどれない状態が続いている。瀬戸是慶は、小諸城主仙石秀康から、（文禄二年）十二月二十六日、武者又左衛門・瀬戸之清に宛行れた佐久郡の知行の取り扱いを命じられている。[註19]このように一時在所を離れた者たちもが、その後、在所に復帰する動きが見られる。

また、市河道喜とともに「牢人」し、望月氏と同様に武田氏に帰順した者がいる。武田氏麾下の信濃国衆が永禄十年に生島足島神社に奉納した起請文群の中に浦野信慶・貞次等連署起請文がある。[註20]その上巻部分に「奉対正印甲府企逆心候者、涯分可致意見候、無承引者、傍輩共致同心、正印前引切、甲州江可抽忠節事」と「正印」という名がみられる。連署した浦野信慶らはウワ書に「浦野被官共」とあるように、小県（浦野地方）を本拠とした浦野氏の被官である。同日、浦野左衛門尉幸次が単独で起請文を提出しており[註21]、彼らはこの幸次の被官で間違いない。彼らは「正印」が「甲府（武田氏）」に逆心を企てれば諫めるとし、それもだめならば皆で「正印」から離れ「甲府」に忠節するという。つまり、「正印」は彼らの主人浦野幸次ということになる。先の市河道喜書状には「正印与共いたし」とあるが、この「正印」が浦野幸次であり、市河氏とともに「牢人」したのである。永禄十年の被官らの起請文から考えると、彼らも主人浦野幸次と行動をともにしてたと考えられる。上野国の浦野氏というと大戸浦野氏が想像される。その関係は判然としない。

また、神宮寺雅清は「旦那与致同心、当国江牢人」したと述べている。神宮寺氏自身も蓮華定院の旦那であるが、ここでその他の旦那たちと「同心」し、「牢人」した、在所を後にしたのである。在所を離れた者たちの生活は厳しく、小野沢氏も前掲文書の末尾で「借銭之儀、自分ニハ妙鑑月盃之代計負申候、先五百文進候、相残之代をハ重而可進候、其外追連借銭、乱揺故方々ニ踏候間、不及催促申候、其内死申候者も御座候」とし、先祖供養の月牌納入が滞っている状態、方々に借銭をしていること、（行動を共にしている者の）中には死んでしまった者もいるとする。ここでも集団での行動を見て取ることができる。彼らは耐久生活を余儀なくされつつも、在所への復帰を願い続けているのである。

二　預けられた「牢人」たち

上野国長楽寺住持の義哲の記した『長楽寺永禄日記』(註22)には「那波牢人衆」・「牢人衆」なる言葉が散見される。上野国赤石城主那波氏は北条氏の圧迫を受けた上杉憲政が天文二十一年に越後に退去した後、北条氏に帰順した。永禄三年、長尾景虎による上野侵攻に際しても北条方で戦うが、結局敗れた那波宗俊は子顕宗を人質として上杉方に屈する。宗俊が没すると那波氏の知行は金山城主由良成繁に与えられた(註23)。この際、由良氏配下に置かれたのが「那波牢人衆」であろう。そして、ここで「牢人衆」の一人「斎藤弥左衛門尉」の扱いが問題となっている。義哲は「牢人衆」および斎藤氏と由良成繁との仲介を行っている。「長楽寺永禄日記」の「解題」では「那波牢人衆だった弥左衛門尉が、牢人衆との間に何らかのトラブルが生じて、牢人衆から抜け出して由良家へ出仕するための手続き・手段として、長楽寺へ在寺すること(蟄居すること)を願った」とある。全体的には整合性があるが、問題は「何らかのトラブル」である。

事の始まりは、永禄十一年四月十一日「河田壱岐守ノリ持来タリテ、斎藤弥左衛門尉在寺イタシ度分申事ナレトモ、小屋住思慮イタシ返」と、義哲に対して、斎藤が「在寺」(寺入)を望んだことから始まっている。十五日には斎藤主税からの依頼に対し、義哲はとりあえず在寺について了承する。十六日には弥左衛門尉・主税が義哲を訪れる。義哲は、この件について、使者瑞を由良氏の金山城に派遣し、由良氏の奏者藤生紀伊守・金谷筑後守・林伊賀守に届けでた。これにより、在寺についての許可がなされたのであろう、二十六日には長楽寺で「召置」くことになった。しかし、五月十七日には「斎藤弥進退ニ附而、瑞ヲ林伊・金筑・藤紀へ遣也」と、それまでの「在寺」の話から、斎藤の「進退」をめぐる話に変わっているのである。「進退」については同日の晩には藤生・金谷・林から「無相違」と、賛同を得ている。六月十七日には由良氏の賛同、林・金谷の再度の賛同が得られている。一方で、義哲が連絡をとっているのが「牢人衆」である。五月二十一日、「那波へ奉加帳ツケニ遣也、力右・新平・萩助・馬図・長沼、茶三ツツ為持越、力右各へハ斎弥進退ニ附而一札コス也」と「力右」(力丸右衛門佐、以下が那波牢人衆である)らに弥左衛門尉の進退について書状を送り、六月一日には力丸氏から「寺家に入り候上者、無沙汰あるまじきの由、各申される事の段、書中にあらわされつる」との返答を受ける。「解題」は、「寺家に入ったうえは、牢人衆に対して無沙汰であってはならない」と解釈しているが、「寺入した上は、無沙汰、つまり寺の務めを果たさないということがあってはならない(寺の務めを果たすべき)」とみるべきである。しかし、賛同は得られなかった、六月七日には斎藤の「詫言」(嘆願)を金谷に伝えている。いいかえれば、牢人衆は在寺自体には反対はしていない。しかし、「進退」の意味するところに反対の意向を示していたものと考えられる。それは何か。六月二十四日には「斎藤出仕之儀、林伊之返札ニ一書ヲ添遣也」とあり、義哲が弥左衛門尉の「出仕」のことについて、林伊賀守への返書に添えた。つまり、斎藤は在寺がかなった後、由良氏への仕官の意志を表していたのだろう。これについて義哲と由良氏側での書状のやり取りがなされている。二十九日、「瑞ヲハ弥左衛門尉帰宅之儀、大途内々ニハ調、那波牢人衆ヘトトケトシテ、力右・新平ヘ指越ナリ」「自力右ハ各承合、重アナタヨリ返事、可有之トテ瑞ヲハ被返也」とある。仕官することで寺を出で、帰宅をするということであろう。これを牢人衆に伝えたのである。

結局、牢人衆の賛同は得られなかったようである。苦慮した義哲は七月五日「金筑ヘハ斎藤一儀那波牢人衆御届、可然分ヲモ申コス」と金谷氏に、六日「瑞ヲ斎弥進退ニ附而那波ヘコス處ニ、牢人衆シカシカトナキ間、先々帰リ遅々也」と瑞を牢人衆に遣わしたが返答は得られず、二十二日には「那波陣実城ヘ瑞ヲ遣、(中略)斎藤弥左衛門一儀ヲモ申遣也」と由良氏に派遣する。おそらく牢人衆の賛同が得られなかったのであろう。その後、問題はどうなったのかは判然としない。しかし、問題は「なぜ在寺を最初に望んだ」かという点である。在寺が認められてすぐに、牢人衆たちが在寺のあり方を問題としている点がポイントだろう。推測の域を脱し得ないが、牢人衆の意識の根底には、那波氏との主従意識が強く残存していたのではないか。勿論、この段階では、本来の敵方である由良氏に対しての抵抗があるわけではない。しかし、仕官、すなわち由良氏の直臣化については、牢人衆の抵抗もあったのではないか。故に斎藤は一端、在寺することで俗縁たる主従関係を断ち切り、スムーズに仕官の道筋をたどろうと考えたのではないか。もう一つ、五月九日には「自藤紀岩下ト云仁ヲ指南、斎弥在寺之礼トシテコサレツル」と藤生が在寺の礼を送っていることから、在寺・仕官の道筋は、藤生(あるいは由良もかかわっていたのか)らが当初より承知していたことであったのではないだろうか。六月二十九日に見られる「大途内々に整え」の表現もそのあらわれではないか。つまり、再士官の道筋として、その関係を断ち切るための在寺という手段が慣例としてあったのではないか。しかし、「牢人衆」はこれを認めなかった。予定調和的な見え透いた方策に対する反発とみることもできるが、根底には那波氏被官のとしての主従意識が働いていたのではないか。だからこそ、出家は認めるが、士官は許さなかったのである。なお、那波顕宗は北条氏による上野奪回に伴い、旧領に復帰した。おそらく牢人衆も復帰したものと思われる。顕宗は天正十八年に奥州で戦死し、その子は上杉景勝の臣毛利安田氏の養子となったという。元和八年の那波顕宗の法要に参会した者たちの中には、『長楽寺永禄日記』に見られるものも確認されるが斎藤氏の名は見られない。(註24)

彼らは集団として配下に入りつつも、主従理念としてはあくまでも主家那波氏との関係を継続していた。主人である那波顕宗も生存しているのだからなおさらのことであろう。単に『那波氏の牢人』で由良氏に帰順したものたち」という以上の意味を有していたのではないか。

牢人という出自を持つ者であるとしても、彼らに知行を宛行い編成をするのであれば、もはや牢人ではないはずである。「牢人衆」という標識は必要ないはずである。来歴としてではなく「牢人衆」

とあらわすからには通常の被官関係とは異なる性質を有していると考えるべきである。つまり、知行宛行を通じて形成される主従関係とは異質の論理が内包され続けていると考える必要があろう。

三　滞留する「牢人」

越後と会津を結ぶ越後街道（現在の国道四九号）沿いには、永正十四年に再興された平等寺が所在する。同寺の薬師堂は以後江戸時代にいたるまでの数多くの落書が残っている。これらは『東蒲原郡史』で写真とともに紹介され詳細を知ることができる。[註25] その中に、戦国期のものも多く、天正六年には御館の乱で敗れた上杉景虎方の武将たちが同寺におちのび、その際の様子を克明に書き記したものもある。[註26]同寺は越後から会津への入り口にあたる小川荘に所在する。多くの通行人が記念に記したであろう落書も見られる。[註27] 永禄十年四月二十五日の年記とともに「当口為一見」として「黒田治部」「松本掃部」ら十五名の名が記されている。[註28] 先方として偵察にでも入ったのであろう。この地が交通の要であるとともに、軍事上の要地であったことが窺われる。これらの落書の中に「牢人」「らう人」の語の記されたものが散見される。

「天正十七年六月十一日以来越国江』松本伊豆守らう人之時分とも衆」として、「松本善九郎』本名孫一郎』安辺与一郎』秋山善左衛門』山田孫右衛門』滝田満六』こぬま源三」の名が記され、最後に「あかゐ又六書之也」　、続けて「津川はんての時書之　天正十八年三月廿六日」[註29]とある。これを書いた「あかい又六」は「黒川のこゑしき事かきりなし、いつかかへりてこれをかたらん、あかい又六天正十七年（八カ）三月廿六日」[註30]と黒川復帰を願う歌を記している。天正十七年六月十一日は、会津侵攻を決行した伊達政宗が黒川に入城し、蘆名氏が滅亡した日である。「松本伊豆守」は蘆名氏の重臣であり、[註31]「とも衆」の「あかい又六」らは、蘆名滅亡により牢人となった松本伊豆守に同行した被官たちと考えられる。また「天正十七年□□」会津らん入ニ付而』しよさふらい越国江罷のけられ候』心ほそくねまり候時』天下様御ひきたてニ』よつてをのをの』心地よくねまり候』時之心事申候』あかい又六』書之也」[註32]という落書も見られる。ここには年記がないが、おそらくあかい又六が天正十八年三月にまとめて記したのであろう。「しよさふらい」は越後に逃れ心細くこの地に滞留していた。豊臣秀吉は伊達政宗を叱責し、伊達氏の動きに備えたという。[註33]松本伊豆守やその被官は「天下様（秀吉カ）」に「ひきたてられ」ることで安心してこの地に滞留できたとする。「津川はんて」とあるが、津川は同寺の所在する小川荘にあった津川城を示す。伊達氏は津川で残党の掃討作戦を展開していたが、越後と会津の境目に滞留した彼らはその境目の城である津川城の番手として引き立てられたと考えられる。ここで重要なことは、彼らが自身を「牢人」と自覚し、この地に滞留していることである。

四 「牢人」集団の価値

分国法にも[註34]「牢人」についての規定が見られる。「長宗我部氏掟書」二十条には「侍共遊山振廻、可為無用、祝言、芸能稽古、諸談合、他国牢人・客人・老《(牢)》人之親類、品により不苦也」とある。「侍」の遊山などを禁ずる一方で、祝言などについては「牢人」「客人」「老《(牢)》人の親類」は「品」（家格であろう）によって認めるというのである。「老《(牢)》人之親類」との表現は「牢人」の集団での滞留を想像させる。さらに「品」、つまり家格による扱いが示されることは階層の異なる「牢人」の領国内への流入が一般化していることをあらわす。「結城氏新法度」一条は、博打・双六を禁止し、博打宿に「ろう人親類宿老たれも不可入」とし、六十二条は朝夕の寄合の酒肴についての規律では「はうはい親類当洞之一家らう人」とする。また、「朝倉孝景条々」二十条には「さのミ事欠候ハすハ、他国牢人なとに、右筆させられまじき事」とある。結城氏は武士全般に対する制禁の中で「牢人」を挙げ、朝倉氏は特別な事情がない限り「牢人」に右筆をさせてはならないとする。つまり、両者ともに「牢人」の存在を前提とし、なおかつ「牢人」自体を取締りの対象としていない。さらに「長宗我部氏掟書」では「客人」と同等に扱われている。「客人」という点でいえば、『言継卿記』の弘治三年正月十三日条には今川氏真の歌会始の記事があるが、そこには参会者として「岡辺太郎左衛門佐・神原右近・粟屋左衛門尉若州武田内牢人也・朝比奈丹波守」とあり、岡部・朝比奈という今川氏重臣とともに「牢人」分の粟屋が加わっている。また、天正末年の「色部氏年中行事」には「加地牢人衆」なるものが見られる。[註35]加地氏は越後の有力国人で色部氏らとともに揚北衆を構成した。天正末には衰退しており、「加地牢人衆」とは加地氏の被官であったものたちである。経緯は不明だが、那波牢人衆のように集団で色部氏の庇護下におかれたものと考えられる。そして彼らは正月十日の参賀への出席を許されている。同日は色部氏の他国衆も参賀する日付である。儀礼上は他国衆と同等の扱いを受けているのである。

無論、「牢人衆」を単なる「客人」と捉えるべきではない。天正十年三月六日、武田氏配下の真田昌幸は白井城主矢沢綱頼に対して、「其元被指置候牢人衆御扶持、御城米を以可被相渡候、然而我等領所之内、何方成共牢人衆被出、其地人数不足無之様ニ可被申付候」[註36]と命じている。矢沢氏は後北条氏との係争地であった上野国沼田の守備を担当している。[註37]沼田近辺からは相応の「牢人」が輩出されていたはずである。「被指置」との表現から、彼ら「牢人」は「牢人衆」という集団として矢沢氏預け置かれ、把握、軍事力を補強するものとされた。

大永五年二月六日、太田資頼方にあった渋江三郎の協力を得た北条氏綱は岩槻城を攻略した後、「岩槻事、雖渋江ニ相渡候、牢人帰与言、不調事候上、二三百差副、人数籠置候所ニ、金田・渋江ニ別而知音間、岩槻ニ差籠候人数百計、菖蒲へ入之由申越候間」[註38]とする。つまり、岩槻城の防備にあたるはずの「牢人」が「帰」ってしまうなど、事（防備体制）が調わないとする。補填として二百から三百人の人数を籠め置くとするが、事が調わない理由として唯一挙げられている事柄が「牢人帰」である点から考えると、当初、相当数の「牢人」が岩槻城の防備にあたっていたと考えられよう。

また、軍記類などで「諸口から牢人が乱入する」という表現が散見される。信濃国衆は隣国上野に、会津の「牢人」は境目の地に滞留し様子を窺っている。（天正十一年）三月晦日、北条氏直判物写には、赤見氏の配下に編成された「地衆」とともに「沼田浪人」として六名の名が並記されている。（註39）彼らがどのような存在であるかは判然としない。しかし、先の真田氏（矢沢氏）の例も合わせて、係争地であった沼田から輩出された「牢人」を集団として編成し、その地の防備に用いたと考えられる。牢人およびその被官の一団は失われた本領の近辺（当然、不安定であり、係争地となる）に滞留していたのである。当然この地に詳しく、旧領復帰を願う彼らを取り込めば軍事的に有効であることはいうまでもない。これは平等寺の例も同じである。『長楽寺永禄日記』七月二十二日条では、「那波牢人衆」も本領の那波に滞在しており、しかも由良氏が「那波陣」にあること、斎藤氏が陣触を行っていることからも、彼らの軍事的利用価値は高かったと考えられる。牢人たちが諸口から侵入することは当然の帰結といえる。

「牢人」個人あるいは「牢人」の寄せ集め集団ならば問題はないかも知れないが、信濃国衆や「那波牢人衆」のように本来的結びつきの強い集団である場合、その内部に独自の理念が存在していた。一方で、現実的にも被官化を進めるならば、相応の給地を与える必要もあろう。矢沢氏の例もかなりなりふり構わずに城米や真田領から割き与える方法をとっている。また、真田昌幸は丸山土佐守に「玉泉寺分、牢人衆ニ出置候処ニ、其方被相抑之由候、各申所至于実儀者、牢人衆へ無相違可付置者也」と、丸山が横領した「牢人衆」に与えた「玉泉寺分」の返還を命じている。（註40）また、ここでは「真右・大靫、牢人衆もんとう之由候」として真田氏被官と「牢人衆」の問答についても触れている。注意すべきは、問答の主体が「牢人衆」とされている点である。一個人としてではなく、「牢人」が集団で法的存在となるとともに、知行をめぐるトラブルも多発したものと考えられる。

まとめ

「牢人」は、単なる個人としてのみでとらえるべきではない。信濃国衆のように一族・被官とともに、あるいは地域の国衆とともに集団で在所を引き払い、在所への復帰を願い集団で他所に滞留する側面を持つことも明確である。平等寺の落書に見られる松本氏とその被官赤井氏らもこの例といえる。彼らの中には旧領への復帰を果たしたものもいたであろうが現実は厳しいものであった。那波牢人衆や加地牢人衆は那波氏・加地氏の被官集団が、由良氏や色部氏のもとに預け置かれたものといえる。那波牢人衆のように自身の内部規制によって新たな被官契約を困難ならしめた例もみられる。しかしそうした結束は彼らを取り込んだ側にとっても軍事面では利用価値の高いものであったと考えられる。いずれにせよ、武家奉公人レベルではない大量の「牢人」が発生し、在地社会に滞留し、これを大名らも容認していたことは分国法の規定からも明らかである。

詳細は稿を改めて論ずることにするが、問題はこのような牢人集団が発生するとしてその下限はどこまでもとめられるのかである。確かに信濃国衆や松本氏の場合、被官までもが行動をともにし、自ら「牢人」と称している。元亀元年七月に武田信玄から境目の奉公によって駿河国御厨新橋に二百貫の地を与えられた渡辺庄左衛門尉は、武田氏滅亡後、北条氏から（天正十年）六月十五日、「郡内江指越候間、早々罷移、前々被官共、又因之者をかり集、相当之可致忠信候」とされる。武田氏滅亡によって進退の憂き目にあった渡辺氏は北条氏から「前々被官」を再度召抱えることを認められた。これは一度は牢人と化した渡辺氏の被官がその旧領に残存したことを意味する。渡辺氏の知行からすると、その被官は名主層を出自とする地侍クラスの者たちであり、彼らもまた「牢人」となっていたといえる。天正十二年極月三日の駿河国三輪郷の棟別書立には「ろう人 中沢村三郎大夫」「ろう人 門屋村徳珍居」「ろう人 下村助右衛門」のように「ろう人」を冠して記される者、「海野弥兵衛殿披(被)官牛つま村彦四郎」「末高殿被官同村九郎兵衛」「いなかきけんは殿披(被)官下村九郎三郎」などと主人の名を冠した者が記されている。（註43）無姓であるが、棟別の負担や、被官と冠していることから彼らは地侍と考えて問題なかろう。「ろう人」も浮浪人を意味するとは考え難い。つまり、地侍クラスの「牢人」が在地社会に滞留し続けたことを窺わせるのである。先の赤見氏配下の「沼田浪人」は地衆とともに編成されている。地衆は百姓を出自とするもので編成されることから、（註44）「沼田浪人」は地侍クラスの牢人を編成したものかもしれない。いずれにしても、三輪郷の領主は、被官化した地侍の現状における主人、あるいはその有無を把握している。視点をかえれば、主を失った彼らは自身の本来の在所にある。一方で、流入する武士分の「牢人」集団。これらの「牢人」の多様性を踏まえて、彼らが社会の中で果した役割を明らかにしていく必要があると考える。

註

（1）栗田元次『江戸時代史』上（一九二七）。
（2）戦国期の雑兵の考察の中で、傭兵となった牢人を取り上げる。藤木久志『雑兵たちの戦場』（一九九五）。
（3）天正十八年のいわゆる「浪人追放令」をめぐる議論である。前者は、朝尾直弘「一六世紀後半の日本―統合された社会へ―」（『岩波講座日本通史 11』一九九三）、藤木（註2）、後者は。中野等「唐入り」と「人掃」令（『新しい近世史』2、一九九六）。
（4）『大日本古文書　吉川家文書』二―一三〇五
（5）藤木註（2）ではこれを「大坂城内には大勢の牢人（戦争がなくなり失業していた武家奉公人）が乗り込んだ」とし。武家奉公人と捉えている。
（6）（天正十六年）北条氏邦検地書出（「持田文書」『戦国遺文　後北条氏編』第五巻三三五九号）。以下、『北』巻数―文書番号で表す。

(7)（永禄6年）卯月27日付土肥中務大輔宛北条氏朱印状写（「佐藤氏古文書・土肥氏古文書」『北』五―三七七二）
(8)『信濃史料』、『戦国遺文　武田氏編』以下、『信』巻数―頁、『武』巻数―文書番号、で示す。
(9)霜月十一日付　市河丹波入道書状（『武』一―四八八）。
(10)霜月十一日付　神宮寺清雅書状（『武』一―四八九）。
(11)十月五日付　望月昌頼書状（『武』一―四八二）。
(12)十月九日付　小野沢守儀書状（『武』一―四八四）。
(13)丸島和洋「戦国期信濃伴野氏の基礎的考察」（『信濃』第60巻第10号、二〇〇八）。
(14)霜月八日付　依田信季書状（『信』一七―四九九～五〇〇）。
(15)霜月十日付　依田信蕃書状（『信』一七―五〇一～五〇二）。
(16)霜月八日付　依田季広書状（『信』一七―五〇〇）、霜月十日付　依田常林書状（『信』一七―五〇一）。
(17)十二月七日付　瀬戸是慶書状（『武』一―四九〇）。
(18)三月日付　望月宗齢書状（『武』一―四七二）。差出人の望月遠江入道宗齢は望月昌頼と同一人物とされる（服部治則「武田家臣団における親族関係（一）武田氏と望月氏」『武田氏家臣団の系譜』二〇〇七、岩田書院）。
(19)仙石秀康知行宛行状（「仙石旧記」『信』一七―五二六）。
(20)永禄十年八月七日付　浦野信慶等連署起請文（『武』一―四九〇）。
(21)永禄十年八月七日付　浦野幸次連署起請文（『武』一―四九〇）。
(22)『史料纂集一三五長楽寺永禄日記』（続群書類従完成会、二〇〇三）。
(23)『伊勢崎市史』通史編1　原始古代中世、一九八七。
(24)同右。
(25)『東蒲原郡史』資料編第2巻古代・中世・近世一（二〇〇五）の「第三節　平等寺薬師堂の墨書」にまとめて収録されている。以下、『東蒲』資2―文書番号で表す。
(26)『東蒲』資2―一一。
(27)『東蒲』資2―二七。
(28)『東蒲』資2―七。
(29)『東蒲』資2―二三。同文で「山田孫右衛門」が「まきた神右衛門尉」となっているほかには同文で、最後に「三月廿六日」の年記を持つものもある（『東蒲』資2―九）。
(30)『東蒲』資2―二九。
(31)『東蒲原郡史』通史編1自然・原始・古代・中世・近世（二〇一三）二八四頁（以下、『東蒲』通史　頁で表す）では、松本伊豆守を松本実輔とする。
(32)『東蒲』資2―七。
(33)『東蒲』通史　二八四～二八五頁。
(34)以下の「長宗我部氏掟書」「結城氏新法度」「朝倉孝景条々」はカ『中世法制史料集』第三巻に拠った。
(35)『新潟県史』資料編四　二三六一。
(36)真田昌幸書状（「真田宝物館所蔵矢沢家文書」『武』五―三六七五）
(37)栗原修「戦国大名武田氏の上野支配と真田昌幸」（『武田氏研究』一八、一九九七）。
(38)北条氏綱書状（「上杉文書」『北』一―七〇）。
(39)北条氏直判物写（「赤見昌徳氏所蔵文書」『北』三―二五一七）。
(40)（天正十年）十二月五日付真田昌幸朱印状（「本多夏彦氏所蔵文書」『群馬県史』資料編二五三三）
(41)武田信玄判物（「渡辺泉氏所蔵文書」『武』一―五七二）。
(42)北条氏政判物（「渡辺泉氏所蔵文書」『北』三―二二四九）。
(43)三輪郷棟別指出（「稲葉文書」『静岡県史』資料編四　一七六三）。
(44)峰岸純夫「『地衆』―北条氏による百姓の軍事編成―」（『戦国史研究』2、一九八一）

今川氏三河領有期の松平庶家

平野明夫

はじめに

永禄三年（一五六〇）桶狭間の戦いによって、駿河・遠江・三河を支配下におく戦国大名今川義元が敗死した。これによって、三河の支配状況は大きな転機を迎えた。戦国大名として三河を支配した今川氏の勢力は縮小に向かい、今川氏に従っていた徳川家康（当時は松平元康）が勢力を拡大していく。

家康の勢力拡大のひとつに、松平庶家の従属化がある。家康は、松平庶家を従属化させることによって、宗家（惣領家）としての地位を確立していった。そうした状況に対する松平庶家の動向は、各家によって異なると想像される。異なる動きの要因のひとつに、今川氏との関係を想定することができる。そのため、松平庶家各家と今川氏との関係を究明する必要がある。もちろん、これまでにも松平庶家と今川氏の関係については、検討されている。

松平氏研究において、一九七五年に刊行された新行紀一『一向一揆の基礎構造—三河一揆と松平氏—』（吉川弘文館）は、大きな画期になる研究である。そこでは、近世史書における「松平中心史観」の指摘と、それを排除する研究の実践が行なわれている。

ただし、松平庶家と今川氏との関係については、前年の一九七四年に刊行された観泉寺史編纂刊行委員会編『今川氏と観泉寺』（吉川弘文館）[註1]が、近世史書の影響を排した研究の嚆矢となっている。同書は、観泉寺所蔵の東条（青野）[註2]松平文書を紹介・検討して東条松平家の状況を明らかにし、「寛永諸家系図伝」「寛政重修諸家譜」の誤りを指摘した。その事実確認も当然ながら、同時代史料に基づく検討が必要であることを示した点は重要であろう。

松平氏の研究史において、『今川氏と観泉寺』は、主題が異なることもあって、ほとんど位置付けられていない。しかし、明らかにされた事実については、松平氏研究に充分利用されている。また、「寛永諸家系図伝」「寛政重修諸家譜」の松平氏系図の誤りを明確にし、松平氏系図の信憑性に具体的な疑問を呈したことによって、「松平中心史観」の提唱を受け入れる素地を作ったと評することもできよう。

以後の松平氏研究は、より同時代史料に基づき、より同時代の中で事実を明らかにし、意義を究明することになる。

こうした研究状況の中で松平庶家と今川氏の関係を検討したのが、一九八六年初出の大久保俊昭「戦国大名今川氏と三河国の在地動向―とくに天文末期・弘治期を中心として―」（『駒澤大学史学論集』第一六号）[註3]および平野明夫「今川義元の三河支配―観泉寺所蔵東条松平文書を通して―」（今川氏研究会編『駿河の今川氏』第九集）である。ともに観泉寺所蔵東条松平文書の分析を中心として、今川氏と松平庶家の関係を追求している。

一九八九年には、『新編岡崎市史　中世　2』[註4]が刊行され、通史的に今川氏と松平庶家の関係が整理された。その後、二〇〇五年の村岡幹生「松平三蔵について」（『安城市史研究』第六号）、二〇〇七年の安城市史編集委員会編『新編　安城市史　1　通史編　原始・古代・中世』（安城市）[註5]によって事実関係の考察がより深められている。

また、『新編岡崎市史』以降、二〇〇二年に平野明夫『三河 松平一族』（新人物往来社）を上梓し、さらに『新編 安城市史』が公刊されて、松平氏をはじめとした戦国期三河の研究が深化している。松平氏の研究は、こうした研究状況に留意して考察しなければならない。

今川氏と松平庶家の関係については、史料の残存状況のため、東条松平家に関する研究が中心で、その他の松平庶家については、関連で触れられている程度である。ここでは、東条松平家以外の松平庶家、具体的には、史料的制約によって、長沢松平家・大給松平家・桜井松平家・竹谷松平家・能見松平家・形原松平家を対象とし、その動向を確認する。なお、桶狭間の戦い後の東条松平家と今川氏についてはこれまで触れられていない。そこで、最後に、その動向を確認しておきたい。松平庶家の動向を、今川氏との関係の中で確認することによって、当該期における松平氏の状況の一端を明らかにしたい。

一　長沢松平家

長沢松平家の出自については、「寛永諸家系図伝」が不詳としているように[註6]、近世初頭には伝承を失っており、明確でない。信光の子親則を祖とするのが一般的ながら、親則が拠点とした長沢は豊田市域であり、豊川市域の長沢を拠点とした松平庶家とは別系統との見解を提示したことがある。[註7]これへの反証は得られていない。したがって、ここでは親則の後裔とはしない。

松平一族で、長沢を拠点としたことが明確なのは、文亀元年（一五〇一）八月十六日付け松平一門連判状（大樹寺文書）[註8]に連署する長沢七郎親清が最初である。文書の性格によって、松平一族と考えられる。その後、天文十五年（一五四六）三月十日に松平広忠から味方であることを賞して所領を与えられた長沢孫三郎がいる（記録御用所本古文書[註9]。「寛永諸家系図伝」は、信重の項にこの文書を掲げているものの、その系譜は信重から始められており、[註10]出自が記されていない。確証はないものの、松平一族と考えてよかろう。桶狭間の戦い後の永禄五年十二月、松平元康が三河国東条本地内の所領を与えたのは、長沢の浄賢・源七郎に対してである（徳川恒孝氏所蔵文書）[註11]。浄賢は天文二十一年六月十日付けで大樹寺へ田地を寄進した際に「松平三郎右衛門入道浄賢」と署名している（大樹寺文書）[註12]。また、永禄五年八月六日付け松平元康判物（徳川恒孝氏所蔵文書）[註13]の宛名に松平源七郎とあり、康忠に比定される。二人が松平一族であることはまちがいない。「寛政重修諸家譜」によれば、浄賢と康忠は祖父・孫である。[註14]

親清・孫三郎・浄賢・康忠が、どのような系譜関係にあるのかは明確ではない。しかし、親清以降、長沢に松平一族が拠っていたことは否定し得ないであろう。そして、この長沢は、松平一族の拠点分布からして、現在豊川市域に属する長沢と見られる。

このように捉えるならば、今川氏が三河へ進出してきた天文十五年ごろに、長沢に松平一族がいたとしてもよかろう。

天文十五年十月、今川氏によって東三河の要衝今橋（吉田）城が攻略された。これによって、近接する地域に拠点を置く松平庶家は直接的に脅威を受けることになる。長沢松平家は、今橋城攻撃の最中に今川氏への対応を迫られた。

牛久保を拠点とする牧野保成は、天文十五年九月二十八日付けで所領に関する条目を今川氏へ提出した（松平奥平家古文書写）[註15]。その中に「長沢」をめぐる条項がある。まず「長沢」が敵対し、それを成敗したならば、「長沢」の所領を一円に授かりたいとする。そして、「長沢」が味方したならば、下条之郷・和田之郷・千両（上下）・大崎郷・佐脇郷（上下）・六角郷の都合八〇〇貫文余を授かりたいと記している。

ここから、天文十五年九月末の時点で、「長沢」は今川氏と敵対するのか、味方するのか去就がはっきりしていないことが明らかになる。また、下条之郷以下の地が、「長沢」の所領ではないことも窺える。下条之郷以下の八〇〇貫文余を、敵対した際の要求である「長沢」の所領一円に対置していることからすると、「長沢」の所領は八〇〇貫文余であったのかもしれない。

ここに見える「長沢」が、牧野氏の拠点・所領範囲からして、現在豊川市域に属する長沢を指していることはまちがいない。したがって、これは長沢松平家に関する記述と解釈できる。

今川氏の今橋城攻撃中は、去就を鮮明にすることができなかったのである。その後、今川氏に敵対する。同文書の裏書に、長沢松平家が敵になったと記している。この裏書は、十一月二十五日付けで朝比奈泰能・同親徳という今川氏の重臣が認めたものである。そこには、松平蔵人佐・安心軒が在駿府（「在国」と表現）の際に、今川義元の判物を与えられたので相違ない旨も記されている。

松平蔵人佐は、官途名からすると、信孝に比定される。天文十五年十一月ごろの信孝は今川氏と連携していたのであろうか。長沢松平家は、それに敵対しているので、松平一族の中で対立関係が存在したことはまちがいない。そして、このころ信孝と対立していたとされるのは、松平宗家の広忠である。広忠は反今川だったのであろうか。この点、通説とは異なる。後考を俟ちたい。

この後、長沢城は今川氏方の城として見える。天文十六年かと推定される八月二十六日付け牧野田三郎（保成）宛太原崇孚書状写（奥平松平家古文書）[註16]に、長沢へ五〇ばかりの兵を駐屯させ、田原城とともに四番制とするよう指示が示されている。天文二十年七月四日には、今川義元が家臣の匂坂長能へ長沢在城を命じている（今川一族向坂家譜）[註17]。このような状況からすると、長沢松平家は今川氏に敵対して敗北し、長沢城を退居したと想定される。

長沢松平家が長沢に復帰するのは、桶狭間の戦い後かと推定される。浄賢・源七郎が、永禄五年十二月、東条本地内の所領を元康から与えられた際の宛所に「長沢」と冠されたのは、その頃復帰したためとも考えられよう。この間、長沢松平家は牢人していたのかもしれない。松平庶家の牢人の事例として、天文十六年ころの形原松平家広がいる（後述）。

長沢松平家は、天文十五年の今川氏の三河侵攻に際して、今橋城落城以前に去就を鮮明にせず、落城後敵対して敗れた。その後は牢人し、永禄五年ころ領主として長沢に復帰した。

二　大給松平家

大給松平家は、信光の次男乗元を祖とするとされる。[註18]現在豊田市域に属する大給を本拠にした。当該期の当主は親乗である。親乗の名乗りは、後述の松平親乗書状によって確認できる。

大給松平家と今川氏との関係については、天文二十一年六月三日付け松平甚太郎（忠茂）宛今川義元感状（観泉寺文書）[註19]が、年紀の明確な史料としては初見である。いずれの先行研究も指摘しているように、大給松平家は今川氏に敵対し、同年（天文二十一年）五月二十六日に大給城を攻撃されている。また、弘治元年（一五五五）九月十四日にも、今川氏の攻撃を受けている。[註20]天文二十一年・弘治元年には、大給松平家が今川氏と敵対していたといえる。

それでは、大給松平親乗は、天文二十一年以前から今川氏と敵対していたのであろうか。

七月二十二日付け良知善右衛門尉宛由比光綱・朝比奈親徳連署書状（本光寺常盤歴史資料館所蔵文書）[註21]には、親乗が長々駿府に滞在しているとあり、その目的を大給松平家中のこと、なかでも親乗弟の次右衛門の申し様への対応としている。八月九日付け田嶋新左衛門尉宛松平親乗書状（同）[註22]では、訴訟のために在駿府しており、終息の見通しを述べている。田嶋新左衛門尉は、親乗留守中の大給に居て、大給家中の統制にあたっていたことが、八月二十日付け田嶋新左衛門尉宛松平親乗書状（同）[註23]に窺える。今川家臣の由比光綱・

朝比奈親徳は、「只今大給用心大切」と大給への警戒感を示しており、とくに吉田に置かれている子息を親乗が奪い取るとの噂があるので警戒するよう注意している。このころ大給松平親乗は、今川氏に従っていたものの、一部の家臣から警戒されるような状況であったといえる。

その時期については、八月九日付け親乗書状に「竹千世吉田之内」と、家康が人質として吉田に居ると記されているので、家康が今川方へ人質となった天文十八年から、元服する弘治元年までの間と考えられる。そして、今川氏と大給松平親乗が戦闘状態となる天文二十一年・弘治元年以外である。ここから、これらの文書は天文十八年から同二十年までの間と推定できよう。由比光綱・朝比奈親乗の警戒感からすると、戦闘状態となる直前であろうか。あるいは天文二十年かもしれない。

天文二十年以前の大給松平親乗は、今川氏に従っていたものの、敵対の動きがあったということであろう。それが、天文二十一年には戦闘状態にまで至り、弘治元年まで断続的に戦闘が行なわれていたと想定される。

ところが、弘治二年ごろには、今川氏に降伏したのであろうか。いずれにしても、味方となっている。弘治三年正月五日以前から二月二十九日以降まで、駿府に滞在している（言継卿記）[註24]。

この後は、大給松平家が今川氏に敵対したことを窺える史料はない。むしろ、大給松平親乗は、桶狭間の戦い後も今川方であった可能性がある。

元康が六月三日付けで松平久助信乗へ与えた判物写（譜牒余録）[註25]は、親乗の所領を信乗へ与えたものであり、大給が牢人していると記している。この文書は、署名に「岡蔵元康」とあるので、永禄三年から同六年までと推定されている。また、永禄七年七月二十四日付け周防守（松平）宛松平家康判物写（譜牒余録）[註26]に「若又大給与此方敵味方ニ成候共」と、再び大給松平親乗と敵味方になったとしてもと、これ以前に家康と親乗は敵対していたことが記されている。この文書は、周防守へ大給領にあった所領の替地を与えているものである。これは、親乗が家康方になったことによって生じた所領替えと推定される。このころ親乗は家康方になったのであろう。永禄七年という時期からすると、あるいは親乗は三河一向一揆に加担して家康と戦い、敗北して家康に従ったのかもしれない。

大給松平親乗は、天文二十年以前は今川氏に味方していたものの、反抗心が見えていた。そして、天文二十一年・弘治元年には敵対し、戦闘状態にあった。しかし、弘治二年ごろからは今川氏へ出仕し、桶狭間の戦い後も、引き続き今川方として家康と敵対した。そのため一時期牢人し、永禄七年ごろ、家康に従った。

三　桜井松平家

桜井松平家は、親忠の子親房を祖とするものの、親房に子がなく、信定が跡を継いだと想定されている。[註27]信定の跡は、清定・家次と継承されている。[註28]桜井は、現在安城市域に属する。

桜井松平家と今川氏の関係を示す史料は、弘治二年九月二日付け松平亀千代（家忠）宛今川義元判物（観泉寺文書）[註29]が唯一である。この文書は、三河国下和田（岡崎市下和田町）の知行権をめぐる桜井松平家次と東条松平忠茂の相論に対する今川義元の裁決である。その内容を要約すると、つぎのようになる。

下和田は、桜井松平家の元からの知行地であると、桜井松平家次が今川氏へ出訴した。提訴後二〜三年間、当事者双方に、論所の所務関与を禁じられた（したがって、出訴は、天文二十三年か弘治元年かである）。審理の結果、元からの知行地との証文は桜井松平家・東条松平家双方にない。ただし、東条松平家は義春の代から二一年間年貢を収納してきたので、東条松平忠茂（弘治元年戦死）の子家忠の知行地であると裁決した。

桜井松平家と東条松平家との関係をめぐっては、すでに検討したことがある。[註30]ここでは今川氏と桜井松平家との関係に着目したい。桜井松平家次は、天文二十三年か弘治元年に、東条松平家との所領争いを今川氏へ出訴している。これは、桜井松平家が今川氏を上位権力と位置付けていたことの表われである。そして、この訴訟に松平宗家あるいは宗家の家臣が関与していた形跡は見られない。今川氏が、桜井松平家・東条松平家を直接支配下に置いていたと捉えられる。

桜井松平家次は、天文二十三年か弘治元年以前から、弘治二年以降まで、今川氏に直接従属する立場にあった。

四　竹谷松平家

竹谷松平家の祖は信光の子左京亮であり、その子は弥七郎秀信である。[註31]左京亮は、一般に守家とされている。しかし、秀信の名は「寛永諸家系図伝」「寛政重修諸家譜」に見えない。「寛永諸家系図伝」「寛政重修諸家譜」は、守家の後を、守親・親善・清善としている。[註32]当該期の当主は清善である。竹谷は、現在蒲郡市に属している。

竹谷松平清善は、今川義元から、弘治三年十二月十二日に、二〇年来の借銭・借米の徴収を認められた（竹谷松平家文書）。[註33]これは清善の要求に義元が応えたものであろう。したがって、このころ今川氏を上位権力としていたといえる。

今川氏との関係は、以後も継続したと推測される。永禄四年と推定される正月十四日付け松平玄蕃頭（清善）宛今川氏真書状（竹谷松平家文書）[註34]は、年頭の祝儀に対する返礼である。清善は、桶狭間の戦い後も、今川氏との関係を継続していたのである。

永禄四年正月、松平宗家の家康はすでに今川氏と敵対関係にあった。[註35]それに対して竹谷松平清善は、依然今川氏へ年頭参賀を行なっていた。家康とは行動を異にしていたのである。清善の動向には、拠点の地理的な位置が影響していたと考えられる。竹谷の位置は、今川氏の三河における拠点の吉田に近い。岡崎に比べ、より脅威を受ける距離である。そのため桶狭間の戦い直後に今川氏との関係を絶つことはできなかったのであろう。

竹谷松平清善が家康方となるのは、永禄四年四月以降ではなかろうか。永禄四年四月十一日未明から十二日早朝に、牛久保の牧野氏が今川氏に対し反逆の旗幟を鮮明にしている。(註36)これによって吉田からの脅威が薄れたと考えられる。そうした状況の中で、竹谷松平清善は、家康方になったのであろう。

竹谷松平清善は、弘治三年以前から今川氏に属し、桶狭間の戦い後まで今川方であった。そして、永禄四年四月以降に家康方となった。

五　能見松平家

能見松平家は、信光の子光親を祖とするとされているものの、同時代史料が見られず、確認ができない。(註37)当該期の当主は、次郎右衛門重吉とされている。(註38)

重吉は、永禄元年四月十二日に今川義元から、感状を与えられている(譜牒余録・記録御用所本古文書)。(註39)これは、寺部城の鈴木日向守鎮圧に対する戦功に対して与えられたものである。

鈴木日向守は、永禄元年二月、寺部城(豊田市)で蜂起した。これに広瀬の三宅氏なども同調している。能見松平重吉は、今川氏の部将匂坂長能や松平元康(初陣と伝えられる)・上野の酒井忠尚らとともに鎮圧にあたった。(註40)

能見松平重吉は、鈴木日向守の逆心に際して奔走し、日向守を寺部城から攻め落とし寺部城を奪取した。親類や被官たちが守っていたところに、鈴木日向守が再び入城を図ったので戦闘に及び、重吉は傷を蒙った。さらに重吉の子息半弥之助と被官の名倉が討死している。こうした戦功に加えて、年来の忠勤を申し出たので、寺部領内で一〇〇貫文の地を扶助された。ただし、在所については寺部が落着したら申し付けるとしており、感状を与えられた時点では決まっていない。

義元感状に見られる能見松平重吉の行動には、ともに出陣したとされる松平元康の部将としての行動は窺えない。今川氏直属軍としての行動と捉えられる。そして、今川氏では被官等への感状も主人宛に出されることからすると、(註41)能見松平重吉は、松平元康を介してではなく、今川氏に直接従っていたといえる。重吉は、年来の忠勤も申し出ているので、永禄元年以前から、今川氏に従っていたのであろう。

能見松平重吉は、永禄元年以前から、今川氏に従っていた。

六　形原松平家

形原松平家は、信光の子与副を祖とし、貞副・親忠・家広と継承されたとするのが一般的である。(註42)このうち、同時代史料で確認できるのは、家広のみである。家広は、天文十六年閏七月二十三日付け竹谷与次郎(松平清善)宛証状写(竹谷松平家文書)(註43)に、「形原又七家広」と署名している。形原は現在蒲郡市に所属する。家広の証状は、つぎのようなものである。

今度牢人して竹谷松平清善へ頼んだところ、さまざまに配慮してくれて、特に過分にしてくださり、進退を続けることができ本望です。いろいろな忠節は余りにもありがたいので、於平（額田郡）で五〇貫文を永代遣わします。その知行については子々孫々まで異論を言いません。また成り行きで牢人したときに方々へ渡した知行地が取り戻せても、清善へ渡した知行については異論は言いません。さらに天文十六年以前の借り物が多くなっていたところ、於平の知行地を遣わしたことで置いておくことになり、たいへんありがたいです。このようにいろいろな忠節に対する礼として知行を遣わします。今後も疎略にしません。

形原松平家広は、天文十六年閏七月以前に牢人し、竹谷松平清善の世話で領主に復帰したことが窺える。牢人の原因については触れられていないものの、天文十六年閏七月以前となると、今川氏の今橋城攻略直後といえる。形原の地理的位置を考慮すると、今川氏に追われたためと想像される。

形原松平家広は、今川氏の三河侵攻に敵対して敗北し、竹谷松平清善の尽力で領主に復帰したと想定される。その後は、今川方となったのであろう。

弘治三年七月二十三日、今川義元は、小嶋源一郎（正重）に、陣番などを「形原」へ与力のように勤めよと指示している（某氏所蔵文書）[註44]。この「形原」は、松平家広を指すのであろう。このころ、家広が今川氏に従っていたことを窺える。

この後の家広に関する史料としては、永禄五年十二月十七日付け松平薩摩守（家広）宛松平元康判物写（譜牒余録）[註45]がある。このころ家康に従ったと推定される。

形原松平家広は、当初今川氏の三河侵攻に敵対して敗北し、牢人となった。領主復帰後は今川方となり、永禄五年以前に家康に従った。

七　東条松平家

東条松平家は、松平長忠の子義春を祖とし、忠茂・家忠と継承される[註46]。東条松平忠茂・家忠は、天文二十年・同二十一年・弘治二年に今川氏直属の部将として行動していることが確認されている[註47]。忠茂の兄甚二郎が反今川として行動しているものの、忠茂・家忠父子は一貫して今川氏に従っていたと考えられる。

桶狭間の戦い後の永禄四年、東条松平家忠は、今川氏真のもとへ年頭の参賀を行なっている。氏真からの返礼が、三月十日付けで出されている（松井家文書）[註48]。このころまで今川方として行動していたのであろう。東条松平家忠が家康方となるのは、竹谷松平清善と同様、永禄四年四月十一日未明から十二日早朝に、牛久保の牧野氏が今川氏に対し反逆の旗幟を鮮明にして以降ではなかろうか。牛久保牧野氏の反逆が、三河諸氏へ与えた影響は大きかったと思われ、三河諸氏の多くが、家康方となったと想定される。それだけに氏真にとっても衝撃だったであろう。氏真は、後年「岡崎逆心」の日と記憶している[註49]。

東条松平忠茂・家忠は、天文期から永禄四年四月ころまで、今川氏に属していた。そして、永禄四年四月以降に家康方になった。

おわりに

以上、松平庶家のうち、今川氏との関係を示す史料が残存する庶家について動向を確認した。その結果を要約すると、つぎのようになる。

牢人した長沢松平家を除くと、天文末か、弘治以降は、今川氏に属していた。それは、松平宗家を介するのではなく、直属の立場であり、桶狭間の戦い後も継続していた。そして、永禄四年四月、牛久保牧野氏が家康方となったことを契機として、松平庶家の多くも家康方となった。

こうした松平庶家の動向を基に、当該期における松平氏について若干考察したい。

松平庶家のこうした動向は、新行紀一『一向一揆の基礎構造』が、今川領国三河の特質として挙げた六点のうちの一点である松平家臣団の解体・再編を行っているに該当すると理解されてきた。[註50] その前提として、松平庶家は、松平宗家（惣領家）に従う存在という江戸時代以来の理解に立っていたといえる。

松平庶家の存在形態を追究することは、史料的制約によって困難ながら、松平庶家は、松平宗家から独立した家として理解し、検討する必要がある。宗家の家康が、桶狭間の戦い直後に今川氏から自立していたにもかかわらず、今川氏との関係を桶狭間の戦い後も継続していた庶家が多いという本稿の検討結果は、そのことを端的に示している。家康と松平庶家に関する史料は、永禄三年以前にほとんど見られない。わずかに見られる八月九日付け田嶋新左衛門尉宛松平親乗書状にも主従関係を窺わせるような表現は見られない。一族の盟主ではあっても、主従関係にはなかったのであろう。

松平庶家は、それぞれ独立していたのである。宗家と庶家との関係は、文亀元年八月十六日付け松平一門連判状に表れた一族一揆の形態[註51]が継続していた。こうした庶家との関係に基づくのであろうか。宗家は、一族に拠らない、家臣による権力機構を構築していった。[註52]

松平庶家は、それぞれ独立した家であった。それゆえに独自の行動をし、結果として今川氏と個々に主従関係を結んだ。今川氏三河領有期の松平氏は、一族内では、一族一揆的な形態が継続していた。宗家は、独自に権力機構を整え、戦国大名化を進めていたのである。

註

（1）第二部第一章「観泉寺所蔵今川文書」第二節「東条松平文書」（花田雄吉執筆）

（2）信光の子義春から始まる系統は、東条松平家と呼称されている。これに対して、永禄七年以前は青野を拠点としており、しかも東条を拠点とするのは家忠一代であるので、青野松平家と呼称するのが正しいとの意見がある（新編岡崎市史編集委員会編　一九八九年『新編岡崎市史　中世　2』新編岡崎市史編さん委員会　七七〇頁）。しかし、ここでは系統の呼称として、東条松平家としておく。

(3) 大久保俊昭　二〇〇八年『戦国期今川氏の領域と支配』岩田書院に第二部「今川領国における国人・土豪層の動向と存在形態」第三章「三河国の在地動向」として再録。

(4) 第三章「戦国動乱期の岡崎」第四節「今川支配下の岡崎」（新行紀一執筆）

(5) 第一〇章「戦国期」第五節「今川氏統治の時代」（村岡幹生執筆）

(6) 斎木一馬ほか校訂　一九八〇年『寛永諸家系図伝　第一』続群書類従完成会　一八五頁

(7) 平野明夫『三河 松平一族』一一一〜一一二頁

(8) 愛知県史編さん委員会編　二〇〇九年『愛知県史　資料編10　中世3』愛知県　六一四号

(9) 『愛知県史　資料編10　中世3』一五七〇号

(10) 『寛永諸家系図伝　第一』一八七頁。なお、「寛政重修諸家譜」は信重を親清の次男に掲げ、親清の没年と信重の生年が整合しないものの、暫時寛政期提出の家譜に従うとしている（高柳光寿ほか編集　一九六四年『新訂 寛政重修諸家譜　第1』続群書類従完成会　二一〇頁）。

(11) 愛知県史編さん委員会編　二〇〇三年『愛知県史　資料編11　織豊1』愛知県　二六七号

(12) 『愛知県史　資料編10　中世3』一八三四号

(13) 『愛知県史　資料編11　織豊1』二三四号

(14) 『新訂 寛政重修諸家譜　第1』二一〇〜二一一頁

(15) 『愛知県史　資料編10　中世3』一五七八号

(16) 『愛知県史　資料編10　中世3』一六二八号

(17) 『愛知県史　資料編10　中世3』一七九一号。なお、後世の史料（「松平記」「参河国聞書」）に拠るものの、音羽町史編さん委員会編　二〇〇五年『音羽町史　通史編』音羽町は、永禄四年六月ころ今川氏の城代として糟谷・小原が長沢城におり、同年八月家康が攻略したとする（「中世」第三章「戦国動乱と東三河」第四節「中世の城館」一三九頁）。

(18) 平野明夫『三河 松平一族』一〇七〜一〇八頁参照。なお、「寛永諸家系図伝」「寛政重修諸家譜」は、乗元を親忠の子に掲げる（『寛永諸家系図伝　第一』一五一頁・『新訂 寛政重修諸家譜　第1』二一一頁）。しかし、親長とともに、信光の子とするのが正しいであろう。両書とも、乗元の後を、乗正・乗勝・親乗・真乗とする（『寛永諸家系図伝　第一』一五一〜一五二頁・『新訂 寛政重修諸家譜　第1』五四〜五五頁）。しかし、世代的に、一代脱落している可能性がある。

(19) 『愛知県史　資料編10　中世3』一八三三号

(20) 弘治二年二月二十九日付け天野小四郎（藤秀）宛今川義元感状（天野文書〈『愛知県史　資料編10　中世3』二〇〇七号〉）

(21) 『愛知県史　資料編10　中世3』二〇六一号

(22) 『愛知県史　資料編10　中世3』二〇六二号

(23) 『愛知県史　資料編10　中世3』二〇六三号

(24) 『愛知県史　資料編10　中世3』二〇四三号。言継が三月一日に駿府を出立するため、親乗は前々日の二月二十九日に暇乞いをしている。

(25) 『愛知県史　資料編11　織豊1』一六〇九号

(26) 『愛知県史　資料編11　織豊1』三八五号

(27) 平野明夫『三河 松平一族』一五一頁

(28) 平野明夫『三河 松平一族』一九二頁

(29) 『愛知県史　資料編10　中世3』二〇二九号

(30) 平野明夫　二〇一〇年「桜井松平家と東条松平家の所領争い」『戦国史研究』第五九号

(31) 平野明夫『三河 松平一族』一一五頁

(32) 『寛永諸家系図伝　第一』一〇六〜一〇七頁、『新訂 寛政重修諸家譜　第1』一一七〜一一八頁

(33) 『愛知県史　資料編10　中世3』二〇八四号

(34)『愛知県史　資料編11　織豊1』七四号。平野明夫　二〇〇六年　『徳川権力の形成と発展』岩田書院　二二三～二二四頁注（17）では、永禄三年の可能性も指摘した。それは徳川家康と竹谷松平清善が同調していることを前提とするものであった。ここでは永禄四年の文書として扱う。

(35)平野明夫『徳川権力の形成と発展』第二章「織豊大名徳川氏」第一節「徳川氏と織田氏」一「織田・徳川同盟の成立」1「家康自立の時期」

(36)永禄四年四月十六日付け稲垣平右衛門尉（重宗）宛今川氏真朱印状（稲垣平右衛門・同藤助文書〈『愛知県史　資料編11　織豊1』一〇六号〉）

(37)平野明夫『三河 松平一族』一一四～一一六頁

(38)「寛永諸家系図伝」「寛政重修諸家譜」は、光親のあとを、重親・重吉とする（『寛永諸家系図伝　第一』一三八～一四〇頁・『新訂 寛政重修諸家譜　第1』一七八～一七九頁）。光親が信光の子であれば、世代的に見て、一～二代脱落している可能性が高い。なお、重吉の仮名の次郎右衛門は後述の今川義元感状写によって確認できるものの、実名は確認できない。

(39)『愛知県史　資料編10　中世3』二〇九六号。本文書は、譜牒余録と記録御用所本古文書で多少の異同がある。本稿では、つぎのように解釈した。

　今度鱸日向守逆心之刻走廻、日向守楯出寺部城請取候、其上親類・被官就相替、日向守重而令入城処、相戦蒙疵、殊息半弥之助・同被官名倉遂討死罷在候、然者年来別而奉公之筋目令言上候間、於寺部領内百貫文之地令扶助畢、在所相定之儀者寺部落着之上可申付、守此旨弥可抽忠功之状如件、

　永禄元年戊午四月十二日　治部大輔居判

　　松平次郎右衛門殿

(40)寺部城攻防については、『新編 安城市史　1　通史編　原始・古代・中世』六二〇～六二一頁を参照。

(41)（天文十六年）十一月十三日付け天野安芸守（景泰）宛飯尾元時書状（天野文書〈久保田昌希・大石泰史編『戦国遺文　今川氏編 第一巻』東京堂出版、二〇一一年、八五二号〉）に「何も被官衆之事ハ、主人への当所にて候」とある。平野明夫『徳川権力の形成と発展』九七～九八頁注（74）参照。

(42)『寛永諸家系図伝　第一』一一二頁・『新訂 寛政重修諸家譜　第1』二二六～二二七頁

(43)『愛知県史　資料編10　中世3』一六二六号

(44)『愛知県史　資料編10　中世3』二〇六四号

(45)『愛知県史　資料編11　織豊1』二六一号

(46)平野明夫『三河 松平一族』一九二～一九三頁

(47)大久保俊昭『戦国期今川氏の領域と支配』第二部「今川領国における国人・土豪層の動向と存在形態」第三章「三河国の在地動向」。平野明夫「今川義元の三河支配—観泉寺所蔵東条松平文書を通して—」

(48)『愛知県史　資料編11　織豊1』八一号

(49)氏真の衝撃は、六年後の永禄十年八月五日付け鈴木三郎太夫（重時）・近藤石見守（康用）宛今川氏真判物に記された「去酉年（永禄四年）四月十二日岡崎逆心之刻」という文言に表れている。この文言は、牛久保牧野氏の反逆によって、それに呼応するように、三河諸氏が雪崩を打って家康方になったことへの衝撃と捉えられる。

(50)新行紀一『一向一揆の基礎構造—三河一揆と松平氏—』一八三頁で指摘されて以降、筆者も含めて、ほとんどがこのように理解してきたといえる。

(51)平野明夫『三河 松平一族』一五七～一六一頁参照

(52)平野明夫『徳川権力の形成と発展』第一章「戦国期の松平・徳川氏」第一節「松平宗家と今川氏」で検討し、指摘した。

武田家臣孕石氏と藤枝堤について

前田利久

はじめに

武田家の家臣孕石《はらみいし》氏の最大知行地であった藤枝鬼岩寺《きがんじ》領内藤枝堤（静岡県藤枝市）の再興について、これまでは築堤を通じて新田開発や新村取立てをも行う生産力増大策[註1]、あるいは洪水による田中城への被害をも想定し、築堤を通じた城将による私領への関与[註2]、といった武田氏の積極的な両国支配の例として評価されている。

しかし家臣宛に出された朱印状でありながら、藤枝堤に関するものだけが有力百姓の末裔の家に伝わったことや、この地が水害の常襲地であったことなどを考え合わせると別な捉え方が出来るのではと、再検討を試みた。

一　孕石氏と鬼岩寺領

孕石元泰は、永禄十一年（一五六八）暮れの武田信玄による駿河侵攻に際し、武田方に帰属して翌年正月に所領を安堵された[註3]。同年四月、戦況の悪化により、信玄は占領地に兵を残して一旦甲斐へ退却することとなったが、その際信玄は、元泰を繋ぎ止めるために駿河の地一八貫文余りを加増した[註4]。さらに同年暮れの信玄再度の駿河攻めの際に蒲原城攻略に戦功を立てた元泰は信玄から感状を受け[註5]、「於于駿州別而一所可宛行所領候」と、駿河国内での所領宛行いを約束された。それが履行されたのは翌年三月のことであった。

【史料①】　武田信玄判物[註6]（「孕石家文書」）

定　　駿州

一、拾壱貫六百四拾五文　池田郷幷大慈悲院共ニ
一、八拾壱俵　同　小黒村
一、八貫文　同　同所
一、拾七俵余　同　池田寺方
一、四貫文　同　同所
一、百五拾貫文　同　鬼岩寺領
一、弐百俵壱斗五升　同　足洗郷
　此内荻野買得之地共ニ
一、七貫五百文　同　同所
　此内勝路糟屋後藤三輪分禰宜百姓上成共ニ
一、弐貫文　同　馬淵之内
　庵原比宮永地
一、百三拾俵　遠州　深谷郷
一、五拾貫文　同　社山
一、三拾五貫文　同　飛鳥郷
一、拾弐貫六百文　同　井尻　孕石
　あかめ　そうれ
一、七拾貫文　同　小和田　萩間　たんま
　手島　坂之右　賀島
　（付箋）「平島」

以上

不諂他別而奉公、殊度々抽戦功候条、神妙候、因茲如此出置者也、仍如件、

元亀二年辛未
三月四日　信玄（花押）
孕石主水佑殿

これによると元泰の知行地は駿遠に散在したが、大きさでは「鬼岩寺領」の一五〇貫文が突出している。この地は永禄十二年の宛行（註7）状の中には見られないことから、先の感状で宛行いを約束した「駿州」での「一所」だったことが分かる。元泰の本貫地がある遠州は信玄が進攻を始めたばかりであるのに対し、鬼岩寺領が所在する西駿河は完全に武田方が掌握していたため、元泰にとって鬼岩寺領は散在する知行地のなかで安定した最大知行地であった。
鬼岩寺は行基開創、空海再興の伝承を持ち、史料的には永仁年間

（一二九三～一二九九）に真言律宗として再興されたことが確認され、また永享四年（一四三二）の足利義教による富士遊覧の際の宿所となったことや、十四～十六世紀にかけての五輪塔や宝篋印塔などの石塔群が存在することで知られる古刹である。(註8) また磯部武男氏によると、平安末から鎌倉初期にかけての歌や紀行文に見られる「ふちえたの里」「藤枝の市」とは鬼岩寺の門前町のことで、これが発展して中世には藤枝宿の中心地となったという。(註9)

　このように鎌倉・室町期に栄えた鬼岩寺とその門前町であったが、永禄十三年正月の武田信玄による山西攻めの際に、一二院あったという塔頭を含め全山が焼討ちや乱取りに遭って衰退した。(註10) 元泰が鬼岩寺領を与えられたのは焼討ちから一年後のことであった。なお、鬼岩寺の本来の呼称は「オニイワジ」で、それが訛って「オニワジ」と呼ばれるようになり、現在でも地元の古老はそのように呼んでいる。

　領主となった孕石元泰は、山県昌景が陣中から元泰に当てた天正三年（一五七五）と推定される四月晦日付書状(註11)に「江尻之用心、無油断仕候得之由申度候」とあることから、この当時江尻城内にいたことが分かる。当時元泰は江尻城主であった山県昌景の「相備衆」としてその指揮下にあったようである。(註12) ところが直後の長篠での武田氏敗戦により、元泰は田中城に移ったと思われる。それは孕石家に伝わる同三年と推定される七月五日付(註13)と同六年と推定される三月二十四日付(註14)の武田勝頼書状が傍証となろう。すなわち、前者は田中城を守備していた山県昌満に宛てたもので、後者は当時田中に在城していたと思われる穴山信君に宛てたものである。いずれも徳川に対する東遠・西駿地域の諸城の警固強化を命じている。そのための拠点となった田中城の城将のもとに宛てた書状が、最終的に孕石氏のもとに渡ったということから、孕石元泰がその配下として田中城に在ったと推定できよう。田中城には、朝比奈信置・三浦員久など武田家中で「駿河衆」と呼ばれた今川旧臣が在番していたことが確認される(註15)が、元泰も長篠での敗戦を機に田中城に在って、武田家当主の意を受けて前線で実動していたと思われる。田中城と鬼岩寺とは直線で二kmほどの距離関係にあり、元泰は田中城を守りながら、鬼岩寺領を支配したと思われる。

　元泰に鬼岩寺領が与えられて約一年後、元泰は武田家から二通の朱印状を受けた。

【史料②】　武田家朱印状(註16)（「孕石家文書」）

定

如旧規、於于鬼岩寺門前可立市、諸御法度等、重而自奉行衆、
以連判可被相定之旨、厳重之　御下知候者也、仍如件、

元亀三年壬申　山県三郎兵衛尉奉之
二月廿三日（竜朱印）
孕石主水佑殿（元泰）

これは元泰に鬼岩寺門前における市の開設を許可したもので、「旧規」とは焼討ち以前、すなわち今川領国下時代の規定を指すものと思われ、武田氏はさらに奉行衆連判による新たな法度を加えたわけだが、その内容は明らかでない。

【史料③】 武田家朱印状[註17](「平野家文書」)

定

藤枝堤再興之普請可出来間、彼堤故田地耕作之郷中、御普請役御免許候者也、仍如件、

元亀三年壬申 二月廿三日(竜朱印) 山県三郎兵衛尉奉之

孕石主水佑(元泰)殿

追而為堤之普請用所、何之人知行候共、可剪竹木、但叨ニ不可剪之者也、

ここでは損壊した藤枝堤の復旧について書かれているが、内容については後で検討する。

ところで史料②と③は同日に孕石元泰に宛てた文書ながら、前者は孕石家に伝わり、後者は後掲する④の文書とともに藤枝の平野家に伝わった。孕石氏に宛てられた武田家の文書はまとまった形で孕石家に伝わり、その後分家に伴い文書が分割され、その際に写しが作成されたようである。[註18] しかし③と④の文書については写しが存在しないことから、武田家から発給されると直ちに元泰の手から離れたことが推定される。

一方、両文書を所有する平野家には依田信蕃に宛てた武田家の朱印状(後掲⑥文書)がもう一点存在し、これらはすべて藤枝堤の普請に関する点で共通している。

二　藤枝堤の所在地

藤枝堤の所在地について小川隆司氏は、「瀬戸川の堤防であることは間違いないが、どこに築かれていたか定かでない」としたうえで、「藤枝堤は瀬古・音羽町付近より下流にかけて築かれていたものと推定される」と述べ、下流については具体的に示されていないが田中城の南方に位置する「築地」「堤内」の字名にも注目し、想定地はかなり広範囲にわたっている。[註19] 小川氏はその後別稿で、史料②をもとに「信玄が鬼岩寺の門前市を旧来のように立てることを命じているのは、洪水によって鬼岩寺門前の町家が流されてしまったと考えれば、堤防が決壊した場所は鬼岩寺西南方の瀬戸川左岸であったことになります」と、「決壊した場所」として具体的な位置を想定している。[註20] 結論から言えば小川氏の想定場所、位置的には筆者も同感である。しかし史料②の門前市再開に関する解釈については先に触れたとおり全く異なる。小川氏の解釈によれば、「旧来」とは「洪水」による被害の前ということになり、言い換えれば洪水前には門前市が行われていたことになろう。しかしそれならば何故

再開にあたり新たに武田家奉行衆による「諸御法度」が定められなければならないのか理由付けが難しい。やはり、先述のとおり、「旧来」とは武田氏による焼討ち以前、すなわち今川領国下での門前市を指すものであろう。そもそも門前市は、その主体となる鬼岩寺とその門前が復興していなければ開設は不可能である。孕石氏が鬼岩寺領を武田信玄から給与されたのは焼討ちから一年後の元亀二年（一五七一）三月のことで、寺をはじめその周囲はかなり荒廃していたことと思われる。

そこで別な見地から藤枝堤の所在地を検討してみたい。まず鬼岩寺領については、少なくとも近世の鬼岩寺村と重なると思われる。北は鬼岩寺の背後の山から南は瀬戸川まで、東は東海道藤枝宿の上伝馬町・川原町から現在の藤枝中学校敷地にまで及ぶ。この間に瀬戸川左岸から分水して瀬戸川沿いに「藤枝川」が流れていること、さらにこの「藤枝川」の名の由来は「淵枝川」で、それが「藤枝」の起源になったとする説[註21]などを踏まえると、藤枝堤は現在の勝草橋付近から西へ一・二kmほどの間の堤防を指していたと推定される。ここから二・三kmほど上流、一・五kmほど下流にかけての瀬戸川は河床が高いため、伏流水が周囲に湧出する代わりに川の流水量は少なく、渇水期には完全に干上がってしまう。反面大雨ともなればたちまち増水する。藤枝堤の推定地から六〇〇m余り北上すると鬼岩寺の門前となるが、門前あたりの海抜は二七m、堤防までの途中が二六mであるのに対し、延長線上にある瀬戸川の河床は二八mある（図参照）。すなわち藤枝堤が築かれた辺りの瀬戸川は、完全な天井

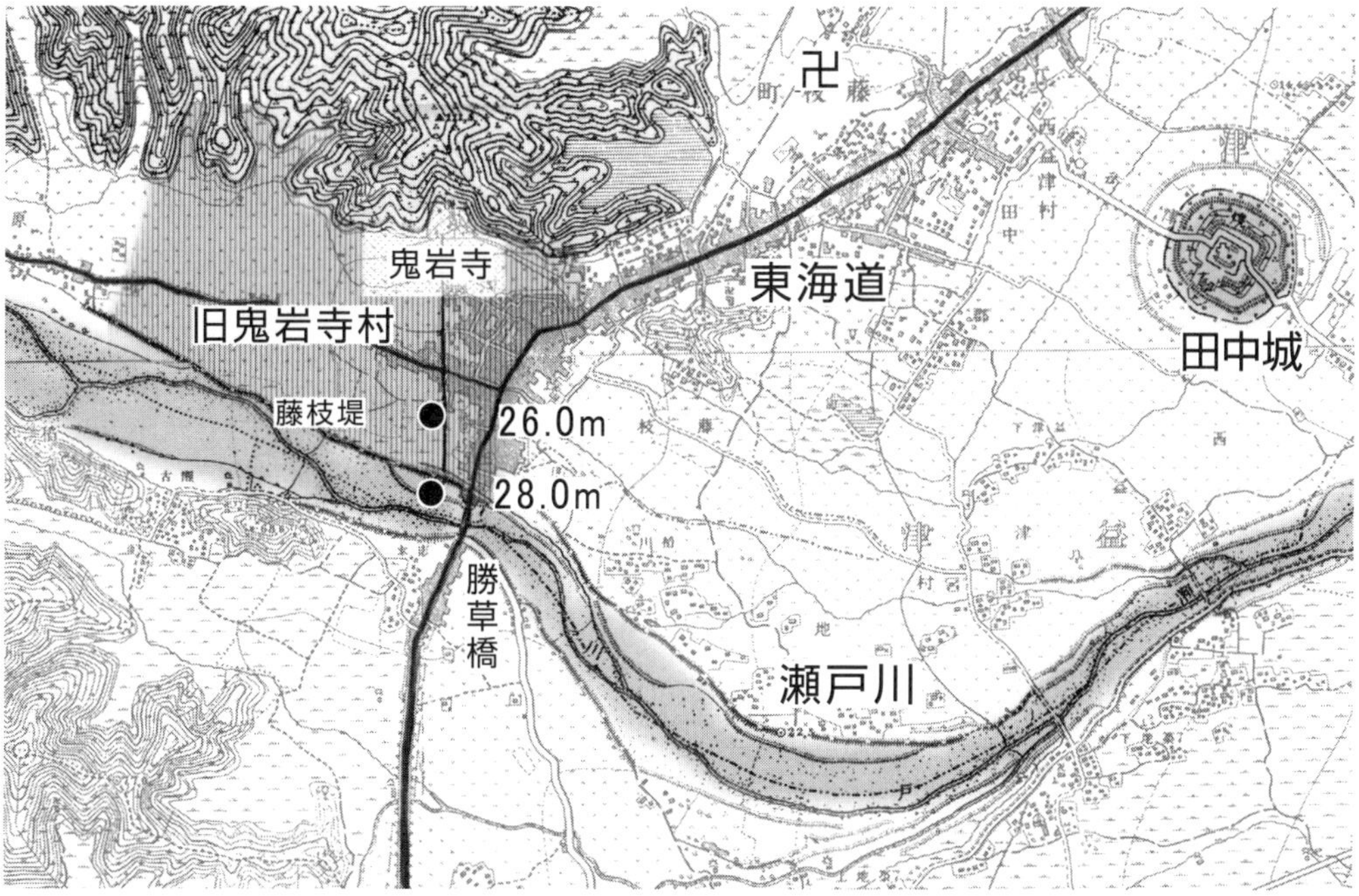

鬼岩寺と瀬戸川（数字は●地点の海抜を示す）

川となっている。しかもこの辺りが最も川幅が狭く、近世には東海道の渡渉地となっていた。このため鬼岩寺領内は川の増水のたびに水が堤を超えたり、堤が決壊するという危険に晒されていたわけで、ひとたび水が堤の外に流出すれば場所によっては田畑が水没してしまう地域もあったであろう。現在同所の堤防下には二体の「河除延命地蔵」が祀られており、ここがかつて水害の常襲地であったことを物語っている。

三　藤枝堤と有力百姓「おにわじ」

藤枝堤に関する武田家の朱印状を所蔵する平野家には、さらに慶長四年（一五九九）の横田村詮の屋敷安堵状が伝わり、その内容は藤枝堤の川除に関するものである。当家は近世に田中藩領鬼岩寺村の庄屋を務め、また家伝によればかつて鬼岩寺の政所を務めており、屋号は鬼岩寺の呼称と同じ「おにわじ」と称したという。当家は天正十九年の某忠清諸役免許状で「おに岩寺方政所之儀ニ候条」として夫役伝馬役等を免除されていることから、戦国期においては鬼岩寺領内を束ねる有力百姓であったと推定される（以後戦国期の平野家のことを便宜上「おにわじ」と表記する）。

そもそも堤防が損壊すれば、領主や国主から命ぜられるまでもなく直ちに復興に取り掛かるのがそこに生きる百姓たちである。しかしその復興の障害となったものが、武田氏から課せられた普請役であった。おそらく今川氏統治下の鬼岩寺領は諸役が免除されていたものの、寺領が孕石氏の給地となったことから課役の対象地となったのであろう。藤枝堤再興に関する初見となる史料③は、時期的に雨期からかなり外れているため、堤が損壊したのは前年のことと思われる。当然百姓たちによって自衛のために復旧作業が行われていたものと思われるが、その一方で武田家から普請役が課せられ、そのため復旧が遅延してこのまま雨期を迎えるわけには行かない逼迫した状況下にあったものと思われる。

また堤の修復は急を要する工事でありながら、それに必要な用材の確保が困難であったことが追而書によって読み取れる。藤枝堤の上流下流では、今川家が他人の山林や屋敷地内の竹木を用材として伐り出す「見伐」行為を禁止している事例がいくつか見られ、稲葉郷の土豪岡村氏のように「河除見伐」を禁ずる朱印状を得た者もいる。これに対して鬼岩寺領藤枝堤の場合は、その「河除見伐」が認められたものである。

したがって武田家が孕石元泰に与えた朱印状（史料③）の内容は、鬼岩寺領の百姓に普請役免除と河除見伐を認める特権付与であり、これは鬼岩寺領の有力百姓「おにわじ」が領主孕石元泰に愁訴し、元泰から山県昌景を介して武田家から付与されたものであろう。それゆえこの特権の根拠となる武田家朱印状は「おにわじ」が所持していなければならなかったのである。

但しこの特権は災害時における救済措置であるため、その時限りのものであった。このため天正七年五月、堤が再び損壊したことにより新たに同内容の朱印状が必要となった。

【史料④】 武田家朱印状（註26）（「平野家文書」）

定

藤枝堤再興之普請可出来間、彼堤故田地耕作之郷中、御普請役
有御免許之由、被　仰出者也、仍如件、
追而、為堤之普請用所、何人知行ニ候共、可剪竹木、但叨不可剪採者也、

天正七年　　　　土屋右衛門尉
五月十一日（竜朱印）　　奉之
　　孕石和泉守殿（元泰）

文言に若干の相違はあるものの③の文書と全く同内容である。しかしそれから五ヵ月後、孕石元泰は次のような朱印状を武田家より受けた。

【史料⑤】 武田家朱印状写（註27）（「孕石家文書」）

定

知行藤枝郷鬼岩寺分田畠、至無開発者、新百姓可申付之、然者
市場并伝馬屋敷等、縦雖従前々抱来、出置于田畠、開作之族可勤
奉公者也、仍如件、

天正七年　　　　山県三郎兵衛尉
十月廿一日（獅子朱印影）□　　奉之
　　孕石和泉守殿（元泰）

堤の復旧は生命にかかわることなので遂行されたものと思われるが、⑤の文書からは田畑の開発が滞っていたことが分かる。その背景には小川氏が指摘（註28）しているように徳川家康による侵攻であったと思われる。当地は前年より徳川勢の侵攻を受けるようになり、田中城周辺では刈田が行われたりもした。徳川勢が田中城を攻めるにあたっては、瀬戸川を渡らねばならないが、前述のように藤枝堤付近が最も川幅が狭く水量が少ないのでここが渡渉地となった可能性が高い。しかも田中城は四方を湿地に囲まれた平城であり、これを攻めるには西側に続く山上に陣所を置かねばならない。そうなると徳川軍はやはり鬼岩寺領内を通過することとなろう。このため百姓らによる田畑開発が滞り、これに窮した孕石元泰は公儀の威光（武田家の朱印状）をもって本百姓と新百姓とを競合させようとしたのではないだろうか。

以上、孕石領となった鬼岩寺領内の動きを②～⑤までの史料によって考察してみたが、柴辻俊六氏は武田信玄による治水に伴う積極的な開発事業の例を挙げ、そのうちの一例に藤枝堤を「信玄の築堤として従来より著名である、大井川下流の藤枝堤」として取り上げている。そして氏はこれら一連の史料をもとに「堤が完成したので、さっそくその地に市場の再興を命じている。しかしその後も開発が進行しなかったので、天正七年（一五七九）には改めて竜朱印状を発して、市場や伝馬屋敷を新百姓に与えて開発を督促させている」と解釈し、最後に「築堤にはかならず新田開発や新村の取り立てが付随するものであって、武田領での生産力増大の一因はこうし

た点にもあった」と結んで、武田氏が積極的に給人領にまで介入し、生産力の増大を図ったように評価している。(註29)

しかし藤枝堤は武田家の領国となる以前から存在し、また地元の百姓らによる堤の維持管理は自衛手段として当然行われていたはずである。むしろその障害となったのが、武田家による普請役の賦課であったのである。

さて、史料⑤の朱印状が出されてほどなく、藤枝堤に関して次のような朱印状が発せられた。

【史料⑥】　武田家朱印状(註30)(「平野家文書」)

定

孕石私領藤枝鬼岩寺分、堤之普請以先御印判申付之由候之条、
自今以後も破損之砌者、再興之普請可被申付旨、被　仰出者也、
仍如件、
天正七己卯　　　曾禰河内守
　　　　　　　　　奉之
十月廿七日（竜朱印）
　　　依田右衛門佐殿（信蕃）

平野家(「おにわじ」)に伝わる三通目の武田家朱印状である。宛名が依田信蕃に変わっているのは、孕石元泰が高天神城の守備を命ぜられたからで、依田信蕃は田中城を守備した城将である。当朱印状は前掲の孕石元泰に宛てた朱印状(史料⑤)からわずか六日後に出されたもので、おそらく元泰はその朱印状を受けた直後に高天神城へ移ったのであろう。因みに『甲陽軍鑑』によると高天神への番替は八月で、この時移動した諸将の名に元泰の名も見られる(註31)が、史料⑤と⑥の関係を考えると、元泰然の移動は十月下旬と思われる。

さて⑥の朱印状の内容について小川氏は「今後も堤が破損した際には、その再興を命ずる旨が伝達されている」と要約し、さらに堤の決壊による洪水の被害が下流にある田中城にも影響することを想定して、「武田氏は田中城を預けておいた信蕃に、藤枝堤の再興について指示したのである。武田氏の駿河支配は直接支配を基本としていたが、地域の拠点となる城郭の周辺にある給人の私領に関する事項を、その城将に命じて差配させることもあった」と結んでいる。(註32)

しかし洪水による田中城への被害を考えるとき、瀬戸川が城に最も接近している城南の保福島(焼津市)あたりならばわずか六〇〇mの距離しかないので洪水も懸念されようが、藤枝堤においては二km近くも離れているため城まで被害が及ぶことはありえまい。実際にこの地域で発生した洪水が城域にまで及んだという事例は見出せない。城への被害が懸念されないのであれば、武田家が甲斐本国からわざわざ一給人領内の被害まで考えて、近くの城将に堤の普請を行わせることがあるだろうか。

十月二十七日といえば新暦の十二月半ばとなり、明らかに渇水期で、当分瀬戸川の増水を心配する必要はない。そうなるとこの朱印状がこの時期に出された理由はどこにあるのだろうか。状況から察すれば、孕石元泰の高天神城への移動が要因ではないだろうか。す

なわち鬼岩寺領の百姓たちは、これまで堤が損壊するたびに領主孕石氏を通じて武田家から堤再興に伴う普請役免除と竹木見伐が許されてきた。しかし権利の根拠となる朱印状の効力はその時限りのものであった。このため領主が突然最前線の高天神城へ移されたことは、「おにわじ」ら百姓たちにとって後ろ盾を失うことでもあった。厳しい戦況のなかで領主が不在となり、一方で徳川勢の進攻に備えて田中城の普請の強化が強いられていくなかで百姓たちは不安を抱き、田中城将の依田信蕃に対し、先に朱印状によって認められた堤復旧時における権利を「自今以後も」継続されるよう願い出たのではないだろうか。

おわりに

孕石氏に宛てた武田家文書を中心にその知行地鬼岩寺領内の藤枝堤について検討した。最後に要点をまとめて結びたい。

武田家に帰属した孕石元泰は、蒲原城攻めの軍功により鬼岩寺領を与えられた。鬼岩寺領は元泰にとって最大知行地であったが、鬼岩寺とその門前は武田軍の焼討ちを受けて荒廃し、さらに門前から六〇〇m先の瀬戸川の堤防「藤枝堤」は損壊したままであった。藤枝堤付近の瀬戸川は完全な天井川であるうえに川幅も狭く、増水時には堤が損壊しやすい水害の常襲地であった。堤が損壊すれば直ちに復旧に当たるのはそこに住む百姓たちで、このことはこの地に暮らす以上、至極当然の自衛行動であった。ところが駿河の武田領国化に伴い鬼岩寺領が給人領として孕石氏に宛行われたため、武田家から普請役が賦課されるようになった。過重な負担に復旧作業が滞り、有力百姓「おにわじ」は孕石氏に愁訴して武田家から復旧作業中における普請役免除と竹木見伐の特権を得た。孕石元泰は天正三年の長篠での敗戦のあと田中城の守備に入り、鬼岩寺領を間近で治めるようになるが、同六年に入ると徳川軍の侵攻を受けるようになり、田中城の普請強化が強いられるようになった。翌七年に再び藤枝堤が損壊したため、再度「おにわじ」ら百姓は前回同様の権利取得を願い出た。しかしその一方で徳川軍の侵攻ルートとなる鬼岩寺領の田畑は荒廃したままで開墾が滞っていた。このため元泰は本百姓と新百姓とを競合させて対処した。さらに同年十月下旬に入り、元泰は高天神城の守備を命ぜられて移動すると、後ろ盾を失った「おにわじ」らは田中城将の依田信蕃に願い出て「自今以後」も堤復旧時における朱印状の有効性を武田家から承認されたのであった。

高天神城に入った孕石元泰は、籠城の末に天正九年三月に討死した。八月になって遺領は息子元成が継承した[註33]が、半年後に田中城は開城した。藤枝堤に関する朱印状は史料⑥を最後に見られず、その後の様子は定かでない。但し「おにわじ」に伝わる寛永十九年（一六四二）の鬼岩寺村庄屋訴状の中に、「大乱之以後、駿川（河）中□たいてん（退転）御座候時　権現様之御国ニ罷成候上、（中略）藤枝之者共乱国ニ皆々方々にげち（逃散）り申候を尋返し」とあるように、徳川氏による田中城攻めに鬼岩寺領の百姓のなかで逃散があったようである。[註34]

註

(1) 柴辻俊六「武田信玄—その生涯と領国経営—」(文献出版、一九八七年)
(2) 小川隆司「第三章第三節第三篇　藤枝堤の再興」(『藤枝市史』通史編上、二〇一〇年)
(3) 永禄十二年四月十五日武田信玄判物写(『戦国遺文　武田氏編』一三九二号)の中に「右之分者、去正月相渡畢」とある(以下『戦武』と略す)。
(4) 註(3)文書
(5) 武田信玄感状(『戦武』一四七九年)
(6) 『戦武』一六六四号
(7) 註(3)文書
(8) 『藤枝市史』通史編上(第四章第二節、二〇一〇年)
(9) 磯部武男「藤枝宿のなりたち」(『藤枝市史研究』一三号、二〇一二年)
(10) 拙稿「武田信玄の駿河侵攻と掠奪」(『藤枝市史研究』六号、二〇〇五年)
(11) 『戦武』一七〇四号。当書状は、以前は元亀二年と推定されていたが、近年柴裕之氏(「戦国大名武田氏の遠江・三河侵攻再考」『武田氏研究』三七号、二〇〇七年)らの研究により、天正三年説が有力となっている。
(12) 小川隆司「武田氏の駿遠支配と国衆統制」(『戦国期静岡の研究』清文堂、二〇〇一年)
(13) 『戦武』二五〇二号
(14) 『戦武』二九五九号
(15) 『戦武』一五一五号・大塚勲「武田・徳川、工房の推移」(『地方史静岡』第二六号、一九九八年)
(16) 『戦武』一七九四号
(17) 『戦武』一七九五号
(18) 孕石氏宛武田家文書所蔵者別一覧

年月日	宛名	文書名	内容	所蔵者			出典
				小田原孕石	土佐孕石	平野家	(『戦武』)
(永禄12) 12.17	(「孕石主水申請」)	武田家朱印状	居屋敷安堵	原文書			1341
永禄12.04.15	孕石主水佑	武田信玄判物写	知行宛行		謄写		1410
永禄12.12.06	孕石主水佑	武田信玄感状	蒲原城戦功	原文書	謄写		1479
元亀02.03.04	孕石主水佑	武田信玄判物	知行宛行	原文書	謄写		1664
元亀03.02.23	孕石主水佑	武田家朱印状	門前市安堵	原文書	謄写		1794
元亀03.02.23	孕石主水佑	武田家朱印状	普請役免除			原文書	1795
天正05. 閏7.12	孕石和泉守	武田勝頼判物写	知行安堵		謄写		2843
天正07.05.11	孕石和泉守	武田家朱印状	普請役免除			原文書	3122
天正07.10.21	孕石和泉守	武田家朱印状写	開発催促	模　写	謄写		3180
天正09.08.05	孕石主水佑	武田勝頼判物写	遺跡安堵		謄写		3592
天正09.08.05	孕石主水佑	武田家朱印状	増分宛行	原文書	謄写		3593

(19) 小川註(2)
(20) 小川隆司「第三章一〇 武田氏と藤枝堤」(『図説藤枝市史』二〇一三年)
(21) 『駿河志料』巻五「藤枝」の項
(22) 『藤枝市史』資料編3近世一―一七五号
(23) 『藤枝市史』資料編3近世一―一号
(24) 『戦国遺文 今川氏編』一五九六・二一七八号
(25) 『戦国遺文 今川氏編』一七二三号
(26) 『戦武』三一二二号
(27) 『戦武』三一八〇号
(28) 小川註(2)
(29) 柴辻註(1)著書
(30) 『戦武』三一八二号
(31) 『甲陽軍鑑』品第五十四
(32) 小川註(2)
(33) 『戦武』三五九二号
(34) 『藤枝市史』資料編3近世一―一三号

下坂鍛冶の成立と展開について

森岡榮一

はじめに

室町時代後期から安土桃山時代にかけて、戦国期の争乱によって武器の需要が飛躍的に増大した。それに伴って、鍛冶の存在が特に重要視されるようになる。

近江国（滋賀県）の北部においても、この戦国期を中心に古代から近世にかけて、多くの鍛冶の存在が確認できる。ただ近年、その鍛冶のほとんどが途絶え、滅んだためにあまり一般に知られていないのが現状である。しかし「鉄炮」を生産した国友鍛冶と、これから述べる「下坂鍛冶」は、いずれも慶長年間・関ケ原合戦以降に徳川家康に見出され、近世には幕府御用鍛冶となって繁栄するのである。

この二大鍛冶を生み、育んだ湖北という土壌は、古代の渡来人の移住と南都仏教の伝播、己高山や伊吹山の山岳信仰の隆盛・伸張が大きく関与しているだろう。また中世になると、戦国大名浅井氏の湖北支配、そしてこれを受けた羽柴秀吉の湖北領有が大きく関係している。またその後の、関ケ原合戦や大坂の陣が大きな契機となっているのは疑いない。

このうち下坂鍛冶は、今から約四四〇年前、近江国坂田郡下坂庄（長浜市下坂中・下坂浜町附近）に居住していた。その起源については、Ⅰ．室町時代時代の末期【元亀年間（一五七〇～七三）ごろ】[註1]や、Ⅱ．文禄三年（一五九四）前後ごろ[註2]などがあり定説を見ていないのが現状である。

本稿ではまず、近年発見された資料や発掘成果などから下坂鍛冶の成立について述べることとする。

一　下坂鍛冶の創業

坂田郡大原（米原市朝日）にある大原観音寺は、天台宗の寺院で伊富貴山観音護国寺と号している。もと伊吹山中にあり、弥高寺・長尾寺・太平寺とともに伊吹四大寺の一つに数えられた。観音護国寺として宝亀年間（七七〇～八〇）に建立されたという。この大原観音寺が所蔵する「大原観音寺文書」のなかに、『桟敷日記』[註3]がある。これは、堂宇の檜皮葺屋根の上葺料を捻出するため、永享八年（一四三六）勧進猿楽を挙行した奉加の記録である。湖北地方の寺社や地侍・土豪の名前の記述があり重要な資料となっている。この『桟敷日記』の二丁裏部分（初めから四行目）より

　三百文　下坂ノかちむらより

　　宝徳二年四貫文返申候、宮立之時、

の記述が発見された。これは、十五世紀の前半に下坂庄内での「鍛冶村」の存在が確認できる貴重な資料である。またその村は、宝徳二年（一四五〇）の時にも存続していたことが確認できる。この時代に、既に下坂庄内で鍛冶職人の集住した村があり、鍛冶が操業していた可能性が高いと考えられる。ただしこの『桟敷日記』だけでは、この鍛冶集団がどの様な鍛冶かは不明である。

　次に、下坂庄のある坂田郡南部（長浜市南部・米原市旧近江町）一帯には、後鳥羽上皇（一一八〇～一二三九）が建久十年（一一九九）と承久二年（一二二〇）の二度にわたって、密かに訪れたという伝承が根強く残っている。[註4]

　後鳥羽上皇の二度の潜幸は、名越寺（長浜市鳥羽上町）の旧知の僧・禅行を訪ねたものと伝えられている。この間、近隣の多くの寺社に参詣したと言われる。また上皇が訪れたという場所は、寺社だけで

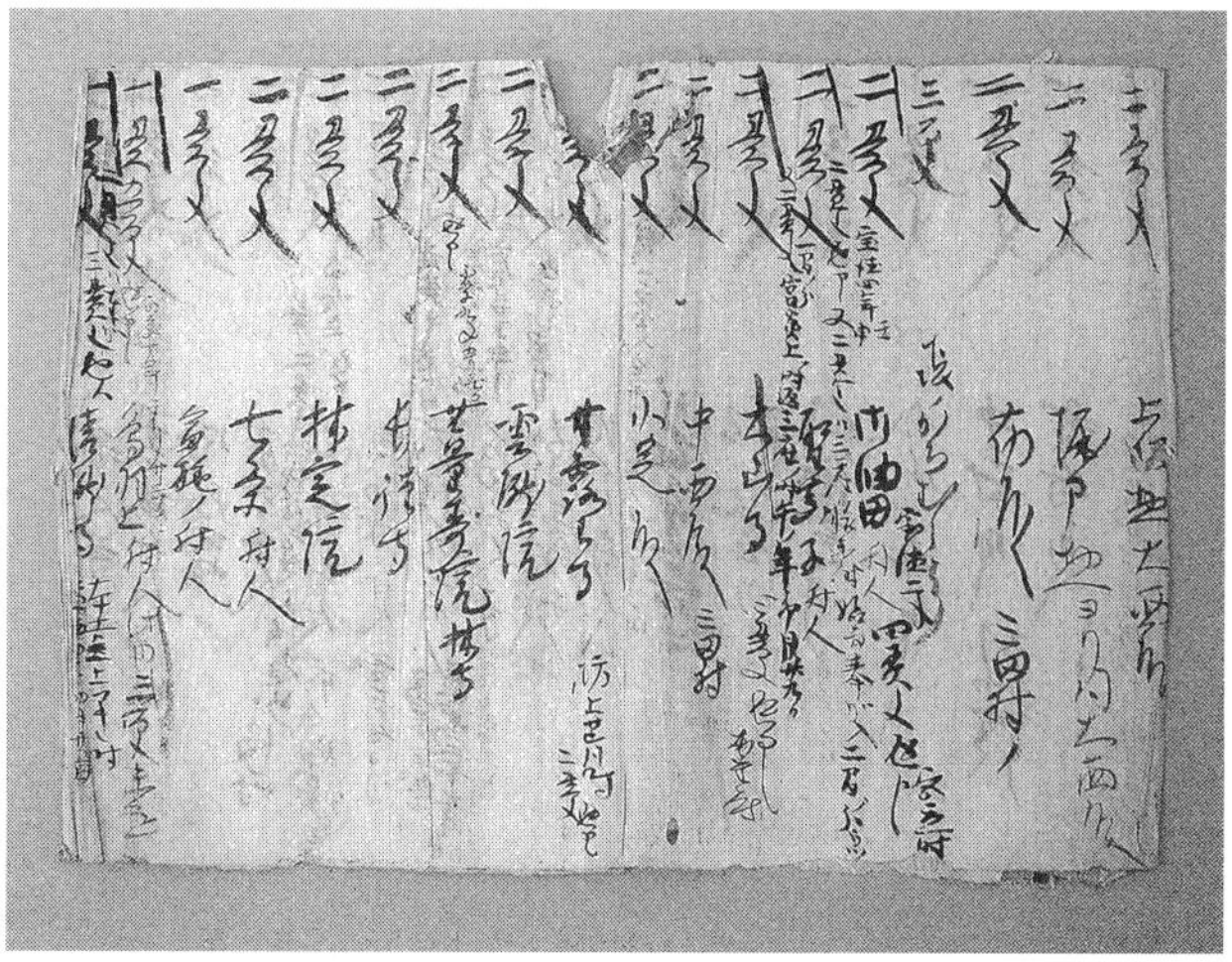

『桟敷日記』表紙と二丁裏部分

はなく、下坂村（長浜市下坂中町）の下坂基親邸を訪問したと伝えている。そして上皇は、鳥羽上村（長浜市鳥羽上町）の法徳寺を訪れる。この時上皇は、名越（長浜市名越町）の郷士（土豪）片山左近に命じて下坂鍛冶を召し出し、刀剣を製作させたと伝えている。[註5] そしてその場所を、「鍛冶屋谷」と伝えている。また鳥羽上の小字・観音堂には、里人が「お杉さん」と呼ぶ杉の古木があり、上皇の御手植の杉と呼ばれているという。

　坂田郡南部のこれらの後鳥羽上皇伝承は、かなり具体的で多彩であるが、当時の上皇の行動から考えて史実とは考え難い。しかし先述した十五世紀前半の下坂鍛冶村の存在と考え合せる時に、下坂鍛冶の起源は中世にあると考えざるを得ないだろう。

　また近年の発掘によって、下坂氏館北側からは十五世紀前半の中世鍛冶遺構（高橋遺跡二十六次調査）が発見されている。[註6] また館の東にある下坂中町遺跡からは、中世集落跡に伴う堀二本が発掘され、堀の中から中世の「椀鉄滓」が出土している。[註7] これらの遺構・遺物もいずれも「下坂鍛冶村」に関連する出土品と推定される。

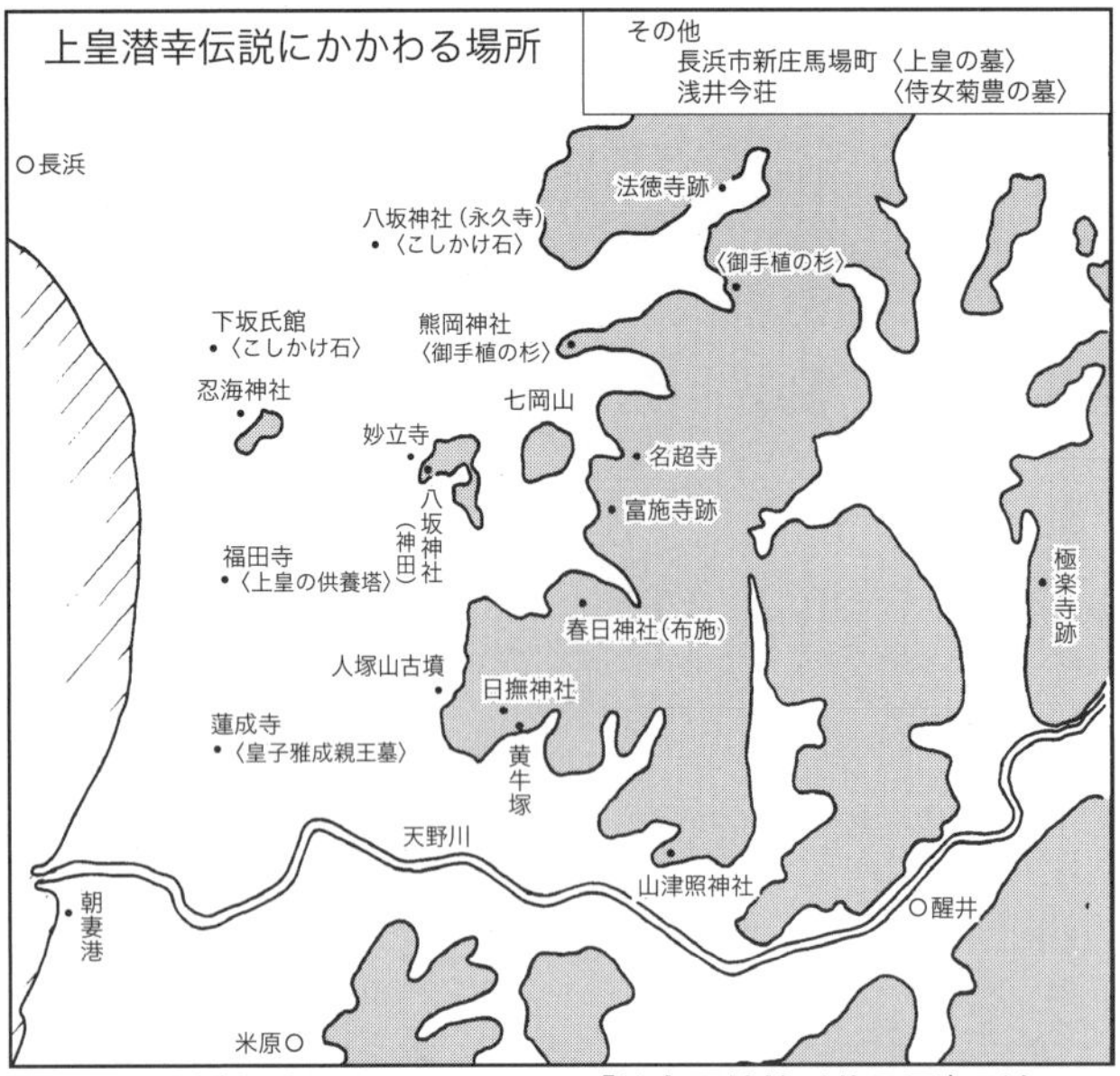

長浜城歴史博物館解説シート№.14 「後鳥羽神社所蔵品展」所収

下坂鍛冶村の位置

昭和27年下坂浜町沖から発見された井戸跡（下坂鍛冶の作業場の一つと推定される）

『桟敷日記』の記述と、後鳥羽上皇の「鍛冶伝承」そして発掘成果などから、「下坂鍛冶村」が下坂鍛冶の起源に直接関係する可能性が高いと考えられる。

その後下坂鍛冶は、天正年間の初め頃（一五七三～八二）に、美濃国から刀工「兼先」等を迎え、戦国末期の争乱で武器の需要が増加するに伴って急速に成長した[註8]と考えられる。なおこの時期の下坂鍛冶の作刀は、大多数が槍であったと推定される。

二　美濃の刀匠・兼先

美濃から招聘された「兼先」[註9]は、鍛刀の師匠として本格的な刀剣製作の技術を伝授したと考えられる。この時期の下坂鍛冶の作刀が、ほとんど「下坂」や「下坂作」と茎に刻銘していないのに対して、兼先は「下坂住兼先」とみずからの名を銘に刻んでいる。またその作刀は、現在のところ次の四点が確認出来る。

①短刀　　銘下坂住兼先作　一口　刃長二三・二糎　反りなし

②十文字槍　銘（表）下坂住兼先作（裏）加藤虎介　一本　刃長二六・一糎

③直槍　　銘下坂住兼先　一本　刃長三一・五糎

④直槍　　銘下坂住兼先　一本　刃長二四・二糎

このうち、①短刀と②十文字槍は、いずれも兼先の高い技術がよく伺える。なお十文字槍の所持者（注文主）銘にある「加藤虎介」は、秀吉家臣団の中で有名な、加藤清正（一五六二～一六一一）のことである。清正は、長浜城時代の秀吉に小姓として出仕していたため、下坂鍛冶を知っていたと思われる。下坂鍛冶の名声が高まるとともに、この十文字槍を注文したと推定され、清正と下坂鍛冶の関係がよく伺える貴重な作刀である。しかし惜しいことに、実物は現在所在不明で、押形[註10]でしか確認できない。実物の十文字槍は、天正十一年（一五八三）四月二十日賤ヶ岳合戦の前哨戦・大岩山砦の戦いで砦を固守して戦死した秀吉方の武将「中川瀬兵衛清秀」の子孫で、江戸時代豊後岡城主となった中川家に伝来していた。この槍を、幕末・天保年間に木原盾臣（藤園）が押形にしたものである。盾臣は、肥後熊本藩士で古武器の研究を行い『刀剣図説』を著作した人物である。

なお兼先は、天正二十年（一五九二）頃以降は下坂庄から京都に移住し、慶長三年（一五九八）九月には越前（福井県）に居住していることが確認できる。この槍の製作時期は、加藤清正が「虎介」と名のっているため、天正十三年（一五八五）以前の可能性が高い。

また「兼先」の作刀とは異なる小脇指と直槍が現存する。これらの作刀は、異説のあった下坂鍛冶の故地を「近江国坂田郡」とはっきり裏付けた重要な作品である。しかし、茎に刻んだ「下坂」の「坂」の字の書き癖の特徴が明らかに「兼先」と異なり、別の鍛冶と考えられる。

⑤小脇指　銘江州坂田郷下坂作
一口　刃長三四・七糎　反り〇・四糎

⑥直槍　銘江州坂田郡下坂
一本　刃長一二・六糎

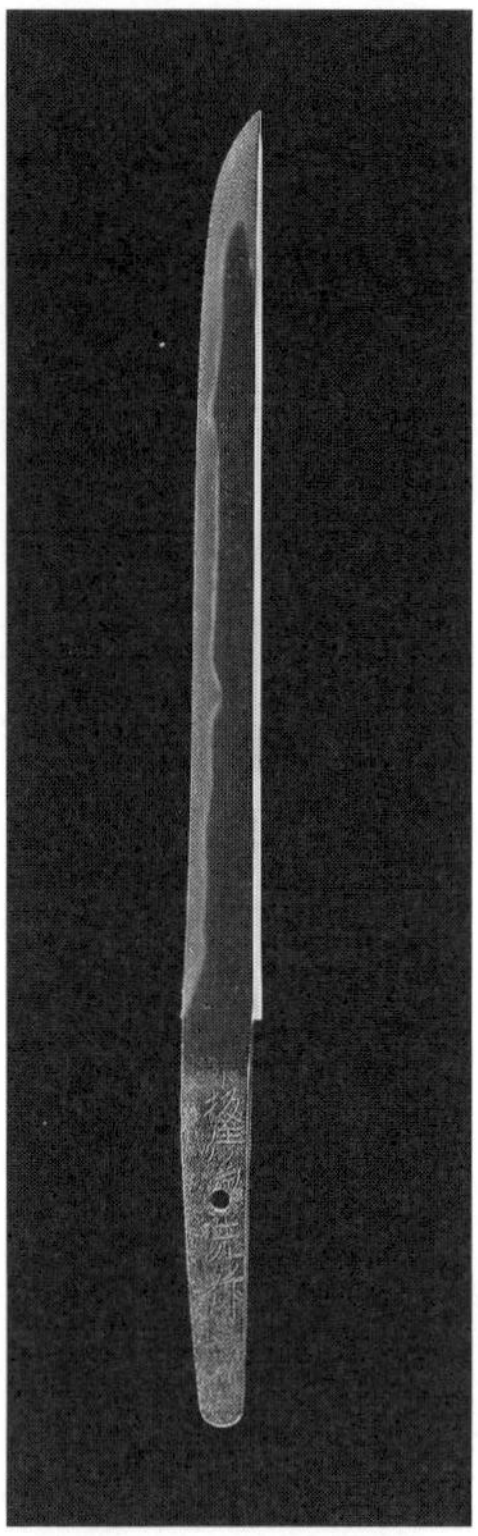
①短刀　銘下坂住兼先作

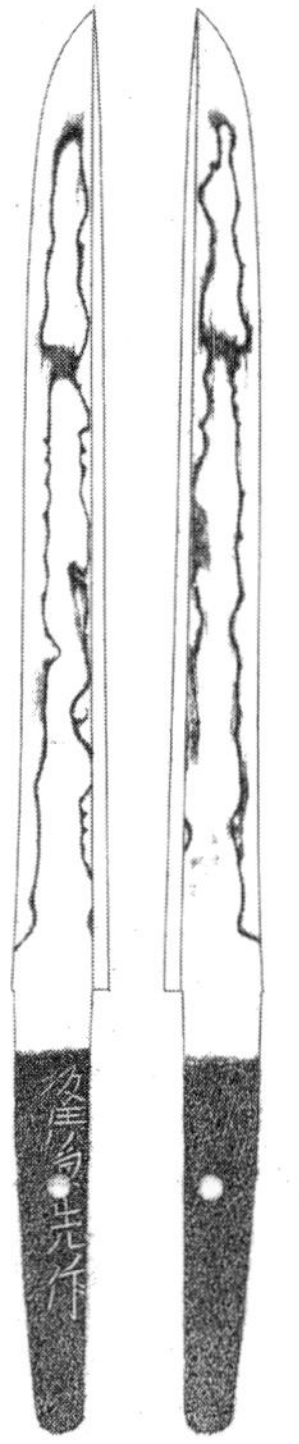
①短刀　銘下坂住兼先作（押形）

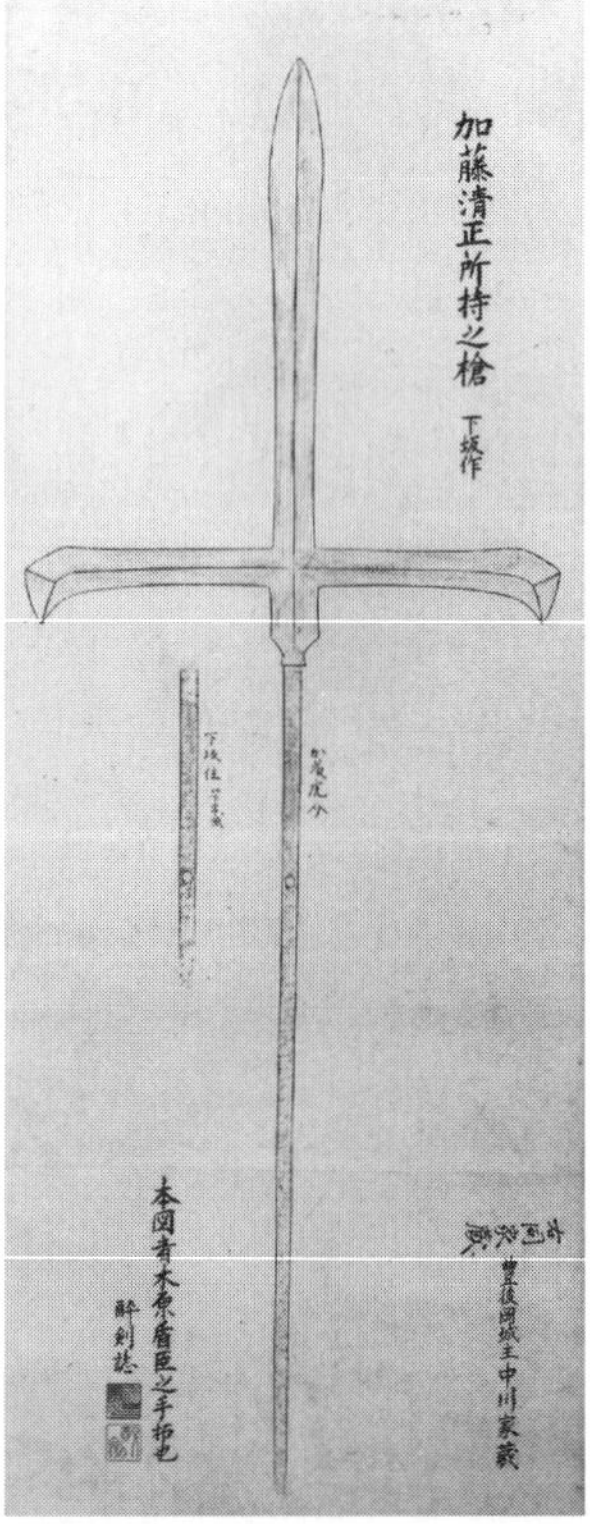

②十文字槍押形　銘下坂住□□　加藤虎介（木原盾臣手拓）

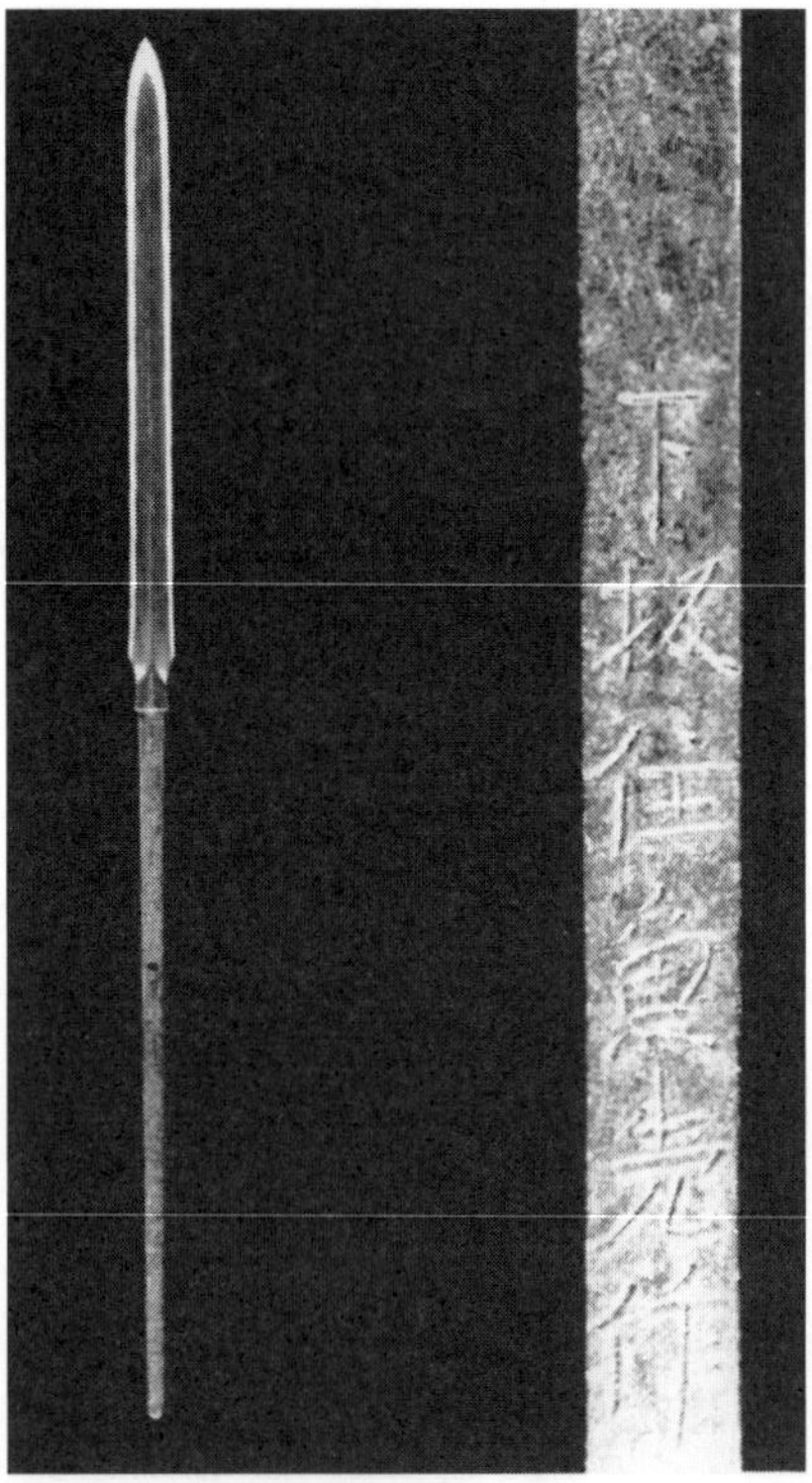
③直槍　銘下坂住兼先作

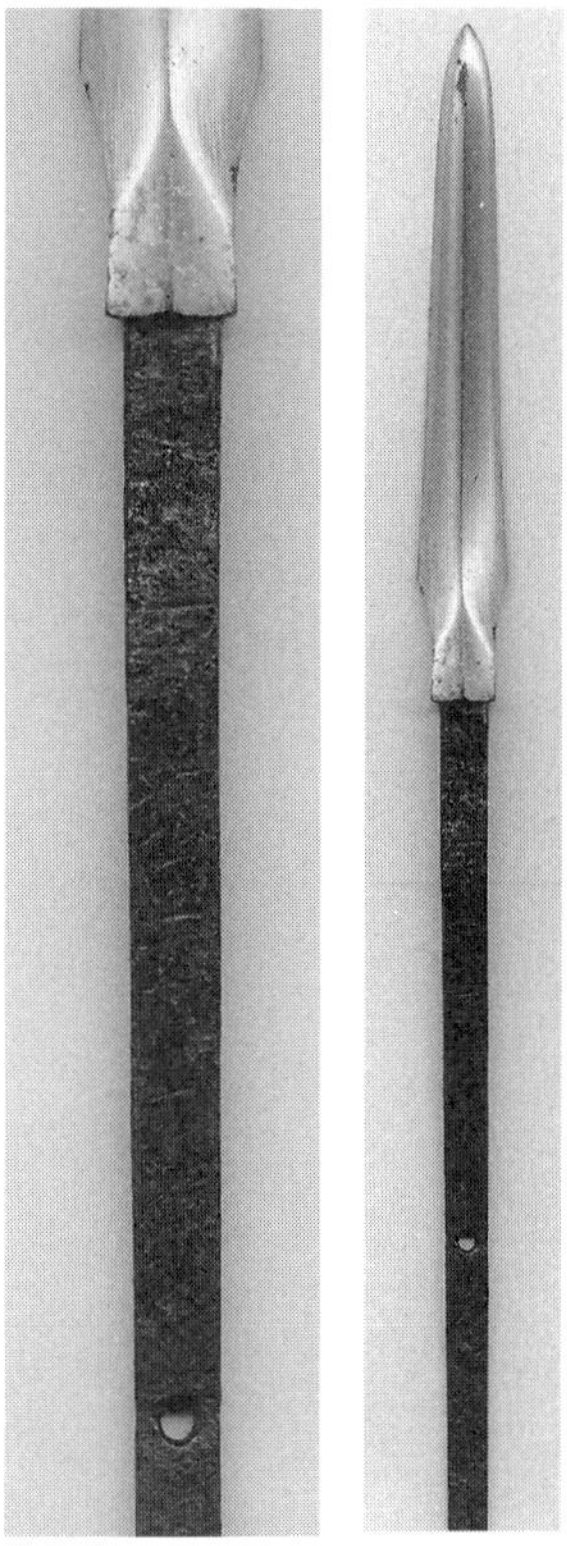

⑥直槍　銘江州坂田郡下坂

三　下坂鍛冶の伝播

慶長五年（一六〇〇）関ケ原合戦以降、下坂鍛冶たちは越前（福井県福井市）・伊予（愛媛県松山市）・筑後（福岡県柳川市）など全国各地に別れる。これは、安土桃山時代の全国統一へ向けての戦闘や、文禄・慶長の役に下坂鍛冶とその槍がおおいに注目されて、関ケ原合戦後に各地に分封された湖北ゆかりの大名などに抱鍛冶として召し抱えられ移住した結果であると考えられる。なおその足跡は、前述の福井・伊予・筑後以外に、陸奥国[註11]（福島県会津市）・山城国（京都府京都市）・越後国（新潟県新潟市）・讃岐国（香川県高松市）・遠江国（静岡県静岡市）・山城国（京都府京都市）・筑前国（福岡県福岡市）・信濃国（長野県）・紀伊国（和歌山県和歌山市）・土佐国（高知県高知市）・伊勢国（三重県）・丹波国（京都府）・阿波国（徳島県）・常陸国（茨城県）と、現在判明しているだけで十七ケ国に及んでいる。

このうち、伊予国松山に移封した加藤嘉明に従った下坂鍛冶が「下坂甚兵衛」である。次に、筑後柳川の田中吉政に出仕した鍛冶が「下坂八郎左衛門」である。また越前国に移住した下坂鍛冶たちの代表工が、後年徳川家康のために作刀する「下坂市左衛門」である。

四　下坂八郎左衛門と下坂甚兵衛

下坂八郎左衛門の名が初めて記録類に記されるのは、筑後柳川藩二代藩主である田中忠政時代の「田中家臣知行割帳」[註11]である。この家臣を列記した分限帳の鍛冶の項に次の三名の名前がある。

一、二百石　下坂八郎左衛門
一、百石　青池三右衛門
一、百石　伊吹甚右衛門

下坂八郎左衛門は、鍛冶の冒頭に記載され他の鍛冶より高い倍の石高を給せられている。これは八郎左衛門が、鍛冶の指導者（親方）的な地位にあつたと考えられる。八郎左衛門は、坂田郡寺田村（長浜市寺田町）の出身[註13]であるという。江戸時代に記された刀剣書類に、下坂八郎左衛門は「康綱」と名乗ったとあるが誤りである。これは、八郎左衛門の出身地を近江国滋賀郡坂本とするのと同じように錯誤である。また八郎左衛門は、下坂市左衛門の先輩にあたり、文禄三年（一五九四）ごろは下坂鍛冶中で主体となって作刀したという。その後、慶長五年（一六〇〇）頃には田中吉政に仕えて九州筑後柳川（福岡県柳川市）に下向している。この柳川時代に、八郎左衛門は「光広」と名乗っている。その後息子の与八郎が鍛冶職を継ぎ、襲名したと考えられる。元和六年（一六二〇）に田中吉政の四男で藩主であった田中忠政が没すると、田中家は無嗣断絶し改易となった。与八郎光広は、越前下坂鍛冶に合流し、伊勢大掾を受領している。越前下坂では、延宝年間（一六七三〜八一）頃まで活動していたと考えられる。八郎左衛門の師匠については、記録が残っていない。ただ作刀と、『古今銘盡大全』の美濃赤坂千手院係図から、赤坂鍛冶系と考えられる。八郎左衛門は、安土桃山時代の下坂鍛冶のリーダー的存在であったと推定される。

会津下坂の祖「下坂甚兵衛為康」は、元亀元年（一五七〇）三歳の時に、父・真柄十郎左衛門直隆が姉川合戦で戦死したため、姉の夫にあたる八郎左衛門に託され養育されたという。そして、刀剣鍛錬の技を学んだと伝えられる。慶長五年（一六〇〇）以降に、加藤嘉明に出仕し伊予国松山（愛媛県松山市）に移住して鍛冶として作刀している。寛永四年（一六二七）加藤嘉明の陸奥国会津（福島県会津若松市）移封に従い、会津へ移住している。その後下坂鍛冶は、会津五鍛冶の一つに数えられ、幕末まで代々会津で作刀を続けている。[註14]特に槍と薙刀の上手として名高いと伝えている。刀や脇差も製作しているが、幕末まで槍を造り続けている。槍鍛冶として、先祖伝来の技を伝え続けた鍛冶として、会津下坂は注目されるだろう。

五　下坂市左衛門

越前国に移住した、下坂鍛冶の代表工（頭目）が下坂市左衛門である。市左衛門は、天文二十三年（一五五四）に下坂村で生まれた。浅井氏が滅亡した天正元年（一五七三）頃に、美濃国不破軍赤坂（岐阜県大垣市）に居住した赤坂千手院系の小山鍛冶・広長に入門したと考えられる。[註15]三年ぐらいでひととおり刀鍛冶の修業を終えた市左衛門は、下坂村へ帰郷するが程なく再び京都へ遊学したと推定される。京都では、刀工・金工の名門「埋忠家」に学んだ可能性が高いという。[註16]市左衛門は、数多くの工匠・細工人に交じって工人として修業していたのかも知れない。その後帰郷し、天正年間（一五七三〜九二）頃に大量生産が始まった下坂鍛冶の指導者の一人になったのであろう。総指揮は下坂八郎左衛門で、鍛冶場は下坂村に数か所あった可能性がある。

市左衛門は、慶長初年（一五九六）頃、越前に赴き、最初一乗谷（福井県福井市城戸ノ内）のち北ノ庄（福井市）に居住した鍛冶「源三郎兼法」に師事し、鍛刀技術を向上させた。兼法は、赤坂千手院系の鍛冶で、最初朝倉氏に仕え、その滅亡後は柴田勝家に出仕したと伝える。兼法は、丹生山地の西部にある越知山山頂に鎮座する越知神社（福井県丹生郡朝日町大谷寺）を深く信仰し、文禄四年（一五九五）四月一日の大祭日に奉納した打刀が現存している。[註17]なお越知神社は、越の大徳と称された奈良時代の僧「泰澄」が開いたと伝え、山嶽霊場越知山の三所権現を祀った神社である。『越前人物誌』に康継（市左衛門）が「越智権現の霊告を以て、南蛮五鉄の法を感得す。」とあり、市左衛門の越知神社を信仰していたことが伺われる。

六　下坂から貞国・康継へ

慶長五年（一六〇〇）関ケ原合戦後に、越前国を与えられた結城秀康は、翌年七月に入国した。市左衛門は、秀康に見出されて抱鍛冶となり四十石を給せられた。慶長十二年（一六〇七）頃に「肥後大掾」を受領し、茎に「肥後大掾下坂」「肥後大掾藤原下坂」と刻銘する。この「下坂」は、氏姓としての「下坂氏」という意味であろう。最初市左衛門は、兼法の没後その名跡を継いでいたので、「肥後大掾藤原兼法」と刻んでいる。しかし「兼法」は美濃鍛冶の名跡であるためこの名乗りをすぐに止めている。そのためこの銘のある刀剣類は、非常に少なく数口しかない。

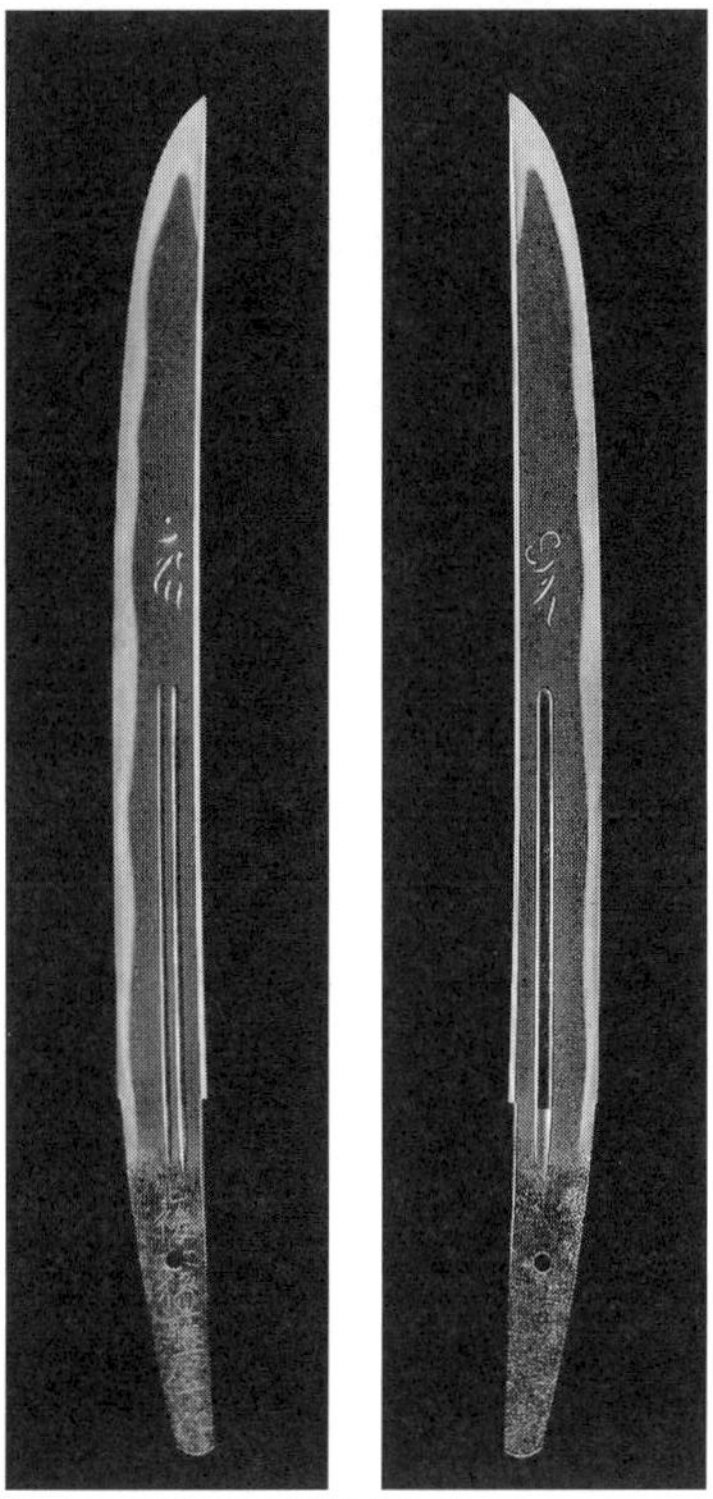
短刀　銘肥後大掾藤原下坂

その後市左衛門は、「貞国」と改名し、以降は「肥後大掾貞国」「肥後大掾藤原貞国」と銘を切っている。その後越前松平家の抱鍛冶「貞国」は、戦争準備のため良工を捜していた徳川家康に召し出される。慶長十七～八年（一六一二～一三）頃、貞国は江戸に出府して大坂城攻撃用の大量の陣刀を受注する。貞国は、駿府（静岡県静岡市）に移って生産に励んだ。豊臣氏打倒を急ぐ家康に協力し、多くの陣刀を鍛錬した貞国は、慶長十九年（一六一四）大坂冬の陣、翌年の大坂夏の陣にも従軍している。家康は大坂攻撃用刀剣類製作の恩賞として、慶長十八年頃に貞国に自らの名乗りの一字「康」の字を与えた。さらに葵紋の使用も許可され、五十人扶持の士分に取り立てられた。貞国は「康継」と改名し、鍛刀した刀の茎に葵紋を刻んでいる。

大坂落城後の康継は、焼失した太閤御物の名刀を幕府の命により再刃・模作している。多くの名刀を見て模作したことによって、その技量は格段の進歩を遂げたのである。そしてこれによって、名工としての地位を不動のものとしたのである。元和元年（一六一五）以降の作品は、刀身彫刻が特に多く、刃文も華やか作柄となっている。彫物は、坂田郡高橋村（長浜市高橋町）出身の名人「記内」の手になるものが多い。

下坂康継の墓

江戸幕府に抱鍛冶と

して出仕し、「御紋康継」として世に聞こえた康継は、元和七年（一六二一）九月九日江戸で没した。享年六十八。

その後康継家は、幕府御用鍛冶として栄えたが、後継者を巡って家督争いが起こり、江戸と越前に分立した。江戸康継家は十一代、越前康継家は九代を重ねて明治に至っている。

むすびにかえて

これまで縷々述べてきたように、下坂鍛冶の起源と展開について考察した。下坂鍛冶は室町時代末期に突然起こったのではなく、中世に下坂庄にあった鍛冶村が起源と考えられる。そしてこの鍛冶を、掌握していたのが下坂氏であろう。発掘調査で、下坂氏館周辺から鍛冶遺構が出土し、下坂家に「下坂銘」の直槍が三本も伝来していることもこれを裏付けていると考えられる。

註

（1）『國史大辭典』第七巻 「下坂派」の項
（2）岡田孝夫 「近江刀工伝（2）」『江州刀工の研究』三四頁 二〇〇六年
（3）法量 縦二三・五糎×横一七・〇糎 仮袋綴装 滋賀県指定文化財
（4）『改訂近江国坂田郡志』第二巻 「後鳥羽上皇の御潜幸」九八頁 一九四四年
（5）『改訂近江国坂田郡志』第二巻 「刀剣の鍛冶と御手植の杉 一〇二頁
（6）高橋遺跡第26次調査
（7）下坂中町遺跡中世集落調査
（8）長浜城歴史博物館展示解説シート「下坂鍛冶と越前康継」一頁 一九八七年
（9）兼先は、美濃国赤坂千手院（岐阜県大垣市）系の鍛冶といわれるが、美濃関鍛冶（岐阜県関市）の系統で、善定兼吉の次男・兼重に初代の兼先が入門したと伝えている。また初代は、二代兼吉の子という説もある。元亀元年～慶長三年（一五七〇～九八）ごろまで美濃関で鍛刀した四代兼先がいる。坂田郡下坂庄に駐鎚した兼先は、同名別人の鍛冶と考えられる。『室町期美濃刀工の研究』杉浦良幸氏等著七七頁 二〇〇六年
（10）刀の茎（中心）の形状・鑢目・銘字や切先の形状・刃文などを写したものである。古くは毛筆で概略を写し縮図であったが、後世は実物大に写した。安土桃山時代になると、版木に彫る方法が考案された。茎（中心）に印肉や墨汁を塗り紙に写し取る方法や、茎に薄紙をのせて石華墨でこすり銘字を写す方法が江戸時代後期から行われている。現代では、石華墨で乾拓式にとる方法が一般的である。
（11）陸奥国会津（福島県会津若松市）に居住した下坂鍛冶は、加藤嘉明に従って伊予国松山（愛媛県松山市）から移住した下坂甚兵衛を頭目とする下坂鍛冶の人びとである。
（12）『筑後将士軍談』等所収
（13）『江州佐々木南北諸士帳』に、下坂寺田氏として「寺田八郎左衛門」の名が記載される。下坂氏の一族で、下坂中村の南に隣接する寺田村に分立したのは、下坂若狭守に始まると伝えている。（『滋賀県中世城郭分布調査六・旧坂田郡の城』一九八九年）
（14）『新編会津風土記』の「下坂甚左衛門」家の項に、甚兵衛為康が八郎左衛門の縁者で幼少時から八郎左衛門に師事し鍛刀術を学び、加藤嘉明に仕えて伊予松山・陸奥会津に移住したことが記されている。
（15）前掲註2所収 一一三頁 二、赤坂鍛冶系図の検討と『甲子夜話』の記録
（16）前掲註2所収 一一五頁 三、埋忠との類似性について
（17）前掲註2所収 一二四頁 越知山大権現銘記の兼法

大澤氏と堀江氏
国衆論の視点から

森田香司

はじめに

ここで取り上げる大澤氏と堀江氏について、取り上げた理由は、浜名湖の東岸（図1参照）という同じエリアで国衆として成長した武士団だからである。しかも文亀・永正の争乱で敵対し、その結果勝利した大澤氏は、今川氏の家臣となり、今川氏が滅亡した後は、徳川家康に仕え、さらに高家として近世を生き抜いた。一方、堀江氏は、文亀・永正の乱で敗北した後、滅亡したと思われていたが、近年の調査で、生き延びたことが分かった。その後の動向も若干分かったので補いたい。

　また、『静岡県史』で大澤文書（東京大学史料編纂所影写本）が活字化されたことを受け、大澤氏の戦国期の動向も再検討したい。大澤氏については、本多隆成氏が『静岡県史』通史編3近世の中で詳述している。簡単に研究史整理をしておくと。浜松市舘山寺町にあった、庄内郷土史研究会で、『庄内の歴史』(註1)が出された。『浜松市史』通史編(註2)を受けて出されたものだが、大澤氏のルーツを丹波国大沢郷（現在の兵庫県篠山市大沢）としたのは評価される。そして、「遠江国村櫛荘について」(註3)は拙稿であり、修士論文に当たる。そして「守護被官の在地支配―遠江国・堀江氏を事例として」(註4)は、その修士論文をふくらめたものである。

　さらに、文亀・永正の乱を扱ったものとして、著名な秋本太二氏の「今川氏親の遠江経略」(註5)がある。拙稿「今

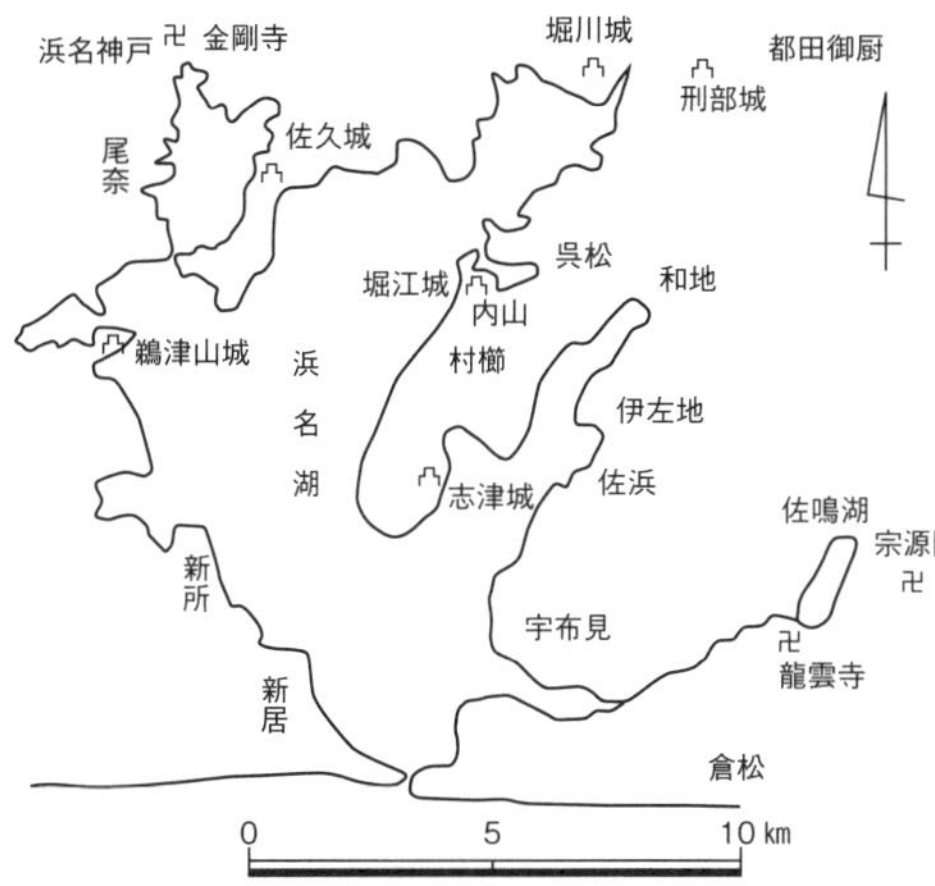

図1　浜名湖周辺図

川氏親と文亀・永正の争乱」(註6)は、秋本論文を受けて、自分なりに見直しをしたものである。

本稿のねらいは、大澤氏と堀江氏に焦点を当て、同じエリアで成長した大澤氏と堀江氏の違いを明らかにしたい。また大澤氏はその後の二度の危機を乗り越えて幕臣としてなぜ残りえたのかも検証したい。さらに、大澤氏と堀江氏が在城した城についても触れてみたい。

一　大澤氏と堀江氏の系譜

大澤氏の系譜

遠江における大澤氏の初見は次に示す史料1である。

【史料1】深井瑞勝書状（折紙、東寺百合文書さ、(註7)傍注引用者、以下同）

東寺雑掌申村櫛(遠江国敷智郡)本所方本家役年々号未進事
（中略）
同(嘉慶)二年云々
瑞勝御代官之事者、嘉慶二年戊辰年より罷預候き、其年者半済
自国
方御知行にて候し、今半分本所方にて候し分、註申候、
一名　赤佐御寺御預
一名　大沢殿分
一名　三浦入道公用下
一名　山崎弾正給分
一名　呉松入道預分
半名　瑞勝預分にて候し、其年東寺御代官と申人候ハす候し間、
彼半名御年貢を本家米にて候とて、ひかゑ申事も候ハす、（中略）
(明徳四年)十二月十三日　(深井)瑞勝（花押）
新左衛門尉殿

その年代は、端裏書からすれば明徳四年（一三九三）であるが、史料本文の年記は至徳元年（一三八四）までさかのぼるので、それ以前に遠江国に入部したことが分かり、「大澤殿分」とあるように、村櫛荘の本家職を有していた東寺からも特別な扱いを受けていた。

大澤氏の出自は、『日本姓氏大辞典』(註8)を見ると丹波国大澤郷と言われている。現在の兵庫県篠山市大沢・大沢新である（図2参照）。それでは、大澤氏はなぜ遠

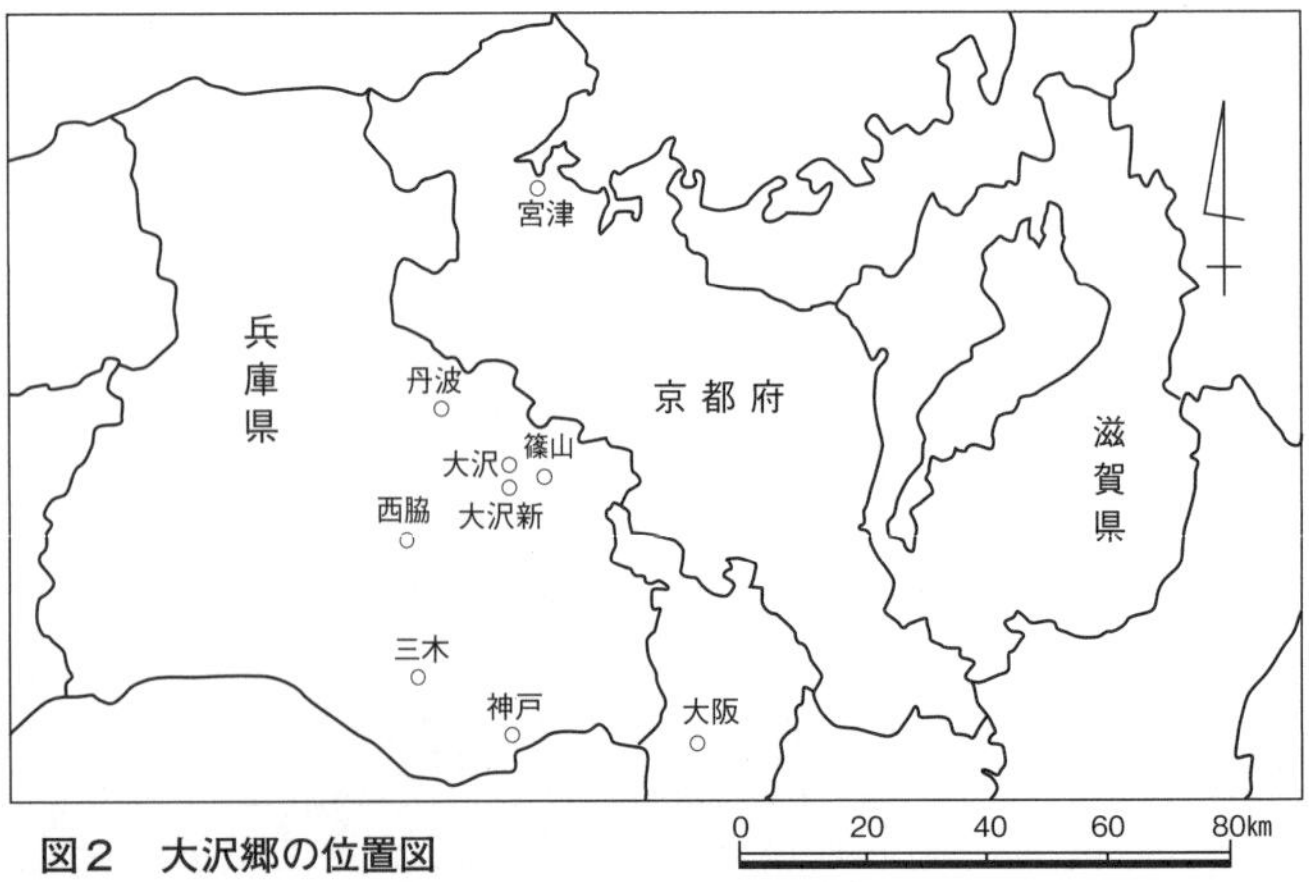

図2　大沢郷の位置図

江にやってきたかを考えてみたい。

【史料2】伊勢宗瑞判物（折紙、大澤文書）[註9]

当所領家殿可為御知行間、守護代任奉書之旨、年貢諸公事、如
先規可致其沙汰者也、仍如件、
　　八月一日《永正元》　　　宗瑞《伊勢》（花押）
　おな郷《遠江国浜名郡》

【史料3】今川氏親書状写（折紙、大澤文書）[註10]

申合旨就無相違、一所領家方一所雄奈《遠江国浜名郡》進置候、末代可有領知候、
巨細早雲庵へ申候、恐々謹言、
　　六月十一日　　　源氏《今川》親在判
　　謹上　領家殿

史料2は、戦国初期のものであるが、大澤氏に残された文書であることを考えれば、文中の「当所領家殿」は大澤氏と考えられ、史料3は年欠文書であるが、今川家当主の氏親からも「領家殿」と呼ばれており、その内容からも大澤氏は、領家方と「雄奈郷」を安堵されている。雄奈郷とは、現在の浜松市北区三ヶ日町尾奈（図1参照）であり、尾奈御厨があったことが知られ、後述するが、堀江氏が一時期所領としていた。それでは、領家とは一体だれを指すのだろうか。これは荘園の職の一つである。手がかりとなるのは次の史料4である。

【史料4】光厳上皇院宣案（東寺百合文書）[註11]

最勝光院領遠江国村櫛庄寺用米事、深源僧都副重申状具書、如此、
忩可致其沙汰之由、厳密可令下知給之由被仰下候也、誠恐謹言、
　　四月六日《貞和五年》　　　権大納言《四条》隆蔭
　進上　徳大寺殿《公清》

すなわち、南北朝期以降、藤原氏北家の支流徳大寺家が村櫛庄の寺用米を東寺に納める沙汰を受けている。すなわち領家職を得ていたことが知られる。

図3　藤原氏略系図（閑院流）

藤原師輔—公季—実成—公成—実季—公実—実能—実定—公孝—実孝—公清—兼家—道長

徳大寺家は右の系図で公清まで確認できる。したがって、大澤氏は、徳大寺家の家司の立場として、村櫛荘に入部し、荘官の役割を果たしていたのだろう。ここで、簡単に南北朝期以降の村櫛荘の支配関係を簡単に図化しておく。

（本家）東寺 ↔ （領家）徳大寺家（二〇石分負担）
東寺 ↔ （地頭）天竜寺（四〇石分負担）

したがって、本家職を有する東寺へは、六〇石年貢が上納されるのだが、南北朝期に行われた半済によって、三〇石になってしまう。

そして、大澤氏の村櫛荘での徴証は、もう一点あり、（註12）本家役年貢の負担をすべき大澤氏は応永元年（一三九四）から三年間にわたって、年貢を未進しており、おそらく年貢請負代官を解任されたのだろうか、呉松四郎という在地の国人に替わっているが、その呉松四郎も未進しているので、東寺への年貢は徐々に上がらなくなってきている実態がうかがわれる。逆に言えば、大澤氏は入部以来自分の勢力を広げ、荘園制の枠を外れる行動に乗り出したと言える。

堀江氏の系譜

堀江氏は、系図等によれば、越前国河口庄の荘官の出自という。（註12）文書で確認できる初見は、史料5であるが、『静岡県史』の調査により、史料6も堀江氏が関係していることが分かった。

【史料5】最勝光院方評定引付（東寺百合文書る）（註13）

九月十四日

（中略）

一、村櫛庄徳大寺方代官職事

当庄代官職去々年応永十六、辞退之後、依無器用、無沙汰、随而遠州守護武衛家人堀江入道、天竜寺方為半済給人之間、所務職当年分先可申付、彼仁去年去々年両年未進、当年一円分拾貫文可執沙汰之由、衆議趣、申付堀江入道之処、寺家御意分可執沙汰、仍一行可申請之由申之間、認状遣之了、

（以下略）

【史料6】堀江某年貢米請取状案（東寺百合文書さ）（註14）

納とうし米の御年貢の請取事

合弐拾石米の代拾貫文ニ

いちい方さためられ候て請取給候うへハ、これも其請取おい、ていたし候処しち也、

応永十一年十二月十日　細江（堀カ）判

すなわち、堀江氏は史料5にあるように「遠州守護武衛家人」であり、応永十八年（一四一一）には、確実に遠江に入部していた。そしてその上限は同十一年（一四〇四）である。

もちろん堀江氏も本流が来たわけではなく、分家が来たと思われ、堀江氏の本流は越前で勢力を張り、斯波氏が朝倉氏に実権を奪われた後も朝倉氏と対抗し、永禄年中に滅亡するまで続いている（『福井県史』通史編）。また、堀江氏同様、斯波氏の被官が大量に遠江に入部していることが知られ、守護代の甲斐氏は尾張守護代を兼ね、その補佐として大谷氏がいた。堀江氏と同様な被官には、織田氏・応嶋氏・狩野氏がいた。見崎闃雄氏の御教示によれば、狩野氏の出自は加賀国であるという。堀江氏の遠江国の詳細な動向は、森田の前掲論文に譲るが、村櫛荘を初めとして、新所郷・尾奈郷・浜名神戸・都田御厨・蒲御厨に浸食している（図1参照）。

一つだけ、付け加えると、寛正六年（一四六五）に気になる史料がある。それは史料7である。

【史料7】親元日記(註15)

廿九日、壬寅、晴曇、(中略)貴殿(伊勢貞親)御状、備前殿より案文給之、二通、
就御身上事承候、子細心得申候、仍太刀一腰糸巻・鳥目千疋
給候、悦喜申事候、重而可申候、恐々、
今日
堀江孫右衛門尉とのへ
堀江方事、被申子細候間、於国自然之儀可存知候、猶以不可
有如在候、謹言
今日
松下源右衛門尉へ　同被官人、遠州者也、

これだけでは、堀江氏が伊勢貞親から何の「御身上事」を認めてもらったかは分からない。ただ案文の二通目の松下宛には「国において自然の義」とあるように、遠江国での事件を暗に指している。そうなるとこれは同年八月に起きた、狩野加賀守が、勝田・横地両氏と組んで、見付の守護所にいた狩野七郎右衛門館を襲撃した事件を指すと思われる。これは、小木早苗氏が提唱した「中遠一揆」(『駿河の今川氏』第四集)に連なるもので、遠江今川氏が一揆を起こした際に、狩野七郎右衛門は討滅した側の人間であり、恩賞として遠江今川氏の所領をもらいうけてしまった。それに対し、前述の横地・勝田・狩野加賀守はそれを不満として私戦をしたというわけである。狩野七郎右衛門は、『蜷川親元日記』に「狩野介」と見えることから、伊豆の狩野氏かも知れない。

さて、そのような事件に対し、おそらく堀江氏はどちらかに関わっていたのだろう。処罰を恐れたために、伊勢貞親にとりなしを頼んだと考えられる。直接とりなしを頼んだ理由は、主人である斯波氏は家督争いでそれどころではなく、守護代甲斐氏も同様であったため、直接頼んだ方が早いと考えたのだろうか、保証人のような立場で松下氏が出てくるのも注目される。隣接する国人(国衆)同士の連携とも見られる史料である。

二　文亀・永正の争乱での立場

戦国期に入ると、応仁・文明の乱を受けて、遠江国でも文亀・永正の争乱という十五年もの争乱が続くわけであるが、そこで大澤氏・堀江氏がどう関わってどのような変遷をたどったのかを見ていきたい。

文明年間の堀江氏の動向

【史料8】宗祇連歌作品集拾遺

文明四年(一四七二)十月、連歌師宗祇は、遠江国敷智郡村櫛庄の黒山城主堀江駿河入道賢重の許に立ち寄り、賢重と両吟『山何百韻』を巻く(江藤保定『宗祇連歌作品集拾遺』)。

文明四年十月四日、於遠州堀江駿河守亭　山何
しぐれきやさ夜の嵐の朝ぐもり　宗祇
色に木葉のちりまよふ空　賢重

※『補庵京華前集』所収、横川景三の作になる「駿州太守肥遯斎賢重大居士寿像賛」（文明八年十月）がある。
『老葉《わくらば》』は「堀江駿河入道の許にて、時雨を」としている。
〔静岡県地域史研究会、二〇二四年二月例会、大塚勲「連歌師宗祇の東国下向」レジュメより引用〕『老葉』は宗祇句集の一つ。

すなわち、文明四年段階では、まだ応仁・文明の乱の影響が遠江国に及んでいなかったのか、堀江賢重は、美濃国へ向かう連歌師宗祇を招き、連歌を詠んでいることが知られ、この時すでに国人領主並みの力があったかと思われる。ただ、ここに表記された「黒山城主」は江藤氏の解釈かもしれないので、黒山＝堀江城が築城されていたかどうかは明らかではない。また駿河守を名乗っているがこれも明らかではない。文明十三年（一四八一）になると、遠江国の情勢も不安定になり、堀江氏は甲斐氏の元で軍事行動を行っている。[註16]

堀江城落城

そして、今川氏は明応期に中遠に進入した後、いよいよ文亀元年（一五〇一）に天竜川を渡って攻めてくるのである。

【史料9】『宗長日記』[註17]
（前略）
抑、備中守泰凞当国にをきて粉骨戦忠の次第。（中略）又、河西村櫛堀江下野守数年の館、浜名の海南北にめぐり、本城・外城、黒山と云。早雲庵・備中守相談せられ、当国諸軍勢うちよせ、両三日に落居す。浜松庄吉良殿御知行大河内備中守、堀江下野守にくみしてうせぬ。（以下略）

これによれば、堀江城は、黒山と呼ばれ、本城・外城と二つあったこと、三日間で落城したこと、その後、大河内とともに逃亡したことが知られる。

この戦いは、秋本氏によれば、文亀元年であり、勝山小笠原文書に見える「村櫛」が堀江城と推定されるから、この閏六月以降に戦いは始まったのだろう。秋本氏によれば、九月に斯波氏側の反撃があり、座王城（袋井市久能の久能城）で戦闘がくり広げられた。ただ堀江為清は、同年十二月に金剛寺に寄進しているから、[註18]落城は翌年かも知れない。ただ翌年九月には、氏親は扇谷上杉氏を助けるべく、関東に出兵しているから、それまでに戦いは収束したのだろう。

その後の堀江氏

今までは、これで堀江氏は滅亡したとしてきたが、その後の調査でその動向がつかめたので、その経過を述べてみたい。浜松市西区入野町に龍《りょう》雲寺という寺がある。南朝の皇子木寺宮が開いた寺で、戦国期には武田氏の快川紹喜に関係したとして焼かれた寺である。『堀江城物語』[註19]（以下、『堀』と略す）によれば、そこに堀江氏代々の法名記録があるということだったので、調査を行った。その結果、法名記録は見あたらなかったが、位牌の裏書に堀江氏の変遷が書かれていた。以下が位牌裏書を字起こししたものである。

【史料10】龍雲寺位牌裏書

「〔裏書、朱書〕安間家之曩祖藤原利仁六代之孫裔堀〔江脱カ〕新右衛門時国越前堀江之庄一圓」

「代々領セシム、時國四代孫前左金吾光真越前ヨリ遠江佐田之郷ニ移ル終ニ此地」

「ヲ領ス、光真八代之孫堀江□〔三カ〕郎右衛門正□〔重カ〕」

「法号真光院殿」

「東雲良周行年□二月十三日」

「此長光院殿者永禄十二年四月入野龍雲寺木寺康仁親王之後孫赤津□□□〔中務少輔カ〕」

「ニ而甲州武田氏ノ浪士尾藤主膳・山村修理等ト供ニ堀川ニ籠城、三州□□」

「後チ天正八庚寅年濱松本多作左衛門重次後兵ヲ□□返却セシノ後」

「入野御出奔被遊落陽ヘ落行節堀江新右衛門正重随従シ□□木」

「其後浪士トナル正重五代の嫡孫堀口〔江の誤りカ〕新右衛門吉久ハ大澤ニ被官シ」

「奉公ヲ相勤（事カ）奉蒙上意妙ヲ安間ト改メ所在御陣屋詰ニテ□□御用人□」

「□□役□仰□候」

「右文化八辛未二月六日安間新右衛門起秘龍雲寺木寺宮トアルヲ以テ相尋ノ上碑面相納候」

やや不分明なところがあり、文化八年（一八一一）すなわち近世後期のものであるので、すべてを信用すべきではないが、堀江氏は文亀・永正の争乱の後、木寺宮の子孫赤津中務少輔に仕え、龍雲寺が攻められた後は、一度京都に上った後浪人し、また遠江へもどって大澤氏に仕え安間氏を名乗ったという。

関連する資料として、以前から偽文書と思われていた史料がある。

【史料11】伊勢長氏判物写（註20）

今度三河国打入之節、忠信戦功之由達上聞、仍別紙村附之通、加増被　仰出間、弥可抽忠節者也、仍如件、

文亀元年辛酉年

十一月八日　　宗瑞（花押）

堀江三郎左衛門とのへ

内容的には、文亀元年の戦闘以前に堀江為清が今川氏に味方していることになり、事実としてはおかしいが、出典が「宗源院由緒書抄」という、龍雲寺に隣接する寺院の記録であることから、先述の堀江氏の動向を裏付ける史料とも言える。『静岡県史料』第五輯によれば、もとは、北庄内村堀江の安間三郎左衛門旧蔵であり、脚注に「佐田城主堀江和泉守光興の嫡孫安間家の祖となる」とある。そして、次頁の表1が『堀江城物語』に掲載されている、堀江氏代々の法名記録であり、それを前掲した史料から分かる歴代の名前に当てはめると、以下のようになる。

堀江治部大輔光真→桃林院殿実性慈仙大禅定門、寛正元年（一四六〇）没
堀江孫右衛門　→泰心院殿節芙良忠大居士、文明一三年（一四八一）没
堀江駿河守賢重　→徳昌院殿義山源長大居士、文明一九年（一四八七）没（『堀』では下野守、年代不合一）
堀江下野守（小猿丸）→法名不明、文亀三年（一五〇三）没
堀江正重→真光院殿大居士、大永二年（一五二二）没、
堀江新右衛門（新之丞）→長光院殿東雲良周大居士、天正一八年（一五九〇）没

表1　安間家先祖記録

代数	没年月日	西暦	法名・実名・父子関係等
1	寛正元・7・10	1460	桃林院殿実性慈仙大禅定門（佐田城主堀江治部大輔）
2	同2・6・21	1461	佐田城主泉州太守左金吾
3	同4・5・24	1463	野州太守母
4	文正元・10・16	1466	左エ門尉母
5	文明10・9・7	1478	堀江筑前守母
6	同13・11・15	1481	佐田城主前筑州太守
7	同19・11・18	1487	佐田城主堀江下野守
8	明応9・9・22	1500	堀江左エ門母
9	文亀3・3・1	1503	佐田城主堀江三郎左エ門
10	大永2・5・18	1522	堀江三郎左エ門母
11	天文8・4・7	1539	堀江三郎左エ門
12	同18・5・9	1549	堀江新石（右ヵ）エ門
13	永禄11・10・17	1568	佐太郎母
14	元亀3・12・22	1572	右近義景
15	天正11・8・21	1583	不明
16	同18・6・1	1590	新右エ門事堀江新之丞
17	文禄元・1・3	1592	新右エ門母
18	文禄4・7・15	1595	新右エ門父
19	寛永2・12・31	1625	新右エ門事堀江佐太郎

註　『堀江城物語』158頁掲載の先祖記録を表化したものである。
　なお、原資料は現在所在不明である。また、この先祖記録は、明治6年（1873）までであるが、便宜寛永2年までを収めた。

大澤氏の動向

さて、次は大澤氏の動向である。直接名前は出てこないので、文亀元年の戦闘では静観を見守っていたらしいが、永正元年には、今川方に付いたようであり、尾奈郷という堀江氏の所領を北条早雲からもらっている。（註21）その他の所領についてはまだ流動的であり、奥平氏に和地や佐浜が与えられたこともあった。永正七年（一五一〇）には今川方として戦闘準備している（史料12）。

【史料12】　朝比奈泰凞書状（切紙）（註22）

「（端裏ウハ書）藤枝
小笠原殿　まいる　泰凞」

中安殿へも別紙可申候へ共、一紙申候、小河四郎兵衛丞同前申候、両度申候つる、参着候哉、（中略）其御城（堀江城）如何ニも堅固御踏簡要候、三河衆何万騎立候共、合戦者安間たるへく候、（中略）

（永正七年カ）十一月一日申刻　朝比備　泰凞（花押）

大沢殿
小笠原殿

同年十月一日の福島範為書状（註23）にも「村櫛」が見えるがこれが堀江城かどうか分からない。**【史料12】**の「其御城」も大澤氏の居城とのみしておくが、同じ城を指すのだろう。

次に、大澤氏の城が新津城と考えられるのが、次の史料である。

【史料13】伊達忠宗書状(註24)

武衛様(斯波義達)御陣所度々火事之事

（中略）

十二月一日(永正八年)　村櫛、新津へ詰候而、退候処を出合、しやうし淵にて、のふしはしかへさせ候き、

（中略）

壬四月二日(永正九年)　武衛衆・井伊衆・引間衆太(ママ)勢にて、村櫛・新津城へ取詰候而、新津のね小屋焼払候を、刑部より村櫛へ七十計、舟にて合力仕候、（以下略）

有名な史料であり、永正七年から九年までの戦闘がよく記録されている。まず永正八年十二月一日条に「村櫛・新津」が見えるが、これだけでは、そこで戦闘があったことは知られるが、斯波側の城か今川方の城かは分からない。そこで翌九年閏四月二日条を見ると、武衛衆、すなわち斯波側が大挙して新津城へ取り詰め、新津城の根小屋を焼き払い候、とあるので、今川方が守っていたことが分かる。場所は地図1参照。村櫛半島の南端で、根小屋があることから、船着き場と考えられ、浜名湖の重要な水城だったことが想像される。この戦闘でも結局今川方が押し返し勝利したことが知られる。

三　戦国期の主従関係と所領の拡大

今川氏による所領安堵

こうして勝利した大澤氏は、天文四年（一五三五）、その子氏輝にも所領を安堵されている。(註25) 新津城から佐田城へは争乱が終わってから移ったと思われるが、はっきり史料に表れるのは次の史料の天文十三年（一五四四）である。

【史料14】今川義元判物(註26)

従大沢殿割分村櫛庄上田壱村、卯年(天文十二年)改本増共、無相違領承訖、者於佐田城番普請以下、無怠慢可被勤候者也、仍如件、

天文十三甲辰年二月九日　治部大輔(今川義元)（花押）

大沢治部少輔殿

「佐田城番」と見えることから、大澤氏はあくまでも今川氏の支城主であり、城自体は名目上今川氏のものだった。そして大澤氏の所領は、村櫛半島全域はもちろん、浜名湖東岸や三ヶ日町の尾奈郷まで含まれていた（図1参照）。ただ、尾奈郷については、浜名氏も触手をのばしており、今川氏は浜名氏に与えざるをえなかったが、元々の大澤氏の取り分については安堵している。(註27) また「新居の替地」として呉松を与えられていることから、(註28) 水上交通の拠点をも保持し

ていたことは重要である（坪井俊三氏の御教示による）。

また、一の（二）の補足となるが、弘治二年から三年にかけて、山科言継が京都から駿府を訪れた際、大澤氏が史料上に出てくる。すなわち同二年九月二十日の言継日記によれば、京都から遠江国の今切の地に来たところで、「持明院大蔵卿方江言伝の者や書状等」があったと記録されている。(註29)すなわち京都を出る際、持明院の当主から、言継が頼まれて、大澤氏に渡したと思われ、いまだに持明院流と大沢氏は主従関係があったことが知られる。

そして、言継が京都に帰る翌年の三月十日にも、今切の渡に着くと、大澤基孝が出迎え、その家臣の中安までも挨拶しているので、大澤氏は今切の渡の管理をしていたと思われる。

堀江城籠城

いよいよ永禄年間に入り、今川氏の滅亡とどう関わっていったかを見ていきたい。まず、懸河開城までを簡単に触れると、今川氏真が駿府を脱出し、懸河城に入ったのは、永禄十一年（一五六八）十二月十三日であり、それから徳川軍の攻撃を受け、翌十二年五月六日、懸河城を開城し、東に向かったのであり、その間に頻繁に書状のやりとりをしていることが分かる。すなわち、遠州忩劇で引間城主飯尾氏が滅んだ後、遠江の拠点は大澤氏の堀江城のみだったのであり、その他のほとんどの一族は家康に寝返ってしまったのである。

籠城戦の前哨戦である、堀川一揆が起こったのは、十二年正月であり、二月二十五日には、大澤氏は堀江城から船を出し、宇津山城を攻め、半分以上の船を奪った。三月五日には、家康は、俗に井伊谷三人衆と呼ばれた、鈴木・菅沼・近藤に堀江城を攻めさせた。堀川一揆には家康自ら鎮圧に当たり、三月二十七日堀川城は落城する（史料15）。

【史料15】中安種豊・大沢基胤連署状案(註30)

（端裏書）「懸河へ四月四日」

久不申上候之条、其地(懸川)御無心元存候、■(堀江城)当(ママ)城之儀今迄ハ堅固候、（中略）将又堀河随分申調手を合候之処、普随大方ニ付て、則時被乗取候、悉給人・百姓打死、此方加勢仕候者廿計討死仕候、口惜存計候、此等之趣御取合奉頼候、恐々、

山村・尾藤・竹田人質此方拘置候、末々ハ可被加御下知候、

(永禄十二年)卯月四日　(大沢)基胤

(中安)種豊

(朝比奈泰朝)朝備

(朝比奈親孝)同下

(朝比奈芳線)同金（以下略）

注目したいのは、この史料での堀川一揆の状況である。堀川城は浜名湖北東に位置し、家康が浜松に進軍した後、ここを押さえたことは、すなわち三河と遠江を分断する役目を果たした（図1参照）。したがって家康はこの地を重要視し、自ら出向くとともに、「悉く給人・百姓を打ち死に」させたのである。そして、その首謀者であ

る山村・尾藤・竹田三人が今川氏に背かないように、堀江城に人質を取っていたこともこの史料から知られ、これは大澤氏を中心とする、家康への抵抗の一環だったことが分かる。

そして、籠城する大澤氏は、家康の攻撃に対し、開城することを氏真に訴えたため、今川氏真は開城もやむなしと認め、翌日十二日に堀江城は開城した。徳川家康は起請文を交わし、大澤氏の所領をほぼそのまま安堵している。(註31)ただ、先述したように、新居の替え地として呉松が与えられたことは、家康も交通の拠点として新居を重要視していたためだろう。権太氏は、大澤氏の家臣とも考えられ、長塚孝氏によれば、大澤氏とも婚姻関係が認められるという。(註32)このように、大澤・中安・権太三氏は、今川氏家臣として最後まで徳川家康に抵抗し、今川氏の懸河開城を早める上でも、その降伏は重要な意味を持った。したがってわざわざ起請文を取り交わし、所領をほぼ認める形となったのである。この結果幕臣として残る道が開かれたのであった。

ここでこだわりたいのは、堀江城という呼び名である。先に見た史料では、はっきりと「佐田城」と出てくるが、大澤氏関連の史料をまとめても「堀江城」とは出てこない。『宗長日記』一二六頁(註33)には「堀江の城」一ヶ所出てくるのみであり、ほとんどが「当城」である。三ヶ日町の金剛寺過去帳には「古代は堀江・内山を佐田と号す」とあるので、堀江城と名乗ったのはかなり下るのではないか。史料9に「本城・外城、黒山と云」とあったように、南北に二つの城があったようであり、黒山と呼ばれていた。したがって、外城というのは、近世になって堀江陣屋となり、現在はホテル九重の敷地となっている場所であるが、現在でも陣屋は神社として形を保っている。

三方原合戦での動向

大澤氏の次の危機は、元亀三年（一五六〇）の三方原合戦であった。今までは三方原合戦図等にも大澤氏の名前が見えず、その動向は分からなかったが、次の史料から大澤文書が一族を挙げて参戦していたことが分かった。

【史料16】真休書状写(註35)

一源太郎ハこれもにくき事ニ而候へとも、名在者のしそん《(子孫)》ニ而候、おゝち源太郎一年しんけん《(信玄)》様見かた原《(三方原)》御一せん《(戦)》のあくるひ、ほりゑ《(堀江)》ゝ御よせ候時、なミかせあらく候ゆへ、御引《(退)》のき候時、おいうち《(追い討ち)》ニ中やす者、我等おやの者おい候時、源太郎わち《(和地)》山のかけ《(崖)》よりくだり候而、たにへおち、則首を取、てから《(手柄)》いたし候、（中略）

六月廿四日　　真休《(大澤基胤子)》御居判

（以下略）

この史料の年代は不明であるが、三方原合戦の戦功を後日書き表したものと思われ、武田軍が堀江城へも三方原合戦の翌日、すなわち元亀三年十二月二十二日に押し寄せたが、浜名湖の波が荒かったため、武田軍は攻めるのをあきらめ陣を引いたため、大澤氏の軍勢が追い打ちしたことが読み取れる。

結びに代えて

京都の大澤氏と言えば、『山科家礼《かれい》記』を著した大澤久守が著名である。久守は文明年間に、山科家の飛騨国の所領をめぐって文書を出している。山科家も藤原氏の庶流羽林家であるから、徳大寺家についた大澤氏と元は同じだったかも知れない。また、本多氏が引用している『大澤家譜』を見る余裕がなかった。改めて調査したい。

以上大澤と堀江氏について新知見も含めて検討した。戦国大名の元でいかに所領を獲得し、軍役を果たすことで、生き残ることを指向していたかを理解していただければ幸いである。

参考文献

坪井俊三執筆部分『浜松の歴史』（東洋書院刊、一九八八年）
『静岡県史』資料編中世2・3・4、通史編2中世、3近世
小木早苗「今川氏の遠江支配」（『駿河の今川氏』第四集、一九七九）
鈴木将典『遠江天野氏・奥山氏』（岩田書院、二〇一二年）
太田亮編『姓氏家系大辞典』

註

（1）庄内郷土史研究会編『庄内の歴史』（一九七二年）
（2）奥野高廣執筆部分『浜松市史』一（一九六八年）、二（一九七一年）
（3）森田香司「東寺領遠江国村櫛荘について」（一九八三年）
（4）森田香司「守護被官の在地支配—遠江・堀江氏を事例として—」（『地方史静岡』第一六号、一九八八年）
（5）秋本太二「今川氏親の遠江経略」（『信濃』二六巻一号、後に戦国大名論集『今川氏の研究』所収）
（6）森田香司「今川氏親と文亀・永正の争乱」（『戦国期静岡の研究』二〇〇一年）
（7）『静岡県史』資料編6、一一六八号文書
（8）太田亮著、角川書店、一九六三年
（9）『静岡県史』資料編7、三五九号文書
（10）『静岡県史』資料編7、九二八号文書
（11）『静岡県史』資料編6、三八八号文書
（12）遠江国村櫛荘徳大寺方本家米未進注文、『静岡県史』資料編6、九二八号文書
（13）『静岡県史』資料編6、一四七一号文書
（14）『静岡県史』資料編6、一三二八号文書
（15）『静岡県史』資料編6、二五〇四号文書
（16）甲斐威邦書状、『静岡県史』資料編7、一六号文書
（17）岩波文庫
（18）堀江為清判物写、『静岡県史』資料編7、三三一号文書
（19）庄内郷土史研究会編『堀江城物語』（一九八三年）
（20）『静岡県史』資料編7、三一三号文書
（21）史料2参照
（22）『静岡県史』資料編7、五二八号文書
（23）大澤文書、『静岡県史』資料編7、五二四号文書
（24）『静岡県史』資料編7、五六三号文書
（25）『静岡県史』資料編7、一三三五号文書

(26)『静岡県史』資料編7、一六六九号文書
(27)今川氏真朱印状写、『静岡県史』資料編7、三二四五号文書
(28)徳川家康起請文写、『静岡県史』資料編7、三六九八号文書
(29)『静岡県史』資料編7、二三五七号文書
(30)『静岡県史』資料編7、三六九〇号文書
(31)『静岡県史』資料編7、三六九九号文書
(32)「「権太栗毛」譚の背景―『源平盛衰記』から戦国期東海へ―」『馬の博物館研究紀要』第一五号、二〇〇四年
(33)岩波文庫
(34)静岡県、一九八一年
(35)東京大学史料編纂所影写本、『静岡県史』資料編8、三七四号文書

開城と降伏の作法

山田邦明

はじめに

戦国時代は城郭の存在価値がきわめて高まった時代で、大名や武将たちの戦いのほとんどは、城の攻防にかかわるものだった。ただ力攻めや巧妙な作戦によって城が陥落して、城兵たちが全滅するというのはまれで、ほとんどの場合は攻める側の兵粮がなくなって退却し、一件落着したもののようである。また攻める側が優勢で、城を自らの手に入れることができたケースでも、損害を出さないために平和裏に城方と交渉を行い、結果的に開城や城将の降伏を実現させるという場合が多かったものと思われる。

こうした平和的な開城や城将の降伏については、かつて『日本軍事史』(註1)の中で遠江堀江城や上野国沼田城の事例をもとに若干の言及をし、また筑前立花城の開城についても小文をまとめた。(註2)このような開城と降伏の実態については一層の事例の発掘が必要であろうが、若い時期の徳川家康が三河や遠江の城を攻めたときに、平和的な交渉によって敵城の開城や城将の降伏を実現させた事例がかなり存在する。このうち遠江堀江城将の降伏については『日本軍事史』の中で少しふれたが、この事例も含めて、史料を読みながら具体的な状況を解明していくことにしたい。

一　田原城・吉田城の開城、牛久保城将の降伏

田原城・吉田城・牛久保城

駿河・遠江を領していた今川義元は、天文十五年(一五四六)に三河侵攻を開始、数年の戦いののち、三河の大半を手中に収めた。ところが永禄三年(一五六〇)に義元が尾張桶狭間で戦死すると、情勢は大きく変化する。三河の岡崎に入った松平元康(のちの徳川家康)は、西三河を押さえ、東三河に攻め寄せた。そしてこれから数年の間、東三河において今川と松平(徳川)との戦いが展開され

ることになる。

東三河における今川方の最大の拠点は、東海道の要衝にあたる吉田城（現在の豊橋）で、吉田城と豊川を隔てて向かいあっている牛久保城も重要な拠点だった。また吉田城の西南にあって三河湾に臨む田原城もひとつの要所だった。この三つの城が今川方の拠点で、吉田城では大原資良、田原城では朝比奈元智といった今川の直臣が城代をつとめていた。牛久保城にも今川の直臣はいたようだが、この地域の国衆である牧野右馬允成定が城主として力を持ち、城の守備にあたるとともに、各地に転戦して活躍していた。

永禄六年（一五六三）に岡崎周辺の浄土真宗寺院が一揆を起こしたため、家康の攻勢はいったん止まったが、一揆との和睦を果たしたのち、家康はあらためて東三河攻略を本格化し、自身小坂井に陣して指揮をとった。そして永禄八年（一五六五）、田原城と吉田城が開城、田原城将の朝比奈元智と、吉田城将の大原資良は、ともに城を家康に明け渡して、今川家のもとに帰っていった。

田原城と吉田城の開城

田原と吉田の開城については史料が乏しく、その日付も特定できないが、残されたわずかな史料から、開城前後のようすの一端をみてみることにしたい。ひとつは永禄八年二月九日に田原城将の朝比奈元智が田原の神明社の神主（三郎左衛門）にあてて出した判物である。

【史料一】「田原近郷聞書」所収、朝比奈元智判物写（註3）

田原神明領少分之由、神主被為訴訟之条、加藤道監誂合六貫を永附置申候、雖縦領主相替、元智永附置之条、以此旨可被申受者也、仍如件、

永禄八年乙丑二月九日　元智（居判）

神明神主三郎左衛門殿

神明社の所領が少ないのでなんとかしてほしいと神主が訴えてきたので、加藤道監が誂えた六貫分を「附置」くとしているが、そのあとに「雖縦領主相替、元智永附置之条、以此旨可被申受者也」という一文がみえる。たとえ領主が替わったとしても、この判物をもとに新しい領主に申し出て、所領支配を認めてもらうようにということで、一般の充行状にはみられない文言である。おそらくこの時期すでに田原城の開城は予定されており、朝比奈元智は遠からず城から出て、新たな領主が入部してくるだろうと、周囲の人々も認識していたのだろうと思われる。そして城に近い神明社の神主も、所領新給を申請するにあたって、領主が替わってもこの六貫文を知行し続けられるようにしてほしいと元智に頼み、元智もこれを受け入れて、こうした文言を判物に書き入れたと考えられるのである。

吉田城の開城についても注目すべき史料が一点ある。永禄八年三月十九日付の家康の判物である。

【史料二】「江崎祐八氏所蔵文書」松平家康判物(註4)

彼書立之御人数十八人之分へ、為改替、以新地、如前々員数可出之筈、大肥与申合候上者、聊不可有相違、如此候也、仍如件、

松蔵
家康(花押)

三月十九

牟呂兵庫助殿
千賀与五兵衛殿
同衆中

牟呂兵庫助と千賀与五兵衛は吉田城の近くにいた地域の武士で、吉田城の接取にあたって、城の近くにある十八人の知行地を収公するかわりに、同じ員数の高をもつ知行をほかのところで与えると家康が約束したものと思われるが、ここで特に注目されるのは「大肥与申合候上者、聊不可有相違」という文言である。

この「大肥」は吉田城代の大原肥前守資良のことと考えられるから、この十八人に替地を与えることについては大原も了解済みだったことになる。おそらくこの段階で吉田の開城と大原の退去は決定していて、それまで大原に従っていた地域の武士たちをどう処遇するかが問題になっていたものと思われる。吉田城には酒井忠次が入ることが決まっており、家康や酒井にしてみれば、城の近辺は直轄領として確保したいところだが、そのあたりに知行地をもつ牟呂・千賀などの武士たちのことも配慮しなければならない。それで彼らに替地を与えるという約束をすることになるが、このことについては敗将の大原も理解していて、家康と大原が相談しながら事を進め、こうした家康の判物が出されたということなのではなかろうか。

朝比奈や大原のような今川の直臣は、駿河や遠江に帰ることができたが、彼らに従っていた地域の武士は現地に留まらざるを得ず、また地域の寺社も、城将の交代で権益が侵されるのではないかという不安を抱いていた。こうした状況に対処して、無用の混乱をおこさないようにすることが、城に入る側にとっても、退く側にとっても大きな課題だったのではないかと思われる。そして地域の人々の処遇についての算段をつけたうえで、敗れた側の城将が城を出て、開城は平和裏に実現されたのである。

牛久保城主の降伏

田原と吉田の開城によって、今川方として残るのは牛久保城のみとなった。牛久保城主の牧野成定はよく耐えたが、結局家康からの要請を受け入れ、和議を結ぶことになる。永禄九年(一五六六)の五月九日、家康は牧野あてに三か条からなる判物を出した。

【史料三】「牧野文書」松平家康判物(註5)

一、従所々雑説雖申来之、有糺明可申付之事
一、其身於有煩者、切々雖無出仕、無沙汰ニ有間敷事
一、判形之地之内、従何方雖申様有之、許容有間敷事
付、諸給人之儀、五六人衆之可為相計事
右条々、不可有相違者也、仍如件、

永禄九年丙寅
五月九日　　　　岡蔵
　　　　　　　　家康（花押）
牧野右馬允殿まいる

一条目では、いろいろのところから「雑説」があってもこれを信用しないとし、三条目では「判形之地」についての諸人の申し分も認めないと約束しているが、牛久保城やその周辺に広がる牧野の所領はすべて安堵され、その場所を書き出した「判形」が出されたものと思われる。

この「判形」に書き出された所領をめぐって、いろいろの人が訴えてくることが予想されたが、家康はこの判物で、こうした訴えを認めずに牧野の知行を保証すると約束している。牛久保城を包囲している間に、城を陥落させたあかつきには敵方の所領を与えると、家康は自分に従ってくれた武士たちに約束し、その場所を書き並べた判物を出していた。しかし牛久保城を力で攻め落とすことができず、牧野の権益を認める形で落着させることになったため、いったん出した判物の内容を見直し、約束の一部を反古にせざるを得なくなったのである。牧野あての判物を書いた同じ日（五月九日）、家康は松平（長沢）康忠にあてて判物を認め、いったん給付を約束した「牛窪領」の所々（平井・豊河市場方・同中条方・八幡本所方）、合わせて二百五十貫文の地を「牛窪」（牧野）に渡すことにしたので了承してほしいと頼んでいる。(註6) 東三河を完全に手に入れるためには牧野を服属させることが肝要と考えた家康は、部下の武士たちの不満を想定しながらも、牧野の権益をすべて認めたうえで、彼を自らの家臣に組み入れるという道を選んだのである。

先にみた牧野あての判物の二条目に「煩いがあればきちんと出仕しなくてもかまわない」という一文がある。家康が牧野の健康状態を気遣っていたことがわかるが、実際に牧野成定は病気だったらしく、十月二十三日に死去してしまう。(註7) しかし成定の所領は没収されることなく子息の康成に受け継がれ、康成は家康のもとで活躍することになるのである。

二　懸川城の開城、堀江城将の降伏

懸川城と堀江城

三河の統一を果たした徳川家康は、遠江への侵攻を企てていたが、やがてその好機が訪れる。永禄十一年（一五七八）の十二月、甲斐の武田信玄が駿河に攻め入り、今川氏真は駿府を退去して遠江の懸川城に逃げ込んだ。そして家康は信玄と連絡をとりながら遠江に攻め込み、引間（浜松）や見付を押さえることに成功、さらに進んで氏真のいる懸川城に迫った。翌永禄十二年（一五七九）正月十六日、徳川勢が懸川城の攻撃を開始、これから十数日の間、懸川の城兵と天王山に陣した家康方との戦いがくりひろげられた。(註8)

遠江各地の国衆たちはおおかた家康に従ったが、浜名湖に面する堀江城を守っていた大沢基胤・中安種豊らは、今川に従う姿勢を貫き、徳川勢の攻撃に耐え続けた。正月二十五日の合戦では城方が勝利を収め、宇都名に出て敵の海賊船を奪い取るという戦果をあげた。(註9) 懸川の城将と堀江の城将とは互いに連絡をとって情報を交換しながら、城を守るべく努力を重ねていた。

和睦交渉とその波紋

なかなか懸川城を攻略できずにいた家康は、三月五日に総攻撃を行い、戦いが展開された。「家忠日記増補追加」によれば、今川方に百余人、家康方に六十余人の戦死者を出したという。(註10) かなりの激戦だったことがうかがわれるが、決定的な勝利をつかめなかった家康は、このすぐあとに和睦交渉を始める。そのありさまを「松平記」は次のように伝えている。

【史料四】「松平記」四(註11)

一、巳三月八日、家康より浅比奈と申者御使にて、小倉内蔵助方へ被仰るハ、某事義元御取立のものにて候へハ、更に今川殿へ敵を可仕とハ不存候、そのうゑ数通誓紙進上申候得共、讒言の族有之、此間不通仕候、それを被成御免、遠江国を一円被下候ハヽ、永代を誓紙以御無沙汰申間敷候、遠州之儀家康取不申候者、信玄に必御とられ可有候、左様ニ候ハヽ、信玄に御取給ハんより、此方へ被下、御和談被成候ハヽ、小田原と申合、信玄を追払ひ、駿府へ氏真を返し可奉由被仰越候間、小倉此由氏真へ申上、則其段御合点被成、小倉内蔵助家康へ参り、御きせう申請、御和談に成、駿府へ御帰之後、永代御無沙汰申間敷との義に相定、懸川をハ家康に御渡し被成、小田原と二はたにて、駿河府中の敵を追出し可申候との儀にて、此由小倉を御使にて、三嶋に御座候氏政へ被仰越候、

三月八日に家康の使者の「浅比奈」が懸川城に赴いて、今川の家臣の小倉内蔵助に家康の内意を伝え、小倉がこれを今川氏真に上申、氏真もこれに同意する。そのあと小倉が家康の陣所に赴いて家康の起請文を受け取り、駿府に帰る。さらに小倉が自身三島の北条氏政のところに行ってこのことを伝えた。「松平記」には事の経緯がこのように記されている。小倉内蔵助という今川の家臣が動き回って和睦交渉を取り仕切ったのである。氏真の懸川退去は五月六日だから、家康と氏真の和睦交渉は二か月にわたって練り上げられたものと思われる。

それまで武田信玄と結んで今川と戦っていた家康が、今川氏真やその背後にいる北条氏と和睦交渉を行ったことは、外交の大きな転換であり、関係する諸大名もそれぞれの立場から反応をみせることになった。越後の上杉輝虎は家康とつながっていたが、家康の書状を帯びた使者に面会した上杉氏の側は、徳川と今川の関係についての上杉側の希望をこの使者に伝え、書状を託したうえで、口頭で家康に伝えるよう頼んでいる（三月十三日の河田長親書状。宛先は酒井忠次と石川家成）。(註12) 希望の内容について書状の中で明記はされていないが、今川との和睦を進めてほしいというものだったと推測される。この時期北条氏から上杉に対して和睦交渉がなされており、

家康が武田と絶って北条とつながるのは、輝虎にとっても都合のいいことだったのである。

一方の武田信玄は、家康が今川と和睦しそうだという情報を得て困惑し、なんとかこれを阻止しようと、家康と親しい織田信長に働きかけた。三月二十三日のこと、市川十郎右衛門尉あての書状で、信玄は「懸河・岡崎和融之刷候、此所不審候」と述べ、とにかく信長が頼りだと強調している。（註13）家康が和睦交渉を始めたのは三月八日らしいが、二十三日の段階で信玄はすでにこの情報を得ていたのである。

堀江城将からの書状

堀江城に対する和睦工作も同時に進められていた。堀江城は難攻不落の山城で、力攻めでは無理と考えた家康は、使者を城中に遣わして、大沢基胤や中安種豊に対して交渉を始めた。この和睦交渉については「譜牒余録後編」の次の記事が参考になる。

【史料五】「譜牒余録後編」巻一（註14）

一、永禄十一年、権現様遠州御討入之刻、大沢左衛門佐者今川氏真方ニ而、居城遠州堀江城楯籠申候ニ付、権現様被為寄御馬、菅沼次郎右衛門・近藤登助・鈴木三郎太夫御先途ニ而御攻被遊、其以後、渡辺図書為御使、今度遠州大形属御手候処、氏真之命を守、至于今楯籠働候段、奇特ニ被思食候、向後御疎略被遊間鋪候間、御味方可仕旨、御懇之上意被成下候ニ付、奉畏、向後可奉抽忠節之旨御請申上候ニ付、永禄十二年四月十二日、御証文頂戴仕候、

菅沼・近藤・鈴木らに城を攻めさせた後、「渡辺図書」を使者として和睦交渉を始めたと、ここには書かれている。この渡辺図書は、後に大沢らにあてて血判起請文を出している渡辺図書助盛で、遠江との国境に近い三河の和田郷近辺を本拠としていた。（註15）

四月四日のこと、大沢基胤と中安種豊は、懸川にいる朝比奈泰朝・朝比奈親孝・朝比奈芳線にあてて長文の書状を作成した。この文書の原本は残らず、草案が大沢家に伝えられているが、その内容は次のようなものである（この草案には多くの訂正が施されているが、それをいちいち示すのは煩雑なので、訂正した後の文章をここでは載せることにする）。

【史料六】「大沢文書」大沢基胤・中安種豊連署書状草案（註16）

久不申上候之条、其地無御心元存候、当城之儀、今迄ハ堅固候、涯分ニ存候へ共、駿之儀、和一篇于今無御座候由候、左候へハ、当国之事、重而家康罷立、方々手置仕候て、当城取懸、城中不成候者取出重而仕、麦を可苅取之由候、兵粮之儀ハ、配当仕候ハ、、二三ケ月計之事ハ所持候、果而ハ一円罷成間敷、城下知行分も欠所ニ罷成候、来作ハ少も有間敷候、何□（方カ）より兵粮可入方無之候之条、諸人数相拘候、可開運便無之、悉相果候ても、御国之御為ニも罷成間敷候、敵方より種々扱を申候条、先たるめ可申ため、種々難題を申懸候、定落着ハ有間敷候、今迄無沙

汰不申候之間、若時宜相調候共、非疎意候、雖如此候、御調略も御座候ハヽ、依御下知可成其覚悟候、至于今如此次第、無念至極候、将又、堀河随分申調、手を合候之処、普随大方ニ付て、則時被乗取候、悉給人・百姓打死、此方加勢仕候者廿計討死仕候、口惜存計候、山村・尾藤・竹田人質此方拘置候、末々ハ可被加御下知候、此等之趣御取合奉頼候、恐々、

卯月四日　基胤

朝備　種豊

同下

同金

此分たるへく候哉、但なを〳〵こま〳〵にも可被仰候哉、自余ハ金遊へ可被仰付候哉、御分別次第尚々可被書加候歟、

堀江城をめぐる状況から書き始めながら、兵粮がなくなったら城を保つのは難しいと、内情を正直に告白する。二三か月分くらいは所持しているが、これが尽きると兵粮は全くなくなる。城下の知行分も闕所になっていて、秋の収穫は期待できない。どこからも兵粮を入れてもらえないので、多くの軍勢を抱えながら、運を開くことができないでいる。このように実情を述べながら、「悉相果候ても、御国之御為ニも罷成間敷候」と続ける。ここにみえる「御国」とは大名今川家のことだろう。「ここで城兵がすべて討死したとしても、御国のためになるというわけでもないでしょう」。主君に忠義を尽くして全滅することもありうるが、それはあまり意味がない。大沢と中安はこう述べて、もはや降伏はやむなしという状況にあることを暗に示したのである。

長文の書状はまだ続く。敵方から種々の「扱」を受けているが、今はなんとかかわしていると、家康からの和睦交渉がなされていることを示したうえで、「今迄無沙汰不申候間、若時宜相調候共、非疎意候」と続ける。「これまで無沙汰してこなかったのだから、もしも和談が調ったとしても、今川家に対して疎かにしているというわけではないと思います」というわけである。

こういう状況だけれども、もしも「御調略」があるようならば、「御下知」に従う覚悟ですと、まだ氏真に従う可能性を見せたうえで、「至于今如此次第、無念無極候」と結ぶ。今川家への忠節を励みたいという気持ちと、家康の要請を受け入れて降伏せざるを得ないという現実とを交差させながら、長文の書状の文面は練り上げられたのである。

この草案には、末尾に「此分たるへく候哉、但なを〳〵こま〳〵にも可被仰候哉、自余ハ金遊（朝比奈芳線）へ可被仰付候哉、御分別次第尚々可被書加候歟」という書き入れがみえる。難解な文章だが、とりあえず草案をつくった大沢らは、これを誰かに見せて、点検を頼んだようなのである。具体的なことはわからないが、懸川城将の側の人物（使者か）が立ち合って、主君の氏真に真意が伝わり、穏便にことが進むようにと、文面を念入りに検討していたのではないかと思われる。

今川氏真の返書

この書状が書かれた七日後の四月十一日、朝比奈泰朝・朝比奈親孝・朝比奈芳線の三人連署の書状が、大沢と中安にあてて出された。

【史料七】「大沢文書」朝比奈泰朝等連署書状(註17)

急度預御飛脚候、其趣則披露申候、仍只今返々御忠節、無比類被思召候、然者、其地扱之儀申候哉、此上之儀者、何様ニも時宜可然様落着尤被思召候、自当地御差図之儀者、御分別不行之旨候間、是非不申入候、猶以御忠節之儀者、無是非次第候、恐々謹言、

四月十二日

朝備 泰朝（花押）

金遊 芳線（花押）

朝下 親孝（花押）

大左

中彦

参 御報

大沢らの書状を受け取った氏真は、彼らの忠節を讃えたうえで、「家康から調停が入っているとのことだが、このうえはなんとでもうまくいくよう落着するようにしてほしい」と言い、何らかの「御差図」があるかとの問いに対しては、「何も考えつかない」と答えた。大沢らの事情を察した氏真は、彼らが家康に降ってその配下になることを認め、重臣たちもこれを受けて、主君の内意を書状に認め、大沢らのもとに届けたのである。

家康からの和睦交渉を受けた堀江城の城将たちは、結果的にこれを受け入れることになるが、主君にあたる今川氏真に無断でことを進めたわけではなく、長文の書状で城の苦境を伝えて、敵に降伏せざるを得ない状況にあることを示唆した。そして主君の氏真も、城将たちの功績に感謝しながら、「降伏許可書」ともいえる書状を送り届けたのである。

家康と家臣の起請文

その翌日の四月十二日、講和交渉はまとまり、大沢基胤・中安定安（兵部少輔）・権太泰長（織部佐）にあてて家康の血判の起請文が出された。

【史料八】「譜牒余録後編」二十三所収、徳川家康起請文写(註18)

敬白起請文之事

一、当城居成之事

一、諸事抜公事有間敷事

一、本知何も如前々、為新居替地、呉松相違有間敷事

一、当知行分諸不入、当城下諸成敗、山海共、可為如前之事

一、於万事虚説等於有之者、訴人を為先可遂糺明事

右条々於偽者

上者梵天・帝釈・四大天王、惣而日本国中大小神祇、別而者弓

矢八幡・摩利支天・富士・白山・愛宕山・秋葉・天満大自在天
神蒙御罰、於今生者弓矢冥加尽、得黒白病、来世ニ而者可堕在
無間者也、仍起請文如件、
　永禄拾弐己巳年
　　四月十二日　　　　　家康（御居御判・御血付）
　　　大沢左衛門佐殿
　　　中安兵部少輔殿
　　　権太織部佐殿

起請文の第一条には「一、当城居成之事」とみえる。堀江城を守りぬいた大沢らは、家康の配下になるにあたって、そのまま堀江城に居続けることを認められたのである。

起請文の二条目には「一、諸事抜公事有間敷事」と書かれ、さらに「一、本知何も如前々、為新居替地、呉松相違有間敷事」「一、当知行分諸不入、当城下諸成敗、山海共、可為前々之事」というように、大沢らの所領にかかわる約束が示される。彼らの本領はほとんど安堵するが、新居だけは家康が確保したいので、そのかわりに呉松を与えるとし、さらに当知行分の不入や城下の成敗権を前の通り認めている。さらに四条目では「一、於万事虚説等於有之者、訴人を為先可遂糺明事」と、「虚説」を言う者がいても信用しないと約束し、神々の名前を並べた罰文を書いて、起請文はまとめられている。

家康はこうした本格的な血判起請文を作って、大沢らの処遇について誓約したわけだが、血判起請文を書いたのは家康だけではなかった。重臣の酒井忠次と石川数正が連署してほぼ同文の血判起請文を書いているし、（註19）和睦の使者をつとめた渡辺盛も三人にあてて血判起請文を提出している。家康と酒井・石川の起請文はほぼ同文で、大名の立場から大沢らに対する契約の内容を明記したものだが、渡辺の起請文は使者の立場から書いた誓約書で、文面は少し異なる。

【史料九】「譜牒余録後編」二十三所収、渡辺盛起請文写（註20）

　敬白起請文事
一、抜公事有間敷事
一、諸事向後疎略有間鋪之事
一、御知行之方儀ニ付而之仰事候者、涯分馳走可申之事
右条々於偽者、
　上者梵天・帝釈・四大天王、惣而日本国中大小神祇、別
而者弓矢八幡・摩利支天・富士・白山・愛宕・秋葉・天
満大自在天神御罰をかうふり、於今生者、弓矢みようか
つき、黒白之やまいうけ、来世にては、無間へたさいす
へき者也、仍起請文如件、
　　　　　　渡辺図書助
　　　　　　　　盛（居判・血判）
永禄拾弐己巳四月十二日
　　大沢左衛門佐殿
　　中安兵部少輔殿
　　権太織部佐殿

使者をつとめた渡辺盛が血判起請文で誓約したのは、「抜公事」をしないこと、今後も諸事にわたって疎略にしないこと、知行方について要望があれば、それが実現するよう奔走することの三点だった。大沢らの城将が安心して家康に従うためには、和睦交渉を担った使者の起請文も必要とされたのである。

牛久保城主の牧野成定と同じように、堀江城将の大沢基胤らも、自らの権益をほぼそのまま認められたうえで、家康への服属を果たした。新居が家康に接収されるということはあったものの、堀江城とその周辺の状況は、今川氏の時代とほとんど変わらない形で保存された。

長く続いていた懸川城の開城をめぐる交渉もやがてまとまり、五月六日に今川氏真は城を退去した。家康は松平家忠に氏真の護送を命じ、懸塚の湊から船出した氏真は、家康の手兵に守られながら進み、伊豆の戸倉に到着して、北条氏の迎えるところとなった。(註21) 無血開城はこうして完了したのである。

おわりに

岡崎に入城して自立を果たしたとき、家康は十九歳だった。それから十年の間、東に勢力を広げ、三河と遠江を領する大名となっていったのである。領国拡大の過程で、敵対する武将を攻め滅ぼしたこともなくはなかったが、タイミングをみはからって敵方に使者を派遣して、平和的な降伏を要請し、開城や城将の降伏を実現させるという形をとることが多かった。田原城や吉田城の場合は、城代の朝比奈や大原が退去するという結果になり、懸川城でも今川氏真が自身納得の上で城を出ていて、いずれも平和的な開城といえる。また牛久保城や堀江城の場合は、城主や城将が退去することもなく、今川から徳川に主君を替えるという形でことを収めたわけで、城をめぐる状況はほとんど変化していない。こうした場合でも、城主や城将は家康に従ったのだから、形の上では「降伏」といえるが、実質的には和睦して主君を替えたにすぎないとみることができる。家康にしてみても、牧野や大沢といった城主・城将が自分に従って働いてくれれば特に問題はなく、無理して城を陥落させる必要はないと判断したのだろう。もちろん証拠はないが、今川に忠義立てをして城を守り続けた牧野や大沢のことを家康が気に入って、家臣に組み入れたいと考えた、ということもあるのかもしれない。

和睦交渉に際しては使者が活躍した。懸川城の場合、家康から「浅比奈」が使者として遣わされ、これに応対したのは小倉内蔵助だった。そしてこの小倉が、家康のもとに赴いて交渉を進め、さらに北条のもとにも派遣されている。堀江城の場合には、渡辺図書助盛が家康方の使者をつとめ、和睦成立の段階では血判の起請文を提出している。和睦条件の内容を練り上げるうえで最も大きく関与したのは使者をつとめた人で、血判起請文の提出が求められたのも、使者の言動に偽りがないという確約が、和睦締結のためには欠かせなかったからだとみることができる。

交渉を進めるなかで問題にされたことは何か。城主や城将の処遇がその中心にあったことはまちがいなく、特に城主や城将が退去せず城に残る場合には、彼らの本領を安堵するかどうかが問題になったが、牛久保城の場合も、堀江城の場合も、城主や城将の本領はほぼそのまま安堵されている。平和的な決着を早く進めるためには、城側の要求を受け入れざるをえないと、家康側が判断して、こうした結果になったものと思われる。さらに城主や城将に従っている地域の武士たちの処遇が問題になることもあった。城代の大原が退去することになった吉田城の場合には、大原に従っていった武士たちの所領について、家康と大原が相談しあってことを進めていたことが史料にみえる。和睦交渉はすぐにまとまるわけではなく、人々の権益にかかわることがらについて綿密な検討が重ねられ、双方の合意が固まった段階で、ようやく締結にこぎつけるというものだったのである。

ここでみてきた開城や降伏の場面では、城主・城将も兵士たちも命を失わず、平和裏に事が済んでおり、こうしたケースが当時は一般的だったのではないかと思われる。ところがこの少しあとの時代になると、城兵の命を救うために城主が切腹するという形の開城が多くみられるようになる。播磨三木城の別所長治、因幡鳥取城の吉川経家、備中高松城の清水宗治といった武将の切腹は、称讃とともに語り継がれることになるが、こうした開城の形は古くからあったものではなく、戦国の最末期に生まれた特有の現象ととらえることもできよう。開城や降伏の作法がどのように変化し、その理由は何だったのか、検討すべきことは多く残されている。

註

（1）高橋典幸・山田邦明・保谷徹・一ノ瀬俊也『日本軍事史』（吉川弘文館、二〇〇六年）一六七～一六九頁。
（2）拙稿「筑前立花城の開城」（『戦国史研究』五七号、二〇〇九年）。
（3）『愛知県史』資料編11（織豊1、以下同じ）、四一〇号。
（4）『愛知県史』四一三号。
（5）『愛知県史』四九五号。
（6）「徳川恒孝氏所蔵文書」永禄九年五月九日、徳川家康判物（『愛知県史』四九五号）。
（7）「寛永諸家系図伝」の牧野成定の項に「永禄九年十月廿三日卒す。四十二歳」とみえる（『寛永諸家系図伝』第五、一五八頁）。
（8）「松平記」には正月十六日に徳川勢が城を攻め、十七日に家康が天王山に陣したとある。さらに「享禄以来年代記」「北条記」「家忠日記増補追加」には正月二十三日の合戦の記事があり、「北条記」は二十八日の戦いも載せる。今川氏真が安藤九右衛門にあてた感状には、正月二十日に戦いがあったとあり、讃井善右衛門あての感状には、正月二十八日の「懸川天王社路」での戦いのことがみえる。正月十六日から二十八日までの間に、数度の戦いがあったものとみられる（『静岡県史』資料編7・中世三〈以下同〉、三五七八・三五七九・三五九三～三五九五・三五九八・三六三八号）。
（9）「大沢文書」（永禄十二年）二月二十六日、瀬名元世・小笠原元詮連署書状（『静岡県史』三六二九号）。
（10）『静岡県史』三六五二号。
（11）『静岡県史』三六五八号。
（12）「田島文書」（永禄十二年）三月十三日、河田長親書状（『静岡県史』

三六六一号)。

(13)「古今消息集」(永禄十二年)三月二十三日、武田信玄書状写(『静岡県史』三六七六号)。

(14)『譜牒余録』(内閣文庫影印叢刊)下、二頁。

(15)「寛永諸家系図伝」渡辺氏の項参照(『寛永諸家系図伝』第十四、二九～三〇頁。なお、長塚孝氏はこの講和交渉の使者に注目し、家康の血判起請文などの宛名にみえる権太織部佐(泰長)が城側の使者だったのではないかと推測されている(「「権太栗毛」譚の背景―『源平盛衰記』から戦国期東海へ―」〈『馬の博物館研究紀要』一五号、二〇〇四年〉)。

(16)『静岡県史』三六九〇号。

(17)『静岡県史』三六九六号。

(18)『静岡県史』三六九八号。

(19)「譜牒余録後編」二十三所収、永禄十二年四月十二日、酒井忠次・石川数正連署起請文写(『静岡県史』三七〇〇号)。

(20)『静岡県史』三七〇一号。

(21)「家忠日記増補追加」(『静岡県史』三七三一号)。

城郭篇

武田系城郭の最新研究
丸馬出を中心に

石川浩治

はじめに

加賀藩四代藩主前田綱紀に仕えた有澤永貞が著した「平山城木形分間絵図」(註1)（図1）という絵図がある。永貞は軍学者で、甲州流兵学を学び、藩士に軍学の講義を行っていた。この絵図は特定の城の絵図ではなく、築城の教科書のようなものである。しかし、よくある軍学の城絵図のようにコテコテに馬出や枡形虎口を重ねたものではなく、一見どこかの城絵図かと思わせるスマートなものである。軍学の講義の際に使われたものと思われるが、この絵図には大手口に武田系城郭の特徴の一つと言われる丸馬出が書かれている。江戸時代には軍学として甲州流、北条流、山鹿流、越後流などがあるが、主流は甲州流の流れを汲むものである。武田氏の築城術に対する関心の高さが伺われる。それは現代までも続き、武田氏の築城術に関する研究は枚挙に暇がない。一方、武田系城郭に代表される大名系城郭論に対しては問題点も指摘されている(註2)。本稿では研究史をたどりながら、最新の研究動向と課題について述べたい。

一　研究史

武田系城郭の研究史については、既に拙稿(註3)と高田徹氏(註4)、山下孝司氏(註5)によるものがある。詳しくはそちらを参照していただきたいが、ここでは、研究史を概観する意味で主に高田氏のまとめを引用しながら簡単にまとめておきたい。

武田系城郭といってもその理解

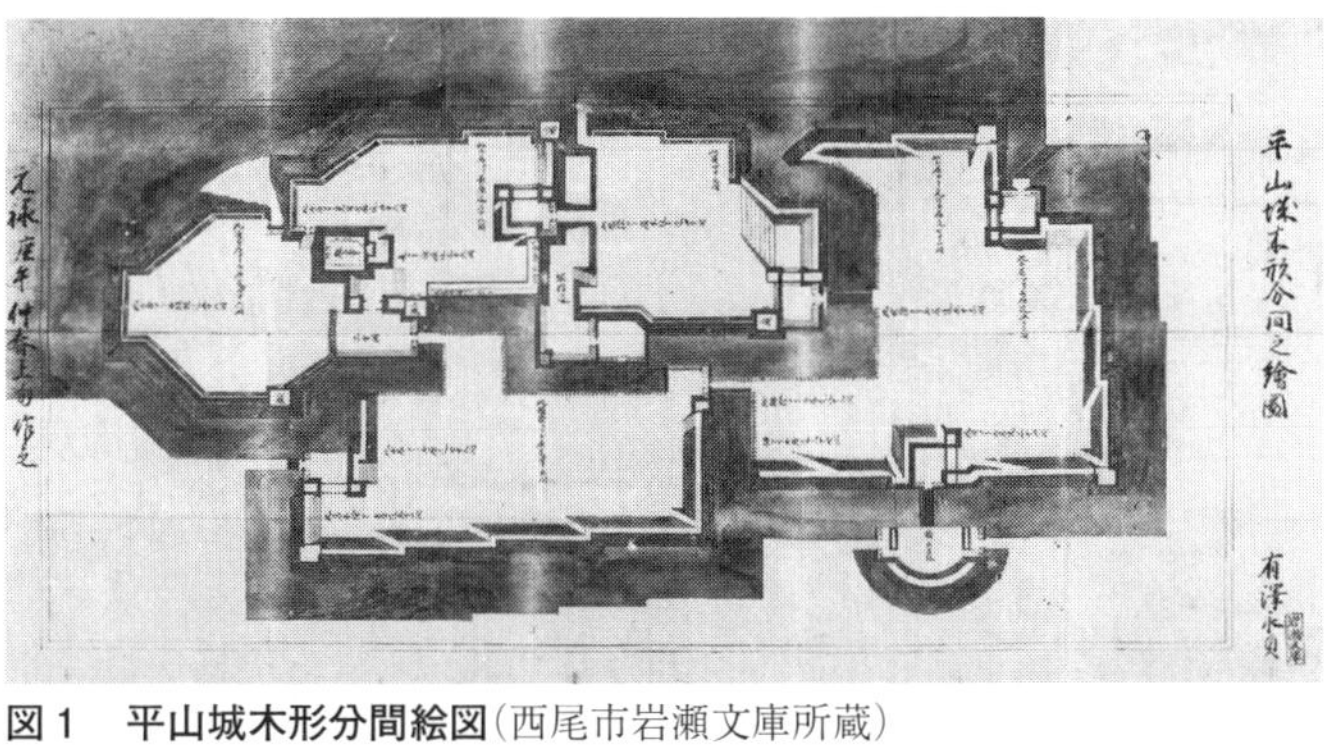

図1　平山城木形分間絵図（西尾市岩瀬文庫所蔵）

は研究者によって様々である。一般的には、丸馬出、枡形虎口、放射線状竪堀、横堀などがいわれるが、確実に武田氏オンリーの築城術を抽出することは難しく、研究者の主観やセンスによるものも多いのが実態であり、実のところここに問題点も内蔵している。

その中でも最も特徴的であり、客観的に比較対照がしやすい特徴は丸馬出である。ここでは武田系城郭の中でも主に丸馬出に関する研究と馬出の構築時期についてピックアップした。

武田系城郭研究の嚆矢としては、中山光久氏の研究がある。(註6) 中山氏は馬出の全国的分布状況を概観し、先ず丸馬出が用いられ、次いで角馬出となったとしている。そして武田氏は敵城を占領利用する場合は自己流に改造し、馬出を設けたと指摘している。

次に藤崎定久氏は、武田氏が平地や台地に作られた城は本丸は方五十間の正方形に近い形を定石として、松代城、江尻城、岡城、上田城、長沼城の曲輪の配置の共通性を指摘する。(註7)

次に小和田哲男氏は、武田氏の築城の特徴として、輪郭式の縄張り、三日月堀の多用、特異な腰曲輪の構築の三点をあげている。(註8) なかでも三日月堀の多用については「駿河にある城で三日月堀の遺構があればその城に武田氏の手が加わっているとみても大きな問題はない」としている。

萩原三雄氏は、武田領内の馬出の分布を検討して形態と配置から四つに分類して、大手口に一つあるタイプは信濃に多く、各虎口にそれぞれあるタイプは駿河に多いとしている。(註9) また、「一五四〇年以後に信濃の城館で採用され、駿河方面で採用されていく七〇年前半までのおよそ三〇年間に甲斐国外の城館に発達した」としている。

村田修三氏は、諏訪原城を例に、丸馬出の完成時期を永禄年間の後半頃と推定している。(註10)

北垣聰一郎氏は、城郭の選地、曲輪の数、馬出自体の選地などから馬出の変遷をⅠ期（永禄年間）Ⅱ期（天正前期）Ⅲ期（天正後期）Ⅳ期（天正年間）Ⅴ期（江戸時代）に分けている。(註11)

この頃から、武田氏の城郭に関する研究が盛んになってくる。縄張り研究者による城館の実地調査が進み、丸馬出の分布が明らかになり、精度の高い縄張り図が作成されて比較が容易になったことによる。

池田誠氏は、土塁の有無、馬出の堀の有無により五つに分類している。(註12) そして馬出が甲斐では新府城しか見られず、信濃に多く見られる点から信濃にあった技術を武田氏が吸収していったと推定している。

八巻孝夫氏は、武田氏の丸馬出を同一縮尺で提示して、軍学による草の丸馬出ばかりで、真の丸馬出がないことから、中世の城郭と軍学との関連は近い関係であるとはいいにくいとしている。(註13)

水野茂氏は主に静岡県内の武田氏の城から丸馬出は信玄期より作られ勝頼期に完成を迎えるとしている。(註14)

筆者は、三河地方を中心に丸馬出の分布を調べ、武田氏の勢力範囲が必ずしも丸馬出の分布と重ならない点から、三河の城の丸馬出は徳川氏によって築かれたと推定した。(註15)

浅野哲基氏は近世城郭の一門や譜代大名の城に丸馬出が使用されたとしている。(註16)

数野雅彦氏は、永禄年間以降に丸馬出が採用されることと馬出と枡形のセットになる城は武田氏滅亡後に改修の可能性があると指摘している。(註17)

山下孝司氏は、枡形虎口、丸馬出、三日月堀、山城の横堀、放射線状竪堀が武田系城郭の特徴としている。(註18)

このように武田系城郭の研究が進む中で、二〇〇一年に山梨県考古学協会により山梨県考古学協会研究集会「武田氏系城郭研究の最前線」が開催された。

その冒頭で萩原三雄氏は、「東国の戦国大名の城郭研究では「後北条系城郭」「上杉系城郭」「伊達系城郭」というように、各戦国大名に「系」を付した城郭研究が始まろうとしている。これらの戦国大名はいずれも、特色のある築城技術を展開したのはたしかであったが、しかし、「系」で括れるほどの独自で普遍性をもった築城技術が成立していたのか、いまだ定かではない」「縄張り調査の成果を史料化する前提として、城郭の縄張りは築城主体の意識をどのように反映しているのか、あるいは反映するものなのかといった根本問題も考えなくてはならない。築城主体と縄張りの諸関係、これは実際に縄張りを行う責任者や城郭築造に関わる技術者たちと戦国大名との関係も明らかにすることになる」と述べ、「戦国大名系城郭論」の成立には課題があることを指摘した。(註19)

この研究集会の中では主に考古学の立場から各地の武田系城郭の事例が報告されたが、河西克造氏は勝頼段階に「武田系城郭」が形成されて、顕著な「見せる城」が出現したと指摘した。(註20)

齋藤慎一氏は、武田系城郭について「武田・徳川両領国で存在するとする分布は、両地域にまたがって創出した地域圏のような現象」とし、丸馬出に関する研究史の現状は武田氏独自開発および家伝の築城術とすることに抵抗を感じざるを得なくなっている」とし、戦国大名系城郭論については、「現状において確認できたことは、地域における城館像と戦国大名による築城を手続きなしに結びつけた戦国大名系城郭論ではなかっただろうか。現状の戦国大名系城館論はまだ仮説の域を出ていないとはいえまいか」と指摘した。(註21)

その後は、諏訪原城、武田氏館、興国寺城、長篠城などで発掘調査が進み、武田氏館、興国寺城、長篠城などでは新たに丸馬出が確認されている。

諏訪原城の発掘調査の結果、本曲輪では焼土層を挟んで二時期の遺構が確認されたが、二の曲輪より外の遺構面は一面で焼土層が確認されなかった。二の曲輪北馬出からは薬医門の遺構が検出された。

この成果を受けて加藤理文氏は北馬出は巨大な二の曲輪中馬出の重ね馬出として機能しており、二の曲輪中馬出及び東側の外堀と一連の普請によることは確実で、諏訪原城に残る巨大な空堀や丸馬出は天正三年以降に徳川氏による改修とした。徳川氏は長篠合戦後の天正三年以降に武田氏の城を接取したことにより武田氏の築城技術を巧みに取り入れていったとしている。(註22)

最近の研究では、太田秀春氏は、仙台藩が家臣団統制の一環である居城への介入という行為の一手段として馬出(丸馬出・角馬出)を用いたとし、馬出は藩主権力を可視化し、一種のステータスシンボルのようなかたちで継承、再生産されていったと考えられる。軍事的な機能を維持しつつも、政治的な要素が強く反映された象徴性を帯びる存在へと変化していったとしている。(註23)

二　発掘調査による調査の進展

近年、発掘調査によって丸馬出の遺構が検出される事例が相次いでいる。なかでも従来丸馬出がないとされてきた武田氏館での発見は衝撃的であった。近年発掘調査によって丸馬出が見つかった事例を紹介したい。

武田氏館（山梨県甲府市）（図2）

武田氏館は二〇〇三年から保存整備事業に伴い、大手口の発掘調査が始まり二〇〇五年の調査で角馬出があった下から丸馬出の遺構が見つかった。今まで丸馬出がないとされていた武田氏の本拠地での発見は大きな衝撃を与えるものであった。

大手口一帯の遺構は四期まで確認されていて、丸馬出は第二期より見つかっている。丸馬出は全長約三〇m、幅約四m、堀の深さ約二・五mで両端に虎口が開かれていたと推定される。土塁の痕跡は確認できなかったが、堀内からは多数の礫が見つかっていて人為的に埋め戻されていることが判明した。発掘調査は史跡整備に伴うものなので、三日月堀の復元を意図しておらず、完掘はしていない。第三期では全長約五〇mのコの字形の堀が見つかり、中央部では途切れ

図2　武田氏館
（第24回全国城郭研究者セミナーレジュメより）

ている。第四期では自然石野面積みの石塁である。形状はL字形をしていた。(註24)
発掘調査によっても年代決定の決め手となる出土遺物が少なく、丸馬出の構築年代を証明することは不可能に近い。館全体の構造の変化などから推定していくしかない。第四期の石塁は天正十九年の羽柴秀勝・加藤光泰領時代とすると、第三期のコの字形の馬出の年代が問題となるが、決め手は難しい。丸馬出の成立時期としては天文二十年から天正十八年までとする。

長篠城（愛知県新城市）（図3）

長篠城は発掘調査により丸馬出が見つかっている。長篠城では一九九九年より発掘調査が行われており、主郭北側虎口前に馬出を検出した。この馬出は土塁を伴っていて水平に盛土をして構築された造成面上に土塁が構築されていて、地山の削り出しではなく盛土で構築されていた土橋との位置関係から土橋や外堀の土塁跡と同時期のものと推定された。馬出の改修者は天正三年に入った奥平氏による可能性が高い。(註25)

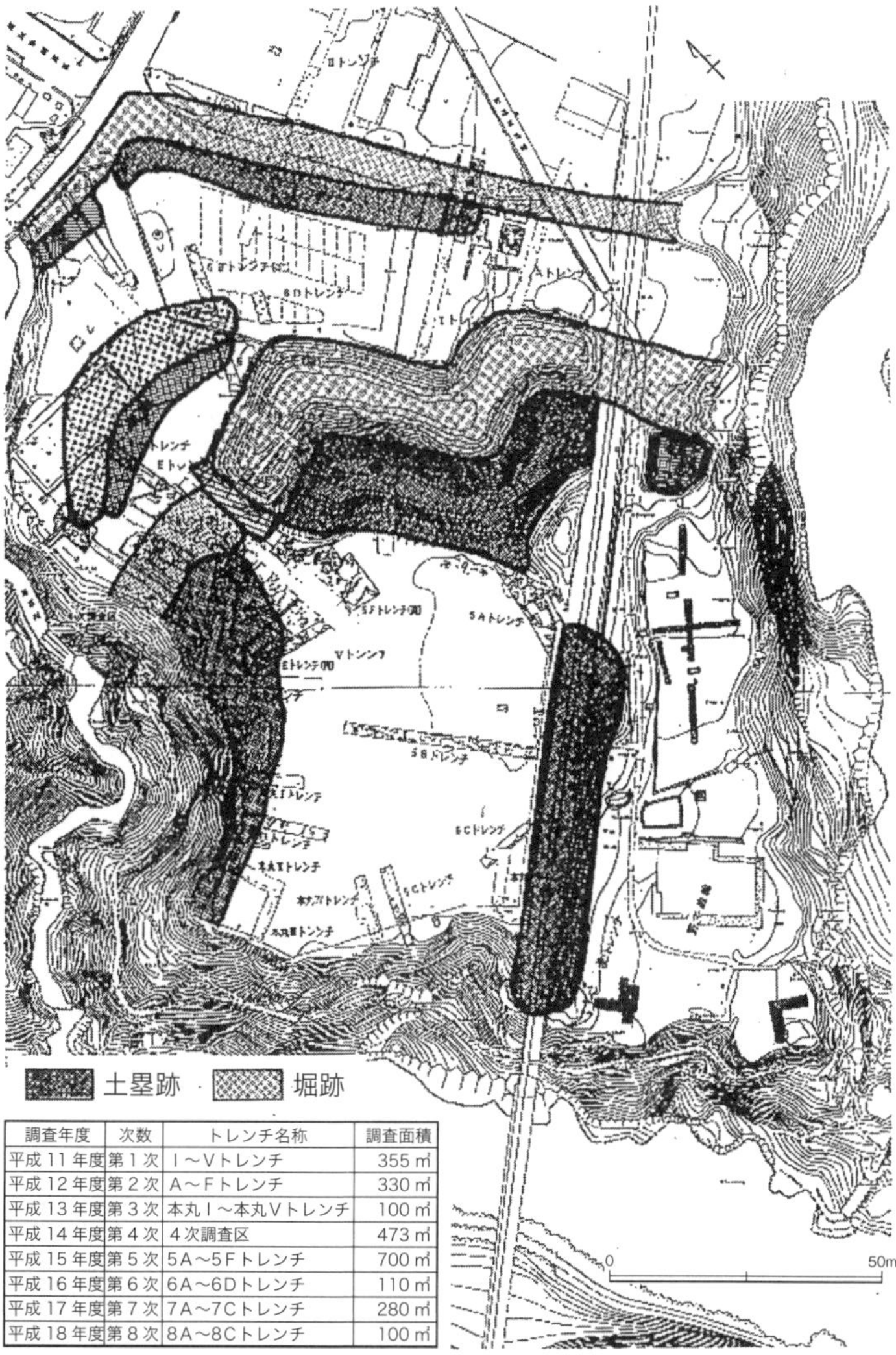

調査年度	次数	トレンチ名称	調査面積
平成11年度	第1次	Ⅰ～Ⅴトレンチ	355㎡
平成12年度	第2次	A～Fトレンチ	330㎡
平成13年度	第3次	本丸Ⅰ～本丸Ⅴトレンチ	100㎡
平成14年度	第4次	4次調査区	473㎡
平成15年度	第5次	5A～5Fトレンチ	700㎡
平成16年度	第6次	6A～6Dトレンチ	110㎡
平成17年度	第7次	7A～7Cトレンチ	280㎡
平成18年度	第8次	8A～8Cトレンチ	100㎡

図3　長篠城（『中世城郭研究』24より）

興国寺城（静岡県沼津市）（図4）

興国寺城では発掘調査で丸馬出が見つかっている。二之丸の南からみつかっていて、浅野文庫蔵諸国古城之図などの絵図には描かれていない堀である。長さ三八m幅は四mで深さは四m、箱堀であった。形は半円形ではなく、すこし潰れた楕円形をしている。堀の壁は六〇度という急斜面で、とても丁寧に作られていた。堀底から大

窯第3段階前半の擂鉢が出土している。(註26)

興国寺城の遺構は四期に分類される。第Ⅰ期は十六世紀中頃を想定している。城域は、遺物から二の丸から三の丸が中心と想定している。第Ⅱ期は二之丸から北曲輪までを想定していて、この時期に南と北に丸馬出が築かれた。第Ⅲ期は南の丸馬出を破壊して城域を三の丸まで拡大している。第Ⅳ期は、本丸北の大堀切を北限として、天守台を構築した時期としている。第Ⅱ期は武田氏時代、第Ⅲ期は、徳川氏時代から河毛氏（豊臣氏）第Ⅳ期は天野氏時代と推定されている。

諏訪原城（静岡県島田市）

諏訪原城では、馬出内部の発掘調査が進み、内部構造が明らかになってきている。

発掘調査の結果本曲輪では遺構面は焼土層を挟んで二時期の遺構面が確認されている。二の曲輪よりも外側では一時期しか認められない。二の曲輪北馬出からは門の礎石が見つかり、薬医門と推定されている。(註27)

山上城（群馬県桐生市）（図5）

二〇〇三年の調査で山上城は、三之曲輪から丸馬出が見つかっている。調査区には民家もあり、実質的に半分ほどの調査である。堀は半円形をなしており、上幅約三m、下幅約二mの箱堀である。馬出の虎口は一カ所確認されたが、二カ所あったと推定されている。内部には土塁が築かれていた。出土遺物は十五世紀代在地系軟質陶器や古瀬戸、カワラケ皿があり、十六世紀代後半に位置づけられる。

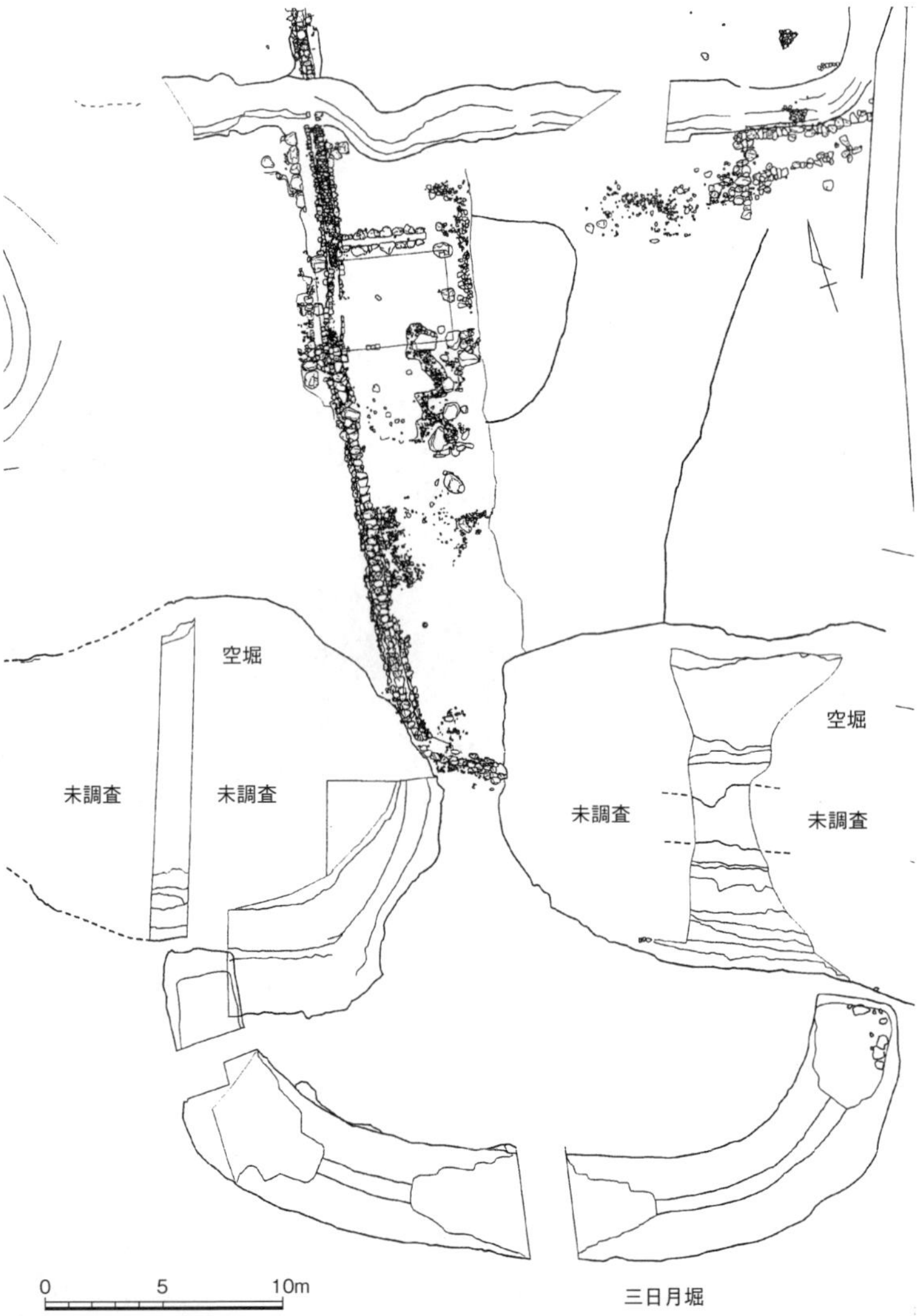

図4　興国寺城（『戦国時代の静岡の山城』より）

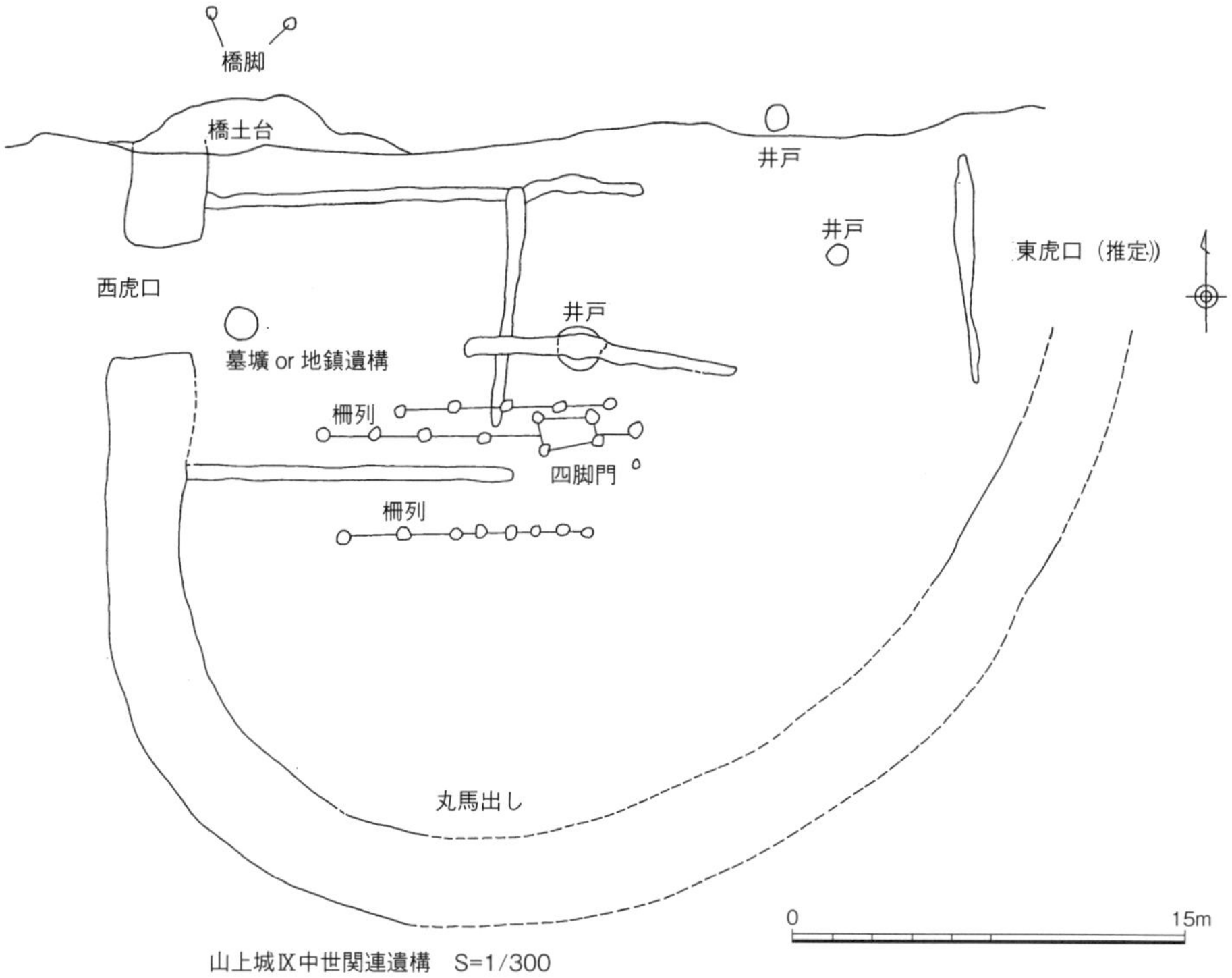

図5　山上城
（『新里村内遺跡発掘調査報告　山上城跡Ⅸ　石山Ⅱ遺跡』より）

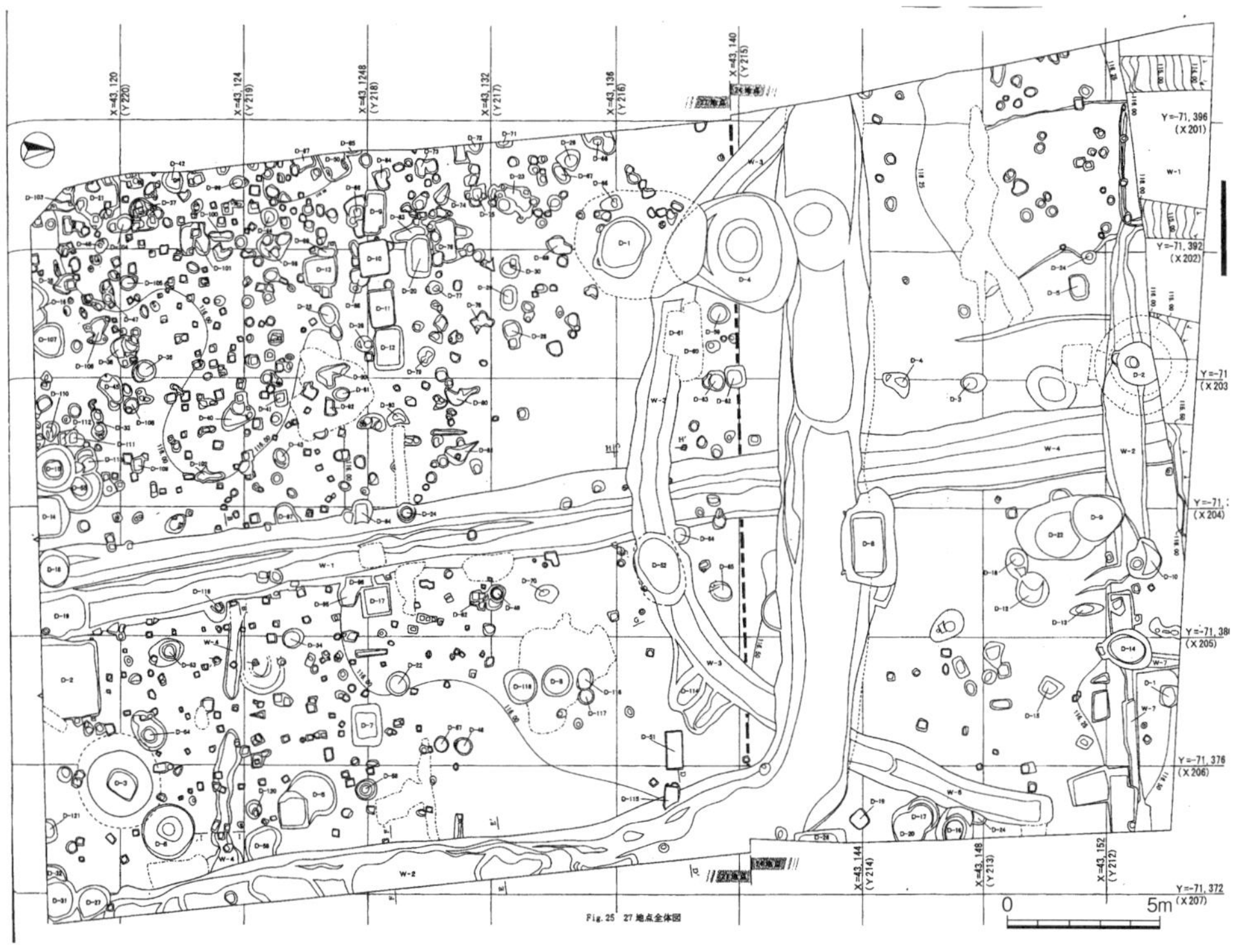

図6　蒼海城
（『元総社蒼海遺跡群(21)』前橋市教育委員会より）

馬出の形は半円形であるが、馬蹄形をなし、すこしいびつな形になっている。天正八年九月に膳城が武田勝頼によって落城したときに山上城も落城した可能性が高く、丸馬出が武田氏によるものとするとその構築は、天正八年から二年間に限定される。背後の堀から橋脚がみつかり土橋ではなく、橋を架けていたことが判明した。丸馬出内からは柵列、井戸跡が見つかっているが、馬出より後の時期のものと思われる。[註28]

これらの他に蒼海城（群馬県前橋市）、名胡桃城（群馬県月夜野町）、膳城（群馬県前橋市）でも丸馬出が見つかっている。蒼海城の丸馬出（図6）は、上幅一・五m、下幅約八〇cmほどでほぼ半円形をしていて十五世紀後半以降と推定されている。[註29]形態としては山上城に類似している。名胡桃城は、三の丸から丸馬出が一九九七年の調査により発見されている。この丸馬出は埋められていて別の場所に馬出が作られている。膳城でも一九九六年の調査で丸馬出が発掘されたようであるが、報告書は未刊である。

このように最近は群馬県内で丸馬出の発掘事例が相次いでいる。発掘調査によるデータの集積が進み、表面調査ではわからなかった内部構造や堀の様子より詳細な比較が可能になりつつある。

三　課題と展望

武田系城郭の研究は、他の戦国大名のそれと比較しても前章の研究史でもわかるように非常に盛んであり、様々な論点から研究が進められてきている。その中で丸馬出に限って今までの研究史を概括すると、丸馬出は一般的には起源は不明ながら、信濃での在地の技術を取り入れながら信玄の段階に現われて、勝頼の段階で発展をしてきた。後に徳川氏も採用したことにより、近世城郭にまで引き継がれていくことになるというものである。

しかし、近年では武田氏に限らず、戦国大名系という概念そのものにも疑問がもたれている。今までは武田氏の家臣の中に山本勘助や馬場信房のような築城専門の技術者がいて、戦国大名独自の技術を持ち、城の縄張りや構造にその大名家の権力構造や性格が現われるという考えであった。齋藤慎一氏が指摘するように、上位の戦国大名の領地を無視して、純粋に馬出の分布論からの視点で見ると地域論からの新たな馬出論が見えるのではないかという視点がある。また、石垣を積む職人や城作りの職人の存在も注目されてきているが、[註30]これは築城技術は純粋に職人の問題であり、戦国大名の権力構造には直接影響しないという指摘である。つまり城を家を作る場合に例えれば、その構造や間取り、技法などは大工や屋根師、壁職人が担うものであり、壁の塗り方に対して戦国大名が直接関与をしないというものである。そしてその技術者はその地域に固有なものであれば、地域論につながるし、技術者が渡り歩いたり、横のネットワークを持っていたりすれば職人の問題にもなっていく。城は軍事的に重要で特別なものであるから戦国大名の秘伝の技術があったはずという思い込みがあったのではないかと反省もある。

全国的な分布を見ると丸馬出は確かに少ないが、馬出そのものは、各地で見られる築城技術である。例えば福島県郡山市の荒井猫田遺跡では虎口の前に馬出状の施設が見つかっている。荒井猫田遺跡は十二～十五世紀後半の遺跡とされていて、かなり古い時代から馬出に類似する施設の存在はみられる。[註31]後北条氏の城では角馬出を使用していることは周知の事実である。[註32]永禄三年段階では、織田氏が桶狭間合戦時に鷲津砦に馬出を使っている。[註33]織田氏は後にも他にも馬出を使っており、全国的な流れでみると戦国末期には各地で馬出の技術が流行していることが見てとれる。そういう全国的な技術史の流れでみると勝頼段階に丸馬出が発展したことは肯首できるものがある。

また、近年の研究の成果としては、考古学的調査の進展がある。従来は地表面観察でしかわからなかったが、発掘調査により馬出内部の構造や虎口や土塁の有無、縄張りの変遷などを知ることができる。今まではないと思われていた位置に丸馬出が発掘された長篠城、興国寺城、山上城、名胡桃城、蒼海城など成果は大きい。しかし、発掘調査によっても丸馬出自体からの出土遺物は少なく、遺物からで年代を確定するにはスパンが短すぎて困難である。

丸馬出がいつ生まれたのを明らかにすることは難しい。文献等によって築造年代が抑えられるのは群馬県の事例である。少なくとも天正八年段階の群馬県の事例では、丸馬出は現れるが、丸馬出は自体は比較的小さいものが多い。佐々木満氏の研究によると発掘調査によって発見された武田氏館、興国寺城、山上城、名胡桃城の丸馬出はいずれも全長二五～三〇mで堀の幅は三・四～四・五mと近似した数値となっている。[註34]武田氏館の馬出が築かれた時期について萩原三雄氏は信玄の時代に考案されて付設されたとみられるとしている。[註35]考古学的調査に加えて、城の縄張りの変遷や周辺の状況などさまざまな観点から推定していくことになる。

武田氏の丸馬出と一概にいうが、実際にはそのバリエーションは多く、多彩な縄張りを示している。いままでは単純から複雑へという図式で武田氏の後期に築かれた諏訪原城や小山城の縄張りが複雑化したと理解されてきたが、発掘調査の結果、諏訪原城の丸馬出がすべて徳川氏による築造の可能性も指摘されている。

しかし、丸馬出は弧状の円を描き、構築するには高度な技術が必要となる。別の城の丸馬出を見たからと言って見よう見真似で簡単に作れるものではないと思われる。徳川氏が武田氏の技術を受け継いでいることは間違いないが、技術者を含めて受け継いでいるのではないか。武田氏と徳川氏の領地は重なる部分が多く、年代も近いために武田氏の丸馬出と徳川氏の丸馬出を峻別することは難しい。

徳川氏の領国である三河や遠江での城館と比較しても、あまりに諏訪原城の丸馬出の縄張りが際立っている。武田氏領国の中でも、諏訪原城、大島城（長野県松川町）、小長谷城（静岡県本川根町）、小山城（静岡県吉田町）に見られる複数の丸馬出を重ねたり、馬出の堀を多重化する縄張りは異質である。そして馬出自身も巨大化していく。これを地域性と見るか又は、ある方面を担当した技術者の特徴と見るかは明らかではないが、武田氏領内の丸馬出としても一つの特別なグループとして括ってよいのではないか。そして複数の丸馬出を重ねる築城技術は、その後の徳川氏の縄張りは使われていない。天正期には尾張国の鳴海城（名古屋市）、沓掛城（愛知県豊明市）、末森城（名古屋市）などで丸馬出が現れるが、複数の馬出を組み合わせていく事例は少なくなり、むしろオーソドックな丸馬出が使われている。

群馬県の事例でわかるように勝頼段階でも馬出は比較的シンプルで小規模なものが多かった。群馬県に丸馬出が多いのは、土地の土の質にもよるのではないか。円形の法面は崩壊しやすく、加工が難しい。加工しやすい関東ローム層の土だったために丸馬出が採用されたのではないであろうか。

丸馬出が築かれた目的については、さまざまな議論があるが、特にその円形という形に意味があると思われる。武田氏について言えば、円形に意味があり、こだわっていると思われる。それを考える上で重要なのは江戸時代に丸馬出がどのように見られていたかが参考になる。江戸時代では譜代大名の城に丸馬出がシンボルとして使われていたことは研究史の中で述べたとおりであるが、中世段階でもそのような側面があったのではないか。特に平地の城館は方形のプランが基本となっていることが多い。そこに築かれた丸馬では見る人をひときわ目を引く存在であったと思われる。丸馬出のシンボル性が重要とされていたのではないか。軍事的な利点よりも、見せる城としての意味があったと思われる。

興国寺城の丸馬出の発掘調査のときに丸馬出を見学したが、きれいに法面の整った掘りかたをしていた。堀底は薬研堀になっていた。その中で堀の法面の一部が誤って深く削られた部分があったが、その部分をわざわざ修復して滑らかな面に整えている箇所があった。つまりは堀をきれいに見せることに拘っていたのである。堀を円形に掘ることは高度な技術を要する。こうした面でも丸馬出はその円形の堀を見せることに重視をしているのではないか。軍事的な効果よりも視覚的な効果を狙っていたのではないか。勝頼段階に丸馬出が多く使われた意味としては、丸馬出をシンボルとして使うことで弱体化しつつある武田領国の結束を図る意味もあったのではないか。

城のパーツをそのように考えると、例えば、山城で使用される畝状空堀群も軍事的な意味合いもあったが、下から見上げた時の視覚的効果が大切ではなかったのか。山頂部の樹木が伐採されて、山腹に畝状空堀群が並ぶ様子は圧巻であった。軍事的な意味もあったが、見事な畝状空堀群を見せることによって外的にも内的にも抑止力としての施設ではなかったかと思われる。

おわりに

たいそう大風呂敷を広げたタイトルになってしまったが、結果的には研究史を概観しただけに終わってしまった。丸馬出の起源については示すことはできなかったが、丸馬出の意義については、一定の意味を示すことができたのではないか。武田系城郭の丸馬出については、大名系城郭の問題、技術者の問題、地域性の問題があり解決すべき課題は多い。

　しかし、その中で武田氏の軍師とも言われる山本勘助の存在は示唆的である。山本勘助が実際に『甲陽軍鑑』が描くように諸国を流浪して城取の技術を持つ人物であったかは別としても、武田氏がそういう技術者を必要としていて、また実際にそのような技術者がいたことは容易に推測できる。

　武田氏の丸馬出は、他の大名系の城郭と比較しても特徴的で、ユニークである。武田氏の丸馬出については「系」という言葉を使ってもよいのではないか。

　今後は、丸馬出の位置、形、大きさ、分布などをさらに類型化、細分化して、考古学的の調査の成果を取り入れながら先入観にとらわれずに検討をしていくことが大切である。

註

（1）西尾市岩瀬文庫蔵（子-三四一）。
（2）齋藤慎一「戦国大名城館論覚書」（『戦国時代の考古学』高志書院二〇〇三）
（3）拙稿「三河の武田城郭について」（『愛城研報告』創刊号　愛知中世城郭研究会　一九九四）
（4）高田徹「丸馬出に関する一考察」（『中世城郭研究』16　中世城郭研究会二〇〇二）
（5）山下孝司「新府城と武田氏の築城技術」（『新府城と武田勝頼』新人物往来社二〇〇一）
（6）中山光久「『馬出』の研究　その全国普及状態と特に武田氏との関係に就いて」（『日本城郭史論叢』雄山閣出版株式会社　一九六九）
（7）藤崎定久「松代城」（『日本の古城』1　新人物往来社一九七一）
（8）小和田哲男「戦国大名による縄張の特徴」（『静岡県の中世城館跡』静岡県教育委員会　一九八一）
（9）萩原三雄「丸馬出の研究」（『甲府盆地』雄山閣　一九八四）
（10）村田修三「城郭史上の諏訪原城」（『遠江諏訪原城大手曲輪跡発掘調査報告』金谷町教育委員会　一九八四）
（11）北垣聰一郎「戦国期の城郭遺構とその変遷—「馬出」を中心として」（『横田健一先生古希四記念文化史論叢』創元社一九八七）
（12）池田誠「武田氏築城術の一考察」（『中世城郭研究』創刊号　中世城郭研究会一九八七）
（13）八巻孝夫「馬出を考える」（『中世城郭研究』2　中世城郭研究会一九八九）
八巻氏の論考は、他に八巻孝夫「武田氏の丸馬出考」（『古城』36　静岡古城研究会一九九三）、八巻孝夫「甲斐武田氏の築城術」（『山梨県の城』郷土出版社一九九一）
（14）水野茂「武田流空堀の一考察」（『古城』36　静岡古城研究会一九九三）
水野氏の研究は他に水野茂「静岡県における武田氏の城郭形態と運用」（『戦国期静岡の研究』清文堂出版二〇〇一）
（15）註二に同じ。筆者のその後の丸馬出の研究は、「岡崎城の縄張りについて—丸馬出を中心として」（『岡崎市史研究』22　二〇〇〇）「武田氏築城技法の波及」（『武田系城郭研究の最前線』山梨考古学協会二〇〇一）「北海道の陣屋について-仙台藩陣屋の縄張りを中心に」（『仙台藩白老元陣屋資料館報』10、仙台藩白老元陣屋資料館二〇〇四）
（16）浅野哲基「近世城郭における丸馬出について」（『愛城研報告』5　愛知中世城郭研究会　二〇〇〇）
（17）数野雅彦「武田氏の城」（『第9回研究集会資料集』織豊期城郭研究会

二〇〇一）

(18) 註5に同じ。

(19) 萩原三雄「武田系城郭研究の現状と課題」（『武田系城郭研究の最前線』山梨考古学協会二〇〇一）

(20) 河西克造「長野県内の武田系城郭調査」（『武田系城郭研究の最前線』山梨考古学協会二〇〇一）

(21) 註二に同じ

(22) 加藤理文「徳川の城、武田の城」（『静岡の城』サンライズ出版二〇一一）

(23) 太田秀春「城郭にみる象徴性—伊達氏による虎口の改修をめぐって」（『講座　東北の歴史』第一巻　清文堂　二〇一二）

(24) 佐々木満「史跡武田氏館の虎口構造—大手三日月堀をめぐって」（『中世城郭研究』22中世城郭研究会二〇〇八）

(25) 岩山欣司「長篠城跡の発掘調査について」（『中世城郭研究』24中世城郭研究会二〇一〇）

(26) 木村聡・高尾好之「沼津市興国寺城跡—発掘調査から見る城の変遷」（『中世城郭研究』27中世城郭研究会二〇一三）

(27) 萩原佳保里「諏訪原城跡の発掘調査の現状と成果」（『中世城郭研究』26中世城郭研究会二〇一二）、『静岡県島田市埋蔵文化財報告第4二集　史跡諏訪原城跡』島田市教育委員会　二〇一〇

(28)『新里村内遺跡発掘調査報告　山上城跡Ⅸ　石山Ⅱ遺跡』新里村教育委員会二〇〇五

(29)『元総社蒼海遺跡群（21）』前橋市埋蔵文化財発掘調査団二〇〇九

(30) 中井均「多聞院英俊の見聞した城郭」（『多聞院英俊の時代　～中世とは何であったか』「多聞院英俊の時代」実行委員会　二〇〇一）

(31)『埋もれていた中世のまち荒井猫田遺跡』郡山市教育委員会　二〇〇九

(32) 八巻孝夫「後北条氏領国の馬出」（『中世城郭研究』4　中世城郭研究会一九九〇）

(33) 高田徹「桶狭間合戦時の織田氏の陣城」（『中世城郭研究』14　中世城郭研究会二〇〇〇）

(34) 佐々木満「山梨県の城館跡—城館の年代を考える」（第5回東国中世考古学研究会埼玉大会レジュメ『関東及び山梨県の15・十五世紀の城館跡』東国中世考古学研究会・中世を歩く会二〇〇九）

(35) 毎日新聞の記事二〇〇六／四／一五

豊前地域における黒田官兵衛・長政の城

岡寺　良

はじめに

昨今、全国的に黒田官兵衛に熱い視線が注がれている。それは平成二十六年（二〇一四）のＮＨＫ大河ドラマが「軍師官兵衛」で、黒田官兵衛（孝高、号・如水）が主人公として扱われるからである。既に黒田官兵衛ゆかりの全国各地では、様々な展覧会、講演会、イベントが行われ始めており、ドラマ終了までこの状況が盛り上がっていくものと思われる。

そのような状況を踏まえ、本稿では、筆者の専門とする縄張り研究、考古学研究の立場から、豊前地域における黒田官兵衛および長政に関わる城郭を、今一度冷静に事例を検討し、考察するものである。

一　豊前地域での黒田官兵衛の動向

ここでは、豊前地域における黒田官兵衛（以下、「官兵衛」という）の動向を確認しておきたい。官兵衛が豊前地域、すなわち九州と関わりを持つのは、天正十四年（一五八六）頃からのことである。従五位下・勘解由次官に叙任された官兵衛は、同年十月、大友宗麟の要請による九州征伐に、毛利氏などを含む軍勢の軍監として参戦して、九州に上陸する。そして、豊前宇留津城や香春岳城などを陥落させる功績なども挙げている。翌十五年三月には、豊臣秀長に従い、日向方面陣営の先鋒を務めて南下、日向根白坂の戦いにおいては、島津義久の軍勢と戦って勝利を収め、秀吉の九州平定に大きく貢献した。

そして、秀吉の九州国分けにより、豊前国南部六郡（仲津郡・京都郡・築城郡・上毛郡・下毛郡・宇佐郡（半郡））十二万石を与えられ、当初は仲津郡・馬ヶ岳城を本城とし、後に山国川河口の豊前中津に中津城を新規に築城し、後に本城としている。

同年七月には、新たな肥後国主・佐々成政に反抗して肥後国人一揆が起きたため、その鎮圧のための援軍として官兵衛も参戦する。しかし、その隙をつかれ、豊前でも、従前からの国人領主・城井（宇都宮）鎮房、野中鎮兼らが肥後国人に呼応、反乱が起こった。いわゆる「豊前国人一揆」である。官兵衛は反抗した国人領主を各個に撃破したものの、一揆首領格の城井鎮房の本拠・城井谷を完全には攻略できず、婚姻による和議に持ち込んだ。しかし、翌十六年四月に城井鎮房を中津にて謀殺、一揆を完全に鎮圧することとなった。

そして、天正十七年には長男・長政に家督を譲り、隠居の身となり、文禄・慶長の役でも渡海するが、石田三成との確執を生み出して豊臣秀吉の怒りを買って出家、「如水」と号した。しかし秀吉が没し、朝鮮の役が終結し、慶長五年（一六〇〇）に関ヶ原の戦いの時には、官兵衛の面目躍如する機会が訪れる。徳川方に属した黒田家は長男・長政が関ヶ原に参陣し、戦功をあげる一方で、官兵衛は九州内の西軍勢力を、豊後石垣原、佐賀関、筑後久留米などで制圧し、東軍方として存分に功績を挙げた。その戦果により、長男・長政は筑前五十二万石を与えられ、豊前における官兵衛の活動は終わりを告げることとなった。

以上のように、官兵衛が豊前で活動した時期は、天正十四年から慶長五年までの十五年間に及んでいる。

二　豊前地域における黒田官兵衛・長政の城

豊前地域における黒田官兵衛・長政の城郭としては、居城として馬ヶ岳城と中津城、支城として高森城と山本切寄、松山城があげられ、陣城・付城として利用したと考えられる城郭として、広幡城、赤幡

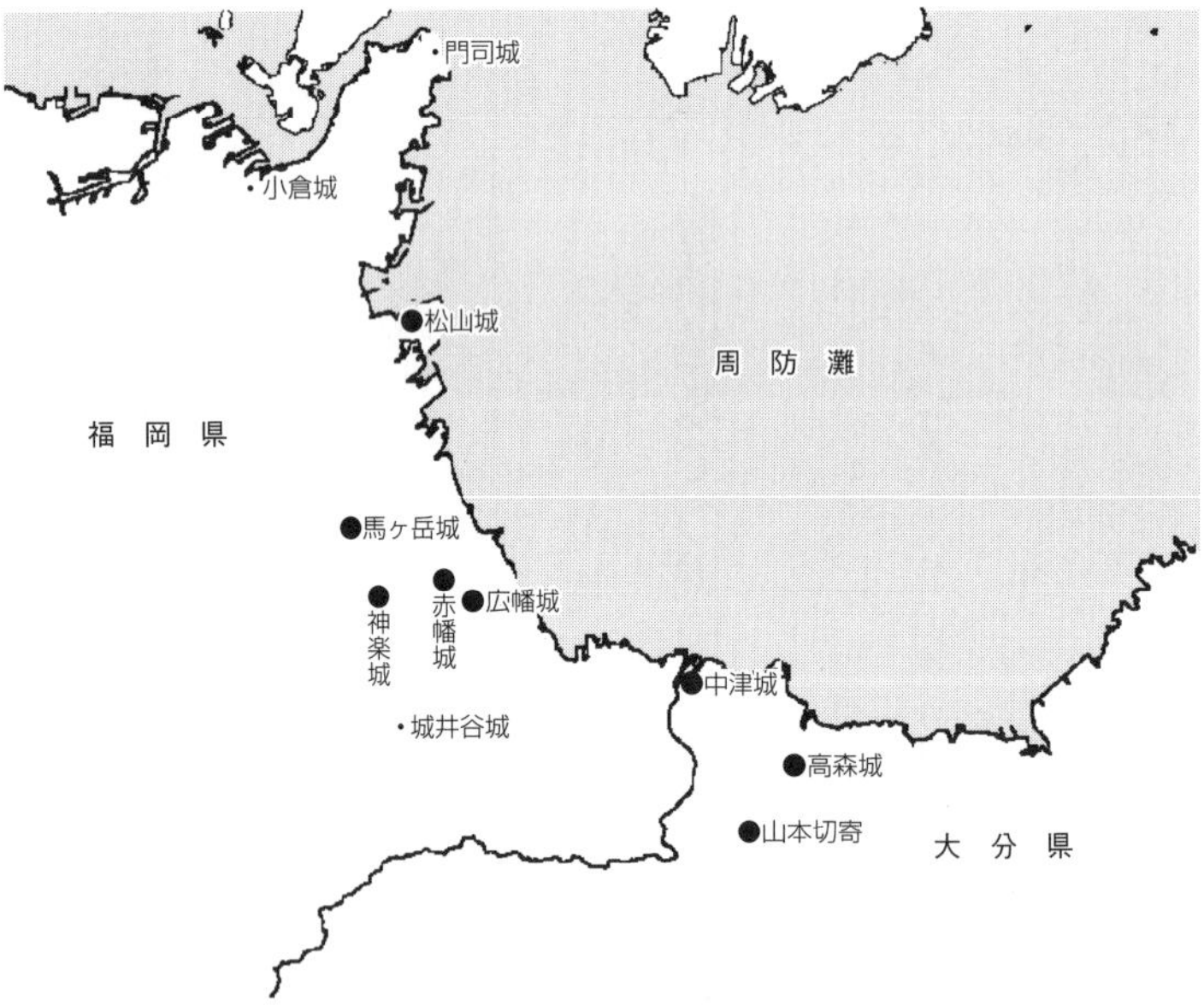

図1　城館配置図

城、神楽城がある（図1）。以下、順を追って見ていくこととしたい。

馬ヶ岳城（福岡県行橋市・図2）

福岡県行橋市と京都郡みやこ町との境界に聳える馬ヶ岳（標高二一六m）山頂を中心に曲輪が展開する。官兵衛が豊前入部の際に、最初に居城とした山城であるが、程なく、次に述べる中津城に居城を移している。

城の縄張りを見ると、山頂部及び西峰の頂部に曲輪を築き、その北側の中腹から麓側の尾根上に長大な土塁線と畝状空堀群を構築している。空堀の本数は数十本以上にも及び、非常に防御性を高めていることが分かる。北部九州、特に筑前から豊前地域にかけては、有力国人領主の本拠となる居城や、敵対勢力との境界領域に当たるいわゆる「境目の城」に、過剰なまでの畝状空堀群を構築する城郭を多く見ることができる（岡寺二〇〇六）。そのため、これらの畝状空堀群と、それと連動するように置かれている土塁線は織豊系城郭以前の在地の築城技術によるものと考えられ、おそらく仲津～京都郡一帯を治めていた長野助守の時期の改修であると考えられる。長野氏は薩摩島津氏や筑前秋月氏と連繋し、大友勢力や豊臣勢力に反抗した勢力で、天正十四～十五年にかけての秀吉の九州征伐に備えた大規模改修であると考えられ、官兵衛による改修ではないと見られる。

また、畝状空堀群の谷底側には横堀状の水堀があるという指摘があるが（中村二〇〇九a）、これについてはさらに麓側のため池に影響された地形改変と見られ、断定はできないが現段階においては、城郭遺構ではないと判断しておくのが妥当であると考えられる。

よって、馬ヶ岳城においては官兵衛による積極的な改修は認められないと見ておきたい。

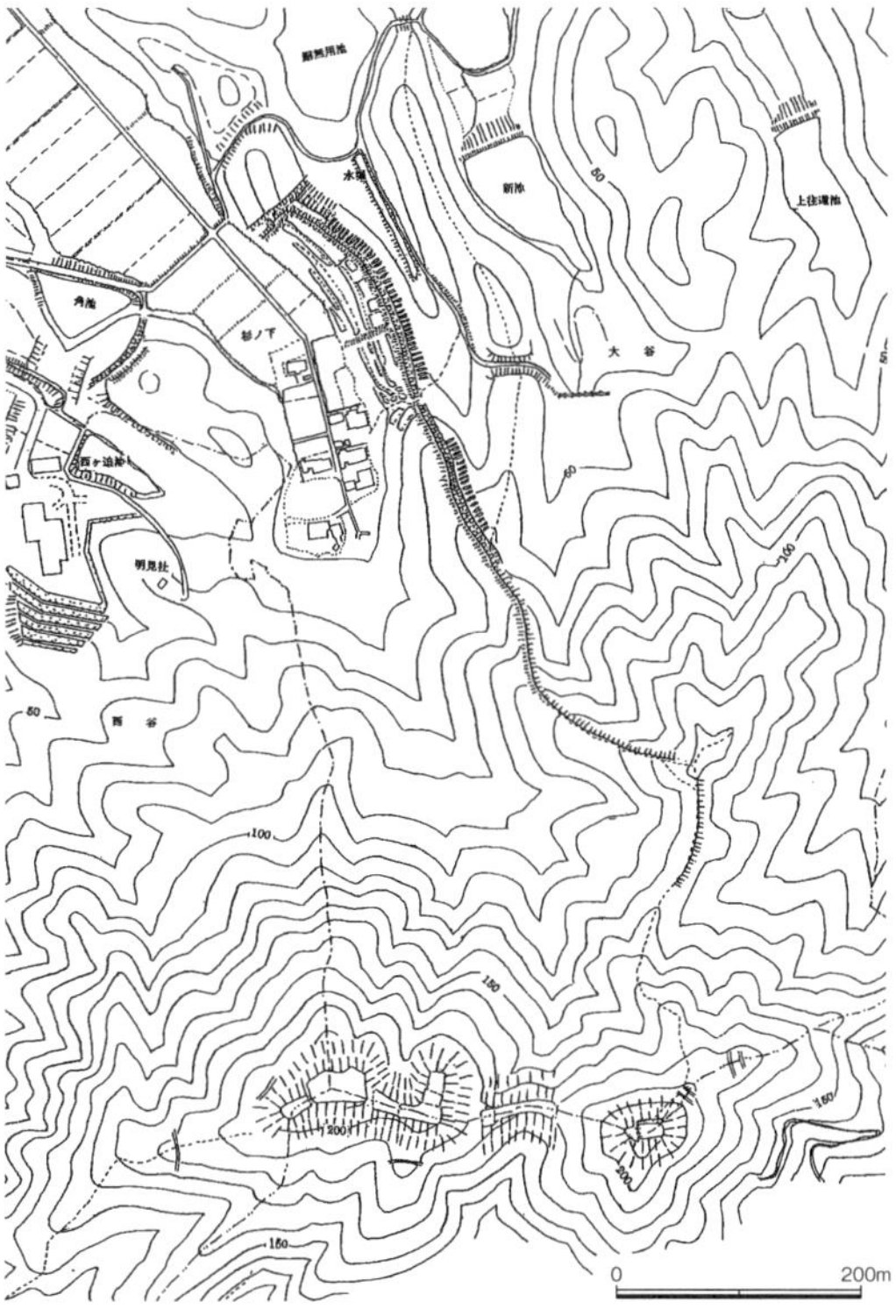

図2　馬ヶ岳城縄張り図（中村2009 aから転載）

中津城（大分県中津市）（図3・4）

現在の福岡県と大分県との境を流れる山国川河口近くの東岸沿いに築かれた城郭で、官兵衛の豊前入りから程ない天正十六年に馬ヶ岳城から移した居城である。現在、中津城として認められる縄張りは、慶長八年（一六〇三）以降に細川忠興によって大々的に改修されたものて、多くの石垣はこの時のものと考えられている。黒田期の縄張りについては中津市教育委員会などに黒田如水が縄張りを行ったという注記の入った中津城の絵図（図３）が複数枚存在し、それらには山国川に接した本丸を中心に、その北東側に二ノ丸、南側に三ノ丸を配したもので、本丸の形状を除けば現在の中津城の縄張りとさほど変わらない状況が推測することができるが、実際のところはよく分かっていなかった。

しかし、本丸の石垣には、古い様相を呈する積み方のものが見受けられるようになった。その最たるものが、本丸北西側から西側に懸けて石垣の様相である。特に北西側の石垣はＹ字状に石垣の目地

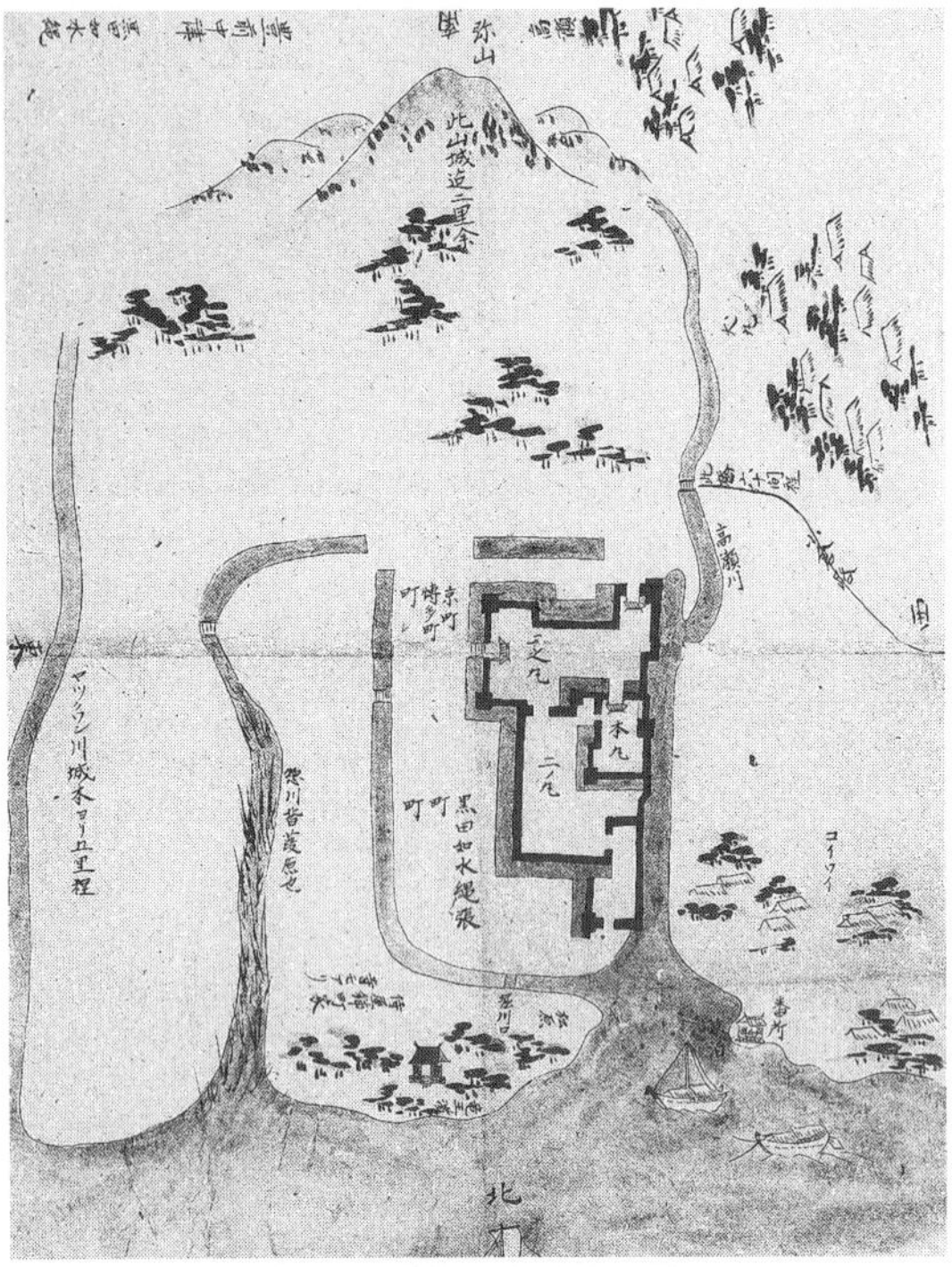

図３　黒田如水縄張り図
（中津市歴史民俗資料館所蔵）
（中津市教育委員会2011から転載）

写真１　本丸北西側の黒田・細川期の石垣（筆者撮影）

写真２　本丸南西石垣隅角部分（筆者撮影）

が通り、石垣を新たに継ぎ足している状況が明らかである（写真１）。さらに古い方（右側）の石垣には、古代山城の石材によく見られるL字状の切り込みが入った方形の石が多用されており、山国川対岸の唐原古代山城（福岡県築上郡上毛町）の列石を転用している事が分かった。新たに積み足された石垣には、この古代山城の石材はほとんど見られないことから、時期を違えたもの、すなわち古い方は黒田期と考えられるようになった。

また、平成十三〜二十年にかけて、中津市教育委員会により石垣の解体復元工事に伴う発掘調査によって、黒田期の様相がさらに明確になった（図４・写真２）。

発掘調査が行われたのは、本丸南西側の石垣で、上下にわたって改修の痕跡が確認できた。現状の石垣は高さ約七ｍであるが、下側約五・八ｍ部分は、小さめで横長の自然石を利用したいわゆる布目積みで、出角部も算木積みを志向するものの、直線的に積まれており、反りを持った勾配とはなっておらず、天正期、すなわち黒田期のものと考えられる。また、黒田期の石垣の天端からは礎石建ちの櫓建物が検出されており、建て替えられた痕跡も確認されている。

以上のように、本丸を中心に黒田期と考えられる石垣が、現在の中津城にも残存しており、黒田期の縄張りを基本的に踏襲する形で現在に至っていると推測される。よって、官兵衛によって築かれた中津城は、高石垣、礎石建物、瓦をもつ織豊系城郭であると考えられる。

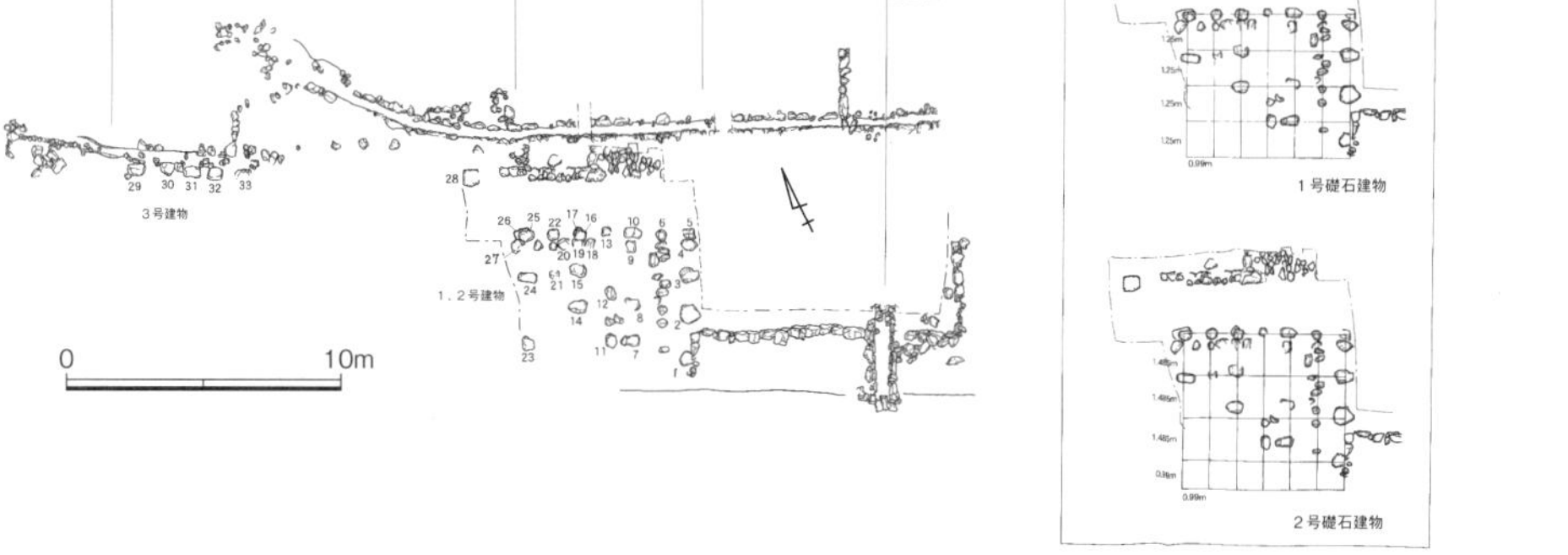

図４　中津城本丸南西石垣実測図（中津市教育委員会2005から転載）

高森城（大分県宇佐市）（図５）

高森城は、駅館川下流の東側台地に立地する。城域のほぼ中央部に方形の区画を伴った本丸を置き、その東側に二ノ丸を配置する。注目すべきは本丸と二ノ丸との間の構造である。その間は、三本の土塁と二本の横堀で分断して非常に厳重な防備を構える。さらには、塁線の北側コーナー部分と、東側の二箇所を張り出させていることである。発掘調査では石垣などは見つかっていないが、鬼瓦や、櫓跡と考えられる礎石建物が検出されている。『黒田家譜』には、天正十六年に黒田如水の実弟の黒田兵庫頭（利高）に一万石を与えて高森城を築かせたとある。

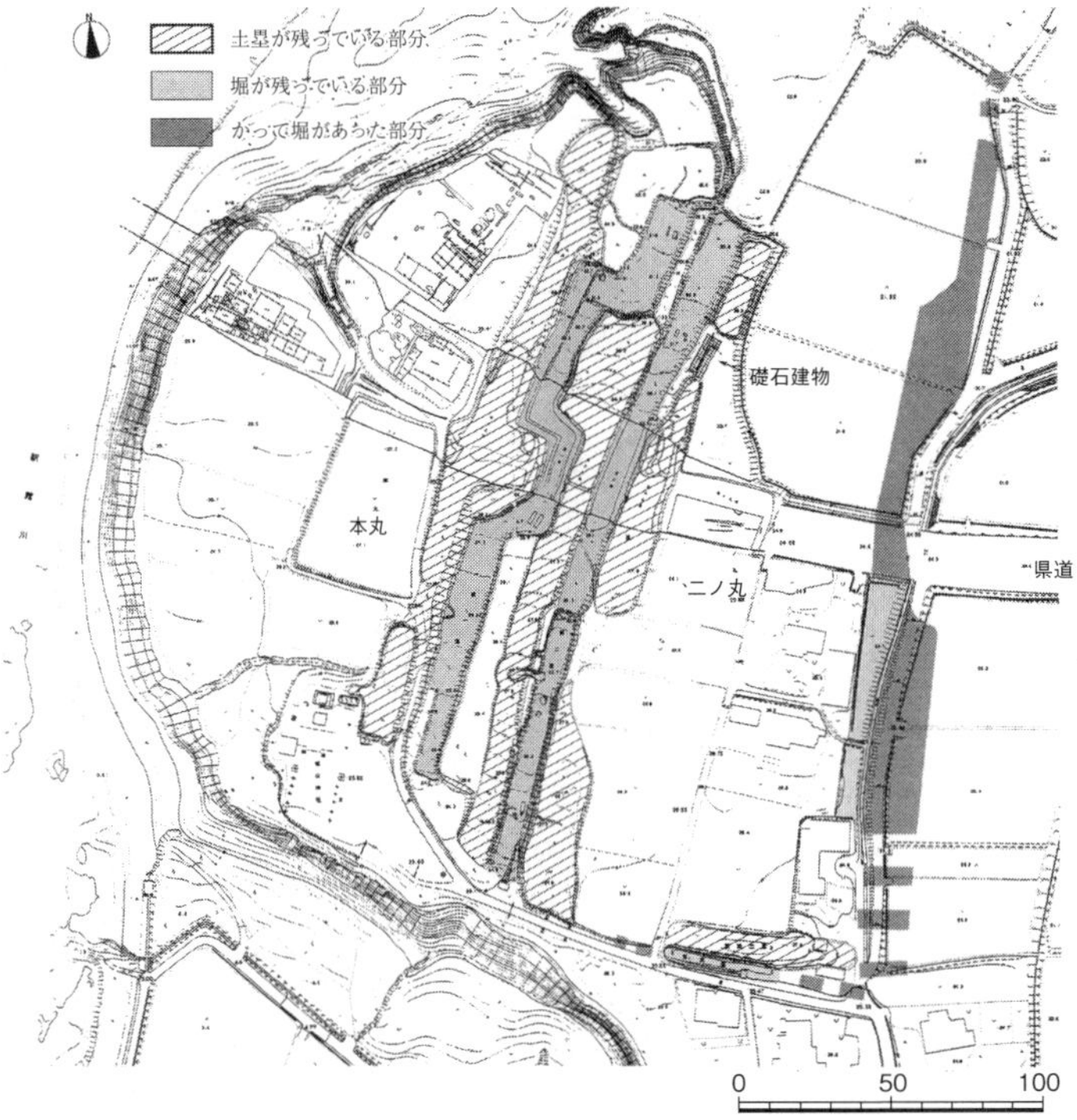

図５　高森城跡実測図
（大分県教育委員会2004から転載）

山本切寄（大分県宇佐市）（図６）

山本切寄は、広幡城よりもさらに南、現在の宇佐市、駅館川上流部の西岸丘陵に立地している。城の東側は駅館川へ続く崖面となっており、その崖に面して長方形の曲輪が設けられる。注目すべきは曲輪の北側から西側にかけての状況である。北側から西側にかけて

図６　山本切寄実測図
（大分県教育委員会2004から転載）

方形の土塁を巡らし、コーナー部分には方形の張り出し、いわゆる櫓台を構築している。北側の土塁が一部途切れており、里道とつながっているが、かつての城の虎口である可能性が考えられる。石垣などの構築物は認められない。『豊州城堡記』には、高森城主黒田兵庫頭（利高）が城の留守居として佐々木助四郎を「山本」の地より呼び寄せており、この山本切寄の遺構が、陣城のような臨時築城であって、必ずしも支城とは断定はできないが、黒田氏の家臣に関わるものであることは間違いなかろう。

松山城（福岡県京都郡苅田町）（図7）

京都郡最北部、周防灘に面した岬を呈した独立丘陵状の松山（標高一二八m）の山頂に位置する。山頂部の主郭を中心にその周囲には帯曲輪を巡らす構造で、その周囲には、数多くの畝状空堀群や、麓まで続く土塁線が見られ、馬ヶ岳城同様、黒田期以前の国人領主・長野助守の段階における改修とみられる。

注目すべきは主郭周辺の石垣と石階段によって構築された外枡形虎口である。しかも枡形を三つ重ねた構造であり、周辺には軒丸・軒平瓦が大量に散布しており、瓦葺きであって、これは織豊系城郭の築城技術であることが疑いないものである。この主郭周辺の枡形虎口・石垣の構築時期については、いくつか説があり、

①天正十四年十一月：九州平定時の豊前攻略における黒田方の陣城として改修されたとするもの（中村二〇〇九b）。

②天正十五～慶長五年：官兵衛・長政が豊前支配の際に、松山城に城番を置いた段階に、支城の一つとして整備したとするもの（中西二〇一三）。

③慶長六年～元和元年：細川忠興が豊前を領した際に支城として改修したとするもの。

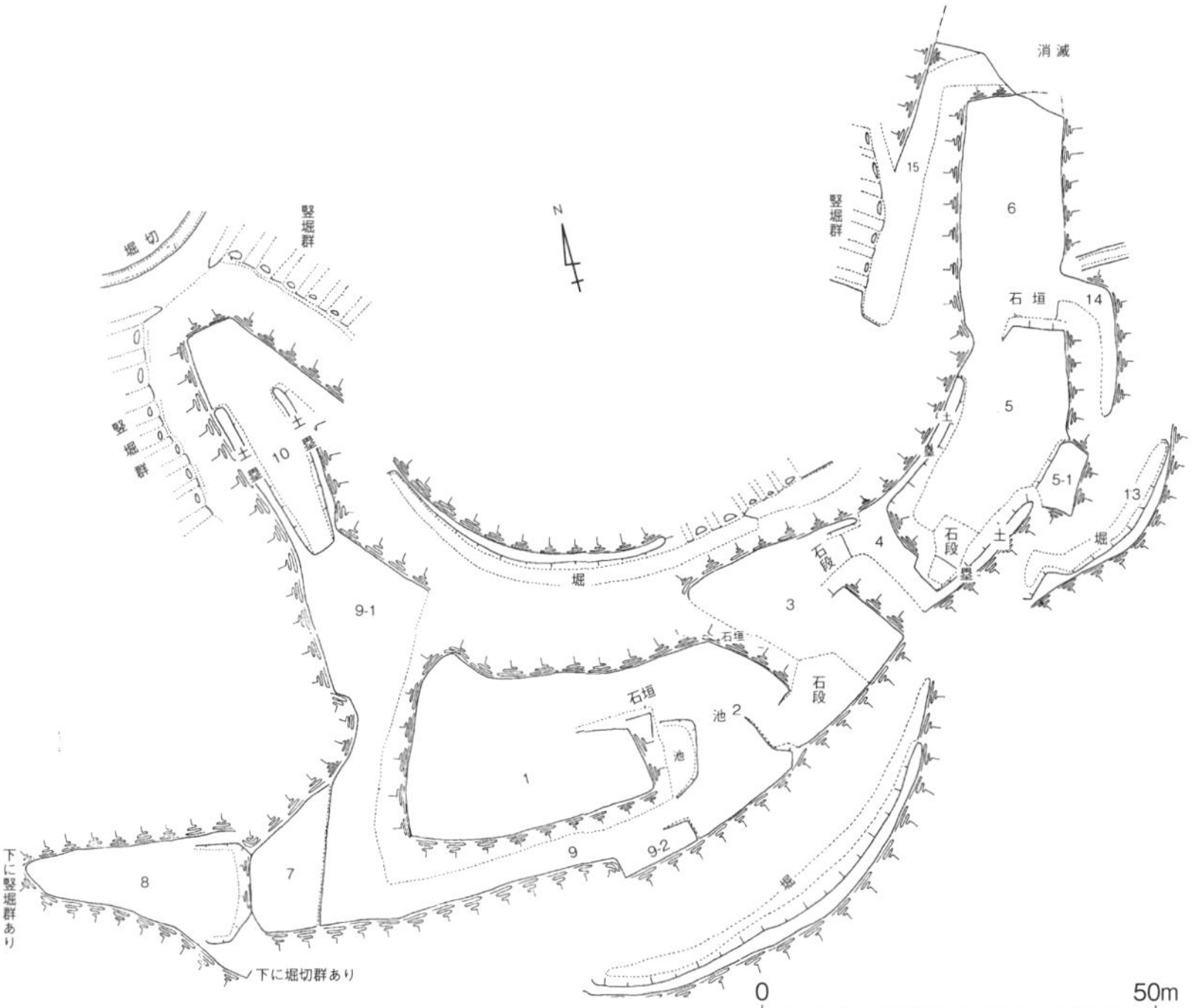

図7　松山城主要部実測図（苅田町教育委員会1988から転載）

のいずれかが考えられている。①については、敵領内における陣城使用であるため、石垣、ましてや瓦葺きを陣城の改修に用いることは考え難く（織豊系城郭の陣城における石垣・瓦の使用は天正十八年の小田原・石垣山城が初見。本陣以外の陣城に至っては、朝鮮の役の倭城まで下る）、天正十四年段階説は可能性が薄いと思われ、②もしくは③が妥当である。

現段階においては、そのいずれかは決し難いが、もし黒田期のものであるとするならば、石垣、瓦葺建物を有する支城として特筆すべきものと考えられる。

城井谷周辺の城郭

官兵衛・長政による使用や改修は確実ではないが、天正十五年の豊前国人一揆の際、城井鎮房の本拠、城井谷攻めにおいて使用されたと推測される事例を以下三例紹介する。

①広幡城（福岡県築上郡築上町）（図8）

城井谷にさしかかる入口部分の手前の東側尾根上に位置する。『豊前国古城記』には、城井民部重房が出城とし、瓜田春水を城代としたが、如水に内通して黒田方に落ち、春水は城井谷の道案内をしたとされる。城郭は、高速道路工事のために消滅したが、その際、ほぼ全域の発掘調査が行われ様相が明らかとなっている。

尾根の先端部分に横堀と土塁で囲まれた二つの曲輪が並ぶ構造で、西側斜面には畝状空堀群も見られる。ここで特徴的なのは、それぞれの曲輪の南側に見られる突出部が確認できることである。これは横矢掛かりのための張り出し部分と見られる。

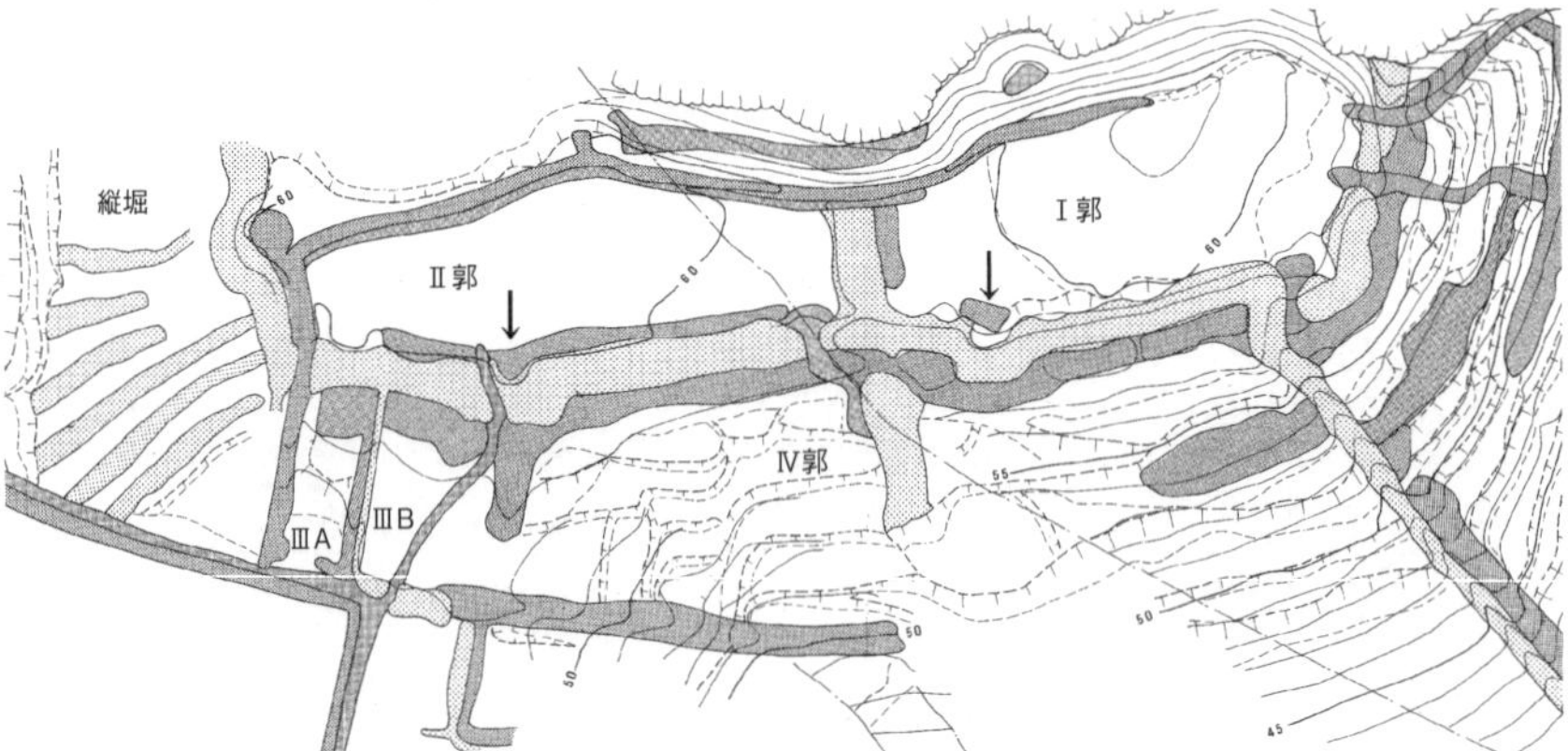

図8　広幡城実測図（福岡県教育委員会1992から転載）

②赤幡城（福岡県築上郡築上町）（図9）

城井谷の入口の東側の尾根上に位置する。広幡山城からは狭い谷をいくつか挟んだ西側の尾根上に位置する。『黒田家譜』には天正十五年秋の城井谷攻めの時には、城井中務（鎮房）が「赤旗」に出城を構え、壁兵庫、城井宮内を置き、長政家臣の母里太兵衛、小河伝右衛門が、それら赤幡城の城兵と戦い、討ち取ったことが記されている。おそらくこの時に黒田方に落ちたものと思われる。

城井谷の中央を流れる城井川に面した尾根上に単郭方形の曲輪を置いた構造で、谷に面した急峻な崖の西側を除く三方を、土塁と横

図９　赤幡城縄張り図（築城町教育委員会2005から転載）

堀で囲い込む。特徴的なのは、曲輪の北東隅に、張り出し状の突出部が一箇所存在することである。これもまた横矢掛かりのための張り出し部分と見られる。

③神楽城（福岡県京都郡みやこ町）（図10）

城井谷より尾根を隔てた木井馬場の谷の西側、神楽山山頂に位置する。神楽城は城井谷攻めの際の城と直接関わる文書記載は認められないが、『黒田家譜』に黒田長政が付城として、「茅切山の内出崎の丸山」の「神楽山といふ古城」を取り立てたという記載がある。現在の茅切山は、神楽城から木井馬場の谷を隔てた東側の尾根上に位置する山であり、その個所を尊重するならば、この神楽城と、木井馬場の神楽城を同一であると直接的に結びつけることは難しく、神楽城を茅切山周辺に立地する小川内城（本庄城）とする向きが一般的である（廣崎一九九五ａ・築城町教育委員会二〇〇五・中村二〇〇九ｃ）。しかしながら、城井谷の最も入口にある赤幡城が黒田方に落ちていない段階において、城井谷の中ほどにある小川内城に、付城を黒田方が構えられたかについては、いささか疑問も

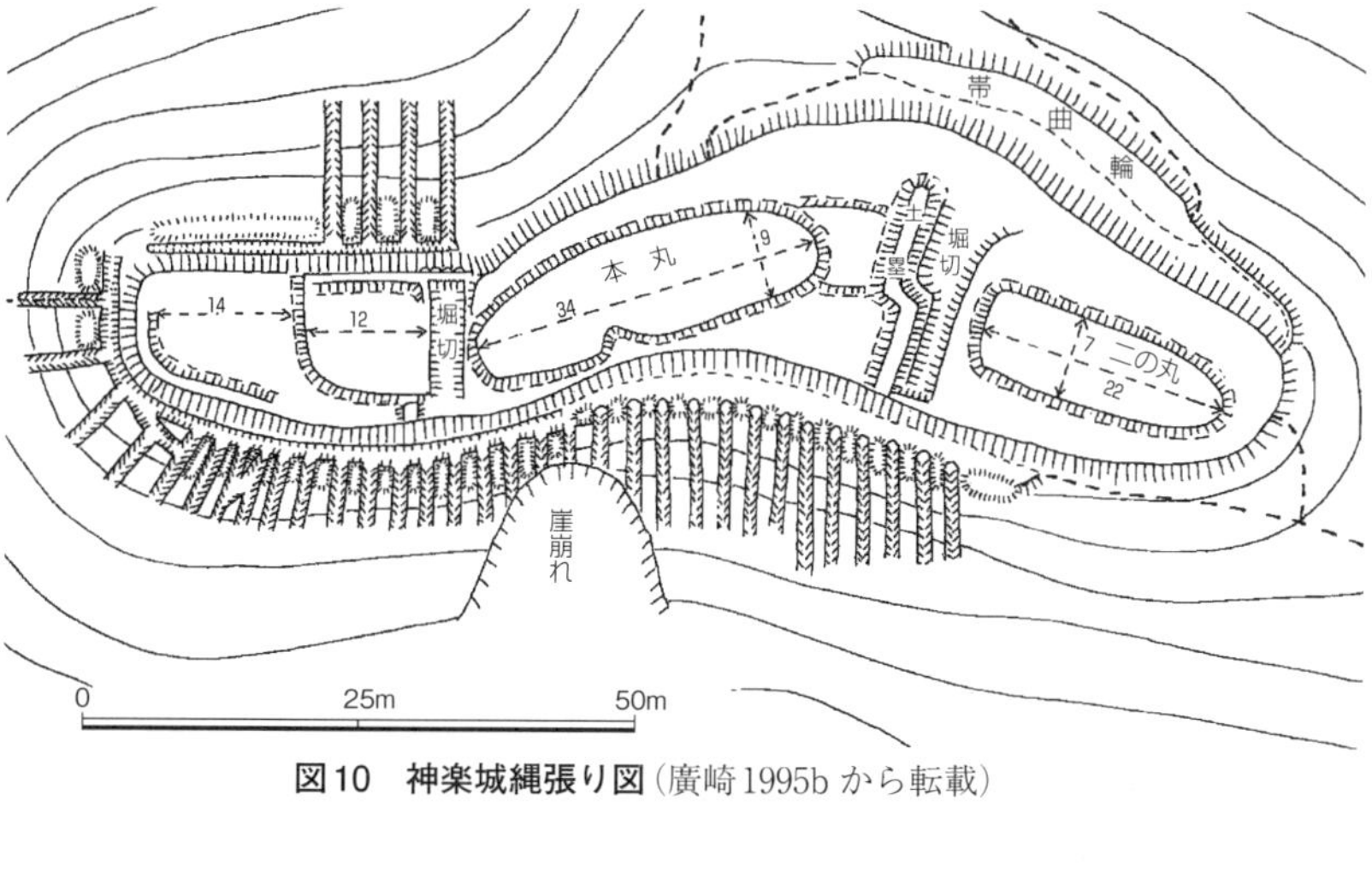

図10　神楽城縄張り図（廣崎1995b から転載）

あり、むしろ城井谷から本拠・馬ヶ岳城に近い、木井馬場の神楽山の方が、立地的には整合性が認められるのではなかろうか。『黒田家譜』編纂の段階における茅切山がどこを指すのか、神楽山の位置を取り違えていないか今後、改めて検証する必要があるのではなかろうか。

さて、城の縄張りは、山頂を中心に曲輪が並列し、南側斜面を中心に横堀と連繋した畝状空堀群などが認められる。注目すべきは、主郭の東側に直角に二度折れ曲がる土塁が堀と連繋して構築されていることである。明らかに横矢掛かりを企図したものであると見られる。

以上のように、黒田氏に関連する直接的な証拠はないものの、城郭の縄張りから関連が見られそうな事例を紹介した。これらはすべて塁線を直角に張り出し、あるいは櫓台状に突出させ、横矢掛かりを企図しているものばかりである。豊前地域の戦国期城館においてはこのような横矢掛かりの屈曲した平面プランは他に見ることはできないため、織豊系城郭の築城技術、すなわち官兵衛・長政による改修であると考えられるのではなかろうか。

三　まとめ

豊前地域において官兵衛・長政に関連する城郭について、事例をあげて述べてきた。それらの城郭には、本城・居城（馬ヶ岳城・中津城）、支城（高森城・山本切寄）、付城（城井谷周辺の城郭）というように機能や役割に応じて分類することができる。ここでは、それらの分類ごとに概観してみたい。

本城・居城（馬ヶ岳城・中津城）

官兵衛の本城としては当初居城とした馬ヶ岳城があり、すぐに新規築城に近いかたちで大改修した中津城がある。馬ヶ岳城については、その縄張りの特徴として、曲輪群の北側の尾根線上の長大な土塁ラインと畝状空堀群があげられるが、これについては既に述べたように黒田氏以前の国人領主・長野氏によるものと考えられ、基本的には黒田氏による改修は認めることができない。

官兵衛と同じく天正十五年に九州に入部した織豊大名として、筑前一国に入部した小早川隆景があげられる。その居城については、当初、それ以前に福岡平野一帯を治める拠点城郭であった立花山城（福岡市東区・糟屋郡新宮町）に入るが、即座に博多湾に面した海浜部の名島（福岡市東区）に名島城を大規模に新規築城し、居城を移している。それ以前にあった戦国期の拠点城郭をまず拠点とし、すぐさま交通の要衝とも言える海浜部に巨大な城郭を織豊系城郭の築城技術でもって、構築して移転するという点では両者（黒田：馬ヶ岳城→中津城、小早川：立花山城→名島城）は共通しているといえよう。しかし、小早川隆景が当初入城した立花山城の縄張りをみると、主郭の井楼山地区の曲輪は、石垣で固めた外枡形を三つも重ねた構造に改修され、さらに小つぶらの曲輪群も虎口は石垣により枡形に構築されており、織豊系城郭の築城技術がいかんなく発揮された縄張りプランとなっている(木島二〇〇三)。

馬ヶ岳城にも官兵衛により改修の手がもし加わっていたとすれば、立花山城のような改修が認められてもよいのではないであろうか。それが見られないとすれば、やはり馬ヶ岳城には官兵衛の改修の手が入っていないと考えるのが妥当であろう。

一方、中津城は現在みられる近世城郭としての縄張り構造の骨格となるプランが、官兵衛の段階において成立していた可能性が高いことが、近年の石垣の発掘調査によって明らかとなった。織豊大名にふさわしく、高石垣・礎石・瓦葺きの櫓建築により、本丸・二ノ丸・三ノ丸の重層的な曲輪配置と共に、主郭の求心性を高めている。黒田期の詳細な平面構造については、今後明らかとなっていくであろうが、現段階においてもこのように評価されるのではなかろうか。

支城(高森城・山本切寄・松山城)

次に、支城としてあげた高森城と山本切寄の縄張り構造は、曲輪の塁線を、土塁と規模の大きな横堀により固め、直線的にプランニングされた塁線の要所に直角に屈曲した折れや、櫓台状の張り出し部を設けている。これは中津城でみた縄張りの平面構造と類似し、官兵衛による織豊系城郭としての姿を表しているものであろう。しかしながら、これら両城には石垣などはほとんど認められない土づくりの城であり、その点では中津城とは異なっているが、高森城では礎石建物や瓦(鬼瓦など)の存在が認められ、礎石建物は塁線の天端に置かれており、櫓としての機能が与えることができる。

また、松山城については、黒田期(天正段階)か細川期(慶長段階)かについては議論が分かれるところであるが、黒田氏の支城と考えた場合、支城の中で石垣や瓦葺きが用いられた事例としては唯一であり、領内北辺部にあたることから、支城の中でも松山城が非常に重視されたものと考えられる。しかしながら文献等には重臣が入った形跡などが見られないことが疑問として残り、むしろ細川期の可能性も考えられるため、これについては今後改めて検討する必要がある。

付城(城井谷周辺の城郭)

城井谷周辺の城郭としてあげた広幡城、赤幡城、神楽城は、文献等では黒田氏による利用が確実ではないものである。しかしながら、それらの城郭の縄張りは、土塁と横堀により直線的に仕上げた塁線の要所を、直角に屈曲させたり、櫓台状に張り出させたりする構造で、本・支城でみたのと同様のプランニングを志向している。このような縄張りは、黒田氏以前の戦国期の城郭には、ほとんど認められない構造であり、やはり黒田期の改修とみてよいと思われる(註)。ただ、付城という短期間かつ臨時的利用の城郭であることから、規模もさほどは大きくなく、石垣や礎石・瓦葺建物など、恒常的な利用を意図した施設は認められない。

以上のように、城郭の機能(本城・支城・付城)や滞在期間(一時的な在城の馬ヶ岳城と拠点として整備した中津城)に応じて、官兵衛は城の改修の度合いを臨機応変に対処していたとみられる。

おわりに

豊前地域における官兵衛・長政の城を探ることは、天正期の九州における織豊系城郭の導入の一端を探ることに他ならない。九州では、肥前名護屋城を除いては、これまであまり良好な発掘事例に恵まれて来なかったが、この十年ばかりの間で、筑前名島城や肥後麦島城など、良好な事例が次々と明らかとなり、その状況は一変した。そして、豊前地域においても中津城などの事例も明らかとなった。今後はこれらを総合的に分析して、九州全体における織豊系城郭導入の様相、ひいては織豊系城郭の全国的展開を明らかにできる可能性があるし、もちろんその必要があろう。本稿が少しなりともその一助となれば幸いである。

註

今回の事例の他には、平面構造からみて宇佐市光岡城跡なども黒田氏による改修の可能性が考えられる。しかし今回は、詳細な検討を加えることができなかったため触れられなかった。今後の検討課題としたい。

参考文献

大分県教育委員会二〇〇四『大分県の中世城館』第四集 総集編（大分県文化財調査報告書第一七〇集）
岡寺 良二〇〇六「戦国期秋月氏の城館構成—福岡県朝倉市・杷木地域を事例に—」『城館史料学』第四号 城館史料学会
苅田町教育委員会一九八八『豊前国松山城跡』（苅田町文化財調査報告書第八集）
木島孝之二〇〇三「筑前立花山城跡が語る朝鮮出兵への道程—小早川隆景による立花山城の大改修の実態とその史的意味—」『城館史料学』創刊号 城館史料学会
築城町教育委員会二〇〇五『宇都宮氏城館跡—宇都宮氏関係城館跡総合調査報告書—』（築城町文化財調査報告書第十一集）
中津市教育委員会二〇〇五『沖代地区条里跡 上安地区・竹ノ下地区 中津城本丸南西石垣（Ⅳ）』（中津市文化財報告第三十七集）
中津市教育委員会二〇一一『中津城跡2』（中津市文化財調査報告第五十三集）
中西義昌二〇一三「松山城」『福岡県の名城』海鳥社
中村修身二〇〇九a「馬ヶ岳城」『福岡県の城郭』銀山書房
中村修身二〇〇九b「松山城」『福岡県の城郭』銀山書房
中村修身二〇〇九c「本庄城」『福岡県の城郭』銀山書房
廣崎篤夫一九九五a「小河内城（神楽城）」『福岡県の城』海鳥社
廣崎篤夫一九九五b「神楽城」『福岡県の城』海鳥社
福岡県教育委員会一九九二『広幡城跡』（椎田バイパス関係埋蔵文化財調査報告九 福岡県築上郡椎田町所在広幡城跡の調査）

〔付記〕本稿を作成するにあたっては、木島孝之氏、浦井直幸氏には御助言、御教示をいただいた。文末ながらお礼申し上げる。

信濃高遠城の再検討

縄張り・考古資料・文献史料による中世高遠城の復元

河西克造

はじめに

長野県の天然記念物に指定されている約一五〇〇本のコヒガンザクラが樹林を形成している高遠城跡は、春になると城跡全体がサクラの花で覆われ、全国から数多くの観光客がここに訪れる。しかし、ここが近世高遠藩の居城で、地中には武田氏の存亡をかけた攻防戦が行われた城が眠っていることを知る観光客はほんの数%であろう。それは、高遠城跡には天守・櫓などの建物や石垣など、だれしもが「城」を彷彿できる構築物がなく、土塁・堀・土橋が残る、いわゆる土造りの城の姿を示していることに起因しよう。実は、それが高遠城の特徴であり、魅力であることに間違いないのであるが。

そこで本稿では、地表面観察で確認される曲輪、堀、土塁等の城郭施設を再検討し、近世高遠城の構造を把握する。中世高遠城は、考古資料の僅少さに起因してその存在と構造は捉えられていない。しかし、近年の史跡整備に伴う発掘調査により、わずかではあるが中世高遠城に帰属すると推測される遺構や遺物が確認されているため、これら資料を積極的に解釈し、かつ文献史料を加えることで中世高遠城の姿に迫ることとする。

一　高遠城の歴史

南北朝期以降、高遠の地には領主として高遠氏が居たが、高遠氏の屋敷(居住地)は不明である。高遠城が文献史料に登場するのは、天文十六年(一五四七)である。信濃支配を目指す甲斐の武田晴信(以下、信玄)は、天文十一年に諏訪郡に侵攻し、それまで諏訪を支配していた在地領主の諏訪氏を滅亡させる。諏訪を手中に治めた武田信玄は伊那盆地に侵攻する。上伊那郡では、天文十四年(一五四五)に在地領主の藤沢頼親と府中の信濃守護小笠原長時の連合軍と衝突する。これに勝利した武田信玄は上伊那郡をほぼ掌握し、高遠城に手を延ばす。信玄の側近である駒井高白斎が記した『高白斎記』（註1）には、天文十六年（一五四七）三月に「高遠山ノ城鍬立」と記載されている。これが高遠城の文献史料上の初見である。「鍬立」は、武田信玄がそれまで高遠の地を支配していた高遠氏もしくは諏訪氏の屋敷（居住地）を城郭として改修、または新地に築城したことを示すものと推測される。この高遠城は、大島城と飯田城ともに伊那郡において武田氏の拠点的城郭として重要な役割を担う。

次に高遠城が文献史料に登場するのは、天正十年（一五八二）である。この年、織田信長が甲斐の武田氏攻めを開始する。同年二月、織田軍の将である織田信忠が飛騨から下伊那郡に侵攻する。飯田城と大島城を攻略しつつ北上する。飯島付近で天竜川を渡河し、信忠は三月一日に三峰川扇状地にある「かいぬま原」に陣を置く。貝沼原地籍には一夜の城と呼称されている方形単郭の遺跡があり、ここが織田軍の陣城と推定されている。（註2）織田信忠は、翌日に高遠城の攻撃を開始。城主仁科五郎（武田勝頼の弟）ほか籠城衆は奮戦したが、城は一日で落城する。織田信長が本能寺の変で倒死した天正十年六月以降、高遠は徳川家康の支配下となり、高遠城には保科正直が城主として入る。徳川家康が関東に移封された天正十八年には毛利秀頼、慶長五年には保科正光が入る。近世幕藩体制下において、高遠城は高遠藩の居城として幕末まで存続した。なお、高遠城跡は昭和三十九年には長野県史跡、昭和四十八年に国史跡に指定された。

二　高遠城の立地と縄張り

信濃の南部には天竜川が南北を流れている伊那盆地がある。現在、伊那盆地の北部が上伊那郡、南部が下伊那郡で、上伊那郡には南アルプス仙丈ヶ岳近くを源として天竜川に合流する三峰川が流れている。この合流点から三峰川の上流域に進むと高遠城跡がある。

高遠城は三峰川と藤沢川が合流する河岸段丘上に立地し、河川に面した三方（北・西・南）が絶壁である。標高は八一〇mで河川敷から本丸までの比高差は約八〇mを測り、自然の要害となっている。また、高遠城の北側には諏訪郡から延びる杖突街道、高遠城の東側には高遠から駿河に延びる秋葉街道が通過しており、両街道は高遠城の北側にある的場地籍で合流する（註3）（長野県教委一九八五・一九九五）。高遠城は交通の要所に位置している（図1）。なお、武田信玄が駿河に進出する際には秋葉街道を使ったと推定されており、天正十年、高遠城攻略後に織田信忠軍は杖突街道を進み諏訪郡に侵攻している。

高遠城跡には曲輪や曲輪を画する堀、土塁や切岸が明瞭に残る。特に、本丸を囲む堀（以下、内堀）と二ノ丸・三ノ丸を囲む堀（以下、外堀）は壮観である。

高遠城の縄張り図が図2である（河西二〇一三）。高遠城は三峰川を臨む段丘端部に本丸、南曲輪、法憧院曲輪、勘介曲輪が並置し、本丸より斜面を一段下がった三峰川側に笹曲輪がある。本丸は一辺約六〇mの正方形で、曲輪の東面に土塁（A）が残る。南面の中央には虎口（B）がある。法憧院曲輪は、唯一外堀の外側にある曲輪で、馬出状に突出する平面形状を示す（馬出曲輪）[註4]。本丸、南曲輪、勘介曲輪は内堀によって画されており、内堀は三峰川に面した斜面下方まで竪堀の様相を呈して垂下する。内堀には、随所に屈曲（折れ）部が設けられている。この折れは、段丘上では本丸と南曲輪が近接

図１　高遠城周辺の交通路の位置
（街道の位置は長野県教委1985、同1995による）

する二ノ丸側、本丸北側、二ノ丸と勘介曲輪が近接する場所にあり、堀の内部を見通すことができないようになっている。また、内堀は段丘縁辺部付近も屈曲（折れ）しており、斜面下方から堀の中を攻め登る敵の見通しを困難とし、かつ籠城衆の防御を強化する目的で設けられたと推定される。本丸、南曲輪、勘介曲輪の外側（北東側）には、曲輪の縁辺部に土塁が巡る二ノ丸が配置する。二ノ丸には北東側に虎口があり、虎口の形態と虎口空間の形状を示す遺構は残存していないが、近世に描かれた高遠城絵図[註5]には内枡形が描かれている。なお、勘介曲輪は本丸の北西側、現在は広大な駐車場となっている場所に存在した。大正十四年の運動場建設のため勘介曲輪は削平され、勘介曲輪と三ノ丸を画する堀は埋められたが、平成十四年、史跡整備に伴い駐車場の中央部に掘削したトレンチで、勘介曲輪と三ノ丸を画する堀が確認された（丸山二〇〇四）。国立国会図書館所蔵の『日本城郭史資料』（信濃二）所収の「高遠城図」（河西二〇〇〇）には、勘介曲輪と三ノ丸を画する堀は推定線で表示されており、その推定線とほぼ一致する位置で堀は確認された。この堀の発見で勘介曲輪

の規模が推測できたのである。

二ノ丸の外側には広大な堀を画して三ノ丸が配置する。三ノ丸には藩校（進徳館）がある。近世に描かれた高遠城絵図を見ると、三ノ丸内には大手から搦手に向かう城内道が延びており、城内道の北側には短冊状の屋敷が配置する様子がわかる。二ノ丸と藤沢川に面した斜面の縁辺部までを範囲とする三ノ丸は面積的に狭く、ここに城内道と屋敷を形成すると、屋敷の数と各屋敷の面積を充分確保することができない。このことから、三ノ丸は高遠藩における重臣の屋敷や藩の重要な施設のみが使えるという空間であったと推測される。なお、三ノ丸に屋敷（屋敷区画）を形成するためには、階段状の平坦地を造成する必要がある。このことは中世高遠城の構造を考える上で重要なことである。

三ノ丸の外側（南側）には外堀が巡る。この外堀は南曲輪の南側から搦手まで延びる城域を示すものである。防御的には本丸を中心とした城内を尾根続きの城外から防御する重要な役割を担っている。

高遠城の虎口は、大手が三ノ丸の北西側、搦手が三ノ丸の東側にある。近世段階には大手から坂道（殿坂）を下った麓と搦手の外側（南東側）に城下町が展開した。城下町は高遠城を境界に東側（東高遠地籍）と西側（西高遠地籍）に分割される特異な形態を示す。縄張りと交通路（秋葉街道）の位置からすると、近世初頭の城下町は搦手の外側（東側）に形成されていたと解釈するのが妥当である。近世に描かれた高遠城もしくは屋敷図を見ると、保科氏段階の城下町は城の東側にあるが、鳥居氏段階以降になると城下町は城の西側にも描かれている。このことから、大手（殿坂）の麓に展開する城下町は、鳥居氏段階以降に付加されたものと推測できる。

近世高遠城には三カ所の虎口（大手、搦手、法憧院曲輪）が存在した。正保年間に作成された「信州高遠城之絵図」（『正保城絵図』）を見ると、城下町内を貫く街路は、上記三ケ所の虎口に延びている様子が描かれている。

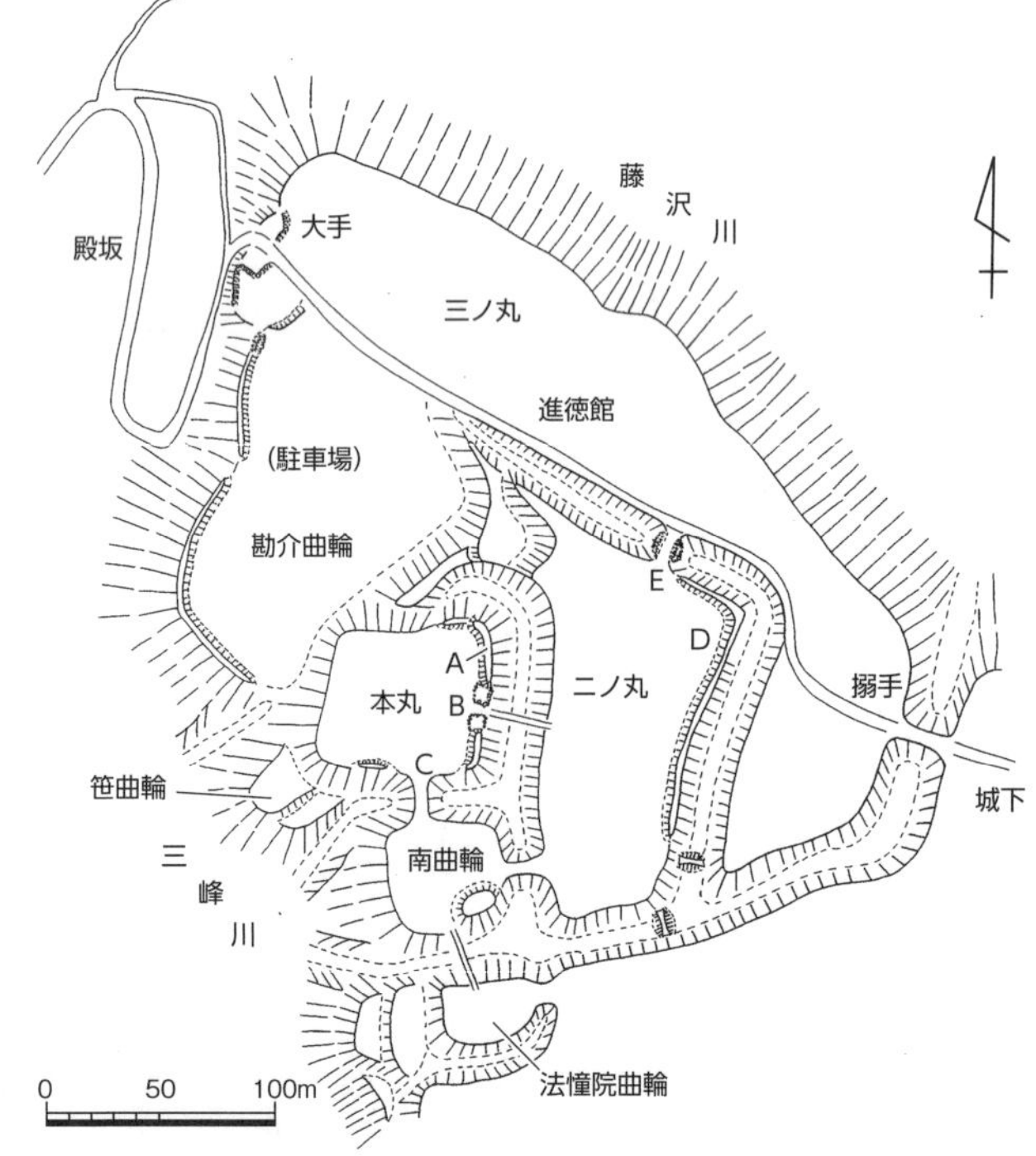

図２　高遠城概要図
（河西2013より）

三　発掘調査で確認された考古資料

史跡整備に伴う発掘調査は、本丸内と土塁、二ノ丸内と土塁・虎口・堀、三ノ丸内と勘介曲輪、南曲輪等で行われた。これら発掘地点を示したのが図3である（本丸と二ノ丸北西部は未報告）。

この調査では、曲輪内で近世の造成土や近世の遺構・遺物が確認された。このことから、現在の高遠城は近世の普請によって形成されていることが明らかとなったのである。なかでも二ノ丸の調査では大きな成果が得られた。二ノ丸虎口では、近世以降の門跡の基礎（割栗石が埋まる方形の穴）や虎口から曲輪内に延びる城内通と平行する礫敷遺構、土塁では盛土を叩き締めつつ盛り上げた構築状況が確認された（友野一九九六）。また、二ノ丸北西部では、近世以前の造成土が確認されている（伊那市二〇一三、報告書未刊行）。二ノ丸土塁の東側には、堀幅は約二五m、二ノ丸土塁の頂部から現状の堀底まで約七・二mを測る巨大な外堀がある。堀底のトレンチ調査では、現状の堀底から二・二m下に堀底が確認され、堀の掘削時は二ノ丸土塁の頂部から堀底までは九mを超える比高差があることが明らかとなった。また、現状の堀底から約一・五m下で硬化面が確認されたことから、堀の埋没過程において堀底が一時期、道として使われていた可能性が指摘できる調査結果が得られた（丸山二〇〇四）。

高遠の地において、戦国大名が城郭と城下集落で構成された拠点的城郭を築いた場所を求めるとすると、地形的環境と交通路（秋葉街道、杖突街道）と近接する状況から、近世高遠城が立地する段丘上以外に見出すことは困難である。発掘調査で確認された近世高遠城に先行する遺構や中世の遺物は、中世高遠城に帰属するものと判断してよかろう。これらの資料には、二ノ丸に掘削したトレンチで確認された溝状の落ち込みがある。この落ち込みは、近世造成土の下層で確認され、落ち込み（検出面）の幅は約五〇mを測る。調査では落ち込みの底面まで掘削していないため深さは不明であるが、落ち込みの幅と土層堆積状況から、堀の可能性が高い（以下、堀）。

この堀については調査担当の友野良一氏が、近世初期～中期に作成された「高遠城図」（『主図合結記』[註6]）に描かれている二ノ丸と南曲輪を画する堀に該当するとの指摘がある（友野一九九六）。この「高遠城図」は築城段階の姿を描いたものと推測されている絵図（高遠町教育委員会一九九六）であるが、『主図合結記』は曲輪や堀を模式的に描写していることから、一概にこの絵図との対比で堀の性格を特定することは困難である。筆者は堀の発見場所からすると、中世高遠城の内堀は、現在より二ノ丸側（東側）に広がっていた可能性があると考える。この堀の発見は中世高遠城の存在を窺うことができる貴重な資料である。

中世の遺物は、二ノ丸と三ノ丸から瀬戸大窯段階の陶磁器、南曲輪から古瀬戸後期段階と瀬戸大窯段階の陶磁器、二之丸土塁から瀬戸大窯段階の丸皿や十六世紀の内耳土器が出土しており、調査地点ほぼ全域で確認されている。これらの陶磁器は、近世遺構の埋土もしくは造

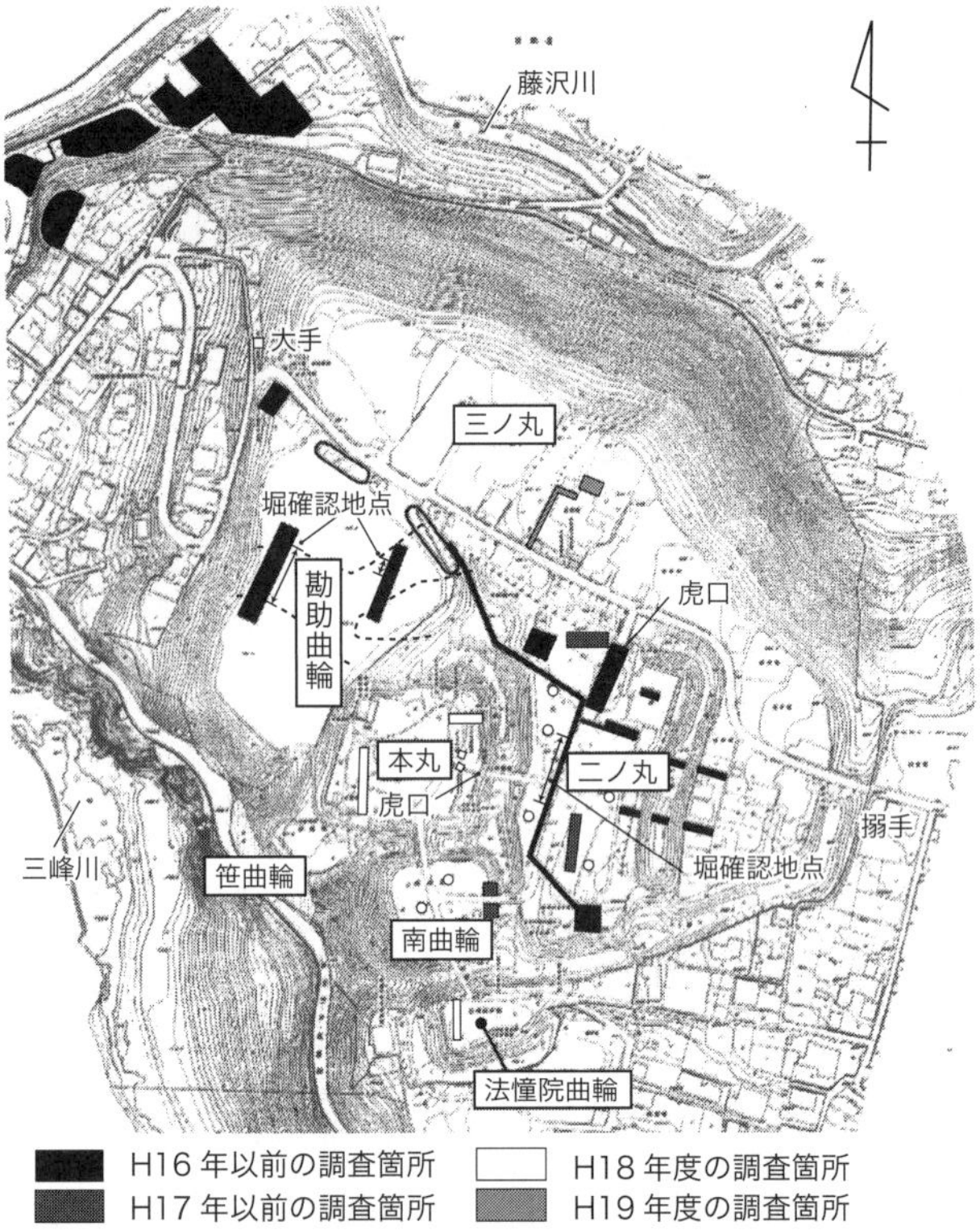

図３　高遠城跡発掘調査箇所　位置図（伊那市2013より）

成土や後世の攪拌層から、近世以降の遺物とともに出土している。

以上の遺構と遺物は、近世高遠城が立地する段丘上に中世高遠城が存在したことを示すものと考えられる。なお、瀬戸大窯期の陶磁器は二ノ丸から比較的多く出土していること、(註7)二ノ丸から上記した堀と中世の造成土が確認されていることから、中世高遠城の段階では、近世高遠城の二ノ丸の下層に曲輪が存在したと推定される。

四　文献史料からみた中世高遠城

武田氏段階における高遠城の様相がわかる中世の文献史料として、『信長公記』がある。この史料には天正十年（一五八二）、甲斐武田攻めに際し、織田軍が高遠城を攻めた様子が詳細に記載されており、そこには高遠城の構造に関係することがある。長文になるが、以下引用する。(註8)

高遠の城は三方さがしき山城にて、うしろは尾続きあり。城の麓、西より北へ富士川たぎって流れ、城の拵殊に丈夫なり。在所へ入口三町ばかりの間、下は大河、上は大山そわづたひ一騎打ち節所の道なり。川下に浅瀬あり。爰を松尾の小笠原掃部大輔案内者にて、夜の間に森勝蔵・団平八・河尻与兵衛・毛利河内、これ等の衆乗渡し、大手の口川向ひへ取詰め候。（中略）三月二日、払暁に御人数寄せられ、中将信忠卿は尾続を搦手の口へ取りよせられ、大手の口、森勝蔵・団平八・毛利河内・河尻与兵衛・松尾掃部大輔、此口へ切って出で、数刻相戦ひ、数多討取り候間、残党逃入るなり。か様候処、中将信忠御自身、御道具を持たせられ、先を争って塀際へ付けられ、柵を引破り、塀の上へあがせられ、一旦に乗入るできの旨御下知の間、我劣らじと御小姓衆・御馬廻城内へ乗入れ、大手・搦手より込入込立られ、火花を散らし相戦ひ、各疵を破り、討死算を乱すに異らず

『信長公記』の記載からは、高遠城は三方が断崖で一方が尾根続きの地形に立地していること、城の麓（川下）に浅瀬があったことなどの地形環境がわかる。城の構造については、浅瀬の向いに大手があったこと、山の尾根続き側から攻撃できる場所に搦手があったことがわかる。高遠城が尾根続きとなっている場所は、近世高遠城の東から南東側、要するに搦手から法憧院曲輪までの間である。『信長公記』には、大手と搦手の位置が記載されていないため、寛政十二年（一八〇〇）に高遠藩の家臣である星野葛山が高遠城の沿革並びに城主の盛衰を記した『高遠記集成』（信濃史料刊行会一九七四）の記載を参考にして、大手と搦手の位置を推測することとする。なお、近世高遠城の大手は城の西側、搦手は城の東側、法憧院曲輪は城の南側に存在する。

　この『高遠記集成』の中には、「東ノ虎口ハ月蔵山ノ麓ニ続キ当城一ノ陽ノ虎口、防御守禦ノ門」とあり、東ノ虎口に藤沢川を渡河した河尻・毛利・団・森勢が攻めたことが記載されている。また、西側にも虎口があり、さらに法憧院曲輪が虎口であったことと、法憧院曲輪には滝川勢が攻めたことが記載されている。なお、『高遠記集成』は大手（追手）が西側にあったと記載されているが、河尻・毛利・団・森勢がこの場所を攻めた記載がなく、『信長公記』と『高遠記集成』とでは攻撃した場所の記載に異なりがある。『高遠記集成』が成立した寛政十二年、高遠城の大手は西側にあった。したがって、筆者の星野葛山は、中世段階に西側に存在した虎口を「大手」と言う言葉で表現したと推測される。

　以上のことから、高遠城には三ケ所の虎口（大手、搦手、法憧院曲輪）があり、大手は東側、搦手は西側にあったと捉えることができる。なお、『信長公記』には、信忠が高遠城の尾根続き側から搦手を攻撃した記載がある。貝沼原から出陣した信忠が尾根続きである城の東側（段丘上）に上がり、そこから西側の虎口に向かうためには三峰川を三回渡河しなければならない。高遠城とその周辺の地形を考えると、実に理解し難いルートである。したがって、虎口の位置からすると、信忠は搦手ではなく法憧院曲輪を攻撃した可能性が高いことを指摘したい。

五　武田信玄が築城した拠点的城郭と中世高遠城の姿

　近世高遠城は、土造りの城で、かつ高遠城の縄張りを行ったと推定されている軍師山本勘助の名称がついた曲輪（勘助曲輪）が存在することから、現在の高遠城は中世高遠城の要素が色濃く表出されていると理解されている。しかし、地表面観察で確認される高遠城は、まぎれもなく近世城郭である。近年の発掘調査で確認された考古資料は僅少なため、本項では武田信玄が信濃に築城もしくは改修した拠点的城郭の構造を再確認し、その構造から中世高遠城の姿を推定することとする。

　信濃に侵攻した武田信玄は、信濃に群雄割拠した村上氏、大井氏、諏訪氏、藤沢氏、知久氏など在地領主や信濃守護小笠原氏との衝突で勝利することで支配領域を拡大した。

武田信玄は信濃支配ひいては信濃に隣接する国々（越後、上野、駿河等）に支配領域を拡大するために、信濃各地（郡）に拠点的城郭を築いた。拠点的城郭による城郭ネットワークを形成したのである。これらの城郭は陸上交通と河川交通を掌握するために交通路と河川に近接する場所に構築されている。この点で、武田信玄の信濃侵攻は信濃の城郭発達史において大きな画期として位置づけられる。

これら拠点的城郭は、形態的に二種類に分けられる（河西二〇〇二）。

第一（Ⅰ類）は段丘上に立地し、段丘先端の主郭を中心に堀を画して複数の曲輪が並列する城である。いわゆる連郭式の縄張りを示す。主郭から最も遠い曲輪の外側に丸馬出（三日月堀）が構築されている。下伊那郡の大島城（図４）、佐久郡の岩尾城などが該当する。

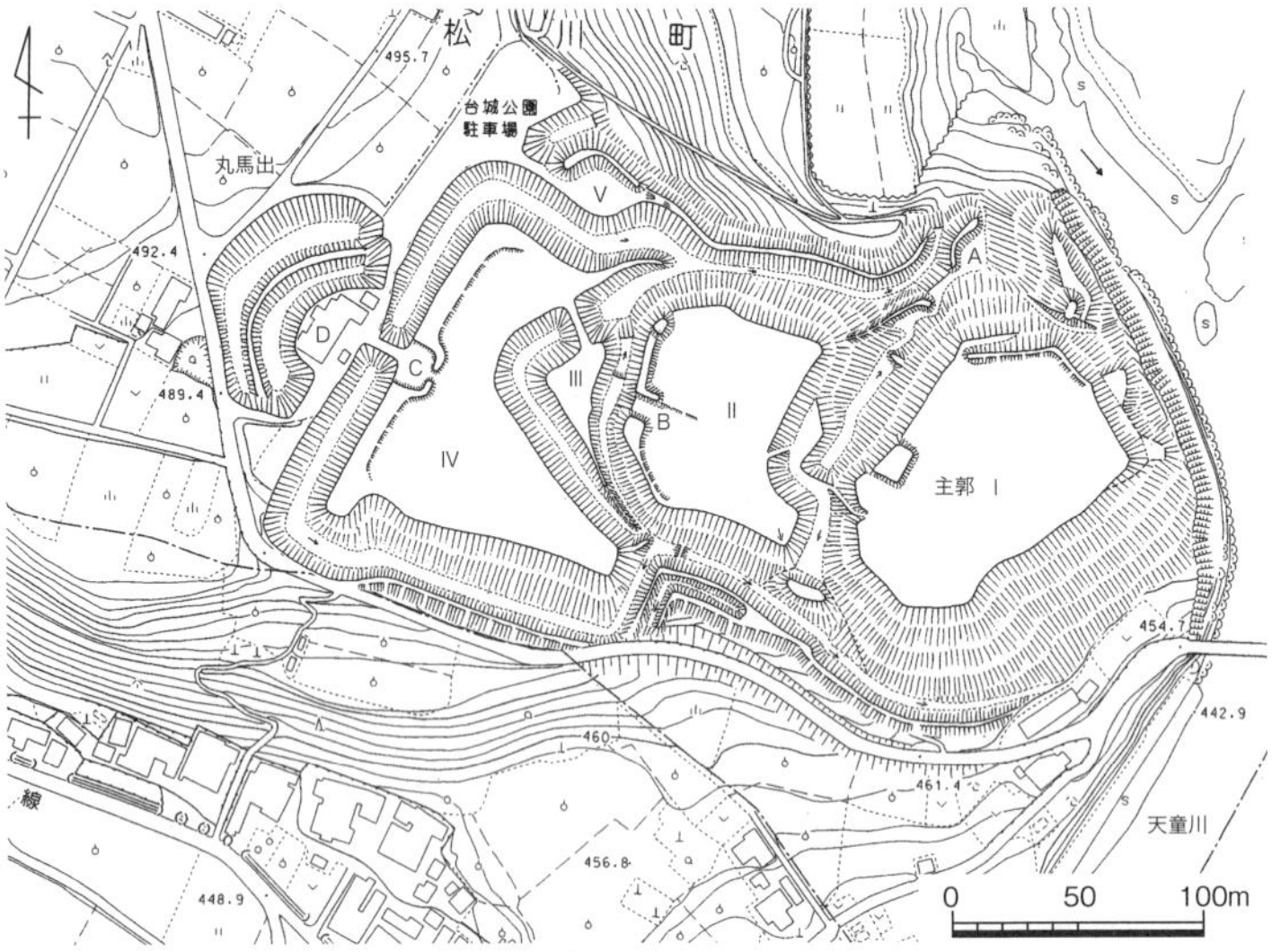

図４　大島城概要図（中井2013より）

第二（Ⅱ類）は段丘上もしくは自然堤防上に立地し、断崖を臨む場所に約半町四方の方形で縁辺部に土塁が全周する主郭が配置され、主郭を中心に曲輪と曲輪を画する堀が半円形に巡る城である。いわゆる梯郭式の縄張りを示す。最も外側の曲輪（外郭）の外側に丸馬出（三日月堀）が設けられている。丸馬出（三日月堀）は三カ所存在する城郭が大半を占める。埴科郡の松代（海津）城（註９）（図５）、水内郡の長沼城（図６）、小懸郡の岡城（図７）などが該当する。（註10）

高遠城は立地と縄張りからⅡ類に該当する。Ⅱ類の共通点として、①城内は主郭と外郭で構成、②土塁が全集する半町四方の主郭、③外郭の外側に三カ所の丸馬出（三日月堀）が設置、④大手は主郭の延長線上に位置する、⑤外郭は交通路に近接し、外郭の外側に展開する城下集落は交通路沿いに形成される、以上である。武田氏段階の遺構は、近世高遠城の下層に埋まっていると推測されるため、中世高遠城の遺構とⅡ類の共通点の直接的な対比はできないが、以下、かかる共通点をもとに可能な限り中世高遠城の姿に迫る。なお、現地との対比の関係上、近世高遠城の城郭施設名を用いる。

中世高遠城の縄張りは、主郭と外郭とで構成されていたと推測される。立地からすると、近世高遠城の本丸に主郭、二ノ丸、三ノ丸（北側）、勘助曲輪、南曲輪に外郭であったと推定される。ただし、外郭が近世高遠城のように二ノ丸、三ノ丸（北側）、勘助曲輪（削平され平坦面は現存しない）、南曲輪のように分割されていたか否かは不明である。また、曲輪内の地表面を見ると、二ノ丸、南曲輪は造成

図６　長沼城周辺の地籍図（河西2010より）

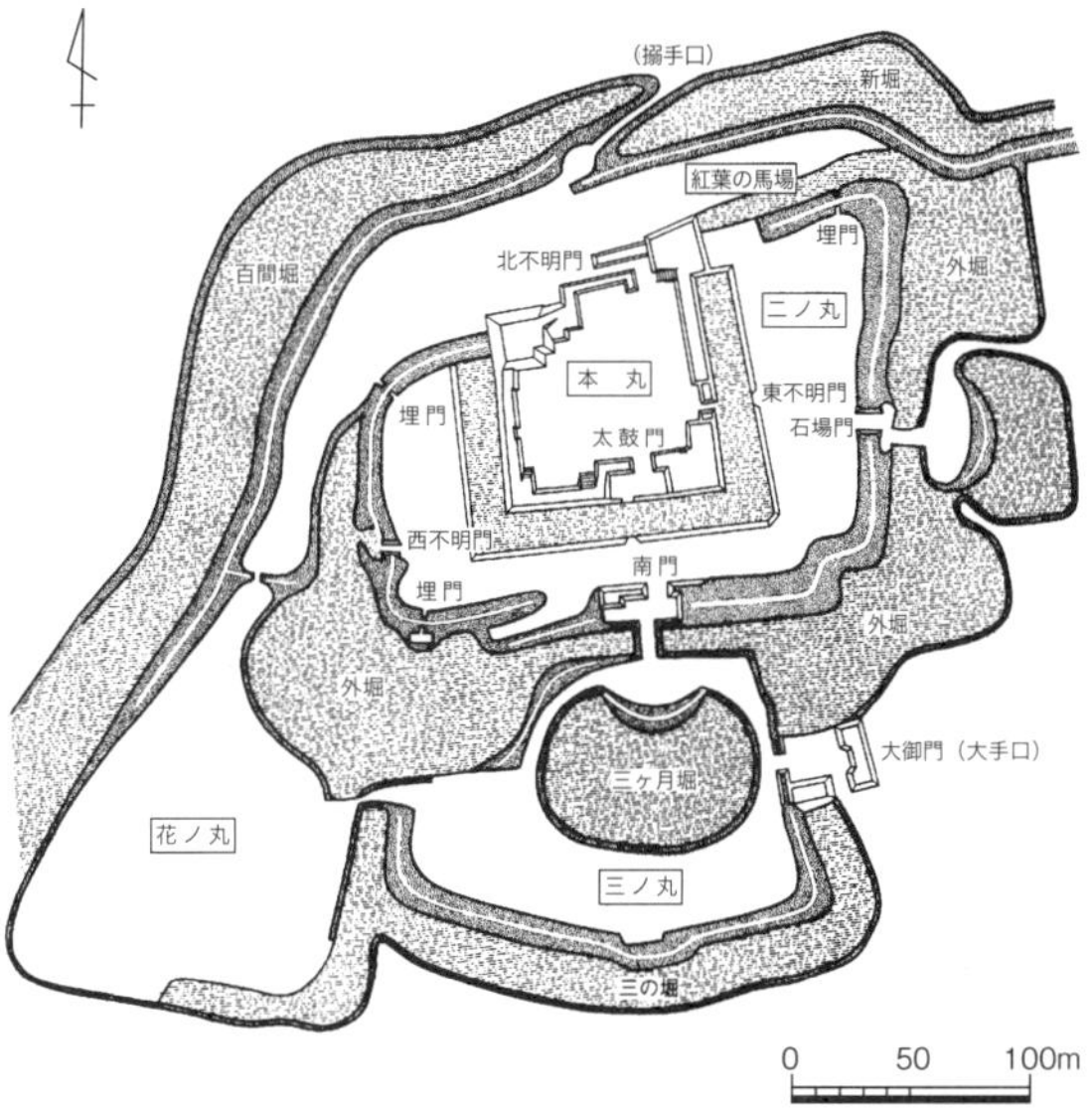

図５　松代城概要図（長野市教委1995より）

により平坦地となっているが、三ノ丸は緩やかな傾斜地である。近世段階に三ノ丸に構築された屋敷は、階段状の平坦地を造成することで構築されている。この状況から、三ノ丸の場所は機能的には近世高遠城のように城内道が通る場所であったと推測される。

次に高遠城に設けられた城郭施設に関わることである。高遠城の主郭は一辺約六〇m四方の方形で、縁辺には土塁が巡る。この規模と形状は、上記したⅡ類の共通点と一致する。虎口については、中世高遠城には三カ所に虎口（大手、搦手、法幢院曲輪）が設けられていた。高遠城の東側に存在した大手虎口の位置について、近世高

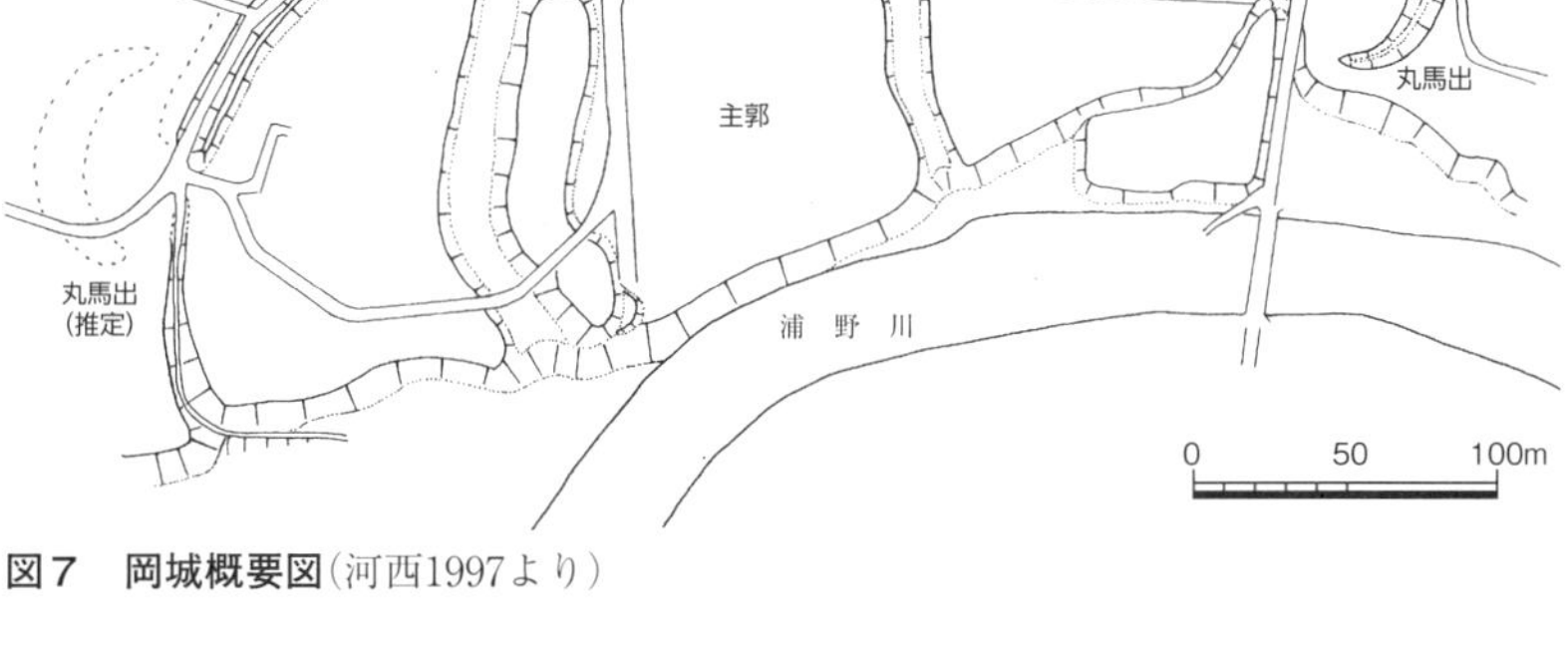

図７　岡城概要図（河西1997より）

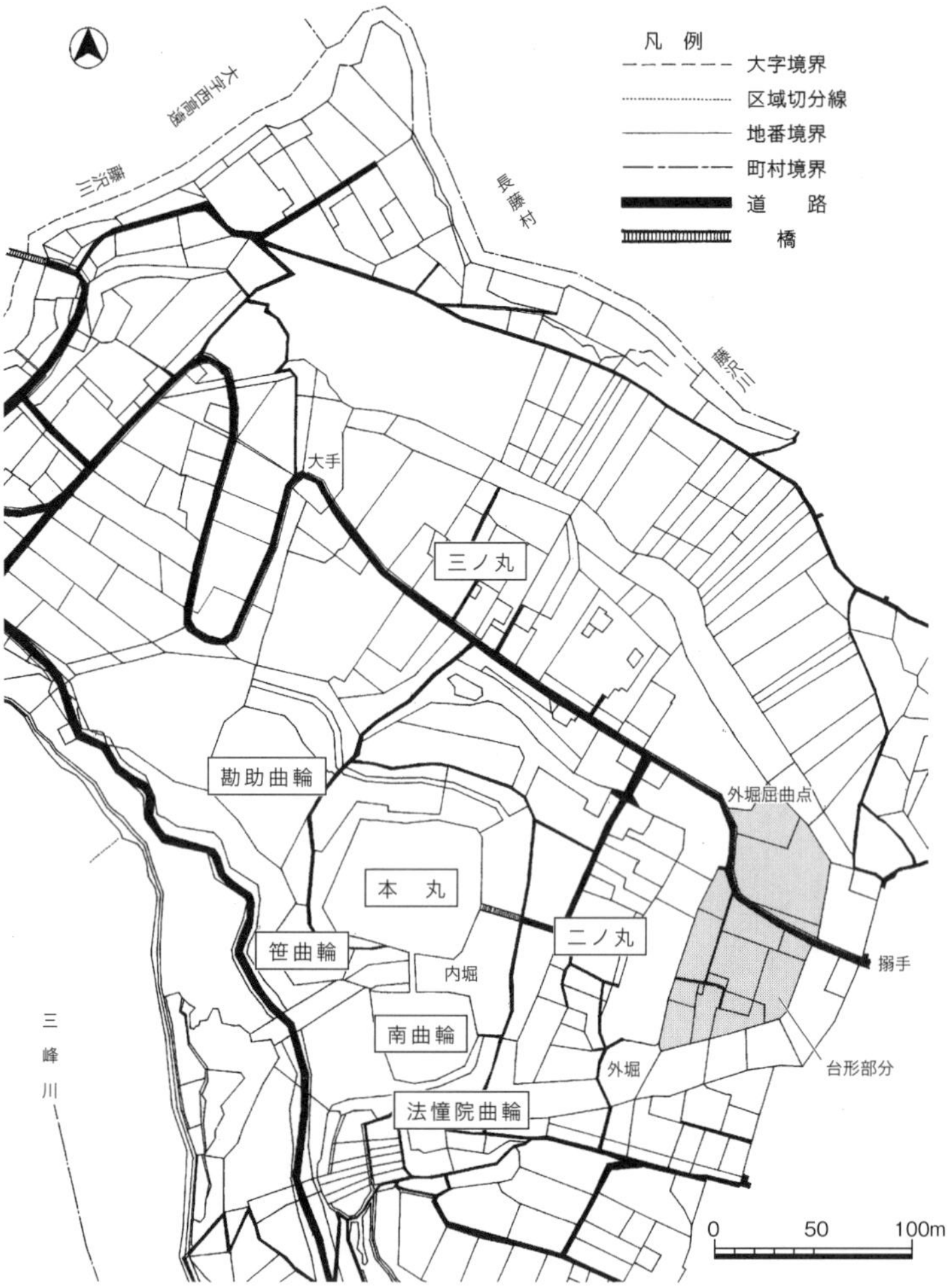

図8　高遠城周辺の地籍図（丸山2004に加筆）

遠城の測量図（図1）と高遠城周辺の地籍図（図8）をもとに推測する。二ノ丸の外側を巡る外堀は、二ノ丸北東側で直角に屈曲している（図8右側）。この屈曲点を境界として、三ノ丸は西側（大手側）と東側（搦手側）に二分され、後者の平面形状は台形（以下、台形部分）を呈している（図8アミ部分）。この台形部分は高遠城で唯一、堀が二重となっている場所である。したがって、中世段階では二ノ丸の外側を巡る外堀は藤沢川に面した北側斜面に延びており、この堀が城域を意味する堀であったと推測される。台形部分は外堀より城外に突出する施設、要するにここに中世高遠城の大手虎口（丸馬出）があったと推測される。近世高遠城は、中世高遠城の大手丸馬出を曲輪として取り込んだと解釈できよう。

　以上の検討から推測できたことは、中世高遠城の東側（尾根続き部分）には、大手と法幢院曲輪の二カ所の虎口（丸馬出）が設けられていたことと、搦手は縄張りと交通路（秋葉街道・杖突街道）との位置関係から、近世高遠城の大手付近に存在したことである。さらに、武田信玄が信濃に築いた拠点的城郭と高遠城が同じ構造を示していることから、近世高遠城は、中世高遠城をほぼ踏襲する形で改修されたものと推測される。今後、考古資料の増加によるさらなる検討で、中世高遠城の構造がより明らかになるものと思われる。

おわりに

　筆者は幼少期に出身地である諏訪から杖突峠を越えて高遠に幾度となく足を運んだ。大手から見えるほのぼのとした高遠の町の風景と、江戸時代の城にもかかわらず、土造りである高遠城の姿が強烈な印象として残っている。それは、浮城として有名な諏訪高島城の天守が昭和四十五年に復興され、石垣、水堀、(復興)天守で構成されたその姿と比較してのものであった。高遠城はなぜ土造りなのか。この疑問が高遠城の魅力に取りつかれた発端であったように思われる。

現在、国史跡高遠城跡では史跡整備に伴う調査が行われており、筆者は整備委員の末席に座ることとなった。従来の高遠城の調査・研究を概観すると、城の歴史的位置付けについての論考はある一方、高遠城自体の論考が極めて少ないことがわかる。したがって、高遠城の構造を把握して城郭としての位置付けを行うことが急務と考えたことが本稿の発端である。本稿では可能な限り考古資料と文献史料を用いて中世高遠城の姿に迫った。資料の僅少さからいささか時期尚早の感は否めないが、今後の高遠城研究の礎となれば幸いである。

註

(1)『高白斎記』は清水・服部一九六七を使用した。
(2)篠田徳登氏と中井均氏は一夜の城を織田軍の陣城に比定できると指摘。
(3)図2に表示した杖突街道と秋葉街道は、近世のルートである。両街道とも中世段階に存在するが、そのルートは確定されていない。地形や中世遺跡の分布からすると、中世段階のルートは近世のルートと酷似する場所に存在したものと理解される。
(4)法憧院曲輪の西側の堀は後世の改変でプランが確認されないが、構築当初はこの堀が外堀と合流していたと判断される。
(5)近世~近代に描かれた高遠城の絵図は数多くある。曲輪や塀などの描写方法が酷似するものがあるため、模写された絵図が多い。したがって、本稿では『正保城絵図』以外の絵図については特に絵図名を記さない。
(6)丸山敞一郎二〇〇四文献の掲載図を参考とした。
(7)報告書に掲載されている遺物一覧表から判断した。
(8)『信長公記』は奥野・岩沢一九六九から引用した。
(9)海津城は、近世松代城の前身である。史跡整備に伴う発掘調査では、本丸東内堀(二ノ丸側)で、築城時と思われる石積みが確認されている(宿野二〇〇一)。松代城は、二ノ丸石場門の石垣(平石の小口積み)や丸馬出(三日月堀)の存在などから、海津城の姿をある程度踏襲して構築されたと推定される。
(10)松代城と長沼城は近世まで存続するが、松代城は最近の発掘調査、長沼城は地籍図調査で、城郭の主要部は武田氏段階の様相を踏襲していることが明らかとされた。

参考文献

伊那市二〇一三『史跡高遠城跡整備実施計画—第二次短期整備事業計画(案)—』
伊那市教育委員会二〇〇六『高遠城跡ガイドブック—高遠城跡　この城をもっと知ろう—』
奥野高広・岩沢愿彦校注一九六九『信長公記』
河西克造一九九七「信濃国小懸郡・岡城跡をめぐる再検討—武田氏系城郭としての位置づけ—」『信濃』四九巻七号　信濃史学会
河西克造二〇〇〇「国立国会図書館所蔵の『日本城郭史資料』について」『市誌研究ながの』第五巻　長野市誌編さん室
河西克造二〇〇二「信濃における戦国大名の城郭様相—武田氏と上杉氏築城

の城郭について―」『織豊城郭』九号　織豊期城郭研究会
河西克造二〇一〇「水内郡　長沼城の再検討―城郭構造を中心として―」『市誌研究ながの』一七号　長野市
河西克造二〇一三「高遠城」（河西克造・三島正之・中井　均編『長野の山城ベスト50を歩く』）サンライズ出版
講演記録集刊行会二〇一〇中井均・笹本正治講演集『高遠城の攻防と一夜の城―織田軍の陣城について考える―』ほおずき書籍
信濃史料刊行会一九七四「高遠記集成」『新編信濃史料叢書』八巻
校注　清水茂夫・服部治則一九六七『武田史料集』
篠田徳登二〇一〇『伊那の古城（改訂版）』ほおずき書籍
嶋田佳寿子二〇〇一「高遠城跡」『武田系城郭研究の最前線』山梨県考古学協会
宿野隆志二〇〇一「松代城跡（海津城跡）」『武田系城郭研究の最前線』山梨県考古学協会
高遠町二〇〇〇『史跡高遠城跡整備基本計画書』
高遠町二〇〇五『史跡高遠城跡整備実施計画書』
高遠町教育委員会一九八七『史跡高遠城跡保存管理計画策定報告書』
高遠町誌刊行会一九八三『高遠町誌』上巻　歴史一
友野良一ほか一九八七『高遠城跡二ノ丸門発掘調査報告書』高遠町教育委員会
友野良一ほか一九九六『史跡高遠城跡二ノ丸便所建設事業②　史跡高遠城跡二ノ丸Ⅲ―埋蔵文化財緊急発掘調査報告書―』
中井　均二〇一三「大島城」（河西克造・三島正之・中井　均編『長野の山城ベスト50を歩く』）サンライズ出版
長野県教育委員会一九八五『歴史の道調査報告書』ⅩⅢ―秋葉街道―
長野県教育委員会一九九五『歴史の道調査報告書』ⅩⅩⅩⅩⅧⅣ―杖突街道―
長野市教育委員会一九九五『史跡松代城跡附新御殿跡―整備事業実施計画書―』
丸山敞一郎二〇〇四『史跡高遠城跡試掘調査　史跡高遠城跡二ノ丸・三ノ丸ほか―埋蔵文化財発掘調査報告書―』長野県上伊那郡高遠町教育委員会

〔付記〕小和田哲男先生にはこの度古稀をお迎えになり、お慶び申し上げます。今後も調査・研究にご活躍されることを祈念します。

先生は長野市に所在する松代城跡の史跡整備委員会長の重責を勤められました。先生が長野にいらした際、長野駅前の居酒屋で先生と城の話題で盛り上がったことを鮮明に覚えています。松代城の前身は武田氏が築城した海津城で、史跡整備に伴う発掘調査では築城期に遡る石垣等が確認された。海津城の姿を垣間見ることができたのである。松代城の史跡整備は、武田氏の拠点的城郭を前身とする近世城郭を見直す契機となったのである。今回の記念論文集で高遠城を取り上げた理由は、先生が松代城で実践された調査・研究の方法を、他の拠点的城郭でも導入する必要性を感じたからである。長野県内の城郭研究をより発展させるため、今後ともご指導を賜りたく存じます。

徳川家康五カ国領有時代の城

加藤理文

はじめに

天正十年（一五八二）本能寺の変後の混乱で、信濃・甲斐の支配体制が崩壊しつつあることを知った徳川家康は、七月三日浜松を発し甲斐・信濃平定に向かった。諏訪から甲斐・新府城へと移陣すると、相模から北条氏直が侵攻してきた。両者対峙すること二カ月、家康の娘督姫を氏直に嫁がせることで講和が成立、家康は信濃鎮撫も成し遂げ、一躍、駿河・遠江・三河・甲斐・信濃五カ国を領有する大大名へと成長したのである。

家康が、五カ国を領有していた八年間、地域支配のためにどのような城を築いたのか、また万が一の対豊臣に備えた領国守備のための築城は無かったのか、ほとんど記録が残らないため判然としない。

近年の発掘調査の進展により、徐々に徳川家康による城の改修方法が明らかとなってきた。そこで、五カ国領有時代に対豊臣に備えた築城はあったのかを中心に、この時期の徳川の城について現時点で判明することをまとめたい。

一　小牧・長久手の戦い

本能寺の変後、五カ国領有を成し遂げた家康は、織田信長の後継者として台頭した羽柴秀吉とは、当初友好的な関係であった。だが、天正十二年、信長の遺児・信雄の要請を受け秀吉と戦うことになる。それが小牧・長久手の戦いで、両軍の主力が戦闘するまでには至らなかったが、局地戦が何度となく繰り広げられた。この戦いは、小牧陣と長久手合戦の二つの戦いであるが、連続した戦であったため、小牧・長久手の戦いと呼ばれる。

半年続いた戦闘の間に両軍は、従来からの拠点城郭の修築、また駐屯基地とするため数多くの陣城を構築している。この間、徳川軍が築いた陣城で、構造が判明するものを見ておきたい。まず、本陣として利用された小牧山城である。小牧山城は、永禄六年(一五六三)に美濃攻略の拠点として、織田信長の手によって築かれた。二〇〇四年からの調査により、主郭の四方を上下二段の石垣で囲い込んだ本格的な城であったことが判明してきた。小牧・長久手合戦時、この信長の城を利用し、改修を施し信雄・家康が本陣として再利用することになる。三月に入城し、普請が十月までも継続していたことが、『家忠日記』の記載から判明する。天正期の陣城は、山麓の土塁と堀、中腹を廻る横堀、堀相当の平場などによって二重に防御され、さらに中腹の防御ラインは尾根を横断する形で南北に延びる堀と土塁によって東西に区分され、機能的に主郭、西側曲輪、大手曲輪、西側谷部、帯曲輪に分割されていた。

次いで徳川軍の築いた砦を見ておきたい。『家忠日記』には四月三日「外山へ番ニうつり候」、五日「又外山へ番ニ越候」、十七日「外山へ番ニ越候」と松平家忠が数度に渡り在番したと記載されているのが北外山砦(小牧市)である。『武徳編年集成』には、「此砦ヲ御門葉譜第ノ諸将三人ヲ以テ交代シ、五箇日宛守ラシメ玉フ」とある。現在の砦跡は、市街地化が進みわずかに高さ一mたらずの土塁が残るのみで、全体構造は判然としない。『尾陽雑記』には「東西へ二十七間、南北へ二十間、四方の土居高一間」とあり、おおよその砦の規模が判明する。

長久手での戦闘後、徳川軍の主力が入城したのが小幡城(名古屋市)である。だが、長期滞在するまでの体裁が整っていなかったためか、翌日には小牧山城へと戻っている。小幡城は、織田信光の居城で、弘治元年(一五五五)信光の死により廃城となったが、小牧・長久手の戦いに際し、家康が修復・整備を実施する。蓬左文庫の絵図から、全体で逆L字を呈す本丸・二の丸・三の丸の部分を家康が修復、本丸はほぼ四方を土塁で囲み、南側二の丸は本丸側以外の三方を土塁とし、東側三の丸も本丸側以外に土塁を設けた可能性が高い。これらの曲輪は土橋で接続し、堀によって囲い込まれていた。もともとあった構造に対し、堀を広げ、その土を盛り上げて土塁を高くしたと思われる。

対峙五カ月が過ぎた八月二十八日『家忠日記』に「羽柴こほり筋へ押出し所〻放火候、家康も清須より岩くら迄御うつり候」と、清須城にいた家康が岩倉へと移ったことを記載する。また、九月七日には「茂吉へ惣人数御うつし候」と、重吉に主力部隊を移したことも記録されている。岩くらとは、岩倉織田家の居城で、永禄二年(一五五九)に落城し廃城となっていた城を、改修使用したと考えられる。城は、発掘調査結果や地籍図の検討から、五条川右岸に位置し、東西約二五〇×南北約六〇〇mの規模で三重の堀に囲まれていたと推定されている。重吉城は、永禄年間(一五五八～七〇)に信長に攻められ落城したと伝わる。蓬左文庫蔵の絵図に、堀と土塁で囲まれた東西に並列する本丸・二の丸と、南東部に馬出状に突出する部分が見られ、これらの部分が改修を受けた箇所になろう。

徳川軍によって改修された城は、本陣となった小牧山を除けば、堀と土塁によって囲むことを基本として改修されていたようである。虎口形態については明瞭でないため何とも言えないが、折れを利用したことと、馬出状の曲輪を付設していたことが推定される。本陣となった小牧山城は、土塁と堀の他に、中腹に横堀が廻らされた。これらの特徴は、天正八年（一五八〇）からの高天神城包囲網のために築かれた陣城と共通した特徴で、この時期の徳川軍が堀と土塁の大規模化と横堀の利用、さらに馬出の付設をベースとして城の改修を実施していたことが窺える。

二　浜松から駿府へ

小牧・長久手の戦後、家康は、浜松から岡崎、駿府、また浜松、岡崎から浜松へと目まぐるしく動き回っている。この間、新たな居城として駿府の地を選択、築城に着手した。家康の動きは、対秀吉を想定した動きで、万が一秀吉軍が襲来した場合の備えを固める目的が推定される。また、この間重臣の石川数正が秀吉のもとへと出奔する事件もあり、家康は直ちに岡崎城の修築を命じた。こうした動きの中での、駿府築城移転は、従来から言われる五カ国支配のための拠点の移動というより、対秀吉戦略の一環としての居城移転と理解される。豊臣領国より、より奥まった位置への移動による安全確保と、有事に備えた北条氏との連携強化に他ならない。すでに家康の娘が北条氏直に嫁いだことで同盟関係は成立していたが、天正十四年に伊豆三島で北条氏政・氏直父子と対面。仮に、家康が秀吉と対決するということになれば、北条氏が全面的に協力することを約したのである。

駿府築城の開始は、天正十三年七月のことで、家康の移住は同年十二月四日のことになる。『家忠日記』によれば、同十七年まで築城工事が継続していたことが判明する。駿府城内では、数多くの発掘調査が実施されているが、未だこの時期の遺構が確認されたことはない。遺構そのものは残されていないが、築城工事の様子については、前記の『家忠日記』に、少なからず登場する。天正十五年二月「御かまへ二のくるわ堀普請候」、同月「城普請出来候、石とり候」、三月「石かけの根石をき候」、同十五年十一月「二のくるハの石かけ候」、同十六年五月「てんしゆのてつたい普請あたり候、家康様より普請ニせいを入とて御使給候」、同十七年二月「石かけ普請まいり候」、同月「小傳主てつたい普請當候」、同月「石くら根石すへ候」とあり、本丸・二の丸があり、堀で囲まれていたこと、てんしゅ及び小伝主が存在したこと、石垣が採用されていたこと等が判明する。従来の徳川の城には、まったく石垣は採用されておらず、また「石を…」という記録すら見られないため、極めて特筆される出来事として捉えられる。駿府築城を開始した天正十三年前後を境として、家康も石垣の必要性を痛感し、何とか取り入れようとした表れと評価される。この時の駿府城の石垣がどの程度あったかははっきりしないが、織豊系城郭のような総石垣は採用されてはおらず、部分的に門や重要地点のみの低石垣の可能性が高い。なぜなら、関東移封後の江戸城の様子や、関東移封後に家康配下の有力武将達が築いた箕輪城等の状況を見れば、この時点での家康の持つ工人集団や技術力が推察されるからである。また、てんしゅ・小伝主という記載の建物が、織豊系城郭に見られる天守・小天守と同様の建物であったかどうかは判然としないが、浜松城の普請記録にない「石かけ」「てんしゆ」「小伝主」の登場は、家康の築城技術が確実に進歩していることを示す事例となろう。

三　記録に残る東海道筋の城の改修

五カ国領有時代の徳川配下の主な城持ち衆の城は、吉田城、田原城、岡崎城（城代）、西尾城（以上三河）、掛川城、横須賀城、二俣城、久野城（以上遠江）、田中城、深沢城、興国寺城、長窪城、沼津城（以上駿河）、躑躅ヶ崎城、谷村城、知久平城、稲荷山城、小諸城（以上甲斐・信濃）であった。この他、三河・遠江の在地領主、武田旧臣が甲斐で、信濃国衆が信濃の諸城を安堵されてもいる。

秀吉の東進を前提とした場合、当然三河・遠江・駿河の前述した城持ち衆の城を中心に、城の増強が図られたと考えられるが、五カ国領有時代の普請を示す記録は『家忠日記』以外で見出すことは難しい。そこで、『家忠日記』に残る天正十五年にかけての普請記録から、家康がどのように秀吉東進の備えをしたかを考えてみたい。

小牧・長久手合戦が講和により終結した天正十二年十一月に家康は尾張から兵を引いている。『家忠日記』に合戦後の家康が、三河において城の修復を実施したことが記されている。天正十三年二月「惣国人足にて吉良之城つき上候」と、吉良之城（西尾城か）を修築したことが判明する。平成六年（一九九四）、西尾城二の丸の発掘調査により二重の丸馬出と溝三条を確認。この堀は、江戸期に埋め立てられ二の丸御殿が建てられている。この丸馬出の増設が、『家忠日記』の記載に見られる改修の可能性が高い。同三月「浜松普請奉行天清兵衛（天野家定）、権田織部（権田泰長）被越候、長刀清兵へ、やり織へいたし候」と、この時点で浜松城の普請奉行が存在していることから、何らかの普請があったことが窺える。同十一月「岡崎普請ニ候、各国衆より普請はやく仕候由にて、平松金次郎（平松重之）御使給候」同月「岡崎へ普請ニこし候」と、岡崎城での普請があったことが判明する。

十二月になると二日「岡普請出候て、（中略）たうめ之城御取て候ハん由候」、同月四日「とうへくわたて候、天清兵衛（天野家定）被越候」、同月七日「普請候、奉行鵜殿善六（鵜殿重長）、安藤金助（安藤家次）、雪吹市右衛門」、その後同月内の「普請候」の記載は、九日間に亘って見られ、廿五日に「普請年内ハ先々あかり候」とある。岡崎城の普請が終了したため、東部城（愛知県幸田町）の修築が始まったことが判明する。工事は翌年に引き継がれ、天正十四年正月一日より「當邊普請」が始まり、一月中に十四日間、二月に一日の普請記載がある。三月に普請の記録は無く、四月三日と十一日、廿四日、廿七日、五月十九日、廿二日と「とうへこし候」と見える。東部城の普請は三カ月続き、五カ月目にほぼ完成を見、引っ越しが数日間に亘って実施されたようである。六月に入ると、六日に「濵松へたうへ之儀に使を越候」、十七日に「吉田より當部之儀塀をもおろさせられ候ハん由申來候」、十九日に「吉田より本田十助（本多正信の弟）たうへ城塀をもおろし候ハん之由ニて被越候人足、さしあひ候て被帰候」とあり、新築がなった東部城のことを家康に報告したこと、また塀が存在したことが解る。だが、その塀を「おろさせられ」「おろし」と記されているが、新築がなった城の塀をわざわざ取り払うことは考えにくい。おそらく、最終段階の設計変更等により、塀の場所を移さざるを得ない状況が生まれ、完成した塀をおろして、別の場所へ移すことにしたことが想定される。それが七月の記載に繋がってくるのであろう。十八日に「吉田より本田十助奉行ニこし候て、當部之城塀門とりつくらせ候」、廿日「たうへ之城、人足あて候てこほし候」、廿七日に「たうへのにかいたて候」と、塀と門を建てたこと、さらに二階櫓を建てたことが記されている。この中の「塀門とりつくらせ候」こそが、六月十七日と十九日におろした塀を別の場所に付け替えたことを示しているのではないだろうか。このように極めて長期間の普請であること、また二階櫓や塀や門の存在からも、単なる改修だけには留まらない姿が浮かび上がってくる。

天正十四年四月十四日には「酒左衛門尉（酒井忠次）所より明後日十六日ニ長澤（岩略寺城）普請ニ越候への由申來候」と、酒井忠次が岩略寺城（愛知県豊川市）の普請を始めることが判明する。次いで同月十六日「長澤普請ニ家中者供申付越候」、同月十九日「長澤普請出來候て、人数帰候」とあり、十九日には家忠家中の担当箇所が終了したということであろう。廿一日（廿二日か）「長澤普請へ越候への由天野清兵（天野家定）所より申來候、前の奉行ハ権田織部（権田泰長）、安藤金助（安藤家次）、今度は清兵被越候て三人也」と、普請奉行が、天野家定と西尾城の普請を担当した権田泰長、東部城担当の安藤家次の三人体制になったことが解る。五月十九日にも「長澤の普（以下不明）」と、長澤城（岩略寺城）の普請の記載が見られる。ただ、岩略寺城の普請が終了した記載が見られないため、その期間ははっきりしないが、普請奉行の人数等から東部城と同程度と考えるのが妥当と思われる。

『家忠日記』に見られるこれらの記載から、小牧・長久手の戦いが終結した直後から、岡崎城を中心に、西尾城・東部城・岩略寺城の普請が開始されたことが解る。西尾城は、発掘調査により丸馬出が検出されており、岩略寺城には三日月状の堀が残る。また、主郭は土塁で囲まれ、北西隅に櫓台状の高まりも見られる。東部城については、後世の開発が著しく城の状況ははっきりしない。注目されるのは、すでに駿府への居城移転が計画されているにも関わらず、浜松城の普請までが行われていたことである。『家忠日記』に見られる浜松・岡崎・西尾・東部・岩略寺の五城の改修は、天野家定、権田泰長、安藤家次、松平家忠を中心に本多、鵜殿、酒井各氏が加わっており、徳川家あげての改修であったことが判明しよう。岡崎を中心に、東海道及び三河湾を押さえる諸城の大改修、小牧・長久手の戦いが終結するとほぼ時を同じくして開始されるという時期的な問題等も併せて考えるに、これら諸城の改修は対豊臣を想定した築城であったとするのが妥当である。そのために、浜松・岡崎というかつての家康の居城までも増強が図られたのではないだろうか。

この時期、家康は対豊臣による東進があることを予想し、その対策を講じていたのである。

四　遺構から見た三河の城の改修

文献には残らないものの、明らかに小牧・長久手合戦前後に築かれた、もしくは改修を受けたと推定される城が三河・遠江・駿河三国に見られる。元亀年間から天正年間にかけて、南進及び東進を進める武田軍との間で、戦闘及び攻城戦があり、国境付近の多くの城で争奪戦が繰り広げられた。武田軍の城を奪取した徳川軍は、武田軍の築城に際し多用された「横堀」・「丸馬出」を大型化し、拠点城郭や支城に取り入れていった。徳川軍による横堀採用の初現は、天正四年前後と考えられる。武田入城が無いにも関わらず、これらの施設が見られる城が、徳川改修による城と判断でき、天正四年以降の改修としてほぼ間違いない状況となっている(徳川氏による横堀の採用時期の特定については、加藤理文　二〇〇四「遠江・馬伏塚城の再検討」『静岡県埋蔵文化財調査研究所設立二〇周年記念論集』静岡県埋蔵文化財調査研究所にまとめているので、参照していただきたい)。前述した西尾城の丸馬出が好例である。

それでは、改修が推定される三河の城を見ておきたい。まず大給城(愛知県豊田市)であるが、天正十二年(一五八四)頃に、大給松平氏が細川城(岡崎市)に本拠を移した後の記録が見られない。現在見られる遺構は、その後に改修を受けたことが確実で、うがった見方をすれば、家康が大給城を改修し再利用するために、細川城へと移したことも想定される。城内には、高さ五m程の石垣も見られるが、これは天正十八年(一五九〇)以降の、豊臣系大名田中吉政による改修の可能性が高い。城は、最高所を東西に分断し、主郭及び二郭とし、南側下段に城内一の面積を持つ方形の三郭、二郭東下に四郭、北下に井戸曲輪を配し、堀切及び竪堀で遮断線を設け、露頭する岩盤を巧みに利用し防御を固めている。特に、井戸曲輪の周囲に土塁・堀切・竪堀を配し、厳重に固めていることから、水源の確保が必要不可欠の城であったことが判明する。三郭の大きさとも併せ、尾張から東三河へ抜ける新城街道の監視と、兵站基地としての役割を担わせた城と評価される。石垣を除けば、小牧・長久手合戦後の改修が想定される。

この城のすぐ北側に松平城山城(豊田市)が残る。その構造、規模は西三河では出色である。標高二五四mの頂部に東西に長い主郭を配し、北下に帯曲輪、その東端から派生する尾根上に堀切を設け、土橋で渡ると堀で区画された馬出が見られる。さらに曲輪は北に延び、虎口西側に横堀で区画された虎口に横矢を懸ける施設が見られる。西側は二条の堀切を設け二曲輪を配し、北端は二重堀切によって完全に遮断している。その位置関係からも、大給城との強い関係が推定される。従って、築城年代も同様と考えられる。

日近城(岡崎市)は、大給城から新城へ続く街道上に位置する山城で、日近奥平氏の城と伝わる。小規模な城ではあるが、主郭の北から東側にかけて土塁が廻り、南東部を突出させることで、南下の虎口を扼している。南側に一段低く虎口を有す二郭、西側に三郭を配している。主郭南東下に堀切を挟んで逆くの字を呈す土塁、その西下から主郭南を廻るように帯曲輪状の四郭が設けられている。四郭の南虎口の西側には通路に沿うように竪土塁も見られる。また、主郭東下の横堀は、幅約四ｍの規模で北に続き犬走り状となり、再び西側で横堀となっている。これらの構造を見る限り、天正四年以降に徳川氏の手による改修があったとするのが妥当である。

三河国の北東山間部に位置する作手盆地のほぼ中央部の比高約三〇ｍ（標高約五八〇ｍ）の小丘陵に築かれた古宮城（新城市）は、西側が作手街道に面し、他の三方は湿地帯に囲まれる天嶮である。城は、中央部に幅約二〇ｍの巨大な堀切を配すことで東西に分割し、一本の土橋によってのみ接続している。東側が主郭で、西側が副郭となり共に土塁囲みの曲輪である。両曲輪の中央部には中仕切の土塁が配され、東西に分割する。主郭南西隅部に約一〇ｍ四方の櫓台が、その東側には前面に内桝形状の空間を持つ両袖形（凸型）の虎口が配されていた。副郭は、中仕切の土塁の東側曲輪の南北に虎口が見られる。曲輪は、東側堀切に対しＵ字状の横堀によって取り囲まれている。主郭中段には、土塁もしくは竪堀状の空堀で区切られた曲輪群が展開する。対して、副郭は土塁・堀切を配し防備を固める構造となる。全体構造を見ると、左右の曲輪が互いに補い合って防御を強固にしているというより、東側主郭を守るための馬出的機能を副郭に持たせたと考えるのが妥当であろう。最下段は、土塁と横堀が軸をずらしながら廻っている。これは、堀底を道として利用していたための造作で、侵入した敵方が容易に主郭へ取り付くことを阻むための工夫であり、頭上から横矢を掛ける目的も併せ持っていた。従来、元亀四年（一五七三）武田氏の手によった築城とされてきたが、大給城から日近城を通り、古宮城へと続く新城街道の拠点として、小牧・長久手合戦後に徳川氏によって大改修を受けたとしても、何ら問題は無いと考える。

古宮城の南側に位置する亀山城（新城市）は、街道に面した丘陵上に築かれた平山城で、土塁囲み主郭を中心に、東西の虎口外に馬出状の土塁囲みの曲輪が配されている。西外北斜面には空堀を挟んだ二条の竪土塁、主郭南側には堀底を通路とする大規模な横堀が廻り、さらに土塁囲みの小曲輪も設けられていた。極めて防御性が高く、軍事的な拠点や駐屯地としての役割が想定される。虎口形態に古宮城との共通性も見られ、同時期の改修があったと考えられる。

古宮城から信州街道へ抜ける分岐点近くに位置するのが野田城（新城市）で、少なくとも天正十八年（一五九〇）まで機能していたことは確実であるが、主郭を取り巻く土塁と横堀、南東隅虎口から突出する馬出、主郭北東側の櫓台状の突出部など、小牧・長久手合戦後の改修を窺わせる。

長篠合戦で著名な長篠城（新城市）は、天正四年に城主奥平信昌が新城を築き移ったため廃城になったとされる。城は、東三河平野部や遠江、美濃や伊那へと通じる街道の分岐点にあたる交通の要衝で、極めて重要な位置であった。城の主郭東側に残る鍵の手を呈す巨大な土塁と堀切、さらに主郭北側に位置する丸馬出、主郭を取り囲む横堀など、天正四年以前の造作とは思えない。ここもまた、廃城とされる天正四年以降の大規模な改修がほぼ確実である。

東海道を北に見下ろす比高約一〇〇mの山上一帯に築かれているのが山中城(岡崎市)で、岡崎城と岩略寺城のほぼ中間点に位置する。主郭の東西に見られる馬出状の曲輪、北側に突出する土塁囲みの曲輪、主郭北西側の馬出状の曲輪前面の三日月状の堀切、さらに西側城域を区切る二重堀切など、天正四年以降の改修が確実で、おそらく酒井忠次の手により、東海道の監視と軍事拠点として改修を受けたと考えられる。

三河と遠江の国境「本坂峠」に続く本坂道を押さえる城が月ヶ谷城(豊橋市)で、標高約二〇五mの山頂部に立地している。城は五〇m四方程の極めて小規模な構えでしかない。主郭と南下の帯曲輪のみの城で、主郭は二段の平坦面を持ち、南西部を除き土塁が廻る。虎口は、三カ所に見られ、いずれも鍵の手に折れを持つ。帯曲輪からの虎口は、そのまま西側横堀へと連なり堀底道を形成する。東側は、通路状となるが東に進むと横堀となる。土塁囲みの曲輪と横矢が懸かる虎口、そして横堀の採用と、やはり天正四年以降、徳川氏によって改修を受けたとするのが妥当であろう。

以上、三河国内における天正期の改修が推定される城は、岡崎以東に九城を数え、いずれも交通の要衝もしくは主要街道を押さえる場所に位置している。城の構造から見ても、兵站基地あるいは軍事的色彩が強く、明らかに戦闘に備えた目的が看取される。

五　遺構から見た遠江の城の改修

三河同様、遠江についても「横堀」「馬出」を採用することで防御を固めた城が多数存在するが、ここでは駿府以西に限って改修が確実な城を見ておきたい。

三岳城(静岡県浜松市)は、三遠国境に位置し、黒松峠越えで長篠、本坂峠越えで吉田、東へ向かうと二俣へと通ずる街道を眼下に見下ろす交通の要衝である。元亀年間(一五七〇~七三)に、武田軍の侵攻に備え、徳川方の改修を受け、二重堀切で遮断線を設けた東曲輪が構えられた。だが、標高四六七mの山頂本曲輪の西下に配された土塁(一部石積)を持つ二重の横堀の存在が異質で、明らかに天正四年以降の改修と考えられる。

遠江山間部と平野部の結節点であり、浜名湖北岸を経由して三河、国府見付、掛川方面とを結ぶ水陸交通の要衝二俣の地に築かれた二俣城(浜松市)は、武田・徳川氏によって争奪が繰り広げられた城である。天正四年、武田氏から奪還、大久保忠世を入れ、北遠支配の拠点とした。元亀三年の武田氏による改修の記録も残るが、土塁囲みの本丸と蔵屋敷、その間に配された横堀状の巨大な堀切、さらに南尾根筋に設けられた二条の堀切は、徳川奪還後の改修によるものと考えられる。

二俣から国府見付へ向う街道及び天竜川の渡河地点を見下ろす城が社山城(磐田市)で、本丸からは浜松城を含め天竜川以西がほぼ一望される。最高所の本丸の北から西側にかけては、横堀が廻り、東へと続く二の丸の間に堀切、尾根続きは全て堀切で遮断、重要地点は二重堀切となる。曲輪は広く兵站基地としての利用が想定される。天正元年（一五七三）に、二俣攻めの陣として家康が砦を構えたとの記録が残るが、以降記録に残されていない。

二俣から山間部の間道を経由して大井川上流へ抜ける街道を見下ろすのが犬居城（浜松市）で、従来天正年間初めに武田氏によって改修を受けたと考えられていた。だが、城域東端の大手口は、明らかに三日月堀を有する馬出であり、さらに本曲輪北側下に総延長一〇〇m以上に及ぶ横堀が配されている。規模こそ異なるものの、その構造は丸子城（静岡市）に共通する。天正四年の徳川氏による犬居攻めに際し、城主の天野氏は城を放棄し、山中へと逃れた。これだけの防御構造を持つ城であるなら、何らかの形で城に籠り攻城戦に及ぶ可能性が高く、天野氏段階は現状の姿で無かったためとも捉えられる。従って、現在見られる姿は、天正四年以降の徳川氏による改修によって完成したとするのが妥当であろう。

三河との国境近く、別所街道（信州往還）を見下ろす標高約三二〇mの山頂に築かれた城が、鶴ヶ城（浜松市）である。主郭は、背後の崖面を除き横堀で囲まれ、前面に馬出状の曲輪が付設する。斜面には何条かの竪堀を設け、防御を固める構造である。城に関する記録は皆無であるが、天正年間に徳川氏によって街道を押さえる目的で築かれた可能性は高い。

天正元年（一五七三）武田勝頼によって築かれたと言われる諏訪原城（島田市）は、同三年に家康の手によって奪取される。家康は、駿河からの武田軍の侵攻に備え城の大改修を実施。『家忠日記』に、天正六年～九年にかけて堀普請、市場普請、塀普請など記され、大改修があったことが判明する。従来、この普請は前面の方形区画とその前の丸馬出と考えられていたが、近年の発掘調査により、本曲輪以外の横堀と巨大な丸馬出こそがこの時の普請の可能性が高まった。これにより、前面の方形区画とその前の丸馬出の付設が、小牧・長久手合戦後の増強と考えられる。

大井川の上流、遠江山間部から駿河へと続く間道の北側に位置するのが小長谷城（榛原郡川根本町）である。南北二曲輪で構成され、南側主郭が旧状を良く留める。断崖となる南側を除く三方に空堀を配し、東側には複数の堀と土塁を設けることで防備を強固にしている。特に、重馬出は、内側を丸馬出、外側を角馬出とし、最前面の巨大な空堀は、南側をそのまま断崖へと落としている。この発達した重馬出の配置等から、小牧・長久手合戦前後の徳川氏による改修を推定したい。

諏訪原城が徳川氏の手に落ちた天正三年以降、武田氏の遠江・西駿河の防衛拠点となったのが田中城（藤枝市）である。同十年、徳川方の城となると、家康の鷹狩や西上する際の宿舎として利用されている。本丸を中心に同心円状に三重の堀で囲まれ、都合六カ所の丸馬出を持つため、典型的な武田の城と言われてきた。諏訪原城の状況等から、武田段階の城は二の丸までで、天正十年以降に三の丸とその外側四カ所の丸馬出が付設された可能性が高い。

駿府の街へと入る西側の宇津谷峠を越えた場所に築かれた丸子城（静岡市）は、静岡県内屈指の戦闘的な構造を持つ山城である。東西の尾根続きの先端部には馬出を配し、北から西側斜面には延々と横堀を廻らし、途中には丸馬出状の保塁や小型陣地状の保塁も見られる。大手となる東側は、三日月堀を配すことで虎口を規制し、内部が角馬出状の曲輪となる。前述したように、犬居城の大手口との共通項が見られる。西側丸馬出は、南北に竪堀を配すことで、完全に尾根筋を遮断している。特に北側竪堀は、総延長一〇〇ｍを越える規模となる。永禄十一年（一五六八）以降、武田氏が在番する城となるが、記録から見る限り重要視された形跡は無い。現在見られる遺構は、天正十三年の家康駿府築城に併せ、西側峠越えを押さえる目的で大改修を受けたと推定される。

以上、遠江・西駿河国内における天正期の改修が推定される城は、駿府以西に九城を数え、いずれも交通の要衝もしくは主要街道を押さえる場所に位置している。城の構造から見ても、三河に築かれた城と同様に兵站基地あるいは軍事的色彩が強く、明らかに戦闘に備えた目的が看取される。

六　三河・遠江・西駿河の城々改修と目的

小牧・長久手合戦の終結及び、重臣・石川数正の出奔を契機に、家康は岡崎城の修築を開始する。また、居城を浜松から駿府へと移転することになる。駿府移転の目的は、前述したように対秀吉戦略の一環と理解される。豊臣領国より、より奥まった位置への移動による安全確保と、有事に備えた北条氏との連携強化を目的としたに違いない。前述した三河九城と遠江九城は、天正四年以降の改修が確実で、その位置関係から極めて戦略的な目的を持って改修されたことが想定される。いずれの城も、街道を押さえることを最優先とし、さらに兵站基地や陣地としての利用を目的とした改修である。従って、その改修は対豊臣軍を想定した、天正十三年～十五年にかけてとするのが妥当であろう。天正十三年の岡崎城の改修については記録が残らないため、改修場所や規模の特定は出来ないが、西側最前線の坂谷曲輪の前に築かれた丸馬出、東海道に向かって開けられた東曲輪北側の丸馬出こそが、この時期の改修と思われる。岡崎城は、対豊臣を想定した場合最前線基地となるため、軍備増強を図り、岡崎城が囲まれた場合の後詰基地として、東部城と西尾城の拡張が図られたのである。家康は、西三河の拠点として岡崎城を、東三河の拠点として吉田城を充てることとしたのである。そこで、岡崎城から吉田城へ続く東海道を押さえる目的で、山中城と岩略寺城を整備。尾張から新城街道を抜けることも想定し、最前線に大給城と松平城山城の二城で対処することとし、新城へと抜ける街道沿いに日近城を置き、山越え後に古宮城と亀山城の二城を配すなど、堅い防御網を布いたことになる。さらに、信州街道との接点に野田城を配し、後詰基地として長篠城を整備、常に二城での攻撃を前提として改修したことが看取される。最後方に、三河から遠江への峠越えの本坂峠を押さえるために月ヶ谷城を整備している。三河国内を

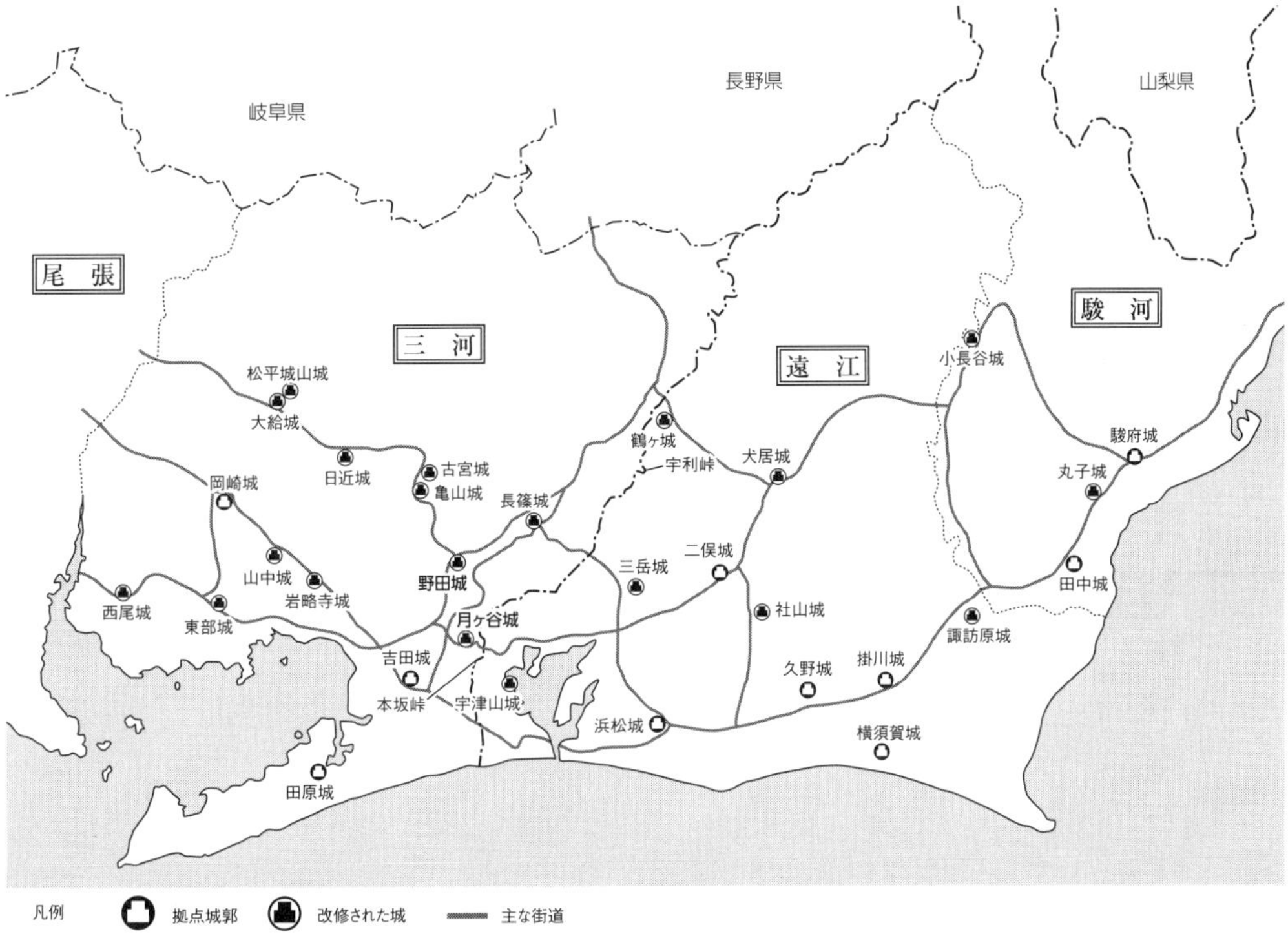

対豊臣軍に備えた駿府防備のための城郭群

通過するためには、これらの城々を一個撃破するか、仮に包囲網を敷いて前進したとしても、またも城が待ち構えることになる。いずれのルートを使用しても、かなりの日数を要することになり、遠江侵入すら容易でないことが判明する。

遠江における拠点は、浜松城、掛川城、田中城の三城が想定される。黒松峠、本坂峠越えに対し、三岳城を配し、浜名湖に面した宇津山城も機能しており、両城で峠からの侵入に備えていた。東海道に対しては、浜松城が控えていた。浜名湖北岸ルート上には、要衝・二俣城が位置し、これを補うための社山城が配された。三河山間部からのルートは鶴ヶ城が守りを固め、犬居城、小長谷城も山間ルートを押さえており、山越えでの駿府侵入は容易な状況ではない。東海道は、浜松城、久野城（本丸北側の横堀は、この時期の改修の可能性が高い）、掛川城が待ち構え、さらに横須賀城等の周辺諸城に後詰軍が控えていた。大井川の渡河点には、諏訪原城が待ち構え、駿府に至る最終峠の宇津谷峠越えの前面に田中城が配された。両城は、何重もの巨大な堀と、丸馬出で固められており、武田軍の技術を取り入れ、さらに巨大化した施設で、強固な防備を誇っていた。駿府防備の最期の砦が丸子城である。馬出と竪堀、横堀を巧みに配置し、まさに巨大戦艦とでも形容するのが相応しい攻撃的な城である。宇津谷峠を越え、一気に駿府へなだれ込もうとする敵軍を殲滅するための城であった。このように、遠江に配された九城は、周辺の拠点城郭と共闘することで、駿府へと進む軍勢に多大な損害を与えると共に、進軍速度を著しく遅らせる目的を持っていたのである。

豊臣軍が、駿府に到達した時、すでに徳川軍の同盟軍である北条軍の布陣も終わり、豊臣軍は徳川本隊と北条連合軍と戦うことになるというのが、家康の作戦であったと思われる。

まとめ

小牧・長久手合戦後の様子を伝える『家忠日記』に、あまりに普請記録が多い。それらを見ると、東部城・西尾城・岩略寺城・岡崎城・浜松城という拠点城郭と東海道に面した城である。近年、西尾城で徳川氏による丸馬出が発掘調査で確認され、さらに諏訪原城の丸馬出も徳川改修が確実な状況となってきた。さらに気になるのが、天正十三年の家康の駿府移転である。家康が、五カ国を領有した天正十年〜十八年の間の、配下の武将の築城記録はほとんど見られない。だが、残された城は確実にこの時期の改修が推定される遺構が見られる。小牧・長久手合戦で対立した家康と秀吉は、秀吉の懐柔策によって家康が臣下となることで決着を見るが、その間対秀吉に備え無策であったとはとうてい思えない。そこで、対豊臣軍を想定した城郭の改修痕を見出し、どのような備えをしたのかまとめたのが本論である。従来、武田氏の手による横堀と丸馬出を評価するあまり、短期の入城や記録が残らない城に横堀か丸馬出が存在すれば武田の築城とされてきたことに疑問を抱いていた。本論では、それらを天正四年以降の徳川氏の手によった遺構という大前提にたって、城郭遺構を再確認してみた。それが、本論に示した十八城である。これらの城を、対豊臣軍に備えた徳川氏の改修と考えれば、極めて解りやすい結論が導き出される。今後、発掘調査等の進展の中でこれらの城の改修時期が特定されることを期待したい。

参考文献

小和田哲男編　一九七八　『徳川家康　その重くて遠き道』　新人物往来社
小和田哲男編　一九七九　『日本城郭大系9　静岡・愛知・岐阜』　新人物往来社
竹内理三編　一九八一　『増補續史料大成　家忠日記』　臨川書店
村田修三編　一九八七　『図説　中世城郭事典　二』　新人物往来社
一九九一〜九八　『愛知県中世城館跡調査報告』Ⅰ〜Ⅳ　愛知県記養育委員会
高田　徹　二〇〇一　「小牧・長久手合戦における城郭　—尾張北部を中心に—」『中世城郭研究』第一五号　中世城郭研究会
二〇〇四　『長篠城址試掘調査報告書』　鳳来町教育委員会
加藤理文・中井均編　二〇〇九　『静岡の山城ベスト五〇を歩く』　サンライズ出版
愛知中世城郭研究会・中井均編　二〇一〇　『愛知の山城ベスト五〇を歩く』　サンライズ出版
久保田昌希編　二〇一一　『松平家忠日記と戦国社会』　岩田書院
加藤理文　二〇一一　『静岡の城　研究成果が解き明かす城の県史』　サンライズ出版
二〇一一　『国指定史跡　諏訪原城跡整備基本計画』　島田市教育委員会
二〇一一　NPO法人城郭遺産による街づくり協議会編　『戦国時代の静岡の山城　考古学から見た山城の変遷』　サンライズ出版

近世城郭石垣における勾配のノリとソリについて

北垣聰一郎

はじめに

ごく最近まで、訪れる見学者は日に数人という但馬竹田城は、「天空の城、東洋のマチュピチュ」という宣伝効果で、石垣の見学者がいま急増している。いまから三十年も前に、雪のまだ残る「北千畳」曲輪に小屋掛けをし、そこで石垣修理にあたるご夫婦がおられた。石積み技能棟梁の粟田万喜三翁夫妻である。石を積むという「伝統技術」には、まず、技能棟梁の技能(技)の世界があることを、あらためて、実感できたというのが、ここ但馬竹田城である。

その後、縁あって、理屈だけでは積むことのできない、文化財としての城郭石積み(石垣)の修復工事に関わる機会が多くなった。「修復工事」とは、ひとことでいえば、その遺構がおかれた土地の特性を語る地域性、城郭が機能した時代幅の時代性、個々の技に支えられた先人の伝統技術、地盤工学などからの自然環境に配慮した安全性などから、「真正性」をどう求めるかといった活動をいう。こうした「真正性」を求める声は、これまで石積み技能棟梁のなかにも根強くあって、自らが学んだ技術・技能が社会全体で受け入れられ、より客観的な評価を得るにはどう取り組めばよいのか。といった思いは、伝統技術にこだわりたいと思う私にとっても、長いあいだの宿題になっている。(註1)

さいわい、そうしたこころざしを共有しあえる技能棟梁、修復工事に関わる技術関係者、文化財担当者、さらには専門研究者らとの、場づくりが大阪や東京などでもはじまった。その後、多くの関係者らの尽力もあって、平成二十年(二〇〇八)四月、国の伝統技術団体、「文化財石垣保存技術協議会」として認定され、現在では、棟梁自らの技術技能の研鑽に加え、後進の育成や、技能棟梁の社会的な評価基盤の確立にむけた、研修活動が各地で実施されている。

本稿では、現代の石積み技能棟梁らが、先人から学び、習得した伝統的な技術・技能に対し、江戸時代の技術書が、それをどう現代に伝えようとしているのか。そうした技に対する考え方の一端を紹介するものである。こうした作業はこれからの修復工事の真正性を考えていくうえで、いっそう必要なことと思われるからである。

一　城郭石垣の技術書と『石垣築様目録』

ところで、石川県金沢城調査研究所では、これまで『金沢城石垣構築技術史料Ⅰ・Ⅱ』（二〇〇八・二〇一一）『戸室石切丁場確認調査報告書Ⅰ・Ⅱ』（二〇〇九・二〇一三）『城郭石垣の技術と組織』（二〇一二）『金沢城普請・作事史料Ⅰ・Ⅱ』（二〇一三・二〇一四）と、金沢城に関わる土木技術や、作事技術等の解明にむけた、基礎史料・資料等の蒐集をはかっている。それは広く各自治体と情報の共有をはかり、さらに考古学、建築史学、土木工学などの専門家による学際研究への活用を念頭におくからである。そうしたことで、本稿で紹介する『石垣築様目録』『石垣秘伝之書』『石墻書』以外の石垣技術書についても、『金沢城石垣構築技術史料Ⅰ、Ⅱ』に所収する。

なお、『石垣築様目録』（以下、「目録」とする）『石垣秘伝之書』（以下「秘伝書」とする）『石墻書』（以下「石墻書」とする）の三書については、すでに拙稿でも紹介したことがある。(註2)それらは、石積み技能棟梁である公儀穴太（穴太頭）家と関わりがあり、さらに、それぞれが補完しあう関係にあるといってよいだろう。その後、『金沢城石垣構築技術史料Ⅰ、Ⅱ』に再録されるなかで、三書については、「解説」と題して、木越隆三氏による詳細な文献解釈からの検討がある。(註3)本稿でもおりにふれながら紹介したい。

『石垣築様目録』（以下「目録」とする）には、巻末奥書に、承応四年（一六五五）の年号があり、堀金出雲、続いて野崎善右衛門、以下、同名二名を連記する。堀金出雲は豊臣期の穴太として、また、その系譜を引く江戸期の公儀穴太（穴太頭）のひとりとして、近江国坂本の穴太（滋賀県大津市坂本町穴太）を本貫地とした。「目録」の内容は、技能棟梁にとって、現場で必要な専門的用語、用例を断片的に紹介したもので、文意には脈絡がなく体系的な記述ではない。三五項目のうち一七項目が勾配をあらわす仰《ノリ》に関わるものである。このうち、いくつか事例を紹介する。

まず、「目録」で注目されるのは、「仰相は一間々にて、かえて吉」

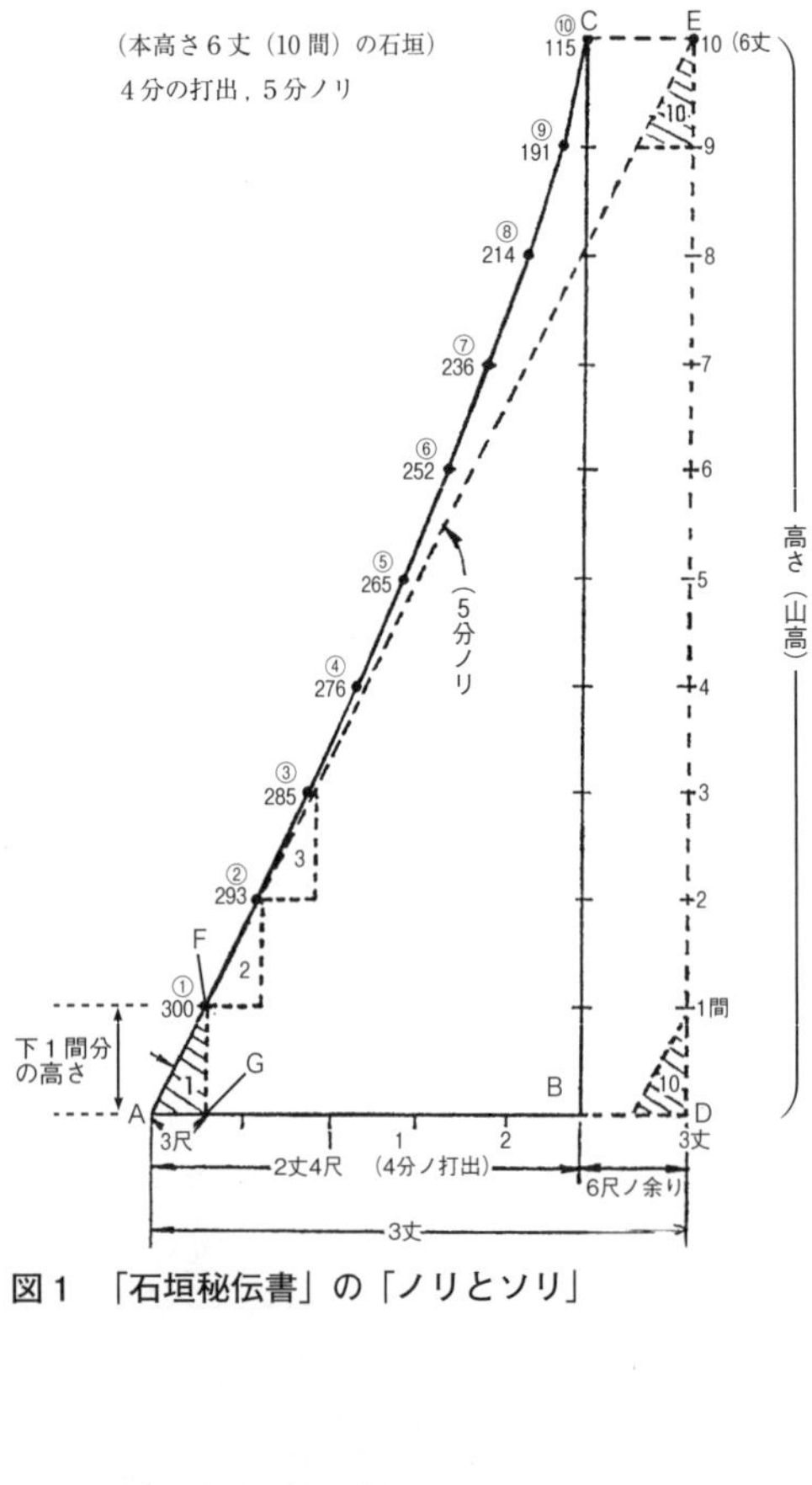

図1　「石垣秘伝書」の「ノリとソリ」

と説くもので、その概要を、図1の「秘伝書」で説明したい。まず、山の高さを一〇間までのものと、一一間以上の高さに区分する。その事例からは、山高さ、一〇間分の高さ（B・C）を定めて、つぎに底辺となる「打出」（A・B）（前方へ出す底辺幅）を決めることを、ノリという。それは先人が生み出した経験則値「打出《ノリ》」から選ぶ（『打出・大カネの事』）（表1）。「打出」（A・B）が決まることで、直角三角形（A・B・C）ができる。これをもとに、つぎに下一間（六尺）分の高さ（F・G）分の基礎底辺幅（A〜G）を、これも経験測値の「ノリ」（『ノリ・ソリ割り方の事』）（表1）を使うことで、十分の一に縮小した直角三角形（A・G・F）ができる。また、高さを一間上げるごとに打出は低減し、一〇間の山高（B〜C）では、「仰《ノリ》」（山高に対する底辺幅）を重ねた連続線の反り状が生まれ、打出はA〜Bとなる。なお、A〜Dとの間にできたB・Dが「余り」となる。「目録」の「仰相は一間々にて、かえて吉」とは、このような意味をもつ。

表1　「打出大力子の事」（『石垣秘伝之書』）

高さ3間〜10間	
1.5分打出	2.0ノリ
2.0	2.5
2.5	3.0
3.0	3.5 4.0
4.0	5.0
5.0	6.0 7.0
6.0	7.0 8.0
高さ11間〜25間	
7.0	8.0 9.0
8.0	9.0 10.0
9.0	10.0 11.0

　ところで、「目録」では、「高石垣には、なおなお胴込かい石肝要」だと説く。また「切合石垣は、なんとしても口があくもの」であるから、「地心能所には、定りの仰（大仰）を用ゆ也」とあって、「右之仰合にて讃州丸亀の御城築立申也。高さ拾五六間を皆堅固に出来申也」と述べる。つまり、讃岐国の丸亀城は加工した規格材による「切合石垣」で、一五、六間もある「高石垣」である。図1でみると、ED間の垂辺が二、AD間の底辺幅が一の比率の勾配（六三度）を理想とし、それを「定リノ仰」「大仰」と称したのである。

　金沢城の穴生（太）後藤氏が説くには、文禄元年（一五九二）のこととして、金沢城本丸東方向の石垣が二度にわたり崩壊した（『文禄年中以来等之旧記』）。金沢城の高石垣（高さ一二間）が崩れたのは、それが「剣先」（急直な矩勾配の意）であるからだ（図2）。つまり高い石垣を望めば望むほど、図3でのように、その上段では勾配が強くなり「剣先」となる（D〜E）。そこであらたに創案したものが「規合」（のりあい）という反り（A〜F）であり、「矩方」と合わせて、のちに後藤家にとって、金沢城の構築理論となる。なお、後藤家に伝存する技術書の成立過程については、木越隆三氏による詳細な解説文（註4）がある。

　もっとも、加賀藩初期の穴生としては、天正十五年（一五八七）、前田利家から知行を受けた「穴太源介」がいた（「知行宛行状」）。つまり、天正年間から文禄年間にかけての石垣は、高石垣を志向すればするほど、「剣先」となる。これをどう克服するかが、その後

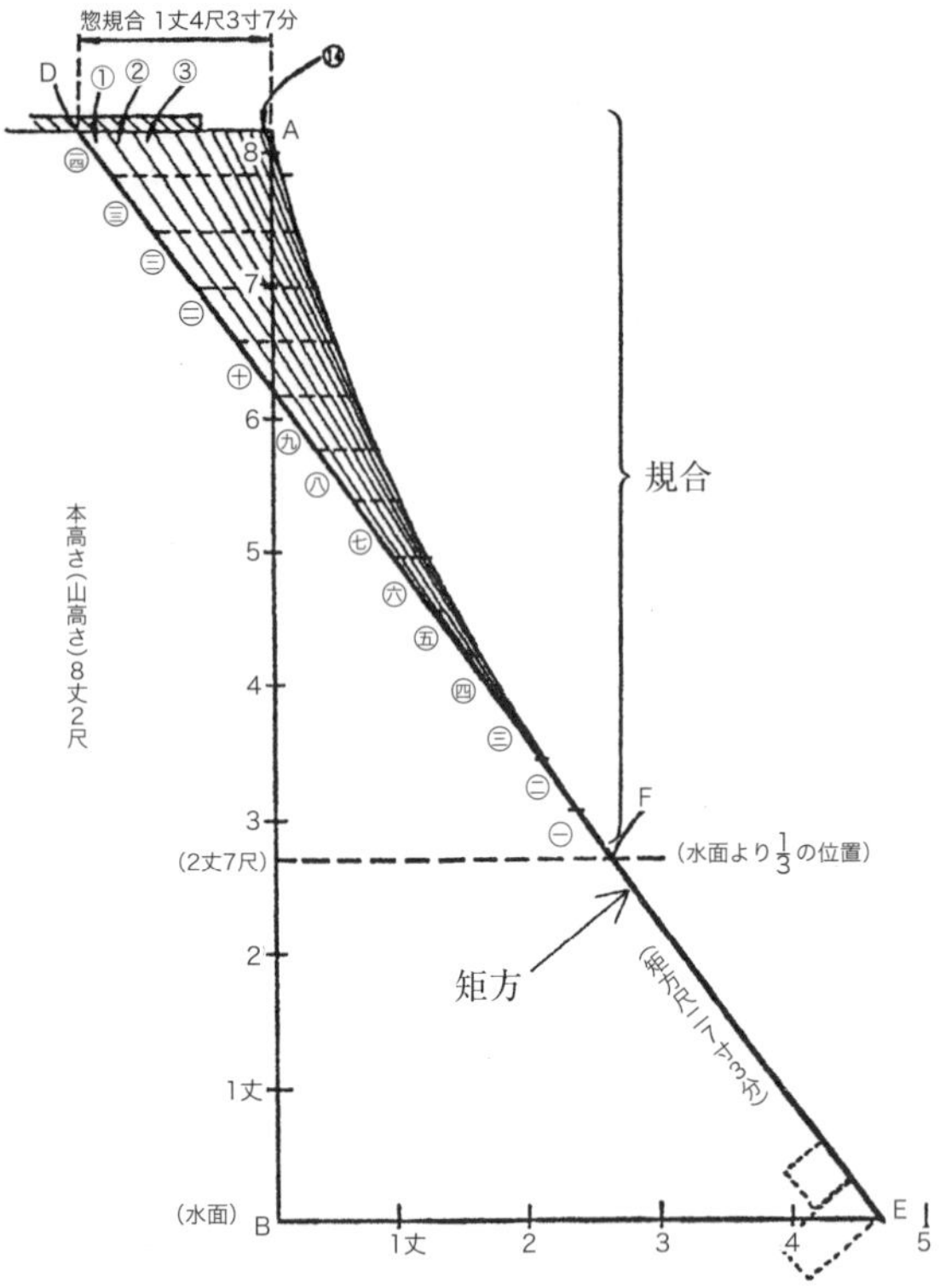

図３　規合《のりあい》・矩方《のりかた》図（『後藤家文書』）
陽の縄の10丈（本高さ８丈２尺の規合図『新積地形准縄極秘伝抄絵図』より作図）

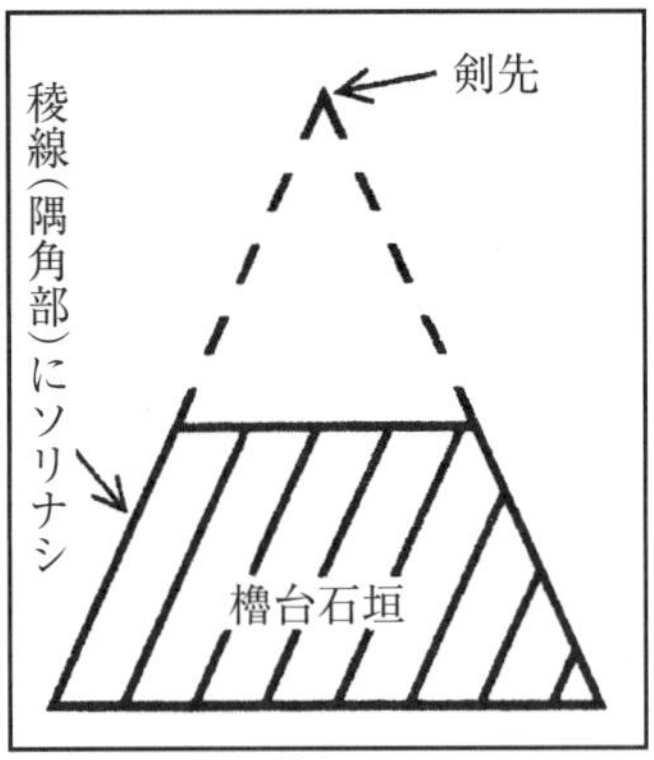

図２　石垣の「剣先」

の石垣を構築する石積み技能者の穴太にとって、最大の課題となる。

　ところで、「切合石垣」について木越隆三氏は、前掲稿（註３）の「解説」において、「目録」には元和・寛永期以降に普及する「切合石垣」技術が加わることから、本書の最終的な成立は十八世紀前半であろうとされる。私は書写された承応四年（一六五五）でもよいのではないかと思っている。例えば、「目録」が呼称する「高石垣」の用例としては、大坂城の第一期普請における元和六年（一六二〇）条が初見で、当時一九間（三四・一ｍ）の「高石垣」が計画されたが、現存する石垣としては、最大一七間半（約三一ｍ）の例がある。（註5）それは石材の規格化や大型化を推し進め、さらに精緻な切石を布目状に通すもので、一間ごとにノリ（仰・矩）（高さに対する底辺）を重ねることで寛永期の「布積み」となり、構造的に最も安定した「剣先」のないノリ返し勾配が完成した。（図１）。

　こうしたノリ返し勾配は、自然石に加え、割石の規格化が芽生える慶長期には成立し、さらに割石の規格化が進む元和期をへて、寛永期には大型切石を規格する「高石垣」が完成する。寛永年間（一六二四〜四三）の、切石で規格した

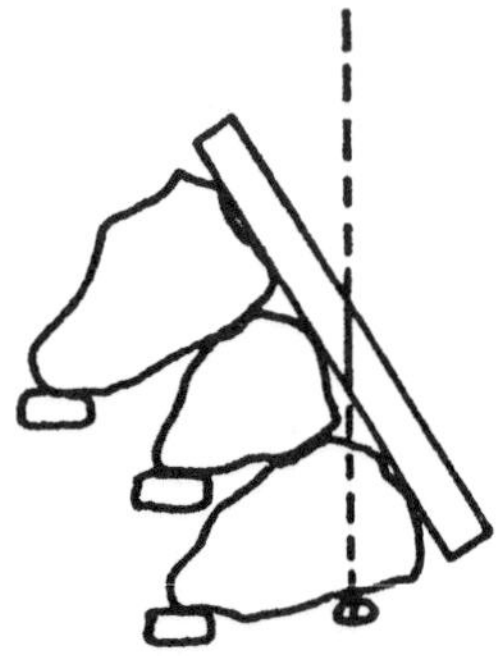

図４　ふり下げ縄で勾配を測る

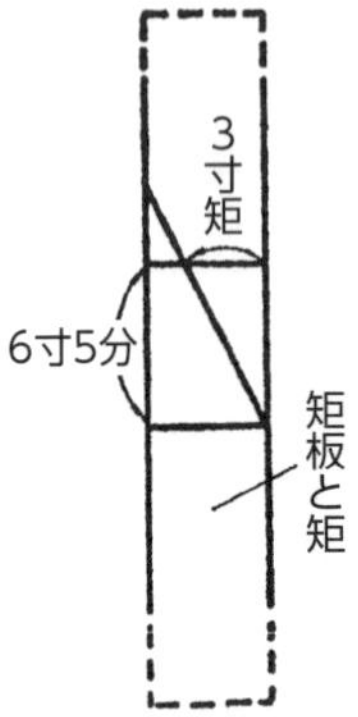

ノリ（矩）板

布積みの「切合石垣」は、まさしく「高石垣」であった。こうして、構造的に安定した讃岐丸亀城の高さと、打出（底辺）とで成立する関係を「目録」は「仰《ノリ》」、あるいは仰相《のりあい》・仰合《のりあい》とも称した。そしてこの仰を測るための不可欠な道具として「仰板《のりいた》」が使われた（図４）。仰板は、長さが一間（六尺五寸）で、幅六寸五分ほどに削り、その中央部に十分の一の（六寸五分）高さとし、曲尺《かねしゃく》から水平を出し、斜めの墨を引く。この墨付も十分の一にとれば、打出は三尺であれば三寸、五尺であれば五寸に見立てる。つまり、仰板とは、一間ごとの打出を変える「板」でもあった。

以上、述べたように、「目録」には天正・文禄期のノリ勾配や、変化する勾配である慶長期のノリ返し勾配、そして、やや新しい寛永期ごろの「切合石垣」など、新旧の特徴を併せ記載する。それは穴太（穴生）の世襲を通して伝授がくり返されるなかで、技術的に解決できた事項や、その折々の課題などが「目録」に追記される。このように、「目録」に収める技術は一気に完成したものではなく、けっして純粋培養的でもないことは理解できよう。つまり、新旧の技術を収める「目録」は、十七世紀中葉ごろの成立とみなしてよいだろう。

二 「ノリ」、「ソリ」を説く『石垣秘伝之書』

ところで、穴太と加藤清正との直接の関係がうかがえる史料は、清正晩年の慶長十一年（一六〇六）の「加藤清正文書」（『水野家文書』）で、畏友福島正則に対し、清正の抱える穴太を駿府城築城に派遣する意志があることを説いた文面である。清正は熊本城始築期において、すでに穴太を使っていたことは注目される。その技術を説いたものと私が理解するのが『石垣秘伝之書』（以下、「秘伝書」とする）である。

本書は「上妻本」、「北川本」、「野口本」の三本が知られるが、「上妻本」をはじめて紹介されたのは北野隆氏である。昭和十五年に上妻博之氏が書写されたもので二十六項目からなる。その文末には、寛保三年（一七四三）の奥書（写し）があって、細川藩士の中西善助が、同藩の穴太である北川作兵衛に懇望して「秘伝書」を書写したというものである。祖父の北川作兵衛は近江国北川の出身で、加藤清正から知行を得、熊本城普請に携わった。加藤家没落後も妙解院様（細川忠利）の穴太となり、三代目の私（作兵衛）もいま、江戸川普請に参加しているという内容である。

こうした奥書を別にもつ「北川本」（熊本市北川浩氏所蔵）は、四代の作兵衛が、嫡子五代徳右衛門に技術伝授したさいのもので、延享四年（一七四七）の自署をもつ二十九項目からなる技術書である。「北川本」の発見で、自署のない「上妻本」は三項目少なく、「北川本」が原本である蓋然性が高くなった。

いっぽう、平成十年熊本市教育委員会に寄贈された「野口本」は、「北川本」同様、二十九項目からなる。延宝八年（一六八〇）野口小次右衛門から（野口）儀助に技術相伝されたものであろう。その内容は「北川本」と文言も変わらず同文である。木越氏はこの間の事情を、さきの［解説］で「同じ藩の穴太どうしという縁故で借用し写したのではないかと推定」され、かつ「野口本が北川本の年記より約七十年前に成立しているので、北川本などの原本は（より古い）野口本に求められる」と説かれる。はたしてそうなのか。

明暦三年から万治元年（一六五七～五八）にかけての江戸城普請には、公儀穴太を中心に、諸藩の穴生が参加した。公儀穴太戸波駿河の二男である戸波儀太夫も、細川藩の穴生（三〇〇石）として出仕している（『公儀御普請方万覚帳』）。リーダーは儀太夫で、細川藩の「穴生役」八人が江戸へ引率されている。北川作兵衛、酒井茂兵衛、末松秀兵衛、荒木団右衛門、田中渋左衛門、北川吉左衛門、野口小次右衛門、椎木五兵衛の面々である。前述した野口小次右衛門、北川作兵衛もおなじグループ内にいる。これは戸波儀太夫（駿河系）を通して、技術書が同時に八人に伝授された可能性をうかがわせる。偶然の発見例が、北川、野口両氏の「秘伝書」とみなすべきであろう。

以下にそれを検討しよう。「秘伝書」の「野口本」、「北川本」二十九項目について、木越氏は前掲［解説］文のなかで、六つに整理される。それによれば、①石垣土台、根石、縄張りなど②石垣勾配、石材調達、石積みなど③石垣の仕上げ工程、調整修理など④関連する石工事⑤石垣構築に関わる測定具、諸道具など⑥城郭一般、城郭の知識などがある。私が②に注目するのは「秘伝書」の「打出・大カ子の事」であり「ノリ・ソリ割方の事」である。

まず「打出・大カ子の事」の特徴は、表1のように、高さ（鉛直高）に対する、打出（底辺幅）を決める「打出ノリ」が大雑把に見当づけられているだけで、細かい設定がないことであろう。同様に、最小単位の高さ一間（六尺）の打出を決める経験測値の「ノリ」も同様である。二つの大小の「ノリ」をもとに、あらたな曲線状をなす「反り」を創作しようとする。これはすでに「目録」でもその一端が説かれていた。

あらためて、図1により「秘伝書」から、高さ一〇間（六丈）の事例で紹介する。表1では、高さが三～一〇間分と、一一～二五間分の二段階があって、高さによりノリの安定度が異なるのである。事例は前者にあたる。高さ六丈にみ合う打出幅には、おおざっぱにみて二丈以上は欲しい、その条件にあうものを「打出ノリ」から選択すると、「打出四分（〇、四）」が該当する。そこで、高さ六丈（CB間分）に四分（本高の四割の意）を掛けた二丈四尺が、打出（幅）（AB間）となる。また、「打出ノリ四分」を使えば、下一間分のノリは、それと連動する「ノリ五分」しか選べない。両者の連動する数値が、実は秘伝となる。こうして高さ一〇間分の総底辺幅は、最下部一間分の高さの「ノリ五分」（〇・五）（一間の五割の意）を掛けて三尺（高さ六尺に対する三尺のり）（AG間）ができる。基本勾配のノリにあたる。これを高さ一〇間に掛けると三丈（AD間）の総底辺幅が得られる（図1）。この三丈から二丈四尺の打出（AB間）分を引くと六尺（BD間）の余剰ができる。この「余り」六尺分のなかで、一〇間分の短いノリを合わせた一種の「ソリ」をつくる。

つぎに「ノリ・ソリ割り方の事」をもとに、図1で説明する。高さ一〇間（六丈）に対する底辺幅に対し、下一間目（六尺）のノリ（「矩」と称す）が三尺であることは述べた（一間目のノリ）。だから二間目以上のノリの算出法は、高さ六尺を残りの九間分で割れば、一間につき「六寸六分」となる。そこで二間目のノリの求め方は、この六寸六分を、また高さ（十間分の）の九間で割れば、七分三厘となる（三厘は切り捨て）。その七分を下一間のノリの三尺を引いた二尺九寸三分が、二間目のノリになる。つぎに六寸六分を高さの八間で割れば、八分（以下切り捨て）となり、この八分を二間目のノリ、二尺九寸三分から引く二尺八寸五分が、三間目のノリとなる。以下、一〇間まで同様にノリを割り付けることで「六尺の余り皆とりかえすなり」のである。

このように、文意は、ノリ（矩）勾配である直角三角形のE・D・Aから、一間ごとに短く連続するノリとして、六尺分の余りをすべて取り返すことで、ノリはC・B・Aへと移行する。だとすれば、前述した「目録」の説く「仰相は一間々にかえて吉」は、ノリ返し勾配とみなしてよく、「秘伝書」と同様の意味に理解できる。

なお、加えて注目すべきは、「秘伝書」の「根石ノリ・カ子定バンノ事」である。この「定バン」とは、「目録」の「仰板」（長さ一間（六尺五寸）、幅五、六寸）にも同様の図を添付することから、同じ役割をもつ。やはり十分の一に縮尺された板（仰板）で、その中ほどに高さ六寸五分幅で、その上下に、横墨を引き、打出として、三寸（底辺）の（除け）筋違《すじか》いを墨付け、ノリとする。これに「下げ糸」を合わせることで、石垣一間分のノリがわかる（図４）。「目録」、「秘伝書」に記す仰板は、公儀穴太の堀金出雲・戸波駿河らも共有した、慶長期の「ノリ返し勾配」の計測に不可欠の道具であった。

また、「秘伝書」の「野口本」、「北川本」での二十九項目には、木越氏もその［解説］文（註３）でふれられるように、現場に即した作業工程での説明が多い。根切りや根石縄、撫で縄（天端での水平を測る縄）、石垣の孕みを各所から確認するための、片下り縄、カギ縄、十文字縄、筋違い縄などがある。また、土台木（胴木）の呼名、キネコ、打ビ控木、ササラ木なども古称であろう。さらに運搬用道具としての、手木（子）、石棒、ロクロ、シュラ（修羅）、縄、苧綱、セミ木、鉄手子については、その規模を詳細に紹介しており、これは寛永期の細川家の普請記録と符合する。なお、さらに、さや（鞘）石垣、裏石垣、待石、角のキヲイなど注目すべき用語も紹介されている。

三　公儀穴太がかかわる『石牆書』

三点目の技術書『石牆書』についても、木越氏の前掲［解説］文（註３）に詳しい。岩国藩の穴生方である湯浅七右衛門（安右衛門）は、錦帯橋の木製橋脚を石造橋脚に改修のさい、藩命を受け近江坂本の戸波駿河（公儀穴太）のもとで、河川普請と石垣普請技術について学んだという。そのときの記録が『石牆書』で、旧・新二本がある。一本は片仮名表記の折本仕立てで、宝暦五年（一七五五）の年号をもつ。他の一本はあらたに資料を増補した、巻子本の平仮名書きで、天保十二年（一八四一）の年号をもつ。二本はいずれも戸波駿河から技術伝授を受けた湯浅安右衛門（七右衛門）高道、青助兵衛、湯浅安右衛門英道までは同人であるが、それ以外は旧・新本で人名が異なる。木越氏によれば、岩国藩に伝来した技術の源流は、戸波駿河であり、その戸波氏から金沢にも同様の技術がもたらされた可能性は十分あるが、その点の検証が今後の課題であろうとされる。

「石墻書」の技術項目の特徴は、五十二か条のうち、十九か条が「口伝」として省略されている。口伝のなかには、前掲の「目録」や「秘伝書」に記載する例もある。また「目録」で使った仰、仰合、仰相が、「石牆書」でも使われ、例えば「やくら台、是も殿守台と万端同前也、是内所によりて、仰あひかわるへし」とあったり、「仰あひ」とも称し、仰の重視が注目される。また、「仰木寸尺の事」には、仰木について、長さ九尺、幅三寸五分、厚さ六分とあるが、「目録」の仰板か、「秘伝書」の定バンかどうかは定かではない。

興味深いのは、「隅石大矩見様方」である。高さ七間の石垣において、角石の大きさを三段にわけ、下五本分の石面は、三尺五寸四方、長さ九尺、跡面同前とし、中段五本分では、石面三尺四方、さらに上段五本分の石面は二尺六寸というように、石材の面、長さ、跡面を上、中、下に規格することであろう。さらに規格は角脇石、平石（築石）などの数量管理におよぶ「石取り・石図《はか》り」（『後藤家文書』）を計画することである。この実例は、万治元年（一六五八）公儀穴太と加賀藩穴生とによって構築された江戸城天守台石垣の大・中・小三段の切石積みに観察できる。むろんノリ返し勾配もある。「仰木」もノリ返し勾配を測る「仰木」である可能性もある。

「石墻書」の「籌量石方《ちゅうりょういしかた》」は、一間四方（一坪）あたりの、平石の

表2　江戸城・二条城・大坂城のノリ返し勾配（「方々石墻規矩手鑑」）

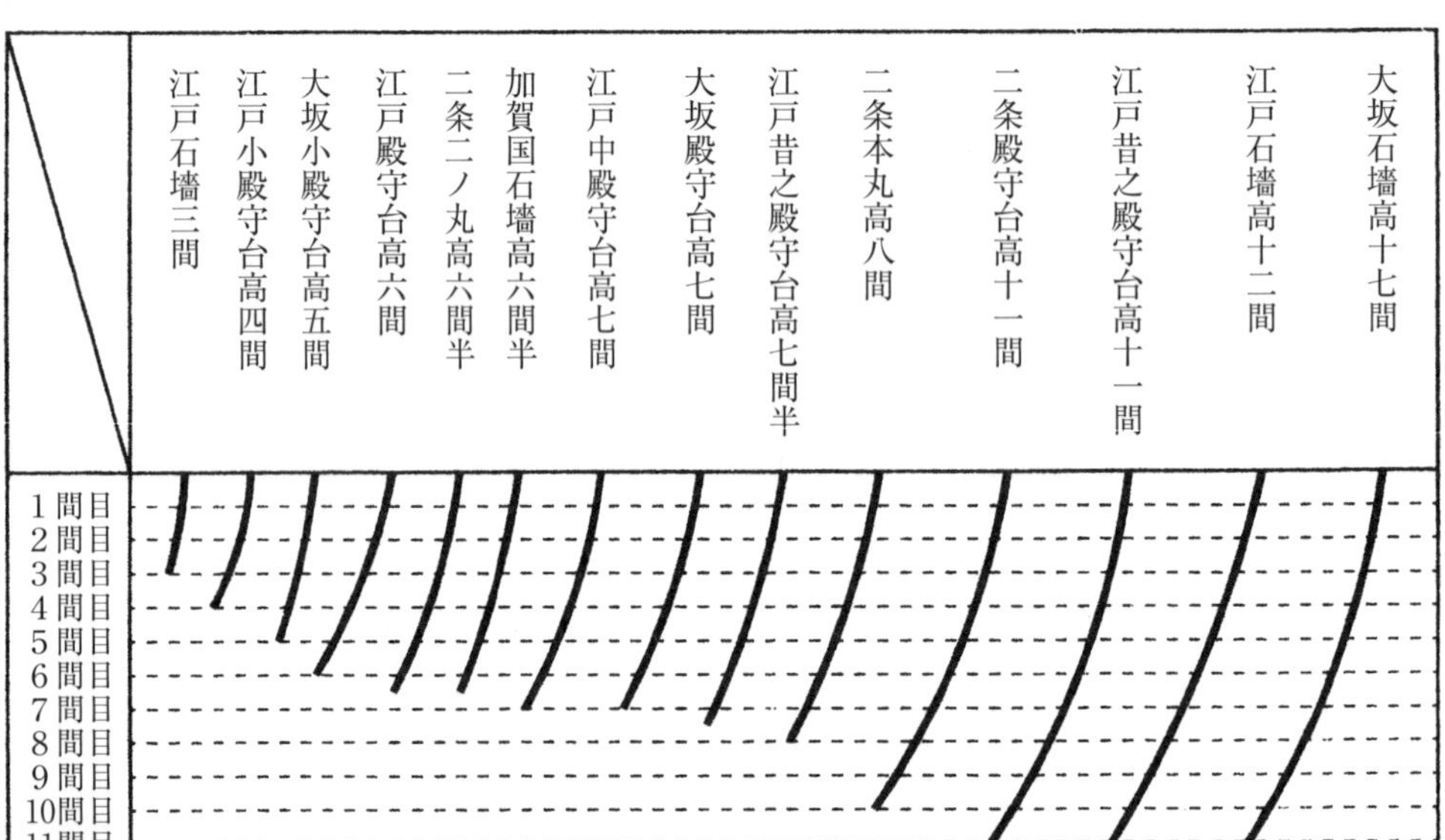

石面の大きさをグループ分けしたもので、寛永期以降の切石規格化の顕著な状況を示す例である。また、「秘伝書」での、構築過程での孕み出しをみる「待石之事」や、石垣背後から補強する「裏石垣之事」は、発掘調査で検出例が増えている。

「石墻書」でとくに注目されるのが、「方々石墻規矩手鑑」である(表2)。それは公儀穴太、戸波駿河が関わったことを示す城郭名と推定できる。公儀普請が実施された江戸城、京都二条城、大坂城、そして、例外として藩普請の金沢城の「加賀国石墻法」を列挙する。江戸城を例にとれば、「武州江戸城殿守台法《ノリ》、高六間」、「四間之小殿守台法」、「むかしの御殿守台法、高拾壱間」、「御小殿守法、高七間半」、「江戸中御殿守台、高七間」、「高サ三間升形方(法カ)」、「高拾弐間之石垣」などがあって、勾配の法《ノリ》について紹介する。このうち、現存する江戸城大天守台とは、万治元年(一六五八)完成した「武州江戸城殿守台」(高さ六間)である。だから七件のなかには、万治元年以前の天守台をふくめた、江戸城の石垣勾配の「ひながた」が記録されていることになる。

「表2」に示した七件のうちより、現存する江戸城大天守台(「江戸殿守台高六間」)の例で検討する。まず、一間目の法《ノリ》は二尺九寸、二間目二尺七寸、三間目二尺五寸、四間目二尺二寸、五間目一尺九寸、六間目が一尺六寸となる。高サ六間の場合、各段の「打出」を合わせて、高さ六間分に対する打出は一丈三尺八寸の法《ノリ》であった。「秘伝書」の「ノリ・ソリ割り方の事」に基づき、下一間分の法《ノリ》二尺九寸分に六間分を掛ければ、総底辺分が一丈七尺四寸となる。それを

表3 「方々石墻規矩手鑑」にみるノリ返し一覧

		仰(ノリ) 丈尺寸分	1間目 尺寸分	2間目 尺寸分	3間目 尺寸分	4間目 尺寸分	5間目 尺寸分	6間目 尺寸分	7間目 尺寸分	8間目 尺寸分	9間目 尺寸分	10間目 尺寸分	11間目 尺寸分	12間目 尺寸分
武州														
江戸殿守台	高6間	1、3、8、0	2、9、0	2、7、0	2、5、0	2、2、0	1、9、0	1、6、0						
〃 小殿守台	4間	6、6、0	2、0、0	1、8、0	1、5、5	1、2、5								
〃 中殿守台	7間	1、4、0、0	2、7、5	2、5、0	2、2、5	2、0、0	1、7、5	1、5、0	1、2、5					
〃 舛形	3間	2、3、0	0、9、5	0、8、0	0、5、5									
〃 石墻	12間	3、0、8、5	3、7、0	3、6、5	3、4、5	3、2、5	3、0、5	2、8、0	2、5、5	2、3、0	2、0、5	1、7、5	1、4、0	9、0
昔之殿守台	11間	2、5、3、0	3、2、5	3、1、0	3、0、0	2、9、0	2、7、5	2、5、5	2、3、0	2、0、0	1、6、5	1、2、0	6、0	
同 小殿守台	7間半	1、3、5、9	2、5、5	2、3、0	2、1、4	1、9、8	1、7、7	1、4、9	1、1、0	半間2、6				
二条城本丸	8間	1、6、6、1	2、7、5	2、6、8	2、5、5	2、3、5	2、1、0	1、7、3	1、2、5	7、0				
〃 二ノ丸	6間半	1、1、7、0	2、8、0	2、6、0	2、2、0	1、7、5	1、2、0	8、5	半間3、0					
〃 殿守台	10間	2、3、3、0	3、3、0	3、0、5	2、9、5	2、8、0	2、5、3	2、4、3	2、1、8	1、8、3	1、4、3	8、0		
大坂石墻	17間	5、7、0、6	4、5、0	4、4、0	4、3、5	4、3、0	4、2、5	4、1、5	4、0、5	3、9、5	3、8、0	3、5、5	3、4、5	3、1、5
			(13間目)	(14間目)	(15間目)	(16間目)	(17間目)							
			2、8、0	2、4、0	1、9、0	1、3、0	7、6							
〃 殿守台	7間	1、3、7、6	2、6、1	2、5、5	2、3、5	2、1、5	1、8、5	1、4、5	8、0					
小殿守台	5間	6、3、3	1、8、6	1、7、1	1、5、5	1、2、1	7、0							
加賀国石墻	6間半	1、1、7、0	2、4、0	2、3、0	2、1、5	1、8、5	1、5、0	1、1、0	4、0					

打出一丈三尺八寸から引く三尺六寸分が「余り」で、ノリを返せる範囲となる。「石墻書」が説く、各一間分のノリが返ったことになる。これらの実数値を示したものが「表3」である。公儀の城郭に「加賀国石墻法《ノリ》」として、金澤城にもノリ返し勾配が使われていたのである。

江戸城の構築には、「ノリ返し勾配」を通して、戸波駿河も関与していることが、「秘伝書」と「石墻書」を通してうかがえる。また、「石墻書」に記載する「のりあひ」や「仰あひ」は、堀金出雲が関わる「目録」の「仰相」「仰合」に符合するもので、「秘伝書」を通して、それが下一間の高さから、一間上がるごとに逓減するノリ、つまり、ノリ返し勾配と理解できる。こうみると、三書のノリ(仰・矩・法)は、近江坂本を本貫とする公儀穴太の構築技術を知るうえで、またとない技術書だといえる。

おわりに

木越氏は、前掲の［解説］文(註3)で、「石墻書」の公儀穴太、戸波駿河からその技術が、金沢に伝来した可能性についてふれられている。そして「その点の検証が今後の課題」だとされる。さらにまた、木越氏は(註6)、もし「石墻書」での「のりあひ」が、(金沢城の穴生)後藤彦三郎が用いる「規合」の意味であれば、本書に使われた経緯が注目されるともいわれる。しかし、石垣高さに対する底辺を矩(矩方)としながらも、根石から三分の一の高さまでは直線勾配にとり、三分の一以上で、勾配を変える図3での「規合」図は、それ自体、前掲三書の勾配理論とは全く異なるものである。

ところで「石墻書」が説くノリ返し勾配の「加賀国石墻」は、いつ金沢城に導入されたのか。それは戸波駿河の子清兵衛が、金澤城普請にかかわる寛永年間ではないのか(『寛永四年(一六二七)侍帳』)。だとすれば後藤氏による「規合・矩方」の導入時期をふくめ、金沢城石垣の再検討も今後考えられるところである。

ところで、石垣遺構にノリ返し勾配が確認できるのは熊本城である。熊本城の石垣は、「清正流」と一種の流儀のように呼称されるように、近世初頭の石垣構築技術のうえでも、様式的にも完成されたひとつの到達点を示すものであり、城郭変遷の基準指標となる。また、桑原文男氏は城内の主要地点二三か所から、勾配の精密な実測値を測量された(註7)。この実測値をもとに、私は前掲「秘伝書」をもとに計算式を求めたことがある。その結果は、事前に実施した石垣変遷からみると、慶長、元和期の熊本城石垣には、とくに顕著なノリ返し勾配の特徴が認められるのである(註8)。

また、技術的には「目録」が説く「ヤセ角」、「秘伝書」の「サヤ(鞘)石垣」が注目される。ヤセ角は、隅角部角石の石尻の組み方に特徴があり、慶長、元和期の石垣に残る。また、先行例(天正期カ)としては、熊本城内の第一高校の石垣にもある。

以上、石垣のノリ(仰・矩・法)から、伝統的石垣の到達点ともいえる「ノリ返し勾配」について紹介した。こうみると、わが国の城郭石垣はその構築技法をふくめて、おそらく、世界でも類例がない。また、遺構として現存する甲府城や、高知城、丸亀城、名古屋城、さらには長崎出島などの修復現場で、多様な伝統技術が使われている。こうした技術がどう使われているかなど、稿をあらためて論じたい。

註

（1）拙稿　一九九一年「伝統的石積み技術の保存とその復元」『日本文化史論集』有坂隆道先生古稀記念出版会　関西大学文学部日本史資料室

（2）拙稿　一九八五・一九八六年　史料紹介「石垣築様目録」大坂城天守閣紀要13、14大坂城天守閣

拙稿　二〇〇三年　史料紹介『北川作兵衛相伝の『石垣秘伝之書』について』佐賀県立名護屋城博物館

拙稿　二〇〇三年「伝統技術からみた城郭石垣の勾配について」開設五拾周年記念『考古学論叢』関西大学考古学研究室

（3）木越隆三稿　二〇一一年「全国に残る石垣秘伝書」の［解説］文による。『金沢城石垣構築技術史料Ⅱ』所収

（4）木越隆三稿　二〇〇八年「後藤彦三郎の石垣技術書と初期秘伝の読み方」の［解説］文による。『金沢城石垣構築技術史料Ⅰ』所収

（5）拙稿　二〇〇九年「大坂城再築と東六甲の石切丁場」別冊『ヒストリア』大阪歴史学会

（6）木越隆三前掲稿（3）二〇〇八年「石墻書」［現代語訳］『金沢城石垣構築技術史料Ⅱ』所収

（7）桑原文男稿　一九八四年「熊本城の石垣勾配」『日本工業大学研究報告』一四―Ⅱ

（8）拙稿　一九八九年「熊本城石垣の変遷について」津田秀夫先生古稀記念会『封建社会と近代』

城下町小田原の都市研究と今

佐々木健策

はじめに―都市小田原の研究史

これまで、小田原北条氏や都市としての小田原を対象とした研究は、小田原北条氏に関する文書が多数残存していることもあって、文献史学の立場からのアプローチが活発であった。市村高男氏が東国の戦国史研究は小田原北条氏に代位される「一極集中」的傾向を生み出していると表現したように［市村一九九四］、関東の戦国史研究は小田原北条氏を中心に進められていたと言っても過言ではない。

そして、都市としての小田原の位置づけについては、野村晋域氏・豊田武氏らによって小田原は新興地方都市の花形・戦国城下町の典型のように表現され［野村一九三六・豊田一九五二］、中丸和伯氏によって小田原の内部は宿を中心とした農村に過ぎないと評されたことに始まったと言える［中丸一九五九］。

しかし六〇年代以降、小田原を正面から見据えた研究は停滞期を迎え、都市として小田原を見つめた研究も少なくなる。

そのような状況の中、小和田哲男氏は小田原城あるいは小田原北条氏について多くの論考を記されている。まず、「総構」「惣構」などの囲郭について触れた論考の中で小田原の事例を取り上げたほか［小和田一九六四］、障子堀を中心に小田原北条氏の築城技法について論述されるなど［小和田一九八六］、小田原城および城下を構成した個別の遺構について着目されている。そして、『神奈川県史』では、大外郭（総構）を敷設して豊臣秀吉との臨戦態勢を整えていく過程を示して城下町小田原の特徴を論じ［小和田一九八一］、これは後に「小田原合戦と城下町小田原」と改題して著作集にも再録されている［小和田二〇〇二］。このような小和田哲男氏による研究の蓄積が、後の研究に与えた影響は決して少なくない。

八〇年代に入ると、『戦国遺文　後北条氏編』の刊行や『小田原市史』の編纂事業を受けて、改めて小田原を対象とした研究が垣間見えるようになる。山口貢氏を委員長とする歴史的町名保存調査委員会は、小田原北条氏発給文書や古記録、地域の伝承などを基に小田原府内に残る旧地名の由来を明らかにすることで、戦国期の居住者や町の性格にもアプローチしている［山口ほか一九八九］。

九〇年代になると、市村高男氏・永原慶二氏らは小田原の都市としての性格を示し、市村氏は小田原城下の宿と町は長大で整備された複数の街村として発展した経済的中心地と捉え、戦国城下町としての小田原の位置づけを明確にした［市村一九九四］。また、永原氏は『快元僧都記』の記述から重臣・奉行人クラスの小田原在住を明らかにしている。また、武将名に由来する旧町名や文書史料から、侍・商人・職人・寺社等の空間的な住み分けは行われていなかったとして、小田原の内部構造を模式的に示している［永原一九九八］。

近年では、市村高男氏が小田原をフィールドとして「戦国期城下町研究の視点と方法」との論考を発表し、近世城下町へと発展する非織豊系城下町との位置づけから検討を加えている。また、小田原府内における家臣の屋敷地や寺社の所在などから、小田原城とその城下の復元的考察の試みも行われている。そして、城下に集う商人・職能民・芸能民の活動から文化都市としての小田原の存在感を明らかにしている［市村二〇〇六］。

一方、考古学の立場からは、八〇年代に増加した発掘調査成果を受けて、それぞれの調査地点における報告書で、その場の持つ空間構造についての検討が行われ始めた［諏訪間ほか一九九九・小林ほか二〇〇二］。これにより、文献史学を中心に進められてきた研究は、考古学的な成果の蓄積により相互比較による検証を可能とする新たな局面を迎えたのである。

このような考古学的な新出成果の蓄積や、さまざまな視点による研究の推進を受けて、筆者は新たな戦国期小田原の都市像を提示してきた［佐々木二〇〇五・二〇〇八・二〇一〇など］。また、川名禎氏は、歴史地理学的な観点での小田原城下の発展観を示すなど［川名二〇一一］、小田原を取り巻く研究は、総合的に再検討を加える時期に来ていると言える。

ここでは以上のような研究の経過を踏まえ、現時点で位置づけられる中世都市小田原、戦国城下町小田原の姿を提示したいと考える。

一　小田原城と小田原北条氏

小田原北条氏の小田原進出

戦国大名小田原北条氏の本拠地である小田原に城が築かれたのは何時か—。実は、明確なことはわかっていない。

『鎌倉大草紙』には、康正二年（一四五六）頃に「大森安楽斎父子は竹の下（静岡県小山町）より起て、小田原の城をとり立、近郷を押領」とある。文献史料上では、この記事をもって小田原城の初見としているが、それ以前にも後に小田原城が立地する場所を要害として利用していたことは間違いない。

建武二年（一三三五）、北条時行追討のために鎌倉へ向かう足利尊氏は、途中で「小田原上山野宿」と小田原の上の山で野営している（「足利尊氏関東下向・宿次注文」）。この「小田原」は、箱根から茅ヶ

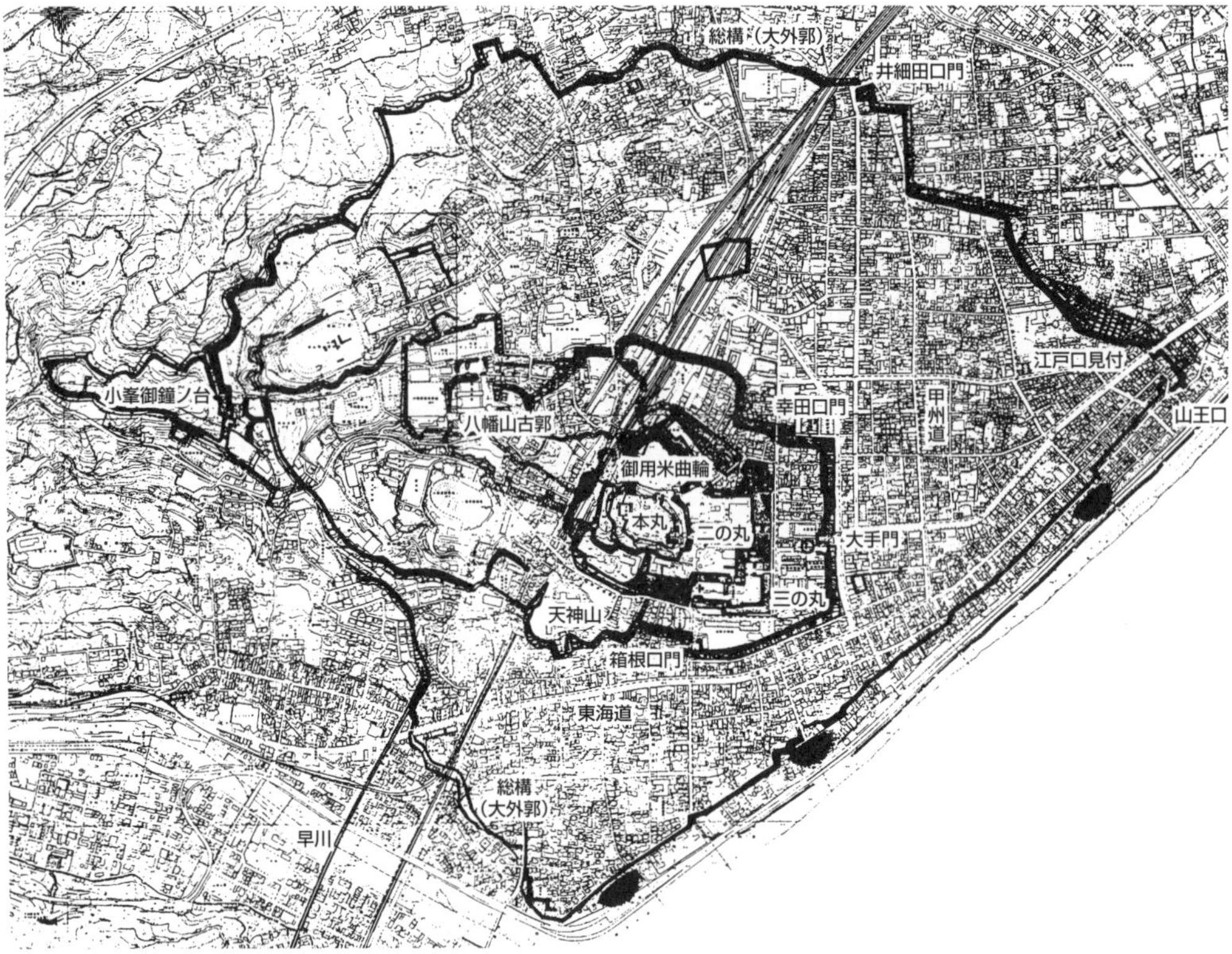

図1　小田原城城域図（近世幕末期）

崎へと向かう東海道の途上にあることから、現在の小田原市南町から本町の辺りと想定され、その山の上とは、天神山や八幡山などの後に小田原城の一角を形成する場所であったと推察される。また、『新編武蔵風土記稿』の多摩郡永川村の項には、「明応年中相州小田原の城主大森式部少輔氏頼の長男、実頼父とともにかの城にをり、次男宗頼は小田原の小峯と云処に住せり」とある。大森氏時代の小田原城の構造を考える上で興味深い記述である。

さて、小田原城を取り立てた大森氏は、扇谷上杉氏の勢力として小田原城に拠っており、明応五年（一四九六）には同じ扇谷上杉氏に与する伊勢弥次郎も小田原城に籠城している。しかし、大森氏が山内上杉氏方へと転じたため、文亀元年（一五〇一）三月までに弥次郎の兄である伊勢宗瑞（北条早雲）が入城することとなる。

小田原城への進出を果たして以降も、宗瑞は韮山城（静岡県伊豆の国市）を本城としており、小田原城には嫡子氏綱を置いた。しかし、『異本北条記』には「小田原ヲ乗取新ニ築処也」とあり、大森氏小田原城に代わって、宗瑞が新たな小田原城を築いた可能性も考えられる。そして、氏綱の家督継承とともに小田原城が本城として位置づけられることとなる。

小田原の本拠化については、永正三年（一五〇六）に死去した氏綱母の菩提を弔うための伝心庵が小田原に建立され、永正十六年（一五一九）には雲見（静岡県松崎町）の土豪高橋氏が結肌の儀・お産を雲見と小田原のどちらで行うかを宗瑞に問い合わせている事、また小田原北条氏の家印である虎朱印状の初例が永正十五年であることなどから、この頃には氏綱への代替わりが行われ、それ以前から小田原の本拠化が進められていた可能性が想定される。

これ以降、天正十八年（一五九〇）の小田原合戦で豊臣秀吉率いる軍勢の前に城を明け渡すまでの間、小田原は小田原北条氏の本拠地であり、関東の首府として位置づけられた。

伊勢氏綱による小田原の都市整備

小田原へと進出した伊勢氏綱は、本拠地として都市小田原を整備するとともに、様々な施策を進める。

その一つが有力社寺の造営事業である。伊勢宗瑞の遺訓である「早雲寺殿廿一箇条」の一条目にも「第一、仏神を信し申へき事」とあり、社寺造営事業は神社仏閣の庇護者として、政治的権威を確立しようとする施策でもあった。大永元年（一五二一）に箱根湯本（神奈川県箱根町）に早雲寺を建立したのを手始めに、多くの有力社寺の造営事業を進めている。中でも天文元年（一五三二）から行われる鶴岡八幡宮（神奈川県鎌倉市）造営事業の意味合いは大きく、京都・奈良・伊勢などより多くの職人が呼ばれ、その結果移入された文物・文化・技術は小田原に大きな変化をもたらした。また、その後小田原に居住した職人により生まれた「小田原物」と呼ばれる文物は、小田原の文化や経済的な優位性を示す品物となった。

そして、氏綱は「相模国主」「相州太守」を名乗り、大永三年（一五二三）には姓も伊勢氏から「北条氏」へと改め、相模統治の正統性を主張している。

さらに、享禄三年（一五三〇）には左京大夫に任官されるとともに室町幕府の相伴衆にも列せられ、天文元年（一五三二）までには関白近衛尚通の娘を後妻に迎えるなど、朝廷・幕府との繋がりを強めている。天文七年（一五三八）には、古河公方足利晴氏により関東管領職に補任され、翌八年には氏綱の娘が足利晴氏に入嫁して古河公方足利氏の御一家としての地位をも獲得する。

表1　小田原城下20地点（2,255点）瀬戸・美濃・志戸呂窯製品集計表

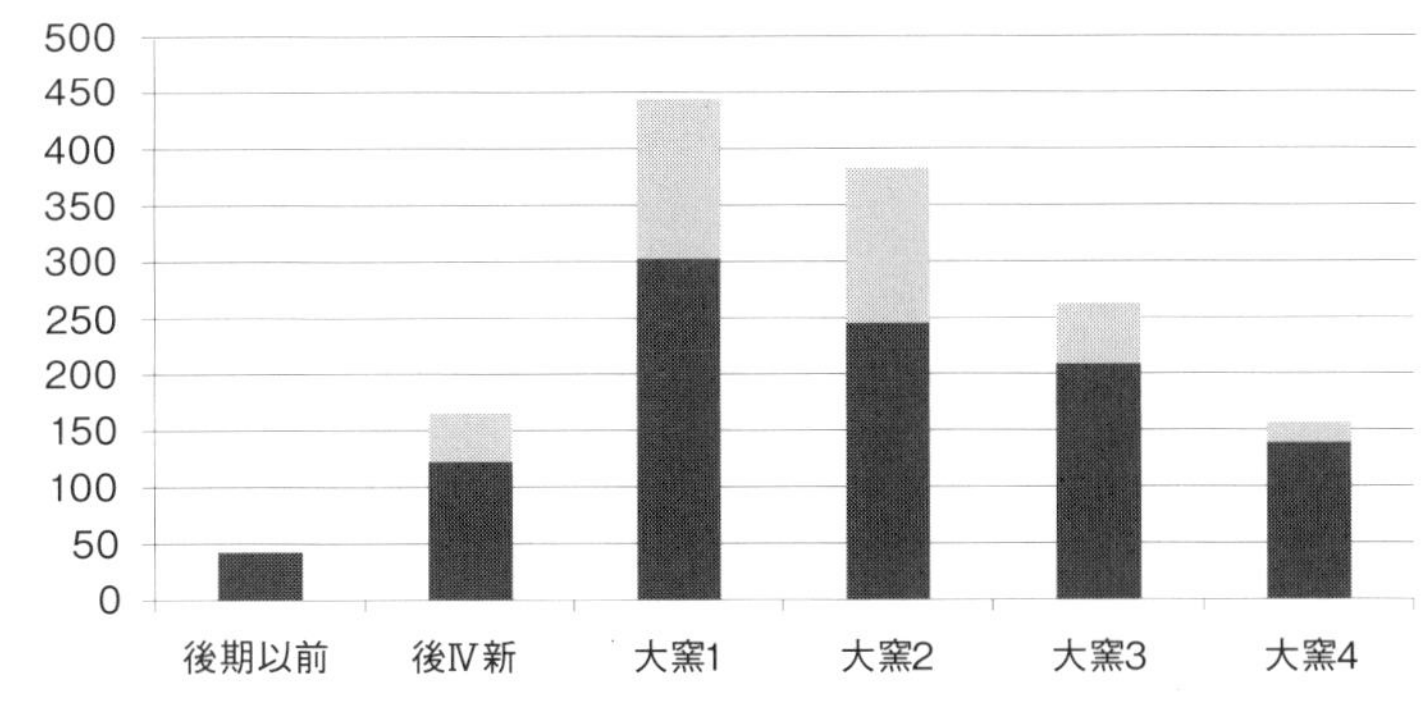

※　本町遺跡（Ⅰ～Ⅲ地点）、中宿町遺跡（Ⅰ～Ⅲ地点）、欄干橋町遺跡（Ⅰ～Ⅵ地点）、新道遺跡、筋違橋町遺跡（Ⅰ～Ⅲ地点）、御組長屋遺跡（Ⅰ～Ⅳ地点）のうち、の藤澤良祐氏に実見・判別して頂いた全ての遺物を集計した。

※　グラフ上段の薄い網掛けは、前後どちらかの時期に該当するものを案分した数値である。

※　掲載以外に大窯期詳細不明の製品が802点存在する。

このように氏綱は、左京大夫・相伴衆・関東管領という肩書きを得ることにより、朝廷・室町幕府・鎌倉府それぞれの秩序の中に自らを位置づけることに成功したのである。新興勢力として取り上げられることの多い小田原北条氏であるが、このような肩書きを「威信」とし、旧体制の中に自らを位置

づけることで、関東支配に向けての政治的・地位的裏付けを整えていった。

考古学的にも、十六世紀第2四半期を画期とする時期に遺構の増加・変遷が確認されるほか、瀬戸・美濃窯製品の大窯1段階での増加（表1）、京都系手づくね成形かわらけの登場などが確認できることから（表2）、この時期における小田原の都市化の一端を垣間見ることができる。なお、京都系手づくねかわらけ導入の契機としては、近衛家からの入嫁や左京大夫任官など、氏綱による前述の施策を候補として考えることができよう。

	器形	器壁	内底部の調整	体部の形態	主な事例			
					Ⅱａ古段階	Ⅱａ中段階	Ⅱａ新段階	Ⅱｂ期
手づくね	皿形	概ね薄手から厚手へと推移	不定方向のハケ 一方向のナデ	外反		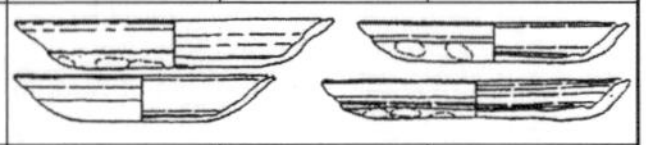		
	小皿形		ヘソ皿型 指ぬきを伴うナデ	外反			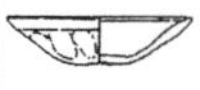	
	皿形		ナデ	直立				
	皿形		ナデ	内弯				
	不整形		指頭による成形のみ	内弯				
	耳皿形						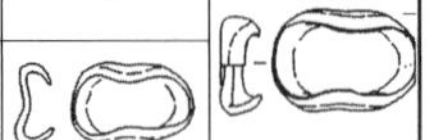	

表２　小田原城及び城下出土の手づくねかわらけ（1/4）

このように小田原北条氏は、京都を中心とした旧来の身分秩序や肩書き、文化・技術を小田原へと導入することにより、自らにステータス性を補い、その本拠地である小田原を関東随一の新興都市、小田原北条氏の本拠地として確立したのである。

二　小田原城下の景観

都市小田原の範囲

小田原と言えば、周囲九㎞にも及ぶ総構（大構）で囲郭された都市とのイメージが強いであろう（図1）。

小田原城の総構が成立するのは、天正十五年三月に行われた「相府大普請」（岡見文書）などによるものと考えられ［森二〇〇九］、同年六月に伝肇寺に売り渡された朝倉右京進の屋敷範囲を示す記述からも、この時には小田原城および城下を囲郭するほどの総構は成立していないことがわかる［佐々木二〇〇五］。

小田原城の代名詞のように評される小田原城の総構ではあるが、総構に囲まれた小田原のイメージとは、天正十八年の小田原合戦までの僅か三年未満の姿ということになる。

このような総構成立の背景には、市村高男氏が小田原城の総構を「城郭と宿・町との多元的構成の空間的止揚＝一元化を中世の枠内で極限まで推進した成果」［市村一九九四］と評したほどの空間的な存在感は乏しく、豊臣秀吉との軍事的緊張関係が高まったことにより整えられたとの性格が強いと思われる。残された小田原北条氏関連の文書類からも、具体的にこの時期に大々的に城下町を整備したことを示す形跡は乏しく、考古学的にも十六世紀後葉に城下改変の痕跡を示すほどの成果が得られていない点は、そのような総構の性格を裏付けていよう。

また、総構を外郭線とする境界観についても、総構構築以前から存在したかと言えば、そうではない。総構の構築により総構の内外に別れる山角町と板橋村（大窪）は、共に居神明神社を鎮守としており、これは宮座以来の名残と考えられている。

また、都市の周縁性を示す際によく用いられる咎人の駆け入りについても、湯本早雲寺が許されているのに対し、大窪の香林寺には認められていない事例が確認できる点などは象徴的である。

正方位を基軸とした町割

十六世紀の小田原の町は、正方位を基準としたプランを採用している。それは、これまでに行われた小田原城周辺の五〇〇箇所を超える発掘調査で検出されている堀・溝状遺構・道路状遺構などの〝線〟を形成する遺構の集成・分析から確認できたことであり［佐々木二〇〇五］、十六世紀の遺構の大半が正方位を基軸としていることにより導き出した結論である。これら正方位を基軸とする遺構は、現在の道路や町境などと一致する部分も多く、寛永十年（一六三三）の寛永地震後と考えられる十七世紀第2四半期を画期とする遺構軸・道路軸の改変まで（正方位から約二十五度傾く）、小田原の都市プランの基準となっていた。

小田原の町並みを形成していた建物は、草葺きや板葺きであり、後に「小田原葺き」と呼ばれる板屋根を割竹で抑える形態の屋根を備えたものとなっていったと考えられる。『北条五代記』には、五代当主北条氏直が上洛した北条氏規の「京都、町作りを板ぶきにして……」との報告を受け、「小田原町作り草の庵にて都人の見る目もはずかしく…」として「先海道町面の庇ばかりを一様にいたぶきに仕るべし」と指示したとのエピソードがあり、興味深い。

また、武家屋敷については、『為和集』にある冷泉為和が小田原で歌会を催した場の記載から、「氏綱亭」「伊勢備中守亭」「長綱亭」「氏康亭」などが近接して存在していたことを想定することができる。さらに、『為和集』でこれら武家屋敷が「亭」と記されている点に着目すると、天文二十年（一五五一）に清水康英が瑞泉庵に売り渡した「三島宿屋敷」には、「亭・居屋・蔵屋・厩」が備えられていることから、「亭」は「居屋」とは異なる建物であることがわかる。歌会が開催される場であることを考えると、「亭」とは会所的な建物を意味する可能性も考えられよう。

「鶴岡八幡宮社参記」には、永禄元年（一五五八）に北条氏康が自身の館の会所・寝殿で古河公方足利義氏を饗応している様子が記されている。このことから、当主居館には会所・寝殿が備えられていることがわかり、『為和集』の記述からは同様に「亭」を有する重臣屋敷が林立していた様子も想定することができるのである。

このように十六世紀の小田原には、「花の御所体制」とも表現される［仁木二〇〇六］、そのような建物群を中心として整然と整えられた城下町の秩序が成立していたものと考えられる。

これは、南禅寺の僧東嶺智旺が天文二十年（一五五一）に『明叔録』に記した「到府中小田原、町小路数万間地無一塵、東南海也、海水遶小田原麓也、太守塁、喬木森ゝ、高館巨麗、三方有大池焉、池水湛ゝ、浅深不可量也」との記述を彷彿とさせるものであり、文献史料と考古資料の分析により明らかにし得た、新たな小田原城下像と言える。

武家屋敷の規模

さて、さらに微細に町割や屋敷の構造について確認してみたい。以前にも触れたが、図2のように幅四m以上、深さ二・五m以上の堀（箱根口跡第Ⅱ地点1号堀、東側の御長屋跡第Ⅰ・Ⅱ地点1号堀）で区画された約二〇〇mの区画の中を、藩校集成館跡第Ⅲ・Ⅳ地点の南北三条の道路状遺構で仕切っている様子が確認されている。間隔は、西から六〇・八m、四九・八m、五〇・四m、四一・〇mである（図2）。これら三条の南北道路とその東西に並行して走る堀は、南側の東海道筋まで延長すると、箱根口跡第Ⅱ地点1号堀が筋違橋町と欄干橋町の境、御長屋跡第Ⅰ・Ⅱ地点1号堀が中宿町と本町の町境に相当していることがわかる（図2）。境界としての空間意識が、寛永年間における町割の改変、東海道の軸線変更後にも引き継がれていることを示す事例であり、十六世紀代に小田原城下の町境を「区切る」ものの一つが道路状遺構・溝状遺構・堀などであったことを示す根拠ともなろう。

さらに、杉浦平太夫邸跡第Ⅳ地点・大久保弥六郎邸跡第Ⅲ地点では、2・3号道路により区画され、中央に走る79号溝により二分された二つの区画（A区・B区）があり、東西一八・五m（≒十間）、南北四四m（≒二二〜二三間）の空間を導き出すことができる（図3）。5・6号道路に挟まれた空間もほぼ同様の規模であるが、A区・B区を分かつ79号溝のような遺構が確認できていないため、C区・D区として二分できるかどうかは不明瞭である。また、3号道路より東側にあり、1号道路と4号道路に挟まれた空間は東西に走る80号溝・98号溝・39号溝により三等分され、北から一三・八m（E区）・一三・八m（F区）・一二・〇m（G区）に区分することができる。注目すべきは、A区・B区においては南側にピットが集中し（斜線）、北側では大型の方形竪穴状遺構が確認されている点であり（ドット）、同様の状況は西側に大型方形竪穴状遺構が位置するE区についても指摘できる。また、攪乱の影響により明確に確認されていないF区・G区についても同様の状況であろうと推定される。A区・B区・E区については、それぞれ石積井戸を一基ずつ有する点も共通しており、A区・B区については1号道路を正面とする屋敷地、E区・F区・G区については東側を正面とする屋敷地が存在したと考えられよう。

なお、ここでは当時すでに骨董品である十四世紀代の青磁浮牡丹壺や青白磁の梅瓶などの威信財となり得る陶磁器が出土しており、武家地であった可能性が高い。したがって、ここで検出した区画を基準とし、小田原城に隣接する武家地の様相を推察することができる。

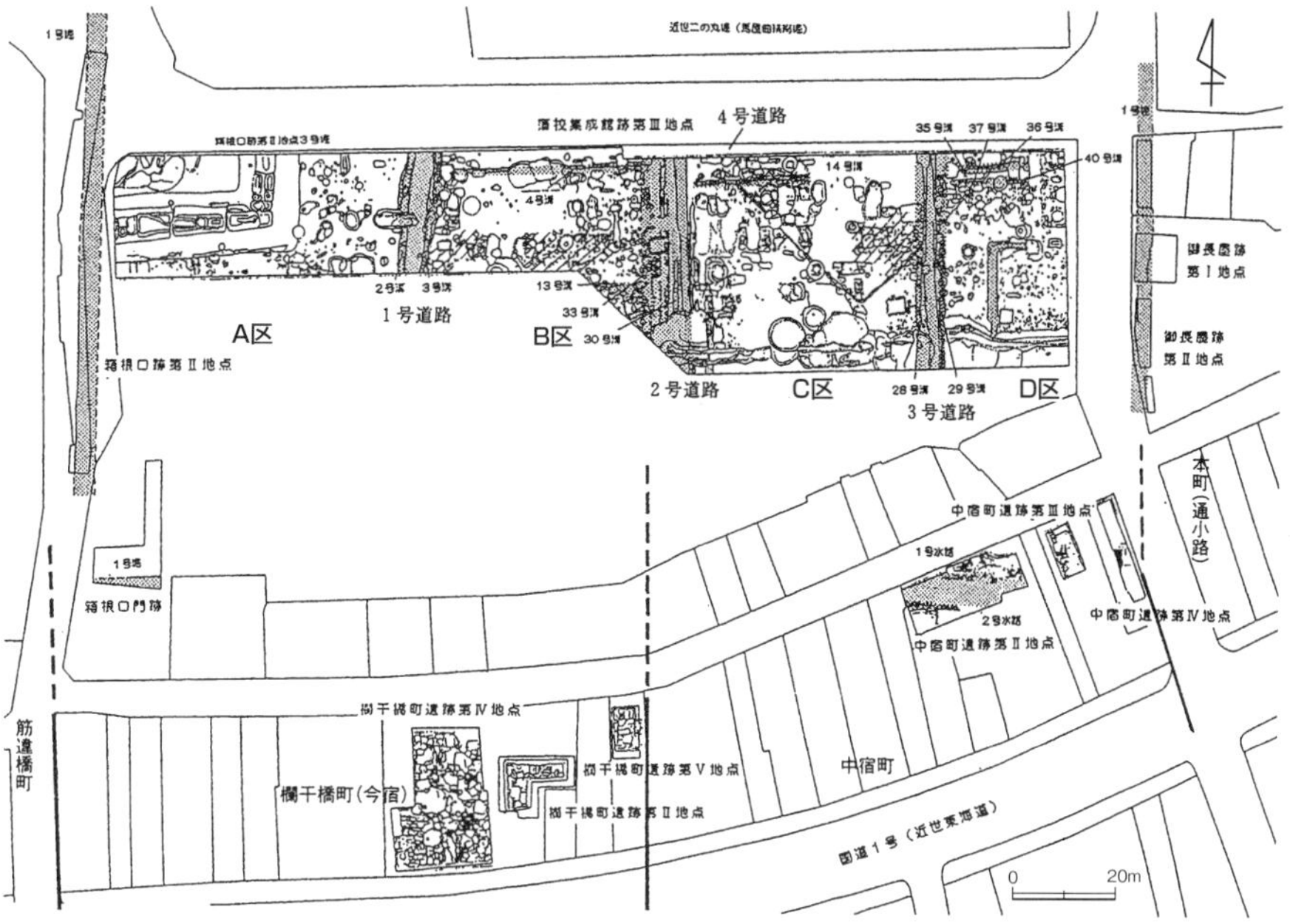

図２　藩校集成館跡周辺区画想定図（1/1,000）

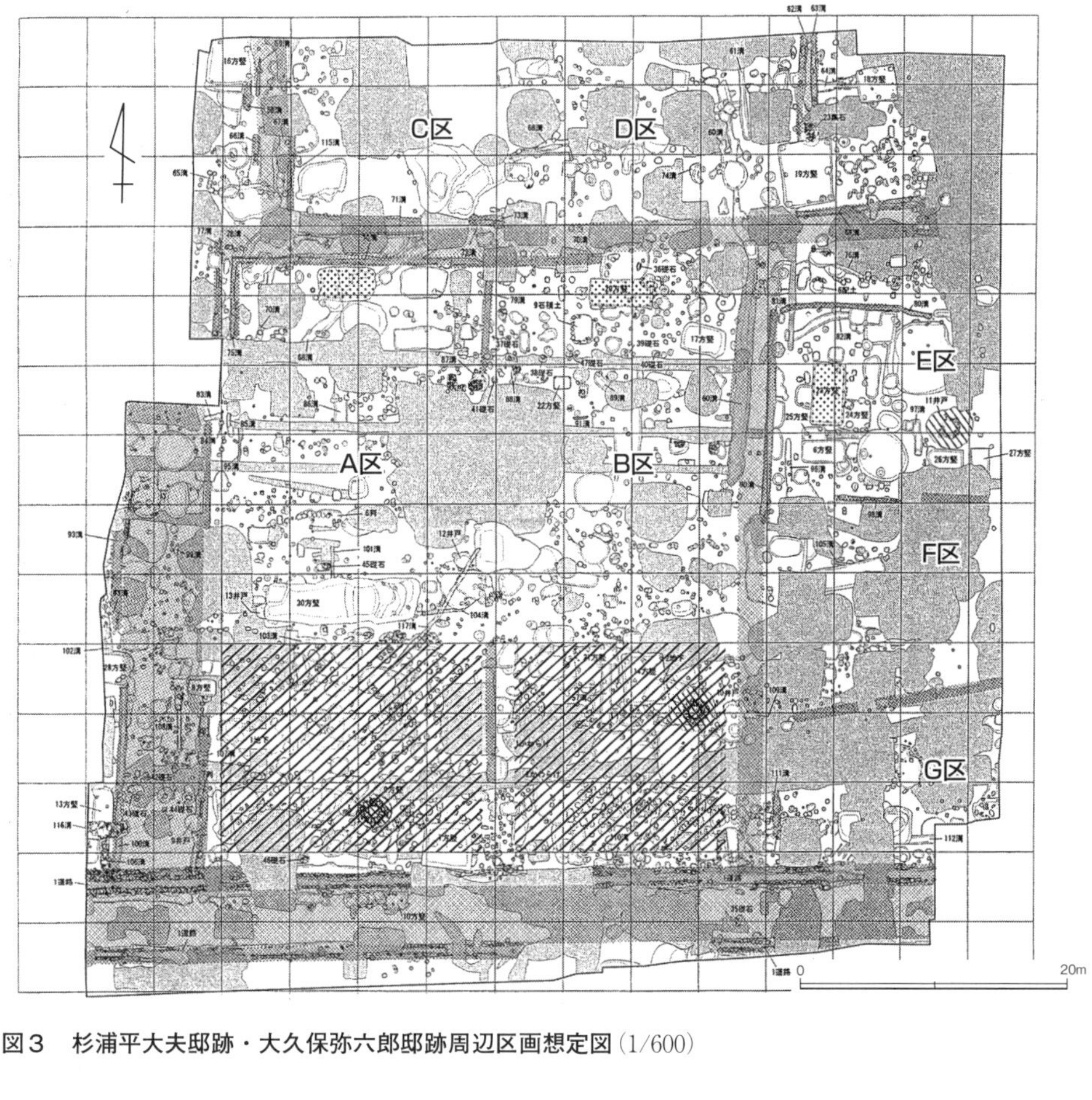

図３　杉浦平大夫邸跡・大久保弥六郎邸跡周辺区画想定図（1/600）

小田原城の中心

小田原城は、これまで八幡山古郭と呼ばれる丘陵部より同心円状に発展し、戦国期には丘陵部を主郭とする城郭であったと考えられていた。しかし近年、低地部に位置する御用米曲輪の整備に伴う発掘調査で、礎石建物跡や広大な庭状遺構などが確認されている。検出した礎石建物は、梁間三間、桁行六間以上である（写真1）。柱間は、一部で約一八二cm（六尺）の部分を含みつつも、およそ一八九cm（六尺二寸五分）で並んでおり、一間＝六尺二寸五分が小田原における間尺の基準であった可能性が想定される。

写真１　御用米曲輪検出の礎石建物

礎石建物自体の検出も小田原城周辺では初めてであるが、近世以降に本丸・二の丸となる小田原城の中心域で検出されたという点でも、この建物跡の存在は注目に値する。今回検出された礎石建物については、その規模から会所・寝殿という主要建物というよりは、付属建物と考える方が妥当と思われるが、この礎石建物周辺では多量のかわらけが出土していることから、周囲に会所・寝殿に相当する主要建物が存在した可能性は高い。

また、曲輪南側一帯に広がる庭状遺構は、場所により景観を異にしており、小田原北条氏の文化レベルを想像するに余りある成果となっている。特に石材の用い方は特徴的で、石塔部材を多量に用いた池も確認されている。

これらの遺構の存在から、ここが小田原城の中心部の一つであることは、ほぼ間違いないと言えよう。

おわりに

これまでの研究の蓄積を受けて、文献史学と考古学の成果を融合することで、現在は新たな小田原の都市像を構築しつつある段階である。ここでは、現時点での到達点の一部を紹介した。

近世以降、江戸の西を守る譜代大名の城下町、東海道屈指の宿場町としても栄える小田原は、度重なる地震や火事などによる被災・復興が重なり、戦国時代の景観とは大きくその趣を変えている。しかし、町割には戦国時代以来の正方位を基軸とした区画が至る所に残っている。また、用水路・暗渠水路として残る総構堀、細長い地籍として残った土塁、正方位の区画に総構が通されたことにより生じた三角形の土地……、これらを発見し、戦国時代の面影を見出すことも重要な研究活動の一つとなっている。

都市小田原の研究は、いま端緒についたばかりであり、今後とも多角的な視座で検討を加えていく必要がある。まだまだ不明瞭な部分も多く、研究途上ではあるが、少しでも十六世紀の小田原の都市像の解明に努めていきたいと考えている。

引用文献

市村高男　一九九四『戦国期東国の都市と権力』、思文閣史学叢書
市村高男　二〇〇六「戦国城下町研究の視点と方法―相模国小田原を事例としたその実践的考察」『国立歴史民俗博物館研究報告』第127集、国立歴史民俗博物館
小和田哲男　一九六四「城下町囲郭論序説」『集落の歴史地理』歴史地理学紀要9、日本歴史地理学研究会
小和田哲男　一九八一「北条氏滅亡」『神奈川県史』通史編1　原始・古代・中世、神奈川県
小和田哲男　一九八六「後北条氏築城技法の特色―いわゆる障子堀を中心―」『郷土神奈川』19号、神奈川県立図書館
小和田哲男　二〇〇二『戦国城下町の研究』小和田哲男著作集第七牧、清文堂
川名　禎　二〇一一「絵図からみた小田原城下町の変遷」第47回一六一七会神奈川例会「小田原城下町の形成と展開」発表資料
小林義典ほか二〇〇二『小田原城三の丸藩校集成館跡第Ⅲ・Ⅳ地点発掘調査報告書』小田原市文化財調査報告書第100集
佐々木健策　二〇〇五「中世小田原の町割と景観」藤原良章編『中世のみちと橋』、高志書院
佐々木健策　二〇〇八「相模府中小田原の構造―小田原城にみる本拠地と大名権力」浅野晴樹ほか編『中世東国の世界3　戦国大名北条氏』、高志書院
佐々木健策　二〇一〇「城下町の区画―相模国小田原を例に」中世都市研究15『都市を区切る』、山川出版社
諏訪間順ほか一九九九『小田原城下中宿町遺跡第Ⅲ地点』小田原市文化財調査報告書第70集、小田原市教委
豊田　武　一九五二『日本中世商業史の研究』岩波書店
永原慶二　一九九八「戦国都市小田原」『小田原市史』通史編　原始　古代中世、小田原市
中丸和伯　一九五九「後北条時代の町〈相模の場合〉」『封建都市の諸問題・日本の町Ⅱ』、雄山閣
仁木　宏　二〇〇六「室町・戦国時代の社会構造と守護所・城下町」『守護所と戦国城下町』、高志書院
野村晋域　一九三六「戦国時代に於ける小田原の發達」『社会経済学第六巻第三號』、岩波書店
森　幸夫　二〇〇九「戦国期の小田原城―北条氏歴代当主はどこにいたのか―」『小田原市郷土文化館研究報告』№45、小田原市郷土文化館
山口　貢ほか一九八九『城下町・宿場町　おだわらの町名・地名』小田原市教委

〔付記〕小和田哲男先生には、日頃より大変お世話になっております。今回は、先生の古稀記念論集刊行に際し、未熟ながら執筆者の一人に加えていただきましたこと、感慨の極みであります。末筆ながら、先生のこれまでのご活躍に敬意を払うとともに、日頃のご恩顧に感謝申し上げます。そして、今後の変わらぬご活躍とともに、いつまでもお健やかであられますことをご祈念申し上げます。

豊臣秀次の本・支城からみた佐和山城の縄張り

本丸構造と東山麓の堀・土塁の成立を考える

下高大輔

はじめに―本稿の目的―

佐和山城は、琵琶湖東岸の中世東山道と北国街道、織田信長が整備した下街道の合流地点にあり、さらに琵琶湖の一部である松原内湖にも直結した立地であり、主に戦国期から織豊期を通して、磯野員昌や、丹羽長秀（在城・一五七一～一五八二）・堀秀政（在城・一五八二～一五八五）・堀尾吉晴（在城・一五八五～一五九〇）・石田三成（在城・一五九五～一六〇〇）・井伊氏（在城・一六〇〇～一六〇四）らの有力武将が居城したことなどからもよく知られている城郭であることは言うまでもないだろう。[註1] このことは、城郭自体が長期間存続したといっても過言ではなく、現在見ることができる城跡の平面構造、いわゆる縄張りがいつの段階で構築・成立したのかを考えることを困難にしていると言える。[註2]

現在、認識されている佐和山城跡は、「山中」・「山麓」・「城下町」と大きく三つのゾーンに分けることができる（図1）。「山中」は江戸時代の絵図記載名称などから本丸・二ノ丸・三ノ丸・西ノ丸・太鼓丸・法華丸など尾根山頂部に立地する各曲輪群とこれらを繋ぐ曲輪群と城道などで構成されている。[註3] 「山麓」は佐和山山頂（標高二三三m）から派生した複数の尾根間に形成された谷底部のことで、絵図によると侍屋敷とされている。「山麓」と「城下町」については、堀（おまん川など）と土塁によって画されている（内堀）。「城下町」については、佐和山を境に東西に記されている。現地形でも確認できるのは主に東麓地区であり、その外縁部には堀と考えられる小野川が流れる（外堀）。このように、佐和山城跡はその城下町跡も含めて近年まで、現地形・地割りにおいても極めて良好な状況で遺存していたのである。

ところが、佐和山城跡は最近、その調査・研究史上において、大きな転機を迎えた。それは、これまでの調査・研究の内容が文献・絵図・地図資料の調査・研究と城跡の地表面観察が主体であったも

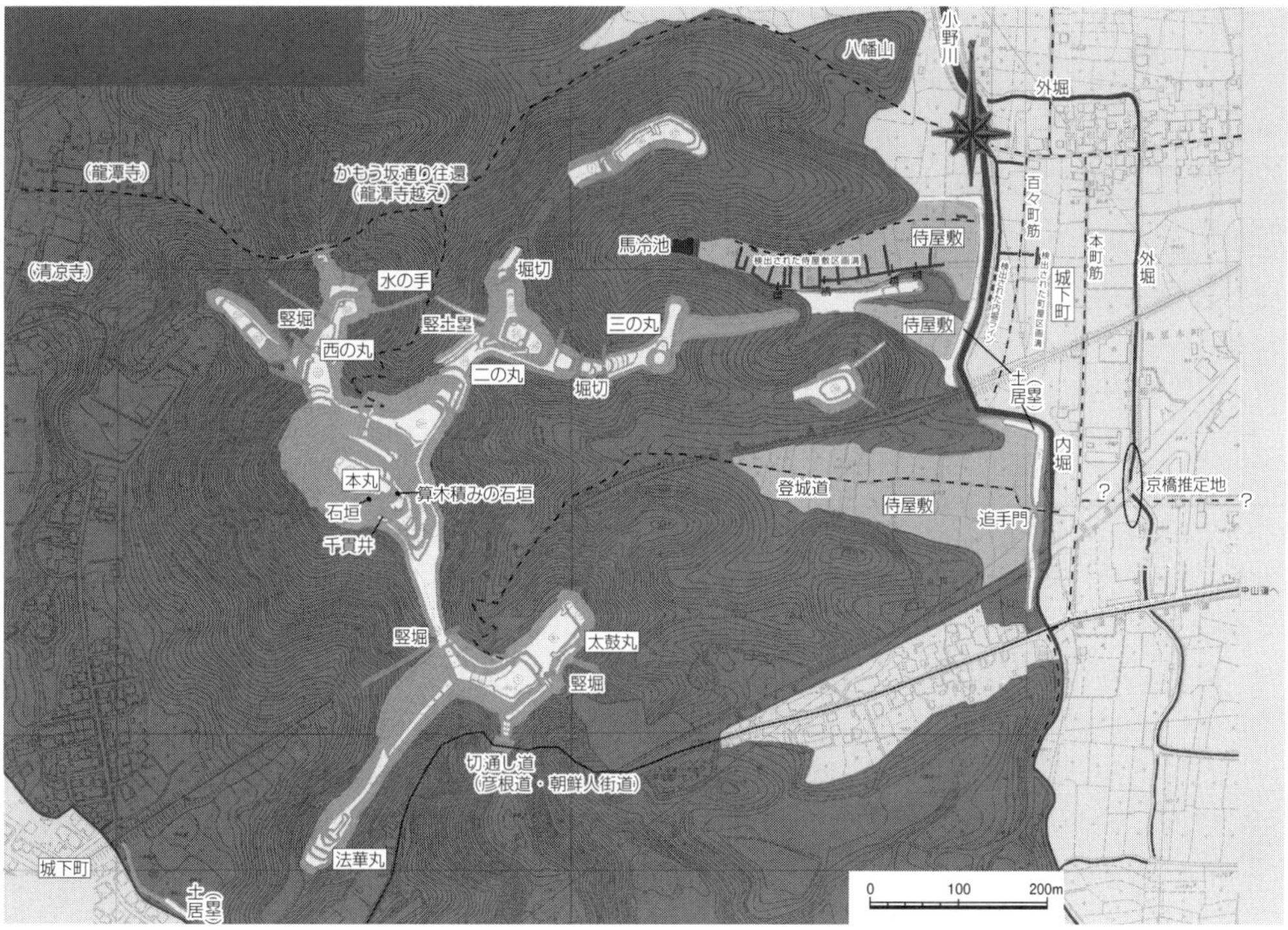

図1佐和山城概要図(註6文献の図に加筆)

のが、[註4]大規模な発掘調査が実施されたのである。発掘調査は、佐和山東麓地区の農業用水路の建設に伴い、記録保存を目的として実施されたものであり、調査の結果はこれまでの調査・研究を裏付ける成果とともに、現行の地割りが佐和山城廃城後以降大きく改変されていないことが確定したのである。[註5]図1はこの発掘調査成果も含めた概要図である。[註6]このような「山麓」部の発掘調査資料の裏付けにより、堆積作用や開発の影響が及びにくい「山中」の地表面で観察できる遺構群についてはますます残存度が高いことが確実なものとなったといえよう。このことは発掘調査を実施しなくとも地表面観察でも研究の成果があげられることが証明されたとも解せるのである。

　よって、本稿では、地表面観察と公表された既存資料をもとにした佐和山城の平面構造、いわゆる縄張りについて考えてみたい。ただし、城跡全体的には海津栄太郎氏や中井均氏らにより詳細な考察が行われている。[註7]よって、本稿では佐和山山頂に位置する本丸平面構造とその成立時期、近年の中井均氏・太田浩司氏による佐和山城の大手問題[註8]で注目されている佐和山東麓の内堀と土塁の成立時期について考えてみたい。

一　本丸平面構造を考える

　佐和山城の本丸は、標高二三三ｍの佐和山山頂部を造成して築かれていた。現在は、はっきりとした平坦面ではなく凹凸が複数あり、その輪郭については他の曲輪が平坦面と斜面境が明瞭であるのに対して、唯一本丸のみが平坦面輪郭が不鮮明である。これは、享保十二年（一七二七）に彦根藩普請方により作成された『古城御山往昔咄聞集書』[註9]にある「本丸之天守茂只今之より高ク御拝領之後御切落シ被遊候由、九間御切落とも云又七間とも申候実説相知レかたく」の通り、最後の城主であった井伊氏により、普請面まで破却されたためと考えられている。[註10]このことは、本丸北東隅と考えられる隅石二石の状況からも事実であると考えられる。この隅石は図2で「石垣1」としたものである。佐和山の岩盤（チャート）直上から一三〇×五〇㎝くらいの長方形を呈するチャート石材が二石積まれており、石垣隅部を形成している。この石垣の前面と上部は緩やかな斜面となっており、石垣上部から土砂が崩落した状況が窺える。この現地の状況と先述の文献の記述により井伊氏による城郭破却（破城）と把握できるのである。

さて、ここではこのように平坦面輪郭が削られ、その下部が埋め殺された状況の本丸構造の復元を試みようとするものであるが、この作業の際に、近年作成・公開された佐和山城跡の詳細測量図が有効と考えられる。[註11]また、同じく近年発見された図2に示した「石垣2～4」の存在が大きい。[註12]

本丸北東隅と考えられる「石垣1」を起点に考えた場合、ほぼ同一等高線上で南側に、面を持つ岩盤が路頭している（図2A）。これらを直線で結んだラインに本丸東面の石垣を想定する。さらに、図2の本丸南側斜面では「石垣2」とした場所に湖東流紋岩とチャート石材を数石積んだ石垣が二箇所、面で確認されている。これらの石垣を直接ラインで結んでそのまま本丸東面石垣想定ラインに接続させた場合、図2のAにほぼ接続できるのである。これらのことか

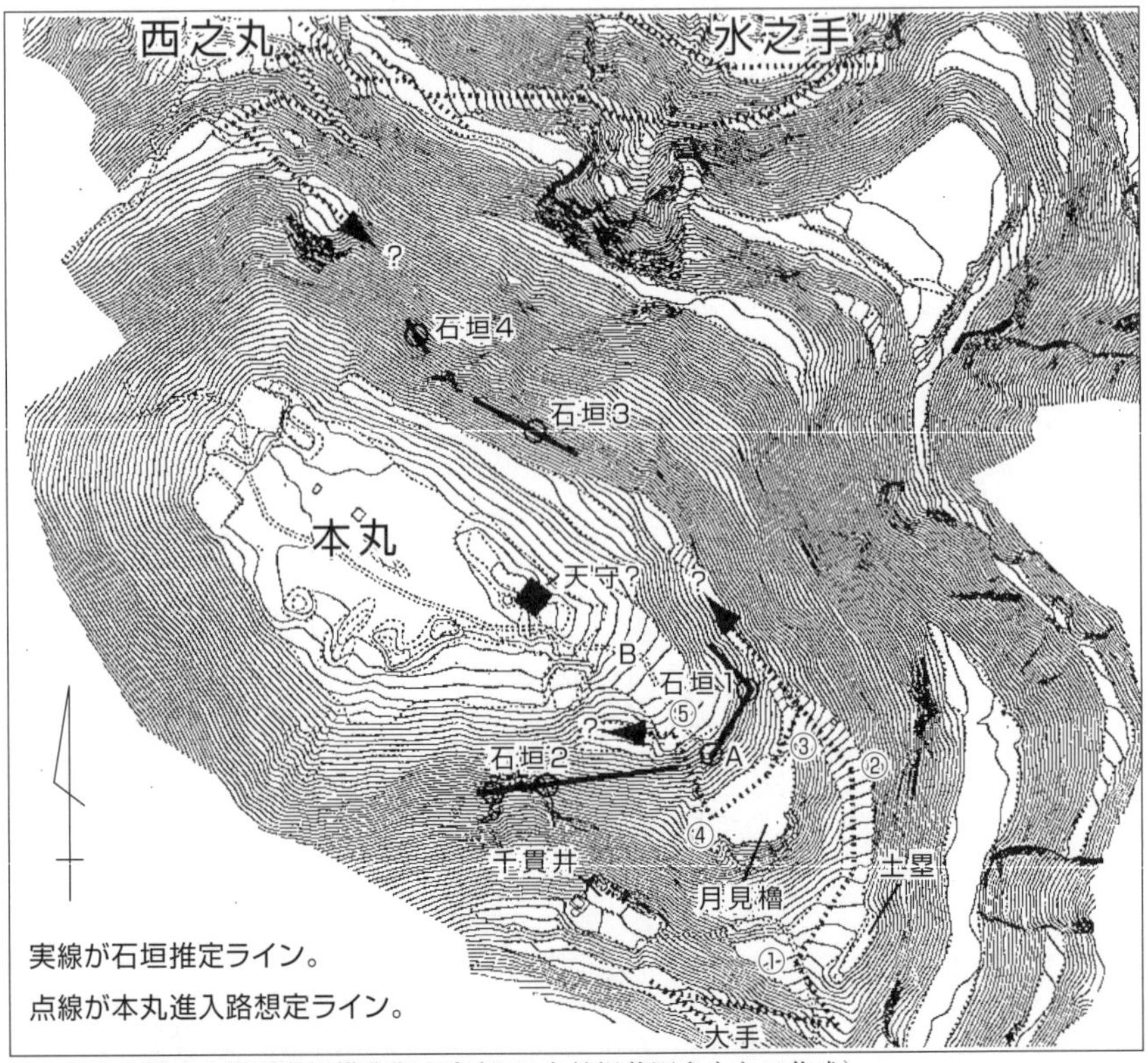

図2 佐和山城本丸周辺平面構造復元案（註11文献掲載図をもとに作成）

ら、本丸の北・東・南面については石垣が築かれていたことは確実である。また、図2の「石垣1」の下部には帯状の平坦面が北西方向に続いている。このラインに沿って、本丸北面の石垣が築かれていたと想定できるが、この帯状の平坦面にも石垣が築かれていたようである。それが図2の「石垣3」と考えられる。このことから本丸はその周囲に帯状の平坦面が築かれて、これらが本丸への進入路として機能していた可能性は高い。

　本丸への進入路については現地形から考えるには非常に困難であるが、公表された測量図から主に二つのルートが考えられるのではないだろうか。まずは、佐和山東麓部から進入した際は図2の下から進入することになり、急斜面をジグザグに折れて、土塁を持つ長方形状の平坦面に至り（図2①）、さらに緩やかなスロープ状の斜面を通り（図2②）、本丸北面の帯状の平坦面へ至り、本丸北面石垣のどこかに虎口が開口しているか、図2②から左に九〇度左に折れて（図2③）先述の絵図に「月見櫓」と記された平坦面に至り（図2④）、そこからさらに九〇度右に折れた地点に面をもつチャート岩盤（図2A）が存在しているため、これが虎口の一部を形成していた可能性を想定したい。[註13] さらにここから本丸方向へ上り、測量図の等高線からすぐに九〇度左に折れて（図2⑤）本丸へ至る場合である。この場合、本丸南側にも帯状の平坦面が想定でき、現地や測量図から二つの土塁状の高まりを確認できる本丸南側中央付近あたりでもう一度九〇度右に折れてさらなる虎口があり、ようやく本丸空間に至るものと考える。もう一つの主要な進入路としては、佐和山城の搦め手と考えられている図2の上に示した「水之手」からの進入路である。「水之手」の谷底部を直線に進んだ所から急斜面をジグザグに登り、「西之丸」方向へ至り、さらに本丸北西斜面を緩やかに上る斜面が等高線で示されている。この方向に図2に示した「石垣4」が確認されている。これらのことから「石垣4」は「水之手」方面から本丸へ至る進入路を形成する石垣の可能性があり、その行き着く先は、「石垣3」で形成された本丸北面の帯状の平坦面であったと想定したい。その後の進入路は先述の通りである。

　ここまで、点的に確認されている石垣を線的に復元し[註14]、これに基づいた本丸への進入路の想定を行ってきたが、加えて、本丸空間における「天守」の存在についても言及しておきたい。

　佐和山城の天守については、「結城秀康書状[註15]」から、その存在については確実なものと考えられる。天守自体の構造や規模については不明と言わざるを得ないが[註16]、その位置については現在の本丸跡最高所にして三角点が設置されているあたりを想定しておきたい。この位置には岩盤が多く露頭しており、埋め殺さなければ平坦面としての使用が困難であり、埋め殺した場合は現在の本丸跡西半分の標高よりも極端に高くなることが予想される。一定の面積しか確保できず、しかも本丸の最高所ということからも天守台跡と考えたい。なお、本丸中央南側付近にも岩盤が露頭しており、天守台に準ずる櫓台のようなものを想定しておきたい。

　以上、石垣ラインの想定、本丸進入路の想定、天守の位置の想定から、本丸の平面構造については、図3のように考えられるのでは

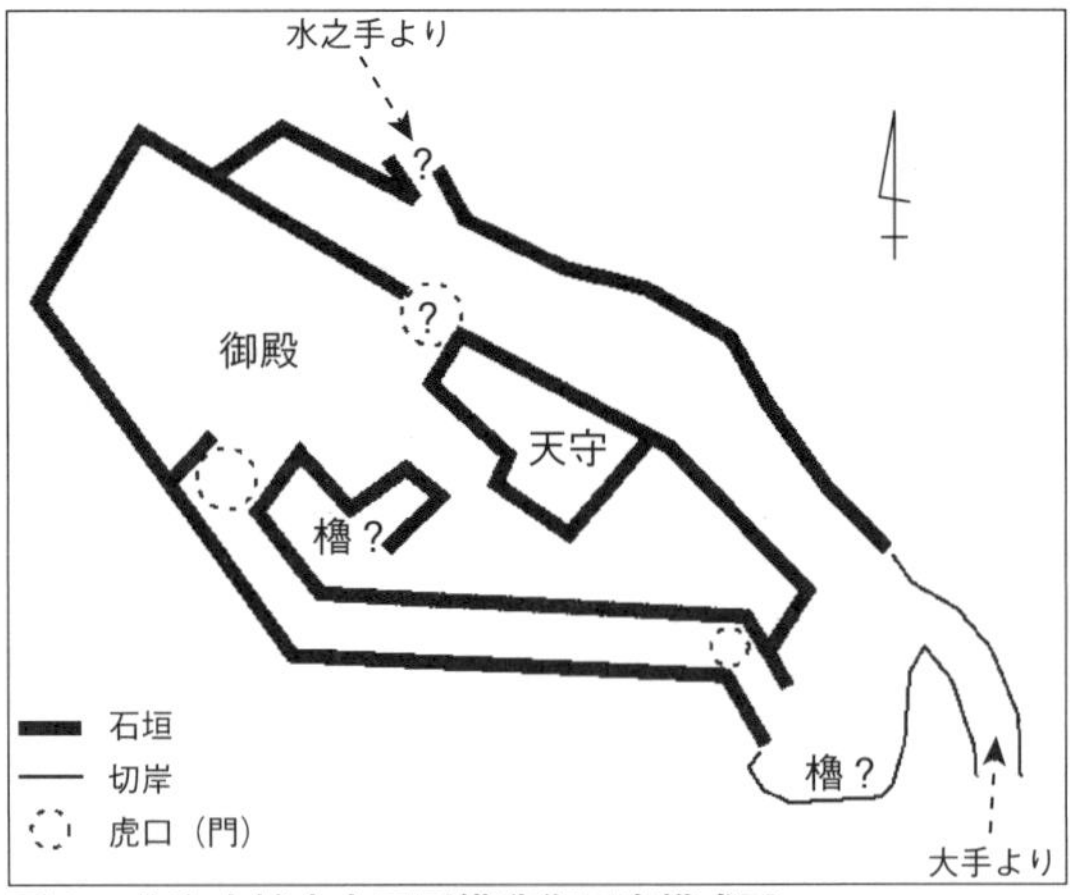

図３　佐和山城本丸平面構造復元案模式図

ないか。現在の本丸跡西半分の標高をベースとした本丸空間が展開し、そこには御殿が存在した。その東側で本丸跡最高所に位置する箇所に天守台が設置されており、天守が存在した。本丸御殿への進入は北と南から想定する。まず、南側については本丸中央付近から御殿空間よりも一段下がる形で帯状の平坦面が東側に向かって展開し、虎口を介してさらに一段下がる形となる。そして、この段と本丸北面石垣下に展開した帯状の平坦面はほぼ同一等高線上に展開していたと想定したい。また、本丸御殿北側からの進入については、天守台想定位置よりも西側で想定しておきたい。これは城郭中枢施設である天守へ至るには城郭構造一般論から考えて御殿を通ってから行き着くということを前提として考えるためである。

　このように、現在は本丸という一空間で漠然と呼ばれているが、地表面観察から本丸自体は石垣で構築されており、それは三段で築造され、天守台を含めると四段築造であったと考えたい。これは、主要部が単純な一段築城の曲輪ではない。天正四年（一五七六）築城開始の安土城や同十一年築城開始の豊臣期大坂城と同様の構造であったと考える。

　いずれにしろ、本丸平面構造については破却の影響から、現段階では想定を重ねざるを得ず、最終的な結論は発掘調査の実施を待つこととしたいが、現況地表面観察における一案とお考えいただきたい。なお、本稿では現時点で最も可能性のある本丸への進入路については、図2で示した①～⑤としておく。

二　本丸平面構造の成立時期を考える

　さて、これまで考察してきた本丸平面構造はいつの段階で築かれたのであろうか。[註17] まず、現時点で確実に言えることは、石垣・瓦・天守をはじめとする礎石建物が存在することから織豊期、つまり丹羽長秀段階以降であることは確実であろう。[註18] その後、先述の通り頻繁に城主がかわるため、その都度改修の時期を想定できるわけである。そこで、本稿では、特定の地域で一定の時期の城郭様相を考察するのに有効と考えている「本城と支城」の概念を使用してみたい。[註19] その際、佐和山城の本丸への進入路の形状と平面構造が、滋賀県近江八幡市に所在する八幡山城跡と近似することに着目してみたい。[註20]

　八幡山城は天正十三年（一五八五）閏八月以降に羽柴秀吉の甥の秀次の居城として築城が開始された城郭である。天正十八年には秀次が尾張に移封となり、京極高次の居城となる。そして、関白となった豊臣秀次の文禄四年（一五九五）の自害を契機に廃城となる。[註21]築城から廃城までわずか十年の存続期間であり、その改修の契機となる城主交代は一度のみである。特に前半の天正十三年〜十八年には、佐和山城と八幡山城は密接な関係を持つこととなる。それは、「於江州所々、自分弐拾万石、幷其方相付候宿老共当知行、弐拾三万石相加、目録別紙在之、都合四拾三万石宛行畢、相守此旨、国々政道以下堅可申付者也、（天正十三年）閏八月廿二日　秀吉花押　羽柴孫七郎（秀次）殿」とあり、[註22]羽柴（豊臣）秀次が近江国に二十万石と秀次の宿老共に二十三万石を宛行い、宿老共の知行については別紙目録があるということから窺える。この宿老の一人が堀尾吉晴であり、浅井郡・坂田郡・伊香郡・犬上郡内に都合四万石の所領が宛行われ、佐和山城を居城としている。[註23]なお、坂田郡の秀吉のかつての居城である長浜城へは宿老の一人の山内一豊、この際に新規築城される甲賀郡の水口岡山城へは中村一氏がそれぞれ、居城周辺に知行地を宛行われて配置されている。天正十八年の秀次領解体に伴う徳川家康在京賄料地や秀吉蔵入地となったところや「正保郷帳」を検討した藤田恒春氏の研究や、[註24]小和田哲男氏から、[註25]秀次とその宿老共の近江における所領は甲賀郡・野洲郡・蒲生郡・坂田郡・浅井郡のほぼ五郡と考えられている。これらの内容を近江国図に示したものが図4であり、[註26]秀次段階での主要城郭と街道も示した。これにより秀次とその宿老共の所領は面的に展開しているのではなく、近江国内の主要街道の分岐点を固めつつ、それらを治める拠点城郭も主要街道でしかも、近江以東を意識した配置であることは明瞭と言えよう。このことはすでに指摘されている通り、秀次の近江支配段階で敵対関係にあった東海地方の徳川家康や関東地方の北条氏を意識したものと考えられている。[註27]さらに言うと、佐和山城は言うに及ばず、秀次の近江支配段階に新規築城された八幡山城と岡山城は山城という共通点があり、東国からの京方面へのルートにはすべて山城を配置したものと考えられる。

　このように、天正十三〜十八年の豊臣秀次による近江支配段階は、八幡山城が秀次の居城（本城）であり、堀尾吉晴の佐和山城が八幡

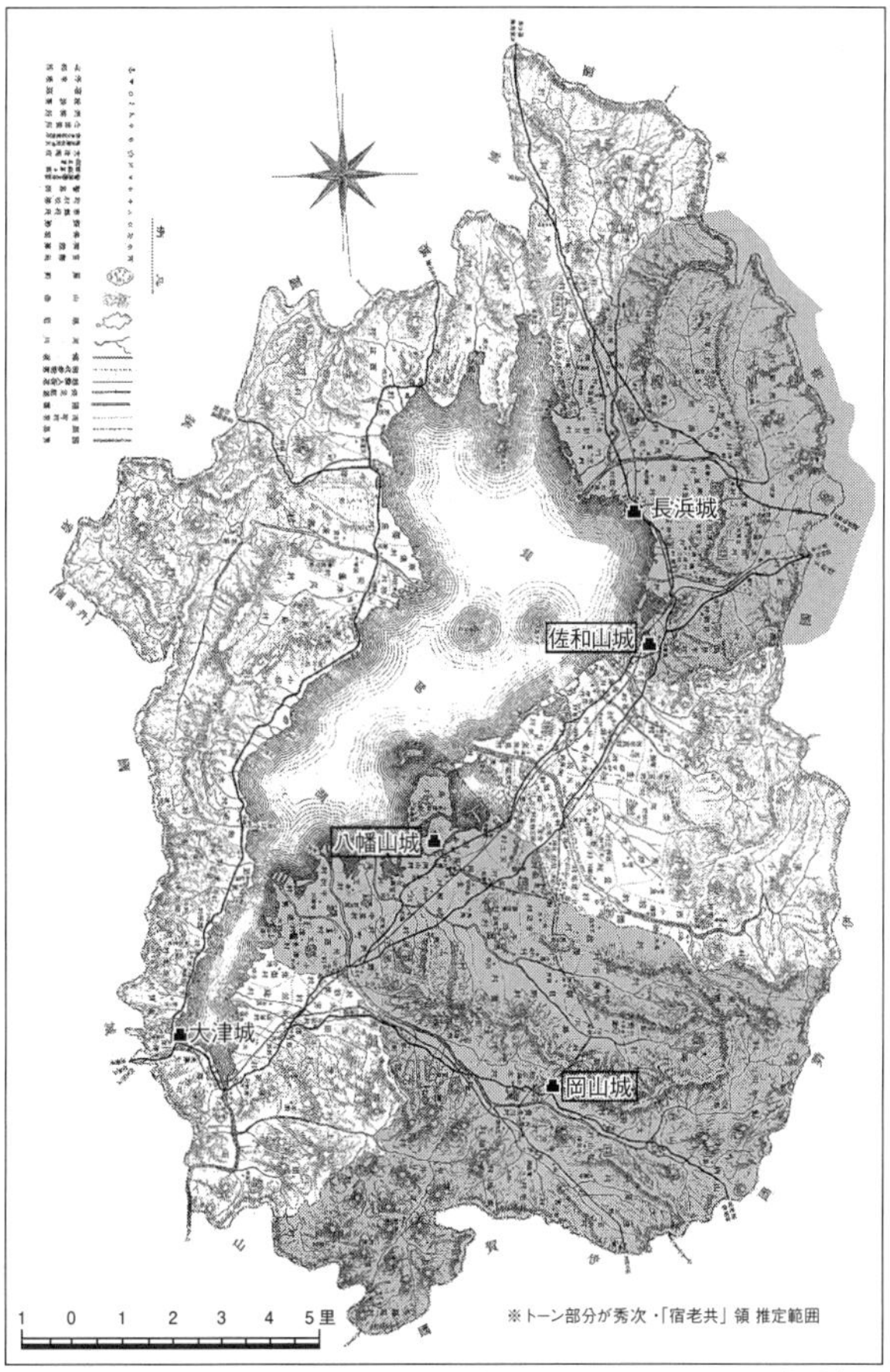

図4　豊臣秀次の近江支配域図（註24・25文献をもとに作成）

山城の「支城」という位置付けができるのである。

さて、八幡山城の概要は、鶴翼山（標高二八三ｍ）山頂に本丸、その周囲の各尾根に二ノ丸・北ノ丸・西ノ丸・出丸を配し、「山上部」を構成する。それに対し、南側山麓には雛壇状の曲輪群とその中央部を貫通する大手道で構成された「山麓居館部」がある。これら山上曲輪群と山麓曲輪群はすべて石垣で形成されている。山麓居館部南側は「八幡堀」と呼ばれる琵琶湖の内湖に直結した堀と土塁が構築されており、さらにその南側に「城下町」を配する。(註28)つまり、「山中」・「山麓」・「城下町」で構成される佐和山城の全体構造と近似しているのである。その本丸周辺に着目し図5を作成した。図5①には石垣により正方形の櫓台が築かれており、ここには門が存在したと考えられる。また、図2①には長方形状の平坦面に至るために右に折れて進入させている。この部分には土塁の一部を覆う形で城門が存在していた可能性が高い。八幡山城では城門の内側は二ノ丸と呼ばれる曲輪となっているが、佐和山城では長方形の武者溜まり状の空間が存在する。さらに両城とも図2・5の②のように左に折れながら上部平坦面に進み、そこには両城とも現地形・遺構・絵図資料から櫓ないし門の存在が想定できる。八幡山城では図5④を通ってから本丸に至る。佐和山城では先述の通り、図2④を右に九〇度折れた地点に面をもつ自然岩盤が存在しており、虎口の存在を想定した。

また、八幡山城跡にも『江陽八幡山古城絵図』と呼ばれる後世に描かれた絵図が残されており、(註29)その本丸に相当する部分には天守台

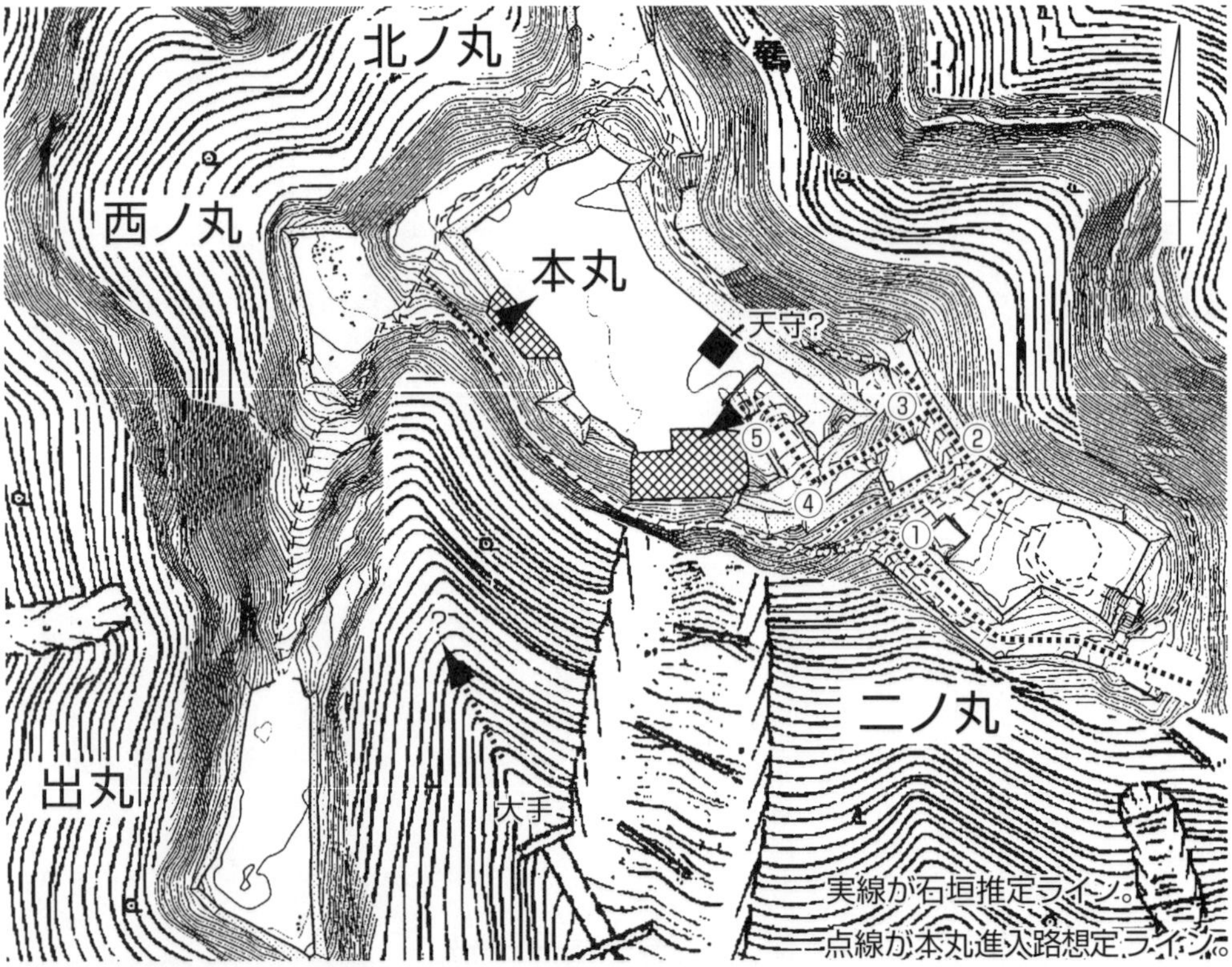

図5　八幡山城本丸進入推定図（註21の近江八幡市作成測量図をもとに作成）

のような形状を持つ石垣が描かれている。その位置を図5の測量図に落としてみた。佐和山城跡においても天守推定位置については図2の通りであり、本丸への進入路との関係と本丸空間内での位置が近似するのである。

このように両城を比較した場合、本丸への進入路の形状、天守台の位置、本丸周辺の石垣を有する帯状の平坦面などで佐和山城と八幡山城の本丸の構造が近似しているのである。

以上のことから、佐和山城と秀次の八幡山城は、同じ「縄張り設計思想」とでもいうべきものが存在する気がしてならない。このことを前提とした場合、次の二説は考えられないだろうか。一つは、単純に天正十三年の八幡山城築城の際に、同じ設計思想をもつ佐和山城に入城した堀尾吉晴が本城である八幡山城にならって改修した。もう一つは、佐和山城自体が、堀尾吉晴入城以前の堀秀政か丹羽長秀段階から、今回考えた構造であり、それを模して八幡山城が築かれた、というものである。しかし、八幡山城築城に関しては秀吉の意思が大きく反映されているという意見があることから、(註30)前者の可能性を本稿では想定しておきたい。つまり、本稿で考察した佐和山城本丸平面構造は天正十三年(一五八五)の堀尾吉晴入城時に形成されたものであり、その理由としては先述の対東国を意識しての大改修であったものと考えたい。佐和山城大改修は、秀次居城の八幡山城新規築城、堀尾吉晴同様に秀次宿老の一人である中村一氏の岡山城新規築城と連動していたものと考える。

三　東山麓の内堀・土塁の成立時期を考える

これまで佐和山城本丸平面構造の復元とその構築時期について天正十三年(一五八五)の堀尾吉晴の改修であると考えてきた。この考えをもとに佐和山城の東山麓に残る堀と土塁の成立時期についても考えてみたい。

現在、この堀は、「城下町」と山麓部とを画する「内堀」と位置付けられており、その城内側には高さ二m・基底部幅一三m・上場幅八mを測る巨大な土塁が、東山麓の谷底部を堰き止める形で南北に総延長一六五mに渡って遺存している。本丸のように石垣を破却したような痕跡は見当たらないため、井伊氏による破却の影響はなく、構築時から廃城時まで土塁と堀がセットで防御・区画施設を形成していたものと考えられる。

この施設の成立時期については、中井均氏によると施設周辺で瓦片が全く採集できないことや石垣が確認できないことなどから、天正十一年(一五八三)以前であるとされている。(註31)しかし、先程まで比較してきた八幡山城や、同時期に新規築城された秀次宿老の一人である中村一氏の岡山城は、佐和山城とほぼ同様の城郭構造をしており、「山中」・「山麓」・「城下町」という三つのゾーンで構成されている。そして、「山麓部」と「城下町」を画する施設として、八幡山城は琵琶湖の内湖に直結した「八幡堀」と呼ばれる堀と城内側に土塁があったと想定でき、現在でも一部土塁跡が地表面で確認できる。（註32）岡山城も江戸期の絵図や地表面から堀と土塁のセットがあった可能性が指摘されている。（註33）「八幡堀」には現在は石垣が確認できるが、基本的に三城とも現在のところ、これら遺構の周辺からは瓦が葺かれていた施設の痕跡は確認されていない。これらのことから、佐和山城、岡山城、八幡山城において、山麓部と城下町を画する堀と土塁がセットの防御・区画施設が存在、それは一般的に近世城郭にみられるような瓦葺き礎石建物である多聞櫓などが載るような石塁ではなく、巨大な堀を開削して、その廃土で巨大な土塁を構築して、山麓部への進入を遮断するというところに共通性を見出すことができると考える。この共通性の鍵として、秀次の本城と支城という概念が反映されているように思えるのである。なお、山麓の谷部を遮断する堀と土塁がセットになっている防御施設は、織豊期以前から、例えば、北近江の戦国大名である浅井氏の本拠小谷城山麓の清水谷や越前の戦国大名である朝倉氏の本拠一乗谷においても確認することができる。しかし、これら区画内は、家臣団である武士層以外にも商工業者を含む町屋が混在しており、（註34）今回指摘している秀次の本城・支城の場合は家臣団を構成する武士層の屋敷地のみが存在する空間であるというところに違いがあると考えている。これら城下町に関することや佐和山城の外堀に関することは、紙面の都合上、別稿にて考察することとしたい。

要するに、東山麓の内堀と土塁に関しては、天正十三年（一五八五）の堀尾吉晴入城段階に対東国戦を想定して新規構築された結果、今に見ることができると考えたい。

おわりに――織豊期城郭研究の課題――

以上、本稿では今日残る遺構群の成立時期を断定するには困難な佐和山城の特に本丸と東山麓の内堀と土塁について考えてきた。その結果、現時点では天正十三年（一五八五）の堀尾吉晴入城段階によるものであるとした。この大改修の背景としては対東国戦を想定してのものであったと考えた。このような結論に至った経緯として、豊臣秀次の本・支城という概念が根底にある。（註35）また、本丸平面構造の復元に至っては、地表面観察により現地形から積極的に遺構と評価して検討したが、当然言い過ぎていることも事実であると感じている。今後、発掘調査が実施されて全く異なる遺構が検出されることは十二分に考えられることである。しかし、このような考察をあえて行った理由としては、地表面でも良好に残っていると判断できる遺構群に対して何も考えずに闇雲に発掘調査のメスが入れられることは避けたいがためである。遺跡における遺構確認調査を実施する際は、十分な地表面観察ないし既存資料の整理調査を実施してから行うべきと考えている。それから得た問題意識を持っての発掘調査、その調査成果から、再び城郭構造ないし城郭遺跡全体の縄張りを検討することが考古学的な城郭研究であると考えている。具体的には図6に示した通りである。（註36）

また、今回、佐和山城跡という織豊期の山城跡について検討したわけであるが、その際、織豊期城郭研究におけるいくつかの課題が

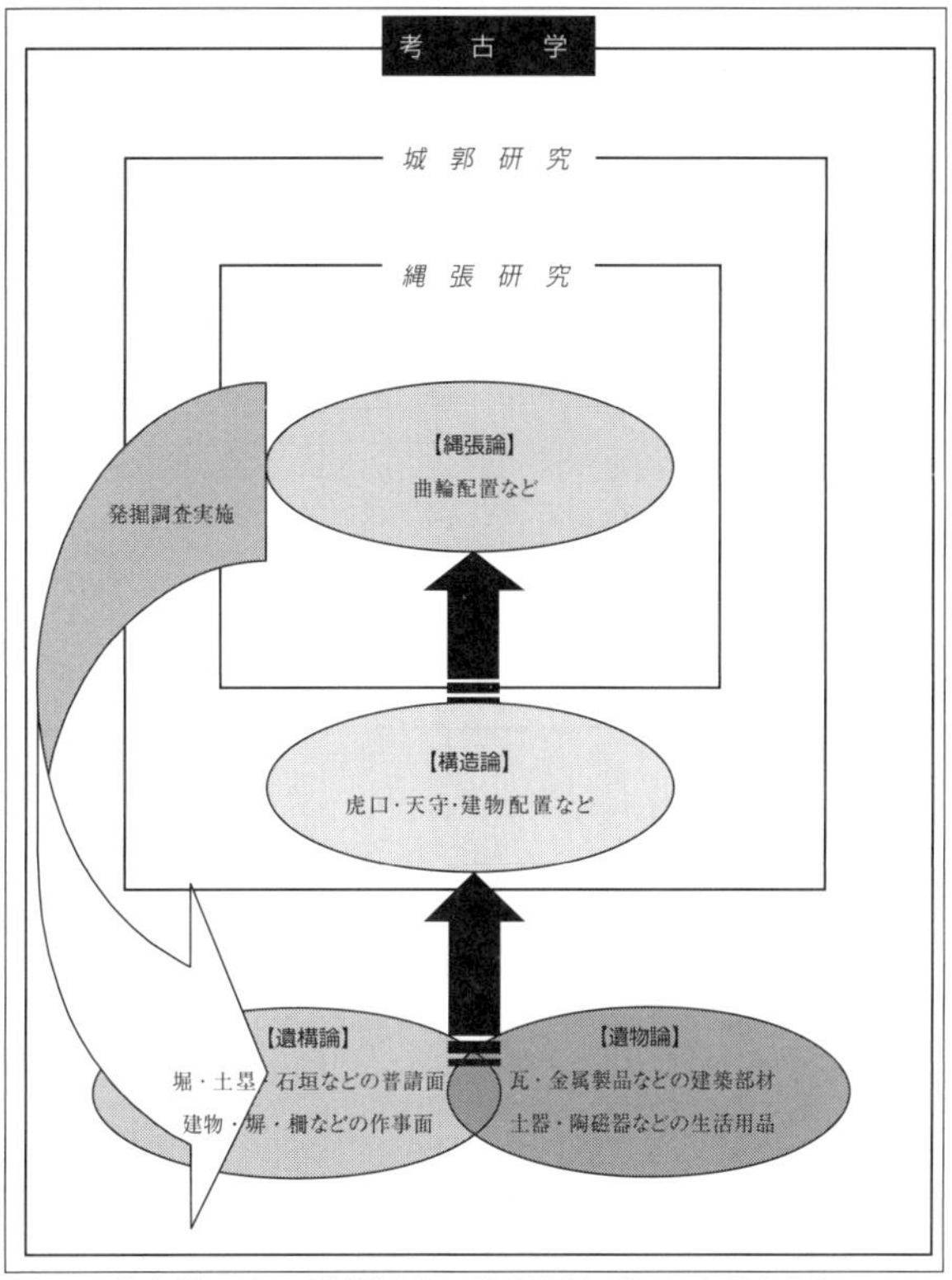

図6　考古学による城郭研究の体系図案（註36文献より）

あるように感じた。紙面の都合上、列挙するのみとするが、織豊期城郭の山城における総石垣化の時期、同じく山城における山麓部を画する膨大な土木量を伴う防御・区画施設の出現時期、山城付随の城下町の出現時期と家臣団の城下集住、そして、これら山城に対する平城との発達過程との差異の有無に関して、多くの課題が存在することがおぼろげながら認識できた次第である。今後も図6に示した調査・研究の位置付けを根底において、これらの課題について取り組んでいきたい。

城跡は広大な面積を有すること、または史跡指定などを目的とした発掘調査では、必要最低限の調査面積により最大限の成果を得るような調査トレンチが設定されることが常と考えているため、城跡全体を暴くような全面発掘調査は不可能と考える。よって、今後実施されるであろう佐和山城跡における発掘調査は城跡のごく一部に外科的手術を施す内容となるであろう。その際、本稿が外科的手術前の内科的一診断となれば幸いである。

註

（1）田附清子・有吉圭　二〇〇六「佐和山城」『近江の山城ベスト五〇を歩く』サンライズ出版

（2）広大な面積を持つ城郭は必ずしもすべての諸施設を同時期に構築するとは限らない。また、諸施設の機能停止や廃絶に関しても同様である。さらに、城主などが交代した場合には改修が行われることは言うまでもないだろう。こうした遺跡形成過程を前提においた考察は考古学的な検討では不可欠と言える。

（3）江戸時代の佐和山城の絵図については、谷口徹　一九九五「佐和山城の絵図」『彦根城博物館研究紀要』第六号　彦根城博物館　で詳しく紹介されているので参照されたい。

（4）例えば、城郭談話会編　二〇〇七『近江佐和山城・彦根城』サンライズ出版がある。

（5）この成果は、滋賀県教育委員会・公益財団法人滋賀県文化財保護協会二〇一三『佐和山城跡』に収録されている。

（6）中井均　二〇〇七「佐和山城の歴史と構造」『近江佐和山城・彦根城』サンライズ出版　の図をベースに註5文献の内容を加筆した。

（7）海津栄太郎　一九七三「佐和山城」『城』八〇号　関西城郭研究

会、同　一九七六「佐和山城Ⅱ」『城』九六号　関西城郭研究会、同　一九八六「佐和山城本丸の切り落としについて」『近江の城』第二一号　近江の城友の会、中井均　一九九二「佐和山城の歴史と構造」『佐和山城とその時代』（展示図録）彦根城博物館、同　一九九七『近江の城―城が語る湖国の戦国史―』サンライズ出版、註6文献など

(8) 中井均氏文献は註6文献に同じ。太田浩司　二〇〇九「佐和山城の城と城下町」『近江が生んだ知将　石田三成』サンライズ出版。

(9) 海津栄太郎　一九七七「佐和山城旧記―古城御山往昔咄聞集書　古城山往昔之物語聞書」を参照されたい。

(10) 註7文献に同じ

(11) 彦根市教育委員会　二〇一〇「佐和山城跡測量調査」『彦根市文化財年報　平成二〇年度』。なお、これ以前に作成された『佐和山城解説シート』の中でも公表されている。この測量調査は平成一六年度から開始された。

(12) 佐和山城研究会　二〇〇七「佐和山城に遺るもの―石垣・瓦を中心に―」『近江佐和山城・彦根城』サンライズ出版。主に踏査成果が収録されているが、この踏査は平成一三～一六年頃の間で実施されたようである。

(13) 佐和山城は彦根築城に伴って廃城となるが、その彦根城の本丸への主要虎口にあたる太鼓門の正面にも金亀山（彦根山）の岩盤（チャート）を削り出して、いわゆる「鏡石」のようなものを造り出して本丸を形成する石垣の一部としている事例がある。なお、本稿では、図2Aを虎口と想定するが、現地や測量図では、天守台跡と想定する箇所から緩やかなスロープ状の地形（図2B）が当概箇所まで続いており、虎口想定箇所にしては土砂の堆積が著しいのである。これは、スロープ状地形が井伊氏による破却行為で形成されたと考える。具体的には虎口を埋め殺すために天守台付近から切り崩し、さらにこのスロープ状地形を利用して、天守の解体部材などを引きずりおろしたことにより生成された地形であると想定したい。

(14) 本稿では、残存石垣部位を測量図上に点で落としたものを単純に線で結んで石垣想定ラインとしているが、本来は石垣天端部において石垣想定ラインを引かなければ、本丸の平坦面の復元にはならないと考える。本稿は、あくまでも現段階の既存資料による積極的且つ最大限の復元案であるということでご理解いただきたい。

(15) 伊達文書『大日本古文書』

(16) 西明寺に残る元禄十五年（一七〇二）に製作された絵馬に佐和山城天守とされる五重の天守が描かれている。しかし、佐和山廃城後、約一〇〇年が経過して描かれたものであり、その資料的価値は低いと考える。

(17) 註2に同じ

(18) 註6文献に同じ。さらに、中井均　一九九〇「織豊系城郭の画期―礎石建物・瓦・石垣の出現―」『中世城郭研究論集』新人物往来社、同　一九九四「織豊系城郭の特質について―石垣・瓦・礎石建物―」『織豊城郭』創刊号　織豊期城郭研究会

(19) 下高大輔　二〇一二「なぜ織豊系城郭の支城、そして考えるのか―城郭遺構論の現状と課題―」『織豊城郭』第一二号　織豊期城郭研究会。ここで、「支城」を、「幾つかの城が一つの組織をなして活動する場合、その中心になる城（本城・筆者註）に従属して、これを補助する城」（鳥羽正雄　一九九五「支城」『新装版　日本城郭辞典』東京堂出版）であることを前提に、一定の地域・時期の本城と支城を抽出することにより、「ある特定の時期の城郭群の様相（空間軸）の把握が可能となり、この空間軸を時間軸により重層的に把握することにより、城郭遺構の各時期の様相を把握できる」とした。

(20) 八幡山城跡に関しては三尾次郎氏にご教示頂いた。記して感謝致します。三尾次郎　二〇〇六「八幡山城」『近江の山城ベスト五〇を歩く』サンライズ出版

(21)『近江輿地志略』・『蒲生郡志』・『八幡町史』などで古くから紹介されているが、近年、近江八幡市・近江八幡市教育委員会　二〇〇八『八幡山

城跡・北之庄城跡詳細測量調査報告書』（近江八幡市埋蔵文化財発掘調査報告書四二）が刊行されている。なお、本稿で加筆使用している八幡山城跡測量図は本書に掲載されている。また、城郭談話会編　二〇〇四『図説近畿中世城郭事典』で、堀口健弐氏が八幡山城の山上部の構築時期について言及している。矢穴石垣が天正期の他の織豊系城郭に見られず、本丸西側の突出した櫓台は文禄・慶長の役の倭城やその後の国内城郭に多く見られる手法であるとし、山上部については京極氏段階に改修された可能性を示している。しかし、矢穴石垣については、天正期に築城された安土城・豊臣期大坂城などで確認されている。また、仮に突出した櫓台が文禄期以降の遺構であったとしても、部分改修であり、基本的な縄張り成立は天正十三年の秀次による新規築城段階であると考える。

(22) 豊臣秀吉領地宛行状案（前田家所蔵文書　京都大学文学部影写本）

(23) 堀尾吉晴領地目録（東京大学史料編纂所所蔵文書『大日本史料』一一－一九）

(24) 藤田恒春　二〇〇〇「豊臣秀次と近江の領地支配」『織豊期の政治構造』吉川弘文館

(25) 小和田哲男　二〇〇二「八幡山城と城下町の経営」『豊臣秀次「殺生関白」の悲劇』ＰＨＰ新書

(26) 近江国図は『近江輿地志略』に収録されているものを使用した。主要街道については、本図に記載されている内容を太線で示しているのみである。また、主要城郭については、秀次とその「宿老共」の居城と同時期に確実に機能している大津城のみを記載している。この時期、ほかにも機能している城郭は存在するが、本稿では記載していない。

(27) 註7　中井均　一九九七　文献に同じ

(28) 註21　近江八幡市・近江八幡市教育委員会　二〇〇八　文献に同じ

(29) 註28文献などに収録されている。

(30) 註25文献に同じ

(31) 註6文献に同じ

(32) 註28文献に同じ

(33) 髙田徹　二〇〇九「水口岡山城の構造」『中世城郭研究』第二三号　中世城郭研究会

(34) 水野和雄・佐藤圭編　二〇〇二『戦国大名朝倉氏と一乗谷』高志書院

(35) 註19文献に同じ

(36) 下高大輔　二〇一三「考古学的な織豊期城郭研究の視点とその方法に関する基礎的整理―パーツ論・構造論・そして縄張り論へ―」『織豊城郭』第一三号　織豊期城郭研究会

〔付記〕本稿完成後、註13に記した城郭破却により生成されたスロープ状遺構について、岐阜市教育委員会の内堀信雄氏らより岐阜城山麓居館跡においても検出されているとのご教示を頂いた。岐阜市教育委員会　二〇一三『岐阜城跡2―織田信長居館伝承地の確認調査―』に報告されている。

このたび、小和田哲男先生が古稀をお迎えになられるということで、論集への執筆のお話をいただけた。自分の中で小和田先生は、テレビの中の有名人という印象が強かった。そんな先生のお姿を初めて拝見したのは、天正十二年の小牧・長久手の戦いの際に築かれた付城との評価がある三重県久居市の上野遺跡の現地説明会であった。その際は多くの方々に囲まれた先生とは直接お話しすることはできなかった。その後、織豊期城郭研究会静岡特別集会や熊本研究集会の折にご挨拶する機会ができた。小さい頃から別世界の方だと感じていた先生の古稀をお祝いする論集の紙面に書かせていただけたことは大変光栄に思います。今後もお元気にご活躍されることをお祈り申し上げます。

慶長五年八月二十三日の岐阜城攻城戦について

白峰　旬

はじめに

慶長五年（一六〇〇）八月二十三日の岐阜城攻城戦は、関ヶ原合戦の前哨戦として著名であるが、本稿では、軍記物ではなく、これまであまり紹介されてこなかった一次史料や、一次史料に準ずる良質の史料をもとに岐阜城攻城戦の実態を考察したい。具体的には、八月二十三日当日の岐阜城攻城戦について、岐阜城下での戦いと山上の曲輪群での戦いというように区分して考察する。

なお、岐阜城攻城戦に関する研究史は、『岐阜県史・通史編（近世上）』[註1]、『岐阜市史・通史編（近世）』[註2]など多いが、本稿の内容と特に関係する研究史としては、土山公仁「研究ノート　岐阜城八月二十三日の戦い」[註3]、髙田徹「岐阜城について」[註4]、中井均「岐阜城跡」[註5]、『史跡岐阜城跡・保存管理計画書』[註6]があり、個々の論点については、以下の行論を進める中で関説することとしたい。

一　生駒利豊の書状に記された八月二十三日当日の岐阜城攻城戦
——岐阜城下での戦い——

慶長五年八月二十三日の岐阜城攻城戦の戦闘に実際に参戦した生《い》駒《こま》利豊《としとよ》が報告した書状である「極月十三日付坪内定次宛生駒利豊書状」（生駒陸彦・松浦武編『生駒家戦国史料集—尾張時代の織田信長・信雄父子を支えた一家—』[註7]所収）の内容から岐阜城攻城戦（岐阜城下での戦い）の状況を見ていくことにしたい。

この書状を記した生駒利豊は、尾張国小折城主（現愛知県江南市）であり、慶長二年（一五九七）の時点で生駒利豊は一五六〇石、父の家長は三九五石六斗の知行をそれぞれ豊臣秀吉から宛行われていた。[註8]

生駒利豊がこの書状を記した経緯については、松浦武氏の研究によれば（前掲『生駒家戦国史料集』）、次のようなものであった。あるとき、井伊直孝・坪内家定・安藤直次・成瀬正成たちが一緒になった。たまたま関ヶ原合戦の話になり、この合戦で福島正則の麾下に入り、尾張衆として参戦した生駒利豊の活躍に話題が及んだ。生駒利豊（慶長五年の時点で二六才）は普段から自分の手柄話をすることがなかったので、一座の誰もその実態を知らなかったため、後日を期することになったのか、坪内家定の子息の坪内定次が生駒利豊のところへ問い合わせてきた。それに対して、生駒利豊が坪内定次へ返書を書いたのがこの書状である。この書状の年次については、上述した成瀬正成の没年が寛永二年（一六二五）であることから、それ以前のものである、と松浦武氏は考察している。

筆者（白峰）は、この書状の中に「加納之美作殿」という記載があることから、奥平信昌（美作守）が慶長六年（一六〇一）から美濃加納城主であった点と、奥平信昌の没年が慶長二十年（一六一五）三月である点を勘案すると、この書状は慶長六年から同十九年（一六一四）の間に年次比定できる、と考えている。

なお、生駒家長の女（＝娘）が坪内家定の妻であり、その子が坪内定次であることから、(註9)生駒家と坪内家は親戚関係にあったことがわかる。そうした関係で書状のやり取りがあったのであろう。岐阜城攻城戦に参戦した生駒利豊の書状内容（戦闘の報告）について、以下に筆者（白峰）が現代語訳をおこない、実戦の状況について紹介したい。この生駒利豊の書状内容については、前掲『生駒家戦国史料集』に収録されたものをもとに現代語訳をおこなったが、書状原文（史料原文）における一部の語句の読みについては、筆者（白峰）が訂正して現代語訳をおこなった箇所がある。

【史料】「極月十三日付坪内定次宛生駒利豊書状」の現代語訳

（前略）岐阜（＝岐阜城下）へ（生駒利豊が）着いた時、大夫殿（＝福島正則）の先手衆は（岐阜城下の）西口へまわった。大夫殿（＝福島正則）の旗本の者（と）（豊臣）秀頼の馬廻の衆二〇人ばかりがいたが、これ（ら）は矢嶋町口へ行った。矢嶋町口（は）木戸を閉めていたので、東の土居にあがり、我等（＝生駒利豊）が一番に塀を乗り越えたが、内には敵は一人もいなかった。そうしたところ、（生駒利豊が）木戸を押し開けた。（そして）あとにいた衆が乗り込み、かえって我等（＝生駒利豊）は遅くなる状況であった。法花寺口の大門は閉まっていて、少しの間、そこにて（敵が？）支えているうちに、あれこれとして扉を押し開けて数百人が押し入った（侵入した）。これも内には敵は一人も見えなかった。七曲口（の）麓《ふもと》にて、澤井左衛門尉・森勘解由・林大学・青山石見など（が）、我等（＝生駒利豊）よりは先にて山（＝城山）へのぼることをとめた。安孫子善十（郎）・小坂助六（＝小坂雄善《おざかかつまさ》）・稲熊市左衛門・寺西甚太郎・中村又蔵もそれ（＝そこ）へ来たが、そのほかにも多くいた。我等（＝生駒利豊）が言うには、「大夫殿（＝福島正則）の衆は、早くも（城山へ）あがったので、我等（＝生駒利豊）も（城山へ）あがろう」と言って、馬を乗り出したので、我等（＝生駒利豊）をとめていた衆も（馬にて）乗り上げた。ひの岡峠（＝日野岡峠）にて中村又蔵があとより「隼人（＝生駒利豊）、馬より降りろ」と言葉をかけたので（生駒利豊は馬から）降りてよいものと思い、（馬から）飛び降りて（城山に）あがった時、（先に城山にのぼった衆が）上よりどっと（＝一度にたくさん）崩れてきた。（そのため下にいた）大勢の者共が皆々押し立てられた（＝押し出された）。残った者は、森勘解由・林大学・我等（＝生駒利豊）のただ三人（だけ）であった。まもなく三度（上から）崩れたが、右の三人（＝森勘解由・林大学・生駒利豊）はついに押し立てられなかった（＝押し出されなかった）。そのうちに、我等（＝生駒利豊）が言うには、「前にのぼるように」と両度まで言ったが、中村又蔵は「この城（＝岐阜城）は一日二日で落ちることはない。皆次第に（＝皆の判断に任せる、という意味か？）しよう」と言った。この度は、林大学などもそのように言い、（城山に）のぼらないうちに城は晩になった（ママ）。右の（生駒利豊が城山にのぼることを）とめた衆は年上なので、我等（＝生駒利豊）一人で（城山に）のぼるべきであった。（城山に）行かなかったことを後悔している。（城山にのぼらなかったことは）拙者（＝生駒利豊）の落ち度であった。（後略）（注：傍線引用者）

この記載内容をまとめると、以下のようになる。

①福島正則の先手衆は（岐阜城下の）西口へまわった。
②福島正則の旗本と豊臣秀頼の馬廻の衆二〇人ばかりは矢嶋町口へ行った。
③しかし、矢嶋町口は木戸を閉めていたので、東の土居にあがり、生駒利豊が一番に塀を乗り越えたが、その内には敵は一人もいなかった。
④そして（生駒利豊が）木戸を押し開けて、あとにいた衆が（開けられた木戸から）乗り込んだため、かえって生駒利豊は遅れてしまった。
⑤法花寺口の大門は閉まっていて、少しの間、そこで（敵が？）支えているうちに、扉を押し開けて数百人が押し入ったが、ここもその内には敵は一人も見えなかった。
⑥七曲口の麓にて、澤井左衛門尉・森勘解由・林大学・青山石見などが、生駒利豊より先（の位置）で城山へのぼることをとめた。
⑦安孫子善十郎・小坂助六・稲熊市左衛門・寺西甚太郎・中村又蔵もそこへ来たが、そのほかにも多くいた。
⑧生駒利豊は「福島正則の衆は、早くも（城山へ）あがったので、自分も（城山へ）あがろう」と言って、馬を乗り出したので、生駒利豊をとめていた衆も（馬にて）乗り上げた。
⑨ひの岡峠（＝日野岡峠）にて中村又蔵があとから「隼人（＝生駒利豊）、馬より降りろ」と言ったので（生駒利豊は馬から）降りてよいものと思い、（馬から）飛び降りて（城山に）あがった時、（先に城山にあがった衆が）上よりどっと（＝一度にたくさん）崩れてきた。
⑩（そのため下にいた）大勢の者共が皆々押し出されたが、残った

者は、森勘解由・林大学・生駒利豊の三人だけであった。
⑪まもなく三度（上から）崩れたが、この三人（＝森勘解由・林大学・生駒利豊）はついに押し出されなかった。
⑫生駒利豊は、「前にのぼるように」と両度まで言ったが、中村又蔵は「この城（＝岐阜城）は一日二日で落ちることはない。皆次第に（＝皆の判断に任せる、という意味か？）しよう」と言った。
⑬そして、林大学などもそのように言い、（城山に）のぼらないうちに晩になった。これらの（生駒利豊が山にのぼることを）とめた衆は年上なので、生駒利豊一人で（城山に）のぼるべきであった。（城山に）行かなかったことを後悔している。（山にのぼらなかったことは）拙者（＝生駒利豊）の落ち度であった。

以上の記載内容を見ると、生駒利豊の参戦状況は、岐阜城下での攻撃（上記①～⑤）、城山にのぼる行動（上記⑥～⑬）というように大きく二つに分けることができる。城山にのぼる行動をとった、ということは、岐阜城下での攻撃に決着がついた、ということを意味すると思われる。

まず、岐阜城下での攻撃では、西口、矢嶋町口、法花寺口という具体的名称がわかり、これらは岐阜城下の惣構の中にあった城門を指すと思われる（矢嶋町口は現在の岐阜市矢島町に比定できる）。矢嶋町口と法花寺口での攻撃の様子は具体的に記されており、いずれも城門を閉めていたことは、戦時における城門の運用という点で注目される点である。

矢嶋町口は木戸を閉めていたと記されているので、城門としては冠木門の形式であったと考えられる。その横には土居と塀があったこともわかる。攻城側の生駒利豊は、土居にあがって塀を乗り越えて内側から木戸を開けて攻城側の軍勢が乗り込んだ、と記されているので、戦時における城門の突破の仕方が具体的にわかる。ただし、矢嶋町口の城門内には敵兵（＝岐阜城主織田秀信方の兵力）は一人もいなかった、と記されているので、岐阜城主織田秀信方としては、城下での攻防戦を放棄して山上の岐阜城での攻防戦に兵力を集中させていた、と考えられる。

法花寺口は大門を閉めていたと記されているので、城門としては櫓門の形式であったと考えられる。攻城側の軍勢は扉を押し開けて数百人が押し入ったが、その内には敵は一人も見えなかった、と記されているので、この点は上述した矢嶋町口のケースと同様に、岐阜城主織田秀信方が城下での攻防戦を放棄して山上の岐阜城での攻防戦に兵力を集中させていた、と考えられる。法花寺口から数百人の攻城側軍勢が侵入した、と記されている点は、攻城側軍勢が数百人単位で軍事行動をしていた、という点で注目される。

なお、前掲・土山公仁「研究ノート　岐阜城八月二十三日の戦い」[註10]において、上記の「極月十三日付坪内定次宛生駒利豊書状」の記載内容を紹介しており、「西口は七曲口からまっすぐ西にのび、岐阜と鏡島さらに京都へむかう岐阜城下町時代の重要ルート」、「城下町時代の尾張と岐阜をむすぶ重要ルートが、大門口ではなく矢嶋町口にとりついていたのではと考えている」と指摘している。さらに記載内容をもとに土山氏は「矢嶋町口には、土塁と堀《ママ》（塀カ）

があり、宗直は土塁をのりこえて、門を開いた。ここまで、宗直は先陣争いのトップランナーだったが、あっさり後続に追い越されてしまう。最初に城下に突入したのになぜかというと、土塁をよじのぼるために、馬《(マ》からおりる必要があったからだ《マ)》。続く法花寺口にも木戸《(ママ)》があったが、矢嶋町口同様敵は見あたらない」と解釈している(引用文中の宗直とは生駒利豊のことを指す)。しかし、上記の史料の記載内容からすると、①矢嶋町口には塀があったという記載はあるが、堀があったという記載はない、②生駒利豊が矢嶋町口の土塁をのぼるにあたって馬から降りたという記載はない、③法花寺口に木戸があったという記載はない、という点が指摘できるのでこうした点は訂正が必要であろう。

生駒利豊が城山にのぼる行動をとったことについては、以下の点が指摘できる。

a 生駒利豊は澤井左衛門尉・森勘解由・小坂助六・寺西甚太郎などの尾張衆と共にまとまって行動している。

b 福島正則の衆は、生駒利豊などの尾張衆よりも先に城山へあがった。

c 七曲口の麓から生駒利豊などの尾張衆は馬で城山にあがった。

d 日野岡峠において生駒利豊は馬から降りた。そして、(徒歩で)城山へあがった時に(先に城山にあがった衆が)上より一度に将棋倒しで崩れてきた。

e (城攻めの軍勢が)上から将棋倒しで崩れてきたことは、その後も三回あった。

f 生駒利豊はのぼることを言い張ったが、中村又蔵や林大学が反対したので城山にはあがらずに晩になった。

g しかし、(結果的には岐阜城は一日で落城したので)生駒利豊は城山にあがらなかったことを後悔した。

このことからは、日野岡峠より上は馬で行けなかったことや、日野岡峠より上には生駒利豊は行かなかったことがわかる。また、城攻めの軍勢が上から将棋倒しで崩れてきたのは、山城であるため登城ルートが狭い上に傾斜があったためであると推測できる。尾張衆の中村又蔵や林大学が日野岡峠より上にあがらない判断をしたことは、城山の下では山上での攻城戦の様子がよくわからなかったことに起因すると思われ、この点が判断ミスにつながったと考えられる。

前掲・土山公仁「研究ノート　岐阜城八月二十三日の戦い」では、「岐阜城方の抵抗があったのは「日野岡峠」である」と指摘しているが、上記の「極月十三日付坪内定次宛生駒利豊書状」の記載には、日野岡峠において生駒利豊は馬から降りたという記載があるだけで、岐阜城方の抵抗があったという記載はないので、この点は訂正が必要であろう。

前掲・土山公仁「研究ノート　岐阜城八月二十三日の戦い」では、「日野岡峠がどの地点をさすのかは断定できない。しかし、宗直が現在の七曲をすすんだことは確かで、峠というのだから、七曲が谷道から道にきりかわる地点、現在も大堀切が残っているあたりの可能性が高いだろう。(中略)また、この記録で興味深いのは、宗直がここで馬をおりていることだ。逆にいえば、ここまでは乗馬したままで登れたのである。」と指摘している（引用文中の宗直とは生駒利豊のことを指す）。

上記の「極月十三日付坪内定次宛生駒利豊書状」には、城山（岐阜城）の上での戦闘の様子は記されていないが、①山城であっても城攻めの場合、ある程度の高さ（この場合は日野岡峠）までは馬に乗って行くことができた、②城攻めの軍勢が上から将棋倒しで崩れてきたことは合計四回あった（これは狭くて傾斜がある山城の登城ルートへ一度におおくの人数が殺到して攻めのぼったことが原因と思われる）、③城山の下では山上での攻城戦の様子がよくわからなかったために、岐阜城が一日、二日で落城はしない、という誤った判断をしてしまった、などの点が具体的によくわかる。よって、こうした点から、上記の「極月十三日付坪内定次宛生駒利豊書状」は、山城（岐阜城）に対する攻城戦の実態を具体的に理解するうえで貴重な一次史料であると評価できる。

二　細川家関係史料に記された八月二十三日当日の岐阜城攻城戦
—山上の曲輪群での戦い—

細川家関係史料である『綿考輯録』(註11)には、岐阜城攻城戦に参戦した細川忠興《ただおき》（丹後宮津城主）が、細川興元《おきもと》（忠興の弟）を「岐阜戦功改」の奉行に命じて、家臣の戦功を吟味させた史料が収録されている。この史料には首取りをした家臣や岐阜城攻城戦に参戦した家臣の個々の名前が記されている。

この史料によれば、首取りをした細川家家臣一五人とは別に、岐阜城攻撃をおこなった細川家家臣九九人の名前が記載されている（名前未記載の下人一人を含む）。そして、これらの細川家家臣九九人は、a大手門への攻撃部隊（二七人）、b大手門脇の塀への攻撃部隊（一八人）、c大手門脇の矢蔵（＝櫓）への攻撃部隊（七人）、d詰の門への攻撃部隊（六人）、e鉄砲による攻撃部隊（＝鉄砲隊）（一一人）、f細川忠隆《ただたか》（＝忠興の長男）の護衛部隊（二五人）、g細川孝之《たかゆき》（＝忠興の弟）の護衛部隊（五人）というように五つの備え（＝戦闘ユニット）から編成されていた。

上記a～gがそのまま戦闘陣形の序列をあらわしていたとすると、大手門への攻撃部隊（a～c→合計五二人…細川家の全人数九九人の約半分にあたる）が先頭に進み、詰の門への攻撃部隊（d→六人）がそれに続き、鉄砲隊（e→一一人）が中程に位置し、最後尾が細川忠隆と細川孝之の護衛部隊（f、g→合計三〇人……細川家の全人数九九人の約三分の一にあたる）という構成であったことがわかる。

この構成を見ると、岐阜城の大手門の攻略が第一目標であり、細川家では約半分の兵力を投入したことになる。この史料によれば、岐阜城の大手に一番に付けたのが一人（松井新七郎）、二番に付けたのは三人（明石半四郎、松井長助、坂井喜運）であり、これは大手門内の敵陣に最初に乗り込んで戦った細川家家臣と、それに続いて乗り込んだ細川家家臣の戦功を明記したことを示している。

なお、この史料には細川忠興の護衛部隊の記載はないので、細川忠興が直接率いた軍勢が別に存在したのかもしれないが、その点については詳しいことはわからない。その意味では、この細川家の軍勢は、細川忠隆が直接率いた軍勢ということになる。また、岐阜城を攻撃した軍勢は細川家以外にも存在したので、この史料の人数はあくまで細川家の兵力数に限定されたものである、という点には留意する必要がある。この史料によれば、右筆一人（国分左助）、鞍《くら》打《うち》一人（伊勢伝五）、日置《へき》流の弓の名手一人（伴喜左衛門）がいたことがわかり、特に右筆の存在については、右筆の戦場における役割を考えるうえで興味深い。そのほか、鉄砲隊の存在は、山城の攻城戦でも鉄砲隊を使用したことがわかるが、野戦のように鉄砲隊が先頭に位置していない点は注意される点である。

この史料における岐阜城の曲輪など城郭のパーツ名を、史料の原文記載から列記すると、「大手の門口」、「此門は鉄の門」、「つめの城の入口」、「大手門脇の屏」、「武藤つふら」、「大手」、「同矢蔵の南のひら」、「出丸」、「詰の門」、「左の矢蔵下」というようになる。この中で「つめの城」（＝詰の城）とは山上の曲輪群を指すと考えられる。大手門については、原文では「大手の門口、此門は鉄の門、つめの城の入口、山のてへん也」と記されていることから、大手門は鉄門と呼称され（門の扉に鉄板が張ってあった可能性が高い）、山上の曲輪群への入り口に位置し、山上にあったことがわかる。

そして、大手門の脇には塀と櫓があったこともわかる。このほか、詰の門があり、その左側には櫓があったこともわかる。詰の門の記載は大手門の記載よりもあとに出てくるので、大手門よりもさらに奥の位置（換言すれば、大手門を突破したあとに出てくる門）にあったと推測できる。また、詰の門の名称は、文字通り、詰の城の門を意味しており、大手門よりも詰の城（＝山上の曲輪群）の中心部に近い位置に位置したことに由来したと推測できる。

大手門での攻防戦は、細川家の攻撃部隊が、大手門（上記ａ）、大手門脇の塀（上記ｂ）、大手門脇の櫓（上記ｃ）というように攻撃対象を三つに分けて攻撃しているが、大手門脇の塀を攻撃したうちの一人（遠山勘右衛門）は「武藤つふら」にて戦傷を受け、それがもとで後に死去したので、「武藤つふら」は位置的に大手門の近くにあったことになる。また、大手門脇の櫓の南の「ひら」[註12]（＝斜面）に付いたうちの一人（松井新太郎）は、「出丸」から斜めの角度で鉄砲の射撃を受けて左側の頭部の鎧《よろい》を撃ち抜かれているので、「出丸」は大手門脇の櫓の南側の斜面にいる敵兵を斜めの角度で狙撃できる位置にある曲輪であったと考えられる。

こうした点を考慮した上で、「大手門」、「詰の門」、「武藤つふら」、「出丸」の位置、大手門脇の「矢蔵」、「詰の門」の左にあった「矢蔵」の位置について、現在地への比定をおこないたい。岐阜城の曲輪群についての縄張り論からの考察は、髙田徹氏の論文「岐阜城について」[註13]（以下、髙田論文と略称する）において縄張図を提示して詳細に論じられているほか（髙田論文における岐阜城の山上の曲輪群の縄張図については本稿の図1・図2を参照）、中井均氏の論考「岐阜城跡」[註14]においても略測図を提示して曲輪群の概要について解説している。

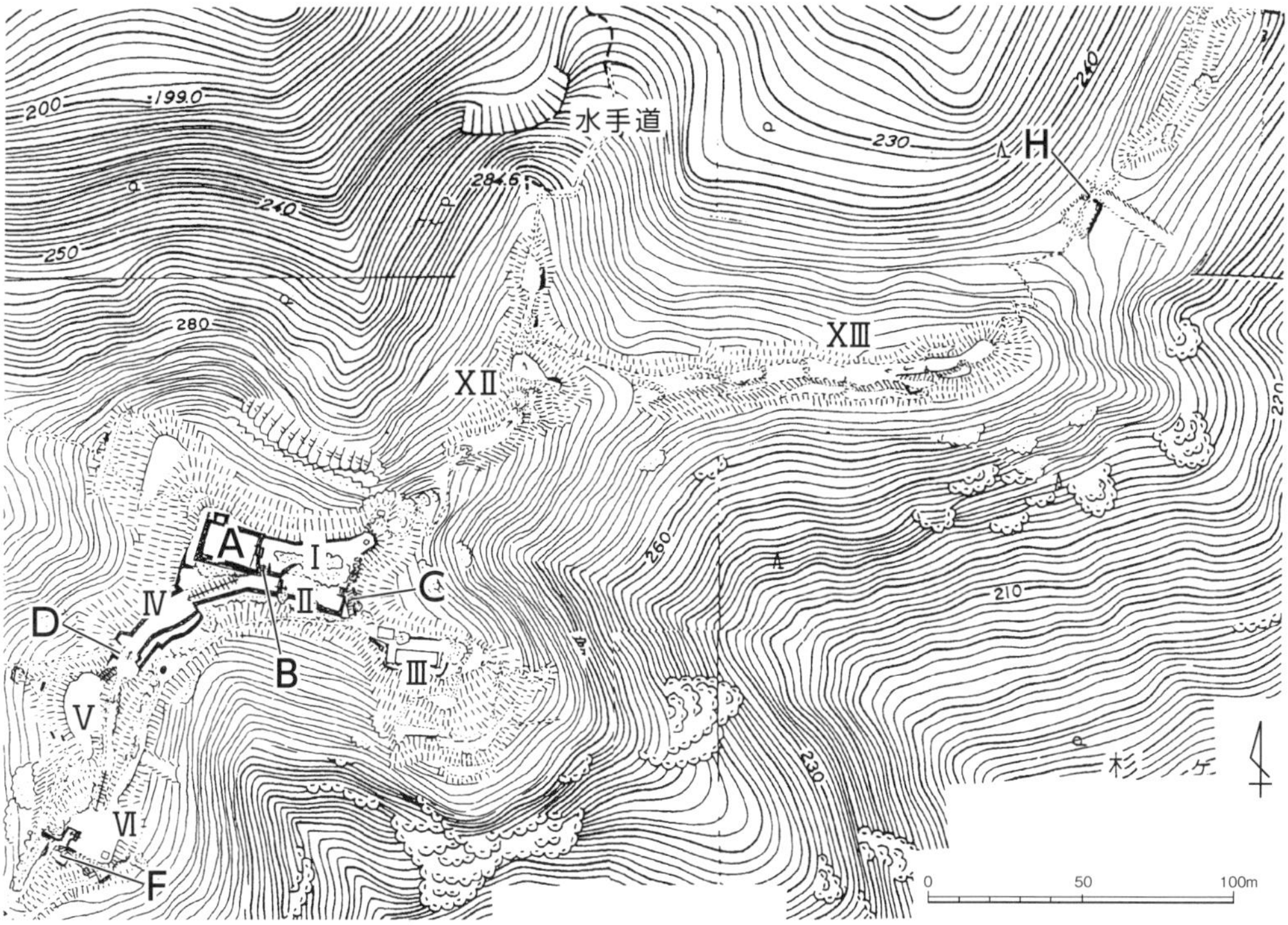

図１　岐阜城の山上の曲輪群の縄張図(1)
（髙田徹「岐阜城について」、『中世城郭研究』第17号、中世城郭研究会、2003年、の図三より引用）

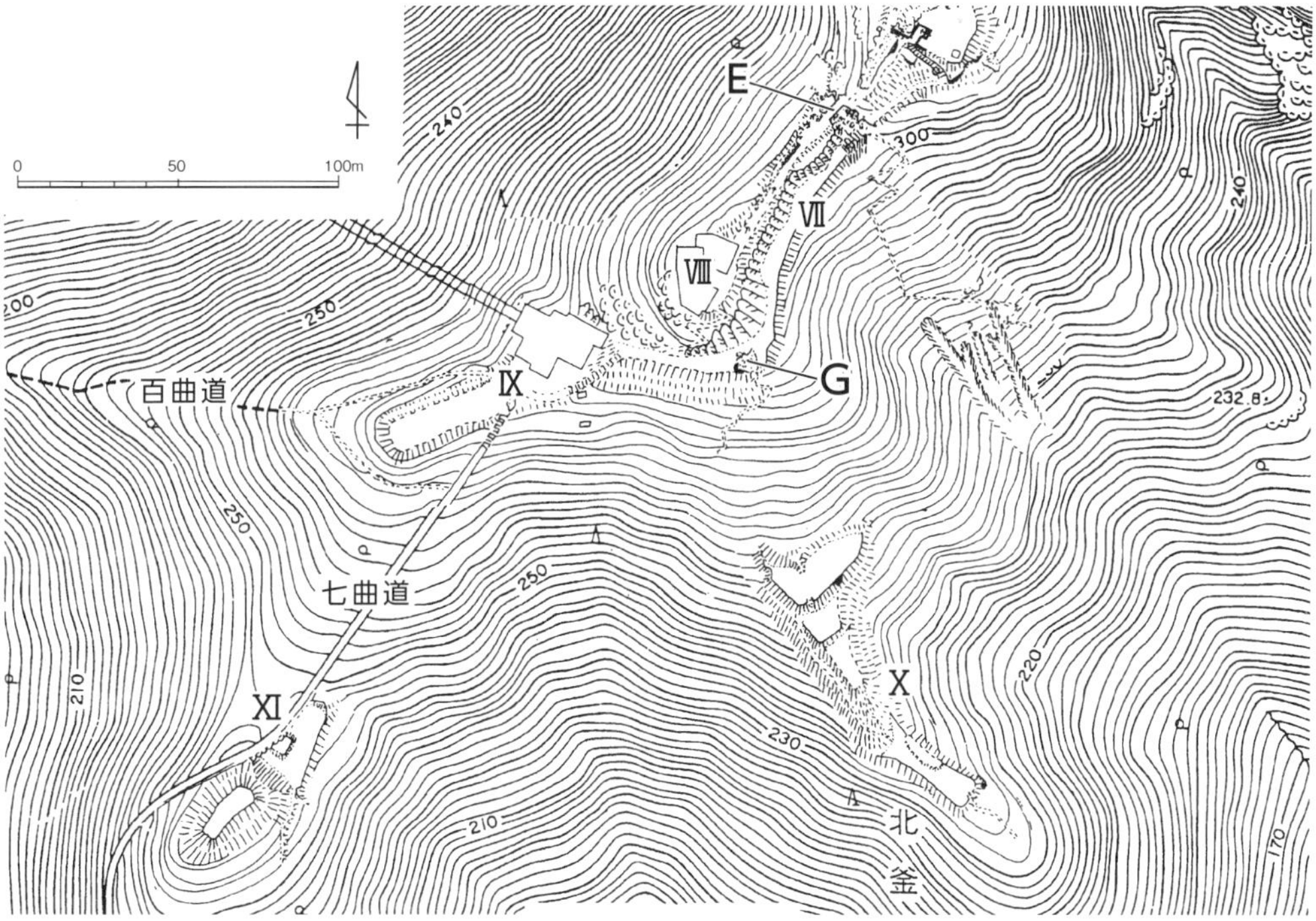

図２　岐阜城の山上の曲輪群の縄張図(2)
（髙田徹「岐阜城について」、『中世城郭研究』第17号、中世城郭研究会、2003年、の図四より引用）

こうした研究成果をもとに考察すると、「大手門」は上格子門《あげこうしもん》（現在の呼称、高田論文の虎口Ｇ）に該当すると考えられる。位置的に見て、上格子門は七曲道（大手道）をあがりきったところにあるので、細川家の軍勢は七曲道からのぼったことになる。「詰の門」は二之丸門（現在の呼称、高田論文の虎口Ｆ）に該当すると考えられる。「武藤つふら」については、武藤峠を指すという説もあるが、(註15) 位置的には、上述のように大手門の近くにあったと考えられ、細川家家臣が「武藤つふら」にて戦傷を受けたことを考慮すると、「武藤つふら」は峠の名称ではなく、大手門の近くにあった曲輪の名称と考えるべきであろう。(註16) この点については、すでに高田論文において、「武藤つふら」を現在、七間櫓と呼称される曲輪（高田論文の曲輪Ⅷ）に比定しているので、筆者もこの高田論文の見解に従いたい。このように考えた場合、大手門脇の「矢蔵」とは現在、七間櫓と呼称される曲輪（高田論文の曲輪Ⅷ）にあった櫓ということになり、上述のように、「出丸」は大手門脇の櫓の南側の斜面にいる敵兵を斜めの角度で狙撃できる位置にある曲輪であったことから、「出丸」の位置については、現在、煙硝蔵と呼称される曲輪（高田論文の曲輪Ⅸ）に比定できる。上述のように、「詰の門」は二之丸門（現在の呼称、高田論文の虎口Ｆ）に該当すると考えられることから、「詰の門」の左にあった「矢蔵」の位置は、現在、下台所と呼称される曲輪（高田論文の曲輪Ⅵ）にあった櫓と考えられる。

このように、細川家関係史料（岐阜城攻城戦に参戦した細川家家臣の戦功改めの記録）からは、上述のように、参戦した細川家家臣の個々の名前や人数だけでなく、備え（＝戦闘ユニット）の編成、戦闘陣形の構成のほか、山上の曲輪群における城郭パーツ（城門、櫓、曲輪）を現在地に比定することによって攻防戦の具体像を明確にすることができる。

三　岐阜城主織田秀信方の史料に記された八月二十三日当日の岐阜城攻城戦
―山上の曲輪群での戦い―

上記の史料は岐阜城を攻撃した側の関係史料であったが、岐阜城を守備した側（岐阜城主織田秀信方）の史料については、数は多くないものの感状が五通残されている。具体的には、①「慶長五年八月二十三日付鹽川孫作宛織田秀信感状写」(註17)、②「（慶長五年）八月二十三日付笠原半左衛門宛織田秀信感状写」(註18)、③「慶長五年八月二十三日付諏方孫一宛織田秀信感状写」(註19)、④「（慶長五年）八月二十六日付津田勘八宛木造長忠感状写」(註20)、⑤「慶長六年五月二十一日付笠原半左衛門尉宛津田忠信感状写」(註21)であり、上記①、②、③はいずれも同日（八月二十三日）付で織田秀信（岐阜城主）が出した感状である。八月二十三日は岐阜城が攻撃を受けて落城した日付である。

上記①、②、③はいずれも「就今度籠城」という文言で始まっており、これらの感状に「籠城」と記されている点は注目される。現在では「籠城」というのは城にこもって長期間戦うという意味にとられているが、岐阜城の攻城戦のようにたった一日（八月二十三日）

で攻城戦が決着したケースでも使用されていることから、「籠城」が単に城に籠って敵と戦うという意味でも使われたことがわかる。そして、このように戦いに負けて落城した場合でも城主から感状が出された、という点は注意される。

上記④では「今度きふ城中ニて、ちよさいなくつき申事満足候、殊武藤つふらにてかへし、弓ニて手をくたかれ、手おいなとおほく候儀、具ニ存候、其後本丸にて、我とうつミ門にあかり申候一所にてひるいなきはたらき共候、其上羽柴与一郎殿より使者参、一段手からにて候、（後略）」と記されている。

この記載内容によれば、a岐阜城中の「武藤つふら」において津田勘八が（敵に）反撃して奮戦し（敵の）弓によって手を負傷した、bその後、本丸において木造長忠（＝長政）などが「うつミ門」（＝埋門）に上がった「一所」（＝一つの場所）にて津田勘八が比類のない働きをした、cそのうえ、「羽柴与一郎殿」（＝細川忠隆）から使者（＝守城側への投降を促す使者と考えられる）が来た、ということがわかる。

これらの点を考慮すると、岐阜城中の「武藤つふら」において攻防戦があり、その後、本丸で攻防戦があったこと、細川忠隆は本丸まで攻め込んだであろうことが理解できる。この記載内容からも「武藤つふら」は岐阜城における曲輪名であると考えられ（城攻めの攻撃ルートからすると本丸よりも手前にあった曲輪であることがわかる）、上述のように、「武藤つふら」を現在、七間櫓と呼称される曲輪（髙田論文の曲輪Ⅷ）に比定している髙田論文の見解が正しいことの証左となろう。なお、本丸における「うつミ門」（＝埋門）は、髙田論文の虎口B（主郭である曲輪Ⅰの南西の天守台際にある虎口）に該当すると考えられる。とすると、天守台の際まで攻め込まれていたことになり、戦いの最終局面で細川忠隆から使者が来たことは、守城側への投降を促す使者であったと考えられる。

上記⑤では「去年、岐阜面ニ而、河手口へ相働候時、我ホニ付、相心懸返ゝ、其夜七曲番所ニ相詰、則遂籠城ヲ、大手ノ口ニ而、相働候事神妙ニ候（後略）」と記されている。この記載内容によれば、去年（＝慶長五年）、岐阜にて河手口（＝現岐阜市上川手、下川手など）へ（織田秀信方の軍勢が）働いた時（＝八月二十二日の米野の戦いを指すと考えられる）、笠原半左衛門が織田秀信方について戦ったこと、その夜（八月二十二日の夜）「七曲番所」に詰め、そして（岐阜城で）籠城をおこない「大手ノ口」において戦ったことがわかる。これらの点を考慮すると、山上の曲輪群へあがっていくルートである七曲道には織田秀信方の兵が詰める番所（「七曲番所」）があったことがわかる。

また、「大手ノ口」で戦ったということは大手口で攻防戦があったことがわかり、上述したように大手門（現在、上格子門と呼称される虎口、髙田論文の虎口G）で攻防戦があったことが、この記載からも立証できる。

おわりに

上記の史料以外としては、岐阜城攻城戦において主導的役割を果たした福島正則が結城秀康、浅野長政それぞれに対して、八月二十四日付（岐阜落城の翌日にあたる）で岐阜城攻城戦の状況を報じた書状に具体的に記されている。「（慶長五年）八月二十四日付結城秀康宛福島正則書状写」[註22]の記載内容によれば、ａ一昨日（八月二十二日）に萩原・起《おこし》を舟にて福島正則が先手として（木曽川を）越し、「かしのい」（＝加賀野井）・「竹かはな」（＝竹鼻）近辺を放火して、翌日（八月二十三日）未明に岐阜（城下）へ押し掛け（＝攻撃して）、即時に町を追い破った、ｂ瑞龍寺（山の砦）には丸（＝曲輪）が三つあったが、（そのうちの）二つ（の丸）と、そのほかに（岐阜城の）二・三の丸をすべて乗り崩し、本丸も「天主」まで攻め詰めたところ、木造長政・百々綱家以下が出て来て、織田秀信の御身命について異儀のないようにと（述べて）降参した、ｃよって、井伊直政・本多忠勝と相談して支障がない旨を述べられたので、まず尾張まで（織田秀信は）退いた、ｄ（岐阜）城中の者を多く討ち捕えた、ｅ（岐阜）城攻めをした時に「うしろつめ」（＝後詰）として、石田三成の兵が合渡川の向いまで出陣してきたが、黒田長政・藤堂高虎らが川を越して一戦に及び追い崩して多くを討ち捕えた、ということがわかる。

この場合、福島正則が乗り崩した岐阜城二の丸・三の丸の現在地への比定については、現在、下台所と呼称される曲輪（高田論文の曲輪Ⅵ）が二の丸に該当すると考えられ、三の丸とは、上述した「武藤つふら」、つまり、現在、七間櫓と呼称される曲輪（高田論文の曲輪Ⅷ）である可能性が高い。そして、本丸の「天主」まで攻め込んだところ岐阜城主の織田秀信が降伏した、としているので、慶長五年八月二十三日の時点で岐阜城に天守が存在していたことがわかり、このことは注目される。

「（慶長五年）八月二十四日付浅野長政宛福島正則書状」[註23]の記載内容によれば、ａ一昨日（八月二十二日）、池田輝政・浅野幸長・遠州衆[註24]が川越え（＝木曽川の渡河）をしたところ、岐阜衆（＝岐阜城主・織田秀信方の軍勢）が少々出て来て一戦に及び追い崩した、ｂ昨日（八月二十三日）、細川忠興・加藤嘉明・福島正則が稲葉山（＝岐阜城がある城山）へ取り詰め（＝厳しく攻めつけて）、早速、落去（＝落城）した、ｃ織田秀信は降参したので、小姓共二、三人にて尾張へ送った、ということがわかる。

以上のように、岐阜城攻城戦については、本稿で考察の対象とした一次史料（あるいは一次史料に準ずる良質の史料）の内容検討により、その実態があきらかになった。今後は、他の城郭における戦い（攻城戦）についても、文献史料（一次史料）の内容検討からその具体像をあきらかにする必要があるが、その点の考察については他日を期したい。

註

（１）岐阜県編　一九六八　『岐阜県史・通史編（近世上）』　岐阜県
（２）岐阜市編　一九八一　『岐阜市史・通史編（近世）』　岐阜市
（３）土山公仁　二〇〇四　「研究ノート　岐阜城八月二十三日の戦い」『岐阜市歴史博物館・博物館だより』№五八　岐阜市歴史博物館　六―七頁。

（4）高田徹　二〇〇三　「岐阜城について」『中世城郭研究』第一七号　中世城郭研究会

（5）中井均　二〇〇三　「岐阜城跡」『岐阜県中世城館跡総合調査報告書・第二集（岐阜地区）』　岐阜県教育委員会　一一八―一一九頁

（6）岐阜市教育委員会編　二〇一一　『史跡岐阜城跡・保存管理計画書』岐阜市

（7）生駒陸彦・松浦武編　一九九三　『生駒家戦国史料集―尾張時代の織田信長・信雄父子を支えた一家―』　松浦武発行（自家版）、㈱秀文社印刷　四一―六二頁（影印、翻刻、解説）収載の生駒家所蔵「故因州殿岐阜并関原おゐて御手柄書露月殿御自筆」

（8）前掲『生駒家戦国史料集―尾張時代の織田信長・信雄父子を支えた一家―』　三六頁収載の生駒家所蔵「慶長二年十月十三日付生駒利豊宛豊臣秀吉朱印状（知行方目録）」、生駒家所蔵「（慶長二年）十月十三日付生駒家長宛豊臣秀吉朱印状（知行方目録）」

（9）高柳光寿他編　一九六五　『新訂寛政重修諸家譜』第一六　続群書類従完成会　八四―八五、九〇頁（坪内家定、坪内定次の項）

（10）前掲註（3）に同じ。

（11）細川護貞監修　一九八八　『綿考輯録』第二巻〈忠興公（上）〉　出水神社発行、汲古書院製作発売　二五六―二六五頁。

（12）「ひら」の意味については、「たいらであること」という意味もあるが、方言として「山の斜面」、「傾斜地」、「傾斜面」という意味があり（小学館国語辞典編集部編　二〇〇一　『日本国語大辞典（第二版）』第一一巻　小学館　五七〇頁）、この場合は、「斜面」という意味に理解して解釈した。

（13）前掲註（4）に同じ。

（14）前掲註（5）に同じ。

（15）前掲『史跡岐阜城跡・保存管理計画書』（一〇七頁）では、「「武藤つふら」は地誌系名称において「武藤峠」として多数見られる」と記されている。前掲『史跡岐阜城跡・保存管理計画書』（一一〇頁）の「図三―二七金華山記載地名図（近世・近代）」では、「武藤峠」は、山上の曲輪群から山麓へ下る七曲道のルート上に位置している（山上の曲輪群と七曲峠の間に位置している）。

（16）岡田文園著『新撰美濃志』（万延元年〔一八六〇〕成立）には、「武藤つぶら」についての記載の中で、「つぶらは方言にてとりでの事也」と記されている（一九七二復刻〔初版は一信社出版部より一九三一年に刊行された〕『新撰美濃誌（訂正版）』　大衆書房　三四五頁）。このように、「つぶら」とは「とりで」（＝砦）の方言であるということからすると、「武藤つぶら」を岐阜城における一つの曲輪の名称であると考えて差し支えなかろう。

（17）岐阜県編　一九七三　『岐阜県史・史料編（古代・中世四）』　岐阜県　二九号文書（九二七―九二八頁）

（18）前掲『岐阜県史・史料編（古代・中世四）』　三一号文書（九二八頁）

（19）岐阜県編　一九九九　『岐阜県史・史料編（古代・中世補遺）』　岐阜県　八号文書（七七六頁）

（20）前掲『岐阜県史・史料編（古代・中世四）』　三〇号文書（九二八頁）

（21）前掲『岐阜県史・史料編（古代・中世四）』　三二号文書（九二八―九二九頁）

（22）愛知県史編さん委員会編　二〇一一　『愛知県史』資料編一三（織豊三）　愛知県　九八四号文書（六八六頁）

（23）前掲『愛知県史』資料編一三（織豊三）　九八三号文書（六八五―六八六頁）

（24）「遠州衆」とは、山内一豊（遠江国掛川城主）、松下重綱（遠江国久野城主）、有馬豊氏（遠江国横須賀城主）、堀尾忠氏（遠江国浜松城主）を指すと考えられる。

近世城郭の土橋・木橋・廊下橋

近江彦根城を事例として

髙田　徹

はじめに

山城・平山城・平城は、堀によって囲まれ、堀によって防御されることを通例とする。堀に土塁や切岸を加えれば、一層防御性が増すのは周知の通りである。

堀を厳重に巡らせば、遮断性が強くなり、それだけ敵の侵入を阻みやすくなる。しかし、堀の中に城兵が籠もるだけでは勝機は得られない。状況に応じて城外に出撃し、敵の攪乱・混乱・退散・殲滅を計らねばならない。

また城郭は軍事的な構築物であるが、日常的に戦闘もしくは緊張状態が続くわけではない。城郭を防備する人間も、物資の確保、城郭のメンテナンス、その他諸々の理由により、城外との行き来を必要とする。

遮断施設である堀に対し、ポイント的な通路として機能するのが橋である。城内へ退き下がる時も、出撃する時も、通常は橋によって堀を渡る。

城郭においては、巨視的にみると土橋、そして木橋が用いられる。遺構としての痕跡を残すかどうかは別として、土橋・木橋は普遍的な存在と言える。したがって、土橋・木橋に触れた概説書、研究書は枚挙に暇ない。しかし、土橋・木橋に関する専論となると、管見の限り見当たらない。

そこで本稿では、まず土橋・木橋の基本的な役割・機能・性格等を再考する。そして彦根城（滋賀県彦根市）を事例としつつ、土橋・木橋、そして後述する廊下橋の配置等を考えてみる。

一　通説的な土橋と木橋

大抵の城郭辞典や啓蒙書類では、土橋・木橋の項目が挙げられている。ここでは『日本城郭大系』[註1]中の村田修三氏による記述を代表として取り上げてみる。

「橋には木で架けた掛橋と土橋との二種類がある。掛橋はいざという時には取り外して敵の進入を断つかわりに城兵側も専守防禦の構えに入ることができるが、土橋は取り外せない。そのかわり、敵に落とされて封じ込められる危険がない（後略）」

同書では続けて筋違橋、斜橋、折長橋、廊下橋、橋枡形等について触れているが、省略する。

掛橋と木橋を同義と捉えると、木橋は有事に取り外せるが、取り外したら反撃時に支障が生じる。対する土橋は取り外すことができず、封じ込められる危険がない。すなわち反撃する際には有用である、と説かれている。こうした見方は、他の書籍においても基本的に変わらない。

ただし、ここで言う木橋・土橋は中世城郭を指すのか、近世城郭を指しているのかが不明である。また近世城郭であっても、一城郭中での木橋・土橋に規模や構造差を伴う場合が少なくない。主郭部と外郭部とでは、往々に規模・構造上の差を有している。

木橋の場合、相応に恒久性を備えたものがある一方、簡素なものも存在する。最も簡素な木橋となれば、一枚物の板や丸太を渡したものが想定される。言うまでもなく前者と後者は、同列に扱えるものではない。

中世城郭、近世城郭に限らず、一枚物の板等を渡した木橋の現存例はない（どの木橋も、近代以降に掛け替えられたもので占められている）。現存はしなくても、そのような例がかつて存在した可能性は高い。このような橋ならば、確かに引き込んだり、撤去・解体は容易となる。

一方の土橋とて、それぞれ規模・構造上の違いが存在するのが普通である。巨大な土橋と言えば、徳川期大坂城（大阪市）外堀に架かるものが思い浮かぶ。特に大手口の土橋は、幅約二五ｍと、門扉幅をはるかに凌駕しており、圧巻である。

これに対し中世城郭の土橋は経年変化を受けているが、およそ二～三ｍ前後の幅である。幅一ｍ未満の土橋も散見される。こうした土橋ならば、全体を掘り崩そうとすれば相当な時間と労力を要する。ただし一部を掘り崩す程度ならば、さほど困難ではない。一部の破壊であっても、土橋経由で攻め込もうとする敵の進入を防ぐことは可能となろう。土橋の一部を意図的に破壊した発掘調査事例等を知らないが、考え得る話ではある。

ところで絵画資料であるが、東京国立博物館蔵「大坂冬の陣図屏風」には、大坂城（大阪市）外郭部の木橋が撤去された様子が描かれている。

同図外郭中の天神橋は、中程だけ欄干・橋板がなくなっている（図1参照）。橋板が失われたあたりまで敵軍（徳川軍）は攻め寄せており、対する籠城軍（豊臣軍）側は柵で開口部を塞ぎ、通行できなくしている。橋としての基本構造は止めているが、橋板の一部撤去だけで敵軍の進入を防いだ様子を示している。

このことから類推すれば土橋であっても、一部破壊によって敵の進入を防ぐことができたと考えられる。

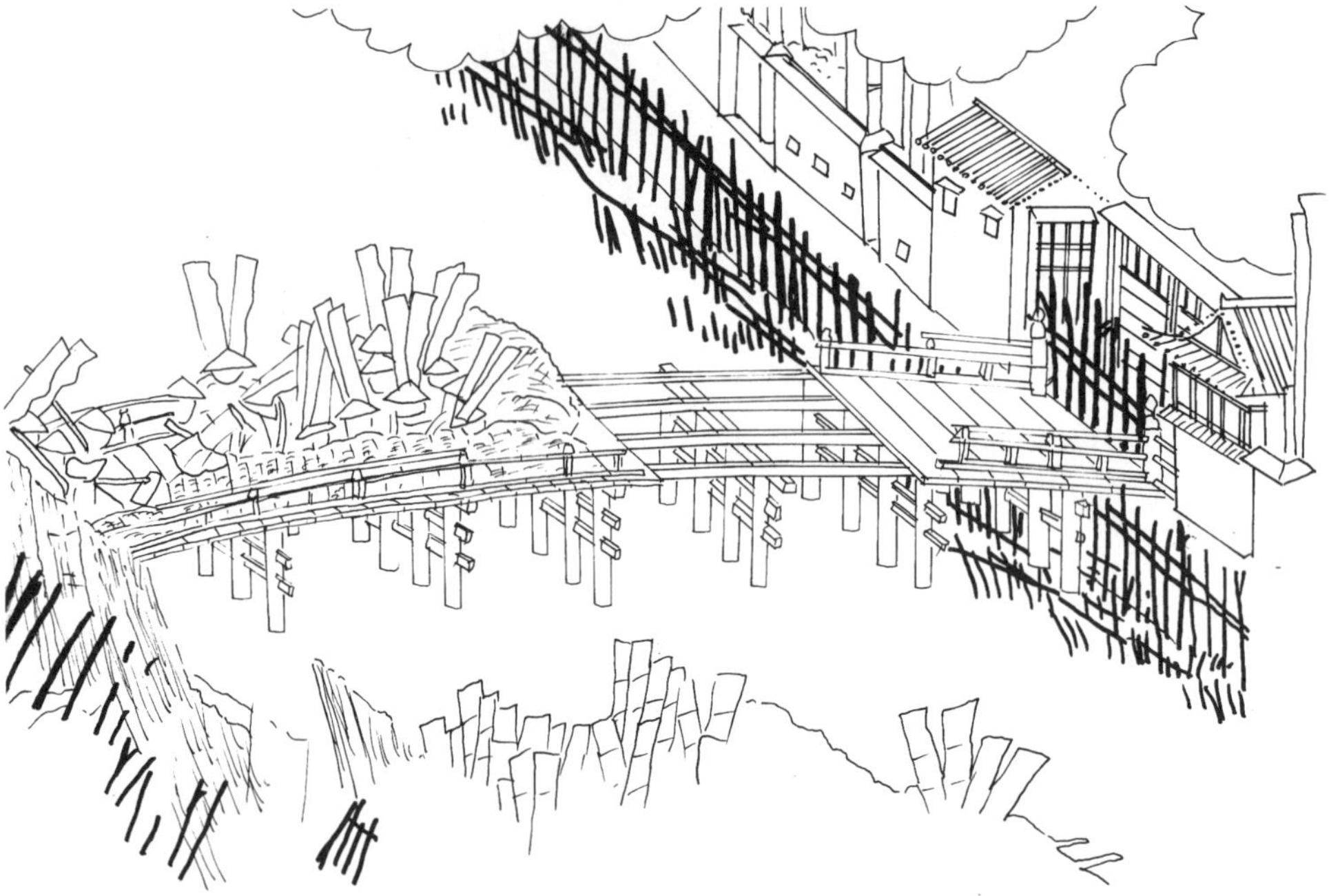

図１　大坂城外郭の天神橋
（「大坂冬の陣図屛風」より主要部トレース）

また外郭西側の横堀川に架かる二つの橋は、城内側近くの橋脚・橋板の一部を除き、本体が失われている。これは籠城軍側が本町橋のみを残し、他の橋は焼き払った様子を描いている。[註2]

さらに本町橋では、橋上に立つ籠城軍の塙団右衛門らを描いている。著名な団右衛門による夜討の一齣である。夜討が決行できるよう、つまり城外へ出撃できるよう、本町橋はあえて残されたという。屛風中に描かれた本町橋は、なんら損傷を受けていない。他にも外郭部には、損傷していない橋がいくつか描かれている。

このように屛風中には、ほぼ全体が焼き払われた橋、一部が撤去された橋、完形の橋、が描き分けられている。つまり、木橋といっても戦術に対応させて封鎖される橋（＝虎口）がある一方、反撃時のために撤去しない橋が存在したと考えられる。[註3] 木橋であるから撤去できるというわけではなく、撤去する橋と止めるべき橋は縄張り上、または戦術上、事前に想定されていた場合が多かったと考えられる。先の橋板の一部が撤去されている状況は、戦況に応じて橋を補修・再使用を想定していたともみなされる。

こうしてみると木橋であるから撤去しやすい、土橋であるから撤去しにくい、とは単純に言えない。むしろ全体を破却・撤去するのは、いずれの場合にも困難を伴ったと考えられる。

二　土橋と木橋それぞれの効果・役割

では城郭における土橋・木橋の効果・役割は、奈辺に求めるべき

か。これに関して示唆的なのは、村田修三氏による『日本城郭大系』中の土橋に関する記述である。(註4)

引用すると「安定しているので、通路に使うだけでなく、射撃の陣にも使えるし、水位の違う堀の水を堰き止め、敵が堀を舟で動くのを妨げる効果もある。空堀の場合には、堀底を通行する敵を食い止める土居の役割も果たす」と述られている。

従うべき、見解であろう。例えば徳川期大坂城の土橋は、堀に面した部分が雁木状になっている。これは土橋上から堀底、あるいは城外の敵を狙う役割を持っていたと考えられる。つまり、土橋上が射撃陣地として位置づけられていた証左と言える。

対する木橋の役割・効用について村田氏は述べていないから、筆者なりに挙げると次のようになる。

①水堀に架かる木橋では、水堀に水流を伴っていた場合がある。
②水堀に架かる木橋の場合、木橋を挟んだ前後で水位が同等である。
③水堀に架かる木橋の場合、水量があれば下方を舟で行き来できる。
④空堀に架かる木橋の場合、下方を堀底道とすることができる。
⑤擬宝珠・高欄を備えることで、格式・装飾性・威厳性を表すことができる。

補足すると、土橋部分に暗渠を設置すれば、堀から堀へと水が流れる。土橋を挟んだ堀どうしで、水位を変えられるし、同等に保持することもできる。それでも木橋に比べれば、土橋の暗渠ではまとまった水量を流出できないし、下部に舟を通すことは難しい。

つまり水堀の場合には、橋の下が水面としてのつながりを保っているかどうか、空堀の場合には堀底道となるかどうか、そこが土橋との機能上の違いになりやすい。

なお、木橋と土橋を組み合わせた遺構も、しばしば認められる（小田原城（神奈川県小田原市）二ノ丸の住吉橋等）。この場合、比較的城内側を木橋とし、城外側を土橋とするのが多いように見受けられる。(註5)

このような遺構ならば、作事に係わる部分を軽減するから、維持・管理上からも望ましかったのではないか。すなわち作事を主とする木橋よりも、普請を主とする土橋の方が強固かつ恒久性を有する。両者の長所それぞれを利用した遺構、と思われる。(註6)

ここまでを大雑把にまとめると、水流があり、水位がほぼ同等の堀ならば木橋の方が順応する。これに対し地形上高低差があり、水流がない場合は土橋の方が順応する、と言えよう。

三　彦根城の橋

先にみた土橋・木橋の効果・役割に留意しつつ、彦根城の橋を順に確認していきたい。

彦根城の外堀・中堀・内堀の橋

彦根城は三重の水堀によって囲まれている（図2参照）。外堀には七つの橋が架かっていた（A～G）。各種絵図によれば、外堀に架かる橋の大半は、土橋と短い木橋を組み合わせていたようである。

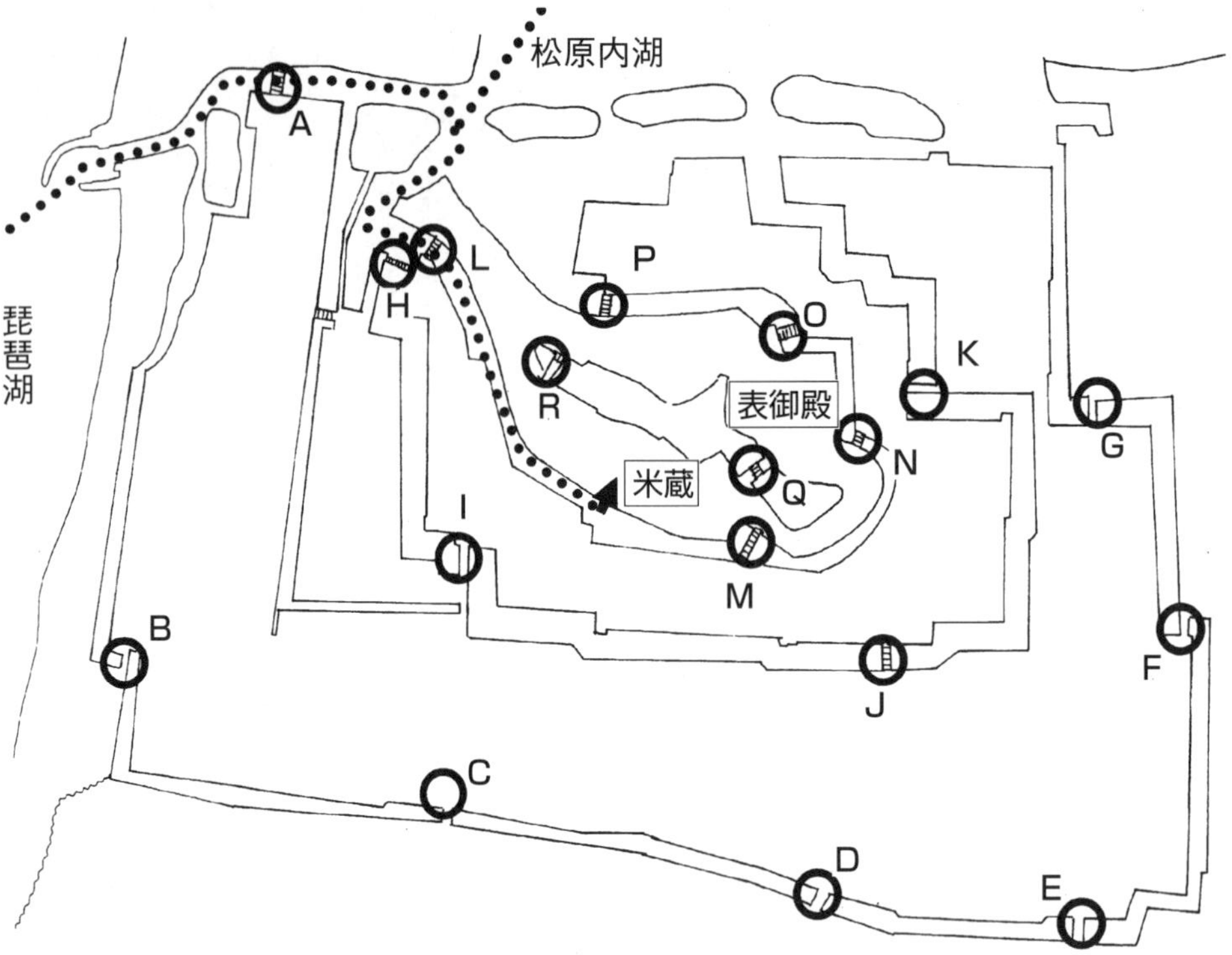

図2　彦根城の橋

概して木橋部分の範囲が狭かったようだ（残された絵図から、詳細が把握しづらい）。

ただし、琵琶湖と松原内湖を結ぶ堀（水路）上に架かる松原口門（A）のみは、木橋であった。

中堀には四つの橋が架かるが（H〜K）、長橋口門（H）と京橋口門（J）が木橋で、他は土橋であった。京橋口門は、土橋である船町口門（I）と佐和口御門（K）に挟まれていた。

内堀には五つの橋が架かるが（L〜P）、いずれも木橋である点で共通していた。

このように水堀である外堀・中堀・内堀に架かる橋には、違いがあった。その違いは意図的に設定されていたものであったと筆者は考える。

内堀はほぼ水位が等しくなっており、中堀は土橋によって水位調整される状況にある。

すなわち中堀に関して言えば、船町口門と佐和口門は土橋であるから、それより奥に舟では進めない。各土橋は、舟が航行する上での障壁になるからである。

内堀は木橋下を舟で通り抜け、全周することも可能となる。（註7）江戸期には、大手門（M）北側一帯には御城米蔵が置かれ、御城米の搬入・搬出にあたって内堀が利用されていた。御城米蔵近くには内堀に面して埋門があり、ここが搬入・搬出口になっていた。

ところで内堀は、北側の松原内湖につながり、松原内湖は琵琶湖ともつながっていた。そのため琵琶湖から木橋である松原口門下を潜り、あるいは北方の大洞付近から、松原内湖経由で内堀際の御城米蔵まで行き来ができた（図２の点線参照）。御城米蔵への搬入・搬出にあたっては、水路となる堀が直近まで伸びていた方が利便である。

されど城外から内堀まで舟が出入りできるのは、軍事上あまり望ましくはない。御城米蔵付近から大手門（Ｍ）、そして表門（Ｎ）へと進めば、彦根城の政庁兼城主居所である表御殿は眼前である。表御殿近くまで、闖入者が侵入する怖れもある。実際、大手門南にある内堀対岸には船着場が存在した。舟は、往時大手門南側あたりまで確実に出入りしていたのである。

佐和口の土橋

もっとも御城米蔵の位置には、築城当初重臣の鈴木主馬屋敷があったと伝わる。[註8] すると米蔵の存在を前提に水路となる堀・木橋を考える必要はない。また藩主居所も当初は山上の天守前に存在したと考えられ、後に表御殿の地に移ったと伝わる。

こうした点を踏まえるならば、築城当初に普請を進める際、内堀を水路として利用していたため、木橋を採用した。往時は山上に藩主居所があり、山麓部は重臣屋敷が取り巻いていたから、内堀への侵入はさして脅威にならなかったとも考えられよう。

また琵琶湖と松原内湖の間は細長い水路状を呈する。また松原口門周りには、彦根藩水主衆の船蔵が置かれていた。[註9] したがって、琵琶湖と内堀は水面でつながるといえ、途中に関門は存在していたのである。[註10] 全くの無防備であったわけではない。

一方中堀は、内堀に遅れて元和期に築かれたと伝わる。着工の時期差があり、往時すでに城郭としての基本構成が確定・完成していたから、あえてＩ・Ｋには木橋を用いなかったのではないか。土橋を採用すれば堀内への侵入を防ぐことができる。また中堀の外は城下町であるから、人の出入りも多くなる。安定性・恒久性のある土橋が採用されたと考えたい。

表門の橋

しかし。それならば表御殿成立後に木橋を土橋にする普請が行われていてもおかしくないだろう。

これに関して、明快な回

答の用意があるわけではない。ただ城域の最も奥にある内堀には、軍事よりも威厳・格式を重視し、それに応じた木橋を造り出そうとする意識があったのではないか。(註11)

例えば、駿府城(静岡市)も三重の水堀によって囲まれているが、内堀・中堀にはいずれも木橋が架かっていた。外堀は土橋と木橋が入り交じっている。(註12)

小田原城では、本丸虎口前は木橋となっていた。他の曲輪では、木橋と土橋が入り交じっていた。

土浦城も、本丸の二つの虎口に架かるのは木橋で、以下の曲輪では木橋・土橋が入り交じっている。

これに関連するが、中堀の中で京橋口門は木橋である。京橋口門は中堀に架かる実質的な大手であったから、威厳・格式を醸し出すため、あえて木橋が採用されたとは考えられないだろうか。

彦根城の廊下橋

彦根城の橋と言えば、太鼓ノ丸と鐘ノ丸の間、天秤櫓前に架かった「廊下橋」(Q)が著名である。文化十一年作成の「御城内御絵図」(彦根城博物館蔵)にも、「御廊下橋」と明記されている。

一般的な「廊下橋」と言えば、橋の上方・側面を覆ったり、あるいは橋全体が多門になった構造である。廊下橋には、A・軍事面から橋自体を覆い隠して陣地としたもの、B・城主や貴人を外部からの遮蔽を意図したもの、C・両者の混合形、の三パターンが想定できる。(註13) Aの例は現存しないが、絵図によれば篠山城(兵庫県篠山市)にかつて存在していた。Bの現存例として二条城(京都市。ただし一部解体中)、同じく復元例として福井城(福井市)が挙げられる。

では彦根城の廊下橋はどうか。(註14) 名称はともあれ外観・構造的には木橋の範疇に過ぎず、廊下橋とは言えない。築城当初は文字通り廊下橋であったが、後に現状の姿になったと言われる。証明する史料はないが、縄張りから類推するに事実であった可能性が高い。

天秤櫓前の廊下橋の下には、山麓の大手門と表御殿方面を連絡する通路が通っている。仮に敵が山麓側から上がって来れば、何ら覆いを持たない橋上の城兵は狙撃される怖れがある。逆に廊下橋の体裁を持っていたのなら、山麓側から上がってきた敵を橋上で待ち構えて狙撃できる。廊下橋なら屋根も付いているはずであるから、天候に左右されずに火縄銃を発射できる。彦根城のこの位置では、通常の木橋であるより廊下橋の形態である方が断然有利である。土橋ではないからこそ、橋脚裾、つまり堀底を通行させられる。

廊下橋

以上の点を踏まえれば、

当初は名称通りの廊下橋であった可能性が高いと考えられるのである。

後に通常の木橋と化したのは、風雨に曝される橋脚部が傷みやすいこと、橋脚を修理する上では多門部分も併せて解体せざるを得ないこと、結果として費用が嵩むこと等が考えられる。

さて廊下橋に関して「非常時には橋を防御のため破壊し、鐘の丸へ到達した侵入者の通路を断ち切ることができた。一三メートルもの深い空堀を渡ることは困難を極めたであろう[註15]。」と説かれることがある。他にも同様の記述を一般書籍中で見かけたことがある。

しかし有事に多門状となった橋全体を撤去するのは極めて困難である。現状の木橋となる廊下橋でも、橋板を外す程度ならいざしらず、一三m幅の空堀の状態、つまり木橋を完全撤去した状態とするのは難しい。結句、このような説は絵空事と言わざるを得ない。仮にも籠城時に反撃の意志を亡失し、単に時間をかせぐためだけならば、橋を強制撤去する事態も考えられなくはない。されど、かかる状況を前提に縄張りが行われたとは到底考えられない。

なお、西之丸と出曲輪の間に架かる木橋（R）も、「御城中御矢倉大サ并瓦塀間数御殿御建物大サ覚書」[註16]では「廊下橋」と記されている[註17]。ただし、「御城内御絵図」では該当部分の名称が記されておらず、廊下橋の呼称がどこまで遡るのか不明である。

こちらの廊下橋下の堀切には、通路がない。虎口から続く通路は、堀底ではなく出曲輪から北側の観音台方向、つまり尾根筋に伸びている。堀切の端部は、竪堀となって山麓まで落ちている。竪堀の内側には竪石垣（登り石垣）が設けられている。堀切と竪石垣は、北側に冗長に伸びた尾根を区画し、城域をまとめる役割を担う。

橋上から竪堀に侵入した敵を射撃できるけれども、堀底は通路ではない。したがって太鼓ノ丸と鐘ノ丸の間で想定されるような廊下橋を設けるメリットはほとんどない。

むしろ内側にあたる西之丸側の虎口が細長い枡形となり、橋に連なるように配置されている点が注意される。あるいはこちら側は引橋が設けられていたのではないだろうか。

これも想像に過ぎないが、先の「大坂冬の陣図屏風」の描写を踏まえるのなら、彦根城の二つの廊下橋も使い分けが意図され、それに応じた構造差が存在したとみる余地はあるだろう。

以上述べた点は、多分に想像の域に止まる部分を含んでいる。しかし土橋・木橋、そして廊下橋の違いに注目し、それぞれを縄張り面に位置づけることによって広がる視点は少なくない[註18]。

おわりに

筆者は、各地でさまざまな城郭の発掘調査現場を見学させて頂く機会がある。その折り、しばしば堀・橋に関わる評価が十分及んでいない状況に出くわす。多くが部分的な調査に止まるため、未調査部分まで含めた評価に及びにくいのであろう。

しかし中世城郭の堀跡の一部が検出された状況でも、

a　堀底に一定度の水流が確認されたならば、木橋が存在した可能性が高い。

ｂ　ａの場合、堀に水を引き込む取水口、そして排水口が存在する可能性が高い。堀幅が広く、水量もあれば舟が行き来した可能性も考えられる。

ｃ　離れた調査区にあり、一続きと考えられる堀遺構に高低差が存在するのならば、間に土橋か堀障子が存在した可能性が高い。

ｄ　土橋の形跡がない空堀ならば、木橋が架かっていたと理解される。空堀底部に広がりがあれば、堀底道として利用された可能性もある。

等と考えられる。もちろん各状況（縄張り）に応じて、判明・推定される事柄は他にもある。

近世城郭では、中世城郭に比べて堀や橋が格段に大きくなる傾向があるから、先行地形との関わり、築城時のプロセスや戦術・日常的な機能上の位置づけを木橋・土橋を通じて読み取れる場合も存在する。いずれにせよ、城郭に架かる橋は構造面からも検討課題が少なくない。廊下橋は別として、木橋自体が軍事的な機能を有する状況は考えにくい。しかし木橋・土橋の配置を通じて、曲輪の階層性・配置等といった面を検討できるのは間違いない。

この他、紙数の関係上触れ得なかったが、彦根城の内堀対岸、松原内湖に面した位置には下屋敷槻御殿があった。そこには遊興の舟、舟付き場があった。こうした関連施設と木橋・土橋の関係も注意すべきである。(註19)この他、不足の点は引き続いての課題としておきたい。

註

（1）村田修三　一九八一「橋」『日本城郭大系』別巻Ⅱ城郭研究便覧　新人物往来社　二六一頁

（2）岡本良一　一九七八『図説大坂の陣』創元社　九〇頁

（3）城内側に引き込む引橋、橋全体を吊り上げる桔橋（はねばし）も木橋の一種と言える。これは状況に応じて、掛け渡しが事前に想定されていた橋でもある。

（4）前掲註（1）に同じ。

（5）木橋においても、両端の親柱付近のみ堀側に向かって短い橋台を張り出させたものが多い。ただし厳密にカウントしたわけではない。機会があれば、別途検討してみたいと考えている。

（6）下方（基礎部）を土橋、上方（本体）を木橋とする遺構もある。一例として、江戸城（東京都千代田区）北桔橋門が挙げられる。かつての北桔橋門は、名称とおり木橋部分を桔ね上げる構造となっていた。橋を桔ね上げるにあたり、過度の長さは重量・安定性の面で支障が生じる。この門も、城外側の6分の5ほどが土橋であり、城内側の6分の1ほどが木橋となる。機能・構造に対応した部分だけが木橋になっていた一例である。

（7）平成二五年現在、彦根城内堀にはＮＰＯ法人による屋形舟が運航され、内堀の半周以上を往復する。現状で内堀を全周できない大きな理由として、往時木橋であった黒門橋Ｐが廃城後に土橋と化している点が挙げられる。

（8）拙稿　二〇〇七「彦根城の縄張り」『近江佐和山城・彦根城』サンライズ出版、海津榮太郎　二〇一一『彦根城の諸研究—海津榮太郎著作集』、サンライズ出版。以下の彦根城に関わる記述も同書による。

（9）「松原村除地絵図」（彦根市立博物館蔵。彦根城博物館　一九九一『彦根の歴史—ガイドブック—』に所収）。西川幸治他　二〇一一『新修彦根

市史』第一〇巻景観編　彦根市一一四頁

(10) 既知の絵図類では知られないが、堀・水路中に木柵程度の水門等が設けられていた可能性もある。

(11) もっとも名古屋城（名古屋市）では、本丸も他の曲輪も土橋ばかりが用いられていた。同例は他の城郭でも確認できる。このあたり実例（地形の影響の有無を踏まえ、土橋・木橋の割合等）を確認してみる必要がある。

(12) 駿府城では、内堀と中堀が水路でつながっていたが、舟で行き来できる構造ではない。水路は二ノ丸内部で四回折れ曲がり、端部には水門状の施設が存在した。規模・形態から考えると、内堀から湧き出した水を流し、曲輪の仕切となるよう意図されていたようである（山本宏司他　一九九六『駿府城跡Ⅰ（遺構編）』　静岡市教育委員会　四四〜四五頁）。

(13) 拙稿　二〇〇〇「近世初頭における岡崎城の縄張りの変遷—天守及び廊下橋周辺の検討から—」『愛城研報告』五　愛知中世城郭研究会

(14) 彦根城の廊下橋については、すでに拙稿「彦根城の縄張り」でも触れている。

(15) 母利美和　一九九五「堅固な要害・鐘の丸」『歴史群像名城シリーズ六　彦根城』　学習研究社

(16) 中村不能斎　一九六九（復刻）『彦根山由来記』　彦根市

(17) 『彦根城の諸研究—海津榮太郎著作集—』一三九頁によれば、享保一七（一七三二）〜文化一一（一八一四）年の成立と推定されている。

(18) 堀と橋の関係については、拙稿　二〇〇四「土浦城の縄張りについて」『第一〇回企画展土浦の遺跡八・発掘された土浦城—地中に眠る知られざる歴史—』　上高津貝塚ふるさと歴史の広場、同　二〇一三「和歌山城三之丸の軍事性」『和歌山城郭研究』一二　和歌山城郭調査研究会、でも触れている。

(19) 水堀に浮かぶ舟といえば、水面・水中のゴミを処理するための着船施設である「塵取」が思い浮かぶ。堀のメンテナンス面と木橋・土橋の配置も関係する部分があるかもしれない。

〔付記〕小和田先生、古稀おめでとうございます。私は小学校高学年の時、先生が執筆された『国盗り物語の旅—道三と信長の遺跡をたずねて—』（サンケイ新聞社出版局、一九七二）を何度も繰り返し読んでいました。この本は、私が城の世界に深入りするきっかけの一つになりました。その後、先生とお話しできる機会を得られるようになりましたが、誰に対しても隔たりなく接せられるところや、驚異的なご執筆ぼう大かつご精力的なご研究には常々敬服しているところあります。これからも先生の一層のご活躍を祈念してやみません。

戦国期播磨における本城の成立

多田暢久

はじめに

　播磨全域では五〇〇箇所余り存在するとされる中世城館（註1）を、統一的に分析するうえで有効な視覚の一つが支城論である。小和田哲男氏は、その分析に本貫地支城と在番支城という分類を導入した（註2）。戦国大名領国下で、本領を安堵された国人領主の拠点をそのまま編成したのが本貫地支城。これに対し、在番支城は大名支配の強化に伴い城番として家臣が派遣されたものとする。その上で、本貫地支城から在番支城への発展を想定された。

　いいかえると、全ての支城は本城の集合体であるか、戦国大名や天下人の本城以外は全ての城が支城のどちらかになる。もちろんこれは理念的な分類であり、現実はその中間を含む多様なものであろう。しかし、この視点により多様な中世城館が正反対の指向による分裂を含み存在したことがわかる。その核となる本城の成立から、城館群の構成の見通しがたてられることが理解されよう。

　本城成立の時期について、齋藤慎一氏は東国の事例をもとに、南北朝期からの臨時的な城郭に対し、十五世紀半ばに在地領主が本拠に要害を持ち始めると指摘した（註3）。

　ただ、築城を忌避する傾向も依然強く、畿内近国における恒常的な城郭の成立はもう少し遅れるようである。千田嘉博氏は十六世紀第2四半期頃の天文期を画期に守護や戦国大名は平地の方形居館タイプの城館から山城へ拠点が移動し、戦国期拠点城郭が成立するとしている（註4）。

　村田修三氏も「全国的に永正末年から天文年間にかけて戦国大名や有力国人の拠点とする本格的な山城が簇生する」と指摘し、さらに永禄期に縄張りの技術の一段の進展があると述べた（註5）。

　そこで、播磨における本城の成立について、永正から天文期を中心にみてみたい。

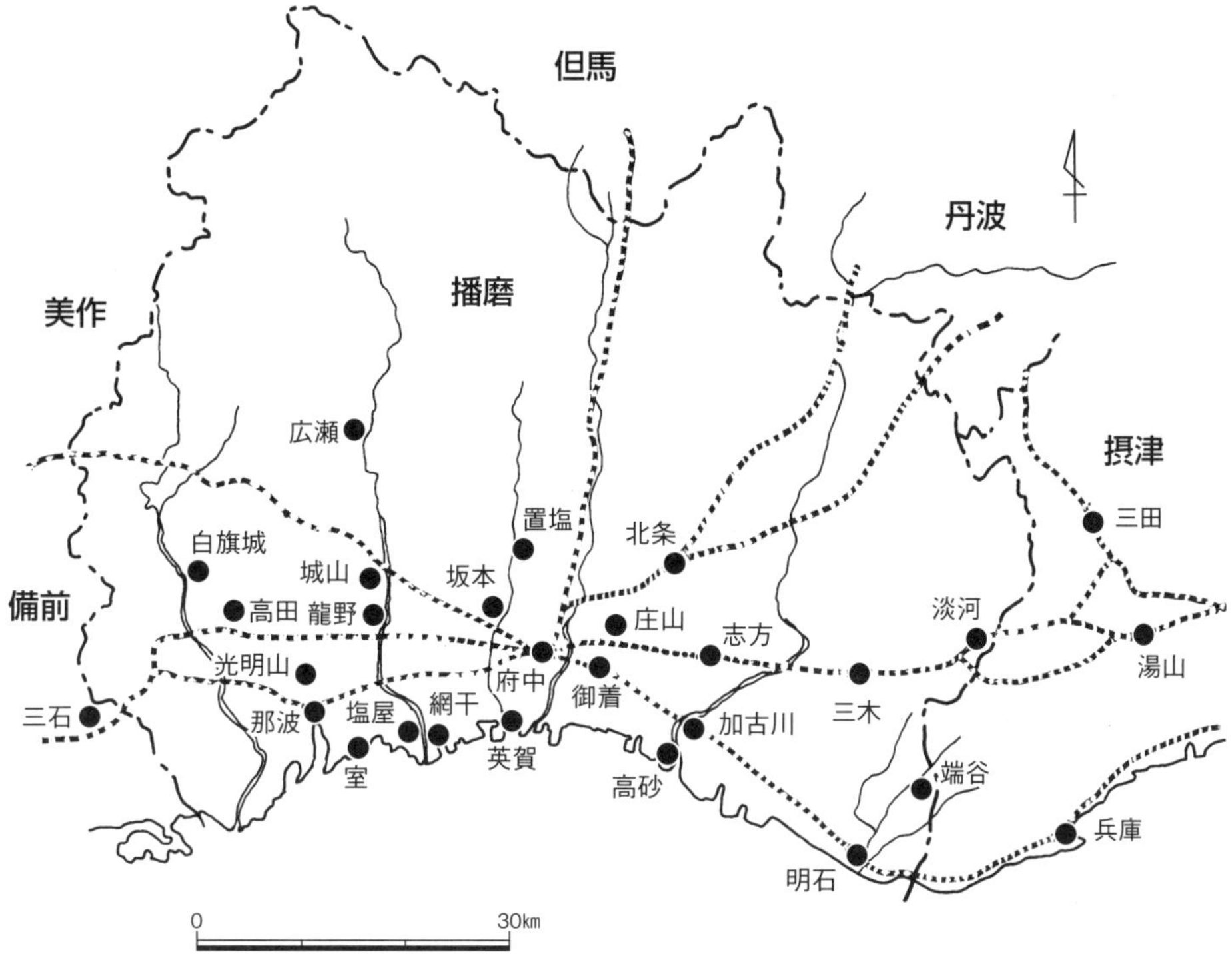

播磨国関連位置図

一　守護赤松氏の本城

後期赤松氏の本城とされる置塩城について、近世の地誌では赤松政則が文明元年（一四六九）に「置塩山ニ新城ヲ築キ」とされてきた。[註6] しかし、政則の播磨下向は文明十一年であり、但馬の山名氏の播磨侵攻で十六年に京都に没落するまでは府中（姫路）と書写坂本が拠点となっている。[註7] 文明十七年に再入国後も十八年から長享二年（一四八八）まで石積城への在城が確認できる。[註8] このため石塚太喜三・熱田公氏は通説を再検討し、「拙者置塩に候」とある十一月十五日付「櫛橋則高書状」[註9]を置塩の初出として築城を長享二年から明応六年（一四九七）ごろまでとした。[註10] その後、依藤保氏は下限の典拠となった文中の「御曽（曹）司様」の再比定と花押形態の検討からこの書状の年次を天文三年（一五三四）から四年の間に変更し、赤松氏拠点としての置塩の初出は永正六年（一五〇九）高雄尊朝の詠草奥書としている。[註11] 置塩が拠点となる契機としては、文亀二年（一五〇二）に浦上則宗と赤松政秀が没し、その後に執政を行った政則未亡人の洞松院の関与が想定されており、永正初年ごろから赤松義村の守護継承後の騒乱に対応する軍事機能重視のためとされる。[註12]

その後、義村は永正十四年頃から親政を開始するが、[註13] 十六年には宿老の浦上村宗と対立してその三石城を攻めている。「赤松傳記」によれば義村は置塩から出陣しており、洞松院執政期以後もここが守護の拠点であった。しかし義村方は劣勢で、翌年には「御曽司（赤松政村）」や洞松院などが浦上方の室津へ移り、自身も年末に置塩から明石の端谷に逃れている。[註14] 義村は十八年の再起でも再び破れ、室津にて殺害されてしまう。

守護を継承した政村は幼少であり、大永二年（一五二二）の反浦上派蜂起時には浦上方の三石城にいたようである。[註15] この時、村宗が坂本へ出陣しており、それまで政村が坂本にいた可能性も指摘されているが、[註16] いずれにせよ、置塩の名はこの頃確認できなくなる。

享禄二年（一五二九）になると、英賀における「御屋形（政村）御主殿」新造の臨時段銭の記事があり、[註17] ここに守護拠点が移された可能性がある。享禄四年六月の大物崩れの後も政村は英賀に入っており、[註18] そこで江見藤次郎の知行や加古川報恩寺の寺領の安堵、清水寺への禁制の発給を行うなど英賀の政治的な拠点化が試みられている。[註19] ただ、十月に浦上派の反撃が開始され、政村は英賀から明石へ退く。この騒乱は天文五年ごろまで続き、[註20] この間に政村は明石から庄山城に入ったらしい。[註21] さきにみた櫛橋則高の書状もこの間に位置づけられ、置塩の名もこのような軍事的緊張の中で再登場している。

天文七年には、尼子詮久が播磨に侵攻する。政村は「小鹽山に屋形御座」しており、[註22] この頃には山城が存在したらしい。ただ、政村自身は置塩に留守居を置いて高砂から淡路へ逃れ、城も尼子方の攻撃も受けたようである。[註23] 天文十年になると赤松方は態勢を挽回し、晴政（政村）は再び英賀に入る。ただ、十一年以降には置塩に得平氏の常駐を求めるなど、置塩の拠点化が進められた。[註24] 天文二十二年に亡父義村の法要における法語には晴政のことを「置塩山城居住」とあり、この頃には置塩の山城が守護の本城となっていた。[註25]

永禄元年（一五五八）には晴政が後継の義祐との騒動で失脚し、置塩から龍野の赤松政秀のもとへ逃れるなどの混乱も見られるが、義祐段階においても家臣の置塩城在番の様子が確認でき、永禄八年には没した晴政の葬礼が置塩で行われるなど、置塩城は守護赤松家の本城としてのとして強化されていったようである。[註26] 発掘調査の成果でも、天文ころから継続して出土するようになった遺物が、永禄から天正に増加しており、[註27] このころに改修強化されたと考えられる。

以上、赤松氏拠点としての置塩の初源は永正初めであるが、大永から永享期にいったん断絶がみられる。依藤保氏は置塩の拠点化と山城築城を分けて考え、永正段階の守護屋形は現在の置塩城とは夢前川を挟んだ西側の山麓高台にある「岡前」に想定した。尼子氏侵攻時の小鹽山についても「岡前」西側の鞍掛山城の可能性を指摘している。[註28] その上で、現在の場所への築城は、尼子氏撤退後の天文十一年以降と推定している。

たしかに、大永から享禄にかけて守護政村の在所は室津や三石ないし英賀であり、この間の置塩の存在は明確でない。

享禄二年の英賀の屋形新造について、小林基伸氏は細川高国と結んだ村宗の東方進出との関係を重視し、大物崩れ後に政村が入ったのが英賀の道場であることから、恒常的な屋形は存在せず置塩の付随的なものとしている。[註29] また、野田泰三氏は村宗の拠点である室津との航路でのつながりを指摘した。[註30] しかし、大物崩れが成功したことは、政村がすでに傀儡を脱しつつあったことを示し、その前後を通して英賀が拠点となったことは注目してよい。あたかも、中央では直前の大永七年に英賀とおなじ港町の堺に幕府的な機構が成立していた。(註31)もちろん高国派の村宗とは政治的に対立する政権であるが、播磨においても東播磨を中心とする反浦上派の活動により、府中を十分に確保できないなかで、当時の堺が守護拠点のモデルとなった可能性はあろう。また、その後に政村が入った庄山城は府中(姫路)を東側から望む山城である。ここは反村宗派の拠点として享禄三年に落城した「小寺城」と見られるが、(註32)播磨の府中を望むその立地は、大永七年に洛中奪還のため京都東山に築かれた細川高国の勝軍山城と共通する。(註33)

一方、尼子氏の播磨撤退の要因は毛利氏の本城である吉田郡山城が籠城戦を耐え抜き、尼子氏を撃退したことにある。置塩における山城の築城強化はこの衝撃が背景にあるとも考えられよう。

このように考えると、政村前期の享禄から天文初めにかけて、守護拠点はまだ幕府居所にモデルを求めていた可能性があり、その後、籠城戦を耐え抜く山城への拠点イメージの変化が戦国期本城を生み出したといえる。このようにして天文十年代に置塩山城が赤松氏の本城として成立してくると考えてみたい。これは六角征伐時の六角氏のように、城を捨てることを戦術とする段階から、本城を確保することが勝利の条件への変化といえる。この後は、守護家内の騒動でも城主となった側が置塩城を捨てて堺や淡路、また国内有力国人の城へ逃亡することはなくなる。

二　守護代・宿老の本城

次に守護代や宿老クラスの本城について見てみる。

西播磨では、守護代とされる赤松下野守家と宿老的立場の浦上氏があった。応仁の乱後の赤松氏の播磨回復に活躍した赤松下野守家の政秀は文明頃から塩屋第を拠点としているが、(註34)同時期に高田城や光明山城にも在城しており、同時に機能していたようである。(註35)塩屋第の位置は不明であるが、塩屋荘(御厨)内に所在した可能性が高い。それならば、現在のたつの市御津町の南東部に比定され、(註36)揖保川の河口の網干港にも近い点が注目される。

高田城は現在の上郡町に位置する山城で、南に龍野から小犬丸、上郡の山野里を通り船坂峠へいたる中世山陽道を見下ろす。光明山城はたつの市と相生市の境界山稜の峰上に位置し、北へ下ると中世の山陽道、南は正條から那波、若狭野、有年を経て船坂峠へ至る近世の山陽道へ出ることができ、どちらも街道を抑える要衝である。(註37)三城はかなり距離が離れているため、単純に居館と詰城の関係とはいえず、複数拠点の分立を想定したい。

政秀を継いだ則貞も塩屋を拠点としたが永正十三年ごろに没すると、下野守家の勢力は村秀と村景に分割された。弟の村景は相生の那波を拠点として受け継いだが、村秀と対立し大永五年に兄の龍野城にて「生涯(害)サセ被申」ている。(註38)これ以後、下野守家の拠点は龍野城で固定していく。

明応から文亀にかけての浦上氏は則宗の代であり、播磨では主に坂本において宿老としての活動がみられた。(註39)永正から大永になると備前三石城が村宗の拠点となる。(註40)しかし、大永五年には鵤庄についての相論が「於室津浦上掃部助方」で行われ、(註41)大徳寺領に関する交渉でも「三石、室津かなたこなた」と同時に室津も拠点として機能していた。(註42)三石は船坂峠の備前側で山陽道を抑える位置にあり、室津は『兵庫北関入船納帳』にも名前が見える主要港である。下野守家と同じく複数拠点の分立がみられ、どちらも街道の要衝と主要港湾を抑える地点なのが興味深い。

村宗の敗死後の浦上氏は、継承した政宗や宗景が幼少であり、拠点は明確でない。天文八年になると尼子氏侵攻にさいして政宗が室津城を守備した中村三郎左衛門尉や高橋平左衛門尉に感状を出しており、(註43)このころから拠点が室津に固定していく。ただ、「於和泉堺、被相届之条」とあることから高橋氏は政宗ではなく晴政の被官とされ、中村宛の感状についても晴政からも出されている。これらのことから政宗は晴政の家臣として行動しているとされる。(註44)室津城も、まだ自立した浦上氏の本城にはなりきらず、守護晴政からの預かり城でもあったのであろう。宗景のほうはもう少し遅れて備前の天神山城を本城としていく。

赤松下野守家・浦上氏とも明応から大永までの分散的な拠点が、大永から天文にかけて一箇所に収斂していく。ただ、前段の分散的な拠点については、交通の要衝にバランスをとって配置されているようにみえ、守護の主導による可能性が推定される。

姫路周辺では宿老の家柄である小寺氏が存在した。通説では、御着城は永正十六年に小寺政隆が築城したとされる。(註45)しかし、『鵤庄引付』には八徳山三合米配封(符)の免除に関して明応九年に「御着両奉行」とある。(註46)段銭の配符も御着から入れられており、(註47)御着には徴税などを行う役所機能がすでに存在していた。両奉行は小寺氏と薬師寺氏である。長享二年には段銭奉行としてこの組み合わせが確認できるため、(註48)御着納所の成立は政則期にまでさかのぼる可能性がある。同年に但馬へ撤退した山名政豊方との争奪戦で荒廃した坂本に代わって築かれたとみられる。(註49)

このような御着両奉行がいつまで機能したかは明確でないが、永正九年までは鵤庄への段銭の礼銭について小寺方、薬師寺、小納所方の三箇所の三貫文が確認できる。(註50)さらに、額は三〇〇文になっているが、大永六年の段銭礼物も三という数字が生きており、(註51)この頃まで機能していた可能性もあろう。ただ、永禄の守護赤松義祐の頃には段銭の収納そのものが止まっていたらしい。(註52)このように、当初は御着には単独の城主は固定しておらず、天文ごろに守護公権にもとづく行政機構の役所から小寺氏単独の本城化を強めていったと推定される。(註53)

当時、別所氏との領国境界画定の争論が起こるなど小寺氏も領域的な支配を進めていたとする指摘もあり、(註54)領域的な支配の進展と平行して、御着の本城化も進められたのであろう。

なお、対村宗戦に伴う臨時的なものと推定されるが、山城の庄山城も「小寺城」と呼ばれている。(註55)山陽道に接する御着に対し、三木から有馬へ通じる湯山街道沿いの庄山城も小寺氏の拠点となっていた時期があったらしい。

当該期播磨の政治拠点の特徴については、すでに分散的であったことが指摘されている。(註56)ただ、それは守護公権にもとづく行政・軍事機関として意図的に配置された可能性が考えられる。むしろ、大永から享禄・天文初めにかけて各家で分散的な拠点の集中・固定化が進み、守護の本城である置塩山城の出現を受け、天文十年代頃に本城化していくと考えられよう。

三　姫路の築城

地域に群在する小規模な中世城館それぞれに城主名を当てることについては、近年、西股総生氏の批判がある。(註57)ただ、天正四年(一五七六)に播磨を通過した西園寺宣久は「ちょう(町)の坪」用(要)害の小寺与三郎と「姫路の用害」の小寺(黒田)官兵衛尉を「城主」として記しており、(註58)当時、城主の存在が広く認められていたことも疑えない。

もちろん西股氏の批判は在地における領主支配の拠点としての城郭と、その城主という見方に対してであり、在番的な城将の存在を否定するものではない。しかし、戦国期において両方向への指向はせめぎあっていた。むしろ城は守護公権を背景に、守護の在番支城から始まって私的な自立化を進めていたといえる。その下の小国人や土豪クラスの拠点においても、大名による領国支配の強化に伴う在番支城の進行と平行しながら、相矛盾するようであるが個々の本城の成立と強化が進むといった事態も進行していたのではないだろうか。

小寺官兵衛尉が姫路城の城主である一方で、姫路城は主家「小寺の端城」でもあった。『黒田家譜』の「孝高記」によれば、姫路城における官兵衛の居所は二の丸にあり、天正五年に播磨に侵攻してきた羽柴秀吉は本丸へ招き入れられている。(註59)近世城郭では、名古屋城などで将軍の宿舎となった本丸御殿を日常は使用せず、藩主の居所は二の丸御殿としていた。秀吉を迎えた当時の姫路城本丸は無住で荒れていたとあるが、支城主が二の丸に入り本丸は本城の主である小寺氏のために空けていたとも考えられよう。(註60)官兵衛の本城であることと、御着城の支城であることは並存していた。

姫路築城の時期については、従来の南北朝期の赤松によるとする説に対し、天文末から永禄四年までとする説が有力となっており、(註61)守護代や宿老クラスの築城よりはやや遅れながら支城でありながら本城としても強化しつつあったと考えたい。(註62)

おわりに

応仁の乱後、赤松氏による播磨支配の回復期である文明から永正の頃まで、守護の拠点は将軍御所をモデルとして都市居住を指向し、恒常的な山城を本城としなかった。守護代、宿老クラスには、交通の要衝に複数の支城が割り当てられ、守護の領国支配を分掌していたと考えられる。それが、大永ころから各家ごとに本拠の固定化が進展する。

さらに天文に入ると山城の築城や強化による、本拠の本城化が進められた。その前提には、散在的な荘園諸職の集積から領域支配への進展があり、全体的には野田泰三氏の指摘どおり守護支配の拠点から地域支配の拠点へと変化したといえる。[註63]ただ、本稿ではそのような在地支配構造の変化に伴う漸進的な変化のみではなく、毛利氏が郡山城籠城で尼子氏を撃退したことの衝撃を本城出現の要因と考えてみた。それが播磨では守護家に幕府拠点モデルを放棄させ、本城としての山城への変化を促したのではないであろうか。もちろん、それ以前にも山城は存在したが、それは危機における放棄が戦術に組み込まれていた。[註64]本城としての置塩城の成立は、それを確保し守りきることが播磨の守護である城の出現といえる。

そうした事態をうけて、黒田氏など小国人・土豪クラスでもやや遅れて永禄頃に本城が出現し、大名によるそれらの編成が進むといった流れが想定される。

この段階から、本城を中心として本拠域と周辺域による城館分布の二重構造が形成されていくのであろう。[註65]

はじめにもどるならば、戦国大名領国下では本貫地支城から在番支城への発展が想定されるが、その前段階の守護公権下では、在番支城から本貫地支城へともいいうる変化があった。それは、中世的な公の城から、イエ支配的な同心円構造による領域拠点としての本城の段階を経て、近世的な公の城へ変化していく一階梯と考えられる。

註

（1）兵庫県教育委員会　一九八二『兵庫県の中世城館・荘園遺跡』兵庫県教育委員会では東播地区で二三二箇所、西播地区で二九〇箇所の城跡が挙げられている。

（2）小和田哲男　一九七九『城と城下町』教育社　六八―七〇頁

（3）齋藤慎一　一九九一「本拠の展開―一四・一五世紀の居館と『城郭』・『要害』」『中世の城と考古学』新人物往来社（二〇〇二『中世東国の領域と城館』吉川弘文館に再録）

（4）千田嘉博　一九九四「守護所から戦国期拠点城郭へ」『文化財学論集』奈良大学文化財学論集刊行会（二〇〇〇『織豊系城郭の形成』東京大学出版会に再録）

（5）村田修三　一九八五「戦国期の城郭―山城の縄張りを中心に」『国立歴史民俗博物館研究報告』第8集　国立歴史民俗博物館

（6）播磨史籍刊行会　一九五八『地志　播磨鑑』　播磨史籍刊行会　一四五頁

（7）小林基伸　二〇〇六「赤松氏の権力と拠点」『大手前大学史学研究所紀要』第六号　大手前大学史学研究所

（8）姫路市史編集委員会　一九八〇『姫路市史』第三巻　姫路市役所　二二一頁。ここでは石積城の所在を姫路市高木とする。註（10）の論文でも旧水上村の「石積山構居」を「高木構居」と同じものとして高木の山上に比定する。遺構については木内内則氏の縄張図（たつの市立埋蔵文化財センター二〇一一『西播磨の戦国時代～赤松氏の興亡』たつの市立埋蔵文化財センター　一五頁）がある。しかし、政則期の城跡と明確には判断できない。また、曲輪や切岸、堀切などを大規模に普請する山城は成立していなかった可能性もある。

（9）「清水寺文書」一九八七『兵庫県史』史料編中世二　兵庫県。なお、花

押影については註（11）依藤二〇一一参照。

（10）石塚太喜三・熱田　公　一九九一「置塩城の築城年代について」『神戸大学教育学部研究集録』第八六集　神戸大学教育学部

（11）依藤　保　二〇〇二「置塩城跡をめぐる史料と解説」『置塩城跡総合調査報告書』夢前町教育委員会　七頁
依藤　保　二〇一一「晴政と置塩山城」『赤松一族八人の素顔』神戸新聞総合出版センター

（12）依藤　保　二〇〇六「播磨置塩城主赤松氏の動向」『播磨置塩城跡発掘調査報告書』夢前町教育委員会
註（7）小林二〇〇六。以下、置塩についての歴史的経緯については主にこの二論文による。また、晴政期については、畑和良　二〇〇四「天文・弘治内乱と赤松晴政—「小南文書」と戦国期赤松氏の動向」『歴史と神戸』二四六号　神戸史学会を参照。

（13）野田泰三　二〇〇一「戦国期における守護・守護代・国人」『日本史研究』第四六四号　日本史研究会
畑　和良　二〇〇六「浦上村宗と守護権力」『岡山地方史研究』一〇八号　岡山地方史研究会

（14）『赤松傳記』（松平文庫）は註（11）依藤二〇〇二、以下『赤松傳記』はこれによる。

（15）『鵤庄引付』大永二年条（「斑鳩寺文書」）一九八八『兵庫県史』史料編中世三　兵庫県　以下『鵤庄引付』はこれによる。

（16）註（11）依藤二〇〇二の註（15）の該当史料解説

（17）『鵤庄引付』享禄二年霜月条

（18）『赤松傳記』

（19）「江見文書」「報恩寺文書」「清水寺文書」註（11）依藤二〇〇二による。

（20）依藤　保　一九九九「享禄四年大物崩れ後の播磨」『歴史と神戸』二一六号　神戸史学会

（21）『赤松傳記』

（22）『赤松傳記』

（23）「櫛橋村貞・小寺祐職連署書状」（「白国文書」）への註（11）依藤二〇〇二の解説

（24）『赤松傳記』への註（11）依藤二〇〇二の解説

（25）「祥光院殿三十三回忌陞座拙語」（『鏤氷集』天）註（11）依藤二〇〇二

（26）註（12）

（27）山上雅弘　二〇〇六「遺物のまとめ」『播磨置塩城跡発掘調査報告書』夢前町教育委員会

（28）註（12）依藤二〇〇六

（29）註（7）

（30）野田泰三　二〇〇四「戦国期赤松氏分国における守護所」守護所シンポジウム＠岐阜研究会世話人『守護所・戦国期城下町を考える』第一分冊シンポジウム資料集

（31）今谷明　一九七五『戦国期の室町幕府』角川書店　一六六—一八一頁
大阪府史編集専門委員会　一九八〇『大阪府史』第四巻　中世編二　大阪府　三一二—三一九頁
今谷明　一九八五『戦国三好一族』新人物往来社

（32）『二水記』享禄三年七月二十七日条への註（11）依藤二〇〇二の解説

（33）福島克彦　二〇〇六「洛中洛外の城館と集落—城郭研究と首都論」『中世のなかの「京都」』中世都市研究一二　新人物往来社

（34）「布袋賛」（『翠竹真如集』）御津町史編集専門部委員会　二〇〇一『御津町史』第一巻　御津町　五五〇頁

（35）小林基伸　二〇〇一「第四章　中世の御津町」『御津町史』第一巻　御津町　三七五頁

（36）註（35）の二九二—三〇〇頁

（37）多田暢久　二〇〇二「城館構成からみた地域と境目」『新視点中世城

郭研究論集』新人物往来社

(38)『鵤庄引付』大永五年二月二日条。
依藤 保 一九九九「矢野荘那波の赤松中務少輔について」『歴史と神戸』二一四号 神戸史学会

(39)註(7)

(40)註(35)の三九八頁

(41)『鵤庄引付』大永五年条。

(42)「宗登書状」(「大徳寺文書」)一九九三『兵庫県史』史料編中世七 兵庫県。註(35)小林二〇〇一の四〇一—四〇二頁

(43)「中村文書」「高橋文書」註(11)依藤二〇〇二による。

(44)註(20)

(45)橋本政次 一九五二『姫路城史』姫路城史刊行会 一五六頁(一九七三名著出版の復刻版を参照)

(46)『鵤庄引付』明応九年十二月条。なお、文亀元年八月条にも両奉行小寺方、薬師寺方とある。

(47)『鵤庄引付』文亀元年八月条

(48)『蔭凉軒日録』長享二年九月五日条(姫路市史編集専門委員会 二〇〇五『姫路市史』第八巻 史料編 古代 中世1 姫路市 四二一頁)

(49)石田善人 一九八八「中世の姫路城」『姫路市史』第十四巻 別編姫路城 姫路市 一七頁

(50)『鵤庄引付』永正八年八月三日条。永正九年条。

(51)『鵤庄引付』大永六年条

(52)「九 赤松義祐書状」(二〇一二『姫路市史』第九巻 史料編 中世二 姫路市 三九〇頁

(53)なお註(6)『地志 播磨鑑』一一四頁収録の「御着落城之事」には「大永ノ比 赤松ノ一族小寺藤兵衛政隆守之」とある。

(54)註(13)

(55)註(32)

(56)註(30)野田論文。註(7)小林論文。

(57)西股総生 二〇一三『「城取り」の軍事学』学研パブリッシング 六六—一〇一頁

(58)『伊勢参宮海陸之記』(姫路市史編集専門委員会 二〇〇五『姫路市史』第八巻 史料編 古代 中世1 姫路市 六〇七頁)

(59)川添正二・福岡古文書を読む会校訂 一九八三『黒田家譜』第一巻 文献出版

(60)天正六年、小寺官兵衛の有岡城幽閉時に家臣達が提出した連署起請文の宛名は「御本丸」ないし「御本丸さま」とある。同時に提出された起請文宛先の「御上様」と同一としたうえで、これを「おおがみさま」と読み、近年は官兵衛の妻のこととする(福岡市博物館一九九九『黒田家文書』第一巻 福岡市博物館 三九六—四〇六頁、堀本一繁 二〇一三「官兵衛、幽閉さる」『播磨 城主たちの事件簿』神戸新聞総合出版センター)。その場合、官兵衛は本丸に居たことになる。ただ、家譜の記述を信用すれば、これは直前に本丸に入った秀吉を指す可能性もあろう。秀吉個人対してではなく、本城主のために空けていた本丸を織田政権が継承することにより、播磨の新しい公儀の所在を示したとも考えられる。ただ、その場合は与力や家臣たちも官兵衛を見捨てていたことになる。

(61)註(49)一八—一九頁では「正明寺文書」(姫路市市史編集専門委員会 二〇一二『姫路市史』第九巻 史料編中世二 姫路市)の天文二十四年「上月某山地売券」で「姫路山」に城郭の記述がないことと、永禄四年「助大夫畠地売券」に「姫道(路)御構」とあることから、この間に黒田重隆により築城とする。ただ、明応五年「浦上則宗禁制」などでも「御構分」の竹木の切取を禁じており、御構は正明寺域の区画施設を指す可能性も残る。築城時期を永禄頃とする結論はおおむね妥当と考えるが、実態についてはさらに検討が必要であろう。

（62）考古学的な調査成果によれば、播磨では大・中規模の居館が十五世紀代中頃に登場するのに対し、小規模居館は十六世紀中頃に爆発的に築かれるらしい（山上雅弘　二〇〇六「戦国期兵庫県下の平地居館」『大手前大学史学研究所紀要』第六号　大手前大学史学研究所）。
（63）註（30）
（64）足利将軍や守護にとって本拠が戦術的に放棄される場所であったことは中西裕樹　二〇〇二「戦国期における地域の城館と守護公権」『新視点中世城郭研究論集』新人物往来社を参照。
（65）多田暢久　二〇〇九「縄張研究にとっての戦国前期」『城館史料学』第七号　城館史料学会

古今伝授挙行の城
豆州三島河原ケ谷城跡

土屋　比都司

はじめに

文明三年（一四七一）、美濃郡上の篠脇城主で二条流の歌人であった東常縁が連歌師宗祇に古今伝授を行ったことは史上に名高い。古今伝授とは歌道伝授の一形式で、古今和歌集のなかの語句の解釈に関する秘説などを特定の人へ伝授することである（『広辞苑』）。

東氏は、平安時代末期に千葉介常胤の六男胤頼が下総国東庄（千葉県香取郡東庄町）に居住して東《とう》氏を称したのに始まり、その孫胤行が承久の乱（一二二一）の戦功によって美濃国山田庄（岐阜県郡上市大和町）を賜ったためこの胤行から郡上に移り住み、代々勅撰和歌集に選出された武家歌人を輩出した家柄であった。

常縁から宗祇に行った講釈の様子を記した『古今和歌集両度聞書』によれば宗祇への伝授は二度行われ、前度は正月二十八日から四月八日迄で後度は六月十二日より七月二十五日迄であったが、後度の聴聞は上総国大坪基清（註1）が懇望したために同聴したものであった。

そして前度の間に詠まれた、宗祇独吟『三島千句』の京大国文研究室本と三島神社矢田部家本（註2）により、この千句は常縁の子息竹一丸が喝食の病になったため、宗祇が三島明神にその平癒を祈願して三日間で詠んで奉納されたものと判明した。これにより前度の場所は伊豆三島にほぼ確定されたが、後度についても三島とする比率が高いものの美濃郡上を唱える方もいる状況である。

それではこの崇高な古今伝授は、三島の何処で挙行されたのであろうか。この問題を進めるには、当時の関東の情勢と美濃郡上の武将東常縁がなぜ東国に派遣されたか（註3）を論じなければならない。

なお本稿は、先に上梓した拙稿の改訂版である。

一　関東の状況と東常縁

享徳三年（一四五四）末から始まる享徳の乱により、翌康正元年六月足利成氏は鎌倉から下総古河に移って古河公方となり、関東管領上杉氏との間で戦国時代に突入する。その頃下総国では最大の勢力を誇った千葉介胤直・賢胤兄弟が上杉方に味方し、庶家の馬加康胤・原胤房は成氏方となるに及んで千葉氏内部での対立も表面化しており、同年八月には胤直・賢胤兄弟が多古・嶋合戦（香取郡多古町）で敗死して本流は絶え、馬加氏が宗家を乗っ取ってしまう。

そこでこの年将軍足利義政は、奉公衆で千葉氏族でもある東常縁を宗家救援のため関東へ派遣した。常縁は上杉方であった同族の大須賀氏らと協力して、同年十一月に馬加城（千葉市花見川区幕張町）を攻め落として千葉方面まで追い払い、市川城（市川市国府台）に千葉賢胤の遺子実胤・自胤《これたね》兄弟を迎えて宗家再興を図った。

しかし翌十二月に、古河公方方の簗田氏らに市川城を攻撃されて城は落ち、実胤・自胤兄弟はそれぞれ武蔵赤塚城（板橋区赤塚）と石浜城（台東区橋場）へ逃れた。これによって下総千葉宗家は武蔵千葉氏となって、後には小田原北条氏の江戸衆に編成されていく。

翌二年正月十九日には市川で、古河公方方と千葉実胤兄弟を助ける上杉方との激戦が繰り広げられている。そして遂に同年十一月には、東常縁が古河公方方の主将格である馬加康胤を上総八幡（市原市）で討ち取っている。この頃の東常縁の武蔵での拠点として、大永三年（一五二三）に常縁次男常和が居住していたことが知られる下足立淵江（足立区）であった可能性(註4)がある。

馬加康胤を討伐した二年後の長禄二年（一四五八）、将軍義政は弟の香厳院を還俗させて政知と名乗らせ、新しい公方として下向させるが、関東に入れず伊豆の守護所（国清寺裏）に仮寓していたところ、二年後に古河公方方の焼き打ちがあった（『碧山日録』）ため、守山北麓とその北側に御所を構えて移り堀越《ほりごえ》御所と呼ばれた。

長禄元年に東常縁は、渋川義鏡と交替する形で関東から郡上へ帰ったが、義鏡が死去したためその翌年の応仁元年（一四六七）五月以前には再び下って今度は堀越御所の警固に当ったのである。

応仁文明の乱（一四六七～七七）により、日本全土は東西両軍に分れて相争うようになる。美濃国では守護土岐成頼が西軍となるに及び、守護代斉藤妙椿は郡上の東氏を東軍とみなして、応仁二年九月六日にその本拠である篠脇城を攻めて落城させ領地を横領した。

関東にあってこの報に接した常縁は、父祖伝来の地を東国出兵中に奪われた落胆は大きく、その悲しみを一首に込めて詠じたところ、人づてにこの歌が妙椿の元に届いた。妙椿は常縁とは和歌の友でもあり、「もし常縁が和歌を送ってくれたならば城と領地を返そう」ということになり、翌文明元年二月常縁は浜春利を介して十首の和歌を送り、郡上は再び東氏のものとなった。同年末に常縁は篠脇城引き取りのため郡上に帰った(註5)が翌年中には東国へと戻っている。

『鎌倉大草紙』には、文明三年三月に三島で合戦があったことが記されている。しかしこの頃の戦いの中心は、館林・足利・佐野といった東上野と西下野の地域（群馬県と栃木県境）であって古河公方は劣勢であり、六月には公方成氏は古河を棄てて下総本佐倉城（印旛郡酒々井《しすい》町）へと一旦退いており、この『鎌倉大草紙』の記事はその十六年前の享徳四年のこと(註6)らしい。

それでは東常縁は応仁元年以降どこに居たのであろうか。長禄元年以前は前述の武蔵国淵江に居たと思われるが、応仁元年からは堀越御所警固のための下向であるから伊豆辺りに居たと考えるのが妥当で、古今伝授が三島で挙行されたことが間違いないならば常縁の陣所は三島にあったということになる。

同様の陣所は安久（三島市）と加納（南伊豆町）にもあったことが確認されるが、(註7)堀越御所の権威も日増しに衰退し、文明十四年（一四八二）の幕府と古河公方との和睦＝都鄙合体後は、わずかに伊豆一国の支配権のみが認められたにすぎなかった。

二　常縁の陣所

三島は伊豆の玄関口である。敵即ち古河公方からの備えとなると箱根方面を固めることになる。一般的に敵の侵入を阻止するということはその街道を押えるということであり、城跡も街道を取り込んでしまうか城山裾を通すといった地勢になっている。近くでは山中城（三島市山中新田）や湯坂城（箱根町湯本）は城内を通している。

箱根から三島への道は、芦ノ湖の海ノ平から元山中を経て旭ヶ丘から願成寺より三島大社前に至る平安鎌倉古道が古いが、鎌倉時代末頃からこの古道の南側に元箱根より山中新田・塚原新田を通って大社前へと出る箱根路（旧東海道）が開けてくる。

この鎌倉古道と箱根路との合流点近くに所在するのが河原ヶ谷城跡である。『増訂豆州志稿』には高橋権守兼遠なる人物が守っていたのを、葛山城（裾野市葛山）主某が山手から攻めて落城させたとあるが文書からはこの人物と事実は確認されない。

鎌倉古道は三島大社東から金谷小路を東へ延び、暦門《こみかど》の先で大場川（神川《かんがわ》）に架かる埋木橋《うむろぎばし》を渡り（図1左下）、春栄塚辺から北上して河原ヶ谷城に入り願成寺のある台地から北東へと延びている。

現在みる旧東海道は大社前から東進するが、開かれた最初の頃は春栄塚辺で鎌倉古道と合流していたとも考えられ、河原ヶ谷城跡は三島駅（宿）を守る関門であったといっても過言ではない。

常縁はこの河原ヶ谷城跡に陣所を構えて、堀越御所の北方伊豆玄関口警固の任に当ったものであろうが、何時まで居たのだろうか。

古今伝授後度郡上説の論拠の一つとして、文明三年五月八日に兄氏数が死去した(註8)ために郡上へ帰ったとする方もいる。しかし文明元年とほぼ確定された『東野州消息』のなかで常縁自身が「いま政局のためこの地（三島）を動けない、藤沢（遊行寺）辺りに小庵を結んで歌道に精進したいが、一夜帰りで江戸辺へ出たくてもそれもできない」と宗祇に語っているように逼迫した状況であったのであり、武人東常縁の名誉のためにも郡上へ帰ったとは考えられない。

それでは常縁は何時郡上へ帰ったのであろうか。金子金治郎氏は、文明四年に常縁は宗祇への古今伝授、『伊勢物語注』への加判などを三島で行い、晩秋の頃宗祇の美濃行きを見送り、この年末までに篠脇城へ向かったろうとしているからこれに従っておきたい。

その後、常縁に替わって誰が河原ヶ谷城を警固したかは不明である。明応二年（一四九三）に北条早雲によって堀越公方足利茶々丸が放逐された時点で、この城は廃されたと考えられる。

また常縁の縁者で、堀越御所に仕えていたとみられる人物に東素純がいる。素純の実名(註9)は不明だが、立教大学本『古今伝』大永三年の奥書に、宗祇公は亡父に此の道伝授の人で素純が豆州に居た頃(宗祇から常縁より)伝授の分を渡したいから急いで上洛するようにと度々言ってきたが、(堀越御所の没落で)豆州が思いのほか乱れて流浪していたが、これこそよき折節と一念発起して、明応四年四月上旬に上洛して古今伝授を受けた旨が記されている。

このなかで素純は常縁を「亡父」と言っている。同書の日下には「十代末葉素純在判」とあり、明応八年に彼の著した『かりねのすさみ』の巻末にも同様の署名在判がある。また常縁は『古今秘伝集』にある、文明五年四月十八日付で宗祇に古今の説を悉く授けた旨の奥書に「八代末葉下野守平常縁判」と自署(註10)している。

郡上の東氏は井上宗雄氏作成の系図に基けば、胤行を初代(註11)としており二代は行氏、三代は時常、四代は氏村、五代は常顕、六代は師氏、七代は益之ときて、八代は他家養子と僧籍を除けば氏数か常縁であるから、素純はこのどちらかの孫である。それでは何故「亡父」と記したかといえば、それは常縁が氏数の孫素純を猶子(註12)としたからではないだろうか。その背景には素純の歌道志向があったことが考えられ、文明元年に常縁が篠脇城請取のため一旦郡上へ帰った際に、素純を連れて東国へ戻ったと考える。

素純の幼名が『三島千句』奥書にでてくる竹一丸であろうが、ここで素純の生没年について考察してみたい。

没年が享禄三年(一五三〇)六月五日であることは、『実隆公記』によってわかるが没年令が不明である。『宗長日記』のなかで「素純法師遠行とぶらひに老懐を加て」と題して「八十《やそじ》余りひともさきにわれこそとおもふに又もをくれつるかな」と悼んでいる。宗長は、この二年後の天文元年に八十五歳で没したからこの時は八十三歳で、悼歌から素純は宗長より若年の七十歳代ほどと考えられよう。

前述した素純の『かりねのすさみ』の冒頭に「予既二毛の秋を送れとも」とあり、「二毛」とは『広漢和辞典』によれば黒い毛髪と白髪を指すことから、白髪交じりの老人すなわち中老の人の事で、井上宗雄氏はほぼ四十歳位としている。(註13)

仮に明応八年に四十歳だったとすると延文五年(一四六〇)生まれであり、文明三年には元服前の竹一丸は十二歳であって、七十一歳前後で没したことになるから筆者もこの説を支持したい。

宗祇より古今伝授を受けた後、素純は富士宮浅間神社近くに住み、その後今川家の許にあって最勝院と称し歌道指南であったようで、氏親と協力して『続五明題集』の撰成に尽力している。

三　河原ヶ谷城跡の概要

箱根外輪山よりの浮石泥流層が、西南へと斜面を流出した台地は平野部近くで終わっているが、この先端部に城跡はある。三島宿の東北方にあって一帯を城山と呼び、願成寺のある台地が川原ヶ谷でその他は加茂川町である(図1参照)が、城山の地籍としてはその

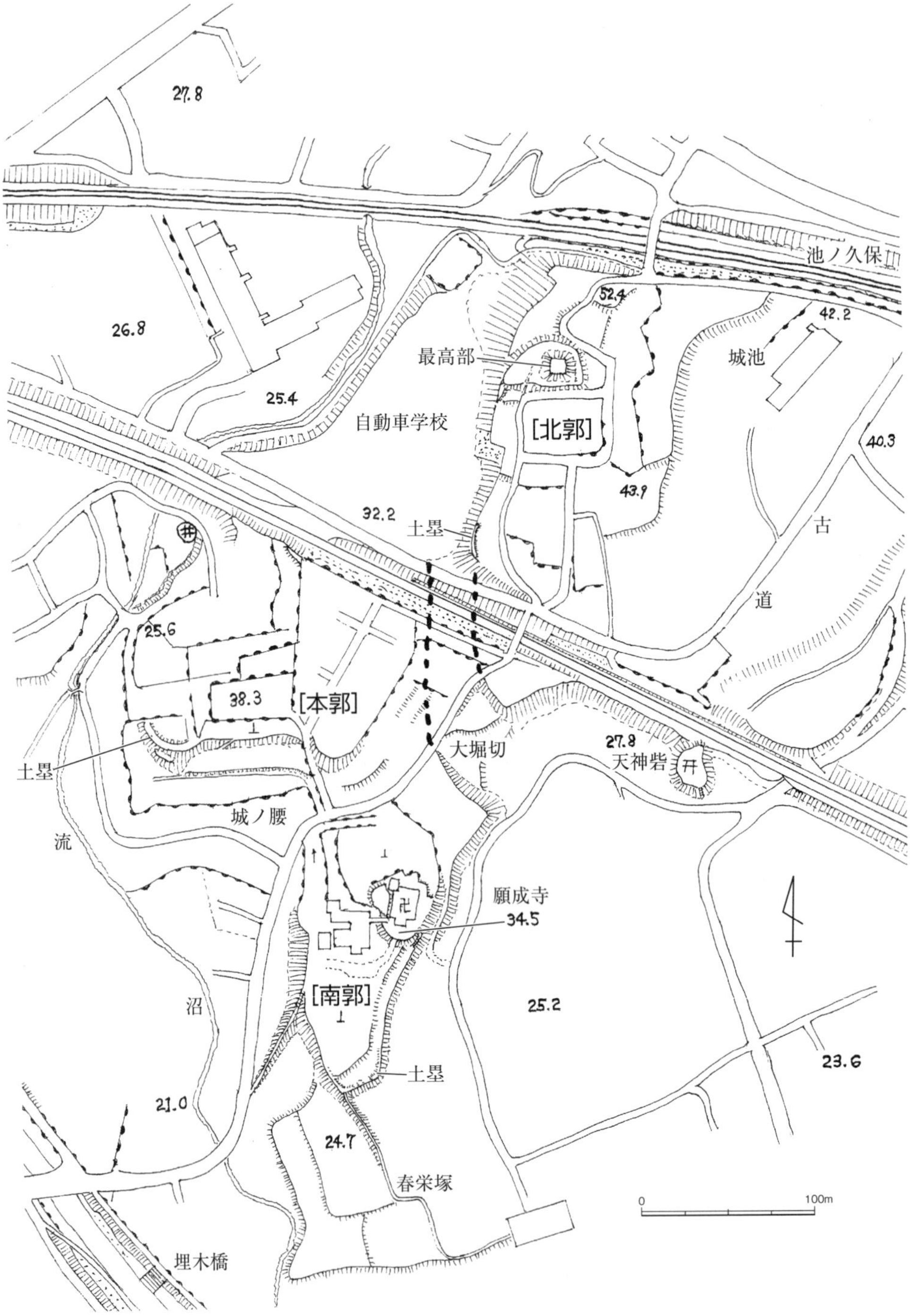

図１　河原ヶ谷城跡現状図

H19.9.20　土屋比都司作図

北方の西旭ヶ丘一帯まで及んでいる。

主要部は、願成寺のある台地（南郭と仮称）と陸軍墓地のある台地（本郭と仮称）それに自動車学校東側（北郭と仮称）の三つの台地からなり、東海道線と同新幹線が城内と北端部を貫通していて東西三〇〇m南北四五〇mほどで、中世まではこの台地の東西と南側一帯は大場川を氾濫源とする泥湿地帯であった。

甲相一和の破綻に伴い小田原北条氏と甲斐武田氏は、天正七年（一五七九）より同十年の武田家滅亡まで駿豆国境地域で戦闘を交[註14]えるが、その時の北条氏政陣所となったのが『天正八年武田・北条合戦図』（明治資料館蔵）にみえる川原ヶ谷城である。北条氏の軍勢は一万数千人であったため城山の地籍も広がったものであろう。この城の北西四〇〇mにある躑躅ケ崎の高台は物見台であったといい、東方二〇〇mの天神社の所は出丸跡と伝承している。

本郭東南部の山裾を城《じょう》ノ腰と呼んでおり全体を城山《しろやま》と呼ぶことから、城《じょう》の時代＝室町時代と城《しろ》の時代＝戦国時代の二期にわたる使用が考えられる。室町時代は東常縁が陣所を構えた頃であり、戦国時代は小田原北条氏が武田氏との合戦のために陣城として構築したものである。このため現在の遺構は戦国時代のものを残している。また室町時代の大手口は東北方箱根方面であり、戦国時代の大手口は西南方沼津方面であったといえよう。

平松・栗田氏宅のある所は大堀切の跡で自然の入谷に手を入れて堀切ったもので、往時は北へ延びて本郭の台地と北郭台地との狭くなった接続部分を分断していたのであろう。戦国時代はこの堀切の両側を城としていたが、室町時代の城は堀切の西と南側台地（本郭と南郭）でもっと堀幅も狭く、鎌倉古道に引橋を架けておいて有事の際には橋を引いて防いだものと考えられる。

本郭は古道と堀切を守る重要地点で、室町期の軍勢の大半はここに詰めて守備していたであろう。ここのほぼ中心部にある川越氏宅と長谷川氏宅のある所が現在一番高いが、川越氏宅建築の際には三m以上削っているから、本郭の標高も四二mはあったと思われる。この辺からは城跡との関係は不明ながら、元の耕作者は大きな囲炉裏跡が発見されて多量の灰が出たと語っていたそうである。

陸軍墓地西側の旧小林邸を囲んで弧状型に戦国期の土塁が残るが、ここの下部周辺が一番城跡の雰囲気を残している。また西北部麓の水田には掘抜き井戸があって現在でも湧き出ている。

願成寺のある南郭は大きく三段になっている。本堂のある所が一番高く以前は北へと傾斜のある畑地であったが、現在は新墓地として開発されている。この場所は対岸の本郭と呼応して古道を押える位置にあり、古道は以前にはもっと深く掘り下げられていたという古老の証言がある。二段目は五m低くなった庫裏のある平地で、一番広く南側の墓地まで東西四〇m南北一〇〇mほどである。

三段目は墓地の東から南にかけて二m低く帯状に廻るもので、南側縁辺部には低い土塁が認められ、春栄塚へと至る戦国期大手道を押える形である。古道は南郭の西縁部を通行させて、陣所と隣接させることにより監視したものであろう。

北郭はほぼ両東海道線に挟まれた台地であり、戦国時代の主郭部である。鉄塔のある所が一番高く、標高五五mほどあって視界は良好で遠く鷲頭山まで見渡せる。最高部に至る西縁部には高さ一mの土塁が二〇mほど残っているが、以前はもっと高く一・五mはあったが削られた。東縁部にも土塁があったが民家になってしまった。

　北郭の東側シャルマンコーポグランヒルに至る低地を「城池」と呼んで池があったといい。その北側で新幹線架線敷のところを「池の久保」といって湧水があったと伝えている。

四　古今伝授の場所考

　それでは古今伝授がここ河原ヶ谷城跡で挙行されたという根拠を考えてみよう。その前に古今伝授のようないわば崇高な儀式が、陣所のような所ではなく三島神社で行われたと主張される方もいる。しかし第二節の『東野州消息』で述べたように当時は逼迫した状況であったため、なかば私用のために持ち場を離れることは近場とはいえ許されるものではない。宗祇は、四十七歳の成熟期である応仁元年(註15)から関東流浪の生活を始めるが、同年九月武州五十子《いかっこ》陣(埼玉県本庄市)に二ヶ月以上滞在して、長尾景信らと連歌を詠み最初の連歌論書である『長六文』を陣所で書き表している例もある。

　乱世の代に連歌師が下向して、地域の英傑諸将と交わることは自身の殊能を磨くばかりでなく、彼らと師弟に準ずる関係を持つことにより政治的使命を帯びて接触していたもので、在方諸将としても都の情報を得る客人として迎え入れたのであった。

　まず根拠の第一としては、『三島千句』の四カ所に「古寺の」の第一句と「〇〇寺」が四ヶ所あり、「庵」の句も七カ所みられ、寺に関する語句が他に比して多いことである。

　天主君山願成寺は、過去帳によれば天文元年(一五三二)の開基でそれ以前は小庵であったという。この寺の墓標で一番古い年代のものは至徳四年(一三八七)というから、この頃から小庵があったことは間違いないであろう。常縁と宗祇は、陣所続きの古寺(小庵)を借用して古今伝授に臨んだのではなかろうか。

　二番目の根拠としては、明応五年九月二十八日に三条西実隆邸にて宗祇・宗長ら五人と富士山談議に及んだ時、宗祇が「十一ヶ国より富士山を見て七年いた関東では見あきることはない。筑波山から見た富士山は詞に言い尽くせない姿である。伊豆三島より見る富士山は小山共が連なって優美ではない」と言っている点(註16)である。

　『宗祇終焉記』によれば、箱根湯本での死後、宗長らは宗祇の遺骸を担いで定輪寺(裾野市桃園)まで運んだため墓所も同寺にある。宗長らが近くの早雲寺ではなく定輪寺を埋葬の地に選んだのは、今川氏領国に固執したという考え方もあるが、古今伝受のための定宿としたのが定輪寺であったという因縁からではないだろうか。宗祇は伝承にもあるように、ここから常縁の陣所まで凡そ七kmの道程を、おそらく一日置きに(註17)馬に揺られながら通ったものと思われる。

　定輪寺辺りからは愛鷹山が邪魔して富士山は見られない。三島駅近くになって見ることができるが、常縁陣所と思しき願成寺庫裏のある台地(南郭)からは、十数m高い本郭方向に富士山があるためここからも見ることができないのである。
三番目の根拠としては、願成寺から宗祇翁三百五十年忌の掛軸が見つかったことである。その全文を次に掲げよう。

詠月唫花真聖翁遊疏入細豈寛
洪此中妙處人無解事業存今
仰遺風　欽薦
宗祇翁三百五十遠忌追福　桂園遠藤謹

宗祇の没年は文亀二年（一五〇二）であるから、三百五十年忌は嘉永四年（一八五一）である。その偉業を賛辞する内容で桂園遠藤とは、江戸時代後期に誕生した二条派歌人（俳諧師）の流れをくむ香川景樹を祖とする桂園派の遠藤某ということであろう。

郡上東氏の嫡流は、天正十三年（一五八五）十一月二十九日に寓居していた内ケ島氏の帰雲城（岐阜県白川村保木脇）で地震の崩落により絶えてしまうが、庶流の遠藤氏が郡上八幡城主となってその遺跡を継いでいるから、この遠藤氏の末裔の者だろうか。

宗祇遠忌は、江戸俳諧が盛んとなった二百年後から始まっている。元禄十四年（一七〇一）七月晦日に松尾芭蕉の師としても名高い北村季吟が、自宅の向南亭（神田小川町）で催した歌会連吟を自ら浄書して、『種玉庵宗祇二百年忌詩歌集』を箱根湯本の早雲寺に奉納している。二百五十年遠忌には攝津国住吉郡平野の土橋良慶が、仲間五人を集めて千句を吟じた『種玉庵主二百五十年忌五吟千句』を、やはり早雲寺に奉納している。

この頃までは宗祇菩提所は早雲寺と信じられていたが、『宗祇終焉記』によって埋葬された墓所は定輪寺であると認識されてくると、三百年忌以降は定輪寺で行われることになる。

定輪寺には、三百年遠忌に先立つ寛政四年（一七九二）七月二十七日刻銘のある石灯篭と、二日後の宗祇命日に行われた『宗祇翁三百遠忌手向吟』の記念句集があり、享和元年（一八〇一）には三百年遠忌記念碑が建てられ、江戸の文人八名と三島の協力者五名の名が碑面に刻まれている。

また明治三十五年四月には、「宗祇法師翁四百年祭奉額句会」が公募により成され、戦後復興の兆しが見えた昭和二十九年十月には、宗祇法師四百五十年記念句集の公募と記念句碑の建立が行われた。そして宗祇五百年祭が、平成十二年から十三年にかけて一大イベントとして、大々的に挙行されたことは記憶に新しいところである。ところが定輪寺には、三百五十年遠忌のものは一切ないという。

願成寺にこのような宗祇を顕彰する掛軸があるということは、この場所が宗祇と何らかの係わりを持った所と理解される。それは即ち、古今伝授が挙行された場所だったからではないだろうか。

おわりに

常縁から宗祇へと相伝された古今伝授は、三条西家（実隆―公条―実枝）から細川幽斎を経て御所伝授となる。慶長五年（一六〇〇）の関ヶ原合戦前哨戦として、丹後田辺城（京都府舞鶴市）の留守を預かっていた細川幽斎が、城兵五百にて西軍一万五千の大軍を迎えて四十余日に及ぶ籠城を続けたが、朝廷では古今伝授の正統を受け継ぐ幽斎を討死させてはその秘訣も永遠に消えてしまうと、田辺城に勅使を派遣して開城を承知させたことは周知の事実である。これほど古今伝授は、当時の文人にとって重みのあるものであった。

宗祇は古今伝受の段階に応じて、常縁より三度の奥書証判を得ている。最初は二度の講釈が終了した文明三年八月十五日で、これは相伝の説を宗祇に授けたといういわば修了証書である。

二回目は二度にわたる講釈の終了後、宗祇がその聞書を整理して提出した『古今和歌集両度聞書』に常縁が加筆加詞したもので、文明四年五月三日付で宗祇を「門弟随一」と褒めたたえている。

三回目はその一年後の文明五年四月十八日に(註18)、常縁は古今集の説を悉く宗祇に伝授したことと秘伝を守る旨を記している。これを以て古今伝授の全過程が終了したのである。

常縁は宗祇を自分の後継者に定め、秘伝を悉く伝授したのであった。何人かに伝授を行っても、最も重要な秘伝まで授けるのは一人だけであって、他の門弟には七割以下しか相伝しなかったという(註19)。

宗祇は古今伝受によって二条派歌学を徹底的に学んだもので、これが帰洛後の活動の推進力になって後の『新撰菟玖波集』などの完成を可能にしたのである。

平成十九年五月三十日、三島宗祇法師の会では「古今伝授は三島の何処で行われたか」のシンポジュウムを催して、その結果願成寺所在地が妥当として認定した。そして同二十二年十二月に「古今伝授のまち三島」の碑を三島大社参道池端に建てた。

その後「古今伝授と三島千句」が三島ブランドに選ばれたため、本年三月二十七日には願成寺登り道脇に高さ二・一mの「古今伝授の寺」碑を建て、その側面には同会会長で歌人でもある藤岡武雄先生の撰文を刻み込んだ。三島宗祇法師の会では、古今伝授が挙行されたまち三島という市民への意識高揚の啓蒙活動に励んでいる。

註

(1) 大坪基清は常縁自筆として三条西実隆が書写した『古今相伝人数分量』(早稲田大学図書館蔵)に「大坪治部少輔基清本名村上」とあって村上氏族である。佐藤博信「上総大坪基清試論」『国語と国文学』平成八年一月号、のち同著『中世東国政治史論』塙書房二〇〇六年に再録　を参照されたい。このなかで佐藤先生は後度の場所について、三島説はそれほど根拠は確固たるものではなく、むしろ東氏の家督交替にともなう美濃郡上帰還後の郡上説の方が説得力を有すると述べながら、その後に大坪基清は、この三島で東常縁に古今集の講釈を「懇望」したのであったと、矛盾した見解を述べられている。

(2) この奥書は防府天満宮蔵本とほぼ同文であるが、現物を確認された藤岡武雄先生のお話では、裏に高野山の高僧と思われる人物が記した「この書物は大変貴重なものだから大切にしなさいよ」といった内容の付箋がついていて、原本である可能性が高いという。

(3) 「三島の古今伝授について」『伊豆史談』第一三七号　平成二十年。

(4) 黒田基樹著『戦国大名領国の支配構造』三四九頁　岩田書院刊平成九年。

(5) 金子金治郎著『連歌師宗祇の実像』九二頁　角川書店平成十一年。

(6) 黒田基樹著『戦国大名北条氏の領国支配』六三頁　岩田書院一九九五年。

(7) 『静岡県史』資料編6中世二　二三九九号　蔭凉軒日録。

(8)氏数の没年については『寛政重修諸家譜』と大和町蔵『東氏遠藤家譜』には五月八日、乗性寺蔵『東家系図㈠』には五月四日、東保胤蔵『千葉大系図』には実は師氏之男として永享四年九月十六日七十七歳とする。

(9)『寛政譜』と『系図纂要』には実名を胤氏として氏数—縁数—胤氏とし、乗性寺蔵『東家系図㈠』と日置吾朗氏蔵『東家系図㈡』(いずれも『大和町史』史料編続編上)も同系列にして胤氏のところを素純とのみ記す。

(10)『中世歌壇史の研究室町前期』四〇七頁　風間書房　昭和三十六年。

(11)『実隆公記』の明応七年二月三日には宗祇が来て、明後日前関白へ古今集講釈の終了書を渡すため実隆が代筆した文に「素暹法師(胤行)八代之孫下野守常縁相伝之説」とある。

(12)このように考えると立教大学本『古今伝』奥書末尾の「賢兄頼数伝授畢」も理解できる。また『実隆公記』には東家の常縁縁者が多数出入りしている。弟の正宗竜統長老が文明十八年正月八日、嫡男頼数とされる東将監が長享三年正月十五日、二男常和は永正五年三月十一日、同年九月十日には東宮内少輔(氏胤カ)、三男と思われる常庵竜宗にいたっては頻繁である。素純は上洛して宗祇に古今伝授を受けていた頃にも『実隆公記』には表れないし、実隆と素純との交流は素純が死ぬ一年近く前からで判詞のやりとりしかみられない。しかも素純が没したことを常庵が実隆に知らせた時に、実隆は「素絢」と誤記していることからも、実隆と素純の関係は弱いもので常縁の実子とは考えられない。また『かりねのすさみ』序文には「父に早くから死に別れて母に育てられた」とあることもその一要因となろう。

(13)『中世歌壇史の研究室町後期』一〇四頁　風間書房　昭和六十二年。このなかで『文選』中の潘安仁の詩文から「二毛」を三十二歳とする説も紹介しているが、井上氏も指摘するように、それでは文明三年時点では竹一丸は四歳となり戦場へと伴うには若年過ぎよう。

(14)この戦闘については拙稿「城郭研究からみた天正期駿豆国境地域戦争について」静岡古城研究会『古城』第四十八号　平成十四年　を参照されたい。また同十年には、天正壬午の乱による北条氏と徳川氏の戦争が駿豆国境地域でも繰り広げられ、九月二十五日には氏政が小田原から出張してきて三枚橋城の徳川方と三島で合戦しているが、この時にも河原ヶ谷城が陣所として使用された可能性もある。

(15)通説では文正元年であるが、『静岡市史』原始古代中世　一二九五頁以降の中川芳雄執筆分(昭和五十六年)と静岡県地域史研究会会報第三号の大塚勲「宗祇の東国下向覚書」(平成二十五年)を参照。『宗長日記』大永四年七月条の「宗祇此寺(清見寺)に一泊ことし五十八年になりぬ」から数えの五十八年前は応仁元年になる。また『実隆公記』明応五年九月二十八日には宗祇が七年関東に居たと話しているが、これは応仁元年から東国下向の終年とされる文明五年までであり、文正元年からとすると八年になってしまう。なお『実隆公記』の二刷までは「去年於関東」であるが、三刷では高橋隆三編纂により「七年於関東」に修正されている。去年とすると、明応四年は素純が豆州から上洛して宗祇より古今伝受された年であり、宗祇は新選菟玖波集の選定で忙しく関東へ行っていない。この件につき東大史料編纂所の原本を確認したが「七年於関東」で間違いない。

(16)この点は平成十九年五月の「古今伝授の場所はどこかシンポジュウム」で金窪明美氏からご指摘いただいた。

(17)素純の跡を継いだ素経は、天文元年秋より三条西実隆に古今伝授を受けるが、『実隆公記』によれば隔日講釈しているから同様に判断した。素経は素純の死後その遺跡を継いでおり、古今伝授を受ける依頼のため常庵竜宗(常縁の息)が実隆の許を訪れて口頭でお願いしている。実隆はその日記に「素絢之遺跡素慶上洛事可申下」と記しているから素経は「そけい」と読むのが正しいと思われる。素経は素純と同じ最勝院を名乗る。

(18)最初と三回目は早稲田大学図書館蔵『古今伝受書』による。

(19)小高道子執筆「東常縁から細川幽斎へ」『古今集の世界』伝授と享受　横井金男・新井栄蔵編　世界思想社　一九八六年。

掛川城攻めにおける徳川家康の陣城跡

戸塚和美

はじめに

三河の松平元康（徳川家康）は、永禄三年（一五六〇）桶狭間で今川義元が倒されると、尾張の織田信長と同盟を結び、後顧の憂いが無くなったと見るや東三河への侵攻を開始した。その侵攻に誘発されるように遠江では、曳馬城の飯尾連能、井伊谷城の井伊直親ら今川有力家臣の離反が相次いだ、いわゆる遠州忩劇と呼ばれる混乱状況に陥った。永禄十一年（一五六八）家康は、武田信玄との密約後、曳馬城に入り高天神城の小笠原氏興・氏助父子、久野城の久野宗能らの東遠江諸侯を懐柔すると、ついに今川氏真の籠もる掛川城に攻撃を開始した。家康の掛川城攻めは、掛川城奪取までに半年余りを要し、その間にいくつもの徳川方の陣城が築かれた。

掛川城攻めに関する考察については、水野茂氏が文献史料に表れた掛川城攻囲の様相を時系列的に詳らかにしている。加藤理文氏は、掛川城攻めの陣城の一つで発掘調査が実施された杉谷城の分析を中心に、永禄後半期の徳川方の築城術について考察した。加藤氏は杉谷城の分析と文献に残る築城の様相を駆使し、家康による掛川城攻囲における陣城とは、兵力の駐屯と休憩場所の確保こそが第一義的な機能であったとした。遠江制圧の途上にあって、長期戦が予測された掛川城攻囲においては主力軍の長期的配置は不可能であり、永禄後半段階では兵站を考慮した城攻軍のための最前線基地の確保に至っていなかったことによると考察している。これまで不明な点が多かった永禄後半期の徳川方の陣城の様相を明らかにしたことは、徳川氏の築城術の研究に一石を投じたと言えよう。また、天正前半期には防備力向上と機能分化の進化が見られることによる永禄後半期との差異を指摘した点も注目される。

徳川家康による掛川城攻めとは、遠江の覇権掌握とともに名門今川氏の滅亡という東海の戦国期においては画期となった戦いである。以前より徳川方を中心とした戦況について、文献史料から明らかに

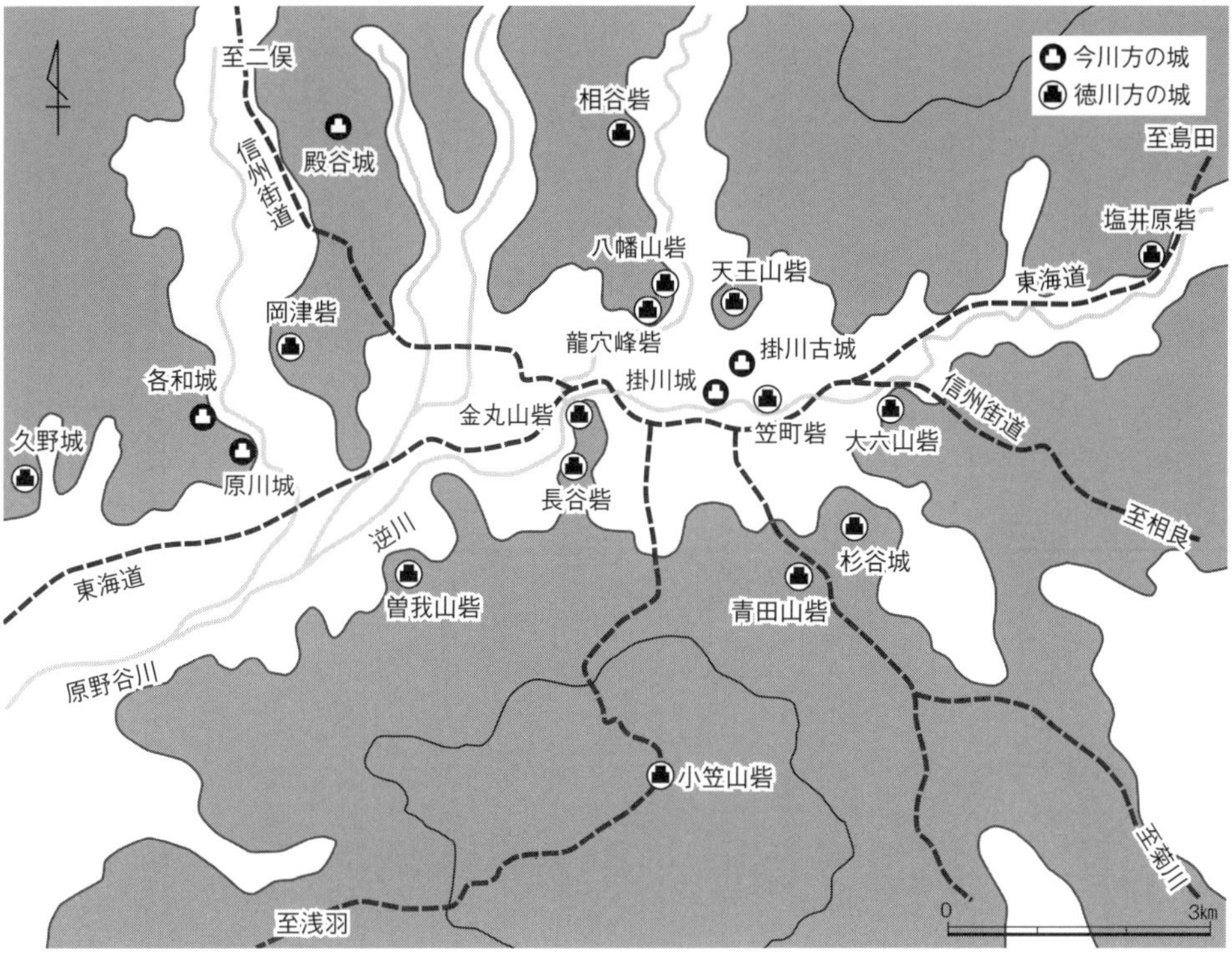

図１　掛川城攻めの徳川方の陣城配置図（『静岡の城』から転載）

されてきたが、近年、それまで不明な点が多かった徳川方の陣城構造が解明されつつあり、加藤氏の考察のような徳川氏の築城術に言及する論考も見られるようになってきた。

小稿では先学の成果に依拠しつつ、遺存状態は良好でないものの地形から城砦と認知されている笠町砦と天王山砦を中心に徳川方の陣城について考察してみたい。

一　文献に見る掛川城攻めの様相

ここでは、文献に表れた掛川城攻めの様相について、概観してみたい。

掛川城侵攻の契機は武田軍による駿府への乱入であり、駿府を追われた今川氏真は朝比奈泰朝の守る掛川城に入った。それに呼応するかのように、永禄十一年（一五六八）十二月十三日、徳川家康は七〇〇〇余の兵をもって遠江へ侵攻を開始した（享禄以来年代記他）。家康は十九日には徳川方となった久野宗能に命じ天竜川に橋を架けさせ、翌二十日には掛川城の一里のところに布陣、掛川城に迫った。掛川城には今川勢三〇〇〇の兵が籠城していたとされる（武徳編年集成）。

当時、家康は久野宗能とその一党に知行を宛がっており、その中には垂木郷も含まれていることから、早くも掛川周辺の村々が徳川方に接収されていた様子が窺われる（徳川家康判物　久野文書　永禄十一年十二月二十一日）。

十二月二十二・二十三日、掛川城の戦いにおいて、今川氏と同盟関係にあった北条氏政が、今川方に与した家臣の戦功に対し扶持を約しており、この頃には本格的に戦闘が始まったことがわかる（北条氏政判物写）。また、同じ頃、家康は相谷砦に本陣を張り、掛川城下に迫っており、追手門周辺にて攻防があったことが伝えられる。徳川方は、桑田村（長谷砦）に酒井忠次・石川家成、曾我山砦に酒井雅楽・松平玄蕃、天王山砦[註1]に小笠原・久野一族と、各武将に陣城を築かせ守備させている（武徳編年集成）。さらに、十二月二十六日には先の三つの陣城に加え、金丸山ノ付城（金丸山砦）に久野宗能・佐渡宗憲ら、青田ノ付城（青田山砦）に形原松平・福釜松平ら、笠町ノ付城（笠町砦）に三方衆の各武将に陣城を築かせており（武徳編年集成）、掛川城包囲網が急速に整えられつつあることがわかる。[註2]

十二月二十七日、家康は本陣を相谷砦から天王山砦に移し、小笠原長忠の一族が掛川城下を放火するなど徳川方の野戦の様子を伝えている（武徳編年集成）。

年が明け、永禄十二年（一五六九）正月十六日、徳川方は青田山砦を築き小笠原長忠らを守備に着かせ、仁藤山砦（笠町砦）には岡崎衆、金丸山砦には久野宗能らに守備の強化を命じている（松平記）。十六日に浜松を発った家康は不入斗（袋井市）に布陣し、翌十七日に本陣の天王山砦に入っている（家忠日記増補追加）。

正月十七日、天王山（掛川古城）周辺において激戦が繰り広げられ、徳川方の内藤信成が負傷しており、翌十八日には今川勢に金丸山砦が襲撃されている（武徳編年集成）。二十三日の天王山（掛川古城）の戦いにおいては、今川勢に多くの死者が出たとされる（享禄以来年代記）。今川方の史料では、天王小路・天王社路と呼ばれる天王山周辺での戦功を賞する書状が複数みられることから、今川方も籠城による防戦にとどまることなく外に討って出ていったことがわかる（今川氏真感状写）。また、「敵数多鑓付仕場居衝崩」とあり、天王山（掛川古城）の土塁を突き崩す程の猛攻であったことが読み取れる（今川氏真感状写）[註3]。

天王山の戦いと同じ頃、氏真は久野一族を再び寝返らせようとしたが、久野宗能らの内通により失敗に終わっている（家忠日記増補追加）。今川方も迎撃のみならず、調略戦も試みていることは興味深い。

天王山の戦いから三月までの二カ月間、攻防戦は膠着状態であったのか記録がないが、二月二十三日付けの徳川方の陣城普請状況を伝える書状によれば、徳川方はこの頃二ヵ所に陣城を築き、さらに四ヵ所の陣城を普請中であったことがわかる（山県昌景書状）。膠着状態を打破するためか、包囲網をさらに強化していったものと考えられる。包囲網の強化とともに、家康は織田信長に援軍の要請をしているが、上洛したばかりの信長にとって自ら京都を空けることができず、若干の兵と舟を援軍として出すことを約している（二月四日 織田信長書状）。

三月四日、家康は戦況打破を期して掛川へ出陣、翌五日には大手門周辺での戦闘があり、今川方では百人余り、徳川方では六十人余

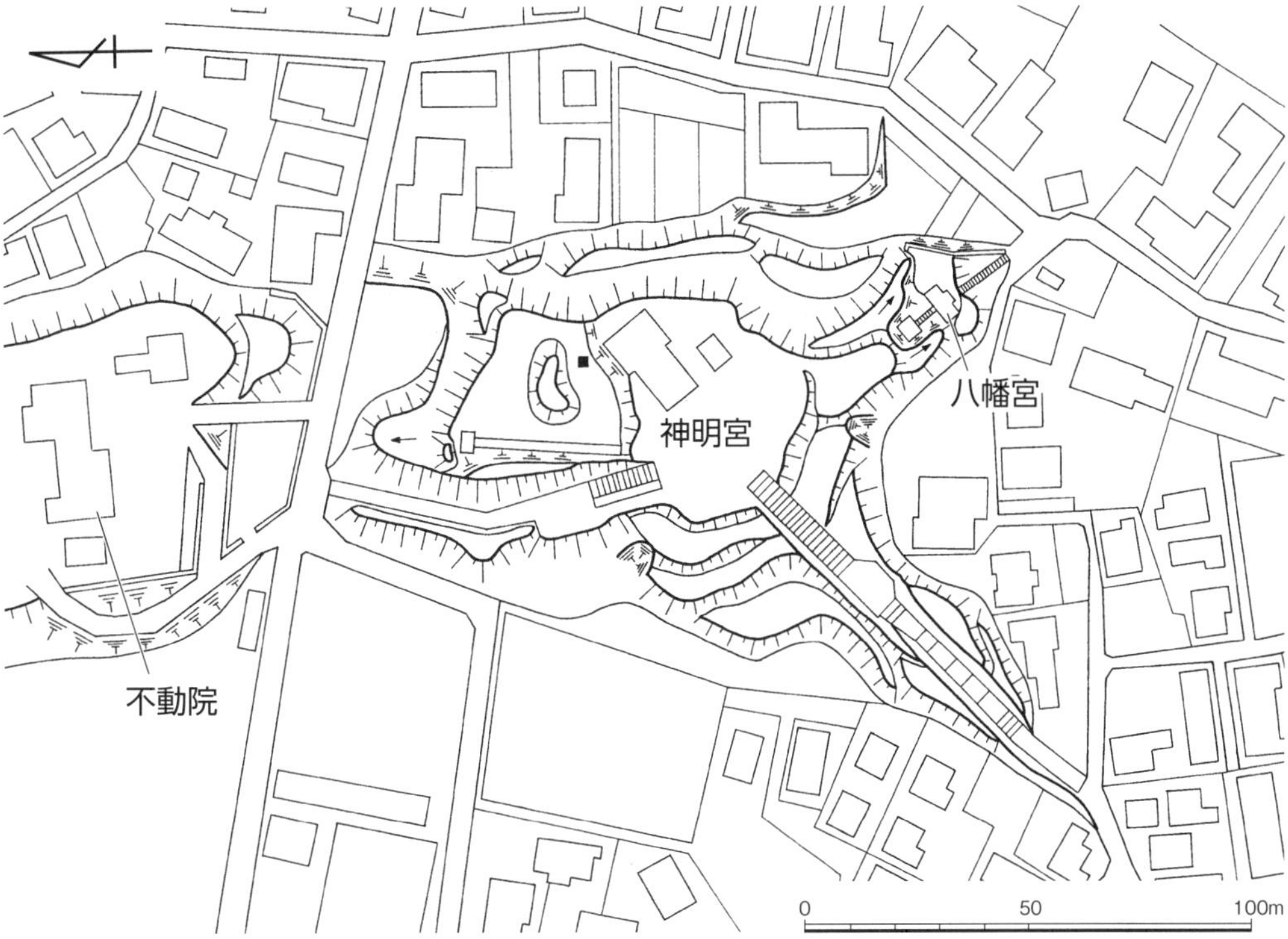

図２　笠町砦概念図

りの戦死者が出たことが伝えられる（家忠日記増補追加）。

信長からの援軍による加勢、新たな陣城築城による包囲網強化にもかかわらず、徳川方にとって戦況の好転はみられなかった。笠町砦を守備していた奥平貞能らの進言もあり、力攻めは困難として、家康は講和交渉に傾倒、講和交渉が三月八日から始まったとされる。その一方、家康は堀江城の大沢基胤や天方城の天野藤秀らの抵抗勢力への執拗な調略を行っており、未だ遠江国内状況が不安定であったことが窺える。加藤氏は、未だ不安定な遠江国内にあって、掛川城でのこれ以上の長期戦は何としても避けたいために和睦による開城へと決断させたものとしている。

五月六日、家康と氏真との講和が成立、掛川城は十五日に徳川方に明け渡され、この日をもって今川氏は滅亡した。家康は、この掛川城の奪取によりほぼ遠江一円を治めることになった。

二　笠町砦と天王山砦の構造

掛川城攻めの際に築かれた陣城としては、『武徳編年集成』等によれば、相谷砦・長谷砦・曾我山砦・天王山砦・金丸山砦・青田山砦・笠町砦などが知られる。しかし、その多くは開発等により消滅している。現在、その地形から陣城として認識できるものは、笠町砦・天王山砦・青田山砦である。いずれも後世の改変がみられるが、その中でも比較的陣城としての様相を遺していると考えられる笠町砦と天王山砦から構造を探ってみたい。また、掛川城攻めの陣城の

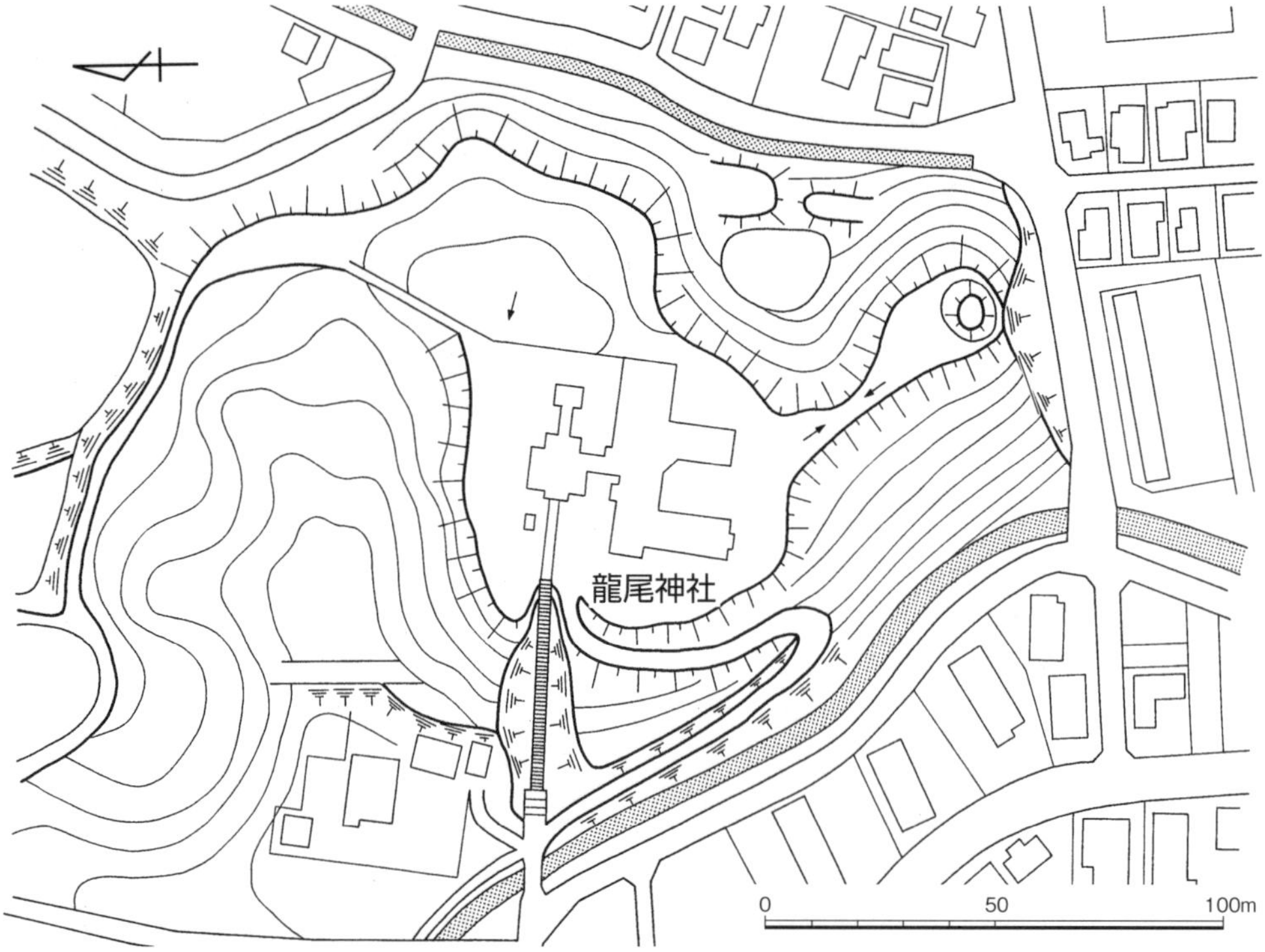

図３　天王山砦概念図

中で唯一発掘調査が実施された杉谷城について、加藤氏の分析を参考に先の二つの陣城との比較検討をしてみたい。

笠町砦

逆川南岸、北から南に張り出した低丘陵上に占地する。標高四三m、比高一二mを測る。掛川城の東九〇〇m程の地点に位置し、頂部の西に立てば掛川城を望める。周囲は住宅地と化しているが、神明宮を頂く境内は鎮守の杜となっており開発を免れている。境内を北から南へ往来する階段の参道が取り付く。

独立丘陵状の頂部付近を曲輪とし、南西と南東に延びた尾根上に帯曲輪状の削平地を設けている。

頂部の神明宮社殿が建つ平坦地が曲輪跡と考えられ、南北九〇m、東西五〇m程を測る。曲輪周辺は、社殿造営の改変により平坦地となっており遺構は見られない。社殿北側は一m程低くなっており、一部に土塁状の高まりが認められる。

南西に延びた尾根は階段の参道により改変されているが、その両脇、特に西側には狭小であるが、三段程の腰曲輪状の平坦地が見られる。掛川城方面、西方からの攻撃を想定しての普請と考えられる。南東尾根は八幡宮により改変されているが、そこにも小規模な腰曲輪状の平坦地が見られる。

西斜面は切岸となっており、中腹に腰曲輪状の平坦地が設けられている。北斜面も切岸となっている。

現在ある北と南の階段の参道に虎口を求めたいが、改変のため積極的には首肯できない。他に虎口らしき痕跡を認めることができないため、参道部に何らかの虎口が存在した可能性は高いと思われる。

以上のように、狭小な帯曲輪状の平坦地と切岸以外に遺構と呼べるものは見あたらないが、掛川城方面を中心とした西方への監視はもちろんのこと、独立丘陵として四方に眺望が利くことから陣城としての基本機能は兼ね備えていたと考えてもよかろう。

北側には、道路（谷地）を隔て不動院が鎮座する笠町砦と同じ高さの丘陵がある。丘陵上は不動院境内として削平され遺構は見られないが、周囲は切岸状をなしており陣城としての地形的環境を兼ね備えていたことがわかる。

天王山砦

掛川城の位置する沖積地に向かって北から南へ延びた丘陵先端に占地する。初馬川の支流水垂川と小河川の合流部にあたり、往時は両河川により囲まれた要害の様相を呈したと考えられる。標高五三m、比高二六mを測る。掛川城の北九〇〇m程の地点に位置し、丘陵先端からは掛川城までの沖積地が一望できる。周囲は宅地化されているが、頂部の境内周辺から麓にかけては樹木が鬱蒼とする杜として開発を免れている。

丘陵先端にあるが、東から入り込んだ谷地により独立丘陵に近い地形を呈している。頂部付近を曲輪とし、そこから南に向かって延びた痩せ尾根の先端に櫓台状の高まりがある。

社殿が建つ平坦地が曲輪跡と考えられ、南北四〇m、東西五〇m程を測る。社殿周辺には遺構は見られないが、社殿北側は自然地形としての緩やかな傾斜が見られることから、社殿周囲には著しい改変はないと考えられる。

南に向かって延びる痩せ尾根は、狭隘な鞍部を経て先端でやや広くなっており、その先端には古墳の墳丘がある。先端からは掛川城はもちろんのこと、沖積地を眼下におさめることができることから、櫓台もしくは物見台として利用されたと考えられる。また、鞍部は堀切と見紛うばかりの窪地となっており、天然の遮断線として機能していたと考えられる。

曲輪南東下と尾根に挟まれた低地部には長径一三m程の平場があり、その東側には開口部をもった土塁状の高まりにより閉塞した空間となっており、武者隠し的な曲輪と見ることもできる。

南側には階段とつづら折れの坂道の参道があるが、虎口を踏襲したものかどうかはわからない。

杉谷城

掛川城に関わる家康の構築した陣城の中で、唯一発掘調査が行われたのが杉谷城で、調査により具体構造が判明している。

小笠山から北へ延びた丘陵上に占地し、谷地が入り込んだ複雑な地形を呈す。標高八二m、比高四〇m程を測る。掛川城の南東二㎞程の地点に位置し、南北一五〇m、東西一〇〇m程の規模をもつ。

丘陵頂部の主郭（A）は南北三五m・東西一〇m程の規模で、東側を除く三方に土塁が巡り、東側に三段の腰曲輪状の平坦地が確認

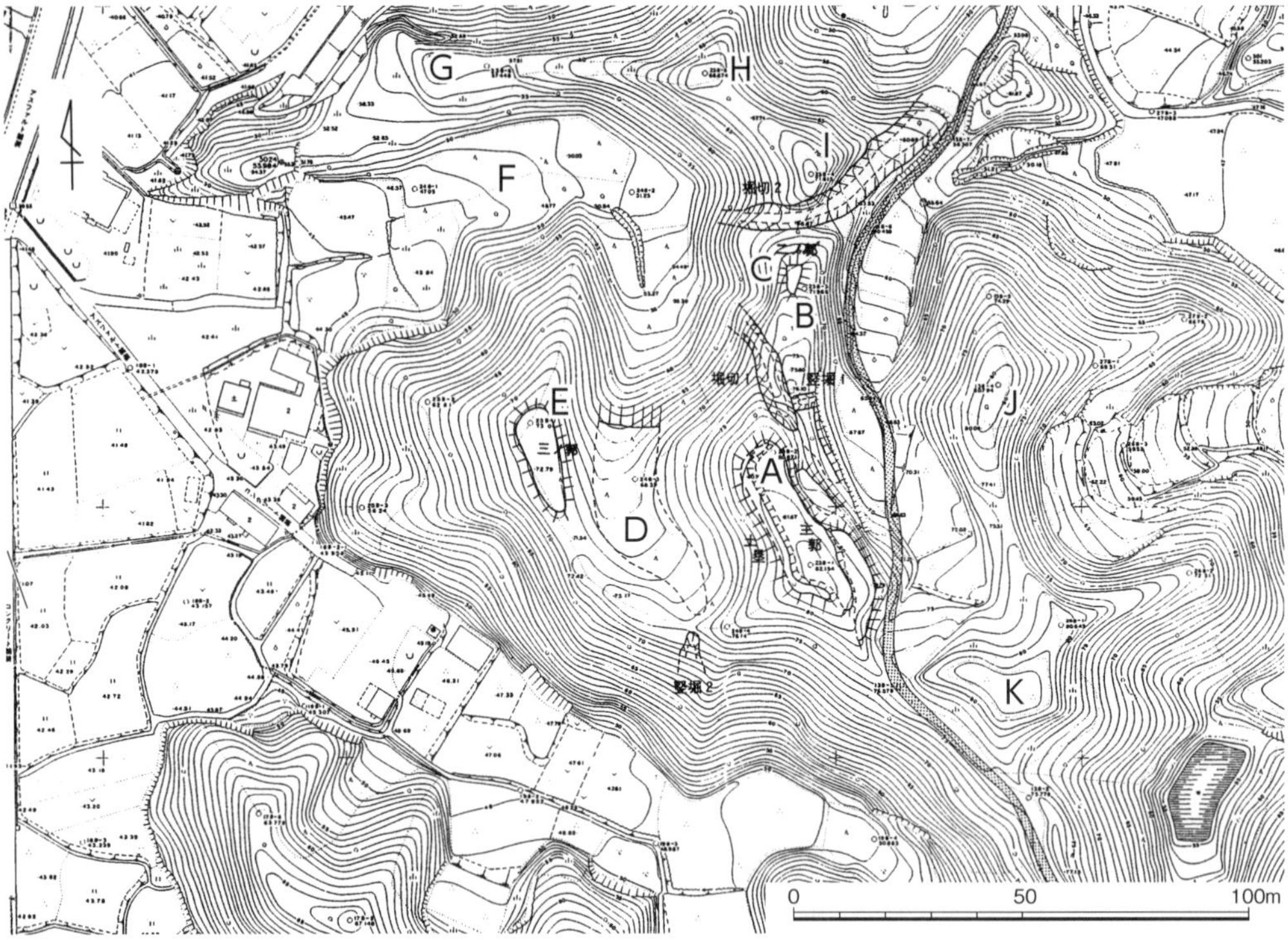

図４　杉谷城実測図

されている。主郭（A）北の尾根筋は、幅五・五m・深さ四mの堀切1と、幅二mの竪堀により遮断され、堀切1の東に沿うように二ノ郭（B・C）が配置される。二ノ郭（B・C）は、南北二五m・東西一〇m程の規模で、南から北にかけ五m程低くなり北端部に高まりをもつ。その高まりは、土塁もくしは橋台の痕跡と想定される。二ノ郭（B・C）の北側は、幅一〇m・深さ六m程の堀切2により遮断されている。主郭（A）南西部には幅二m程の堀切2があり、主郭（A）西に位置する平坦地Dと三ノ郭（E）への動線を規制していたと考えられる。

普請としての人為的な痕跡が認められるのは、主郭（A）・二ノ郭（B・C）周辺のみである。ところが、主郭（A）・二ノ郭（B・C）以外の頂部（G・H・I）や三ノ郭（E）・平坦部（J・K）では人為的な痕跡が認められないものの、城郭内での利用の可能性が考えられる。杉谷城の縄張りを分析した加藤氏は、主要部の周囲にあるその位置関係から臨戦下での見張りを兼ねたスペースとし、掛川城方向の最前線に当たるG・H・Iはもちろんのこと、東方のJ・Kが、主郭（A）を中心とした主要部に対する防備としての機能があったと想定している。さらに、尾根の間に逆L字状に展開する緩斜面（D・F）は、北方向、すなわち掛川城からは死角となることから、兵の休憩場所としての機能があったと想定されている。また、杉谷城単体で機能していたのではなく、杉谷城の西南約五〇〇mに位置する青田山砦とともに掛川城南方の押さえとしていたと考えられる。

三　『武徳編年集成』から見た笠町砦と天王山砦

掛川城攻囲の陣城を考える上で、加藤氏はわずかではあるが、『武徳編年集成』に見られる陣城の様相を示す記述に注目している。永禄十一年（一五六八）十二月の相谷砦の記述には「味方ノ六備掛川ノ城下ニ迫リ御旗本ハ相谷ニ屯ヲ設ケ玉フ…」とあるように兵の駐屯地が確保されていたことを指摘している。また、長谷砦の記述には「桑田村ニハ酒井忠次、石川家成柵ヲ結テ守リケルガ…」とあるように曲輪を柵で囲っていたこと、金丸山砦の記述では「金丸山ノ附城ニハ本丸ニ久野宗能同ニノ丸ニ同佐渡宗憲、本間五郎兵衛長秀ヲ籠置ル」とあるように本丸と二の丸が存在していたことを指摘している。これらの記述から掛川城攻囲の陣城は、機能的に決して一律的なものではなく、少なからず目的や場所による構造の差異が看取できるとしている。

笠町砦には明瞭な城郭遺構は遺されていないものの、独立丘陵としての地形は要害に十分足るものであろう。掛川城からは九〇〇m程の地点にあり、陣城群にあっては最前線にあることから、主曲輪の西側に集中する腰曲輪状の平坦地の存在は掛川城に対する防備であり、南に延びた尾根は見張り台としての機能があったと考えられる。虎口や土塁等のパーツの有無を含めた普請規模については、想像の域を出るものではないが、少なくとも視界確保のための樹木伐採と曲輪としての若干の削平と、長谷砦にみられるような柵囲いは存在したと考えられる。

天王山砦は家康の本陣とされた陣城であることと合わせ、掛川城攻囲において南方の要となっていた杉谷城と青田山砦に対し、北方の要となっていた陣城であり、陣城群の中でも重要視されていた陣城の一つである。社殿等による改変で土塁と虎口の有無をはじめとした主郭の具体構造は明らかにし得ないが、南の掛川城方向に延びた尾根先端は櫓台もしくは見張り台として用いられたことは明らかであろう。また、完全な独立丘陵ではないが、丘陵基部に入り込む谷地によりほぼ独立丘陵の様相を呈し河川に囲まれた要害の地にあることは看過できない。天王山砦の特筆すべき特徴としては、その独立丘陵内の曲輪南東下と尾根に挟まれた低地部にある平場が武者隠し的な曲輪の存在と考えられ、杉谷城に見られるような兵の休憩場所としての兵站機能の一旦を担う機能が想定される。

永禄後半期の掛川城攻囲における徳川方の陣城は、基本的には簡便なものであるものの、機能的に決して一律的なものではなく、目的や場所による構造に若干の差異は認められ、総じて兵力の駐屯と休憩に主眼を置いたものであると考えられている。笠町砦と天王山砦は、普請規模としては視界確保のための樹木伐採、若干の削平と柵を設けた程度のものであり、加藤氏の指摘を追認するものであると理解される。新たに認識された点としては、どちらの陣城も腰曲輪状の平坦地の確保や、曲輪から延びた尾根を利用した先端地を監視・見張り台としての機能を十分兼ね備えていたことが理解される。機能差としては、天王山砦は兵站機能を備えた陣城であり、家康の本陣にふさわしい陣城であったと言える。

おわりに

掛川城攻囲の徳川方の陣城について、先学の考察を援用しながら笠町砦と天王山砦の縄張りとしての構造の検討を行ってきた。永禄後半期の掛川城攻囲の徳川方の陣城構造についての加藤氏の考察を追認するものであった。どちらも城郭遺構は明瞭でないが、要害としての地形的な占地を含め、監視・見張り台等の陣城としての監視機能は十分に認められることが判明した。

掛川城攻囲の陣城は、残念ながらほとんどが消滅もしくは改変により明瞭な城砦遺構を遺すものはなく、小稿で扱った笠町砦と天王山砦のように鎮守の杜としてわずかにその面影が遺されるのみである。地元の一部の人々を除き、徳川家康による遠江覇権の掌握と、名門今川氏の滅亡という東海においては戦国期の画期となった戦いがあったことを知る人は少ない。住宅地にあって鎮守の杜として地域の信心により守られてきたことは幸いなことである。今後も引き続き守られていくことを切に願うとともに、陣城として明瞭な遺構が遺されているわけではないが、掛川城攻囲の歴史を物語る雄弁な史跡として後世に伝えていくことも重要であろう。

最後に小稿をまとめるにあたり、加藤理文、水野茂の両氏から資料提供とご教示を賜った。記して感謝の意を表したい。

註

（1）家康が本陣として布陣したのは「天王山」とされているが、天王山と呼称される地点は掛川古城と、現在の下西郷にある龍尾神社境内の二カ所にある。『遠江國風土記傳』の所収図によれば、家康の本陣は龍尾神社境内で、今川方が布陣したのは掛川古城であったことが判明している(市史)。また、水野茂氏は『濱松御在城記』に

…正月十七日、掛川江御出陣（入山瀬ニ御陣営、其後ハ外天王山ニテ、城内御見下被為成候）、同十八日、天王山（内天王ナリ）ノ城ヨリ日根野備中守弘成、弟の弥次郎右衛門弘親・同弥吉ヲ大将トシテ出テ迫会、御味方久野三郎左衛門宗能先手ニテ合戦、討負引取、…

とあることから、『遠江國風土記傳』の所収図とも符合し、家康の本陣が「外天王山」、今川方の掛川古城が「内天王山」であることを指摘している。

（2）『家忠日記増補追加』には、十二月二十八日に掛川城の四方に砦を築いたと見える。

（3）永禄十二年十三日から二十四日にかけての天王山の戦いは、掛川古城の天王山周辺と考えられるが、今川方の史料にある天王寺・天王小路・天王社路については明確にし得ない。掛川市史では掛川城から掛川古城に通じる小路とし、掛川城付近での戦闘としている（『掛川市史　上巻』）。水野氏は、天王社とは龍尾神社の前身と推定しており、徳川方の天王山砦付近での戦闘としている（『家康の掛川城攻めと付城を訪ねる―現地見学会資料』）。

参考文献

掛川市編　一九九七　『掛川市史　上巻』
掛川市編　二〇〇〇　『掛川市史　資料編　古代・中世』

掛川市教育委員会編　二〇〇二『東名掛川I・C周辺土地区画整理事業に伴う埋蔵文化財発掘調査報告書I』
加藤理文　二〇一一『静岡の城』サンライズ出版
加藤理文　二〇一二「遠江統一戦における徳川家康の陣城」『織豊期城郭研究会二〇一二年度鳥取研究集会資料集』織豊期城郭研究会
加藤理文　二〇一三「遠江平定に向けた徳川家康の陣城」『織豊城郭』第十三号　織豊期城郭研究会
木村高敦編　一九七六『武徳編年集成　上巻』名著出版
静岡県教育委員会編　一九八一『静岡県の中世城館跡』
静岡県編　一九九五『静岡県史　資料編7　中世三』
静岡県編　一九九七『静岡県史　通史編2　中世』
静岡県編　一九九八『静岡県史　資料編8　中世四』
竹内理三編　一九八一『増補續史料大成　家忠日記』臨川書店
中田祝夫編　一九七〇『原本　三河物語』勉誠社
水野茂　二〇〇五『家康の掛川城攻めと付城を訪ねる―現地見学会資料』

残存遺構から見た丸子城の築城主体

中井 均

はじめに

静岡市駿河区丸子に所在する丸子城跡は（図1）、築城当初の姿をほぼ留めているだけではなく、その構造が横堀、丸馬出などを設ける戦国時代後半の発達した城郭構造を示している。いわば土の城の到達点を示す城跡であり、城郭研究では東国の戦国時代後期の指標として位置付けられている。このため縄張り研究からはこれまでに多くの分析があり、築城主体については甲斐の武田信玄であると結論されている。[註1] その根拠のひとつとして丸馬出の用いられていることがあげられる。しかし近年の研究や、発掘調査成果によって、丸馬出が決して武田氏独自のものではなく、その後徳川家康によっても用いられていることが明らかになりつつある。こうした研究成果を踏まえ、拙稿では今一度丸子城跡の構造を概観し、その構築主体について再考しようとするものである。

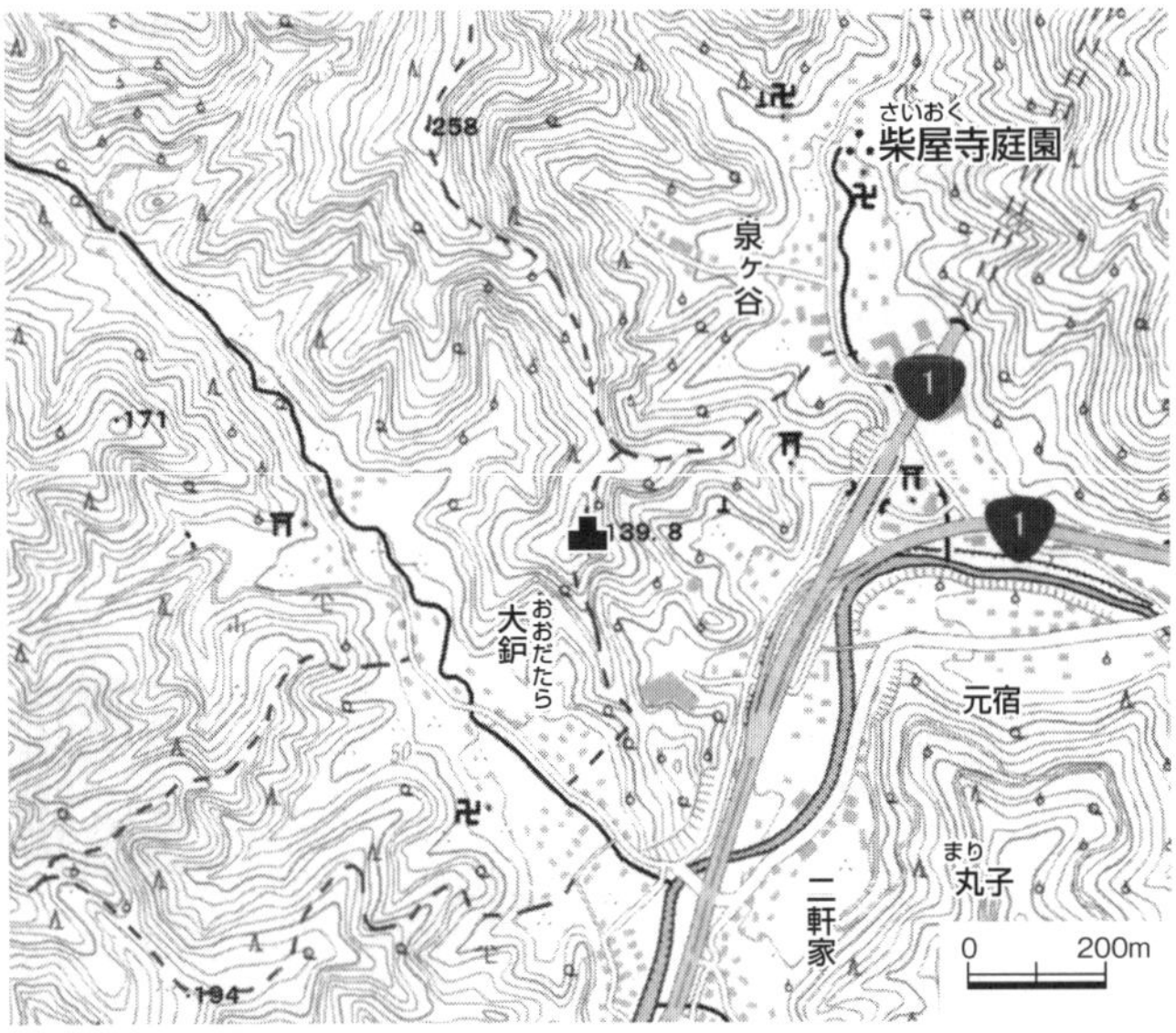

図1　丸子城跡位置図

一　丸子城跡の構造

丸子城跡の構造については、これまで多くの研究者によって分析がなされているが、その集大成として村田修三氏の見解がある。[註2]村田氏は丸子城の陣域としての機能を考えた場合、東方尾根筋（図2のⅪ）は陣域特有の駐屯地部分として狭義の城域に組み込むことが許されるとし、尾根筋全域を城域に想定されている。また、丸子城の主郭以下の諸曲輪には一貫して西側に土塁と横堀が巡らされていることから大手が東側にあったとするが、出撃の際は西側から突き出して挟撃したとし、そのために西端に丸馬出Ⅸが備えられたとする。氏が最も評価されているのが、この丸馬出Ⅸより北山麓に伸びる長大な竪堀Ⓒである。竪堀Ⓒは丸馬出Ⅸが横堀によって主郭と遮断されている弱点をカバーするとともに、北側斜面を登攀する敵に対して丸馬出Ⅸを出撃拠点として確保する重宝な竪堀だったとする。つまり丸子城は防御と攻撃という二律背反的な二面をたくみに組み合わせて、この一連の縄張りが出来上がったとする。そして「武田系及び武田の存続した天正ひとけた代の日本列島においてはまずこの城を山城のトップクラスと位置づけて城郭史を論ずることが許されるだろう。」とまとめ、その構築主体を武田氏とし、築城年代を水野茂氏が提示した天正七、八年（一五七九、八〇）を妥当な見解としている。

筆者は以前より丸子城跡の構造に興味を抱いており、その築城年代と築城主体を再考するために改めて現存遺構の概要図を作成した。ここではその図面にそって現状遺構について述べてみたい（図2）。

丸子城は藁科川と丸子川に挟まれた標高二一三・〇mの山稜より南方へ派生した丘陵先端、標高一三九・八mの通称三角山に築かれた山城である。最高所に主郭Ⅰを配し、北から東へ延びる尾根筋に、Ⅱ郭、Ⅲ郭、Ⅳ郭、Ⅴ郭、Ⅵ郭、Ⅶ郭を階段状に配置している。ただし尾根筋はなだらかに下降しており、曲輪間にはほとんど段差は認められない。このため曲輪防御にためにⅠ郭とⅡ郭間に、Ⅱ郭とⅢ郭間に、Ⅳ郭とⅤ郭間に、Ⅴ郭とⅥ郭間に堀切を設けている。この曲輪間の堀切はⅠ郭とⅡ郭間の堀切は曲輪を完全に切断しているが、他の堀切は曲輪を完全に切断するものではなく、片側に対してのみ切岸に対して竪堀となる。注目されるのは、その片側堀切（竪堀）が東西に交互に設けられている点である。東側尾根筋よりの敵に対して曲輪内部の直進を封鎖する目的で設けられた堀切であることがよくわかる。

なお、Ⅰ郭とⅡ郭間の堀切は東側斜面に対して竪堀となり、Ⅳ郭とⅤ郭間の堀切も東側斜面に対して竪堀となる。

さて、中心となるⅠ郭は丸子城の南端に位置している。これは東側を大手とした最奥部に位置することとなり、いわゆる「後堅固の城」として評価できよう。Ⅰ郭の背面となる南面と東面は急峻な絶壁となり、天然の遮断線となっている。なお、南東部には細い尾根が続くため、小削平地を二段設け、その先端を堀切っている。Ⅰ郭の西面から北面にかけては土塁が設けられ、虎口は北、西、東辺に

110.00
XI
D
V
VI
VII
X
IV
III
II
I
139.8
100.00
90.00
80.00
70.00
110.00
100.00
0
50km

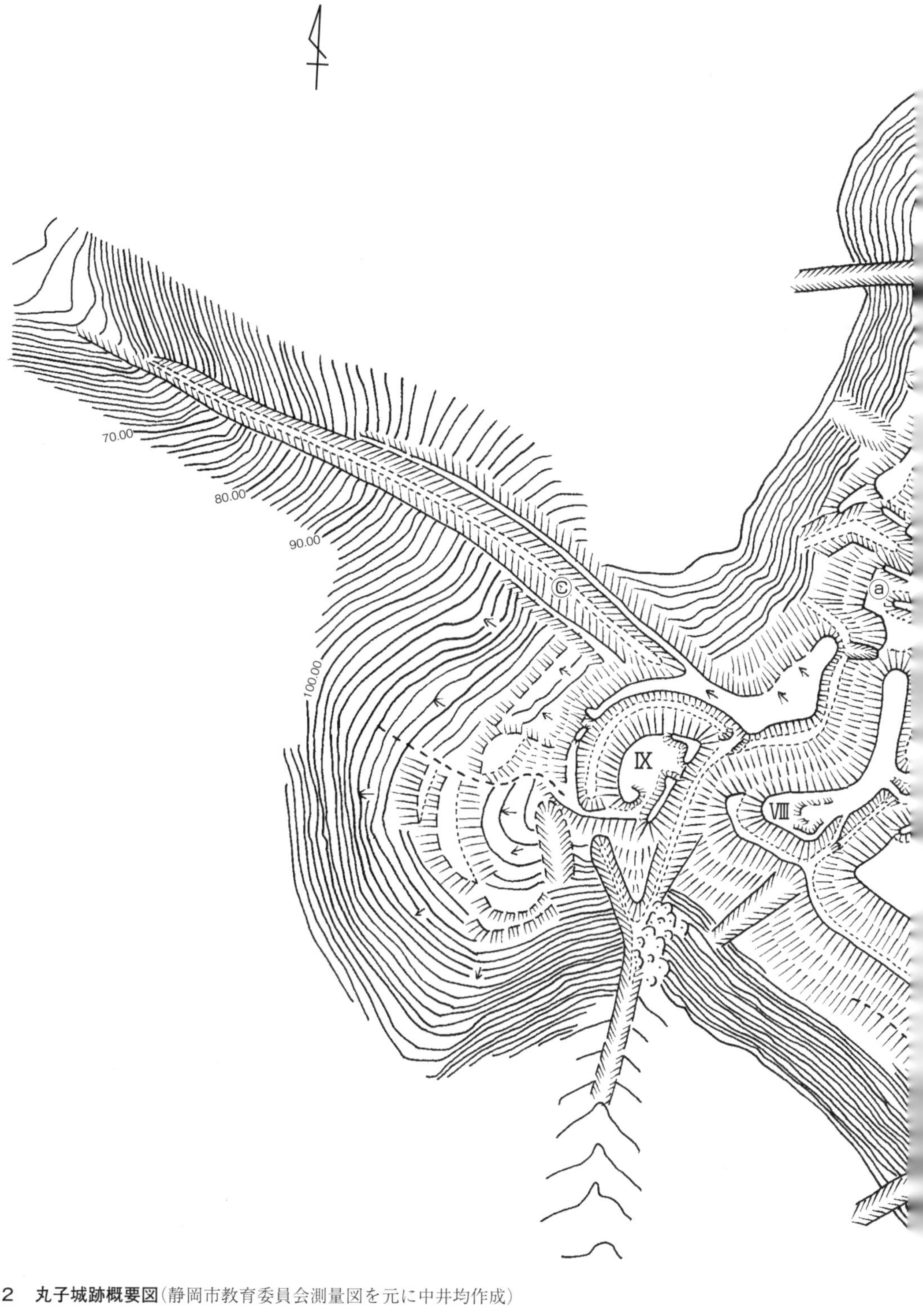

図２　丸子城跡概要図（静岡市教育委員会測量図を元に中井均作成）

それぞれ設けられていた。北辺の虎口はⅡ郭へ通ずるものであり、西辺の虎口は一段下に構えられた帯曲輪へ通ずるものであり、東辺の虎口は尾根筋に構えられた曲輪群へ通ずるものであった。土塁はこれらの虎口に対して構えられていた。

北辺の虎口前面には虎口受けとなる小削平地が構えられている。ちょうど堀切を隔てた対岸のⅡ郭は南東部が突出しており、これらは対になって機能していたものと考えられ、それは橋台であり、Ⅰ郭とⅡ郭は木橋によって結ばれていた。東辺の虎口は東尾根筋に構えられた曲輪群に通じていたが、そこには五段にわたって階段状に曲輪が配されている。これらの曲輪群の北面には三本の竪堀が設けられ遮断線としている。西辺の虎口は帯曲輪に通じているが、帯曲輪は西端で突出してⅧ郭となっている。

このⅧ郭の切岸下部には横堀が廻り、その対岸にⅨ郭が配されている。Ⅸ郭は半円形に成形された曲輪で、その前面には曲輪に沿って半円形に横堀が廻っている。こうした構造からⅨ郭は丸馬出として築かれたものであることがわかる。村田氏は前述の論文のなかで、この丸馬出は後方が横堀によって完全に遮断されてり、Ⅷ郭より直接丸馬出にいけないことより、Ⅷ郭の下段にある小曲輪より一旦城外に出て、Ⅸ郭の北東土橋よりⅨ郭へ出入りすると想定されている。しかし出撃の拠点となる丸馬出に一旦城外に出てから再び入るということは考えられない。現存遺構からは判断できないのであるが、Ⅷ郭の下段にある小曲輪は橋台であり、木橋によってⅨ郭と結んでいたと考えた方が妥当であろう。Ⅸ郭背面に残る土塁が中央で開口しているのは橋台であったことを示唆している。

そしてこの丸馬出Ⅸより西北に派生する緩やかな尾根筋の北側谷部に長大な竪堀Ⓒが構えられている。一見すると、この竪堀Ⓒは南西側から侵入してきた敵の斜面移動を封鎖する遮断線として構えられたと思えるのであるが、それよりも丸子城の西側に設けられた横堀ラインに注目したい。丸子城の西側切岸面には長大な横堀が巡らされており、Ⅰ郭北西直下で終息させているが、その終息部分の帯曲輪には土塁が構えられ虎口空間としているところがある。終息した横堀は虎口を挟んで南側からまた始まり、Ⅸ郭の背面を廻って南斜面へ竪堀となっている。この横堀から派生してⅨ郭前面の三日月堀へと廻す一方、この三日月堀に

写真1　丸子城跡丸馬出Ⅸ

隣接して長大な竪堀Ⓒが山麓方向へ穿たれているのである。つまりこの竪堀Ⓒは横堀の延長線として捉えることができる。丸馬出の三日月堀と連動することにより、馬出よりの出撃を援護する施設として構えられ、その際、竪堀の北側が城外となり、南側が城内となるのである。本来馬出は出撃の拠点として、背面の両側に土橋を架けて門を構えているが、Ⅸ郭では南西側尾根が緩斜面となっており、南側土橋を出撃に利用する予定であったと考えられる。

Ⅱ郭には西面にのみ土塁が構えられ、Ⅲ郭では西側と北側に土塁が構えられている。北側の土塁は東尾根筋からの敵の侵入を遮断するためのものである。Ⅲ郭とⅣ郭の間の西側が堀切状となっているが、これは堀切ではなく、西側の横堀に通じる城道であり、その下った正面にⅩ郭が位置している。そう考えるならばⅣ郭は城道上に位置することとなるが、その規模から駐屯地としての曲輪ではなく、虎口空間として理解することができる。Ⅰ、Ⅱ、Ⅴ郭が面を有する曲輪として機能する一方、Ⅲ、Ⅳ、Ⅵ、Ⅶ郭は小規模に区画されているが、それは自然地形によって制限されたものではなく、意識的に小区画された空間である。それは曲輪というよりも、むしろ虎口空間として構えられたと理解できよう。

Ⅴ郭は北方尾根に対する防御の拠点として構えられた曲輪で、尾根方向に土塁を設けており、特に尾根正面の土塁は幅が広くなり、櫓台となっている。このⅤ郭の北側には尾根筋を断ち切る巨大な堀切Ⓓがあるが、その手前にも西側に堀切が構えられている。この手前の堀切は、城の西側切岸に構えられた横堀の延長線上にある。おそらく遮断線としての堀切ではなく、北より堀切Ⓓに進入した敵を迎え撃つための塹壕として築かれたものであろう。

Ⅵ、Ⅶ郭にはL字状の土塁が連続して設けられており、虎口空間を重ねて城の東端を防御している。こうした構造より、丸子城の正面、つまり大手は東側であったと見てよい。それをより雄弁に物語るのがⅦ郭の東側の構造である。城域を区画するためにL字状の空堀を喰い違わせて配置するとともに、南方へは竪堀として落とすなど、堀を幾重にも設けることにより城道を複雑に屈曲させる構造としている。その東方には緩やかな尾根が続く。村田氏をはじめ、多くの研究者はこの尾根を陣としているが、これだけ明確に城域を設定している丸子城で、東側尾根はまったく

写真２　丸子城跡横堀

の未成形であり、積極的に城として取り入れたとは考え難い。もちろん戦争状態に陥った時に緊急利用する可能性はあるが、それは想定外の利用でしかない。

さて、丸子城の最大の特徴は丸馬出とともに、城の西側切岸に構えられた横堀の存在である。Ⅰ郭下段の虎口空間ⓐよりⅡ、Ⅲ、Ⅳ、Ⅴ郭の直下に廻らされている。もちろん遮断線としての横堀ではあるが、それとともにこの横堀が堀底道として機能していたことは重要である。前述したように北方尾根の堀切Ⓓ手前の塹壕への通路であり、Ⅳ郭の虎口からこの横堀へ城兵を入れて出撃させたのである。横堀の中央で、Ⅳ郭の前面に構えられたⅩ郭は半円形を呈しており、Ⅸ郭と同様に丸馬出として築かれたものである。曲輪前面の帯曲輪はⅩ郭直下にのみ土塁を構えて横堀化している。馬出は背面両脇に出入り口を構えるが、このⅩ郭では西側切岸の横堀の外側土塁に直結している。つまり横堀は堀底道であるとともにその外側土塁も城道として利用されていたのである。とりわけⅠ郭北東隅部直下の虎口空間ⓐの横堀では外側の土手を「コ」の字状に突出させることにより武者溜りⓑを造り出している。この武者溜りⓑによって合横矢を効かせるとともに、外側土塁が屈曲し、竪堀と土塁と複雑に組み合わせた城道としている。

このように丸子城の構造、つまり縄張りはまとまりをもっており、時間的に増改築を繰り返したものではなく、ほぼ同時期に一気に築かれたものと考えてよい。

二　丸子城の歴史

さて、こうした見事な構造を残す丸子城の歴史であるが、宗長法師の『宇津山記』によれば、「駿河国宇津の山は、今川被官斉藤加賀守安元しる所より（中略）、北にやや入て泉谷といふ安元祖先よりの宿所」とあり、丸子城の選地する泉ヶ谷には十五世紀代に今川氏の家臣である齋藤氏が居館を構えたところであり、その詰城として築かれた可能性が考えられている。

永禄十一年（一五六八）に武田信玄は駿河を手中に収めると、翌年正月に山県昌景を丸子城に入れ置いて、花沢城などの今川方の諸城に対峙させている。天正十年（一五八二）には諸賀兵部、関甚五兵衛が在番として入れ置かれているが、持舟落城に伴い武田氏は駿河より撤退する。その後駿河に入国した徳川家康は丸子城に松平（竹谷松平）備後守清善を入れ置くが、家康の関東移封とともに廃城になったといわれている。

こうした城史に加えて現存遺構の特徴のひとつである丸馬出の存在することより、丸子城の遺構は永禄以降天正十年の間に武田氏によって築かれたものと解釈されていた。村田氏は、「武田系の山城における縄張りの絶妙さという点でこの城はトップクラスである」と位置付け、さらに「平城の手法においては諏訪原城（台地上の城だが大手の構えは平城とみてよい）を、山城の手法においてはこの丸子城を最も優れた事例として位置づけることができる」と結んで

おり、丸子城の築城主体をこれまでと同様に武田氏としている。[註3]

ところで、現存する城郭遺構は決して有名な城主の時代のものではなく、最後の年代を示しているに過ぎないという年代観は、城館跡の地表面観察の鉄則といってよい。その最後の年代が不明な場合にこれまでの縄張り研究の成果を活かしてその年代を想定してきたわけである。ところが丸子城の場合は最後に徳川家康によって松平備後守清善が入れ置かれたという事実が存在するにもかかわらず、大方の研究者が丸子城に残る城郭遺構を武田氏段階のものとし、松平氏のことについて言及されたことはなかった。それほど丸馬出の遺構が武田氏の特徴というインパクトが強かったといえよう。

こうした現象は諏訪原城跡（静岡県島田市）でも同じである。外郭線に丸馬出を五ヶ所も配する諏訪原城跡は典型的な武田氏築城の遺例として位置付けられてきた。諏訪原城は天正元年（一五七三）に武田勝頼によって久野、掛川両城を牽制するために築かれ、高天神城攻めに際しては武田軍の陣城として機能していた。しかし天正三年（一五七五）に勝頼が長篠合戦に敗れると、徳川家康は諏訪原城に猛攻を加え、城は開城している。ところが勝頼軍は諏訪原開城後も高天神城を死守しようとしたため、今度は家康が諏訪原城を陣城とした。このことについて『当代記』には、「家康公も諏方原有普請」とある。これ以後諏訪原城は牧野城と呼ばれ、家康は西郷孫九郎、松平家忠、戸田新六郎（松平康長）らを城代として入れ置いた。それらは武田時代の諏訪原城をそのまま利用したものでないことは、『家忠日記』の牧野城改修の記事からも明らかである。『家忠日記』からは天正六、七、八、九年（一五七八、七九、八〇、八一）と毎年にわたって牧野城で、堀普請、市場普請、塀普請のおこなわれていることが記されている。こうした文献上からも諏訪原城の現存遺構は天正三年（一五七五）以後の徳川家康段階とするのが当然であったが、そのあまりにも見事な丸馬出を前に、誰もが武田勝頼築城を再検討することができなかったようである。

諏訪原城跡では加えて近年継続的に発掘調査が実施されており、主郭の調査では焼土を挟んで二層の遺構面が検出された。[註4]文献と照らし合わせると下層が武田勝頼段階、上層が徳川家康段階と想定することが許されよう。ただ、馬出では一期の遺構面しか検出されておらず、それが武田段階か徳川段階かを考古学的に検証することはできない。しかし見事に外郭ラインに築かれた丸馬出は統一的な縄張りによって築かれており、それはまさに最終年代に築かれたものであることを示している。また、諏訪原城跡のような巨大な丸馬出は確実な武田氏城郭では認められない。むしろ小型のものばかりであり、規模の面からも諏訪原城跡の丸馬出は徳川家康段階のものとしてよいだろう。

このように丸子城跡の遺構を武田信玄時代のものとするにはまだまだ再考の余地があるようである。

三　丸子城の構造からみた築城主体

さて、今一度丸子城の構造から築城主体を再考してみたい。まずその選地である。丸子城は東海道を見下ろす丘陵先端に位置しており、明らかに東海道を押えるために築城されたことはまちがいない。ところで丸子城の構造は東海道側と、西側谷筋で大きく異なる。東海道側にはⅠ郭の東尾根筋を階段状に曲輪を構えるだけである。さらにⅠ～Ⅶ郭も東側には土塁も設けられていない。これに対して西側はⅠ～Ⅶ郭に土塁を設け、切岸面には横堀が廻り、Ⅸ郭、Ⅹ郭を丸馬出とし、西端には長大な竪堀Ⓒが山麓まで穿たれている。こうした構造より正面は西側と見られるのであるが、西山麓には街道はもちろん集落も存在しない。本来防御正面となる東側よりも、何も存在しない西側に防御施設を集中させているのである。一見すると矛盾する縄張りであるが、急峻な東側からの敵の登攀は想定しておらず、むしろ背後に回り込まれ、緩斜面を攻められる危険に対処するために西側の防御を強固なものとしたのであろう。

では、その築城主体者であるが、諏訪原城跡の状況を考えるならば丸子城跡に残る統一された縄張りは徳川家康によって築城されたものと考えてよいだろう。加藤理文氏は丸子城が武田氏時代から徳川時代を通じて、駿府へ至る街道を押える役割を担っていたとし、対豊臣を想定した家康が、宇津谷越えを放置していたとは考えにくく、天正十年（一五八二）から天正十四年（一五八六）までの間に改修を実施し、駿府防衛の一翼とした可能性が高いとしている。(註5)

ところで犬居城跡（静岡県浜松市）の構造が丸子城跡の構造に似るといわれてきた。本曲輪の東側に構えられた三の曲輪は前面に「コ」の字状に空堀が巡らされる見事な馬出である。犬居城は山香荘の地頭職として入部した天野氏の居城である。戦国時代には今川氏の有力な被官であったが、桶狭間合戦後は徳川家康に与するものの、後に武田信玄方となる。元亀三年（一五七二）の武田信玄の遠江への侵攻に際して天野藤秀は武田軍の先鋒となっており、この頃に犬居城は対徳川戦に備えて改修が施された。家康は天正二年（一五七四）と、天正四年（一五七六）の二度にわたって犬居城を攻め、天野氏は甲斐へ逃走し、城は廃城となった。その構造を詳細にみると馬出が備えられているものの、主要部はただ階段状に曲輪を配置するだけで、土塁も設けられず、虎口も明確なものは馬出以外には認められない。一方、丸子城跡には発達した横堀が構えられ、馬出も定型化した丸馬出となっており、そこには時間差の存在することはまちがいない。つまり丸子城は犬居城よりも明らかに後出するものであり、そうした時間差からも丸子城は武田氏以後のものとしか考えられないのである。

おわりに

丸子城跡に残された遺構は理論的に築かれており、その縄張りは戦国時代の土の城の到達点を示している。しかしそこに構えられた丸馬出は、武田信玄によって築かれた城の遺構であるという結論ありきでこれまで語られてきた。さらに戦国時代の城に構えられた丸馬出は、武田氏による築城以外考えられないという不文律が中世城郭研究に存在していた。一方で一九七〇年代以降中世城郭研究は、地表面に残された遺構を図化し、その築城年代や築城主体を分析しようとする、いわゆる縄張り研究が、地表面に残された遺構はその城の最終年代を示すに過ぎないことを立証し、それにしたがって中世城郭研究は大きく前進した。

にもかかわらず武田神話は揺るがなかった。実際、丸子城でも諏訪原城でも武田氏以降に徳川氏の家臣が入れ置かれた史料が残されているにもかかわらずである。拙稿では改めて丸子城跡を精査し、図化することによってその構造を分析するとともにその築城主体者を駿府城を居城とした徳川家康の領国内における出城であると考えた。

全国には、丸子城跡と同様に武田の呪縛に囚われている城跡が多くある。今後、拙稿と同様、武田以後も検討材料として再考されることを願って拙稿を終えたい。

註

(1) 丸子城の研究については、主なものとして見崎閧雄氏が、縄張り図を作成され、城跡の北側を今川氏段階のもの、南側を武田氏段階のものと考えられた（見崎閧雄 一九七九「丸子城」『日本城郭大系』9 新人物往来社）。一方、池田誠氏は現存する遺構全てが武田氏によるものとした（池田誠 一九八七「丸子城」『中世城郭事典』2 新人物往来社）。以後、丸子城跡は武田氏による築城と紹介され、さらに中田正光氏によって武田氏築城の典型例として結論付けられた。なお中田氏は西端の丸馬出の上方に位置する腰曲輪も丸馬出と解釈し、西端の丸馬出を二重馬出としている（中田正光 一九八八『戦国武田の城』有峰書店）。

(2) 村田修三 二〇〇九「丸子城の特徴について」『ふちゅ～る No.18 平成二十年度 静岡市文化財年報』静岡市教育委員会

(3) 註（2）文献による。

(4) 萩原佳保里他 二〇一〇『史跡 諏訪原城跡 ―平成十六年度～平成二十年度発掘調査概略報告書―』島田市教育委員会

(5) 加藤理文 二〇一一『静岡の城 ―研究成果が解き明かす城の県史―』サンライズ出版

城郭史上における指月伏見城

織田・豊臣政権の城郭と港湾

中西裕樹

はじめに

伏見城は、言うまでもなく豊臣秀吉が京都南郊の宇治川べりに築いた城である（図1）。山田邦和氏によれば、伏見城は機能や性格から四つの時期に区分され、

第一期（豊臣期指月屋敷。一五九二〜一五九四年）、
第二期（豊臣期指月城。一五九四〜一五九六年）、
第三期（豊臣期木幡山城。一五九六〜一六〇〇年）、
第四期（徳川期木幡山城。一六〇〇〜一六二二年）
として理解される。[註1]

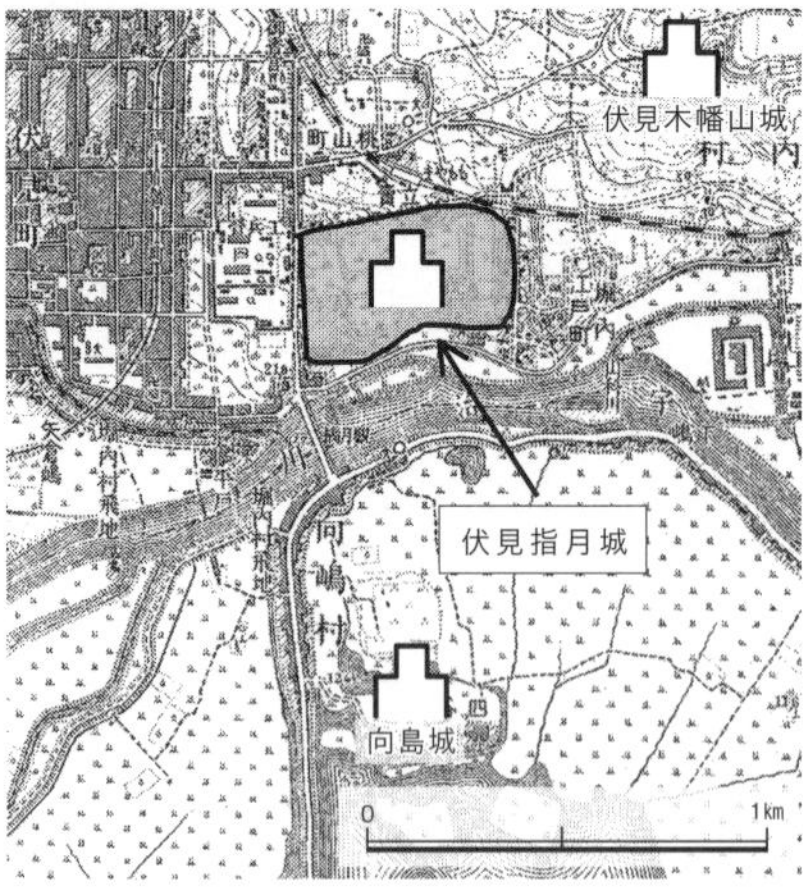

図1　伏見指月城の立地

木幡山城が木幡山一帯に築かれた山城であるのに対し、宇治川に面する丘陵上に立地したのが伏見指月城（第一・二期伏見城。以下「指月城」）であった。宇治川は、琵琶湖と大阪湾を結ぶ淀川水系に属している。対岸には出城の向島城を持ち、文禄三年（一五九四）には城下を含む大規模な整備がなされた。指月城に関しては後述する立地をふまえ、近年でも存在を疑問視する向きもあったが、[註2]考古学の成果はその実在を確実にしている。[註3]

指月城は地表面に顕著な痕跡を残さず、木幡山城は中心部が明治天皇伏見桃山陵・昭憲皇太后伏見桃山東陵になっているため、通常は一般の立ち入りができない。しかし、京都論や都市論の展開とともに、伏見城・城下の研究は進展し、[註4]二〇〇九年には木幡山城が「一六学協会」の陵墓「立ち入り調査」の対象となった。そして、これ以降、大阪歴史学会などが調査を進めている。[註5]今後の議論が期待されるが、その中心が木幡山城になるのは否めないように思う。

一方、豊臣期を含む城郭研究の動向に目を転じると、例えば

二〇一一年の織豊期城郭研究会は『織豊系城郭の支城』をテーマに開催された[註6]。既往の発掘調査データを集積する成果をあげたが、遺構・遺物による「支城」へのメルクマールの提示は不十分であった印象が残ったように思う。

織豊系城郭の指標に関しては、中井均氏による礎石建物・瓦・高石垣の「三点セット」の提示が学史上の画期であった[註7]。ただし、これは必要条件ではなく、中井氏はその有無と城郭構造との関係の検討が本－支城などを検証する可能性を指摘している[註8]。そして、この作業は、髙田徹氏が西国の毛利氏や福島氏、池田氏の各大名領において展開し、すでに優れた成果をあげている[註9]。織豊期の城郭研究には、これら先行研究の批判的継承が問われているといえよう。

同年に開催された『倭城シンポⅡ』では、特に豊臣期の城郭に対して、朝鮮出兵や個別大名の枠を超えた軍事力配置＝城郭という評価が注目された[註10]。港湾機能の支配や「隠居城」を含む拠点の性格も取り上げられ、指月城への大きな示唆であるだけでなく、豊臣期の城郭をとらえる新たな視点の提示でもあった。

そこで、小稿では、近年の研究動向を批判的に継承しつつ指月城を考察する。そして、研究史の整理を通して城郭史から指月城の評価を行い、特に織田・豊臣政権による城郭の展開と港湾との関係について言及してみたい。

一　伏見指月城の評価

豊臣政権の動向と指月城

まず、豊臣政権と指月城をめぐる動向について、福島克彦氏の成果に頼りつつ[註11]、伏見城の時期区分に基づく第一期と第二期にわけて確認しておきたい。

第一期

天正十六年（一五八八）四月、豊臣秀吉は完成した政庁たる聚楽第に後陽成天皇の行幸を迎え、翌五月には東山大仏の工事に着工した。三年後の同十九年一月には御土居堀の工事が始まり、四月に一応竣工する。豊臣政権が京都改造を進める最中の八月、秀吉の子である鶴松が死去し、十二月には後継者として豊臣秀次が関白に就任した。この年、秀吉は朝鮮出兵を発表する。

翌天正二十年（文禄元）三月、京都では朝鮮出兵に向け、御土居堀の東寺口から西国街道に沿った大山崎まで道が整備され、秀吉は朝鮮出兵の本拠である肥前名護屋城へ下向していった。そして八、九月頃に「於伏見太閤隠居城立トテ、事ゝ敷普請此比在之[註12]」と指月城の工事が開始され、「御隠居所[註13]」と城は家督を秀次に譲った秀吉の居所と認識された。大山崎からは淀川対岸の橋本に架橋もなされたが、やがて「伏見隠居ノ普請被上了、爰ニ在レハ京ノ執心ニ似故被打置云々、既ニ二方ノ石垣ハ出来了、不入此間ノ造作也[註14]」と工事は中断したとみられる。

翌文禄二年（一五九三）には、八月に秀吉に実子の拾（秀頼）が誕生し、九月に大仏が上棟するが「来年者伏見山有普請」[註15]との噂があった。指月城は未だ流動的な存在であり、後に木幡山城が立地した丘陵上などでの築城も模索された可能性がある。

第二期

文禄三年から指月城の工事は再開し、「伏見之丸之石垣同惣構堀」[註16]が設けられる一方、建築物や土居の破却が行われ、何度か普請計画が変更された可能性もある。工事は本格化し、三月には京都南郊に豊臣政権が設けた淀城が破却され、一部の建物が移築された。淀は、淀川水系の舟運と京都を結ぶ港であった。

八月以降、淀川水系では、槙島堤・小倉堤・淀堤の築堤工事が開始された。槙島堤は、宇治川べりの宇治から巨椋池に注ぐ流路を指月城の直下へと変更し、小倉堤（太閤堤）は、大和国からの街道を宇治経由から伏見へと直通させた。淀堤は、淀川水系の桂川の流路を変更している。宇治周辺や淀の港湾機能は低下し、陸上交通と合わせた伏見への交通集約が図られたといえる。[註17]そして、前年九月以降、肥前名護屋から帰っていた秀吉は伏見に度々滞在し、この年の十一月には拾と生母の茶々（淀殿）が移徙した。[註18]なお、朝鮮では明との講和が進み、十二月には和議を約した。秀吉は翌年の正月を伏見で迎えたが、七月には秀次が高野山で切腹している。

文禄五年正月、淀川では、秀吉の命で堤が整備され、六月に朝鮮の釜山を出発した明の使と秀吉との対面は指月城で予定された。しかし、閏七月十二日の慶長伏見大地震で城が大きく損壊したため、対面は大坂城に変更された。そして、十四日には「伏見山ニ御繩張」[註19]がなされたといい、この対応の速さは文禄二年に「伏見山有普請」とされたように地震以前の構想が背景にあるのかもしれない。指月城は場所を改めた新規築城、つまり木幡山城の整備によって役割を終えた。

指月城の構造

続いて、指月城の構造を論じた主な先行研究を紹介したい。

一九七一年に『豊臣秀吉の居城　聚楽第　伏見城』を刊行した櫻井成廣氏は、現地調査等に基づいて構造を復元した。[註20]東西四〇〇m×南北三〇〇mの規模で、北に「馬出のような一郭」、北西方向に武家屋敷地があり、対岸の向島に出城があるとした。

近年では、二〇〇一年に山田邦和氏が考察を行い、図2のように東西約四〇〇m×南北二五〇mの方形プランを基本構造とした。[註21]また、城下町の「惣構」は、町成立（聚楽第からの移転）の由緒などから木幡山城の段階とほぼ同一であると論じた。この山田氏の研究が契機となり、城下を含む検討が急速に進む。

髙田徹氏は、地形的高所となる北側の巨大な堀は強い遮断意識を示す一方、南斜面の帯曲輪状の平坦地や竪堀状地形は宇治川や対岸の向島城との連絡を意識する可能性を述べた。[註22]森島康雄氏は、発掘調査データを検証し、城郭が北東部で突出すること、北側の東西堀（立売通）に沿う町割の施行を解明した。そして、武家屋敷地は城の北側に展開し、南北方向の京町通や両替町通などに沿う造成地に町屋が建築されたとする。（註23）山本雅和氏は、城は堀を除くと東西約五〇〇ｍ×南北二五〇ｍの範囲で、北側の堀は幅約二〇ｍ×深さ三ｍ以上であると把握した。（註24）

指月城は、慶長の伏見大地震以降、大規模な改変が加えられたため、構造の詳細は不明である。しかし、これらの先行研究は、大きく城は方形プランをベースとし、北側の地形的高所への遮断に大規模な堀を備えた構造であることを解明した。小稿では、この理解に沿って構造をとらえていきたい。

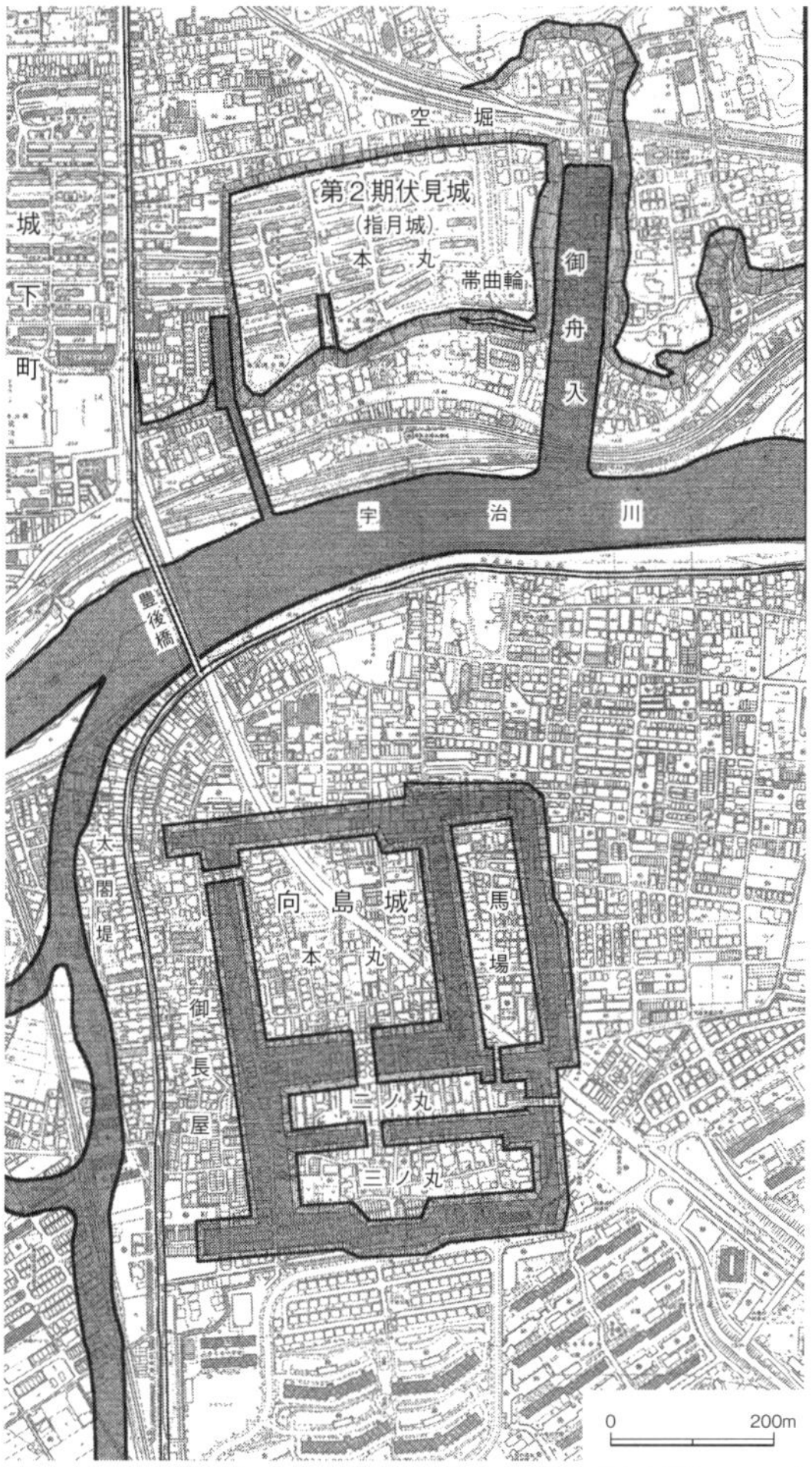

図２　山田邦和氏による指月城と向島城復元図（註１より）

近年の城郭研究と指月城

次に、近年の城郭研究における指月城の評価を取り上げる。

高田徹氏は、背後に木幡山が迫る指月城の選地は、防御や周辺での武家屋敷の配置の観点からは好ましくないとし、強引な普請とも受け取れる巨大な堀を北・東側に設けたのは、この立地をカバーするためであると指摘した。この選地の背景には、向島城とともに秀吉の隠居所としての遊興的な場の意識があり、同時期に詰城として木幡山城が営まれた可能性も想定する。（註25）

中井均氏は、立地面から軍事的な要衝と呼べない指月城は軍事的防御施設の城として築かれたのではなく、秀吉の隠居城として風光明媚の地に選地したと評価した。そして、秀頼（拾）の誕生がこの構想を修正した結果、秀次に聚楽第、秀頼に大坂城を与えることになり、自らの城郭として隠居所であった指月城を改修したものとする。また、「方形館タイプ」は、政庁（聚楽第）や隠居所（指月城）に採用されており、秀吉にとっては軍事的防御施設としての城郭ではないと論じた。（註26）

城郭は周囲よりも高所に立地し、より高い軍事性を確保するのが一般的である。しかし、指月城は明らかに隣接する丘陵よりも低い位置にあるため、特にその理由を想定しなくてはならない。そこで、両氏は隠居所という性格が軍事性よりも遊興的な立地を優先したとし、丘陵部に城郭があった可能性や方形プランに注目した。立地や構造を軍事的な視点から理解する城郭研究において、首肯すべき観点であるように思う。また、これは指月城の存在が疑問視されてきた従来の視点にも通じる。

ただし、隠居所と軍事性の放棄は、必ずしもイコールではない。「隠居」は家督を譲った人を指すが、居所の軍事性を喪失するとは限らず、例えば織田信長や三好長慶は家督委譲後に戦争を拡大し、居所は近江安土城と河内飯盛城という国内を代表する城郭であった。山田邦和氏によれば、「隠居屋敷」でありながら、指月城は秀吉政権における一政権都市であり、朝鮮侵略の根拠地として関白秀次と太閤秀吉の共存関係を成立させていた。[註27] 指月城の立地や構造を検討するに際して、「隠居」という言葉にとらわれる必要はないように思う。

また、福島克彦氏は「本格的な築城というよりも隠居所、屋敷というイメージが強い。ただし、単純な隠居城で終わったわけではなく「既二方ノ石垣」(『多聞院日記』)があるなど、構造的にも恒久的な施設を目指していた。また、指月山という宇治川沿岸という交通の要衝に築城し、後の伏見城の起点になったことを想起すると、後続の伏見城下町を準備」し、「新しい河川の南北両側を本格的な単体の拠点的城郭が並立するというのは、日本城郭史上類を見ない」とする。一方、「伏見築城は、当所朝鮮出兵によるインフラ整備とは別個の存在」との認識も示した。[註28]

福島氏は、指月城の立地を河川交通との関わりで理解した。前節でみた髙田氏の構造解釈でも河川との関係が指摘されており、この点は大いに賛同したい。ただし、京都と朝鮮出兵を重視し、豊臣政権の御土居堀や西国街道の整備と分離する視点には、この理解が反映されていないように思う。

例えば足利健亮氏は、指月城を含む淀川水系と陸路の改変を京都の問題としてとらえ、瀬戸内や九州方面、さらには大陸との交通の接続を意図したものとする。[註29] 瀬田勝哉氏は、一連の豊臣政権の動きを指月城と向島城の築城を要とする水陸交通の伏見集中とみている。[註30] また、河内将芳氏は、指月城と並行した京都東山の大仏造立について、周辺陸路との位置や近江大津城の整備をふまえて豊臣政権が東国から近江、奈良、大坂と京都を結ぶ交通の要衝を押さえるものと論じた。[註31] 当該期の豊臣政権による大規模な普請は、朝鮮出兵だけを取り出すのではなく、指月城を含む京都周辺の交通掌握という理解が重要と考える。

小括

指月城の成立は、豊臣秀次への家督委譲や朝鮮出兵など豊臣政権の動きとリンクした。一期の指月城は未だ城地を含めて流動的な性格であり、その実態はうかがえない。しかし、二期になると淀川水系をめぐる交通が再編成される中、宇治川沿いに城郭が成立した。城は方形プランをベースとし、北側の地形的高所への遮断に大規模な堀を備えた構造となった。この構造は、軍事性の確保や城下の設定よりも、河川に面する選地を優先した結果と理解され、また方形プランは「隠居城」らしいともいえる。

一方、指月城は全体の研究を通じ、単体で性格や機能が論じられている。文献史料に恵まれ、「秀吉の隠居城」という特別なイメージも強いが、他の城郭との比較検討を欠く点は問題と考える。その立地や構造は、強く河川交通、つまり舟運の拠点である港湾との関わりを示唆しており、隠居城である点を含め、織田期を含む織豊期の城郭として研究史と突合する必要がある。

二　織豊期の城郭と伏見指月城

織田政権の城郭と港湾

戦国期にも港湾を意図した城館は存在する。例えば、近江では商業や軍事に関わる琵琶湖や流入する河川の港に隣接し、平地城館が存在した。この点を指摘した中井均氏は、城館への石垣の導入が本格的に行われる時期、つまり織豊系城郭は波による浸食を石垣で防ぐことで、海・湖・河川を要害として取り込むことが可能になるとの見通しを述べた。(註32)

また、中井氏は、織田信長の近江における城郭配置を「湖の城の城郭網」と呼び、元亀二年(一五七一)築城の明智光秀の坂本城、天正元年(一五七三)築城の羽柴秀吉の長浜城、同四年築城の織田信長の安土城、同六年の織田信澄の大溝城が既存の港近くに設けられた平城(安土城を除く)であり、織田政権による制海権と物資の掌握と位置付けた。(註33)ちなみに織田氏に関しては、本拠の尾張国でも内陸部の河川の港を意識した城館が広く展開していた。下津城、清州城、岩倉城などは政治権力の拠点であり、伊勢湾に面した港の熱田にも羽城が存在している。(註34)

一方、畿内では、大阪湾岸の港町の堺や佐野などに武家の政治拠点が所在したものの明確な城館は存在せず、戦国末期の三好政権下においても、例えば兵庫津に対しては約五㎞離れた山城の滝山城を使用するなど城館を直接設けてはいない。しかし、織田政権下の摂津国では、天正二年以降に荒木村重の摂津尼崎城や同花隈城が港の所在する海浜近くで機能し、同九年には池田恒興が兵庫津に兵庫城を築く。

広く織田政権の意図として、海岸や河口付近への城郭の配置があった。その理由としては、中井氏が述べる港湾の掌握、特に軍事に関わる交通掌握が想定でき、その背景には城郭への石垣の使用、つまり織豊系城郭の形成過程がリンクした。かつ、天正八年に丹後に入国した細川藤孝は、信長の許可を得て丹後宮津城を築城し、丹後の軍事力「賊船」を掌握するとともに、海岸線への盛土で港湾に隣接する拠点城郭を設けた。(註35)このような立地の城郭は構造の「織豊化」とともに、海岸や河口の埋め立てに必要な技術と土木量の投入によって成立したといえる。

また、同年に織田信雄は、伊勢湾に突き出した既存港町の上に築いた伊勢松ヶ島城を拠点とした。都市住民との対抗や取り込みなどが見出されており、(註36)築城には丹後宮津城と同じく埋め立て工事を伴ったことも想像される。大阪湾岸での城郭の成立にも、背景には港町への支配の変化があった。(註37)技術の革新とともに、城郭を構築する権力の質的変化があったことも確認しておきたい。そして、この立地の傾向は豊臣期につながっていく。

豊臣政権の城郭と港湾

豊臣期の城郭と港湾との関係については、中井均氏による考察がある。[註38]天正十年代の後半、特に西国大名が居城の新規築城を行うが、天正十六年（一五八八）の小早川氏の筑前名島城、同十七年の毛利氏の安芸広島城、同十九年の長宗我部氏の土佐浦戸城は、いずれも港湾を意識した海岸や河口部に立地した。中井氏は、この特徴を国内平定後の臨戦体制下や朝鮮出兵を念頭に置く豊臣権力の意図によるものと位置付けている。

近年、髙田徹氏は、天正十八年に三河に入部した池田氏の城郭について、本城の三河豊橋城に対し、直轄の支城として三河湾近くに西方古塁（愛知県豊川市）を整備したことに注目した。そして、広く当該期にみられる越後福島城や伊予松前城など、本城が内陸部から海岸近くに移る傾向に対し、港湾機能・支配等を目的とした複数の城郭による拠点の設定という視点を示している。[註39]

また、多田暢久氏は、天正十五年築城の豊前中津城、翌年の讃岐高松城、慶長二年（一五九七）の豊後府内城などの平城が海に面した傾向を指摘しつつ、朝鮮半島の倭城が山城とともに港湾を押さえる施設を持つことに注目した。[註40]そして、この構造を朝鮮出兵と豊臣政権の視点から拡大すると、西国の平城を港湾施設、倭城を軍事に直面した城との解釈論を披露した。関ヶ原合戦後、この枠組みは各大名領へと「縮小」し、播磨姫路城の支城高砂城や安芸広島城の支城鞆城などが構築されることになる。

これらの研究をふまえると、豊臣期は様々なステージで港湾と城郭との関わりが求められたといえるが、主な検討対象は海に面した城で、内陸部の河川交通や織田期との接続は余り意図されていない。中井氏は、天正十三年ごろの近江では秀吉方による山城が整備されており、これを「山の城の城郭網」と呼んで東海の徳川家康との緊張に備えたと理解したが、[註41]その中でも大津城が港に隣接した平城であった点に注意を払いたい。

当該期、秀吉の勢力下では西国方面での兵站基地であった港に築城がなされ、天正十三年に高山右近を配置した播磨船上城は四国攻め、紀伊和歌山城は紀州攻めと接点がある。[註42]また、同年に築城開始の蜂須賀家政の阿波徳島城は、「島普請」という大規模な埋め立てを伴い、内湾部の利用を可能とした。[註43]これに続くのが西国大名の居城の設定と指月城の築城であった。

豊臣期における平城の軍事性

豊臣期の築城を検討するに際し、先述の髙田氏と多田氏は、前田利長の越中高岡城などの隠居城にも注目している。特に多田氏は大名本城が丘城である場合、新規築城の隠居城が平城を指向し、あわせて東国の大名の本城には、大型の方形プランが認められるとの示唆的な指摘も行っている。指月城のプランは、概ね東西五〇〇ｍ×南北二五〇ｍの細長い方形であり、中井氏が聚楽第とともに軍事的防御施設の城郭ではないとしたことは先述した。

ただし、当該期の城郭は、破城令などで限定された結果、拠点城郭の大半は政庁であり、中井氏も規格的な聚楽第プランは、各地の大名居城（広島城など）に採用されたとしている。[註44]「隠居城」の越中高岡城も聚楽第プランであり、また駿河駿府城は徳川家康の「隠居城」として大改修された。むしろ、織豊系城郭は、自然地形に依拠せずに港湾部などの平地に強い軍事性を確保し、方形タイプや政庁（隠居所を含む）を営むことを可能としたと考える必要があるだろう。そこで、近江大津城と慶長五年（一六〇〇）に起きた関ヶ原合戦時の籠城戦を例に確認してみたい。以下、松浦俊和氏の研究に沿って確認していく。[註45]

図３　大津城の立地

大津城は天正十四年（一五八六）、豊臣秀吉が中世以来の琵琶湖の港に整備した平城で、湖面に突き出した本丸から陸地にかけて二の丸、三の丸を同心円状に配置する構造とみられている。外堀で囲まれた範囲は約六〇〇m四方に及ぶ規模であった。そして、その立地は遊興と水運の把握を意図したものとされている（図３）。同年には秀吉が六度も下向しているが、これは大坂を核とする経済圏確立の動きとされる。そして慶長五年、東軍に属した当時の城主京極高次が九月三日に籠城し、一万五千人の西軍方が六日に約一km離れた長等山から大砲の砲撃を加えた結果、関ヶ原合戦当日の十五日に開城した。この戦は低地に立地するという城の地形的欠陥を露呈し、戦後の膳所築城につながったという。

しかし、藤本正行氏は、大砲を使用した国内での本格的な戦争は朝鮮出兵以降であり、それまでの火器使用は銃が主であったとしている。[註46] 築城時期を考慮すれば、大津城は織豊系の平地城郭として遊興の場、かつ港湾を押える地で軍事性を確保した施設であり、砲撃戦による落城は後年の結果論に過ぎない。この点をふまえると、指月城も十分な軍事性を備えていたと解釈すべきである。

小括

港湾との立地関係を意識した城郭は戦国期にも成立したが、石垣を備えた織豊系城郭は波浪にも強く、湿地を埋め立てる技術と土木量の投入は直接的に海や湖に面した立地を可能とした。織田政権は制海権と物資の掌握を念頭におき、近江の城郭を港湾近くに配置して琵琶湖を掌握し、同様の動きは伊勢湾や大阪湾にも確認できた。この傾向はさらに発展し、やがてマクロには豊臣政権、ミクロには各大名の必要に応じ、城郭と港湾との関わりが追求される時代を迎えた。その多くは、海に面した事例でもある。

ただし、織田政権の端緒は内陸部の近江においてであり、琵琶湖の水運は淀川水系を通じ、京都や大坂という首都圏を経由して大阪湾に接続する。瓦を葺く高層建築物やテクニカルな平面プランなどの特徴とあわせ、織豊系城郭は平地に自然地形に拠らない堅牢な軍事施設を成立せしめており、この政治経済を含む淀川水系の交通掌握を意図した城が近江大津城、そして政庁や遊興の場、隠居城としての機能も果たした指月城であったといえよう。

おわりに―城郭史における指月城―

指月城は、当初の「御隠居所」「太閤隠居城」の段階において、すでに織田・豊臣期における城郭と港湾との関わりを端的に表していた。軍事的に不利となる低地への築城は、淀川水系（宇治川）の交通掌握への強い意識であり、それを可能とする築城技術があった。この点をふまえると、城郭史の立場からは、この豊臣秀吉の「隠居城」に対し、淀川水系の掌握を通じ、京都改造の中でも大きな役割を果たしたと評価できる。指月城、そして後継の山城である木幡山城がともに巨大な舟入りを備えていたことも付言しておきたい。

最後に、今回は城郭と港湾との関係を取り上げたが、指月城が所在する伏見は水陸交通の結節点であり、同様の立地を持つ織豊期の城郭は多い。そして、既存の町が城下町へと変化した事例も多々見受けられる。その際、都市の要素には、織豊期の築城の背景である兵站基地という性格が含まれたことになろう。今後の課題として、陸上交通との関係を含め、兵站基地となった場の前史と城下町の成立、住民との関係や都市構造への反映なども意識したいと思う。

註

（1）山田邦和「伏見城とその城下町の復元」（註（4）①、二〇〇一年）
（2）京都市文化財保護課編『京の城―洛中・洛外の城館―』（京都市、二〇〇六年）
（3）森島康雄「考古学からみた伏見城・城下町」（註（4）①、二〇〇一年）
（4）主なものとして、①日本史研究会編『豊臣秀吉と京都　聚楽第・御土居と伏見城』（文理閣、二〇〇一年）、②『中世都市研究9　政権都市』（新人物往来社、二〇〇四年）、③『中世都市研究12 中世のなかの「京都」』（新人物往来社、二〇〇六年）、④『ヒストリア』二二二（二〇一〇年）の「特集 伏見城研究の成果と課題」。先行研究の評価については、中村武生「豊臣期伏見城下町の空間構造」（②）、山田邦和「伏見城・城下町の研究史と陵墓問題」（④）を参照されたい。
（5）山田邦和・中井均「伏見城跡（桃山陵墓地）の立入調査」（『日本史研究』五六五、二〇〇九年）。大阪歴史学会企画委員会「伏見城跡の現状調査」（『ヒストリア』二二二、二〇一〇年）
（6）織豊期城郭研究会『織豊城郭』一二（二〇一二年）の特集を参照。
（7）中井均「織豊系城郭の画期―礎石建物・瓦・石垣の出現―」（村田修三編『中世城郭研究論集』、新人物往来社、一九九〇年）
（8）中井均「関ヶ原合戦後の築城ラッシュ」（黒田慶一編『韓国の倭城（日本式城郭）が、大坂城再築と韓国慶尚南道の城郭に与えた影響』、平成一六年度～平成一七年度科学研究費補助金（基盤研究（C））研究成果報告書、二〇〇六年）
（9）髙田徹「池田氏領の支城と利神城」（城郭談話会『播磨利神城』、一九九三年）、同「慶長期における本城・支城構造―福島・毛利領を中心として―」（『中世城郭研究』九、一九九五年）
（10）倭城研究シンポジウム実行委員会・城館史料学会『倭城　本邦・朝鮮国

にとっての倭城とは』資料集（二〇一一年）
(11) 福島克彦「伏見城の機能とその破却について」（註4④、二〇一〇年）
(12)『多聞院日記』天正二十年九月十三日条（増補続史料大成）
(13)『鹿苑日録』天正二十年八月十七日条（続群書類従刊行会）
(14)『多聞院日記』天正二十年九月二十七日条
(15)『当代記』文禄二年九月九日条（史籍雑纂）
(16)『駒井日記』文禄三年一月二十日条（改定史籍集覧）
(17) 足利健亮「伏見城と城下町成立の意味—宇治川河道の延長と伏見大手筋の関係—」（同『中近世都市の歴史地理』、地人書房、一九八四年）
(18) 福田千鶴『淀殿』（ミネルヴァ書房、二〇〇七年）参照。
(19)『義演准后日記』文禄五年閏七月十四日条（史料纂集）
(20) 桜井成広『豊臣秀吉の居城 聚楽第 伏見城編』（日本城郭史料出版会、一九七一年）
(21) 註（1）に同じ
(22) 髙田徹「伏見城縄張りに関する基礎的検討—現時点での縄張り調査・研究の試み—」（『中世城郭研究』19、二〇〇五年）
(23) 註（3）森島康雄「伏見城城下町の考古学的調査」（註4④、二〇一〇年）
(24) 山本雅和「伏見・指月城の調査」（『中世城郭研究会』25、二〇一〇年）
(25) 註（22）に同じ
(26) 中井均「伏見城と豊臣・徳川初期の城郭構造」（註4④、二〇一〇年）
(27) 山田邦和「中村武生報告へのコメント」（註4②、二〇〇四年）
(28) 註（11）福島克彦「戦国期京都の城館と総構」（註10、二〇一一年）
(29) 註（17）に同じ
(30) 瀬田勝哉「秀吉が果たせなかった花見—伏見向島の植樹とその後—」（註4③、二〇〇六年）
(31) 河内将芳『秀吉の大仏造立』（法藏館、二〇〇八年）
(32) 中井均「城の船入—海・湖・河川と城郭—」（『琵琶湖がつくる近江の歴史』研究会編『城と湖と近江』、サンライズ出版、二〇〇二年）
(33) 中井均『近江の城—城が語る湖国の戦国史—』（サンライズ出版、一九九七年）
(34) 鈴木正貴「信長と尾張の城下町—小牧城下町成立前夜の尾張の都市—」（仁木宏・松尾信裕編『信長の城下町』、高志書院、二〇〇八年）
(35) 福島克彦「細川氏の丹後支配」「中世城郭の分布と実態」（『宮津市史』通史編上巻、二〇〇二年）
(36) 小島道裕「織豊期の都市法と都市遺構」（『国立歴史民俗博物館報告』八、一九八五年。後に同『戦国・織豊期の都市と地域』所収）
(37) 中西裕樹「城郭・城下町と都市のネットワーク」（『中世都市研究18 中世都市から城下町へ』、山川出版社、二〇一三年）
(38) 中井均「織豊系城郭の地域的伝播と近世城郭の成立」（村田修三編『新視点 中世城郭研究論集』、新人物往来社、二〇〇二年）
(39) 髙田徹「文禄・慶長の役前後（移行期）の国内城郭の様相」（註10、二〇一一年）
(40) 多田暢久「東国の倭城併行期の城郭」（註10、二〇一一年）
(41) 註（33）に同じ
(42) 新谷和之「成立期和歌山城の政治的意義—豊臣政権の「統一」事業との関わりから—」（『和歌山市立博物館研究紀要』28、二〇一三年）
(43) 根津寿夫「描かれた城下町 水都発見」（徳島市立徳島城博物館『描かれた城下町 水都発見』、二〇〇九年）
(44) 中井均「城郭史からみた聚楽第と伏見城」（註4①、二〇〇一年）
(45) 松浦俊和「大津城 関ヶ原の前哨戦の舞台」（前出『城と湖と近江』、二〇〇二年）
(46) 藤本正行「倭城の武具と戦い」（城郭談話会『倭城の研究』三、一九九九年）

発掘された浅井家臣団の居館について

西原雄大

はじめに

近年、浅井家臣団の居館の発掘調査が進展し、これまで文献資料上でしか注目されていなかった浅井家臣団が、居館の発掘調査により出土した遺構と遺物から再検討されるようになってきた。

行政発掘と学術調査による、成果も次第に蓄積され、居館構造から中世の思想と防御に関する工夫などが、明らかとなってきている。

本稿では、湖北における浅井家臣団の居館構造を明らかとし、思想や軍事性、時代的背景等を検討するものとしたい。

一　下坂氏館跡（長浜市下坂中町）

下坂氏は、浅井氏に仕えた土豪であり、文献に見る一族の初見は、建武三年（一三三六）の「足利直義感状」である。(註1)下坂氏は、南北朝の争乱期において、足利方の武将として活躍し、その後は京極氏、浅井氏に使え武功を挙げている。(註2)小谷落城の際には、浅井長政の自刃直前までつき従い、長政より感状を受け取っている。(註3)そして、主家滅亡後は、帰農した。

城館跡の面積は、約二万六四〇〇㎡で、南北約一一〇m×東西二二〇mを測る平地式居館である。

調査の成果

行政発掘と学術調査が複数回行われており、土塁・二重土塁・虎口・堀・腰郭・武者隠などは遺跡化せず現況をとどめている。過去の調査では、東側隣接地で下人の家屋とみられる建物跡・焼土坑や(註4)中世土器がまとまって出土した。

居館内は、学術調査に伴うトレンチ調査により、階段状遺構・堀・溝・柵列・中世土器が出土した。(註5)また、土塁内より出土した遺物から、居館の築城は十四世紀頃と考えられ、文献資料との一致がみら

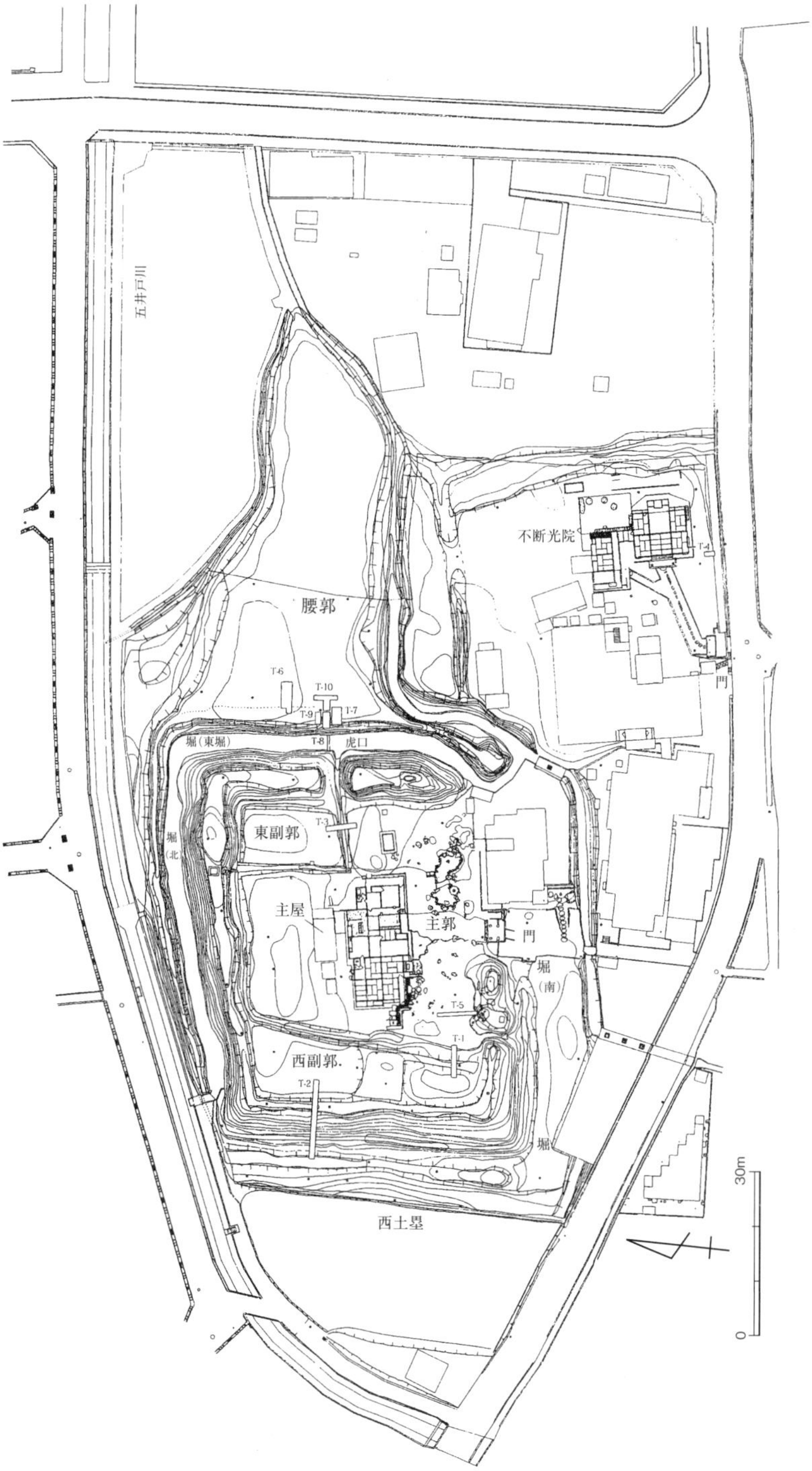

図１　下坂氏館跡平面図

（『下坂氏館跡総合調査報告書』より作成）

れるのである。
また、子孫の方が開業医として下坂氏館跡に住まわれており、遺構の保存管理には理解を示していただいている。さらに、居館跡は学術調査の蓄積の成果から国指定史跡となった。

考察

居館主郭部の北東には、他の土塁部分よりも分厚く土が盛られており、平面図から見ても歪な形となっている。また、ここには鬼門封じのため子孫が建てた稲荷大明神の社がある。全国の調査例から検討して、鬼門封じの遺構と考えられ、恐らく土塁構築時において、何らかの祭祀が行われたとみられる。ちなみに裏鬼門にあたる主郭南西部には、これも子孫の構築による観音堂が存在する。中世土豪は単に目に見える敵対武将だけでなく、精神世界における悪鬼とも戦わねばならなかった。

防御上の工夫として、二重土塁・二重堀が西側にみられ、北側では自然の河川(五井戸川)を堀として利用している。これは、下流部への水利権も含めて考えるべきではあるが、堰等の遺構は居館周辺より出土していないことが難点となっている。

土塁の高さは、約二・〇mから約三・〇m、東側堀の最深部から隣接土塁の直上までが約五・〇mもあり、かなり堅固な造りとなっている。なお、土塁は二、三人が移動できる程の武者走が設定されており、防御に対する姿勢は高いものと思われる。

中西裕樹氏の土塁分類によれば、Ⅱにあたり高い土塁を有する方形館となる。(註6) すなわち、防御性を重視したもので、堀と連動して活用すれば敵方の攻撃に充分対応できるであろう。

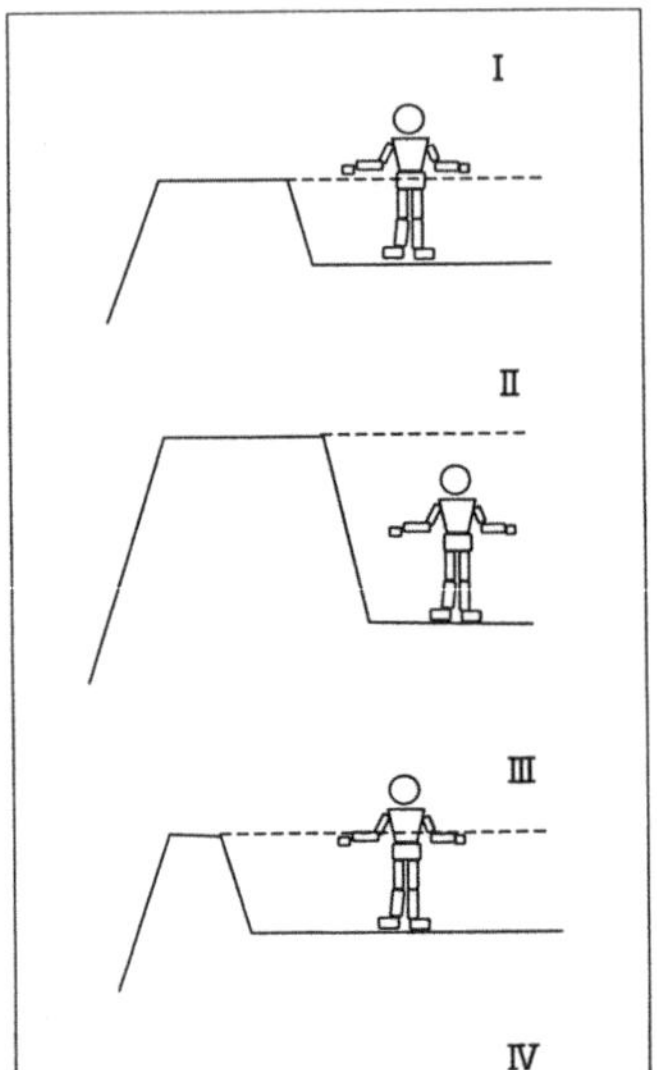

図２　中西氏による土塁分類図
(『城館史料学　第四号』より作成)

東側は、腰郭と堀によって構成され西側に比べやや防御性に欠ける。これは、近年発掘調査された下坂氏支配集落と考えられる下坂中町遺跡(下坂氏館より東側二〇〇mに所在)、字上鍋戸の発掘調査で見つかった居館跡(鴨田遺跡、居館跡は無名。下坂氏館より東側一〇〇mに所在。下坂氏一族の居館か)との関わりがみられ、この居館と集落は堀と柵による防御態勢が整えられていた。(註7) このことから、居館・支配集落・下坂氏館との連携した防御態勢が存在していたものと考えられそうである。(註8)

そして、子孫による代々家に伝わる話しでは、「女竹を植え、敵襲来時には矢を作り備えよ」というものがあり、確かに主郭南西部に、女竹が群生している。

以上から、地形と複雑な防御構築を活用し、さらには周辺の政治的な支配関係を利用して居館の優位性を高めたのではないか。これは、室町後期以降の戦乱が、湖北にも浸透していたと考えられよう。

二　大東城跡（長浜市大東町）

垣見氏（筧氏）の居館で、垣見氏は二家に分かれ宮川（宮司町）と大東にそれぞれ居館を構え、所領経営を進めていた。[註9] 垣見氏も武功の一族として浅井氏によく仕えており、下坂氏と同様に浅井長政の自刃直前までつき従い、長政より宛行状を受け取っている。[註10]

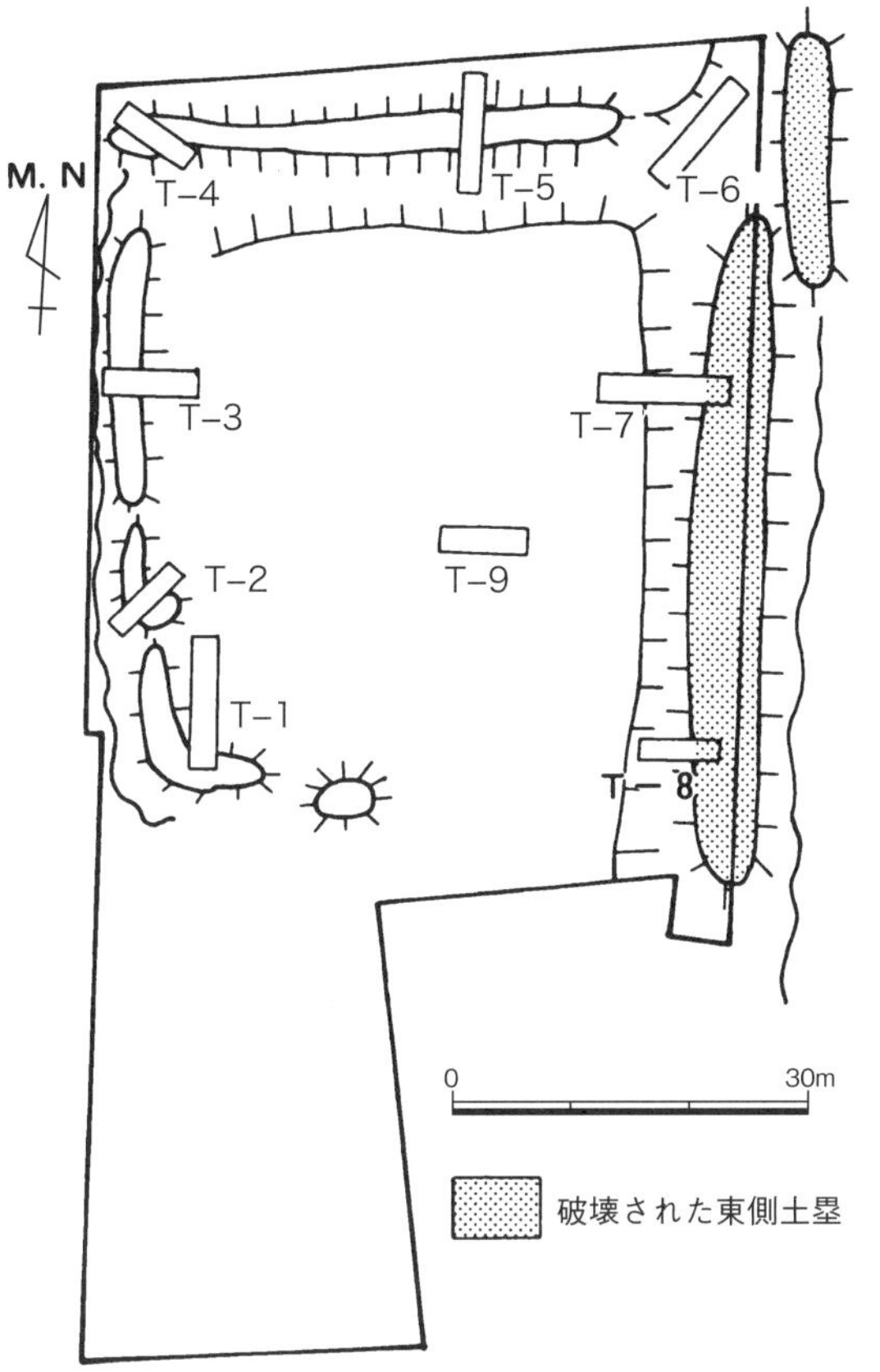

図3　大東城跡平面図
（『滋賀文化財だより』二〇六より作成）

城館跡の面積は、約七〇〇〇㎡で、南北約一一〇m×東西七〇mを測る平地式居館である。

調査の成果

確認調査が実施されており、土塁・堀・虎口・溝・堀立柱建物跡・中世土器が出土した。[註11] また近年、唯一とも言うべき地表面に構築されていた東側土塁が、土除け作業により破壊されたことは、誠に残念である。

考察

南北に細長い居館で、土塁と堀を巡らせた造りであり、狭い面積でありながらも、鍵の手状の虎口の痕跡は、現在も水路にその形状を残している。

確認調査当時、残存していた東側土塁の高さは、現況地表面から約一・八mもあり、中西氏の分類ではⅣにあたり、高い土塁を有する方形館となる。[註12]

さらに、二m幅の狭い堀ではあるが、居館全体を守るために重要な役割を果たしたと思われる。

以上のように、小ぶりな居館ではあったが、小規模な戦闘には持ちこたえたものと考えられる。

三　三田村氏館跡（長浜市三田町）

三田村氏は、京極氏に仕えた土豪であり、一族の初見は応永二十五年（一四一八）六月付けの『上坂家文書』にみられる。(註13)その後は、京極氏の有力な被官として飛躍する。(註14)そして、浅井氏の台頭により浅井氏に仕え有力家臣となるが、小谷落城による主家滅亡で信長から一族誅殺となった。(註15)

城館跡の面積は、約三六〇〇㎡で、南北約六〇m×東西六〇mを測る平地式居館である。(註16)

調査の成果

複数回の学術調査が実施されており、主郭部を囲む土塁・堀・虎口は遺跡化していない。発掘調査では、堀・溝・柱穴・土坑・中世土器などが出土している。また居館跡は、学術調査の蓄積の成果から国指定史跡となった。

考察

主郭部土塁の高さの平均は、約五・〇mとなっており、堀の最深部とも合わせれば、六・〇mを超える強固な構えとなる。すなわち、土塁直上からの長槍や弓の、防御攻撃に適しており、攻撃側には甚大な被害が予想される。

また、中西氏の土塁分類においてはⅡにあたり高い土塁を有する

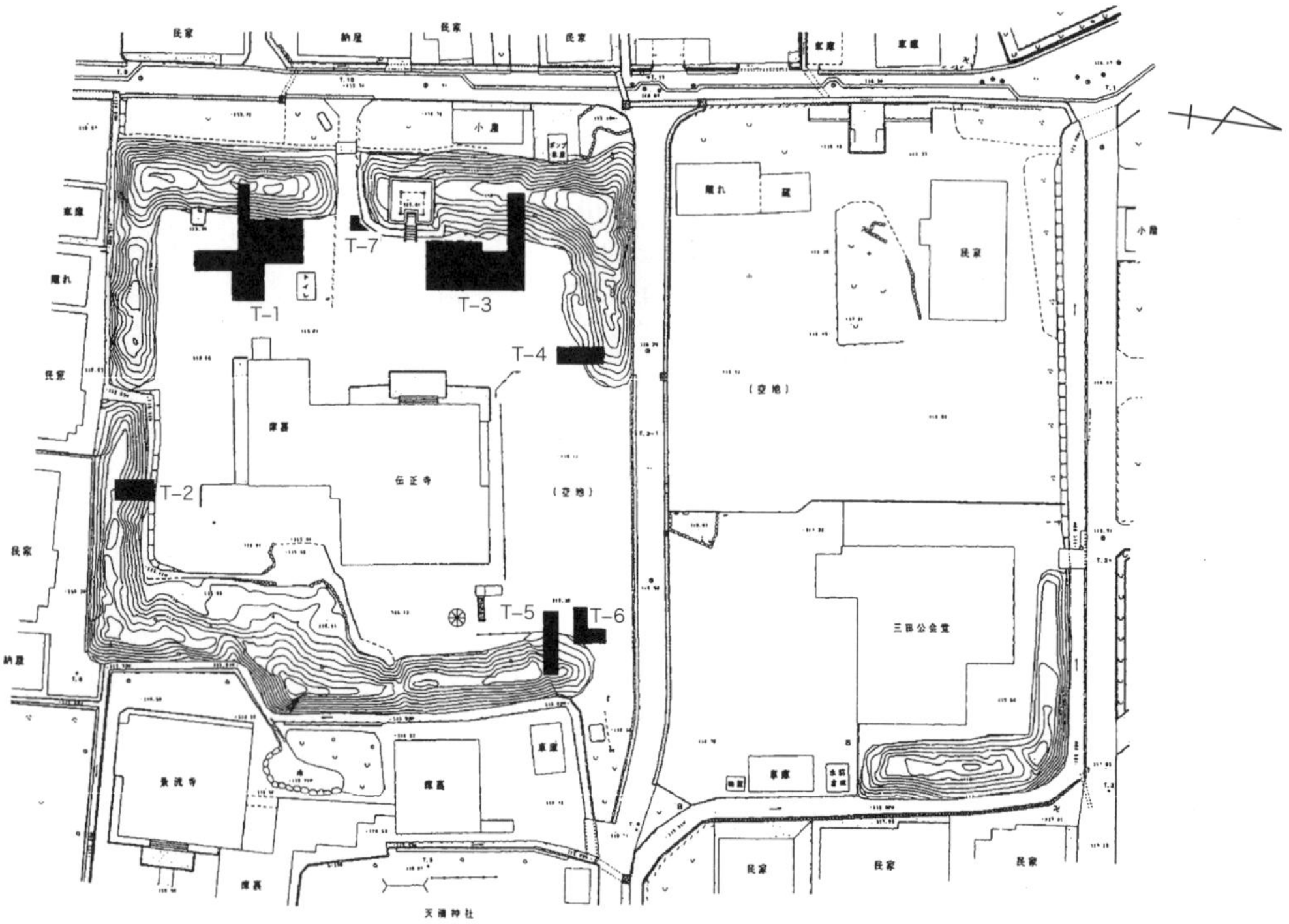

図4　三田村氏館跡平面図
（『三田村氏館跡総合調査報告書』より作成）

方形館となる。(註17)

さらに、(註16)にも記したが、広大な範囲の居館が想定できるため、土塁と堀を多数配置した居館構造が考えられる。これだけの面積を有した理由として、京極氏・浅井氏に古くから仕えた有力土豪であり、数多くの武功や忠節が評価された結果なのであろう。また、防御性の高さは、室町後期における戦乱の浸透に他ならない。

四　尊野城遺跡（長浜市尊野町）

土豪、伊藤氏の居館である。(註18)伊藤氏の文献記録は少いが、浅井氏に仕えていたと考えられる。

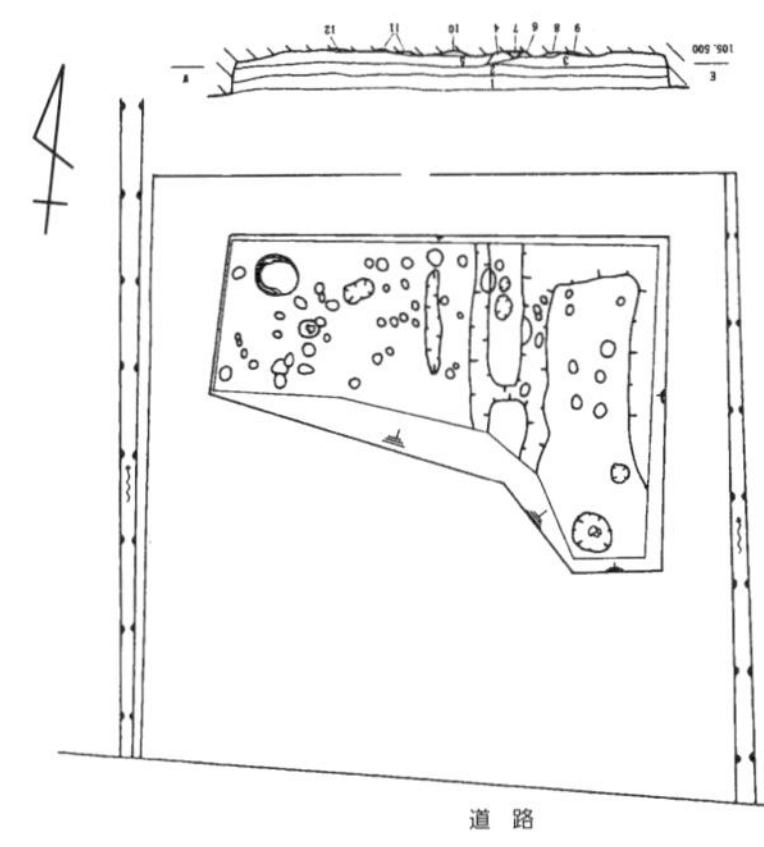

図５　尊野城跡平面図
（『小規模開発関連発掘調査報告書』より作成）

調査の成果

複数回の行政発掘が実施されており、多数の柱穴・土坑・中世土器・木柱・木製箸が出土している。(註19)居館の想定範囲は不明であり、今後の調査の進展に期待したい。

考察

多数の遺構と、遺物の出土から十六世紀後半頃の居館と考えられるが、堀・土塁等の防御性を示す遺構の出土はなかった。しかしながら、多数の柱穴から、多くの堀立柱建物跡の存在や、建替が頻繁に行われたとみられ、浅井氏の被官としての位置づけを検討しなければならない。

五　その他の居館

その他の居館については、未調査のものもあり、今後の調査の進展に期待する。また、現時点での成果を紹介するならば以下の通りである。(註20)

①小堀氏館跡（長浜市小堀町）

複数回の行政発掘により、堀・柱穴・中世土器が出土している。小堀氏は、浅井氏に仕えていたが、姉川合戦後は秀吉に仕えたとされている。尚、伝承によると小堀遠州は、この居館で出生したとされている。

②小足氏館跡（長浜市南小足町）

行政発掘が行われているが、遺構・遺物の出土はみられなかった。小足氏は浅井氏に仕えた有力な武将みられ、『総持寺文書』などにも一族の名が記述されている。

③上坂城遺跡（長浜市西上坂町）

複数回の行政発掘により、柱穴・中世土器・鉄釘・土錘・碁石の白石・北宋銭が出土している。上坂氏は、京極氏・浅井氏に仕えた有力家臣であり『上坂家譜』などに、一族の名がみられる。現在遺構の中心部は、公園とゲートボール場になっている。

④加田七殿屋敷跡（長浜市加田町）

立会調査では、中世土器の出土がみられたが、遺構の検出はなかった。京極氏・浅井氏に仕えた土豪として知られ、『垣見氏文書』には天文十三年（一五四四）の「加田口合戦」の記述がある。

⑤須賀谷館跡（長浜市浅井町）

行政発掘が実施されたが、遺構・遺物の出土はなかった。『淡海国木間攫』の記述では片桐氏の館とされており、伝承では片桐且元の出生地とされる。

このほか、乾城跡、相撲庭館跡、小沢城跡、常喜城跡、口分田古殿城跡、列見城跡の調査が実施されているが、各城主には浅井氏家臣としての明確な記録が存在しないため、今回は除外した。

まとめ

湖北における浅井家臣の居館については、未調査のものや、部分的調査にとどまったものが多い。今後の検討として、居館のみでなく横山城などの城塞も検討し、浅井家臣団の防御に対する工夫や、城郭建築思想の考察が必要であろうと考える。

註

（1）「足利直義感状」『下坂家文書』
（2）『江北記』、前掲註（1）
（3）「下坂一智書置　下坂久佐衛門宛」『下坂家文書』、「浅井長政書状　下坂四郎三郎宛」『下坂家文書』
（4）長浜市教育委員会編　一九九七『下坂氏館跡　大戌亥遺跡　下坂中世墓群』一〇頁　焼土坑内より、多量の炭化物・焼土・十五世紀代の土師器、北宋銭の出土がみられることから『江北記』にある一族内紛の痕跡と考えられる。
（5）長浜市教育委員会編　二〇〇五『下坂氏館跡総合調査報告書』十四―二八頁　出土遺物から、日常雑器としての中世土器や、大陸からの輸入品である青磁・白磁のまとまった出土により、下坂氏の財力の高さを知ることができる。
（6）中西裕樹　二〇〇六「土塁からみた方形館」『城館資料学』第四号　城館資料学会　六一―七一頁　中西氏は土塁をⅠ～Ⅳ類に分類し、その高さから防御性と視界性を重視されている。
（7）長浜市教育委員会編　一九九八『下坂中町遺跡』、長浜市教育委員会編二〇〇二『大戌亥遺跡　鴨田遺跡　調査報告書』一一―二〇頁　鴨田遺跡より出土した居館跡は、堀・柵・溝のほか半地下式建物跡が二カ所確認されている。このことからも、防御性を重視した遺構であることがうかがえる。また、下坂中町遺跡の集落跡と鴨田遺跡の居館跡も、五井戸川に隣接しおり、河川を利用した船での移動や、田畑経営の取水、自然堀として活用したかも知れない。さらに、下坂中町・寺田町・田村町には、下坂一族の居館が六城あり、一族の防御連携の高さを知ることができる。
（8）しかし、『江北記』の記述にある一族内紛による下坂氏館落城をどうとらえるべきなのか。恐らく、落城後は居館の修築を実施し、より強固な居館として作り変えられたのではなかろうか。

(9)『総持寺文書』、『垣見氏文書』

(10)「浅井長政書状　垣見助佐衛門尉宛」『垣見氏文書』主家滅亡後、見氏は帰農したとみられる。

(11)西原雄大　一九九五「大東城遺跡　中世城館の調査」『滋賀県文化財だより』二〇六　(財)滋賀県文化財保護協会編　二三—二六頁

(12)前掲註(6)。残存していた土塁からしか推測できないが、恐らく居館周囲は背の高い土塁によって防御性を高めていたのではないか。土塁の上に、柵列を築けばより強固となろう。この居館をめぐる戦闘記録はないが、大軍で包囲されてしまえば落城は免れないであろう。

(13)「龍ヶ鼻井・出雲井濫觴之事」『上坂家譜』秋巻　上坂氏との水争いの記載であり、三田村側の敗北(討死)に終わった。

(14)「京極材宗書状　三田村又四忠政宛」『三田村文書』の記述では、甲良荘で五〇石の所領を与えられている。また、「京極材宗感状　三田村又四忠政宛」や、『江北記』における「根本当方被官」等の記述から、京極氏の有力家臣であったことがうかがえる。

(15)「浅井亮政書状　三田村弾正忠宛」『三田村文書』では、六角氏による北近江侵攻の戦後処理において、被官・同族に忠節の度合により所領配当を亮政より命じられている。過去の研究では、三田村氏は七家存在していたことが分かっており、一族間の内紛もあったようである。また、永禄四年(一五六一)の『江農記』では斎藤龍興との戦闘において、三田村佐衛門が二番備となっている。さらに、永禄九年(一五六六)の蒲生野出陣においては、五番備であった。そして、姉川合戦においては横山城の守将として、上坂氏・野村氏と共に在陣していたことが『信長公記』、『浅井三代記』に記述されている。三田村氏惣領家の滅亡については、主家滅亡に伴い織田方に降伏したものの、天正元年(一五七三)九月二十四日付けの『総見記』に「鍔下降参見苦」とあり、大野木氏らとともに誅殺された。その後三田村氏一族は、藤堂家・京極家・伊予松平家・前田家・安芸浅野家などに仕えたようである。

(16)長浜市教育委員会編　二〇〇七『三田村氏館跡総合調査報告書』一頁　現存する土塁・堀の範囲から、狭い面積の居館の様でもあるが、北東に存在するL字型土塁、遺跡周辺の航空写真と地籍図の検討から、東西約二〇〇m×南北約二〇〇mの四万㎡を超える巨大な居館の可能性がある。また居館は、姉川合戦時に朝倉景健が在陣していたと考えられる。

(17)前掲註(6)。土塁は、台形状となっており二人程度移動できる。これは、下坂氏館と同様な武者走の構造である。敵方の攻撃に対し、効率的な移動と集中攻撃が可能となろう。このため、姉川合戦において、防御力の高さと主戦場への近さから、朝倉景健が在陣したのかも知れない。

(18)『淡海国木間攫』、『佐々木南北諸士帳』には「尊野村、住、伊藤斉六、同住、同太兵尉、同住、同小兵尉」とある。

(19)長浜市教育委員会編　二〇一〇『小規模開発関連発掘調査報告書』一—二六七頁

(20)前掲註(19)。

参考文献

滋賀県教育委員会編　一九八九『滋賀県中世城郭分布調査6』
滋賀県教育委員会編　一九八九『滋賀県中世城郭分布調査7』
太田浩司　二〇一一『浅井長政と姉川合戦』サンライズ出版
小和田哲男　一九七三『近江浅井氏』戦国史叢書6　新人物往来社
小和田哲男・山本大　一九八一『戦国大名家臣団事典』新人物往来社
長浜市長浜城歴史博物館編　二〇〇八『戦国大名　浅井氏と北近江　展示図録』サンライズ出版

〔付記〕本稿をまとめるにあたり、次の方々と機関からご教示を受けましたので、記して感謝致します（敬称略）。下坂幸正、太田浩司、畑　美樹徳、佐々木悦也、中井　均、森口訓男、長浜城歴史博物館、長浜市教育委員会、六勝寺研究会

この度、めでたく古稀を迎えられました小和田先生に対し、謹んで本稿を献呈いたします。先生には、長浜市文化財保護センター在職時からお世話になり、現在勤める長浜城歴史博物館におきましても、博物館協議委員としてお世話になっております。今後とも、厳しい指導とご教示を賜りたいと思います。

さま石考

乗岡　実

はじめに

狭間は、守城兵が身の安全を確保しながら弓矢や銃砲を撃つための発射口である。近世城郭では土塀や櫓等の壁に切られるのが普通であるが、特殊例に石造のものがある。主体は高石垣の天端に配された立方体切石によるもので、座った姿勢での鉄砲射撃に適っている。石垣に紛れて存在が分かり難く隠狭間の一種とされ、文書には「さま石」の名で登場する。徳川期大坂城に大量にあり、二条城、岡山城、江戸城にもある。その遺構の実体を整理し、評価を試みる。

一　徳川期大坂城の切石製銃眼（図1のA～D）

花崗岩製で、石材の幅六八～七八cm、高さ七四～八〇cm、長さ一二〇～二四〇cmである。銃眼は一石中で完結するものもあるが、二石材に跨る例が多い。形や大きさ、射撃口の間隔が長区間一定に保たれ、高度な設計に基づいて大規模協業が行われたことを物語る（図2）。平面は概して漏斗形であるが、部位によってカーブが微妙に変化する。外縁から僅かに内に最狭部をもち、その射撃口の幅と深さは一〇～一五cmで、そこから広がって抉りの間口は八三～一二四cm、深さが三〇～四〇cmとなる。射撃口の芯々間隔は二八五～三三〇cmが基本で、平均的に一〇尺、あるいは一間六尺五寸換算の一間半となるが、二の丸西の京橋口門では二二五～二三五cmの個所と二六五cmの個所があり、本丸南の桜門では二六〇～二八五cm、二の丸南東の玉造口門では二〇〇～二三〇cmと密度を高めている。

大坂城築城工事に関する文書からすると[註1]、「さま石」の製作や敷設は動員大名への割り振り項目に含まれ、幕府直営の作事ではなく、石垣や雁木、水路などと同じく普請方によって構築されたことが判る。その一方、上には土塀もしくは軍事建物が必ず建ち[註2]、その基壇としての機能を併せもつ。いったん完成した石垣天端を嵩上げする

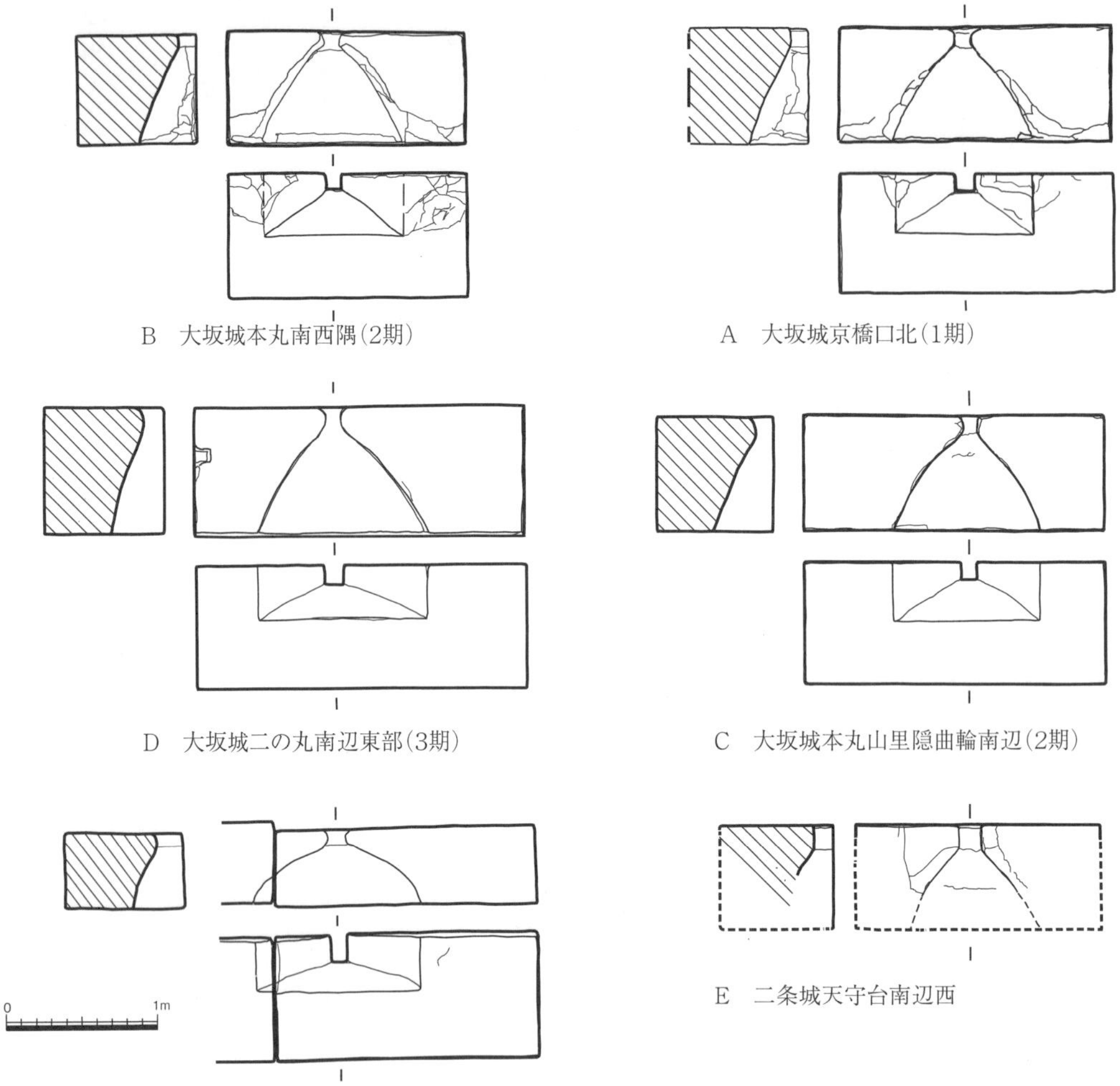

B　大坂城本丸南西隅（2期）

A　大坂城京橋口北（1期）

D　大坂城二の丸南辺東部（3期）

C　大坂城本丸山里隠曲輪南辺（2期）

F　岡山城本丸中の段月見櫓南

E　二条城天守台南辺西

図１　各城の切石製銃眼

写真２　大坂城二の丸大手門枡形
土塀基部の切石製銃眼と台木

写真１　大坂城二の丸一番櫓
基底に切石製銃眼

形で敷設され、外から見ると石材の下縁と上縁の二重に水平目地が通る。切石上面には、外縁から三〇cmほど内に幅六cm、長さ一二cmほどの長方形のホゾ穴が穿たれている。それは射撃口のほぼ中間で等間隔に並ぶ。土塀中の親柱や建物の壁柱に関わるかにも思えるが、大手門枡形土塀、大手門多聞櫓や六番櫓などの現存構造では直に乗るのは横に渡された太い台木角材で、その固定に関わる可能性が強い。土塀や建物の壁中に開く普通の狭間は柱間にしか切れないが、切石製銃眼は台木の存在によって、柱（作事）とは無関係に狭間を設けることが可能である。ただ、狭間の上面を成すのは台木あるいは壁材で、射撃時の伏角を確保するために、これにも抉りが入る。

　大坂城の築城工事は、二の丸のうち大手門と玉造口門から北を対象とした元和六年（一六二〇）からの1期、本丸を対象とした寛永元年（一六二四）からの2期、二の丸南部を対象とした寛永六年（一六二九）からの3期からなる。[註3] 切石製銃眼は2・3期工区のものが量の主体を占めるが、1期工区の京橋口門と大手門北〜千貫櫓間でも確認でき、それらは後述の年代変化では確かに古い型式のものである。史料から「さま石」の出現年代を探る鍵は、『天野毛利家文書』の覚で、大坂城普請工事の諸大名への留意事項の一つとして、「さま石の儀如形可仕事」とある。[註4] この文書を2期工事に関わる寛永二年（一六二五）のものとする見解もあるが、[註5] 中村博司氏が指摘するように発給奉行の構成から1期工事に関わるものと判断できる。[註6] 中村氏に加えて言えば、発給者の一人である「花房志摩守」正成は元和九年（一六二三）二月八日に死去しており、その子の花房幸次の志摩守叙任は寛永三年（一六二六）[註7]である。日付の「九月廿三日」からすると元和八年（一六二二）以前、つまり2期工事の準備が始まるよりさらに前の文書といえる。

　元和の1期工事の敷設対象は、京橋口門、大手門北だけであるが、土塀部・建物部ともにある。ただし大手門北のものは位置からすれば3期の大手門改造時に再配置された可能性もある。

　寛永に入ると、城門に限らず防禦線一般部にまで拡大し、全盛期となる。2期は城郭普請の対象地全体、天守台や山里曲輪を含む本丸全域に構築されている。山里隠曲輪では土塀が載るが、殆んどの個所は上に建物が建ち、屋内に開く狭間であった。3期工事でも仕切石垣を含めて二の丸南部の全域に間断なく敷設されているが、土塀部が占める割合が高い。蜂須賀家伝来の『御普請物目録帳』によれば、[註8]3期工事の「さま石」の施工区間の合計は六〇八間あまりで、実測値で割ると、切石製銃眼の数は約四一〇、石材は約七〇〇個となる。1・2期工区には3期の一・五倍強の延長があるから、大坂城全体の切石製銃眼は約一〇五〇、石材は約一八〇〇個と見積もれる。二条城、江戸城、岡山城に比べ桁違いに多い。1期に切石製銃眼を担当した大名は、京橋門口の岡山藩主池田忠雄などごく少数とみられるが、2・3期では恐らく築城工事に動員された大名のほぼ総てにまで拡大した。そうした切石製銃眼の配置状況は（図3）、南を防禦正面とする大坂城の縄張り観に合致している。

　徳川秀忠の命を受けて大坂城の縄張りを行ったのは藤堂高虎である。その高虎が大坂城につくる狭間に強い意思を持っていたことを示す文書[註9]がある。弓術の吉田六左衛門と砲術の米村勘左衛門の二人の家臣に宛てた指示書で、「尚々大坂御城之御用ニ候以上　態申遣候当城壁矢倉之さまきらせ可申候ためニ候此書状届次第両人申談急大坂へ可来者也」とある。「さま」とあっても「石さま」までの特定はなく、大坂城には現に土塀や櫓の壁中の狭間もあるが、切石製銃眼は大坂城の新機軸で、2・3期では狭間の量の主体を占めるし、なにより高虎に課せられた使命は作事より普請に関わることであるので、その家臣が担当した狭間切りには「さま石」が含まれていたと考えるのが自然である。切石製銃眼は土塀や櫓との一体性があるので「壁矢倉之さま」という表現も矛盾ない。関連して思いつくのは、先に触れた1期工事段階『天野毛利家文書』から窺える、諸大名の規範となる「さま石」の「形」＝見本の存在である。「形」は後述の型式変化から工期ごとにあってよいが、少なくとも米村の仕事は、その「形」を決めることが含まれたのではないか。恐らくその妙技は狭間の高さ・大きさ・形、そして微妙な曲線にある。同じ文書の冒頭項目で「西かわ御堀之儀、藤堂和泉殿ほり被申候御堀之ことく」とあり、堀の掘削については高虎を規範にせよと言っていることから、三項目「さま石の儀、形之如」も高虎が作った「形」を指すものとして読み込む途もある。

狭間の形の年代差は、松岡利郎氏が刳り込みが「直線的なものから丸味をつけるよう」に変化したと指摘[註10]している。筆者は随所に残る切石製銃眼の観察や略測を行って総合し、その傾向を追認するとともに、抉りの間口が狭いものから広いものへ、つまり水平方向での射程角が狭いものから広いものへ、また間口側の抉りが深いものから浅いものへ、つまり抉り底面の傾斜が急なものから弱いものに推移したとの結論を得た(図4)。特に1・2期と3期の違いは歴然で、明確な型式差として認識できる。

細かな個体差は当然にあるが、同じ期の狭間は基本的に同大・同形で同一型式であり、位置や上部構造の違いなどは、形態・法量に反映されていないようである。各工期ごとの「形」が徹底され、臨機応変さに欠けているともいえる。射撃口の間隔では城門部と一般部の違いは多少あっても、横矢が利く効果的な場所とそうでない場所での差がなく一様なことと合わせて、諸大名動員による組織的大量敷設の工法的合理性と裏腹の宿命を示すと評価できる。

水平射程角の増大は、軍事面で発達方向に推移したと言える。垂直方向では鉄砲の伏角を規定するのは上方の抉りで分析できてないが、射撃口外底の丸味増大はそれに寄与する方向に変化した。

以下、工期ごとの実体と変化を具体的に示す。

1期は、抉りの間口の幅が八三～九四cm、深さが三六～四〇cmで、水平射程角は七二度前後、平均化した底面傾斜は二四度前後である。射撃口付近の側面や底面が丸みを持ちながらも、やや直線的な部分も含む。射撃口は最狭部の深さは九～一一cmと後より浅く、底面が外に向かってあまり下がらない。石材幅（W）を基準に抉りの間口幅（B）、それに間口深（h1）と射撃口最狭部深（h2）の差（h）の比率を計算すると、京橋口門例はB／W＝一・一八～一・二七、h／W＝〇・二四～〇・三九、大手門北例はB／W＝一・〇〇～一・二〇、

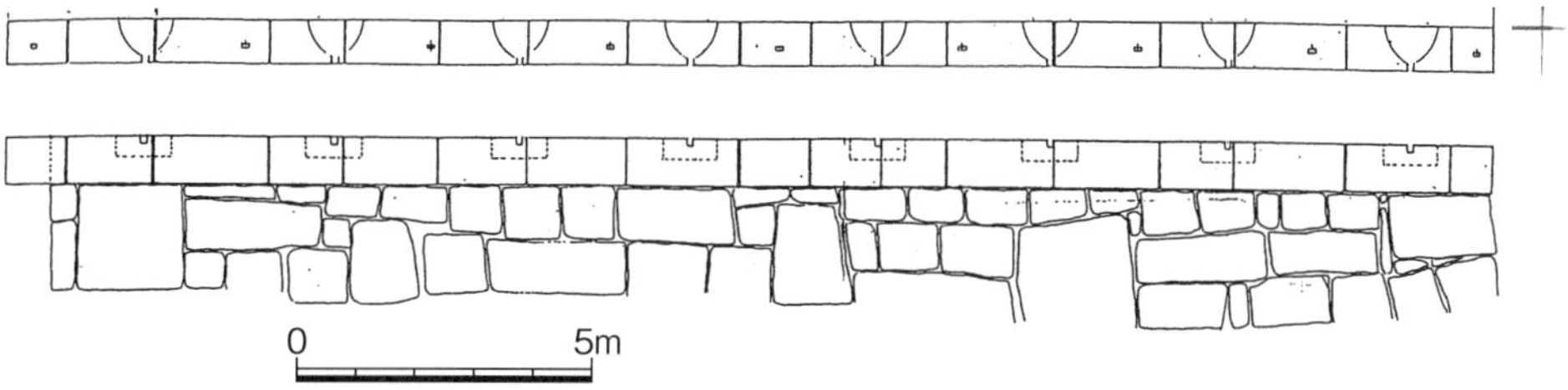

図２　大坂城本丸山里口曲輪の切石製銃眼列　大阪市2000から

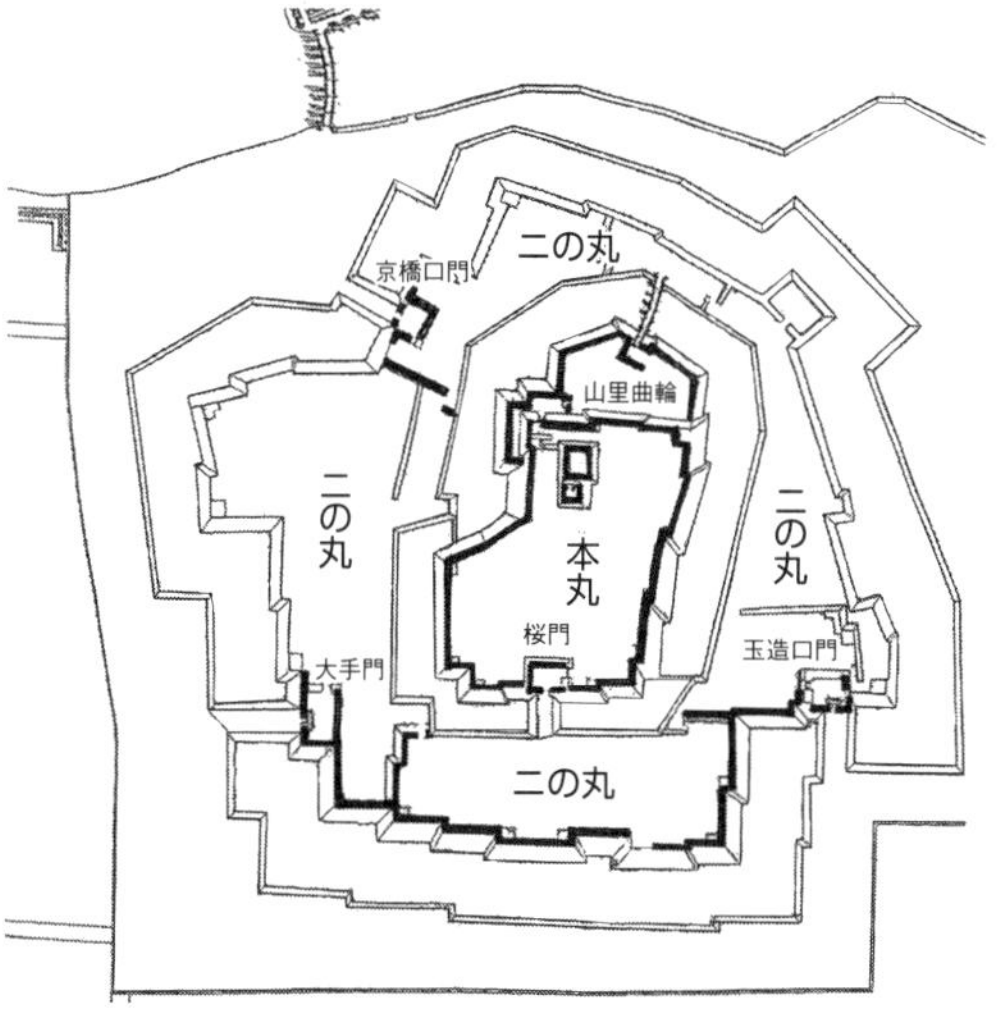

図３　大坂城の切石製銃眼列の分布　太線が所在個所

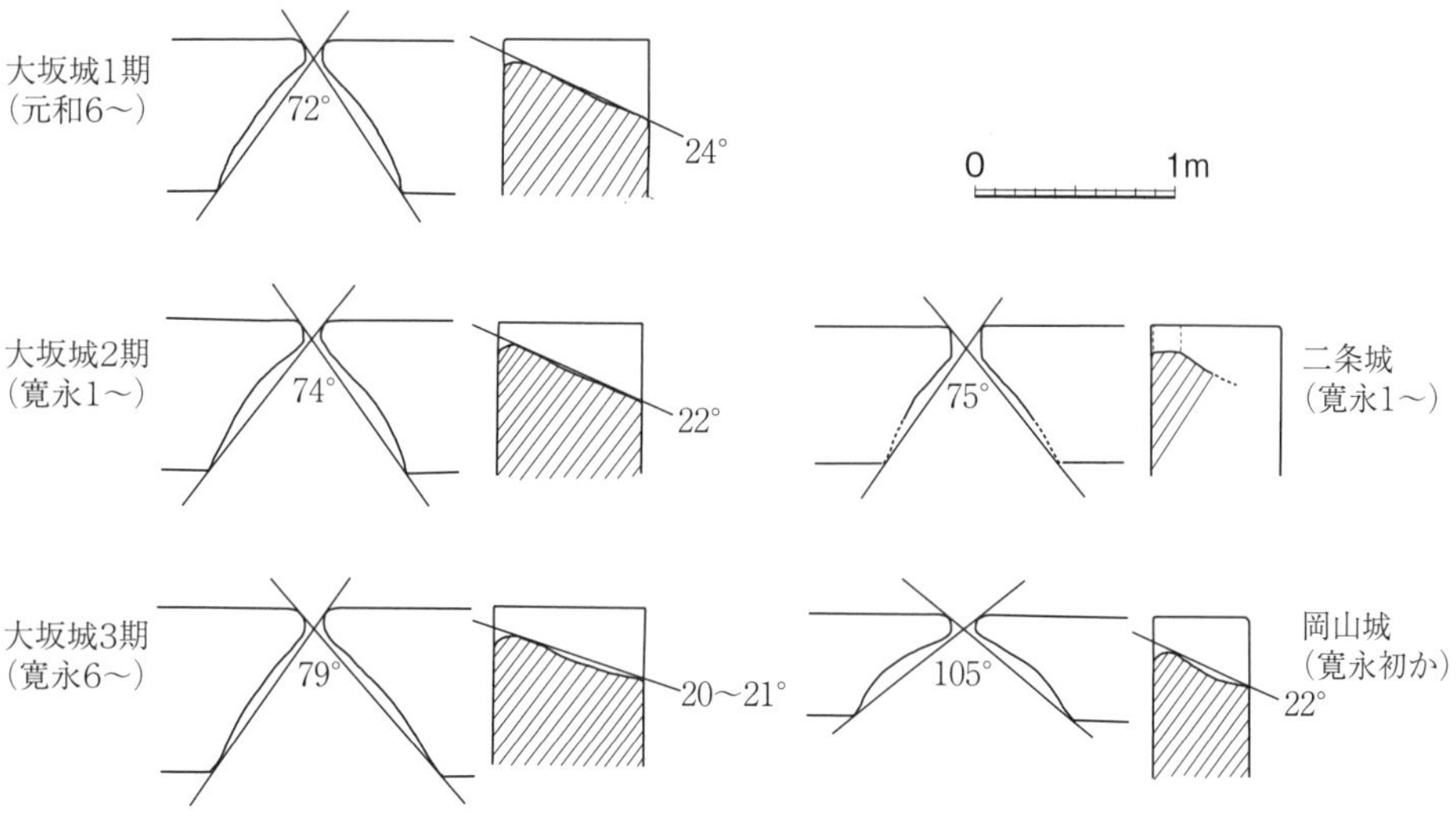

図４　切石製銃眼の狭間の年代変化

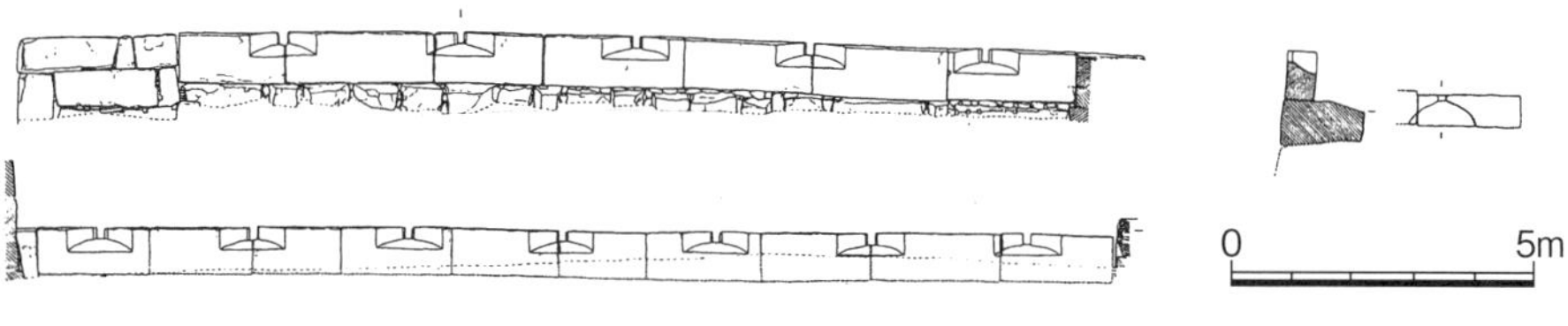

図５　岡山城本丸中の段月見櫓脇の切石製銃眼列　岡山市教委1997から

h／W＝〇・四〇となる。

2期は、抉りの間口の幅が八八～九七cm、深さが三〇～四〇cmで、水平射程角は七四度前後、底面傾斜は二二度前後である。射撃口付近は1期よりも丸みを帯びたものが目に付く。桜門ではB／W＝一・二〇～一・二六、h／W＝〇・二六～〇・三五、本丸南西ではB／W＝一・一八～一・二九、h／W＝〇・二七～〇・二九、本丸北西隠曲輪ではB／W＝一・二二～一・二九、h／W＝〇・三四～〇・三五となる。

3期は、抉りの間口の幅が一〇六～一二四cm、深さが三〇～三九cmで、水平射程角は七九度前後、底面の傾斜は二〇～二一度である。射撃口付近の側線や底面は丸みが強い。射撃口最狭部の深さが一二～一五cmで、そこから外面に向かってさらに下がる。玉造口ではB／W＝一・四七～一・五七、h／W＝〇・二九～〇・三七、玉造口西方ではB／W＝一・四〇～一・六七、h／W＝〇・二八～〇・三〇、二の丸南辺ではB／W＝一・四〇～一・六五、h／W＝〇・二八～〇・三五、大手門枡形ではB／W＝一・四六～一・六〇、h／W＝〇・二八～〇・三四となる。

石材の大きさは2期工事に関わる『大村家文書』に「御本丸さまノ石、但たてかた弐尺六寸ひかえ弐尺四寸、長さ四尺より上は成次第」[註11]とある。これは高さ七八・七八cm、幅七二・七二cm、長さ一二一・二cm以上となり、実測値と照らすと、大坂城全体としても正に規定どおりと言えるが、高さと幅については微妙に切るものが少量ある。長さの実測値は一二一cmを大きく越えるものが殆んどの中でバラツキが大きく、確かに「成次第」の状況が窺える。当時最も注意が必要であったのは、土塀や建物の水平基壇を造るという役割から高さであったに違いない。なお同文書では天守台の銃眼石材は別規格で「さま石三尺四方、長サ七尺より上ハ成次第之事」とある。

微細次元での石材の大きさのバラツキ関して、計測が容易い石材幅Wの実測値に注目してみる。1期は七三～七六cm（三尺半）を基本にしている。2期は六八～七八cmの振幅の中で七〇～七五cmが基本とはいえバラツキが大きい。3期では玉造口門だけは六九～七八cmとバラツキが大きいが、その他は大手門を含め二の丸南部全般で見事に七四～七六cmに統一されている。1・2期に対する3期の規格徹底・平準化の進行は、石垣の石材の大きさや形、また積み方の面でも指摘されており、[註12]軌を一にする現象と評価できる。

二　諸城の切石製銃眼

二条城天守台（図1のE、写真6）

寛永元年（一六二四）に築造が開始された本丸天守台に限って確認できる。石材は花崗岩で、高さ七二cm、幅六五cm、長さ一m数十cmから二mあまりの直方体切石を、工程的に完成した石垣天端を嵩上げする形で組んでいる。銃眼は東辺と西辺に各四つ、南辺に五つあるが、城内側北辺にはない。二石材に跨るものを含むが、射撃口の間隔は良く揃い、東辺・西辺は四〇五～四二〇cm、南辺は三八〇～三九〇cmで大坂城より長い。銃眼の概形は大坂城例に近く、抉りの間口は八〇cm程度、間口幅B／石材幅Wは一・二三となり、同時

写真３　大坂城二の丸南（３期）

写真４　大坂城京橋口門北（１期）

写真５　大坂城二の丸六番櫓横（３期）

写真６　二条城天守台

写真７　岡山城月見櫓南脇

写真８　岡山城月見櫓銃眼の内側

写真９　江戸城平川門北辺

写真10　江戸城大手門枡形

期の大坂城2期と共通する。大坂城例との違いは、射撃口の側面・底面が平らで四角く、奥行き・横幅とも一五cm、深さ一三cmでやや大きいことである。水平射程角は七五度前後とみられ、これも大坂城2期と共通する。切石上面には一定間隔で並ぶホゾ穴がある。

岡山城本丸中の段月見櫓脇（図1のF、図5、写真7）

元和元年（一六一五）に岡山城主となり寛永九年（一六三二）に死去した池田忠雄の構築で花崗岩製である。[註13] 月見櫓を挟んで南と東にあって一体性をもち、全体として本丸搦手の馬場口門内を守備する役割を担う。各石材の長さは一四〇～二一七cmで、南側では幅五〇cm、高さ八五cm、東側では幅四六cm、高さ七二cmである。櫓の南に五つ、東に七つある。射撃口の間隔は南が二四五cm、東が二八五cmでよく揃い、大坂城一般部より高密度である。石材幅（W）が小さい割に抉りの間口幅（B）は一〇六～一一〇cmで大坂城3期と同じで、そのことが内に大きく開く狭間の形を規定した可能性が窺える。B／Wは二・六五、水平射程角は一〇五度とかなり広い。間口の深さ（h2）が三一cm前後に対して射撃口最狭部の深さ（h1）は一八cm前後と深く、傾斜は二二度、h／Wは〇・二八となる。射撃口付近の側面と底面は丸みが強く、抉りのカーブは大坂城例より単調である。間口・水平射程角の広さ、射撃口付近の強い丸み、h／Wの値からして、3期例との共通性が強い。上面にはやはり一定間隔でホゾ穴が穿たれ、土塀が載っていた。

立方体切石製ではないが、月見櫓の基底にも石造銃眼がある。[註14] 櫓は石塁に跨って建つが、石垣天端石は石塁上面よりさらに五〇cmほど高く、石塁上に身を置いて撃つ仕掛けである。外からみると、銃眼列をつくる石材下端は一直線の目地を通すわけでないが、ノミ加工が施されて方形で緻密に接合する。一方、石材内側は不定形で加工度も低い。射撃口は、隙間をとって天端石を配したり、天端石間接合部の上角を鍵状に欠き割って造り、高さ二〇cm、幅一〇cmのもの、三〇cm四方ほどのものなどバラツキがあり、芯々間隔も一五〇～二二二cmと一定しない。いつでも外せる状態で小石が詰めてある。石の隅を欠き割り、一部はノミ加工を施して、臨機応変に抉りを設けて射撃角を確保している（写真8）。櫓台石垣全体の石材の加工度・方形度、また横目地の通りなど積み方は明らかに大坂城1期石垣より新相で、一体性が強く窺える櫓脇の切石製銃眼も同1・2期より新しい型式であることから、櫓の基底に切石製銃眼を設ける大坂城の発想と工法が略式化して導入された結果とみられる。

江戸城各城門部（写真9・10）

複数地点で構築されたが、既に破却されたり改造を受けたもの、現存しても接近して観察できないもの、従って構造や時期が不詳なものが多い。遺構として確認できるのは、本丸北桔橋門脇土塀、二の丸下梅林門付近の平川濠に面する土塀、三の丸平川門枡形の前面土塀、同桔梗門の枡形前面土塀と櫓門、西の丸の坂下門の櫓門およびその前面と南に続く土塀、外桜田門枡形前面一の門脇土塀の各基部で、いずれも石垣天端を嵩上げする形で敷設されている。また、古写真[註15]に土塀と石垣の境近くに射撃口らしき穴が写り、切石製銃眼があった可能性が窺えるのは、二の丸大手三の門、三の丸大手門、西の丸下曲輪北東の和田倉門、外堀に臨む鍛冶橋門・数寄屋橋門などである。以上は枡形をもつ重要な門の大半である。なお二の丸を画す高石垣上に天端嵩上げ式の切石列が長区間敷設され、それを基壇に隅櫓や多門櫓が建っていたが、それらには、少なくとも大量の銃眼は切られていない。

最もよく観察できる平川門例は門が築かれた寛永十二年（一六三二）かそれ以降の敷設とみられ、枡形北辺に複数石材に跨るものを含め一三基の銃眼が並ぶ。安山岩製であるが、概形は先述他城例と近似する。抉りの間口はかなり広いが低く、内底面は平板で、h／Wは計測できてないが、大坂城3期や岡山城より扁平化が進んでいる。射撃口は側面・底面とも平坦な四角である。安山岩製と合わせて四角い射撃口は、江戸城全体に共通する。

いっぽう、北桔橋門や下梅林門周辺のものは、抉りの間口幅が五〇cm前後しかなく、水平射程角は相当に狭く、また間口の高さも二五cmほどしかない。さらに、大手門一の門脇は、古写真に写る土塀基部の外観が現状と異なり注意が必要であるが、復元された現構造は、一石毎に完結して中央に狭間が切られ、石材の長さまで揃えて整然と射撃口が並んでいる。石材は高さが三〇cm前後の板状で、自ずと狭間も極めて扁平である。これらは同じ江戸城でも平川門のものに比べると機能性が亡しくて形骸化の観が否めず、想定される射撃姿勢にも無理があり、新しい年代のものに違いない。寛政年間に江戸城の土塀基部の銃眼を「雫ぬき」（排水口）と理解した軍学者がいたが[註16]、そうした事態も肯ける。

三　切石製銃眼の展開

石造狭間[註17]としては多少の前史もあるが、切石製銃眼は先駆形なしに大坂城1期工事で突如出現した。同じ天下普請の幕府の城でも先行する名古屋城や丹波篠山城にはないし、姫路城等にもない。その元和六年の大坂城例から、寛永十二年かそれ以降の江戸城平川門例までは一つの様式の内にある。石材や狭間の加工度・形・大きさは無論、石垣構築工程との独立性、複数石材が組み合って等間隔で並ぶ銃眼列を造りだす構築方法、上に太い台木が乗ることを含め土塀・建物の基壇となるなどの機能面でも共通性が強いのである。この期間での狭間の変化は、抉りの間口、水平射程角が増大し、その限りでは軍事機能の発展を辿る一方、垂直方向では扁平化の方向に進んだ。また、大坂城・二条城例のように古いものは狭間が描く曲線が部位によって微妙に変化するのに対し、新しい岡山城・江戸城平川門例では単調化の傾向が窺える。細分形式としては、射撃口が丸い大坂城・岡山城系統と四角い二条城・江戸城系統に分類できる。射撃口に角があると射撃角の自由度が取りにくく、そのぶん射撃口幅を広く取る必要があり、丸い方が理に適っている。江戸城平川門例以後の切石製銃眼は、江戸城の内にしかないが、石材及び狭間がさらに扁平化したり、狭間が単なる長方形の穴と化して、形骸化しながらも新たな様式として一定期間は作られ続けたと見通せる。

切石製銃眼の出現は、作事ではなく普請によって造られる狭間が登場したという点で大きな画期性をもつ。石という材質を選ぶことで堅牢性・恒久性を確保し、隠狭間としての効果を含めて城郭全体の軍事性の向上に大きく貢献するものである。

ところで大坂城での変遷を辿ると、1期は従来型・一般型の土塀や櫓類の壁中の狭間を補完するものとして出発し、重要な城門部に集中配備され、近づく敵への迎撃に適った配備状況は極めて合理的で名実共に実戦的なものと評価できる。続く2期には敷設場所が本丸という最重要部の防御線全体に間断なく配され、鉄壁の城塞を生み出すのに貢献した。3期になっても引き続き防御線全体に敷設する路線は継承され、それによって大手門や玉造門などの守備力を高めたのは間違いない。狭間の切り方も軍事機能面で発展した。しかし問題は二の丸南部の防御線全体にまで敷設することの意味である。2期工区本丸では銃眼から内堀対岸までは四〇～八〇m、当時の鉄砲の有効射程距離とされる五〇～六〇mに対照すると、まだ実効性のある範囲を含むが、3期の二の丸南部では外堀の対岸まで六〇～一一〇mもある。これでは鉄砲を撃っても威嚇にしかならないし、隠狭間にする意味もない。つまり2期工区の一部と3期工区の大部分の切石製銃眼は、鉄壁の軍事施設を生み出す存在にみえても、実戦面では期待できる効果が乏しいのである。その点では、二条城天守は内堀対岸までが四〇mほどで有効であるし、岡山城月見櫓内外や江戸城諸門の銃眼も実戦的に意味ある場所に限定して敷設され合理的である。逆に大坂城ではそうした場所の切石製銃眼にまで相当な技術と労力をつぎ込んだ。ちなみに蜂須賀家の『御普請惣目録帳』に示された各普請項目の換算率は、[註18]「さま石」一間は本石垣（防御線を構成する城内側高石垣）一・二五坪相当である。狭間石の幅は〇・三八間ほどであるので、一・二五／〇・三八＝三・二三の計算から、表面積ベースでは背後に分厚い裏込石なども含む高石垣の三倍以上もの労力が必要なものとして位置付けられていた。

切石製銃眼があるのは、岡山城以外は天下普請による幕府の城である。和歌山城、彦根城、福山城、洲本城、丸亀城、赤穂城など、元和六年以降に築城されたり改修された城でも確認例はない。駿府城や淀城は将軍家の城としての経緯から可能性がありそうであるが未確認である。いずれにせよ切石製銃眼は幕府の城と臣下の城との差を具現化するものとしての性格が窺える。高石垣の角石を超えて整美な切石を多用すること自体が元和六年の大坂城築城を画期とし、それが幕府の城の特性として定着するという図式がある。城門前の土橋両縁に並ぶ直方体切石列～段、石垣中に開口して前面に突出する切石組立式の排水口（水路）、敷設個所も切石製銃眼と一体性をもつ場合が多い方形延石による超幅広の雁木、銃眼がないものを含めた土塀や建物の切石基壇なども大坂城1期が初現とみられる。これらは、遅れて、また略式化して一部の大名居城にも採用されていくが、切石製銃眼は限定性が極めて強い。岡山城例は、最古の切石製銃眼を組み込んだ京橋口を初め大坂城各所の普請を担当した経験と家康の娘婿という池田忠雄ならではの特殊性のなかでこそ理解できる。[註19]大坂城での巨石使用の石垣構築や切石製銃眼敷設の功績の褒美として、特に認められたものであったかも知れない。

一六一五年以降、幕府は武家諸法度を発布し臣下の城への規制を強める一方、自身の城だけは自由に築いたり改修して差別化が進んだ。切石製銃眼はそうした流れの中で最高の軍備を実現するための要素であった。また石造物として鋭い稜線と曲線が複合して美しく、幕府の城の格式の演出に貢献したに違いない。良く言う天下普請全体の構図であるが、動員大名は、石垣の隅角や巨石の見事さ同じく、切石製銃眼の規格徹底や整美さを競い合ったに違いない。石材の幅・高さはともかく、曲線を成して揃えるのが難しい狭間の形・大きさまでが見事に統一されている。幕府からすれば、切石製銃眼は諸大名に巨額支出を強制し浪費させるための手段として機能し、それゆえ実戦では役立たない部分を含めて過剰に構築されたのであろう。一方で、大坂城での構築経験と技術交流を通じ、元和・寛永以降、諸大名が動員できる切石技術は革新的に向上し平準化も進んだに違いない。それは、領国の居城改修にも活かされたが、むしろ大名墓、干拓地樋門などの水利施設、橋、寺社の建物基壇・石垣・階段・石敷・鳥居などの分野で元禄頃を一定の到達点に各地で見られる切石製構築物の優品を生む原動力となったと展望できる。

切石製銃眼の考案者は藤堂高虎であった可能性が極めて高い。軍事的に鉄壁な大坂城、これまで類を見ない幕府の城を造る一環として、作事ではなく自身の普請の立場で新機軸の鉄砲狭間を発明したということではないか。自ずと製作や敷設を諸大名に分担させることにもなって、幕府の思惑とも合致する。その際、当初様式の切石製銃眼は普請構築物として独立して機能を発揮しうることは改めて重要である。というのは、仮に作事が行われず土塀や櫓が立たなくても、また無くなっても、守城兵の危険度は増すが銃眼としての役割を果たすことが可能だからである。当初様式に共通する七〇数㎝という高さは楯として身を隠すに十分で、抉りも有効に機能しうる。石垣上が単なる平坦地に比べ防御力は格段に高い。築城家として名を馳せた高虎、また家康は作事より普請優先の思いが強く、高虎が縄張した丹波篠山城の作事について、天守台や櫓台を築いても狭間さえあれば実戦では建築は不要、また目立つ狭間は敵に狙われるので隠狭間が必要と老中の本多正信が篠山城主松平康重の家老であった石川正西に指示したという。[註20]大坂城切石製銃眼は慶長十四年(一六〇九)の丹波篠山城で垣間見えたこの築城観の延長線上にあり、高虎自身によって帰結した姿ではないか。

しかし、高虎にとっても切石製銃眼はあくまで幕府の城用で、自身の津城や伊賀上野城に設けた形跡はない。高虎主導の大坂城を除けば、元和・寛永の二条城・岡山城・江戸城で少量造られたけで、その後の敷設や改修は江戸城に限られ普及しなかった。構築に高い技術・労力と経費が求められる一方で、天下太平の世にあっては幕府の城・大名の城を問わず、重厚な銃眼装備は意義が低下したからに他ならない。大坂城特有の切石製銃眼の過剰構築は高虎が仕掛けた打上花火のようなもので、豊臣家滅亡を受けた諸国大名配置の一定の完結と徳川幕府確立の瞬間という、元和・寛永期ならではの記念碑的存在で、そのままの形では引き継がれない宿命をもっていた。

註

(1) 天野毛利家文書、木村家文書、御普請物目録帳など後述史料ほか
(2) 大坂城各部の土塀や櫓などの建築については現況での観察、松岡利郎一九八五『大坂城の歴史と構造』名著出版、岡本良一・今駒清則一九八三『大阪城　櫓・蔵』清文堂出版　などによる
(3) 内田九州男一九八二「徳川期大坂城再築工事の経過について」『大坂城の諸研究』名著出版
(4) 大阪市史編纂所二〇〇八『大坂城再築関係史料』一五三～一五四頁
(5) 註（3）三六三頁
(6) 中村博司二〇〇九「大坂城再築の経過と普請参加大名の編成」『大坂城再築と東六甲の石切丁場』大阪歴史学会　八・二六頁
(7) 加原耕作一九九四「花房正成」・「花房幸次」『岡山県歴史人物事典』山陽新聞社　八〇三～八〇五頁
(8) 木越隆三　二〇一二「徳川期大坂城石垣普請の造営組織と大名の役割」『城郭石垣の技術と組織』石川県金沢城調査研究所
(9) 上野市古文献刊行会一九九八『高山公実録』下巻　清文堂出版　八二〇～八二七頁、なお二人及び高虎の切石製銃眼への関与は渡辺一九八三や松岡一九八五などに言及がある
(10) 註（2）松岡書　一五二頁
(11) 註（4）書　一三五～一三六頁
(12) 北野博司二〇一二「大坂城再築における石垣普請の組織と技術」『城郭石垣の技術と組織』石川県金沢城調査研究所　八〇頁
(13) 岡山市教育委員会一九九七『史跡岡山城跡本丸中の段発掘調査報告書』
(14) 岡山市教育委員会一九五六『重要文化財岡山城月見櫓修理工事報告書』
(15) 平井聖監修二〇〇九『城下町江戸』学習研究社、原史彦監修二〇一三『失われた江戸城』洋泉社、夾本雅之二〇一三『レンズが撮えた幕末日本の城』玉川出版社　など
(16) 森山孝盛一九九七『蛋の焼藻の記』（日本随筆大成編輯部一九七四『日本随筆大成』第二期二二　吉川弘文館　二三九頁）
(17) 天正十六年（一五八八）廃城の長岩城（大分県中津市）では扁平小石材を積んだ長径約四m、高さ二m余りの石造櫓の三方の壁に各々一辺一五～二〇cmの方形窓がある。切石製銃眼に先行する管見唯一の石造狭間の可能性があるが、切石製銃眼には繋がらない。
　また慶長五年（一六〇〇）の廃城間際に整備されたとみられる竹田城（兵庫県朝来市）花屋敷曲輪の側端石塁で、内石垣が間口一一〇～一二〇cm、奥行き四〇～六〇cmほどコ形に括れ二～三段の石段を伴う個所が九つ並ぶ。狭間自体は石造でなく、上に乗る土塀中に切られたようで、切石製銃眼とは発想や構造の開きがあるが、個々の狭間に直に関わる石塁造作＝普請としては稀有の先行例である。
　新しくは元禄十七年（一七〇四）築城の平戸城（長崎県平戸市）狸櫓～本丸間瓦葺土塀の基部石塁中に銃眼列が設けられている。
(18) 註（8）五五頁
(19) 乗岡実二〇一〇「池田忠雄による近世岡山城の完成」『岡山市埋蔵文化財センター研究紀要』二　岡山市教育委員会　本稿は当論を発展させた
(20) 埼玉県立図書館一九六六『石川正西見聞集』六四～六五頁

その他の主要参考文献

大阪市二〇〇〇『特別史跡大坂城石垣修理工事報告書』
三浦正幸一九九九『城の鑑賞基礎知識』至文堂
渡辺武一九八三『図説再見大阪城（再版増補）』大阪都市協会

「居館と詰城」に関する覚書

萩原三雄

はじめに

二〇〇五年ごろだったか記憶は定かではないが、城郭研究者の松岡進氏より、中世戦国期に築城された城郭の一形態として「居館と詰城」というセット関係の城郭があるが、このことについて最初に提起したのは甲斐国の地誌である『甲斐国志』（以下、『国志』と略）ではないかと指摘され、強い衝撃を受けたことを覚えている。『国志』とは、江戸後期の文化十一年（一八一四）に編纂された甲斐国の地誌で、甲斐国の歴史研究には欠かせない貴重な書物である。[註1]その中にはたしかに、「詰城」についての記載が何ヶ所かにみられ、甲斐の城郭研究上ではよく利用されてきたものである。しかし、その『国志』が、「詰城」についてなぜ最初に提示したのか、その裏づけとなる史料は何だったのかといったような、いくつかの疑問も生じてきたのである。

かねてより私は、一般的に言われている「居館と詰城」の城郭体制について、甲斐国内には躑躅ヶ崎館と要害城のセット関係のほかにはほとんどなく、それほど普遍性がないことに気がついており、これは甲斐国だけの特異な現象であろうと思っていた。そしておそらくそれは、甲斐国内に強大な権力機構を築いた武田氏の支配下にあるため、それぞれの国人層や土豪層らは詰城が築けなかったか、それとも何らかの理由で築く必要がなかったと想定していたのである。

ところが近年になって、列島各地の状況をみると、居館と詰城のパターンをもつ城郭が予想以上に少ないことがわかり、しかも最近松岡進氏や西股総生氏らの刺激的な論考に接し、[註2]居館と詰城の城郭体制とはいったいなんなのか、あらためて考えてみようと思いたった。

本稿は、そうした問題意識から、この居館と詰城の城郭体制について、現段階で考えている点を覚書ふうにまとめたものである。論理的構成がなお不十分な点や、近年とくに松岡進氏から提起されている「居館」という用語の意味など検証すべき点は多々あるが、本稿の論旨からややそれるために、ここでは一般的な用語として使用していることをあらかじめお断りしておきたい。

一 『国志』にみる「居館と詰城」について

居館と詰城のセット関係について、松岡氏の指摘を受けて、あらためて「甲斐国志』のなかに求めていくと、何カ所かに関連した記載がみられる。

松岡氏が例示したのは、甲府盆地の西部に拠点をおいた氏族の秋山氏の居址の項で、この秋山氏の要害として『国志』は中野城跡を比定し、旧中野村に所在している「秋山氏ノ居址」を居館として両者をセットとして論じている個所である。『国志』は、続けて「古代ハ山ニ倚リテ要害ヲ構ヘ平坦ニ居館アリ」(註3)と述べて、「居館と詰城」のセット論を補強している。この秋山という氏族は鎌倉時代からの名族で、これらの居館と山城の年代観もその頃に想定して、中世の早い時期からこのセット論は成立していたことを示唆している。同様な事例として、『国志』はさらに「古跡部第十三　八代郡西郡筋」の項で「古城山」をとりあげ、この城を鎌倉期に勢力をもった甲斐源氏の祖である源義清の「要害本城」と比定し、「平塩岡」を居館として、両者をセットとして論じている。

『国志』は上記の二例をみてもわかるように、「居館と詰城」のセット関係はすでに古代末ないし中世初期には成立していたものと認識しており、戦国期に至るまでの一般的な特質であると考えていたようである。また『国志』にみる戦国期の「居館と詰城」の事例として著名な存在は、郡内方面に本拠を置いた小山田氏の本城とされた「岩殿城」(註4)である。居館は都留市内に所在している「谷村城」ないし「中津森館」とされているが、しかし両者はおよそ一二㎞も離れており、両者の結びつきは不自然にもかかわらず、この両者をセットとしてとらえている。同じような事例として、甲斐国の河内地域を支配した武田氏の親族である穴山氏の城もこのようなセットの関係にあることを紹介している。すなわち、「穴山氏ノ城墟」として本国寺の境内一帯を穴山氏の居館とし、本城は城山と呼ばれる「西ノ山上」に存在しているとした。(註5)小山田氏と穴山氏は共に武田氏の譜代の重臣でそれぞれの地域で大きな勢力をもった氏族であり、とうぜんのように、このセット関係は存在していたものと考えたのであろう。

武田氏の配下の有力武将だけでなく、『国志』は地域に根を張った中小武士団についてもこの「居館と詰城」の体制についてとりあげている。「古跡部第十六之下　都留郡郡内領」のなかに「古城跡」として何人の居跡なのかは不明であるものの、「村内ニ居館ヲカマエ東西ニ木戸ヲ構ヘ山上ハ要害城ニ築ク」と紹介している。(註6)東と西に木戸を設けた城下集落もあることからこの地域に相応の勢力をもった人物の拠点であったのだろう。『国志』はこのほか、小菅村の「小菅遠江守信景ノ城跡」として、村内にある城跡とその麓にある居館を紹介し、両者がセットの関係にあることを示している。(註7)ここでは甲相国境に近いこの地域に根を張った小菅という氏族名を具体的にあげて、その本拠としてとりあげており、これらの事例は、山城と居館のパターンが強大な権力を有した氏族だけでなく、中小武士層の間にも浸透していたことを示している。

『国志』には、上記にあげたような、甲斐国内でのいくつかの事例が紹介されているが、ただし数量的にはかなり少ないことに気づくのである。しかし、「小山田氏館跡」の項では「岩殿山ハ要害城ニシテ居館ハ谷村タルコト明カナリ」、また「岩殿城跡」の項でも「小山田ハ中津森又谷村ニ居館アリ此ノ山ヲバ要害ニ構ヘタリ」と述べるように、(註8)居館とその詰城という両者がセットとして密接に結びつくという城郭のありように対して強い認識を持っており、こうした認識がいかなる経緯から『国志』内に植えつけられていったのか興味深いところである。

二　居館と詰城に関するこれまでの認識

この詰城について論じた初期の論考は、すでに松岡進氏によって紹介されているように、明治四十三年（一九一〇）に『史学雑誌』上に発表された大類伸博士の論考「本邦城櫓並天守閣の発達」(註9)であるように思われる。その中では、戦闘に際しては居館を捨てて、付近の山岳に拠るとし、『太平記』や『応仁記』に事例を引きつつ、中世後期には「詰め城」が設けられたと述べている。大類博士はその後の昭和十一年（一九三六）には鳥羽正雄博士と共に『日本城郭史』を著し、先の論考を補強した著作を発表している。武家時代の前期、建武中興から室町時代末までの築城の特徴として指摘されている点は重要であるので、やや長文ではあるが、以下に示しておく。

「この時代の築城上の特徴は、その初期には、天険を利用し比較的高い山による傾向が著しかったが、後次第に戦乱の状態の長引くにつれ、従来の平地の居館も次第に塁を高くし、濠を大にして来たとともに、大領主は之を領土中の要害の地に移し、殊に、高山の山麓にかまへて、山上の城郭と連絡して戦時には直ちに拠点ともなる様な風にされたものも多くなった」(註10)。

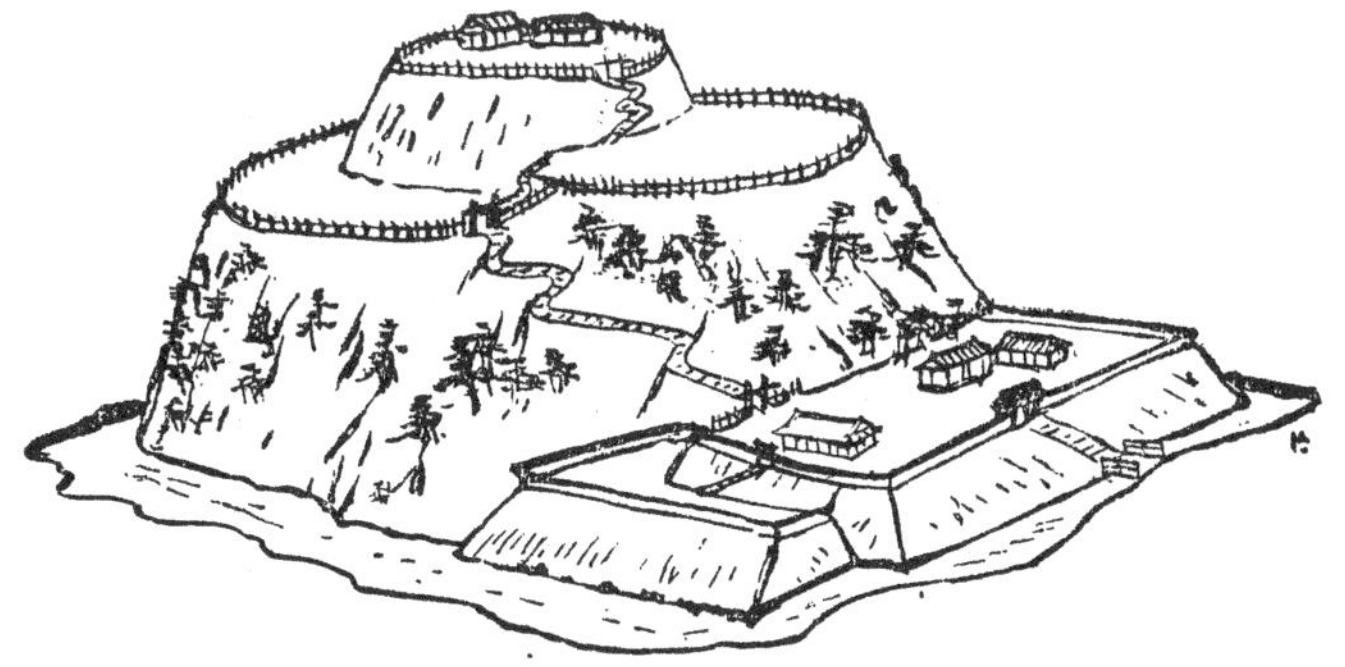

図1　居館と山城（模型図）
（大類伸・鳥羽正雄『日本城郭史』雄山閣 1936より）

また、「中世の築城」の個所でも、「居館と山城」として両者の関係を図に示しつつ、「當時の城郭として主なるものは、平地丘陵に於ける邸宅に防備を施した居館と高山に據る臨時の山城との両者であった」(註11)と述べ、ここでは「詰城」なる用語は使用していないものの、中世の時代には「居館と詰城」による城郭体制が特徴であったことを強調している。

明治期から昭和十年代において城郭研究をリードした大類・鳥羽両博士による右の見解は、当時の城郭観の形成に強い影響を与え、「居館と詰城」という城郭体制が各地につくられ、それがまた普遍的なすがたであったという認識を強く植えつけることになった。

いま手元にある昭和四十五年（一九七〇）に刊行された大類博士監修の『日本城郭事典』をみると、「詰め城」の項には「城は元来、その発生過程において、『館』と『詰め城』に分けられる。日常生活を営むにあたっては、城館は平地の方がよく、戦闘面においては平地の城より、要害堅固な山上の方が利である。すなわち『詰め城』とはこの戦闘面のみの城をいうのである。中世城郭には全国各所に見受けられる」(註12)とあり、また翌四十六年に出版された鳥羽正雄著『日本城郭辞典』にも、「詰め城」という項が立てられ「最後に籠る一番奥にある城」(註13)と述べられている。城郭研究におけるこの両権威の、明治期からの一貫したこうした発言は巷間に広く浸透し、動かしがたい定説になっていった。昭和四十八年に刊行された井上宗和氏の『ものと人間の文化史九　城』でも、「一般的には平時は山麓の居館を住居とし、戦時にのみ山上の城を拠点とする構想」(註14)が鎌倉時代から始まったとし、戦国初期の「根小屋城」というものはこうした構想の城郭であったとしているし、その後の平成十七年（二〇〇五）刊行の『日本の城の基礎知識』のなかでも「山上には詰の城と称して非常籠城用の住居設備と防御設備のみを施し、日常の生活はその山麓に居館を営む、というアクロポリス型構想によるものが多かった」(註15)と述べており、このセット関係をごくあたりまえの通説として紹介している。また、平成十九年（二〇〇七）に刊行された小和田哲男氏の『戦国の城』をみると、「平時の居館と戦時の詰の城」という項が立てられ、「戦国期の山城は、山城だけが単独で存在する方が珍しく、多くは、平地の居館とセットになっているのである」(註16)と述べられ、全国にこのセット関係の城が無数に築かれていたとしている。ちなみに、昭和六十一年（一九八六）刊行の『国史大辞典』には、「中世の城郭には平地において地形を利用して居館を造り、周囲に堀と土塁を巡らした簡単な城郭と、居館のある平地の背後にある山の上に石垣・土塁・堀などによって小さな台地を造り、有事にここに籠もって敵を防衛する山上の城郭とがあった」(註17)とあり、この「居館と詰城」の城郭体制は、多くの歴史書や辞典類のなかでも、中世城郭の典型的なあり方として記述され、根強く定着していったことがわかる。

このように強固にしみこんでいった「居館と詰城」観に対して、冒頭に紹介した松岡氏は、平成二十一年（二〇〇九）に発表された論考(註18)において、従来のこうした城郭観に対して強い疑義を提起したのである。そもそもこの論考は、「居館」そのものに対する再検討を論旨にしたものであったが、「居館」と「詰の城」との関係にも着目し、大類博士に始まる通説に根底からの見直しを迫ったもので、あり提起された問題は大きい。近年では西股総生氏も松岡氏のこうした問題提起を受けて、この居館と山城のセットという関係はほとんど見当たらないとし、(註19)決して普遍的なあり方ではなかったと述べている。城郭研究上あまりにも通説化していたこの図式に対し、根底からの見直しを提起したこの両者の問題提起は大きいものがあるが、それではたして実態はどうであったのだろうか。

三 「居館と詰城」論の実際

さきの論考のなかで西股氏が採りあげている戦国大名甲斐武田氏の本拠の躑躅ヶ崎館と詰城の要害城について、この両者の関係を居館と詰城をセットとする典型例とすることには、疑義をはさむ余地はなかろう。永正十六年（一五一九）に、国主武田信虎によってまず館が築造され、時をおかずに、その翌年に山城の要害城が築城されたのであるが、このことはさまざまな記録類にもしっかりと書きとどめられており、[註20]当時においては強い政治的関心事であったことがうかがえる。また、記録者たちもとうぜん、この両者を一体のものとしてとらえていたのであろう。むろん、武田信虎自身にも新しい拠点の建設にあたって、居館と山城の両者をセットとして築造しようとする強い意図があったわけで、それはおそらく戦国初期の十六世紀前後にはこの図式による拠点づくりがこうした戦国大名クラスのあいだでは盛行していたとみなすべきであろう。

冒頭にとりあげている『国志』の記載は、この躑躅ヶ崎館と要害城の本拠の体制も念頭においたものであることは想定できるのであるが、しかしこのセットとする城郭体制を甲斐国内の城郭に対して普遍化しようとした点に多少の無理が生じてしまったようである。郡内を支配した小山田氏が本拠とする谷村に対し、およそ一二km も離れている大月の岩殿城を詰城に比定した点などはその典型例であろう。じつは、甲斐国内にはさきにとりあげた二～三の事例以外にはこのセット関係をもつ城郭は存在しない。

西股氏が「山城の麓に居館の存在を確認（ないしは高い確度で推定）できる事例は、皆無ではないけれども滅多に見かけない」[註21]と論じたこのセットの城郭体制は、氏の指摘するとおり、わが国の城郭群においては普遍的どころか、ごく少数のあり方とみなすべきなのかもしれない。

ただし、普遍性はないが、皆無ではないことも確かである。ここでその実態を集成する余裕はないが、二、三の事例をみていくと、戦国大名クラスの本拠についてはこの図式がはてはまる場合が多い。越前の朝倉氏の本拠の朝倉氏館と一乗谷城、若狭の武田氏館と後瀬山城、近江の浅井氏の清水谷の館と小谷城をはじめ、駿河の今川氏の賤機山城や安芸の毛利氏の郡山城の事例などがあり、こうした「居館と詰城」のセットになる本拠づくりが戦国大名クラスで積極的に行われていた可能性は高い。これに対して、国人、土豪クラスの城郭づくりにどれほど浸透していったのかが問題となろう。

この国人クラスの城郭づくりをみるうえで欠かせない事例は、駿河の葛山氏の本拠の体制づくりであろう。駿河の今川氏と甲斐武田氏、それに相模の後北条氏三者の境目に本拠を置いた葛山氏は、駿河国駿東郡に本拠を構え、そこに居館と山城をかかえ、地域支配の拠点づくりに腐心していた。さきの小和田氏の著作の中でも、この葛山氏の城郭体制を居館と詰め城の良好な事例として採りあげて、「国人、国衆たちも、本拠の城をもち、それが居館と詰の城のセットとなっていることが多いのである」[註22]と述べ、戦国大名だけでなく、国人クラスにまで、こうした城郭体制が浸透していったとしている。
　こうした状況は信濃国の城郭体制に目立つようである。この居館と山城のセット関係が信濃で良好に残っているところは少ないが、伝承地も含めてながめていくと、村上氏の葛尾城や真田氏の真田本城をはじめ、須坂市に拠点をおいた井上氏の居館と井上城、須田氏の須田城などがある。北佐久郡に本拠をおいた望月氏の居館と望月城や海野氏の城郭体制、あるいは上田市に所在している浦野氏の城郭などにも注目してみる必要があろう。やや議論があるが、高梨氏の城郭体制もその是否を含め無視できない存在である。[註23]

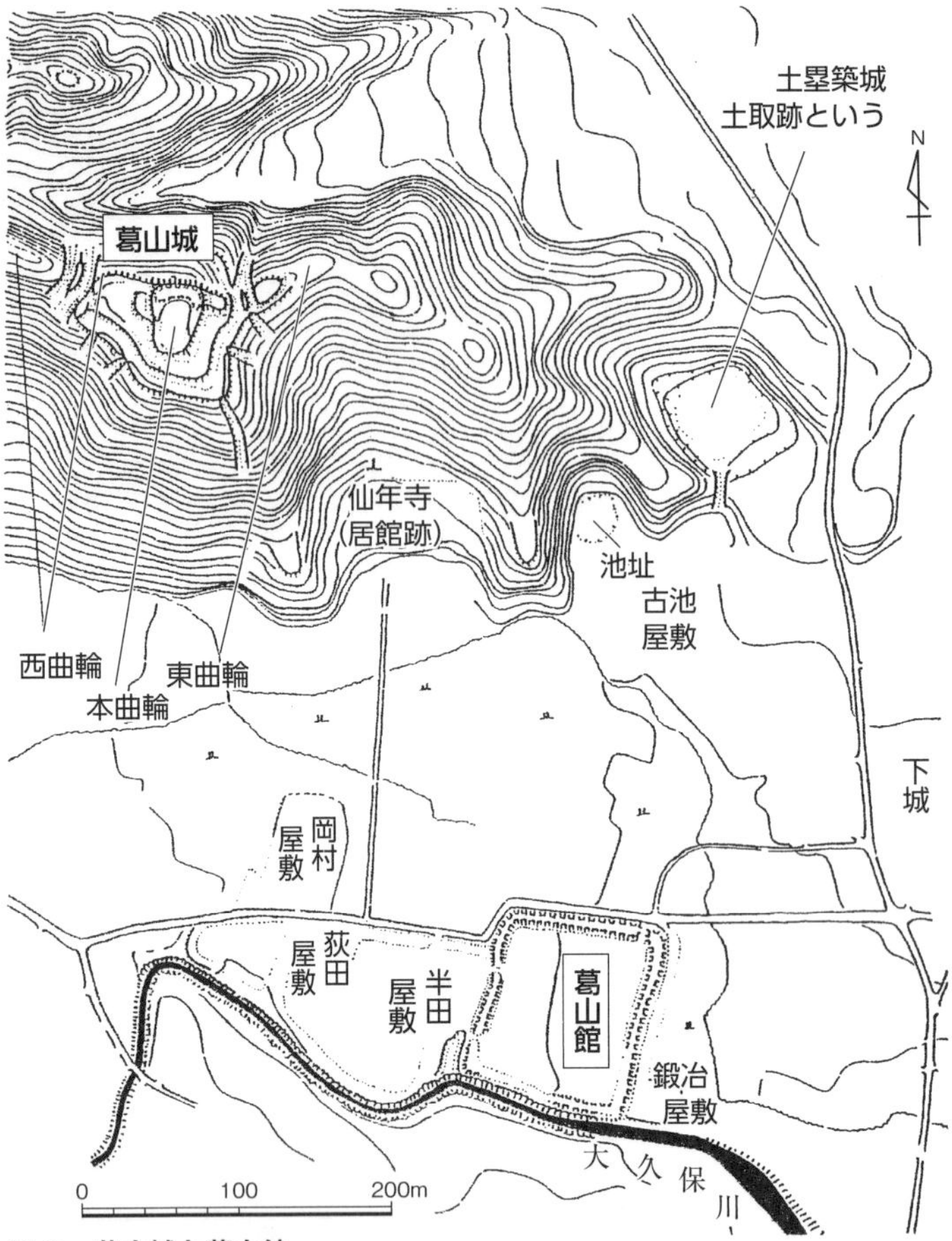

図2　葛山城と葛山館
(小和田哲男『戦国の城』学習研究社　2007より)

　こういった状況に似かよる地域は下野国であろう。たとえば鹿沼市域の事例を手元にある『鹿沼の城と館』[註24]からみていくと、鹿沼市下沢の「ホンノウチ・下沢城」や同市上南摩町に所在する「上南摩下の城」、あるいは同町所在の「上南摩上の城」などが山城とその麓にある館とのセット関係にあるようであり、このごく限られた地域のなかでもいくつもみられるのである。
　越後国についても、比較的良好な事例がめだつようである。南魚沼市坂戸に所在する上田長尾氏の本拠坂戸城と麓に営まれた居館や、村上市平林の色部氏の本拠である居館と平林城、胎内市の江上館と鳥坂城、長岡市与板町の与板城と居館のセット関係など数多く存在しているのである。[註25]
　ただし、武蔵国になると、この城郭体制はきわめて少なく、良好な資料としては、桧山の館と花園城が知られているのみである。[註26]

四　「居館と詰城」に対する城郭史的意義

この居館と詰城のセット関係について、以上のように概観していくと、それほど多くはないが、たしかなかたちで存在していることは、間違いない。しかも、守護大名クラスなど上位権力層のあいだでは、むしろ積極的に採用されていったことがわかる。この点はすでに、西ヶ谷氏らにより指摘されていることであり、守護の政庁である「守護所」に館がおかれた場合には、その背後には必ず山城がセットされているとして、赤松氏や大内氏、今川氏らの有力守護の本拠の城郭体制をあげている。(註27)そうした体制がいかなる経緯で成立していったのかはまた別の問題として興味深いのであるが、たしかに甲斐武田氏をはじめ、彼らの本拠における居館と山城による城郭体制は際立って特徴的である。

こうした城郭史的特質が、冒頭に述べたように、大類博士などによって積極的に採りあげられ、城郭史上では普遍性のあるあり方のように巷間に浸透していったのであろうが、近年ではこうしたありようについて、積極的にその意義を論じた見解も出はじめている。たとえば、「日常の生活空間としての山麓居館と、軍事的な防御空間としての山城という使い分けがあった」という見解を紹介した中井均氏はこういうあり方を二元論ないし二元的構造と提起しつつ、たとえば滋賀県大津市に所在している関津城跡が、山上と山麓いずれにも礎石建物が確認されていることから、「普段は山麓の居館で生活し、いざ戦となると山上に立て籠もったのだろう」と具体的な事例の一つとしてとりあげている。(註28)さらに、「こうした構造の城は概して土豪、国人クラスの山城に多く、二元的構造を最後まで維持していたのだろう」とする見方をも提示した。守護大名権力層のほかに、土豪層や国人クラスが、居館のほかに、山城を保持している状況を見通した点は評価すべきだが、それでは彼らがなぜ、こうした二元的構造を維持していたのかが、問題となる。この点については、下野の平地城館跡について精力的な研究を続けている関口和也氏も、さきにあげた鹿沼市域の居館と山城に対する研究のなかで注目しているものであるが、(註29)その存在意義については改めて考えてみる必要がある。

さてそれではなぜ、さきに述べた守護大名クラスのほかに、国人層や土豪層らのあいだでこの二元的構造が成立し維持し得たのであろうか。その背景は何か。このことを考えるうえで、重要な点は、甲信越や関東地域などのこうした城郭体制をみるかぎり、けっして普遍性はなく、地域的な偏りがあることであろう。とくに、下野や越後などは、国人層や土豪層でのこの二元的構造が際立っている。

その両地域と、たとえば、数少ない甲斐の状況を比較してみると、その違いは、大名権力と国人層や土豪層との力関係、上位権力の地域支配のあり方、あるいは距離間ともいうべき特質が浮かびあがってくる。圧倒的な大名権力の支配下では、この二元的構造は成立しにくく、とうぜん維持できなくなるのだろうか。大名権力から政治的かつ軍事的な距離が遠く、より自立性の強い地域の国人や土豪層のあいだでは、この二元的な城郭体制が成立し、維持されつづけたのだろうか。

この居館のほかに、山城を築造するという二元的な構造の背景について、中西義昌氏は築城主体の「自立性」に求めた見解を早くから提起しているが、(註30)この偏在的な状況をみるかぎり、ほぼ妥当な見解とすべきであろう。大名権力のもとでも、自立性の強い勢力は、居館のほかに山城を築造し、維持しつつ、その権力を内外に示したのであろうか。

おわりに

居館と山城がセットの関係にある城郭は、通説上いわれているほど普遍性があるものではない。しかし、数は少ないもののたしかなかたちで存在しつつ、城郭論の形成のために強いインパクトを与えており、こんにちでは普遍性のある城郭体制というイメージをつくりあげてきてしまっている。すでに述べてきたように、地域的に偏在しているこうした城郭体制について、少なくとも中世城郭の普遍的な特徴とすべきかは今後の検討を要するが、しかしこうした城郭体制の成立要因は「自立性」にのみ求められるものなのかも、なお今後の重要な検討課題として残りそうである。

小論は、論文名にあげたように、居館と詰め城に関するまさに覚書であり、不十分な点も多々あるが、今後に残された課題も含め引き続き研究を重ねていきたいと思う。

註

(1)佐藤八郎他校訂　一九七〇『甲斐国志』第二巻　雄山閣
(2)①松岡進　二〇〇九「東国における『館』・その虚像と原像」『中世城郭研究』第二三号　八～九頁
②西股総生　二〇一三『『城取り』の軍事学』学研パブリッシング　一〇二～一〇七頁
(3)前掲註(1)『甲斐国志』第二巻　三二三頁
(4)同右　三九一頁
(5)同右　三四四頁
(6)同右　三九三頁
(7)同右　三九七～三九八頁
(8)同右　三六三・三九一頁
(9)大類　伸　一九一〇「本邦城櫓並天守閣の発達」『史学雑誌』第二一編第三号　一七～一九頁
(10)大類　伸・鳥羽正雄共著　一九三六『日本城郭史』雄山閣　二四頁
(11)同右　二〇五頁
(12)大類　伸監修　一九七〇『日本城郭事典』秋田書店　四九八頁
(13)鳥羽正雄　一九七一『日本城郭辞典』東京堂出版　二〇九頁
(14)井上宗和　一九七三『ものと人間の文化史　城』法政大学出版局　六一頁
(15)井上宗和　二〇〇五『日本の城の基礎知識』雄山閣　四〇頁
(16)小和田哲男　二〇〇七『戦国の城』学習研究社　六六頁
(17)国史大辞典編集委員会　一九八六『国史大辞典』第七巻　四五九頁
(18)前掲註(2)①
(19)前掲註(2)②
(20)「勝山記」「王代記」などの同時代の記録類に築城の経緯が記録されて

いる。

(21) 前掲註(2)②

(22) 前掲註(16)

(23) 湯本軍一・磯貝正義編 一九八〇『日本城郭大系』第八巻、長野・山梨 新人物往来社、ほか

(24) 鹿沼市史編さん委員会編 二〇〇二『鹿沼の城と館』鹿沼市 六六・九〇・九二頁

(25) 金子拓男・高岡徹・橋本澄夫編 一九八〇『日本城郭大系』第七巻 新潟・富山・石川・ 新人物往来社 ほか

(26) 梅沢太久夫 二〇一三『戦国の境目 秩父谷の城と武将』まつやま書房 八三〜八六頁

(27) 西ヶ谷恭弘 一九八八『日本史小百科 城郭』近藤出版社 六八〜七〇頁

(28) 中井 均 二〇一三「小谷城の曲輪—山城の居住空間を考える—」『中世城郭研究』第二七号 中世城郭研究会 二〇二〜二〇六頁

(29) 関口和也 二〇〇六「栃木県の平地城館跡—壬生氏領を中心に—」『城館史料学』第四号 城館史料学会 一〇四頁(註16)

(30) 中西義昌 二〇〇四「戦国期城郭にみる戦国期国衆の領国構造〜縄張り研究に基づく戦国期北部九州の基礎的考察〜」『中世城郭研究』第一八号 一三〇頁

山科本願寺跡と武家権力

福島克彦

はじめに

山科本願寺・寺内町跡は、文明十年（一四七八）に蓮如が構築した寺院・都市として知られている。しかし、天文元年（一五三二）八月、六角定頼、柳本賢治、法華一揆らによって焼き討ちにあい、以後本願寺は大坂へ移転した。その後、山科には本願寺は再興されず、蓮如の故地として、その墓所と本願寺跡の土塁・堀の遺構として残されてきた。遺構の全容は、近世期の絵図類や近代の遺構調査によって知ることができる。これらによれば、三重の土塁が囲む寺内町として評価された。日本では、一般に十六世紀後半から本格的に外郭線（「惣構」）が登場し、城郭を中核とした同心円状に広がる近世城下町が成立したといわれてきた。十六世紀前半の山科本願寺・寺内町は、ある意味日本史上「城壁都市」の嚆矢として、重要視されるに至った。特に寺内町の系譜をまとめた西川幸治氏は、これが城下町とは別な近世都市の在り方を示す事例として注目した。[註1] 以後、現地の遺構の検討が進められ、[註2] さらに発掘調査や地図資料の検討が進展し、一九八〇年中葉に光照寺本と洛東高校本の二つの絵図を中心に復元案も提示された。[註3] 一方、一九八〇年代後半から織豊系城下町の年代観が提示されると、寺内町のみを特別視した傾向を批判する動きも見られた。前川要氏は、三重の外郭線が囲繞する山科本願寺・寺内町の遺跡は、十六世紀前半としてはプラン上あまりに古いとして評価され、その後の織豊権力によって改修された可能性が指摘された。[註4] これに対して、堀新氏、浜崎一志氏らは、文献等から、その可能性が少ないとして、前川氏の説を批判した。[註5] このように、山科本願寺・寺内町は特に近世都市の出発点を見定める重要な遺跡として認識されるようになった。

さて、九〇年代後半に入ると、山科本願寺跡の第1郭（御本寺）の南西隅をめぐる土塁・堀の保存問題が起こった。残念ながら、該当する水落部分の土塁・堀は破壊されたが、この時期の発掘調査は当該期進展しつつあった学際研究を取り入れられる呼び水となった。改めて山科本願寺における発掘調査区域が位置づけられ、土塁や建物跡の盛土過程、遺物の検証など、多角的な視野から考察が進められた。これらの調査から、やはり遺構の焼失年代が十六世紀前半まで遡及し得ること、土塁の際まで建物が配置されていた様相が明らかになった。[註6]

　筆者は山科本願寺の土塁・堀を地籍図から復元し、少なくとも最終段階の遺構については、前述してきた洛東高校本の復元案の蓋然性が高いこと、あくまでも虎口は平入に限定されることを指摘した。現状の城下町研究でも発掘調査が主張する十六世紀前半まで遡及し得ると評価した。[註7]以後、前川氏も山科本願寺に限っては十六世紀前半と意見を修正している。[註8]ただし、遺構時期については、木島孝之氏によって後世改修説が蒸し返されており、[註9]いまだに三重の外郭線の成立時期は議論の途上にある。

　一方、草野顕之氏は、おもに文献史料の詳細な検討を取組み、山科本願寺の段階的な発達を推定した。その際、改めて光照寺本の絵図の地誌的な情報に着目している。[註10]すなわち、光照寺本の絵図が最終段階以前の図面の可能性を指摘している。これについては、中井均氏も、同様の意見を述べており、[註11]いまだ近世絵図、古地図の網羅的検討は今後の課題として残されているといえよう。

　特に当地は近世以降、蓮如上人の故地として顕彰され、多くの絵図が残されている。また、東西本願寺の別院が建立され、山科の「古屋敷」は両者の係争地となった。さらに地元の東野村と西野村との間の係争も加わり、論地を記した絵図も多い。他方、気になるのは、当地が蓮如上人の故地として顕彰されたものの、城跡、ないし防御施設跡として、後にどう認識されてきたかという点である。中井氏が強調するように、山科本願寺は戦国期において「城」と認識されてきた。[註12]しかし、基本的に、近世期の地誌類の城跡欄、あるいは『浅野文庫所蔵　諸国古城之図』などの古城絵図集においても、山科本願寺は収録されていない。そのため、少なくとも武家側は当地を城跡、防御施設として認識してこなかった。しかし、実際はどうなのであろうか。本稿では、わずか二点の史料からであるが、武家側が防御施設として山科本願寺跡を、どのように認識していたかを以下検討してみたい。

一　豊臣権力と山科本願寺跡

　天正八年（一五八〇）の大坂退去以降、真宗の宗主顕如は、紀伊の鷺森（和歌山市）へ本山を移した。しかし、本能寺の変、山崎の合戦の後、羽柴（豊臣）秀吉が信長の天下事業を継承いると、秀吉は真宗と良好な関係を持って臨んだ。本山の場は、貝塚（貝塚市）、天満（大阪市）へ移され、念願の京都復帰も意識されたものと思われる。こうしたなか、山科本願寺の故地も強く意識された。天正十四年（一五九六）十二月、秀吉は本願寺に対して「於城州山科郷内旧領弐十石」を寄付し、京都近郊への復帰が強く意識された（『本願寺文書』）。さらに天正十九年には秀吉の命によって、本願寺は京都堀川七条へ移された。顕如は念願の京都復帰を果たしたことになる。しかし顕如の死後、文禄二年（一五九三）八月に教如の廃嫡問題が起こり、閏九月豊臣権力の裁定によって隠退を強いられた。

このように本願寺が混乱をきたしていた時代であるが、以後も山科本願寺跡は「旧領」として意識されていた。以下は、慶長三年（一五九八）八月、秀吉が亡くなった後の五奉行連署状である。

【史料一】

鉄炮目あて放事、最前者狼谷之瀧谷并山科本願寺古屋敷にて被放候へと雖申觸候、京・伏見・大坂近邊ニおゐて、惣別鉄炮放候事一切御停止候間、可被成其御意得候、恐惶謹言、

「朱カキ」
「慶長四年」
二月一七日

長束大藏入道
正家（花押）
石田治部入
三成（花押）
増田右衛門入
長盛（花押）
浅野彈正入
長政（花押）
徳善院
玄以（花押）

羽柴薩广少將殿
人々御中（註13）

差出人の豊臣氏五奉行は徳善院以外の四奉行が「入道」「入」と記されている。慶長四年正月、伏見城の徳川家康と大坂城の前田利家との間で緊張が走った。その後両者が和議を結び、奉行が剃髪している。これは、朱書で「慶長四」とあることも合致しよう。

さて史料の内容であるが、豊臣権力は「最前」に「狼谷之瀧谷并山科本願寺古屋敷」を「鉄砲目あて放」として「被放候へ」と申し触れた。しかし、この二月に「京・伏見・大坂近辺」における鉄砲の射撃を「一切御停止」と通達した。島津義弘に発給された理由は不明であるが、前述したように京都・大坂で緊張が走ったことから、こうした通達が出たものと思われる。

この史料で、第一に確認し得る点は慶長四年段階で山科本願寺跡が「山科本願寺古屋敷」と認識されていたことである。前述してきた関心からすれば、少なくとも慶長四年段階までは本願寺の「古屋敷」と認識されていた。換言すれば後世武家等の城郭として積極的に改修された形跡がないことを示す。自明ながら、天正十九年に本願寺は秀吉から京都の堀川六条の地について寄進をうけ、念願の京都移転を完了しているため、山科に再興される可能性は低かった。したがって「古屋敷」は山科本願寺の故地という認識で記されたものであろう。

第二に山科本願寺跡が鉄砲射撃の場として設定されていた点であ

る。「目あて」は的と考えられるため、狩猟や戦いのためではなく射撃の的と想定できるだろう。鉄砲射撃の場として需要があったため、豊臣権力はいったん触れを出して、場所を設定したことが確認できる。したがって「京・伏見・大坂近辺」において、公認された射撃場であった。残念ながら「狼谷之瀧谷」の場所は現状では確定できないが、地名からはこれが人家の少ない谷あい部分と想定される。とすれば、平地にある山科の「古屋敷」の場は、やはり特異な立地として唐突なイメージを持ってしまう。

　では、なぜ、山科本願寺が射撃場として活用されたのであろうか。それは、やはり囲繞された土塁が残っていたためと考えられる。一般に石垣の場合、射撃された鉄砲玉は石に強く反発して弾くため、二次的な被害を受けやすい。これに対して、土塁は鉄砲玉をむしろ吸収する効果があるという。[註14] そうした点を考慮すれば、高土塁が取り巻く山科本願寺跡は、既存の弾除けがめぐることになり、格好の射撃場になりえたものと思われる。

二　幕末の教練場

　前述したように、本願寺は教如と准如の対立が続き、本願寺は東西に分かれた。東西本願寺の対立は、慶安三年（一六五〇）三月には山科における「古屋敷」の所属をめぐる争いへと波及した。以後、享保十七年（一七三二）には、住如が北山別院の旧堂を移して山科別院舞楽寺を創設し「山科西御坊」が成立した。一方真宗大谷派も同年真如が東本願寺内の長福寺を移して山科別院長福寺を創建し、山科東御坊と言われた。天和三年（一六八三）八月には、西野村と東野村が三宮社の神事をめぐって争った。以後東野村と西野村は用水争論を繰り返している。[註15]

　文久二年（一八六二）八月、幕末京都の政情不安から、京都守護職が設置され、会津藩主の松平容保がこの職務を担当した。しかし、翌文久三年、会津藩、薩摩藩らが主導する八月十八日の政変によって、長州藩兵は京都を追放され、藩主毛利敬親は謹慎となった。失地回復を求める長州藩は、さらに攘夷路線を推し進め、京都への進撃が企画された。元治元年（一八六四）頃、対処を迫られた禁裏御守衛総督の一橋慶喜は京都周辺の練兵訓練を計画した。以下は山科本願寺跡をめぐる操練場利用に関する史料である。

【史料二】

左之通公用方申出候ニ付、御軍事奉行相尋候處、繪圖面を添返達有之候ニ付、書面公用方へ相渡之

　　　　山科東西門跡論地

右は論地之由ニ候へ共、借受之儀ば一橋様御家来ニ而可致旨之處、彌以操練場ニ相成候哉、見分致呉候様御同家ゟ懸合御座候間、其筋へ被仰付被下度申度候事

　五月廿九日　　　　公　用　方

山科東西門跡論地借受之儀ニ付、見分致候様被仰聞候間、役々

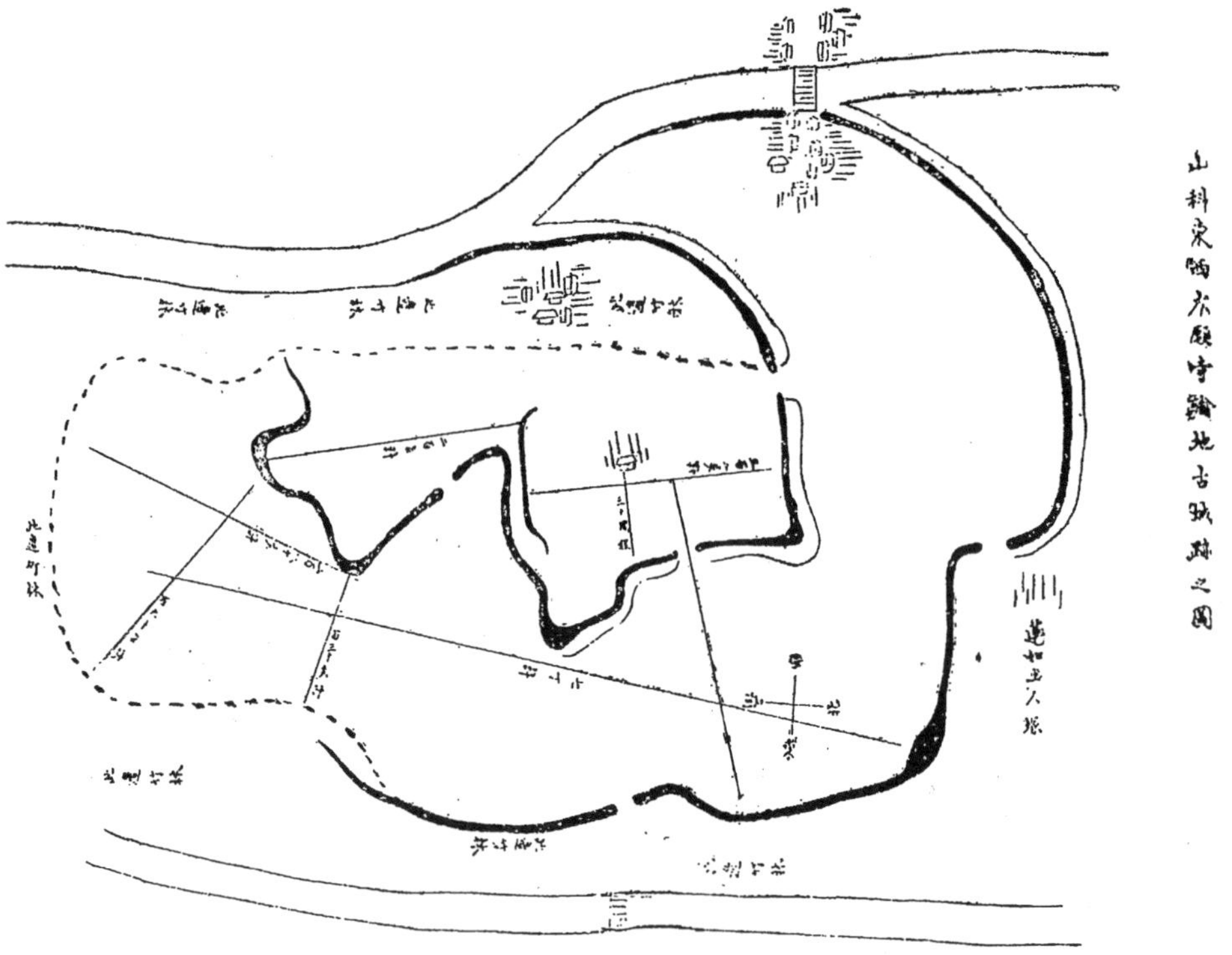

山科東西本願寺論地古城跡之図　（『会津藩庁記録』５　右が北）

一同罷越見分致候處、別紙麁繪圖之通ニ而宜地所□相見候得とも里程貳里計も可有之哉□存候間此段共別紙一同返達致候事

六月　　御軍事奉行[註16]

会津藩公用方[註17]と同御軍事奉行とのやりとりである。一橋方が「山科東西門跡」の「論地」を借り受け「操練場ニ相成候哉、見分」を依頼している。山科本願寺跡は会津藩の御軍事奉行によって「操練場」として検分と調査の対象となった。また検分に当たっては「麁繪圖」（「山科東西本願寺論地古城跡之図」）が作成された。当図には土塁の間を実測している様子が記されているが、実線の太線が土塁跡、点線が藪地と推定され、当時から第二郭の南側が破壊されつつあった様子がわかる。また、本図では、こうした土塁間を測量していることから、「操練場」の必要条件として原野だけでなく、土塁に廻らされていることも大きな要因であったものと思われる。流れ弾対策、あるいは操練場の訓練の様子を外に見せないという要因があったかもしれない。

おわりに

本稿では、武家側が山科本願寺・寺内町の遺跡をどのように認識していたかという問題関心から史料を紹介してきた。その結果、慶長四年（一五九九）二月には豊臣権力が一度認めた鉄砲射撃場を停止した記事が確認できた。元治元年（一八六四）六月には禁裏御守衛総督による「操練場」として使用が試みられてきた。

今まで、当遺跡は蓮如の故地、由緒地として認識され、防御施設としての側面は武家側に顧みられなかったと思われていた。実際江戸時代における地誌や『浅野文庫所蔵　諸国古城之図』などでは城跡として収載されていない。ただし、鉄砲目あての場として、あるいは、幕末の操練場として土塁が強く認識されてきた。これは単に原野が広がっていることが理由ではない。むしろ高い土塁が囲繞している遺跡という側面が強く作用したものと考えられる。したがって、武家権力は、防御施設としての山科本願寺跡を充分認識していたと考えられる。今後の発掘調査は、こうした後世利用も含めて、総合的に考察する必要があるだろう。

註

(1) 西川幸治『日本都市史研究』日本放送出版会　一九七二年
(2) 井口尚輔「中世城郭伽藍『山科本願寺』」『日本歴史』二六五　一九七〇年
(3) 岡田保良・浜崎一志「山科寺内町の遺跡調査とその復原」『国立歴史民俗博物館研究報告』八　一九八五年
(4) 前川要『都市考古学の研究』柏書房　一九九一年
(5) 堀新「近世都市はどんな都市か」『争点日本の歴史』五、新人物往来社　一九九一年、浜崎一志「山科本願寺寺内町のプランの再検討」『日本建築学会近畿支部研究報告集』一九九三年
(6) 平成九年度『京都市埋蔵文化財調査概要』財団法人京都市埋蔵文化財研究所　一九九九年、平成十年度『京都市埋蔵文化財調査概要』財団法人京都市埋蔵文化財研究所　二〇〇〇年、
(7) 福島克彦「城郭研究からみた山科寺内町」『戦国の寺・城・まち』法蔵館　一九九八年
(8) 前川要「中世集落論からみた畿内寺内町の空間構造の位置づけ」『寺内町の研究』一　法蔵館　一九九八年
(9) 『城館史料学』七における木島孝之氏の発言
(10) 草野顕之「山科本願寺・寺内町の様相」「創建時山科本願寺の変容と土塁」（同『戦国期本願寺教団史の研究』法蔵館　二〇〇四年）
(11) 中井均「戦国の城　山科本願寺」『戦国の寺・城・まち』法蔵館、一九九八年
(12) 前掲註（11）
(13) 『薩藩旧記雑録』『鹿児島県史料』旧記雑録後編四、鹿児島県　一九八四年
(14) 藤本正行氏の教示による。
(15) 『史料京都の歴史』一一　山科区　京都市、一九八八年
(16) 『会津藩庁記録』五　東京大学出版会、一九一九年。なお同史料は馬部隆弘氏から示教を受けた。
(17) 家近良樹『幕末政治と倒幕運動』吉川弘文館　一九九五年

関東領国時代の徳川の城

天正十八年後の小田原城と箕輪城を中心として

松井一明

一　研究の視点

静岡県島田市の諏訪原城の発掘調査で、典型的な武田系城郭と目されてきた城の形態が、実は天正三年（一五七五）以降牧野城として改修が進んだ徳川家康段階の姿であることがわかってきた。従来の諏訪原城については、天正元年（一五七三）父武田信玄の遺訓を受け継いだ勝頼が遠江攻略の拠点とすべく馬場美濃守に命じて築城したといわれ、二の丸、三の丸の外郭ラインに設けられた巨大な丸馬出が、武田系城郭の典型とされた。ところが、発掘調査をしてみると、本丸部分で遺構面が二面確認されたのに対して、二の丸虎口や丸馬出、北馬出などの調査において、遺構面が一面のみの検出にとどまった。この事実から、本丸下層の遺構は武田段階、本丸上層と二の丸の遺構は徳川家康段階の牧野城の遺構であることが想定されるようになってきた（島田市教委二〇一〇）。つまり、徳川家康段階の改修は武田段階の特徴である横堀の堀幅の拡張と共に、武田氏の丸馬出を模倣し、さらに規模を拡大して虎口の防備を強化したことが発掘調査の成果から判明した。

この点についてはなにも徳川の城に限ったことではなく、後北条系城郭の特徴とされる障子堀は前期大久保段階の小田原城、豊臣秀頼段階の大坂城、静岡県仁田館、群馬県高崎城、山形県米沢城、福岡県小倉城でも確認され、武田系城郭の特徴される丸馬出についても、静岡県田中城、埼玉県川越城、愛知県岡崎城、長野県松代城・松本城などの近世城郭でも確認された。よって、戦国時代の城郭のパーツのなかに軍事的に優れていれば、近世城郭に継承されるものがあることを指摘した。さらに、近年関東において出土遺物から城の年代を決定したところ、従来の縄張り研究から言われていた城の年代とは齟齬をきたした「杉山城問題」を検討する中で、埼玉県武州松山城の構造に着目し、後北条段階後の家康家臣である松平家広の改修を考えるべきとの指摘もおこなった（松井二〇〇九）。

つまり、関東の戦国時代末期の拠点城郭の構造は、おおむね後北条氏支配下の城郭として捉えられることが多く、天正十八年、関東に入国した家康とその家臣の城の改修について論及されることはほとんどなかった。わずかに、斎藤慎一氏が、文献史料と石垣構築技術から家康家臣の城を特定し、これらの城の構造について解明することを問題提起している（斎藤二〇一〇）。

そこで注目されるのは、高崎市箕輪城の発掘調査成果が発表され、シンポジウムも開催されたことである。箕輪城の構造も従来後北条段階の城郭とされていたが、発掘調査から家康家臣井伊直政の大規模な改修があったことが明らかとなり、小田原城と共にようやく天正十八年以降の関東における家康家臣の城について検討できる資料が揃ってきた。しかしながら、関東領国内のすべての家康家臣の城郭を検討することはできないので、発掘調査により改修の痕跡が確認できた城郭と、表面観察からでも改修の可能性が指摘できそうな城郭について検討材料とした。事例検討の城の順番は家臣の石高順に列挙した。また、家康家臣の石垣をもつ城の事例検討は、一部斎藤慎一氏の論文を参考とさせてもらった（斎藤前掲）。

二　事例検討

箕輪城（群馬県高崎市箕輪町西明屋）　家康時代の箕輪城主は井伊直政（十二万石）である。高崎市教育委員会の史跡整備に伴う発掘調査で、堀の改修や埋め戻しが確認され、直政段階とそれ以前の遺構の前後関係が明らかとなった。担当者の秋本太郎氏が遺構の変遷案を提示しているので（秋本二〇〇九）、秋本氏の意見を参考にしつつ検討を進めたい。秋本氏によると遺構の時期を1～3期に分け、1期は長野段階、2期は武田・北条段階、3期を井伊直政段階としている。遺構の切り合いが確認できるのは、1期と2期で、2期と3期では遺構の前後関係は見られない。1期の遺構として考えられるのは埋められている1号堀と、郭馬出南側と二の丸の南北方向の浅い二本の溝である。2期の遺構で注目されるのは、本丸堀と御前曲輪の西側にかかる橋である。いずれの橋も堀幅を狭め橋台状の突出部、御前曲輪の橋台面には石垣が積まれている。それに対応して石組雨落溝付の礎石門が本・御前曲輪側にあるが、織豊系城郭に見られる土塁上端まで石垣がある櫓門ではない。これらの石垣は、大型の川原石を積み上げ、隅には大型の長い石を用いた算木状となり、裏込めに栗石を入れた高さ三m近くあるもので、小田原城の前期大久保段階の石垣と酷似している。また、石垣と門をもつ橋台は堀を掘り残して作られているため、本丸・御前曲輪の周りの規模の大きな堀は直政段階に属すのであろう。

さらに、二の丸南の郭馬出は、1期の堀を埋めて作られており、後北条氏の城の角馬出よりも巨大であること、本丸、御前曲輪と類似の石組雨落溝付の礎石門があることから、こちらも直政段階の遺構と見たい。紙面の関係でこれ以上多くを指摘することはできないが、ようするに、2・3期の遺構は時期差ではなくて、すべて直政段階の遺構であると考えられる。なお、瓦の出土はないことから瓦葺建物はなく、石垣はあるが石垣上に立つ天守や櫓、櫓門がないこ

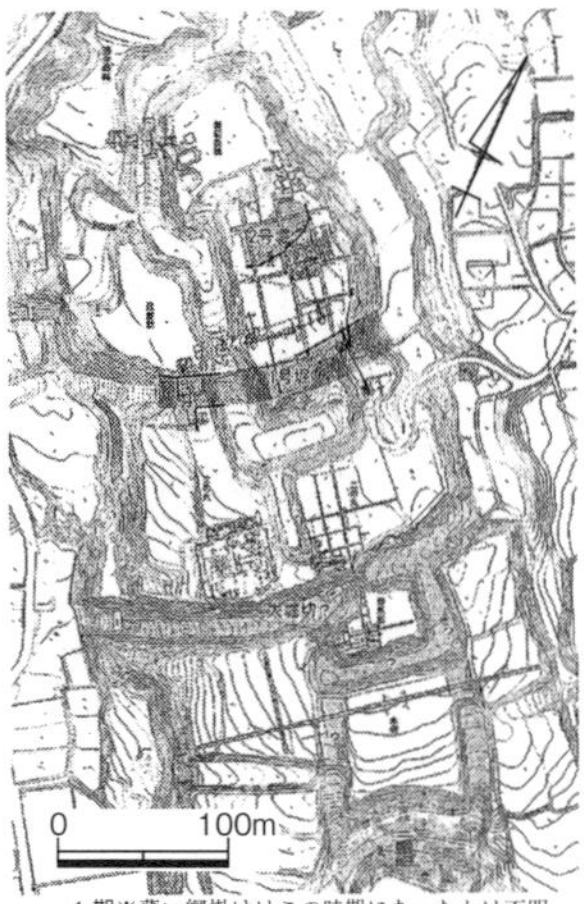

1期※薄い網掛けはこの時期にあったかは不明

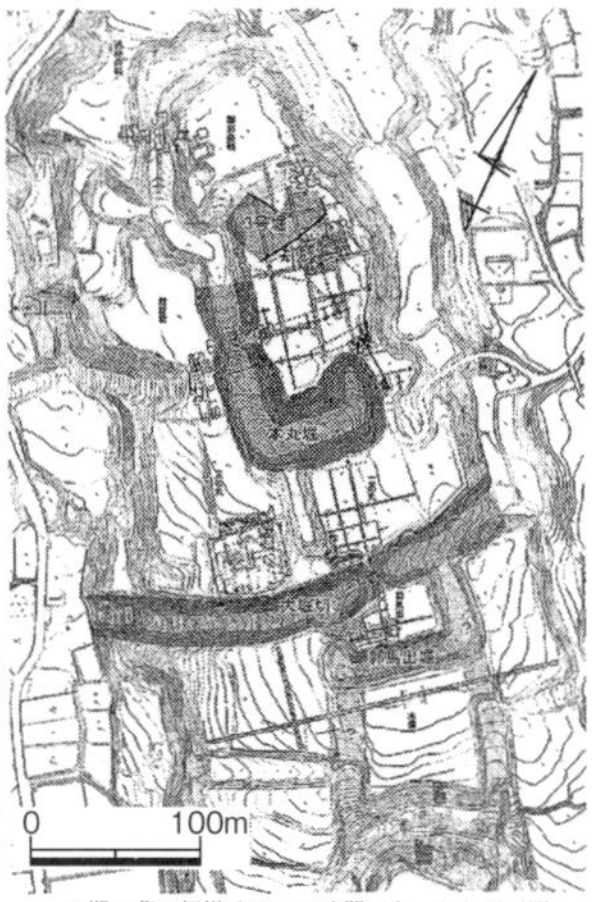

2期※薄い網掛けはこの時期にあったかは不明

3期※網掛をしていないが、この時期の堀は現況の堀になる。矢印は調査によって確認された登城ルートライン。点線は推定の登城ルートライン

秋本氏変遷図

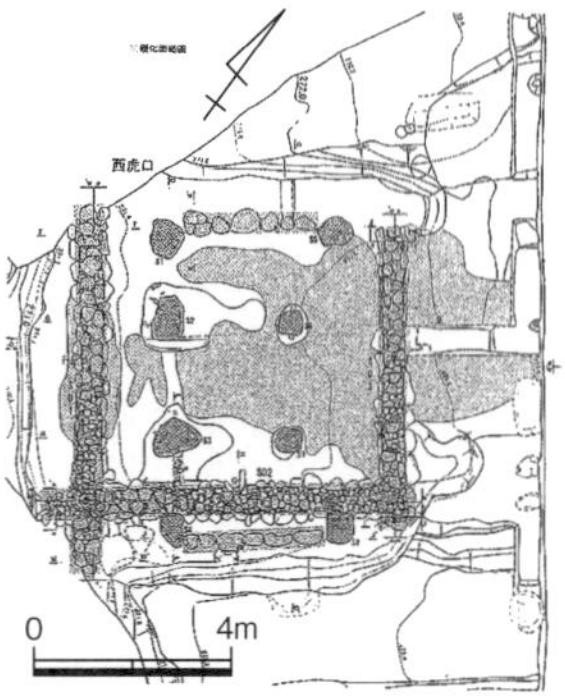

郭馬出西虎口門

二の丸石垣

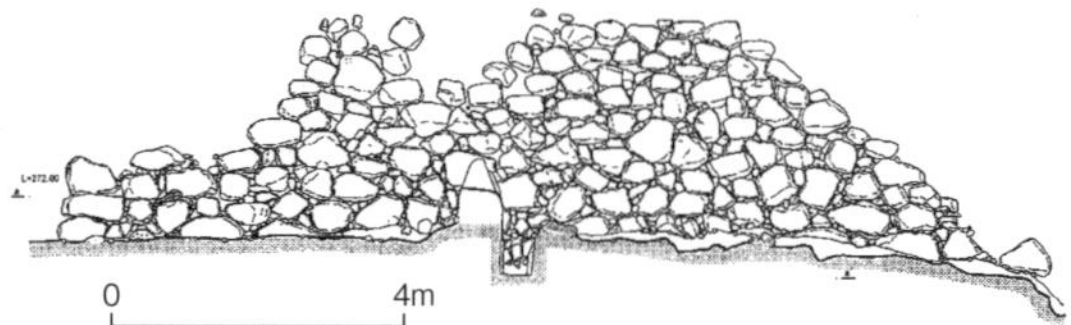

御前曲輪石垣

箕輪城

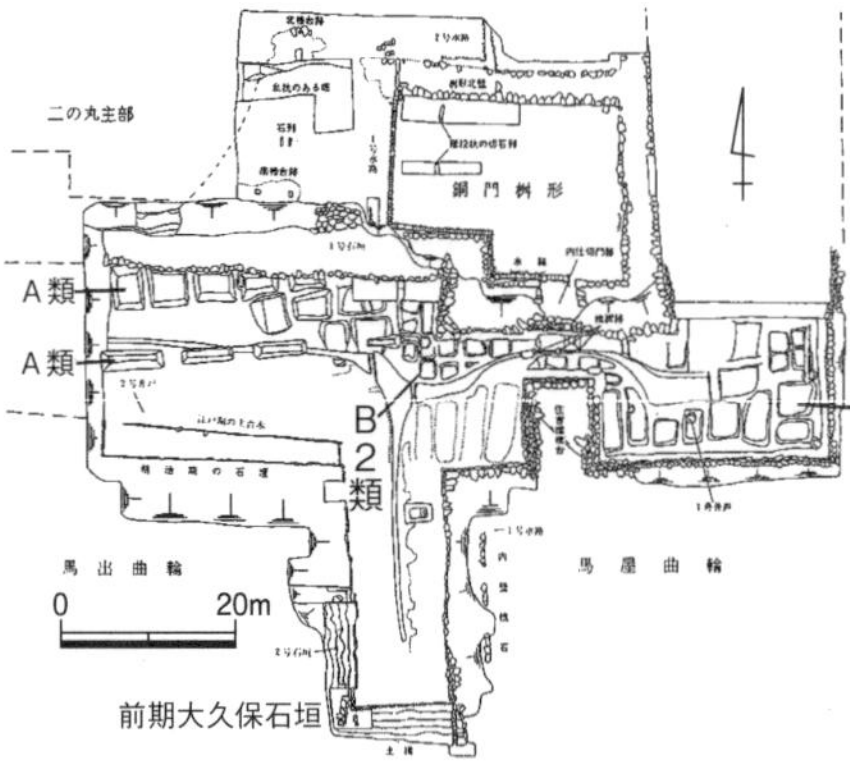

二の丸中堀

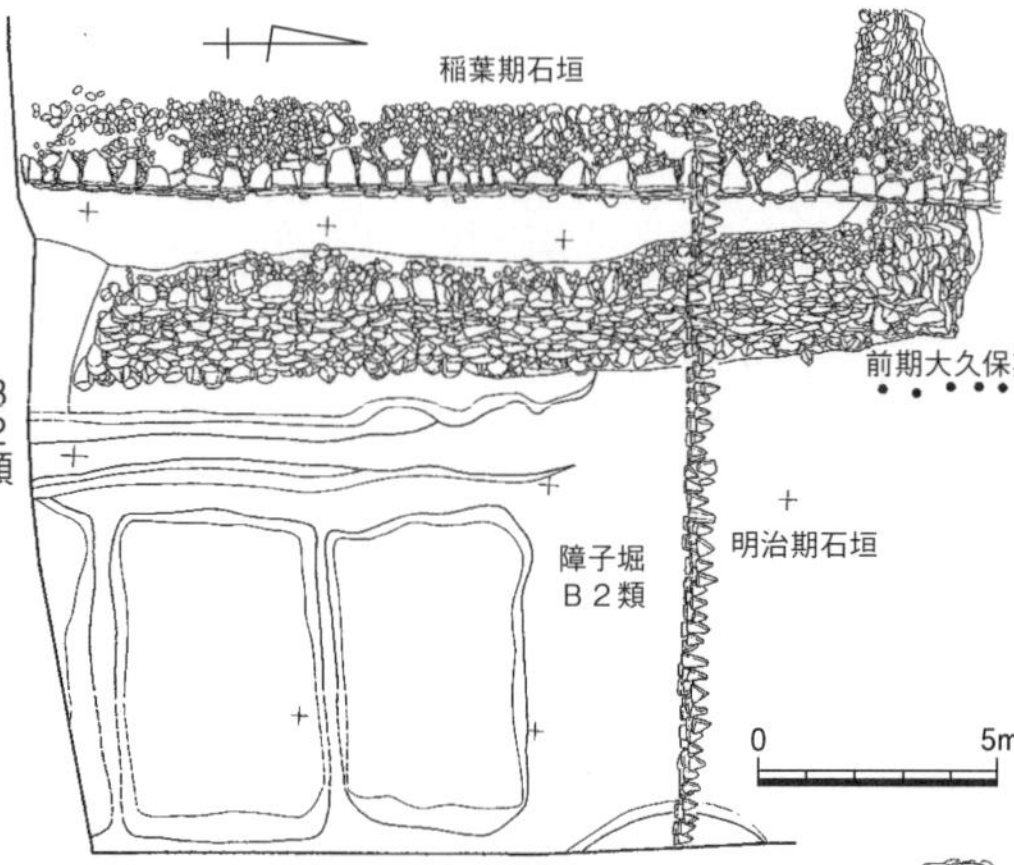

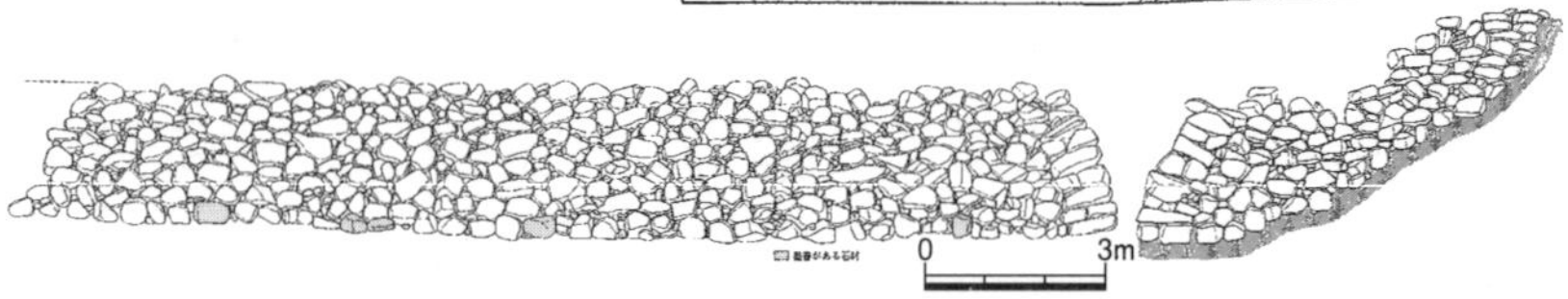

三の丸東堀第2地点

小田原城

図1　箕輪城　小田原城

とは、織豊系城郭の特徴を示していないことを確認しておきたい。

　慶長三年（一五九八）直政が高崎城に移ったことで、箕輪城は廃城となった。高崎城二の丸堀で、小田原城で確認された障子の高さが低く水堀状を呈する障子堀Ｂ２類（小田原城参照）が検出されている（高崎市教委一九九〇）。この発見で後北条段階の箕輪城にあった障子堀Ａ類を井伊段階で模倣し、それを高崎城まで継承した可能性が指摘できる。箕輪城において井伊段階の障子堀Ｂ２類があるかどうかの検証が、今後の検討課題となろう。

小田原城（神奈川県小田原市城内）　小田原城では、発掘調査で後北条段階と家康家臣の大久保忠世（四万五千石）段階（天正十八年～慶長十九年＝前期大久保段階）の遺構の前後関係が確認されている。遺構としては障子堀と石垣の特徴に違いが見られた。まず障子堀については、冒頭で紹介したように形態こそ似せてはいるが、細部の特徴は異なっていることが指摘されている。小田原市教委の分類（大島慎一他二〇〇六）では、障子堀Ａ類は障子の高さが一ｍ以上となる高いもので、覆土の観察から空堀であり、出土遺物で後北条段階の時期が与えられている。これに対して、二の丸中堀調査地点での遺構の新旧関係、出土遺物の時期から、前期大久保段階と見られる障子堀Ｂ類は、障子堀Ａ類と区別のつかない空堀で障子の高いＢ１類と、障子の高さ一ｍ未満となる低いもので、覆土には水中堆積物が見られるため水堀に近いＢ２類に分類された。また、前期大久保段階の二の丸中堀には部分的ではあるが、胴木をもつ川原石の石垣が確認されている。

　三の丸東堀第Ⅱ地点でも高さ二ｍ以上、裏込に栗石があり、定型的ではないが算木状となる隅角部をもっている大きめの河原石を利用した石垣が検出され、出土遺物から前期大久保段階の石垣とされている（玉川文化財研究所一九九五）。さらにこの石垣の前方に前期大久保段階の特徴とされる障子堀Ｂ２類が確認できた。後北条氏の城郭に見られる石積みは、裏込の栗石がないのに対して、この石垣には栗石と長い控えがあるため、ある程度の高石垣を構築することができる。しかしながら、石を加工する技術がないため、加工のない大型の川原石を使用しており、織豊系城郭にある天守や櫓のような礎石建物の土台となる石垣は確認できない。さらに、江戸時代初期に描かれた『相州小田原古絵図』（加藤図）には（小笠原清ほか二〇〇六）、東堀虎口に巨大な丸馬出が確認できる。おそらく、諏訪原城で獲得した丸馬出を、大久保氏が継承したのであろう。

　このように、小田原城では、後北条段階の障子堀Ａ類を前期大久保段階で再掘削して障子堀Ｂ１・２類を採用し、栗石をもつ石垣を付設したことがわかる。また、箱根口の調査地点では、後北条段階、前期大久保段階とそれ以後の堀は、まったく再利用されることがなく改修されていることから、前期大久保段階の城普請はかなり大規模なものであったことが発掘調査で確認された。

臼井城（千葉県佐倉市臼井字城ノ内）　地元土豪臼井氏が築城し、天正十八年家康家臣の酒井家継が三万石で入城したとされるが、斎藤慎一氏は家継の入城先を群馬県松井田城に比定している（斎藤前掲）。廃城は家継の転封した慶長四年（一六〇四）とされている。

　さて、本城からは家康家臣の城として根拠となりそうな河原石積みの石垣は、発掘調査（千葉県文化財センター一九八四）でも確認されていない。また、本曲輪（Ⅰ郭）の堀と三の曲輪（Ⅲ郭）外堀部分に確認トレンチが入れられているが、堀底まで確認していないため構造は不明である。外堀の幅は約一〇ｍに対して、本曲輪堀の最大幅一五ｍとなるが、どちらも石垣が確認できない箱堀である。二の曲輪（Ⅱ郭）堀は、最大幅二〇ｍもある箱堀である。城の構造は、本曲輪、二の曲輪の主要曲輪と、広い面積となる三の曲輪（Ⅲ郭）からなる比較的単純な構造をなしている。

さて、一と二の曲輪部分の堀の規模は、当地域最大の拠点城郭である千葉氏の本佐倉城の堀を、長さこそ短いが堀幅、規模については凌駕している。また、本佐倉城は緩やかな堀のラインを形成するのに対して、本城の一の曲輪と二の曲輪の堀は短く直線的に折れが入る特徴を示しており、後北条氏の平山城とは異なる堀のライン構造を示している。さらに、一の曲輪、二の曲輪の虎口部分のみに腰高の巨大な土塁が認められる。曲輪の周囲を防禦していた施設は、本佐倉城では低い土塁が巡っていたとも考えられるが、臼井城では土塁を設ける場所が少なく、ほとんど土塀であった可能性を指摘しておきたい。虎口内部の状況は、公園整備や後世の改変で旧状が失われているため想像の域をでないが、一の曲輪虎口内側の現状は窪地となっており、内枡形虎口となる可能性を指摘しておきたい。

以上のように本城では家康家臣の城に特有な河原石積みの石垣は確認できなかったが、堀の形状と虎口に腰高の巨大な土塁を配置している特徴は、本佐倉城には見られない要素であり、酒井段階の改修により、現在の城の構造がなされたと見たい。

大胡城（群馬県前橋市河原浜町）　地元土豪の大胡氏が築城し、北条高広支配の時期をへて、天正十八年家康家臣の牧野康成が二万石で入城した。牧野氏は元和二年（一六一六）に転封、前橋藩酒井氏の預かり後、寛延二年（一七四九）酒井氏の転封で廃城となった。

城の東側は荒戸川の崖線、南北に延びた舌状台地を、巨大な堀切により分断して曲輪を配置している。特に巨大な堀は城の最北端の近土神社のある近土曲輪の北堀、越中屋敷曲輪北側（現在消滅）と、本曲輪北にある大堀切、二の曲輪南側の堀切である。三の曲輪と四の曲輪の間にも幅の広い堀切があったようであるが、現在は失われて存在しない。これらの大堀切のうち、二の曲輪南側の堀と近土曲輪北側の堀は、短い折れが入りクランク状の形状となるのに対し、より規模の大きな本曲輪北と越中屋敷北側の堀は一直線である。

地元土豪の大胡氏、あるいは北条高広がこれほどの規模の城作りをしたとは思えず、牧野康成が築城した時の姿と考えられる。とくに二の曲輪外虎口には、箕輪城の石垣と類似する大型川原石で、裏込めに栗石が使用された、高さ二ｍの石垣が積まれた内枡形虎口が存在する。枡形虎口といっても、石垣を貼った石塁で囲った構造で、櫓門を配置する織豊系城郭の虎口とは異なる。現況で見る限り二の曲輪以外で、このような石垣は確認できないが、越中屋敷曲輪南東隅に石垣を使った虎口が発掘調査で確認されている。城全体の構造はすべて牧野段階のものであるならば、現状は石垣の使用箇所はわずかに二の曲輪外枡形虎口のみとなるが、越中屋敷曲輪の虎口が内

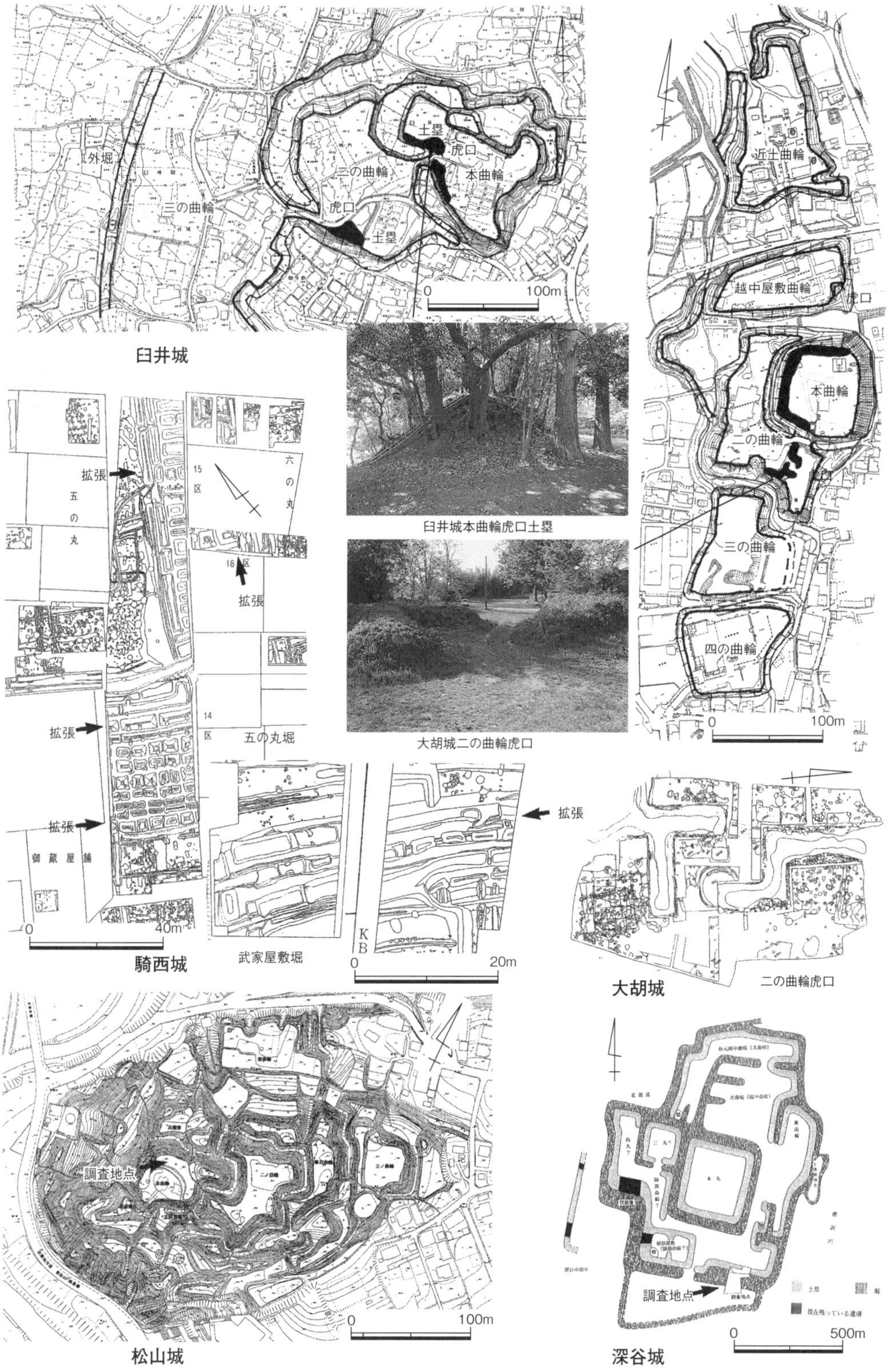

図２　臼井城　大胡城　騎西城　松山城　深谷城

枡形虎口であったならば、各主要曲輪には石垣をもつ内枡形虎口があった可能性はある。ただし、天守や櫓などの礎石建物の土台となる石垣はないし、牧野氏段階に遡る瓦の出土も確認されていない。

騎西城（埼玉県騎西町根小屋）　最初の城主は不明であるが、扇谷上杉氏の関係者とされ、上杉謙信の軍門に降った時期をへて、後北条氏の支城に組み込まれ、天正十八年松平康重が二万石で入城した。慶長七年（一六〇二）には大久保忠常が入城し、息子の忠職が家督を継ぐが、寛永九年（一六三二）転封後廃城となった。

発掘調査で五の丸堀と武家屋敷（御蔵屋舗）地区で障子堀が発見されている。五の丸堀は障子堀Ａ類で、最大幅三〇ｍもある巨大な堀である。ただし、中央と両側縁の障子の形状が異なるため、当初幅二〇ｍの堀の両側を拡張した可能性が指摘できる。遺物は十六世紀～十七世紀前葉の陶磁器を出土することから（騎西町教育委員会二〇〇一）、松平～大久保段階まで同一の堀を使っていたといえる。これに対して武家屋敷地では障子堀Ｂ２類、最大幅一三ｍの堀が確認されている（騎西町遺跡調査会二〇〇九）。こちらも障子堀をもつ部分ともたない堀が複合して存在している箇所があるため、松平段階の改修があったと考えられる。

小田原城では後北条段階に該当する障子堀Ａ類と同じ高さをもつものが、前期大久保段階にもありＢ１類と分類されている。つまり、小田原城で時期差のあった障子堀Ａ類とＢ１類は、形態としては区別がつかないということである。騎西城五の丸堀で確認された障子堀Ａ類はすべて後北条段階のものではなくて、両側に拡張された部分が松平段階のものと考えられないだろうか。武家屋敷地区でも障子堀Ｂ２類に改修痕跡が確認できるので、後北条段階の本丸～五の丸堀を、松平段階で堀幅を広げる改修を行い、障子堀Ａ類をそのまま発展させたＢ１類を採用したと考えたい。

白井城（群馬県渋川市白井・吹屋）　地元土豪の長尾氏が築城し、後に武田氏や後北条氏勢力下に入り、天正十八年家康家臣の本多康重が二万石で入城する。元和二年に西尾忠永、元和四年に本多規貞が城主となるが、元和九年（一六一六）規貞病没により廃城となる。

城の構造は東側を河川の崖線により自然の防御ラインとし、中央部に本丸を構え、南北方向に広い曲輪を配置する、鉢形城などの後北条城郭の平山城の典型的な構造となる城である。ただし、本丸虎口は、栗石をもつ河原石積みの石垣を土塁に貼り付けた内枡形で、大胡城と類似したものである。虎口部分前面を腰高の巨大な土塁を配置することは、箕輪城や白井城とも類似している構造である。

本丸～三の丸西側には長大な横堀が配され、本丸部分の堀内に川原石が多数転落していることから、白井宿側になる本丸の西側土塁に、虎口と同様な河原石積みの石垣の存在が指摘されている（秋本太郎二〇一一）。また、本丸と二の丸横堀の接合場所に土橋があり、この土橋にも河原石積みの石垣が認められることから、本多段階に虎口や堀の改修があったと想定される。

発掘調査で本多段階の改修を確認することはできなかったが、本多氏の城普請は後北条段階の基本プランを踏襲し、堀幅を拡張し、一部に石垣を設け、虎口を石垣で補強した内枡形とするなどの改修をしたと想定される。しかし、瓦の出土、天守や櫓、櫓門の土台となる石垣はないため、典型的な織豊系といえる城郭ではない。

松山城（埼玉県比企郡吉見町北吉見）　冒頭でも指摘したとおり松平家広が一万石で入城したことが知られている。築城は扇谷上杉氏家臣段階に遡り、北条氏の軍門に降った時期もあった。家広の跡を継いだ弟の忠頼が、慶長六年（一六〇一）に転封後廃城となった。

この城では家康家臣の城に特有の河原石積みの石垣が確認できないため、松平氏段階の改修が確実にあったのか分からないが、発掘調査の成果から検討をしたい。本曲輪北側のトレンチでは、焼土層が下層にあり、その焼土を含む整地土が基底幅六m、高さ一mの低い土塁を埋めていたことが確認された。遺物は十六世紀中葉までの大窯1・2段階の陶磁器が出土し、何れも被熱しているため下層の遺物と見て間違いないが、松平段階となる十六世紀後葉の遺物は確認できなかった。つまり、発掘調査の成果では土塁のある時期とない時期の二時期あり、火災による落城が後北条段階ならば、上層の改修は松平段階となるが、遺物の時期では判断できない。

堀の最大幅は二〇m以上あり、臼井城で確認できた直線的で短く折れ曲がる特徴は、本曲輪、二の曲輪、三の曲輪の各所にあるが、虎口部分の腰高の巨大な土塁や内枡形を伴う虎口は認められない。よって松平段階の改修は、後北条段階の堀に、短い折れを多数入れる形状変更という程度であったと推測される。

深谷城（埼玉県深谷市谷田）　深谷上杉氏の房憲が築城し、憲盛の代に後北条氏の家臣となり、天正十八年松平康直が一万石で入城した。その後松平松千代、松平忠輝、松平忠重が城主を務め、寛永三年（一六二六）酒井忠勝が転封となり廃城となった。

発掘調査で南の曲輪南堀の堀幅が、三八mもあることが判明した（埼玉県埋文事業団一九九六）。堀幅を確認したのみで堀底の構造は分からないが、後北条氏の城郭だとするとかなり大規模な堀であるため、騎西城のように松平康直段階で堀幅を広げた改修があったと推測される。北曲輪で発見された障子堀はA類で、堀幅二〇mであった。広い障子内に低い障子を配する特殊な構造をなす部分もあり、障子堀B2類のような水堀状を呈していた（深谷市教委二〇一三）。これらの堀も改修されていた可能性が指摘できる。

安保氏館（埼玉県児玉郡神川町元阿保）　本館については、斎藤慎一氏（斎藤前掲）により文献史料と石垣の検討から、菅沼定孚（一万石）の居城であったことが指摘されている。発掘調査で検出された石垣（神川町遺跡調査会一九九五）を、再度確認しておきたい。

一見すると一辺一〇〇mを測る土豪館と見えるが、内部に内堀を持つ複郭の館であることが発掘調査で確認された。館のほぼ中央を、東西に区画するSD14とされた内堀の北側に、護岸のための栗石をもつ川原石積みの石垣の根石部分が確認された。つまりこの堀よりも北側の部分が、菅沼段階の館の中枢部となるのであろう。石垣も根石部分だけの検出であったが、栗石をもつ川原石積み石垣は、箕輪城や小田原城で確認された石垣の特徴と一致しており、斎藤氏の分析通り、菅沼氏段階に改修された石垣と位置づけておきたい。

韮山城（伊豆の国市韮山）　北条早雲が築城し、後北条氏の伊豆に

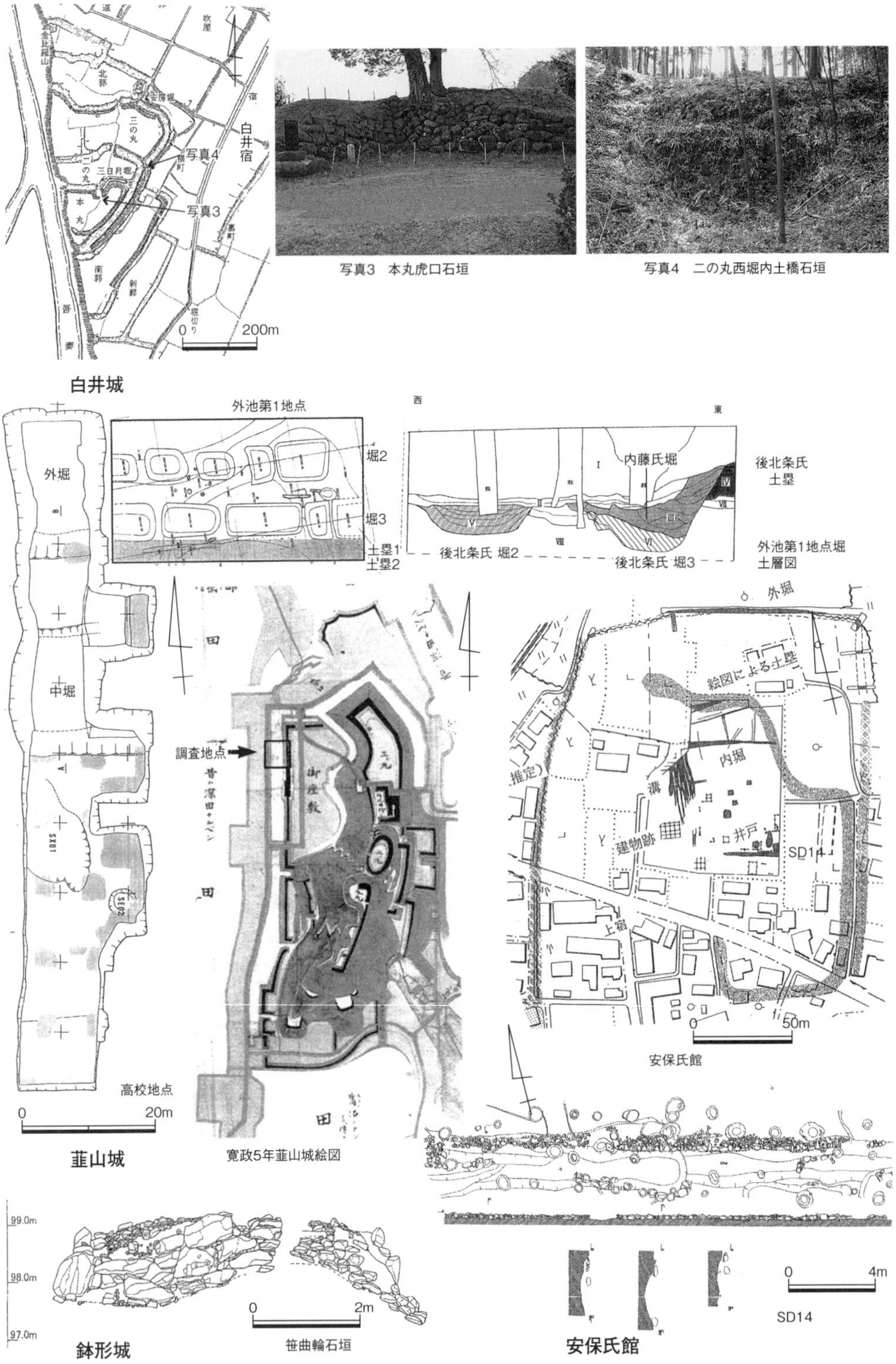

図3　白井城　韮山城　安保氏館　鉢形城

おける要の城となる。天正十八年家康家臣の内藤信成が一万石で入城するが、慶長六年（一六〇一）信成の転封後廃城となった。

後北条段階の城の構造は、山麓館部分と背後の山城部分からなる。内藤段階の山城は、堀幅の拡張や枡形虎口などを新設するなどの改修は確認できないため、山城の使用はなかったことが分かる。

山麓館は、韮山高等学校校舎改築地点（静岡県教委一九九二）と、外池第一地点（伊豆の国市教委二〇〇六）で堀の改修が認められた。韮山高校地点では、中堀と外堀の一部が確認され、中堀は障子のない幅一五mの箱堀で、城内側のみに木製の護岸施設があり、さらに内側に土塀の堀方と見られる小溝が検出された。外堀も堀幅は分からないが、障子のない箱堀であった。これに対して、高校地点の北側の外池第一地点で確認できた外堀は、障子堀を再掘削して、障子のない箱堀に改修している事が判明したので、後北条段階で障子堀、内藤段階では障子のない箱堀とした改修が確認できた。

城の最終段階の姿を描いたと見られる寛政五年（一七九三）の『伊豆国田方郡韮山古城図』からも外堀・中堀の位置と、発掘調査で確認できた堀の位置は一致するので、これらの堀が内藤段階にはあったと考えられる。つまり、小田原城においては障子堀を継承していたのに対して、韮山城では障子を継承しない堀に改修しており、城主ごとの改修の多様性が伺えることと、内藤段階になると山城部分の使用が放棄されることが注目される。

鉢形城（埼玉県大里郡寄居町鉢形）　本城は後北条氏の支城の中では最重要拠点城郭であることはよく知られているが、斎藤慎一氏により家康家臣による改修の可能性が指摘された（斎藤前掲）。斎藤氏によると、鉢形城北端の笹曲輪に栗石をもつ荒割の石垣が認められることから、これを三の丸土塁内の栗石をもたない階段状石垣より新しいとし、後者を後北条段階の石垣、前者をそれより新しい段階の石垣とした。『寛政諸家系図伝』のなかから家康家臣の成瀬正一（一斎）が鉢形城に入城したことをつきとめ、この石垣は成瀬氏段階の改修と指摘した。さらに表面観察で三の丸南面と弁天社付近にも同様な石材が見られ、この付近の改修も想定している。

問題の石垣は、笹曲輪背後の斜面地の土止めに使われおり（寄居町教委二〇〇六）、今回検討した家康家臣の城の堀や虎口に使用されている場所とは異なるし、栗石は見られるが、川原石ではなく割石を使用している点も異なる。比較した後北条段階の石積みは、土塁内部の雁木状石積みで、土止め石垣と比較することはできない。しかしながら、二の丸、三の丸、笹曲輪からは十七世紀初頭の陶磁器が一定量出土するため、成瀬正一の入城を否定することはできない。二の丸堀に対して、三の丸の外郭ラインの堀、大手堀は規模が大きく、諏訪神社の外枡形の馬出は箕輪城の外枡形に匹敵する大きさである。これらの遺構と斎藤氏が指摘した石垣が伴うことが確認できれば、今後成瀬段階の改修が明らかとなろう。

三　考察

すべての家康家臣の城を検討したわけでもないし、部分的な発掘調査の成果より導き出した特徴を示すことができただけで、全部の家康家臣の城に一般化するには難があるかもしれないが、今後検討するうえでの見方は提示できたと思う。最後に織豊系城郭と徳川の城との関係について考察しまとめとしたい。

まず、改修の規模を見ると、箕輪城が後北条段階の堀を再利用することは少なく、ほぼ全域が井伊段階で改修されていた。前期大久保段階の小田原城も、丸馬出の増設、堀の再掘削、堀への石垣の付設と、かなり大規模な改修がなされていたことが判明した。井伊直政の石高は一二万石で、秀吉直々に領国を任されていたので問題ないが、大久保忠世は四万五千石で改修規模と比較するといささか石高不足の感がある。おそらく、徳川領国の東海道の玄関口にあたる城なので、家康からの援助があったと思われる。三万石の臼井城と二万石の大胡城はある程度の改修があったと思うが、二万石以下の城は、前段階の城の構造を踏襲し、虎口の改変や、堀幅の拡張、部分的な石垣の採用程度の改修に留まっていたと見られる。

徳川家康は織田信長の同盟者、天正十四年(一五八六)以降は豊臣の最有力大名であったにもかかわらず、今回検討したように家康家臣の城は、信長と秀吉、その家臣の城としての特徴である瓦、石垣、礎石建物がそろう織豊系城郭ではない(中井均一九九〇)ことが判明した。つまり、天守に代表される瓦葺建物があり、礎石建物の櫓と土塀を石垣端に設けることにより防御ラインを強固なものとし、石垣を基礎とする櫓門をもつ虎口のある織豊系城郭(下高大輔二〇一三)に対して、家康家臣の城では栗石をもつ高石垣を可能とする技術の導入はあったが、虎口部分の土塁の土止め、堀や曲輪の形状を保つための石垣であった。虎口は石垣をもつ内枡形を採用するが、織豊系城郭の瓦葺櫓門は付属しない。堀は堀幅を広げ、後北条氏の障子堀を継承した堀をもつ城もあるが、すべての城に採用されていない。虎口には、内枡形の導入や後北条氏の外枡形の虎口を大型化させ、武田氏より継承した丸馬出も採用している。ちなみに、徳川の城の内枡形虎口は石垣こそないが、諏訪原城、川根本町小長井城、新城市古宮城などの旧領国の城ですでにみられる。つまり、家康家臣の城の特質は、領国化した場所にあった城の使えるパーツを改良して、土の城として大規模化を図ったといえる。

家康家臣の城は、まったく織豊系城郭の影響がない城なのであろうか。すべて平山城で、韮山城のように防御に優れている山城部分を使わないことが注目される。つまり、防御的な機能を一定限度放棄することは、その地域での政庁としての役割を担った結果であると見たい。また、ほとんどの城の付近には街道と城下町として取り込むことが可能な中世の宿場があり、城下町形成を志向する織豊系城郭の特徴と一致している。このように関東領国時代における徳川の城の特質は、城自体は織豊系城郭として完成したものではなかったが、軍事的には街道の押さえ以上に、領国経営のための政庁的役割を担い、経済的に城下町形成を志向していた点は織豊系城郭の特質と合致したものと評価しておきたい。

では、これらの城がいつから織豊系城郭化するのか。それは、中井氏が指摘した江戸城の改修時期が参考となる(中井均二〇〇八)。

中井氏によると、文献史料や現状の江戸城の形状から、天正十八年の大規模な改修は認められないという。しかしながら、後藤宏樹氏の報告によると、江戸城外堀で障子堀B2類が確認できるため、箕輪城に近い改修はあったのだろう。慶長八年（一六〇三）家康が将軍宣下を受けると、翌年から江戸城の天下普請が本格的に開始され、西国大名の築城技術により織豊系城郭となった。家臣の城については、慶長三年（一五九八）に秀吉が病没したことで徳川政権が強化され、家康独自の家臣の転封が可能となり、家康の関東領国での新政策にのっとった築城が始まった。そこに、慶長五年の関ヶ原合戦の勝利により、豊臣家と家臣により独占されていた築城工人の一部を確保できたので、ようやく織豊系城郭化が可能になったのであろう。今後とも家康家臣の城で、改修内容の分かる発掘調査の成果に注目したい。

参考文献

秋本太郎　二〇〇九「箕輪城跡の調査成果と今後の箕輪城跡」『箕輪城シンポジウム資料集』高崎市教育委員会

秋本太郎　二〇一一「白井城」『関東の名城を歩く　北関東編』吉川弘文館

伊豆の国市教育委員会　二〇〇六『韮山城外池第1地点発掘調査報告書』

大胡町教育委員会　一九八八『大胡城保存管理計画書』

大島慎一他　二〇〇六「発掘調査の成果にみる小田原城」『小田原市史別編城郭』

小笠原清ほか　二〇〇六「城郭及び関連絵図」『小田原市史別編城郭』

神川町遺跡調査会　一九九五『安保氏館跡』

騎西町教育委員会　二〇〇一『騎西町史考古資料編1』

騎西町遺跡調査会　二〇〇九『騎西城武家屋敷跡』

後藤宏樹　二〇〇八「発掘調査からみた江戸城」『東京都江戸東京博物館研究報告』第一四号　江戸東京博物館

埼玉県埋蔵文化財調査事業団　一九九六『深谷城跡』

静岡県教育委員会　一九九二『韮山城跡』

下高大輔　二〇一三「織豊系城郭出現直前の城館における石垣・建物とその関係」『高槻研究集会資料集　織豊系城郭の出現と成立前夜』織豊期城郭研究会

島田市教育委員会　二〇一〇『史跡　諏訪原城』

斎藤慎一　二〇一〇「中近世移行期の断絶と継承」『中世東国の道と城館』東京大学出版会

高崎市教育委員会　一九九〇『高崎城遺跡Ⅲ・Ⅳ・Ⅴ』

高崎市教育委員会　二〇〇八『史跡　箕輪城Ⅷ』

玉川文化財研究所　一九九五『小田原城三の丸東堀第二地点発掘調査報告書』

中井均　一九九〇「織豊系城郭の画期―礎石建物・瓦・石垣の出現―」『中世城郭論集』新人物往来社

中井均　二〇〇八「織豊系城郭としての江戸城」『東京都江戸東京博物館研究報告』第一四号　江戸東京博物館

千葉県文化財センター　一九八四『千葉県中近世城跡調査研究報告書』

深谷市教育委員会　二〇一三『深谷城跡（第一七次）』現地説明会資料

吉見町教育委員会　二〇〇五『市内遺跡Ⅰ』

松井一明　二〇〇九「館と城」『季刊考古学』第一〇八号　雄山閣

寄居町教育委員会　二〇〇六『史跡鉢形城跡』

〔付記〕秋本太郎、新井端、大島慎一、加藤理文、嶋村英之、中井均、溝口彰啓、山口剛志の各氏には、資料の提供とご教示をうけました。深謝いたします。

武田氏の山城をめぐって

三島正之

はじめに

大名系城郭をめぐっては、近年その研究成果が蓄積され、各大名固有の築城術がかなり明確になりつつある。[註1]また、その反面、大名系城郭の存在そのものを疑問視する声も、根強く残っている。[註2]

東国における大名系城郭として武田氏の城郭が引き合いに出されることが多い。武田氏系城郭においては、丸馬出・枡形虎口がその代表的な遺構として周知されており、武田氏系城郭を示すシンボルとなっている。これら、武田氏系城郭の研究はかなり以前から進められ、複数の城郭研究者の論考で、その実像が明らかにされてきている。[註3]また、近年はこれら武田氏系城郭にも考古学的調査が実施され、それらの構築をめぐる新たな事実が次々に明らかになってきた。[註4]

しかし、これらの武田氏系城郭は諏訪原城（静岡県島田市）・大島城（長野県松川町）のような台地占地の丘城や、海津城（同長野市）・長沼城（長野市）のような自然堤防を利用した平城が主体となっている。また、その用途も躑躅ヶ崎館（山梨県甲府市）・新府城（同韮崎市）のような居城か、諏訪原城や大島城などのような戦略城郭に特化される傾向にあるといえよう。

だが、武田氏はこのような広大な台地や自然堤防などを利用した丘城や平城ばかりを築いたわけではない。武田氏が侵攻し統治した地域は、もちろん甲府盆地や善光寺平や牧之原台地のような広い開豁地もあるが、その大部分は、周囲を重畳とした山岳地帯に囲繞された狭隘な河谷地域である。ゆえに、そのような地域に築かれる城郭は、必然的に山城の形状を呈することになる。また、築かれる城の用途も、居城や戦略的な拠点城郭ばかりでなく、その下のレベルの陣城や街道封鎖などに特化された戦術城郭なども存在していたと想像できる。

本稿の意図は、武田氏系城郭でもメジャーな存在である丸馬出の敷設された大規模な丘城や平城ではなく、そうした戦術レベルで構築され運用されたと思われる、比較的小規模な「山城」に焦点を絞り、その存在を実証しようとする試みである。

一　武田氏の山城

筆者は過去に長野県や山梨県の城郭に関する論考の中で、武田氏系の山城について度々論じてきた。(註5)その中で筆者は武田氏が構築したと思われる山城の縄張上の最大の特徴として、山腹に設けられた放射状竪堀の存在を再三指摘した。しかし、この放射状竪堀が武田氏のオリジナルな築城術の一つであるという発想は、筆者独自のものではない。この発想は、一九八〇年代に武田氏の山城を調査してその縄張に独特なオリジナル性を見出された、故本田昇氏によって初めて語られたものであった。本田氏は、甲斐の白山城（韮崎市）の山腹に顕著な放射状竪堀の遺構を発見し、これと同様な遺構が武田氏の侵攻する地域に築かれた山城にも存在することから、この遺構を武田氏のオリジナルな築城術と位置付けたのである。私も武田氏が侵攻し統治した地域の城郭を調査する過程で、この放射状竪堀を具備した山城をいくつも見出し、本田説の蓋然性が高いことを確認した。しかし、本田氏の惜しむらくは、断片的な記述(註6)以外に自説を論文等で発表しなかったことである。ゆえに、筆者は本田氏の遺志を引き継ぎ、彼の説を日の目に当てさせるべく、折りあるごとにこの説を開陳してきた。

しかし、この放射状竪堀を防御の要にして構築された山城が、武田氏のオリジナルな築城術の所産であるとする説は、いまだに日の目を浴びているとはいい難い状況が続いている。むしろ、本田氏が武田氏系山城の原点として位置付けた白山城などは、山梨県内に類例がないことなどを理由に武田氏構築を疑問視する声もある。(註7)

このような状況ゆえに、放射状竪堀を具備した山城を武田氏系城郭の山城におけるプロトタイプとすることは、研究者間でも共通認識となっていないのが現状である。このタイプの山城が武田氏系城郭として認知されない大きな理由として、それが武田氏構築（改修）を裏付ける直接証拠となる同時代史料が存在しないことがあげられよう。同時代史料という直接証拠がない以上、放射状竪堀を具備する山城を武田氏系城郭に結び付けるためには、状況証拠の積み重ねにより、演繹的に論証を行う以外に方法は存在しないように思われる。その状況証拠とは、武田氏構築と推測される山城に存在する特徴的な遺構である。武田氏系と思われる山城には、放射状竪堀の他に、特徴的な遺構が存在する。それらの中には、同時代史料により、確実に武田氏系城郭と認定できる城郭と共通する遺構が存在する可能性がある。それらの遺構を探して、その組み合わせから類推することにより、今回提起された命題を立証する道が開けてくるのではなかろうか。すなわち、A（確実な武田氏系の遺構）・B（Aと類似する遺構で放射状竪堀と併存する遺構）・C（放射状竪堀の遺構）とした場合、A＝B・B＝C⇓∴A＝Cという三段論法によって、放射状竪堀が武田氏系城郭の遺構であることが立証されるのである。

二　放射状竪堀遺構を備えた山城

放射状竪堀とはどのような城郭遺構であるかというと、城の主要部直下の山腹に設けられた腰曲輪や横堀を起点として、一定の間隔を空けて築かれた竪堀群である。放射状竪堀は、敵勢の山腹の横移動の阻止・山腹を攻め登る敵勢の隊列の分断・城道のルートの限定化などを構築意図として、主に緩傾斜の山腹に築かれた防御施設である。その機能をさらに追及し、緩斜面をデッドゾーン化して、敵勢を完全に山腹に寄せ付けないようにした防御施設が連続竪堀（畝状竪堀）となる。放射状竪堀は連続竪堀に比べて防御効果が劣るように思われがちであるが、密集して設けなくても要所に竪堀を落とすことで、組織的な敵襲に対して絶大な効力を発揮するものと思われる。

本稿で俎上にあげる放射状竪堀を敷設した山城は、筆者がこれまでに調査して作図した山城の中で、明らかに放射状竪堀と認定できる遺構を具備した山城である。これらの山城以外にも長野県の替佐城（中野市）群馬県の岩櫃城（東吾妻町）・根小屋城（高崎市）等、放射状竪堀を備えた山城は多数存在するが、頁の都合上本稿では割愛する。

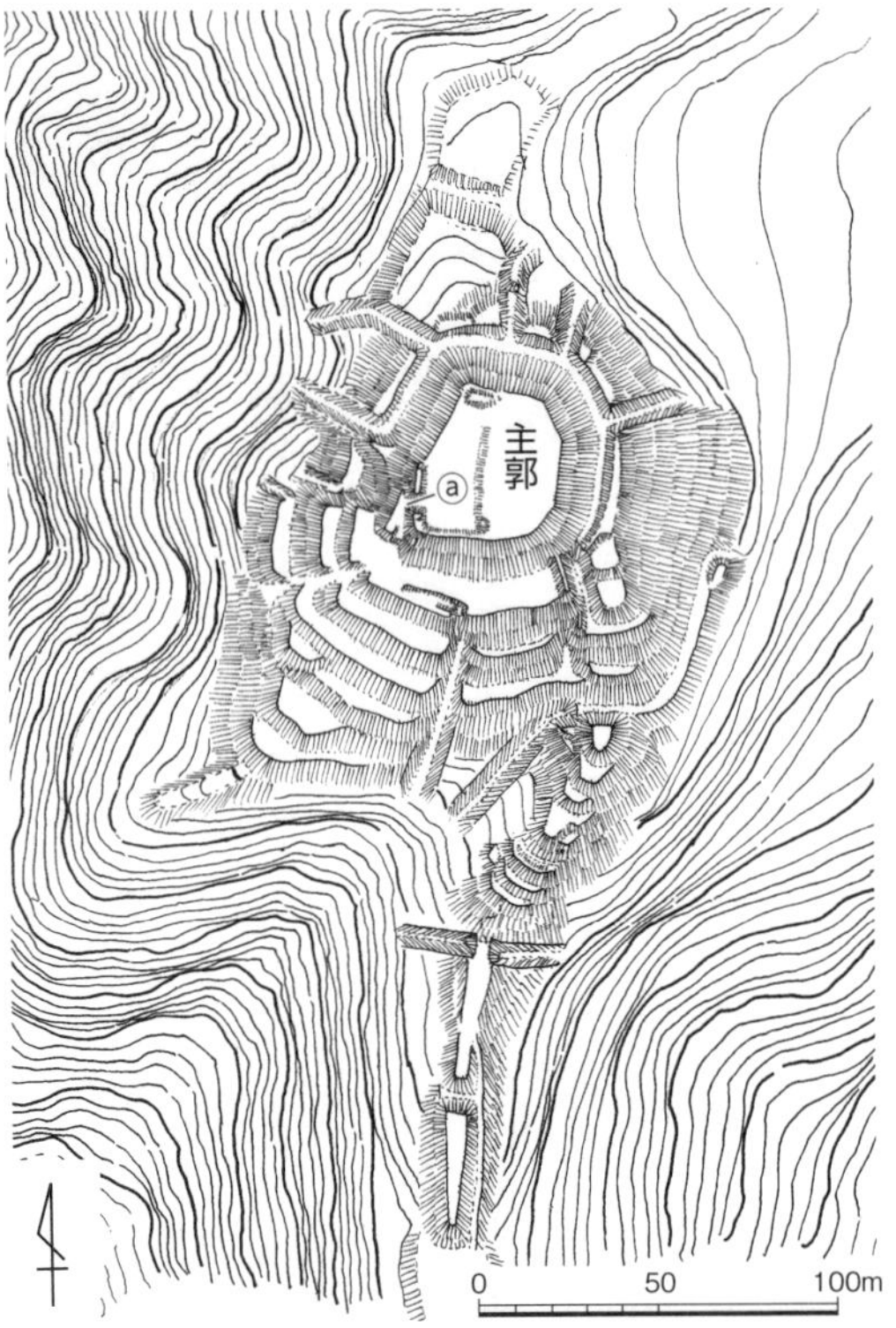

図1　黒川城縄張図（作図：三島正之）

黒川城　長野県北安曇郡小谷村黒川

黒川城はＪＲ大糸線の南小谷駅東南方、比高差約五〇〇ｍの急峻な懸崖上に築かれた山城である。

城はピーク上に約四〇ｍ四方の主郭を置き、南方の尾根上は削平地や堀切で防御するが、城の北側は尾根幅が広がるため、主郭直下の東・北・西三面には横堀をめぐらせて防御を固めている。この横堀を起点にして、計六本の竪堀が放射状に築かれている。竪堀は、幅・深さとも極めて小規模だが、スタンダードな放射状竪堀の形式となる。主郭西南隅にある虎口ａは、直下に外枡形状の虎口受けを敷設した特徴的な虎口で、黒川城の構築主体を探る一つの手掛かりとなろう。

黒川城は、平地と隔絶された峻険な山上にあるため、在地支配を目的の構築とは考えにくい。城の占地する山稜には、日本海沿岸と信濃内陸部を結ぶ千国街道（塩の道）のサブルートが通っていた可能性があり、当城はこのルートを封鎖する目的で築かれたものと推測できる。

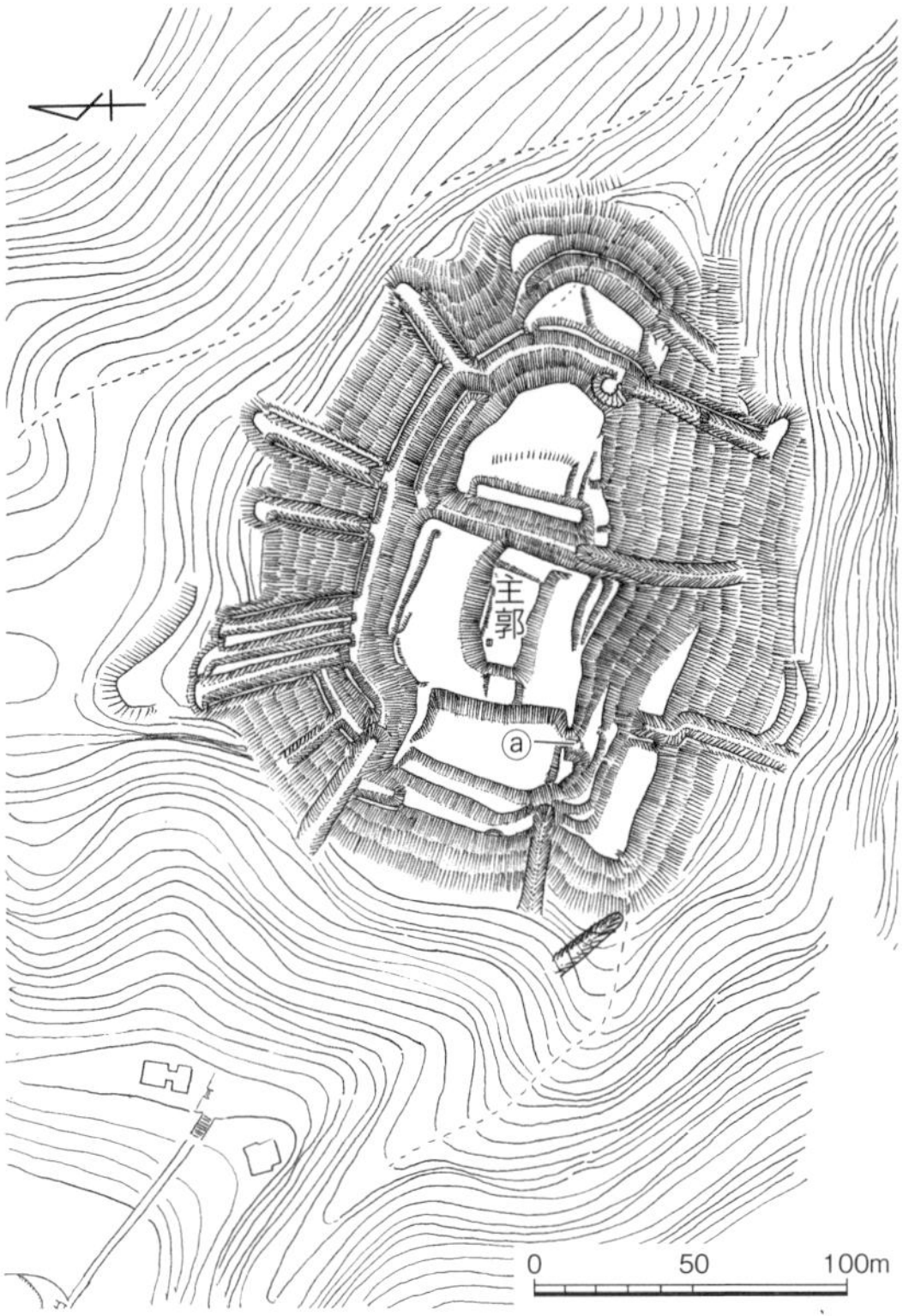

図２　三日市場城縄張図（作図：三島正之）

三日市場城　長野県北安曇郡白馬村三日市場

三日市場城は、白馬盆地の南部の善光寺平に抜ける街道を扼する山上に築かれた山城である。

城はピーク上の中央に主郭を置き、東方尾根続きにむけて堀切で区画された曲輪を配する縄張である。城の北側山腹は緩斜面であるため、主郭部の直下には長大な横堀を設け、そこを起点に計八本の竪堀を放射状に配置する。これらの竪堀は規模も大きく、両側に竪土塁を積んだ竪堀もあり、なかなか壮観である。虎口は主郭の西側下段の曲輪にある虎口ａが外枡形虎口の形状を呈し特徴的だ。この虎口は西側が櫓台状になり、かなり明確な防御意図で築かれている。この城の西麓の神明社に、天正十六年（一五八八）の沢渡重盛の棟札が伝来しており、この城と在地領主の沢渡氏との結びつきを暗示する。しかし、この城の縄張は当地域の城と比べてもかなり異質であり、沢渡氏が代々居城として維持したと考えるよりは、この地域に侵出した外部勢力が街道封鎖を目的に一時期に築いた可能性が高い。

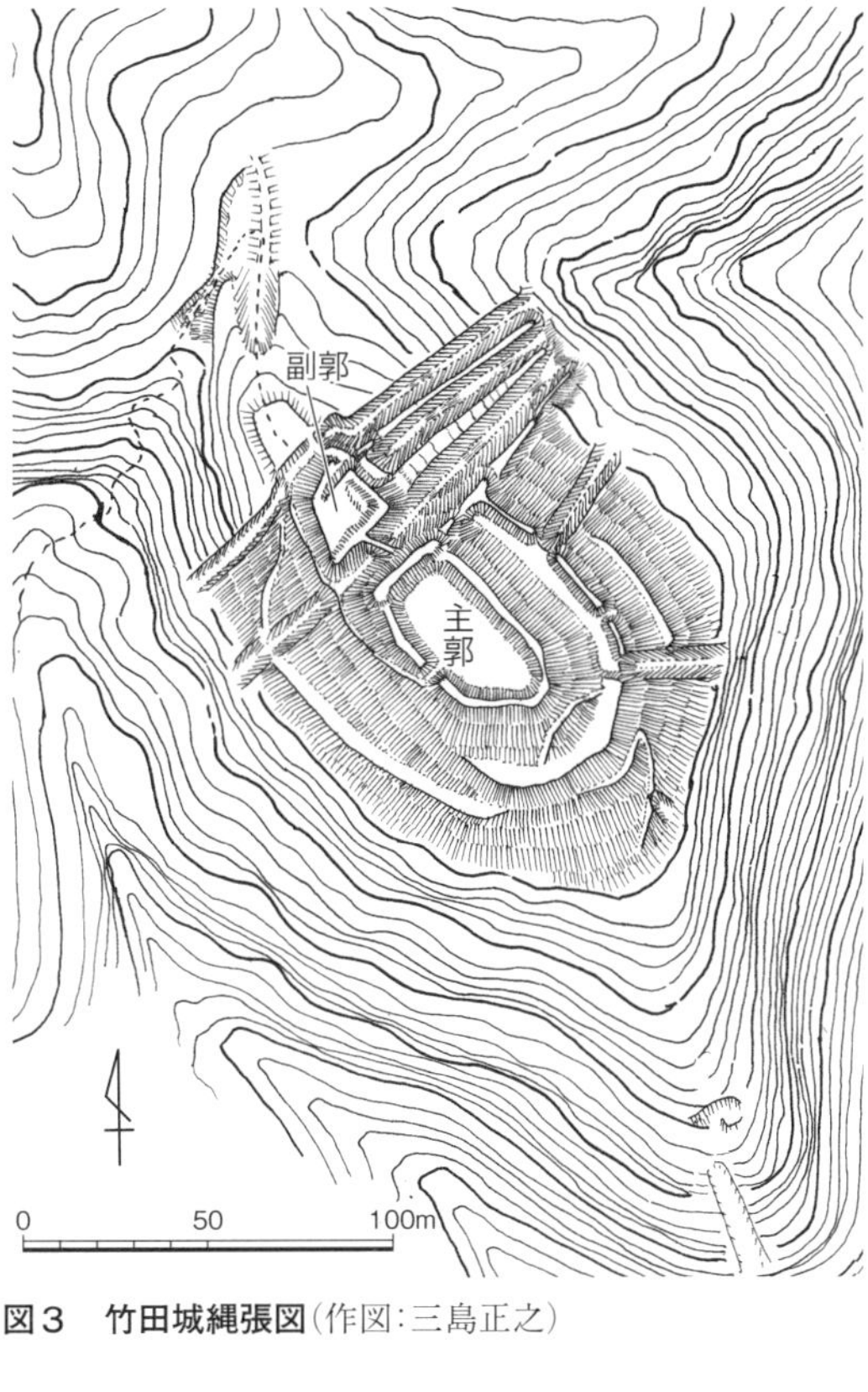

図３　竹田城縄張図（作図：三島正之）

竹田城　長野県東筑摩郡山形村上竹田

竹田城は松本盆地西部の山形村にある、尾根の先端を利用して築かれた小規模な山城である。城は先端部に土塁囲みの主郭と副郭を直列に配し尾根続きに遮断線を設けた二郭構造の縄張である。主郭の東北下には横堀がめぐらされており、その横堀から二本の竪堀が下っている。この竪堀は二本のみだが、前述の三日市場城や後述する武居城の放射状竪堀と類似する形状のため、放射状竪堀の事例に入れた。

主郭と副郭との連絡方法はいま一つ明確でないが、副郭は一種の馬出曲輪として機能していた可能性がある。この縄張は、後述する白山城の主郭と馬出曲輪との関係に類似しているように思われる。

竹田城の構築主体は不明だが、その縄張からして在地領主の詰城的山城ではなく、地域の監視や街道の抑えなどの目的で、外部勢力によって築城された可能性が高い。

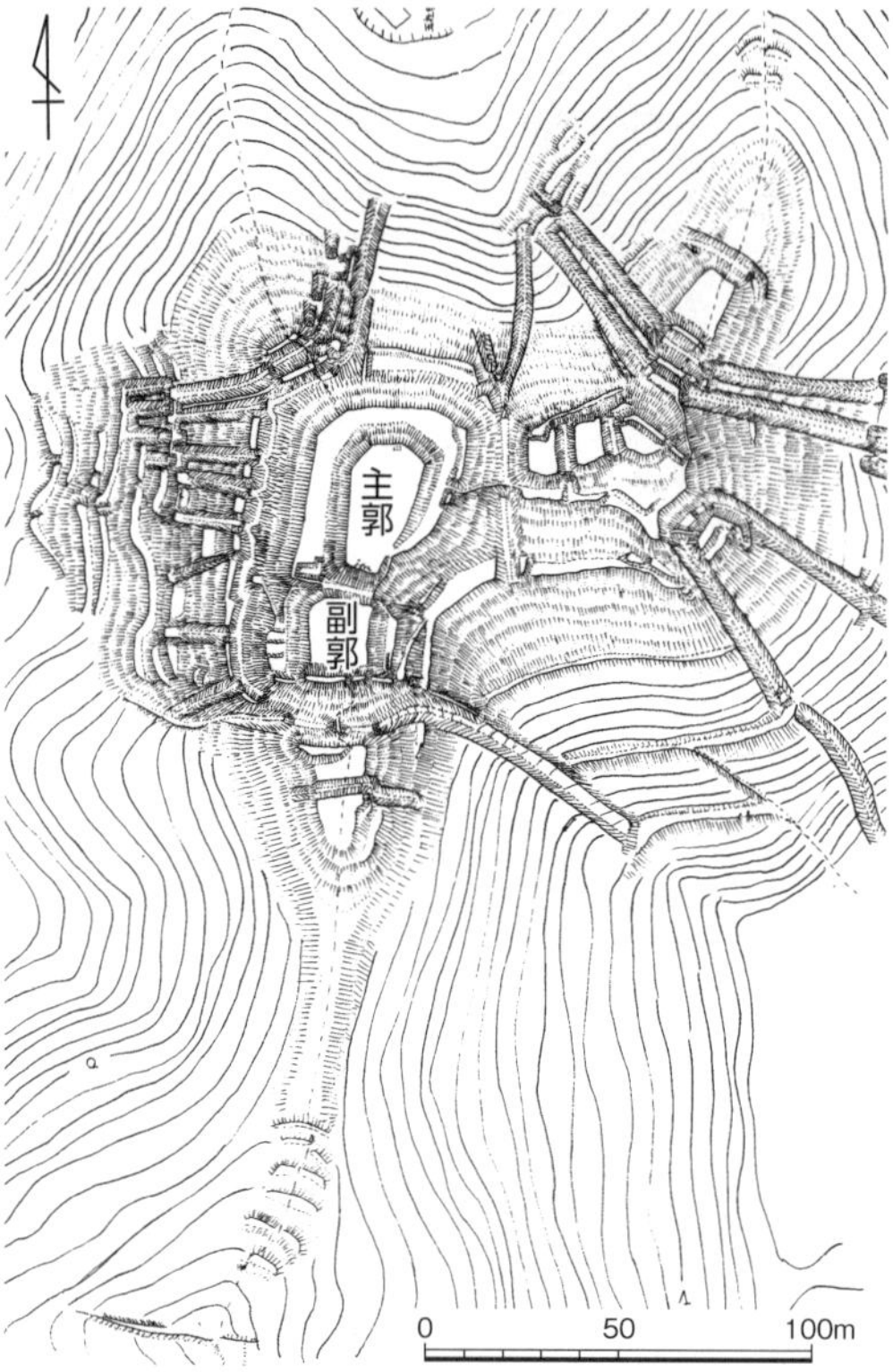

図４　武居城縄張図（作図：三島正之）

武居城　長野県東筑摩郡朝日村西洗馬

竹田城の南方約六・五㎞の位置に南から尾根が突出しており、その尾根の先端付近の城山に武居城は築かれている。武居城も主郭と副郭を直列に配置する二郭構成の城で、南方に派出した支尾根は、堀切や竪堀を入れてデッドゾーン化している。

放射状竪堀は、主郭部東側山腹の横堀を起点にして設けられており、竪堀の数は八本ほどで、横堀や竪堀の規模はなかなか壮観である。

主郭部は後世に開墾されたようで、土塁や構築主体を特定できる虎口などは存在しない。しかし、主郭と副郭の配置状況は前述の竹田城などに類似するため、同じ構築主体による築城の可能性がある。

武居城は戦国期、国人領主の三村氏の居城として築城されたともいわれるが確証はない。武居城付近の谷筋を南に遡行すると木曽谷に抜けることができるため、筆者はこの地を支配下に収めた外部勢力が、そのルートを監視する目的で新規に築城したと思っている。

山家城　松本市入山辺上手町

山家城は、松本市の中心部から東側の鉢伏山方面に深く切り込んだ山辺谷の中ほど、右岸から張り出した秋葉山と呼ばれる山稜上に築かれた大規模山城である。石垣造りで連続堀切・竪堀で防御された主郭は山稜の中段にあるが、その上段標高一、〇五六ｍの秋葉山山頂付近に放射状竪堀を伴った別郭部分が存在する。別郭の中心部分をめぐる腰曲輪から、南・西・北三方向に計九本の竪堀が派出する。この竪堀の配置法は、中段主郭部周辺の竪堀が密集・連続して築かれているのとは対称的で、主郭部と別郭の構築主体の相違を暗示している。放射状竪堀のある別郭には、構築主体の手がかりとなる明確な虎口遺構が存在しない。しかし、別郭の東側にある曲輪群の配置状況が合理的であることや、東側尾根続きを遮断する大堀切内側の枡形状の虎口の存在からある程度の想像は可能だ。

山家城は、十五世紀後半から山辺谷を支配する。諏訪氏一族の山家氏の居城といわれる。しかし、現在の遺構は主郭部・別郭ともに十六世紀中期以降に形成されたものと推測される。山家城の占地する山稜を東に登れば、王ヶ鼻を越えて、上田・諏訪地域に向うルートにつながる。おそらく外部勢力はそのルートを確保する目的と、主郭部を居城とする山家氏を監視する目的で、主郭部より上段の位地に別郭を新たに構築したものと思われる。

図5　山家城縄張図（作図：三島正之）

白山城　山梨県韮崎市神山町鍋山

白山城は新府城の東南方約四km、釜無川対岸の屹立した半独立峰上に築かれた山城である。ピーク中央に土塁囲みの主郭を置き、その南と北に曲輪を配置する縄張だが、北側に配置された曲輪が馬出曲輪となる。放射状竪堀は主郭部の東・西の山腹の腰曲輪から設けられているが、東側のものが規模や本数で西側を圧倒している。これは、東西の斜面の緩急の問題もさることながら、東側が城の正面にあたるので、山麓からの視覚効果も狙っていた可能性がある。

虎口遺構としては、ⓐ・ⓑ・ⓒ・ⓓの四カ所が明瞭で、いずも枡形虎口となる。この内、主郭のⓐと馬出曲輪のⓒは曲輪内を鍵の手に掘り込んだ内枡形で、ⓓは三日市場城の虎口ⓐと類似する外枡形だ。これらの虎口は、武田氏系城郭に普遍的に存在する虎口と極め

図6　白山城縄張図（作図：三島正之）

て類似しており、放射状竪堀とこれらの虎口がセットになって存在することは、放射状竪堀が武田氏の築城術の一つであることの有力な傍証となる。

白山城の西麓には釜無川が南流し、その両岸には甲斐と信濃を結ぶ街道が通っていたと想定される。白山城はその内、西岸の街道が釜無川河谷に入る入口付近に立地しており、この街道の監視や封鎖に最適な位置にあるといえる。

葛山城　静岡県裾野市葛山

葛山城は、駿東地方と呼ばれる富士山西麓に広がる裾野地帯の一画に築かれた山城で、城の南麓には土塁囲みの居館址が残り、山城と居館がセットで紹介されることが多い。東方にむけて突出した尾根のピーク上に主郭と副郭および腰曲輪を置き、東の尾根先と西の尾根続きに壮大な二重堀切を設けて防御する縄張である。放射状竪堀は、主郭部の南・東・北面をめぐる横堀を起点にして設けられている。特に北側山腹の竪堀は本数も多く残存度も良好だ。

虎口遺構は主郭のⓐ・ⓑと副郭のⓒが顕著で、ⓐは土塁を鍵の手に屈曲させた内枡形・ⓑは広い虎口空間をもつ外枡形・ⓒは坂虎口の外側に土塁を設けて虎口内を屈折させる外枡形となる。これらの虎口のタイプも武田氏系城郭でよく見かけられるので、これらの虎口と併存する放射状竪堀は武田氏が構築したという蓋然性がさらに高まっていく。

葛山城の城主で駿東地域の有力な国人領主である、葛山氏は武田信玄が駿河侵攻を開始した直後にその傘下に加わり、信玄の六男の信貞が葛山氏の養子に入り家督を継いでいる。そのため、葛山城には武田氏の手が入っている可能性はかなり高いように思われる。

図7　葛山城縄張図（作図：三島正之）

三　放射状竪堀の構築主体をめぐって

前章において、現存する放射状竪堀遺構の事例を紹介したが、その過程で今回筆者が提起した命題、すなわち、放射状竪堀＝武田氏特有の防御遺構、というように命題に解決の糸口が少しでも見つけられたであろうか。白山城や葛山城は、立地や歴史的にかなりその蓋然性が高まってきたが、それはまだ状況証拠にしか過ぎず、決定的な直接証拠が示されたわけではない。武田氏が放射状竪堀を築いたという決定的な直接証拠とは、武田氏がその遺構のある城に関与したとされる同時代史料が存在するか否かである。

　前章で筆者は、武田氏系山城の存在を示す同時代史料は皆無であるようにとられる発言をしたかもしれない。しかし、同時代史料が存在しないのは、あくまでも放射状竪堀を備えた山城のことで、武田氏の山城で史料上に登場する城が実は存在するのである。『勝山記』とともに武田氏研究の根本史料の一つとなっている「高白斎記」[註8]を通覧すれば、武田氏は甲斐国内や侵攻した信濃の各地に多くの山城を築いたことが明らかである。

「高白斎記」により武田氏の構築が確実視される山城の一つが、甲府市の要害城である。同書の永正十七年（一五二〇）六月晦日の記述に「積水寺丸山ヲ御城ニ取立普請初ル」とある。積水寺丸山とは臨済宗妙心寺派積水寺の背後に聳える要害山のことを指しており、甲斐国内統一に成功した武田信虎が、前年から開始した甲斐府中の躑躅ヶ崎館造営の一環として要害山に詰城を構築したのである。この詰城は翌大永元年（一五二一）に早速その役割を果たすことになる。その年、駿河今川氏の部将の福島正成が、甲斐に乱入し武田氏の支城を次々に攻略した。その際に信虎の正室の大井氏は要害城に避難し、この城で嫡子晴信（信玄）を出産している。

　以上の「高白斎記」の記述から要害城は、確実に武田氏によって築かれたことが明らかになる。その後要害城は信玄の時期も存続するが、信玄時代の城の利用や改修の記録は残されていない。だが、築城から五六年が経過した天正四年（一五七六）の勝頼の時期に要害城は再び史料上に登場する。その前年長篠合戦で織田信長に大敗を喫した勝頼は、甲府の防衛を強化する目的で、近郷の領民を動員して要害城に大改修を行っているのである。[註9]そうなると、要害城の現存する遺構は、勝頼期の武田氏オリジナルな縄張の可能性が高くなってくる。

　但し、要害城を標準化石として利用するには、大きな問題がある。それは、天正十年に武田氏が滅亡したあと、甲斐を支配下に置いた徳川家康が躑躅ヶ崎館と要害城を利用し、また、その後織豊大名の羽柴秀勝・浅野長政・加藤光泰などが相次いで甲斐に入封すると、要害城も彼等によりその属城となり慶長五年（一六〇〇）の廃城まで存続した。そして、加藤氏時代の文禄年間には、要害城にも改修が加えられたようなのだ。[註10]そうなると、要害城の遺構は、武田氏の純粋なオリジナルとは呼べなくなり、武田氏系山城郭の指標として使えなくなってくる。本田昇氏もやはり、要害城と躑躅ヶ崎館は織豊系大名の手が入っていて、武田氏オリジナルとはいえないと述べている。[註11]特に躑躅ヶ崎館や要害城に残る石垣は、武田氏ではなく織豊系大名の手によるものではないかと、今から四〇年位前に本田氏と初めて躑躅ヶ崎館と要害城を訪れた時、彼が筆者に語ったのを記憶している。

　確かに躑躅ヶ崎館には、天守台も築造されており、その石垣も織豊系の手によるものでもいいと思う。しかし、その後筆者は、長野県の山城調査の過程で、多くの山城の石垣を見たが、要害城の石垣はそれらの山城の石垣の延長線上にあるように思われてならない。また、付帯する虎口遺構も、武田氏が侵攻した地域の山城に類似する虎口が存在しており、それらとの関連性の方が、織豊系のものよりも強いと思わざるをない。筆者は要害城の現存する遺構は基本的に勝頼が天正四年に大改修した時に形成されたもので、武田氏の後の織豊大名はその縄張を踏襲し大規模な改修を加えずに利用したと考えている。

それでは、具体的な遺構の比較に移ろう。ちなみに、要害城の南側、平行して西方に突出する支尾根上には、要害城の出城の熊城が築かれているが、この山城は小規模ながら連続竪堀・石垣・枡形虎口・土塁ラインの遺構が顕著に残っている。この城もおそらく、勝頼が天正四年に要害城を大改修した時に、改修されたか新規に構築されたものと思われるので、遺構の判断材料として使いたい。

まず、要害城主郭の東側に設けられた馬出曲輪であるが、これは白山城主郭北側に隣接する馬出曲輪と類似する形状となる。しかも要害城の馬出曲輪には、白山城のものよりは小規模ながら、酷似した鍵の手状の内枡形虎口が存在する。この鍵の手状の枡形虎口は、葛山城にも使用されているし、武田氏が築城に関与したとみられる、甲相国境の栃穴御前山城・大倉城（山梨県上野原市）などでも多用されている。また、竹田城主郭北側の副郭も連絡方法が不分明ながら、要害城の馬出曲輪と同様な機能が与えられていたと思われる。ちなみに、要害城の馬出曲輪の東方には、尾根続方面を監視する土塁囲みの堡塁が存在するが、よく見るとその北側斜面に設けられた

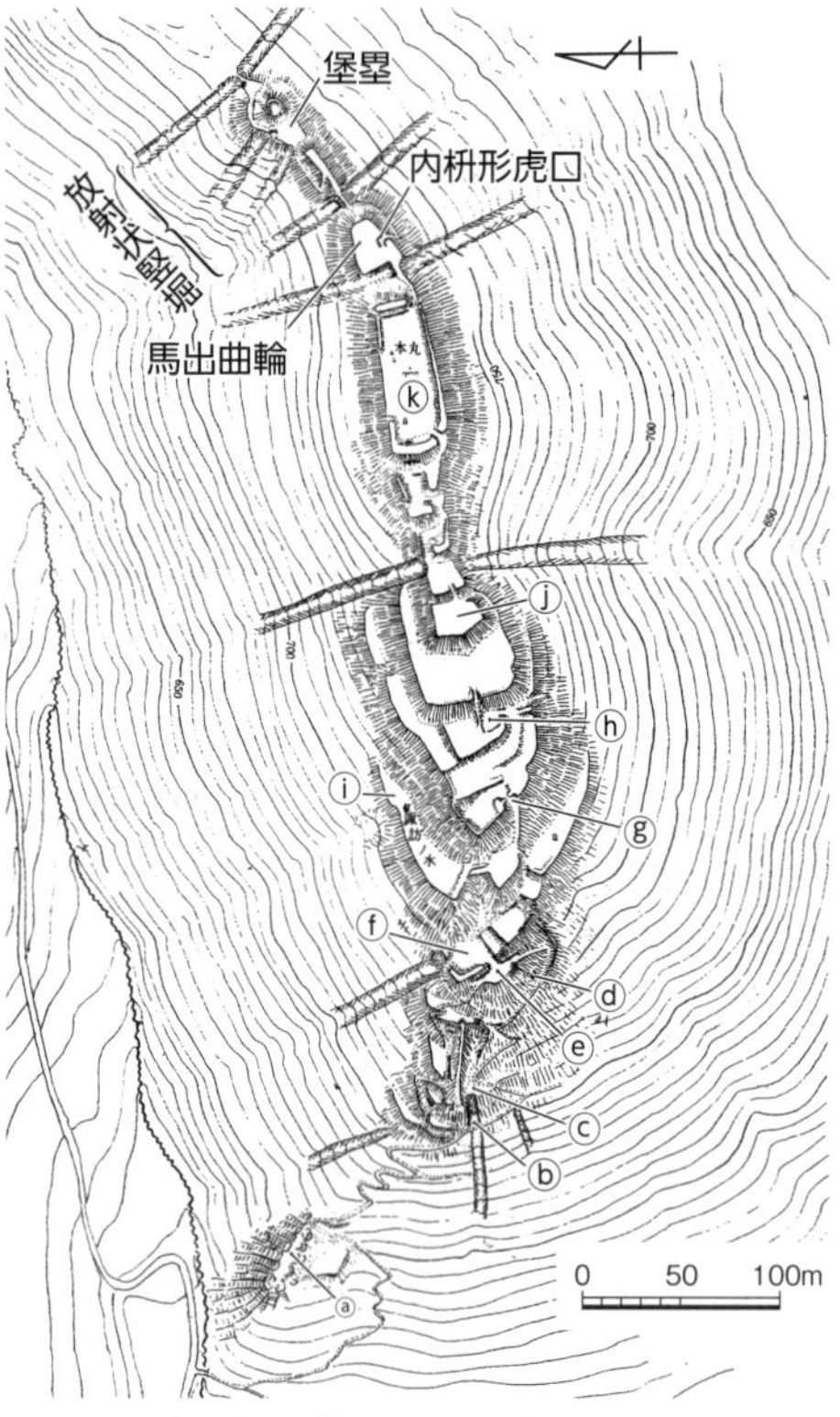

図８　要害縄張図（作図：本田昇）

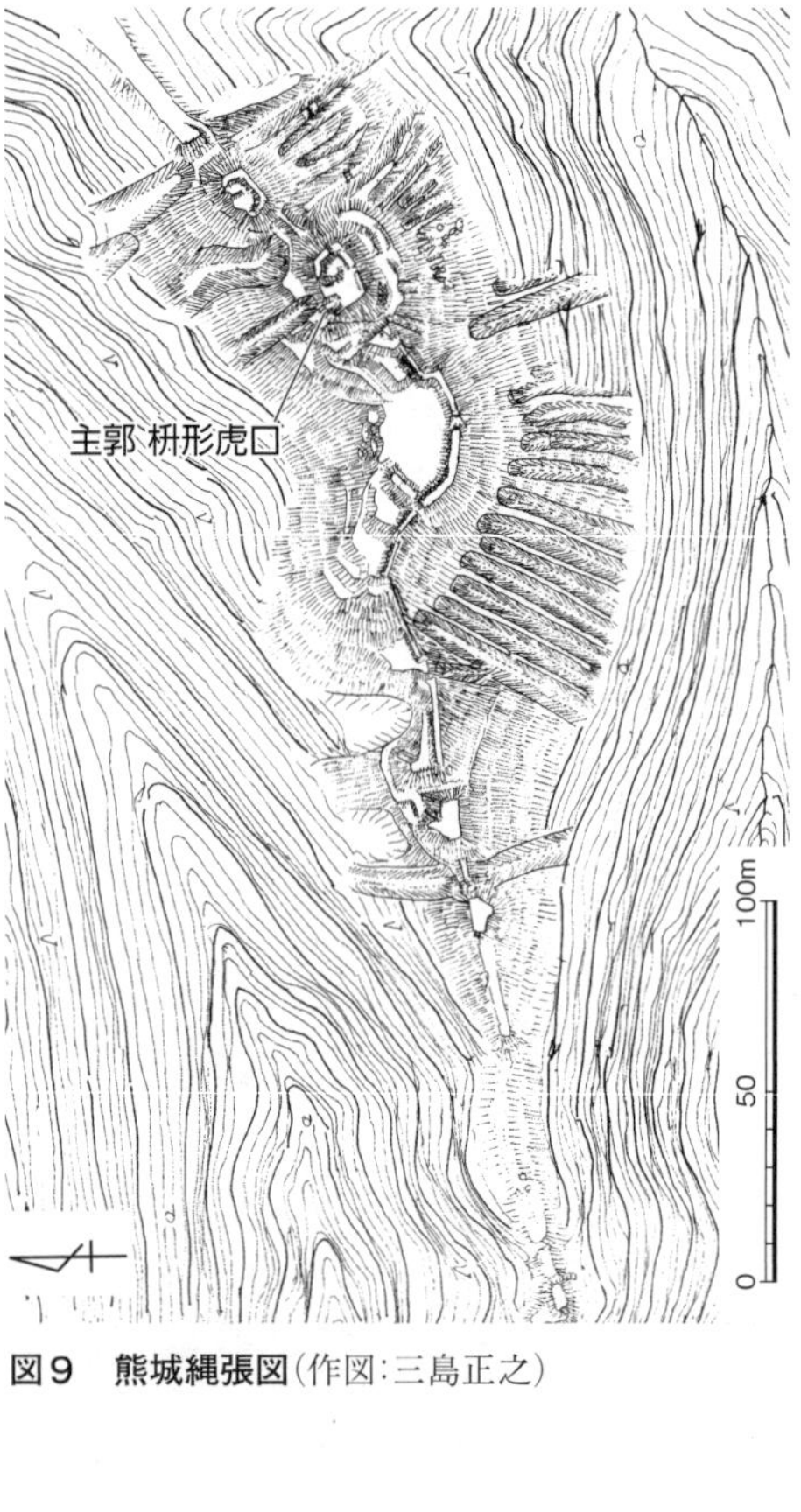

図９　熊城縄張図（作図：三島正之）

二本の竪堀は、明らかに放射状竪堀の形状を示している。

次に要害城の主郭から尾根先を下ったところにある、曲輪ⓖの東側の虎口に注目して頂きたい。この虎口は左右から土塁が突き出し、その外側に枡形空間を作り出しているので、外枡形虎口といえる。この外枡形虎口Ⓖに類似するのが、三日市場城の虎口ⓐだ。要害城の方が石垣張りで洗練された形状だが、三日市場城も左右から土塁が突き出しており、外枡形空間が形成されている。しかも、この両方の虎口とも左側が櫓台となっていて、定型的な虎口パターンであることが看取されるため、同一の虎口思想に基づき構築されたとの推測が可能だ。

あと注目すべき虎口としては、出城の熊城主郭の北側に設けられた虎口をあげることができる。この虎口は内枡形虎口で、その外側には虎口受けが敷設され、あたかも内・外の二重枡形虎口の形状を呈している。これに類似するのが、黒川城主郭の西側に築かれた虎口ⓐであろう。黒川城の虎口ⓐは、内枡形虎口はないが外側に外枡形状の虎口受けが設けられており、熊城の虎口は黒川城の虎口の進化系ととらえることもできる。

ところで、熊城の南側山腹には十数本の連続竪堀が築かれているが、この城が武田氏の城であるなら連続竪堀ではなく放射状竪堀でなければならないのに、連続竪堀がしかも大規模な状態で設けられているのは、矛盾しているのではないかと思われるだろう。しかし、熊城の全体の縄張を見わたすと、主郭直下から始まる土塁(石塁)ラインが、城の南側のみに築かれており、この城は防御の力点を南側に指向させた縄張で築かれていること気づく。つまり、この城は南側からの攻撃から要害城を防衛することのみの目的で築かれたため、城の南面のみに防御を優先させた縄張になり、その効果を最大限に発揮させるためには、南側山腹を連続竪堀でデッドゾーン化することが求められたのであろう。武田氏は蓄積した戦訓から、連続竪堀と放射状竪堀の使い分けなど、極めてフレキシブルな築城術を備えており、状況に応じて臨機応変な縄張を行ったものと考えられる。

以上かなり少ない事例ではあるが、要害城と放射状竪堀のある山城の虎口遺構を比較検討することで、両者の構築主体がほぼ同一であること、つまり武田氏が放射状竪堀を築いたことが見えてきたと思う。

さて、放射状竪堀が武田氏系山城のオリジナルな防御遺構である確率は、高まってきたわけだが、もしそれが事実であるのならば、これらの防御施設を伴った山城はいつ頃、構築、あるいは改修されたのだろうか。それを解く鍵は、白山城に隠されていると、筆者は以前から考えていた。白山城は同時代史料がなく、しかも一章で述べたように、城が武川衆の本拠地という武田氏が城を築くのが困難な地域に立地しているため、武田氏築城説を否定する意見もあるいわくつきの城である。その白山城に武田氏が放射状竪堀を築いた時期に関する鍵が隠されているという考えは、いったいいかなる根拠があるのだろうか。

その根拠となるのが白山城の立地である。白山城は前述したように、新府城から釜無川を挟んだ対岸に立地している。白山城の占地する山は、甘利山系と七里ヶ岩台地に挟まれた釜無川河谷の南端部に位置している。この位置は、甲府盆地から新府城に向かう場合、その入口付近に当たっている。さらにこの場所は、西股総生氏が指摘するように、(註12)駿河方面から、徳川家康が富士川を遡って甲府盆地に入り、新府城を衝こうとした場合、側面陣地として立ちはだかる位置にある。つまり、白山城は新府城の西南方面に対する防衛拠点として、絶好な位置に構築されているのである。ということは、この城が築かれたのは新府城築城と同時ということになる。白山城の現況遺構を見る限り、この城が何度も改修を繰り返してできた城というより、統一した築城思想により一気に築き上げられたように感じられる。

白山城が新府城の防衛目的で築かれたとすれば、その築城は新府城築城と同時期の天正九年かそれより少し前であったことになる。いずれにしても、白山城の築城は、武田氏の最末期の勝頼の時代であることはほぼ相違ないと思われる。そうなると、放射状竪堀の構築もこの時期の可能性が高まってくる。おそらく他の放射状竪堀も、勝頼の代の天正期に一斉に構築されていったと推定されるのである。要害城が天正四年に勝頼が大改修を加えているのも、有力な傍証になるだろう。

天正三年の長篠合戦敗退後、西部戦線より後退を余儀なくされた勝頼ではあるが、同六年三月の上杉謙信の死去にともない勃発した御館の乱に介入した結果、武田氏は東・北部戦線において勢力の拡大に成功する。この時期に勝頼は、領域の各地において城郭の整備を精力的に行ったものと思われる。この時に獲得した越後西浜(糸魚川周辺)との連絡のため、千国街道沿いの黒川城や三日市場城が構築された可能性はかなり高い。また、松本盆地周辺の監視を強化するために、竹田城・武居城・山家城を構築か改修したことは充分に考えられるのである。そして、武田氏にとって重要拠点の一つである駿河東部の葛山城にもこの整備の波がおよび、放射状竪堀が敷設されたものと思われる。そのように考えた場合、放射状竪堀は武田氏の山城の最終段階において構築された防御遺構であったという結論に、ようやく達することができそうだ。

しかし、放射状竪堀が武田氏系山城の最終段階の防御遺構と考えた場合、この遺構と対置される連続竪堀(畝状竪堀)と比較すると、この年代比定に大きな疑問が生じてくる。それは、防御力の強固な連続竪堀より、脆弱そうな放射状竪堀の方がなぜ、年代が新しいのかという疑問である。確かに斜面を竪堀で切り刻んでデッドゾーン化する連続竪堀の方が間隔の疎らな放射状竪堀より、防御力が強固であり、縄張の発達史からすれば、連続竪堀の方が最終段階の防御遺構にふさわしく感じられる。だが、遮断が徹底している方が新しいという、右肩上がりの縄張進化論は果たして正しいのだろうか。

筆者は守城戦における兵器の変遷によって、城の縄張も若干の変化が生じたのではないかと考えている。その変化を促した大きな兵器として登場するのが、有効射程や殺傷能力において、従来の遠戦兵器で弓をはるかに凌駕した鉄砲である。城内に鉄砲を装備した兵を多数配置させれば、城の防御力は格段に向上するが、武田氏系山城では、その銃兵を山腹の塹壕状の横堀に配置し、山腹を攻め登る敵兵を狙撃していたと思われる。そして、横合いから曲輪内に侵入する敵襲を阻止するため竪堀を設け、敵が竪堀で足止めされた瞬間を狙って斉射を敢行すれば、敵に甚大な損害を与えることができる。この機能を実現するため斜面の設ける竪堀は、必ずしも密集して築く必要はなく、ある程度疎らに設けても鉄砲との併用でかなりの防御効果を上げることができるのである。つまり、鉄砲を効果的に運用すれば、築城時の省力化が図れるのだ。

おわりに

以上、少ない事例ではあるが、放射状竪堀と併存する特徴的なパーツと武田氏オリジナルの山城のパーツを比較検討することにより、放射状竪堀の遺構が、武田氏の山城の特徴的な防御施設の一つであるという命題に対し、少しは解答ができたのではないかと思う。しかし、これだけの少ない事例では、なかなか得心されない方がいらっしゃるだろうし、筆者自身もこれだけの事例で論証したことにいささか消化不良感を禁じ得ない。割り当ての頁数が少ないとぼやくのは、あくまで筆者の執筆の準備不足の逃げ口上に過ぎない。筆者はこの執筆態度を猛省しこの命題に関して完璧な解答を出すべく、稿を改めて論考を進めていきたいと考えているので、ご学兄諸賢にはいま暫くご猶予を頂きたいと切に願っております。

註

(1) 第26回全国城郭研究者セミナー「大名系城郭を問う」二〇〇九年八月一・二日（於東京　國學院大學）において中西裕樹・石田明夫・西股総生氏の報告をもとに活発な議論が展開。

(2) 齋藤慎一　二〇〇八「戦国大名北条家と城館」『中世東国の世界3戦国大名北条氏』

(3) 萩原三雄　一九八四「丸馬出の研究」『甲府盆地―その歴史と地域性』雄山閣、池田誠「武田氏築城術の一考察」・八巻孝夫「武田氏の遠江侵略と大井川城塞群」『中世城郭研究』一・二号

(4) 新府城一九九八〜二〇〇六、武田氏館（躑躅ヶ崎館）二〇〇三〜六年、諏訪原城の発掘調査二〇〇六〜などで発掘調査が実施された。

(5) 三島正之「黒川城をめぐって―武田氏の山城を考える。」・「川中島合戦と城郭（続）―関連城郭から展望する合戦の実像」『中世城郭研究』六・二一号

(6) 本田昇　一九八七「白山城」『図説中世城郭事典』二　新人物往来社

(7) 数野雅彦　一九九九「武田系城郭と白山城」『白山城の総合研究』白山城跡学術調査研究会・韮崎市教育委員会

(8) 「高白斎記」一九六七『武田氏史料』新人物往来社　一〇四頁

(9) 武田家朱印状「三枝文書」一九九九『山梨県史』通史編四中世　山梨県　六四四頁

(10) 「裏見寒話」巻之一の要害城の項に「加藤遠江守光泰破損修覆する也」と加藤氏が要害城を改修した一文がある。しかし、これは自然災害等で破損した城の一部を修復したという記述で、縄張自体を改変したととることはできない。『甲斐叢書』六巻　一九七四　甲斐叢書刊行会

(11) 本田昇「要害城」『図説中世城郭事典』二　前掲書

(12) 西股総生　二〇一三『「城取り」の軍事学』学研パブリッシング　二四四頁

一夜城と村の城

信長の陣城と雑賀衆の城

水島大二

はじめに

和歌山市の北西部は、北に和泉山系、南に紀ノ川の大河を控える平野部である。『紀伊続風土記』（以下、続風土記と記す）[註1]は、この平野部にいくつかの城館跡を伝えている。

ところが、木ノ本地区の標高約四〇ｍ（比高約三〇ｍ）の「城山」[註2]は、曲輪を囲む大きな土塁と腰曲輪を残していたにも関わらず、城跡（以下・木本城＝仮称＝と記す）の記載がない。そのためか伝承もなく、城跡の認識もほとんどない。それが平成五年（一九九三）、宅地造成事業に先立って行われた全面発掘で、『信長公記』[註3]にある内容（後述）から信長軍の陣城である可能性が高まり、眼下に位置する雑賀衆の中野城[註4]との因果関係が語られ始めた。しかし、その「城山」は発掘後の開発で、今は跡形なく消えてしまっている。

それに対して、雑賀衆の中野城跡は『続風土記』にも記され、その存在は語り継がれ、僅かに残る堀跡に「中野城跡」の標柱が説明板とともに立っている（写真①）。

記録にない信長軍の陣城と記録に残された雑賀衆の中野城。この両城の相違点などを発掘報告や伝承から探ってみる。

一　信長の雑賀攻め

元亀元年（一五七〇）九月十二日から始まった信長の石山本願寺攻め。十年も続くこの戦いの中で、天正四年（一五七六）本願寺の顕如上人に味方する紀州雑賀《さいか》衆は、数千丁の鉄砲で信長軍を苦しめる。これが同本願寺攻めに苦慮する要因のひとつであると考えた信長は、翌年紀州雑賀攻めを決行する。

『信長公記』は

（信長公）同年二月十八日、佐野の郷[註5]に至って御陣を移させられ、廿二日志立[註6]へ御陣を寄せられ、浜手・山方両手を分《わかっ》て御人数差遣《さしつか》

写真１　中野城跡の堀跡（手前の畑）と伝石垣

はされ、山方へは根来杉の坊（註7）・三緘《ミカラミ》衆案内者として、佐久間右衛門・羽柴築前・荒木摂津守・別所小三郎・別所孫右衛門・堀久太郎、雑賀の内へ乱入し、端々焼払ふ。

と記している。

この時、雑賀衆は顕如上人を弥勒寺山（註8）に守り、周辺に多くの砦を構える一方で、前方の小雑賀川（註9）の川岸に柵を張り、川底に逆茂木や桶の類を埋めるなどのゲリラ戦法と鉄砲で、徹底抗戦で信長軍を退けている。このようすを『信長公記』は続けて、

御敵小雑賀川を前にあて、川岸に柵を付け相拘へ、堀久太郎人数撞《どっ》と討ち入り、向の川岸まで乗渡し候処、岸高く候て馬もあがらず。爰を肝要と鉄炮を以て相拘へ候間、堀久太郎能き武者数輩討引退く。

とその苦戦ぶりを綴っているが、『紀伊名所図会』（註10）もまた、類似内容に絵を加えて、周辺に構えた砦のひとつひとつまでも詳細に描き伝えている。

この出来事は、近隣（海南市）の大野十番頭と呼ばれた勢力者の間で、信長側と雑賀側の二手に分かれて、井松原（註11）で合戦が起きるほどの騒ぎとなっている。

その後、信長軍は雑賀衆の前線基地である中野城を攻めている。同じく『信長公記』に、

谷の輪（淡輪）口から先は道一筋にて節所《せっしょ》に候間、鬮《クジ》取にして三手に作《なし》て山と谷と乱れ入り―中略―爰にても究竟《くきょう》の者討捕り、所々焼払ひ、中野の城取巻き、攻めさせられ候キ。

二月廿八日、丹和迄（註12）信長公御陣を寄せられ、これに依って、中野の城降参申し退散なり。

とある。これは、中野城が落城して信長軍の手に渡ったことを示すものであって、雑賀衆が降参したということではない。

この城攻めに関連した城は、木本城とその北東の長尾城（註13）。さらに西方の和歌山市栄谷の古老が、小山城と呼び伝えていた古城跡であったと思われる。その古城跡が『続風土記』の「廢大膳寺跡　高芝の北小山の上にあり今尚大膳寺山といふ相傳ふ―中略―大膳寺山の西に城跡と唱ふる所あり誰の住せしか知らず」と一致するのか否かは不明だが、城の存在を裏付ける報告がある。ひとつは讀賣新聞記事（註14）でもうひとつは『和歌山大学移転総合地発掘調査報告書―関係

部分付遺跡周辺地図―』(註15)である。木本城は、この古城跡の西約二kmにあり、長尾城はこの北東約一kmに位置する。

これで長尾城を頂点とする三角形に配置された三城の存在が浮かびあがり、『信長公記』の「三手に分かれた軍勢」と数は一致する。近年、これらの陣城に関連するひとつではないかと推定される城跡が、長尾城の北東約二kmの高野山《たかのやま》で発見されている(註16)（図1参照）。

信長軍が三手に分かれて「丹和（淡輪）から先は道一筋とある」のは、深日《ふけ》を経由し、孝子峠を越えて中野城方面に向かう道だと考えられるという。(註17)その孝子に高野山城跡（仮称）があり、三手はここを拠点として、それぞれに分かれて行ったのかもしれない。

その八年後、秀吉も紀州攻めを実行（後述）し「紀伊国より和泉へ出ル道筋覚」に「きゃうし長尾越　但下貴志平井谷より和泉之内淡輪へ出ル」(註18)と「長尾」の名がみえるので、一連の城跡全てを信長軍の陣城と決めつけるのは、時期尚早の感はあるが、本格的な調査が行われていない今日では、推測の域を脱することはできない。しかし、信長・秀吉軍の陣城であったことは、まちがいのないことと

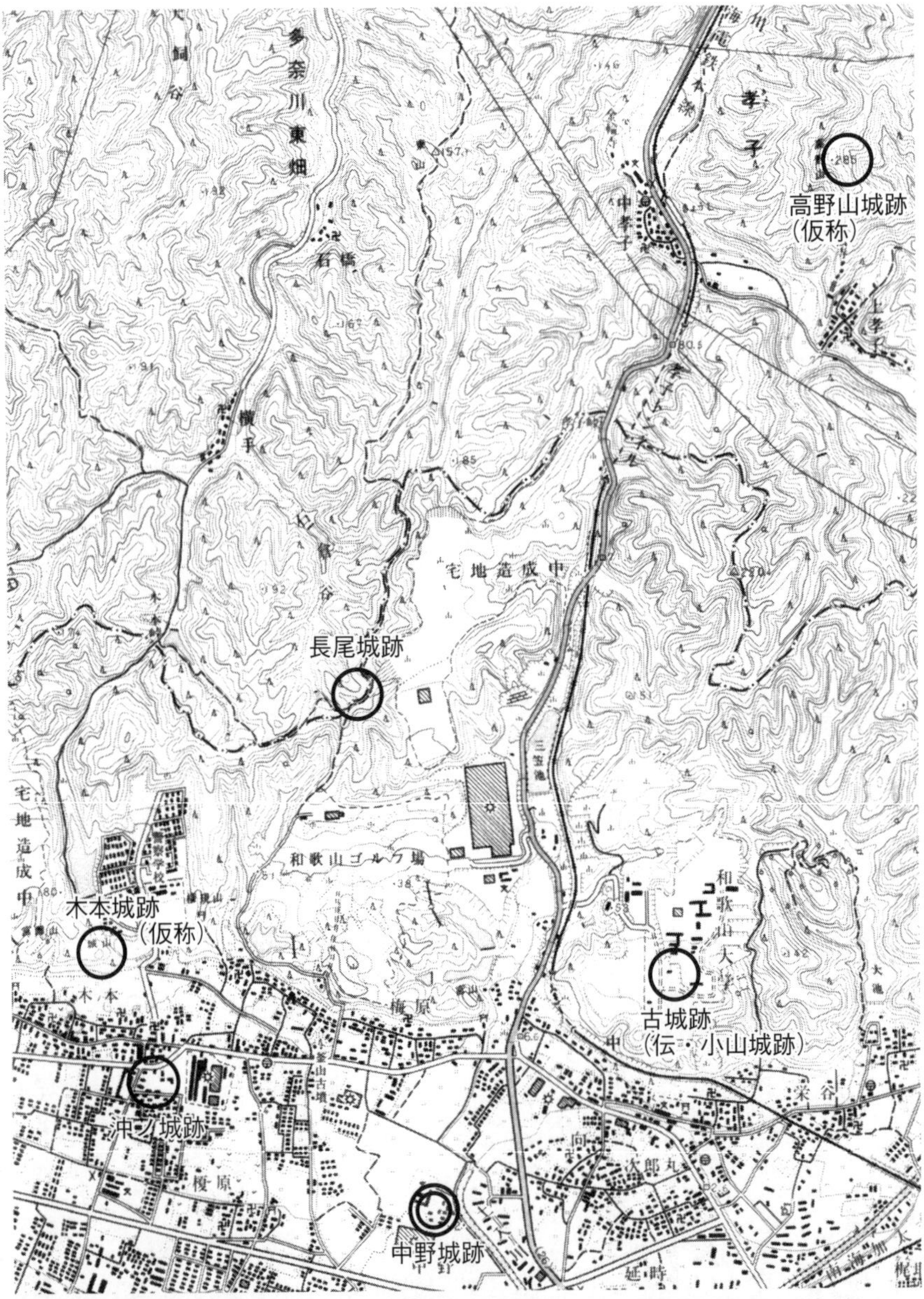

図1　信長雑賀攻めの陣城跡（推定）と中野城の位置関係　（地形図25000分の1に加筆）

思われ、この時、中野城に最も近かったのが木本城ということになる。

二　信長軍の陣城

木本城跡の近くに「沖《おき》の城《しろ》」という地名がある。『続風土記』に「沖の城跡　村の巽にあり誰の城なるか詳ならす」とあるが、城に関する伝承は全くなく、痕跡も残していない。そんな中で、昭和三〇年代の『月刊観光紀州』[註19]に、高橋進氏が「紀伊国海士郡木本村の記録Ⅰ」と題して「木本庄は湯浅氏の領地となり、[註20]正応二年（一二八九）十二月の湯浅結番次第（崎山文書・紀伊文化研究二巻六号所載）に木本庄の名がみえます。その城が城山にあったとも沖の城にあったとも云われ、また地頭は竹内または垣内左ヱ門とも云い伝えられています」と「城山」の木本城と「沖の城」を城跡として紹介している。確かに一時期、湯浅党一派の木本氏が当地方を納めていた記録[註21]があるので、見張りの城として木本城、そして、沖の城が木本氏の居住地だったと考えられるが、ほかにも関連すると思われる施設が発掘調査で明らかにされている。[註22]ただ、木本城と沖の城との関係は不明である。

平成五年の木本城発掘調査（後述）の結果について『定本・和歌山県の城』[註23]で「城山遺跡は予想以上に大土木工事によって造られた城郭であったことが判明した。自然地形を無視して方形に築く土塁（写真②）は、織田信長・豊臣秀吉などが活躍していた戦国時代に造られた形態とされ、特に土塁内に何の施設も設けないのは織豊軍が攻撃用砦として各地に築かせ、兵士を待機させるだけの陣城の特徴となっている。確かに天正五年（一五七七）に織田信長軍によって攻撃された雑賀衆の居城『中野城跡』が眼下に見える。また織豊系陣城に関する諸条件と城山遺跡の内容と対比してみても当てはまる要素が多く、現段階では織田軍が中野城を攻めた際に築いた陣城とするのが最も妥当と考えられるが、類例の報告が少ないので断定するのは難しい」とまとめているが、この後で刊行された『和歌山県中世城館跡詳細分布調査報告書』[註24]では「方形の土塁内部に建物遺構がない形態は戦国期に築かれた陣城の類と考えられる」（図２）とほぼ断定している。

写真２　平成５年の発掘時の木本城跡（筆者撮影）

また、当発掘調査で出土した二点の鉛塊（写真③）について「どちらも直径五cm・高さ二cmの相似型で、重さも一四〇gと一四八gと近似値であることから規格性をもって作られているようである。（中略）出土した遺跡の性格や鉛という材質などから鉄砲玉の原料の可能性が高いと思われるが、ほかに類例がないので断定はできない」と『和歌山地方史研究』(註25)で述べている。

これらの報告では「曲輪内には何の施設も設けない」とあるが、現地から石鍋や瓦器碗、中国製青磁、備前焼擂鉢に加えて鉄釘も出土している。これは発掘で確認された四脚門（礎石から櫓門と推定）（写真④）に付属する塀などの施設があり、それに使用したものなのだろうか、また、鍋や碗の出土があることは、陣城に守備する兵の生活が臨時に営まれ、極簡単な休息場が確保されていたのだろうか。あるいは陣城以前のものか等々、想像は広がる。

いずれにしても、中野城からは、唯一の建物であった櫓門が一目

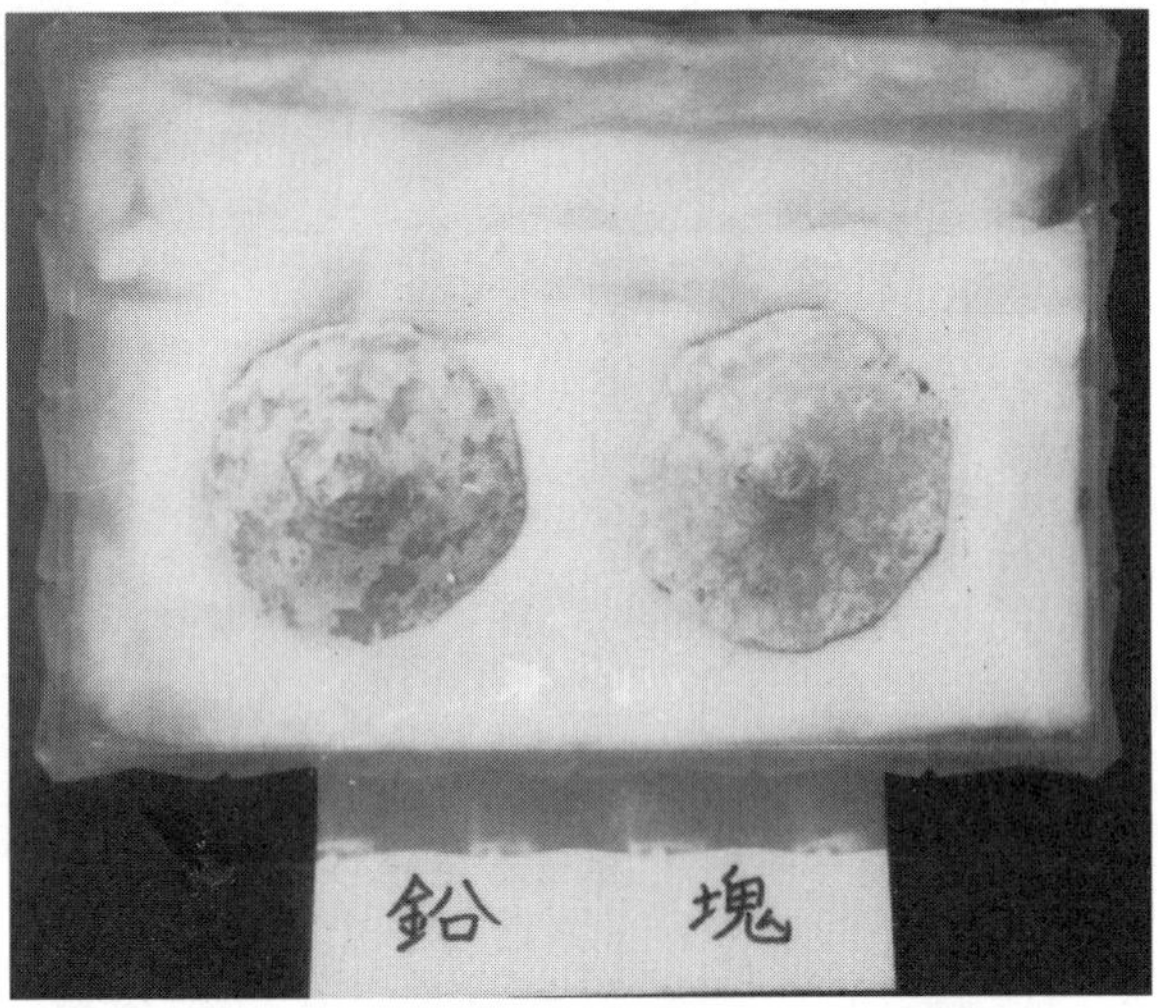

写真３　平成５年の木本城跡発掘調査で出土した鉛塊
（筆者撮影・和歌山市教育委員会所蔵）

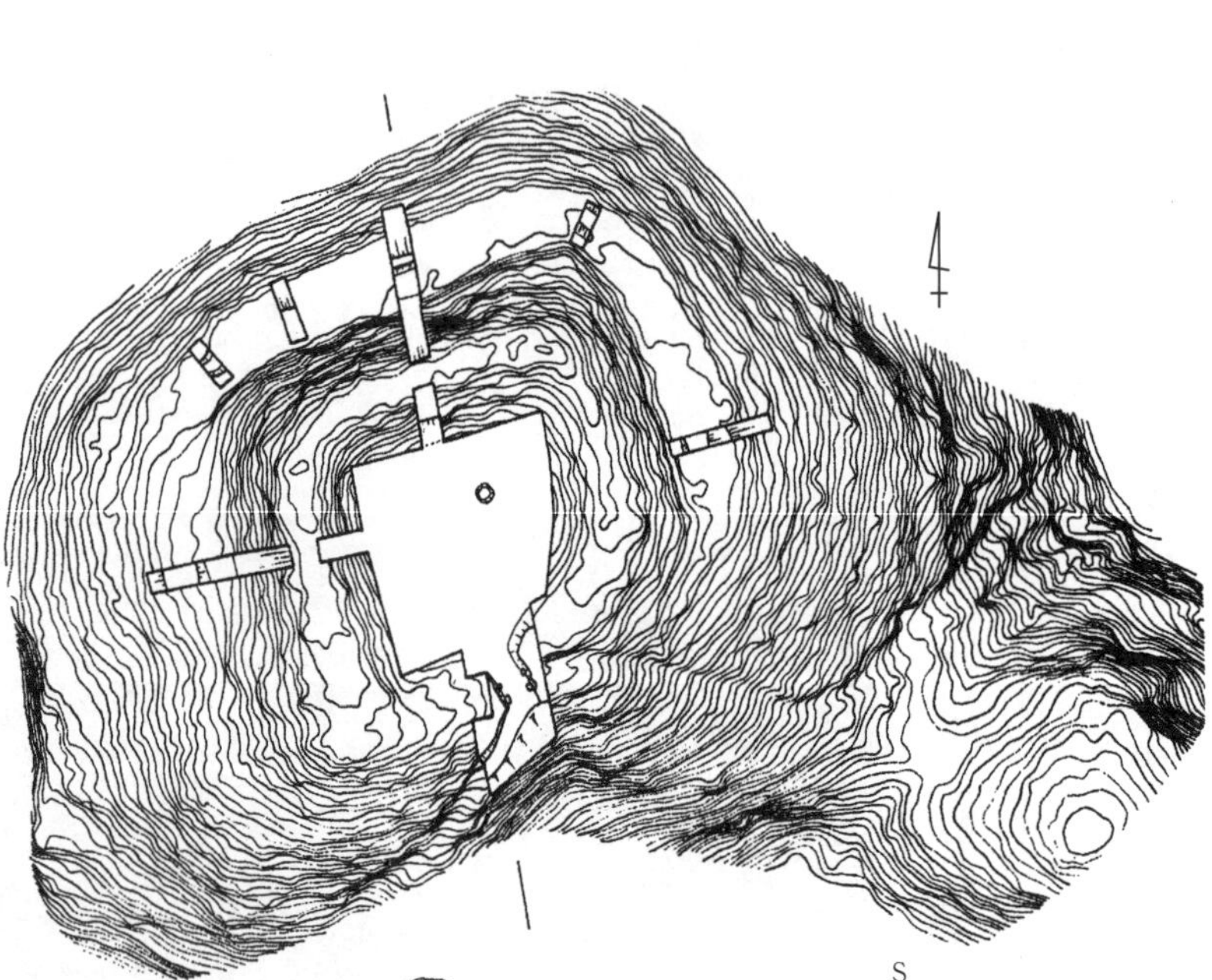

城山遺跡（木本城）

図２　木本城跡の発掘調査図　（『和歌山県中世城館跡詳細分布調査報告書』より転写）

写真４　平成５年の発掘で出土した木本城の四脚門跡　（筆者撮影）

で望むことができ、さぞりっぱな城に見えたに違いない。それも数日の内に完成したように見せかけたとすれば、まさに一夜城である。一夜の名は明治以降の造語で、短期間の内にという形容であることは言うまでもないが、敵の眼を欺く心理作戦としては効果のある陣城造りであったことに違いない。

しかし、単なる一夜城にしては土塁も版築土塁という念の入れようである。しかも、城門に続く道の存在も発掘で明らかになっていることから、中野城攻略後も当城は、中野城と結び再利用可能な陣城として存在していた可能性も考えられ、そのつど当陣城は使用され、堅固な土塁に仕上がっていったのかも知れない。

この織田軍勢に、秀吉が参戦していたことは『信長公記』（前出）であきらかである。この時、秀吉は雑賀衆の鉄砲集団の脅威を熟知し、また、相手方に威圧感を与える心理作戦の城造りを学んだのではないだろうか。

秀吉が紀州攻めを実行したのは、それから八年後の天正十三年（一五八五）のことで、紀伊太田城(註26)に籠もる雑賀衆と戦い、鉄砲の使用を封じ込める水攻めで、ようやく信長から続いた「雑賀攻め」に決着を着けたのである。

三　雑賀衆の中野城

木本城から眼下に望めた中野城は平城である。説明板に「戦国時代、紀ノ川平野に勢力を誇り、織田信長と戦う大坂本願寺を支援していた雑賀衆の城。孝子《きょうし》峠越えと大川峠越えの道が交差する付近に位置する。天正五年（一五七七）二月、雑賀制服を目指す信長が、和泉山脈を越えて進攻してきた際、雑賀衆がこの城にたてこもって応戦した。発掘調査によって、その当時の銃弾が出土しており、激戦の様を物語っている。雑賀衆は信長に降伏したが、その後も独自に大坂本願寺を支援しつづけた」とある。

その中野城の全容は明らかでなく、『続風土記』に「村中（中野村）城跡あり西南の方今に堀形あり貴志教信といふ者の持城なりといふ畠山記に天正巳年二月十五日信長公紀州に發向す雑賀退治の為也云々廿二日中野之城を攻む信長公丹羽に陣を移され中野之城降参信長公是を取り中野に陣すとあり此城の事にて雑賀党の住せし城ならん」と『信長公記』とほぼ同じ内容を伝えている。この文中の「西南の方今に堀形あり」（後述）は、今日伝える堀跡のことかどうか明確でないが、北西にある貴志南小学校の校舎建て替えによる発掘調査で堀と思われる大溝が検出されている。

「室町時代の大溝、土抗、埋め甕、集石などが確認された。特に、検出された大溝は北東から南西方向に掘削されており、幅約七m、深さ九〇cm、検出延長約五〇mを測る大規模なものである点や多量の瓦や中国製染付などの輸入陶磁器、備前焼大甕などの国産陶器類を出土する点などから当地に勢力をもった雑賀衆の中野城に関係する施設であると推定された」と堀跡の報告[註27]がある。このことで、中野城の規模が漠然と浮かんでくるが、明記するには、もう少し時間を要するように思われる。

中野城の名残と伝わる石垣は、堀跡に沿う個人宅塀の基礎になっている。その石積みの大半は、後世のものと見受けるが、下部の一部に当時の石積みと思える部分が残る。かつて、この中程に、船着き場の雁木（石段）があり、塀はその部分で切れていたが、のちその雁木を埋めて塀を繋ぎ、コンクリートで塗り固めたという。現段階で、この雁木と中野城との結び付きを裏付ける史料は見つかっていないので、断定も否定もできないが、今に伝わる堀跡は、東方の土入川に繋がった水堀であったことを暗示させる（写真④）ものである。

四　雑賀衆の城

雑賀衆の城には特徴がある。

雑賀衆の大将鈴木（雑賀）孫一の本拠地とされる雑賀城[註28]は、小丘の北側「千畳敷」が城跡と伝わるが広くはない。もうひとつの本拠地、孫一誕生の伝承地にあった平井城[註29]も平城に近く、記録や現地の地形から「城」というより「邸」という表記が正しいように思われる。この平井城も中野城攻略の三日後に攻められている。

雑賀衆は普段、農・漁業に成就し、その合間に鉄砲の訓練を行い、戦となれば結集して鉄砲集団となる。信長紀州攻めの時も、各々が弥勒寺山城周辺の山々に、鉄砲を持って立て籠もったと（前述）想像する。

同十三年、秀吉の紀州攻めの際に、根来衆[註30]と雑賀衆は現在の貝塚市北方、岸和田市に接する地に防御ラインとして城を築いている。根来衆は高井村、窪田村、畠中村を要害化し、雑賀衆は、現在の南海本線二色ヶ浜駅を含む一帯の海側に澤ノ城を築いた。「当時薬師堂あり、之を取り立てて要害となしたるべし」と根来衆同様、村を要害化したとみられ「澤村城」と記した文献もある。[註31]また、「根来出城配置図」[註32]には、城域の中央を紀州街道が通り、東西六十六間、南北二百二十間と百九十間の表記がみえる。

中野城も同様の構造に近かったのではないかと考える。当初から雑賀衆が要地と見て築いたものではなかったことは、『続風土記』に「貴志教信が居住していた」（前出）とあることでわかる。それを信長軍進攻時に、貴志氏邸を中心に、村の周囲あるいは村の一部に堀を掘って巡らし、最前線基地に築き直したと考えるのである。

おわりに

木本城が「一夜城」的要素が強かったとしても、中野城が「村の城」だったと言うのは、余りにも大胆な発想であるかも知れない。しかし、木本城跡だった「城山」の名はあっても、今はその山はない。中野城跡も僅かに残る堀跡が伝えられているものの、すぐ脇に大型スーパーが建ち、周辺の宅地化も進み、付近の風景は急変しつつある。

この現状を知れば、いずれも幻の城になってしまうことは、そう遠くはないように思われる。この歴史ある両城は、セットで語り伝えるべきものであり、論じる時おのずと推論用語を多用してしまうが、それも含めて今後の調査研究の課題として、あえて「一夜城と村の城」と提起して書き残しておきたいのである。

註

（1）江戸時代の地誌　仁井田好古　一八四〇刊　一九七〇年歴史図書社復刻

（2）和歌山市木ノ本の城山。擂鉢山ともいう。現在は霊園となり「城山」は地図上のみに存在する。

（3）角川日本古典文庫　平成三年（一九九一）六版より引用

（4）和歌山市中野。

（5）大阪府泉佐野市。

（6）大阪府泉南町信達。

（7）和歌山県岩出市根来。根来寺境内の発掘で城郭風の石垣が出土している。

（8）弥勒寺山城跡　和歌山市秋葉町。現在の秋葉山公園。市民の丘で親しまれ、山頂に顕如上人の碑がある。

（9）和歌山市小雑賀《こざいか》を流れる和歌川の支流。

（10）高市志友、加納諸平編　文化八～九年　天保九年　嘉永四年、一九七〇年歴史図書社より高市志道編の熊野編が復刻。

（11）海南市日方《ひかた》。合戦を伝える石碑がある。

（12）大阪府泉南郡岬町淡輪《たんのわ》。曲輪を囲む土塁上に碑がある。

（13）和歌山県との境に位置するが、大半が大阪府泉南郡岬町。『続風土記』に「方十間平地あり　織田三七信孝雑賀を攻めんとて此地に砦を築きし趾なりといふ」とある。木本城が一望できる。

（14）昭和五十六年（一九八一）五月十七日付の讀賣新聞に「和歌山学統合校舎は昨年春から造成地の建設に着工、工事中に山頂部に近い箇所で城跡らしい遺跡を見つけ、県教委が調べていた。予定地内に掘ったトレンチから、いずれも幅約五m、深さ約二・五m、長さ十二mのたて堀が確認された。いずれも中心を囲む形で、用地いっぱいに延びているもようだが、工事の関係で全部試掘できず、工事の進行に合わせて調査している。（以下略）」とある。

（15）『和歌山大学移転総合地発掘調査報告書―関係部分付遺跡周辺地図―』に、昭和54年度・55年度・56年度の成果が掲載されている。その報告書には、溝状の通路や竪堀状遺構が写真とともに報告されている。

（16）大阪府泉南郡岬町孝子《きょうし》。南海本線孝子駅の東方、標高二八五mの頂に、土塁と曲輪の存在を和歌山城郭調査研究会のメンバーが発見した。
（17）太田宏一「天正五年の雑賀攻め進軍路」（『和歌山市立博物館研究紀要3』所収　一九八八　和歌山市教育委員会発行
（18）寺西貞弘「天正一三年秀吉紀州攻め進軍路」（『和歌山市立博物館研究紀要3』所収　一九八八　和歌山市教育委員会発行
に、「浅野支配時代の史料であるが『諸事覚書』による」として記載がある。
（19）第二一七号（第十八巻第十二号）掲載。筆者が高校時代に書き写したもので、発行年月日等、詳細不明。
（20）有田郡湯浅町青木に、湯浅氏の本城・湯浅城跡がある。土塁、空堀が残る。
（21）『和歌山市史』第一巻　八三〇頁　一九九一　和歌山市
（22）西庄Ⅱ遺跡。昭和五二年（一九七七）の発掘で「鎌倉後期より室町時代にかけての住居群遺構で、そのうちの北区画西側には約一五m×一〇mの基壇を持つ掘立柱建物跡がみられ、その規模から武士の住居者と想定することができる」と報告がある。
（23）益田雅司「城山遺跡の発掘」（水島大二監修『定本・和歌山県の城』コラム④　郷土出版社　一九九五）
（24）和歌山県教育委員会『和歌山県中世城館跡詳細分布調査報告書』
（25）益田雅司「発掘事例から―和歌山市城山遺跡（木本城）について」（『和歌山地方史研究』25・26合併号所収）一九九四　和歌山地方史研究会
（26）和歌山市太田にあった平城。ＪＲ和歌山駅の西方、大立寺付近が本丸跡との伝承に基づき、境内に城跡碑が建てられている。
（27）和歌山市文化振興事業団『中野遺跡第二次発掘調査概報』　一九九八
（28）和歌山市和歌浦東。近年「城跡山公園」と名付け、記念碑が建てられた。
（29）和歌山市平井にある城跡で「政所」と呼ぶ。「昔の堀の面影を遺した大きな溝」があったと貴志康親著『雑賀物語』昭和五十一年（一九七六）刊にあるが、その跡はなく位置も不明。
（30）戦国期の根来寺は、周辺に出城を構え、一大城郭都市化していた。
（31）『貝塚市史・第二巻』に収録されている「春生随筆十四」と『大阪府史蹟名勝天記念物調査報告書四』にある。
（32）岸和田市郷土資料館蔵（岸和田城）

〔付記〕城山遺跡（木本城跡）から出土した鉛塊（写真3）について、北野隆亮《りゅうすけ》氏（和歌山市文化スポーツ振興財団）が、タイのソントー鉱山周辺が産地であること。出土鉛塊は、雑賀側ではなく信長側のものであることを、科学的分析と多方面の資料をもとに追求し『紀伊考古学研究第16号』（紀伊考古学研究会　二〇一三年八月）に「和歌山平野における円錐形鉛インゴットと鉛製鉄砲玉―城山遺跡の『織豊系陣城』評価と出土遺物の検討―」と題して詳細な論考が発表された。

静岡県下の戦国期城郭における曲輪内建物について

溝口彰啓

はじめに

近年、戦国期城郭における発掘調査の進展により、埋もれた地下遺構の様相が次々と明らかとなり、静岡県内でも多くの知見が追加されてきている。こうした成果を元に、筆者は遺構、特に堀切・堀・土塁・虎口といった城郭たることを明確に示す防御的施設の様相を検討し、元亀〜天正年間初頭に大きな画期があることを確認した（溝口二〇〇八）。しかし、城郭は防御的施設のみで成り立つものではなく、城郭構造や機能の追求のためには曲輪内における施設、特に居住や駐屯に関わる建物の把握も重要な視点と思われる。ここでは前稿で言及しきれなかった、曲輪内部における建物遺構について発掘調査の成果を概観し、様々な建物のあり方について検討することで、静岡県下における戦国期城郭の特性を知る一助としたい。

一　遠江地域の様相

高根城　国人奥山氏の城であったが、天正期に遠江侵攻を目論む武田氏によって元亀年間から天正四年（一五七〇〜七六）の間に改修された可能性が高い。整備に伴う発掘調査により、掘立柱建物二棟、礎石建物一棟が、いずれも本曲輪北側の大手門に隣接する地区で検出されている（水窪町二〇〇二）。掘立柱建物は三×二間の一号建物跡と二×二間の二号建物跡がある。一号建物跡は二号建物跡に先行し、軸を違え、柱間も一・二〜一・八mと一定ではない。二号建物跡は柱間がいずれも六尺を測り、大型柱を使用していることから、井楼櫓であったと推定される。礎石建物は四×一間で、北側に一間分の外屋を伴う構造で、倉庫的な建物であった可能性がある。また、大手門は礎石建の間口一間半の城門が据えられ、その脇には隅櫓のものとみられる礎石も発見されている。二号建物跡、礎石建

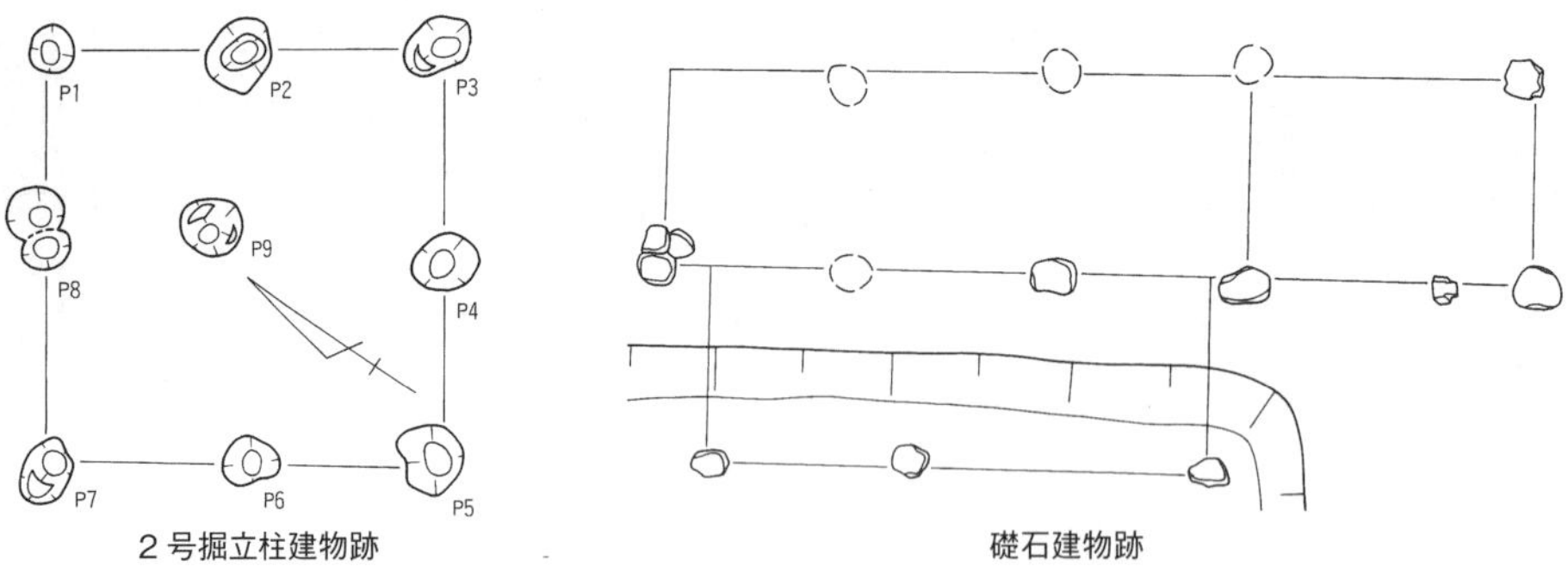

第１図　高根城建物跡平面図

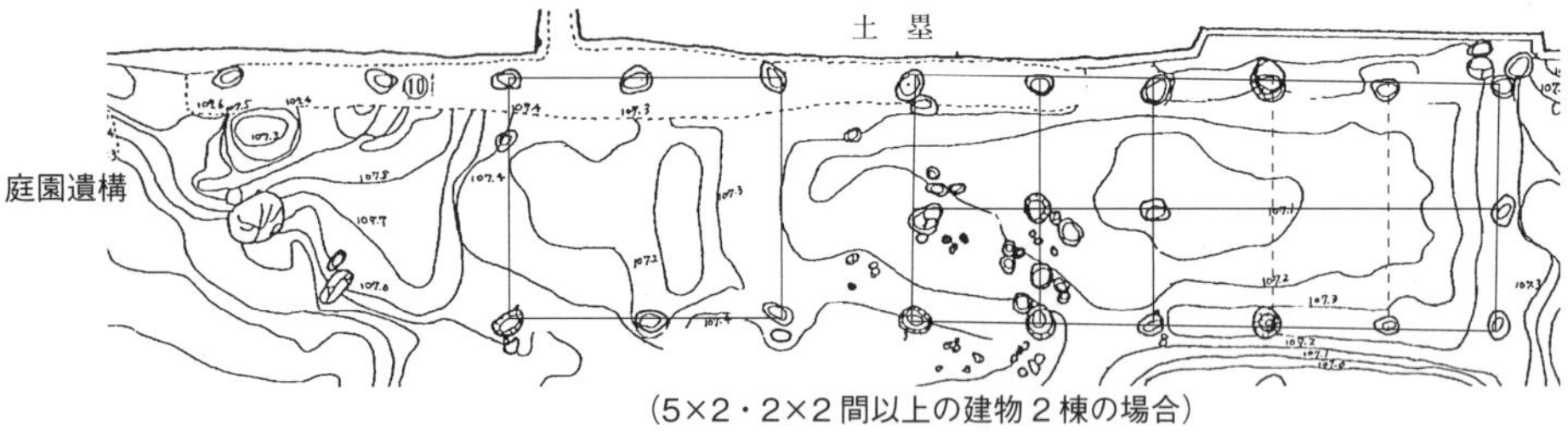

第２図　鳥羽山城礎石建物跡平面図

物と城門は軸を揃えていることから、一連の建物とみられる。本曲輪南側は明確な建物跡は検出されていないが、残存していた一部の礎石の存在から、主要建物を含む礎石建物が存在した可能性があり、主要建物を中心として倉庫、城門、櫓などの建物が整然と、しかも有機的な形で配置されていたことが特筆される。

鳥羽山城　隣接する二俣城とともに武田・徳川氏の拠点城郭であったが、天正十八年（一五九〇）、浜松城主となった堀尾吉晴が支城として改修を施している。後世の改変により旧状を留めないが、石垣造りの本丸とその周辺は良好に遺構が残り、庭園遺構や大手の規模形状などから、御殿あるいは対面所施設があった可能性が指摘される（加藤二〇一〇）。本丸内で実施された発掘調査により、西側の土塁に接する形で礎石建物が検出されている。礎石は土塁に沿って南北に十一個、対となる東側に九個、その間に三個が確認され、柱間は一・八～二・〇m程度とややばらつきがある。建物の構造や規模は明確ではないが、総柱の五×二間と側柱二×二間以上の建物が二棟並ぶか、あるいは二×二間の建物が三棟並ぶ形態の建物であったとも想定される。倉庫的建物であった可能性もあるが、南側に庭園遺構が接していることもあり、その性格は不明と言わざるを得ない。

笹岡城　二俣城の北に位置し、二俣城・鳥羽山城と密接に関わって使用されたことが窺える。発掘調査に伴う出土遺物の分析により、中世前期より有力な屋敷地として使用され、十五世紀末葉～十六世紀初頭に大きく展開していることが想定される。さらに織豊期の瓦の出土から、堀尾氏段階での使用も確認される（久野・松井二〇〇八）。本曲輪内においては、建物に伴う礎石の抜取痕とみられる柱穴が検出されている。建物を区画する溝や石列なども併せて検出されているが、その構造や規模、時期については明瞭ではない。しかし、少なくとも戦国期以降には、本曲輪に恒常的な礎石建物施設があったことが判明する。

千頭峯城　南北朝期の山城であるが、十六世紀初頭～前半頃以降の軍事的緊張感の中での使用が想定され、遺構の状況から今川氏・徳川氏らによる改修が行われたとみられる。部分的な発掘調査ではあるが、西曲輪では土塁囲みの曲輪内において、西側土塁に接するように二×二間以上の掘立柱建物が検出されている（三ヶ日町一九八三・加藤二〇一〇）。二の曲輪（東部分）では虎口に接する箇所と中央西側で二棟分の建物の基礎とみられる礫群が検出されている。建物の規模は不明ながら、根太を使用する礎石建物であったとみられ、虎口施設と一体的な構造を持っていたとも考えられる。他にも東一の曲輪で小穴や礫群が検出されていることから、各曲輪に数棟の建物が存在していた可能性が高い。

殿谷城　国人原氏が明応年間（一四六九～八六）頃に築いたとされ、原氏が今川氏に降った後の天正元年（一五七三）に徳川方の久能氏の攻撃により落城した山城である。三段造成の一の曲輪下段では平面形がほぼ正方形となる三×一間、二×一間の掘立柱建物が検出されている。いずれも五m四方程度の小規模建物で、桁行の柱間は一・二～三・〇m、梁行は四・八～五・〇mとかなりのばらつきがあり、重複

第３図　千頭峯城二の曲輪礎石建物跡平面図

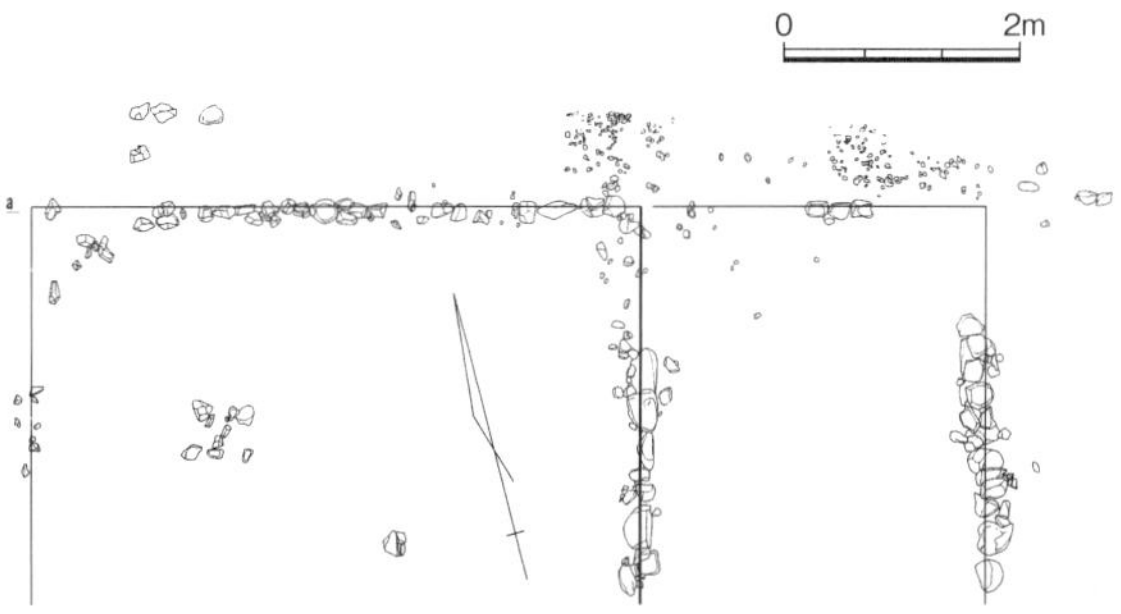

第４図　殿谷城一の曲輪礎石建物跡平面図

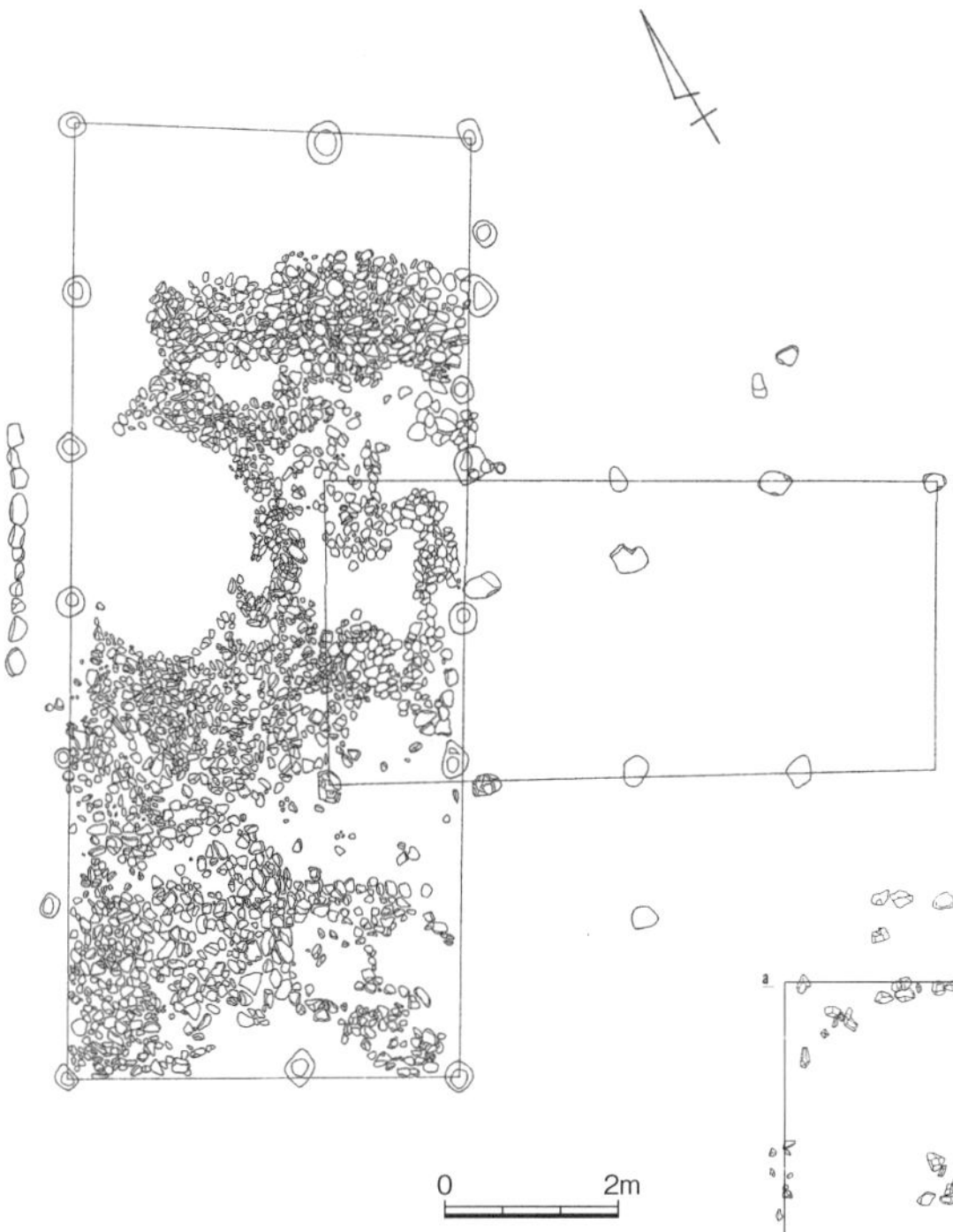

第５図　高天神城本丸建物跡平面図

することから、建替えられたものとみられる。一の曲輪中段では一部が失われるものの、方形に配置された石列が二つ連なる形で検出されている。規模は不明であるが、根太を使用した礎石建物となる可能性があり、五×三m以上の規模を持つものと推定される。一の曲輪以外の曲輪における建物設置状況は判然としないが、遺物の出土状況をみると、十五世紀後半～十六世紀前半に大きなまとまりがあることから、建物はこの時期以降、中心となる曲輪に構えられた可能性が高い。

高天神城　遠江南部における重要拠点として永正年間頃に今川氏方の城として築かれたとされる。元亀二年（一五七四）以降、天正九年（一五八一）に徳川家康が城を落とすまで、武田氏、徳川氏が激戦を繰り広げた拠点的な山城である。城域は長大な土塁や横堀などによって防御される戦闘的空間の二の丸地区と、地形に即した広い曲輪を有する本丸地区に分かれている。二の丸地区では二の丸及び井楼曲輪で柱穴が検出されているが、建物の規模・構造は判然とせず、簡素な小規模建物が建てられた可能性がある。本丸地区では本丸西端において、石敷を伴う六×二間の掘立柱建物、四×一間の礎石建物が重複する形で検出され、礎石建物が先行するとみられる。掘立柱建物内部には径一〇～三〇cm程度の川原石が敷き詰められ、礎石建物は掘立柱建物とは直交する形で重複していた。ふたつの建物は本丸北西端虎口に隣接しており、虎口施設に伴う可能性がある。また、本丸西側下段の的場曲輪でも南北一一m、東西五mの範囲で石敷遺構が検出されている。それに伴う柱穴や礎石は確認されていないが、本丸で検出された建物と同様、石敷を伴う建物である可能性は極めて高い。石敷建物の性格は明確ではないが、湿気を嫌う、あるいは重量物に対応するなどの機能が考えられることから、倉庫的な建物であったとも考えられる。これら遺構に伴って十五世紀後葉～十六世紀後葉までの遺物が出土しているが、そのピークは十五世紀後葉～十六世紀中葉にあり、その時期以降に整備されたものと考えられる（掛川市二〇〇九）。

比木城山　築城に関わる資料がないため、詳細は不明であるが、残存する堀切や曲輪等の遺構の状況から戦国期の山城とされる。二の曲輪では、曲輪のほぼ中央部で掘立柱建物四棟が検出され、そのうち規模が明確なのは、二号掘立柱建物（五×二間）、三号掘立柱建物（二×二間以上）である。遺構及び出土遺物の状況から、室町期に始まる山城を戦国期に改修したことが想定され、上記建物はその時期に建てられたものとみられる（御前崎市二〇〇五）。

勝間田城　有力国人勝田氏（勝間田氏）が築いた要害であり、十五世紀中葉に創築され、文明八年（一四七六）に今川義忠の攻撃によって落城したとされる。二の曲輪は土塁で囲繞された広大な曲輪で、東部北側では方形の区画溝に囲まれた掘立柱建物ＳＨ02（二×二間）とＳＨ03（三×二間）、東部南側では雨落溝を持つ掘立柱建物ＳＨ11（三×二間）とＳＨ12（四×二間）、またその西側では区画溝あるいは雨落溝を備えた礎石建物ＳＢ01（五間以上×五間）が検出されている。西部北側では方形の区画溝に囲まれた掘立柱建物ＳＨ04（三×二間）、ＳＨ05（二×二間）、ＳＨ06（二×二間）が検出されている。西部南側では建替えによって重複する掘立柱建物ＳＨ07・Ｓ

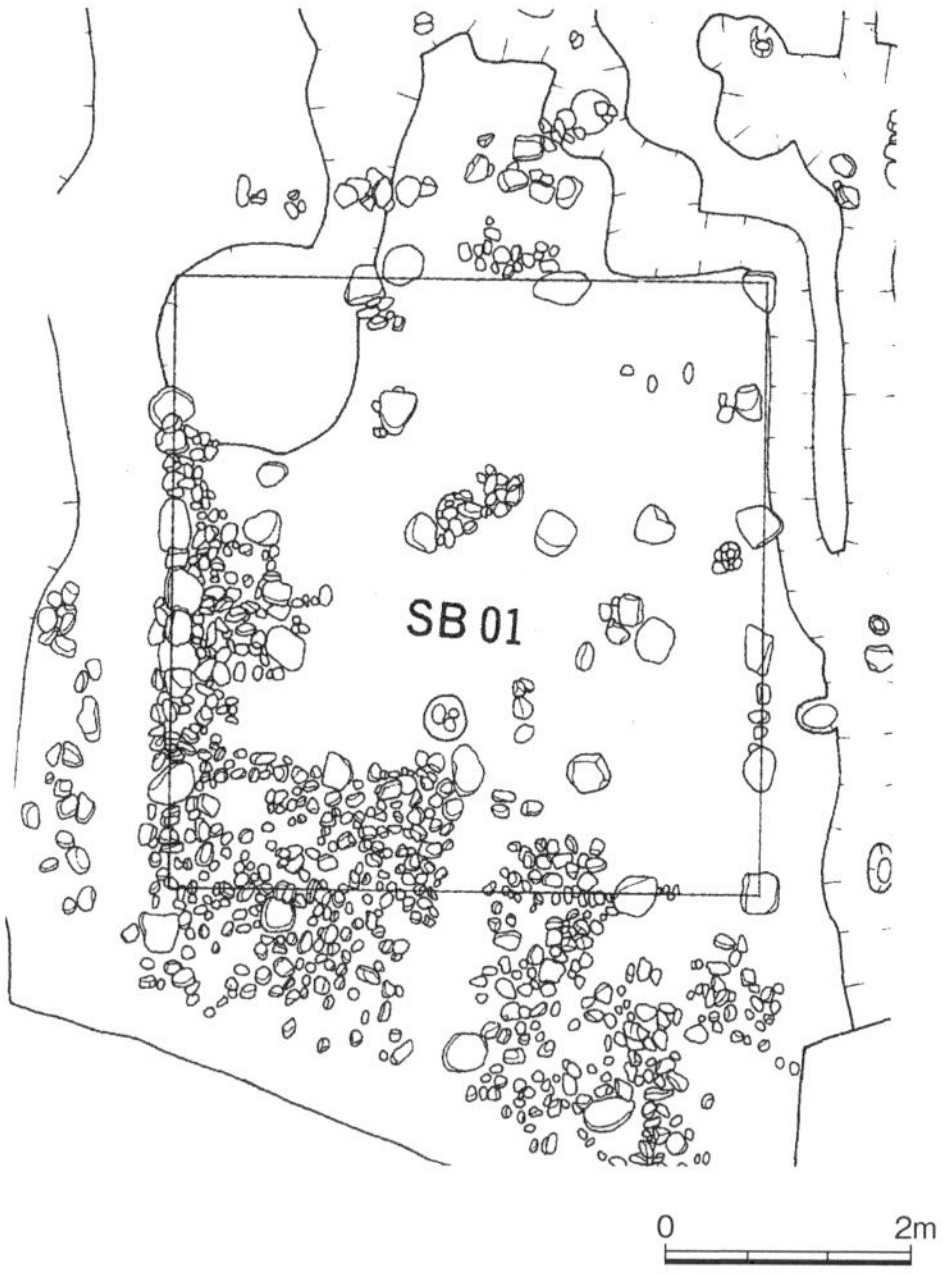

第６図　勝間田城二の曲輪ＳＢ１平面図

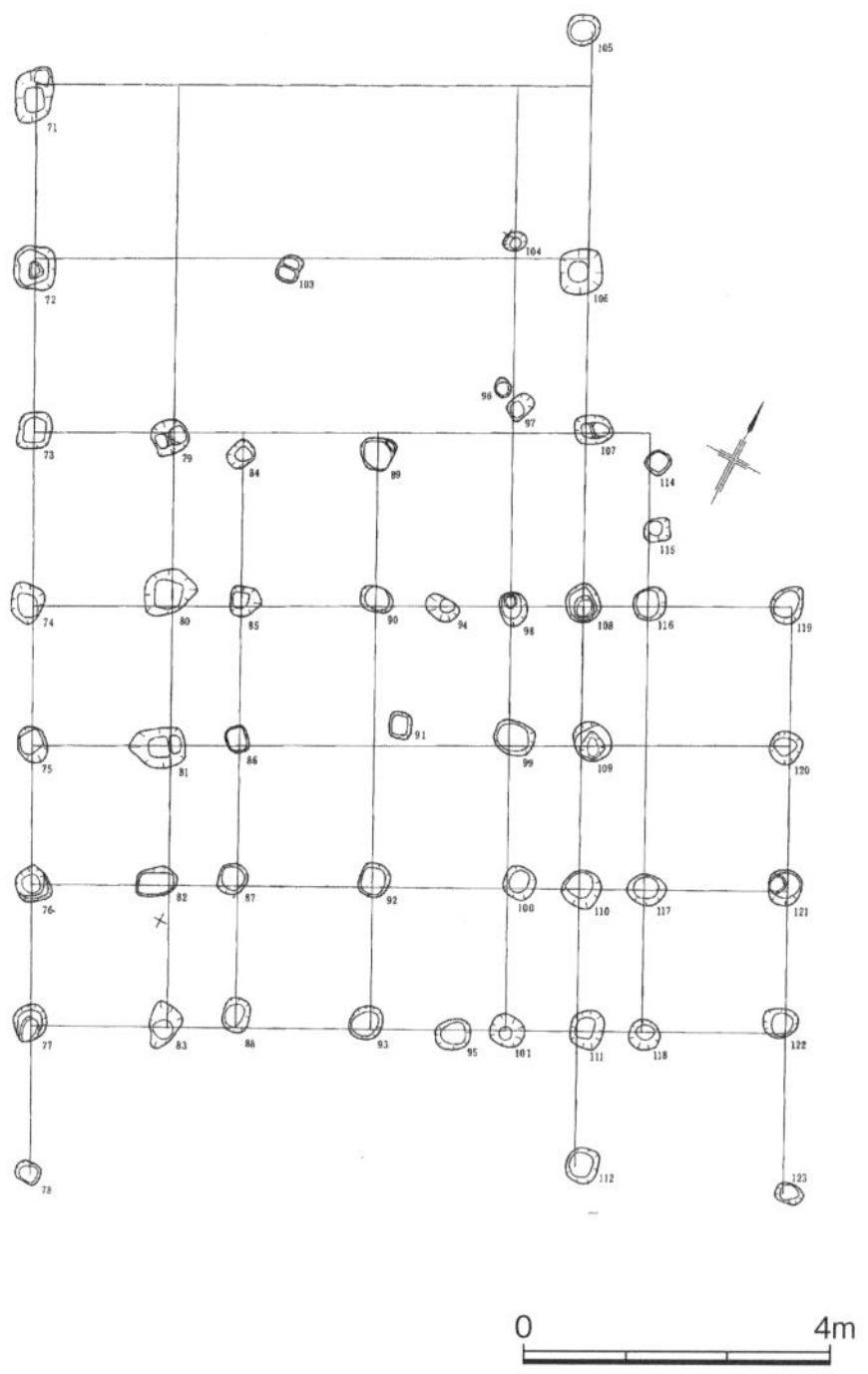

第７図　長久保城二の曲輪１号家屋址平面図

Ｈ08（いずれも三×二間）の二棟があり、その南東には石列を挟んで掘立柱建物ＳＨ09（三×二間）、さらにその南東には掘立柱建物ＳＨ10（四×三間）が検出され、二の曲輪における建物は十二棟を数える。三の曲輪は西側の西三の曲輪で掘立柱建物ＳＨ01（三×三間）が一棟確認されたのみであるが、水場遺構や井戸の存在から、未調査部分についても二の曲輪同様、建物群を伴う居住空間であった可能性は高い。北尾根曲輪ＩではＳＨ36（三×二間）、ＳＨ37（三×二間）、ＳＨ38（三×二間）の掘立柱建物三棟、東尾根曲輪では掘立柱建物ＳＨ43（二×二間）が検出されている（榛原町一九八五～一九九五）。こうした発掘調査状況から、建物や井戸、区画溝などの城内施設が城域全体に展開していたことが判明し、豊富な出土遺物からも、居住空間が山上に設けられていた可能性が高い。出土遺物はほぼ十五世紀中葉～後葉の時期におさまる、極めて限定された時期の遺物のみである。出土遺物の内容から、領主層あるいはそれに近い階層の居住が考えられるが、建物の大半は側柱形式の比較的小規模なものであり、居館の一部が臨時的に整備された可能性が高い（溝口二〇一二）。未だ発掘調査の手が及んでいない部分については課題が残るものの、勝間田城は室町後期～戦国前期に居城として整備され、それに伴って建物群が曲輪形状に即して、建てられたものと思われる。

諏訪原城　遠江侵攻の拠点として天正元年（一五七三）に武田勝頼が築き、徳川家康所有となった後、天正十八年（一五九〇）の廃城までに改修が進められている。曲輪内部の多くは未調査であるが、本曲輪伝天守台とされる地区では礎石建物の基礎とみられる遺構が検出されている。遺構の残存状況が良好ではないため、規模・形状等は不明である。また、本曲輪虎口や二の曲輪北馬出では門の礎石が検出されており、未調査部分の曲輪にも建物の存在が窺われる。

二　駿河・伊豆地域の様相

庵原城　今川家の重臣であった庵原氏が築いたとされ、永禄十二年（一五六九）以降は武田氏に降った朝比奈氏が有したとみられる。城域の一部が調査されたのみであるが、主要曲輪に隣接する小規模な腰曲輪、曲輪六では柵列を伴う二×一間の掘立柱建物が検出されている。曲輪自体も狭小であり、小規模な仮小屋のような性格が想定される（静埋研二〇一〇）。

長久保城　天文年間以降、駿東地域をめぐる後北条氏・武田氏の争奪の場であり、天正十年（一五八二）以降は徳川家康、中村一氏が有するところとなった駿東地域の拠点的城郭である。二ノ丸では張出を伴う六×三間の総柱掘立柱建物の一号家屋址に隣接して、二号家屋址（五×二間）、三号家屋址（四×二間）が区画溝で囲まれた空間に配置される。その東側の区画には四号家屋址（四×二間）、五号家屋址（三×一間）、六号家屋址（四×二間）が軒を連ねるようにして建てられる。柱穴は他にもこれら建物周辺に多く残るため、建物の数は本来さらに多数にのぼったとみられる。両建物群の周囲には列状に並ぶ多く柱穴が残ることから、溝とともに柵によっても区画されていた可能性が高い。広大な曲輪を持つ長久保城は拠点的な城郭として整備が進められ、特に徳川家康の改修は対後北条氏の備えとして大規模に進められた。天正十八年の小田原攻めでは攻城側の拠点ともなり、豊臣秀吉の御成もあったという。整然と並ぶ建物群はそうした背景のなかで建設されたものと考えられる。

興国寺城　伊勢盛時（北条早雲）旗揚げの城として知られ、その後は東駿河の拠点的城郭として後北条氏と武田氏争奪の城となった。武田氏滅亡後は徳川氏、中村氏、天野氏らが城主となり、慶長十二年（一六〇七）に廃城となった。本丸北側の伝天守台とされる曲輪上で、方形に石列が並ぶ礎石建物が東西に並んで二棟検出されている。東棟は一部が失われるが、八・四×七・二m、西棟は八・四×七・八m の規模を測る。いずれも根太を使用した礎石建物とみられるが、西棟は石列が二重となっており、若干の構造の違いが認められる。天守建物でないことは明白であるが、特殊な礎石建物であり、また曲輪前面に設けられた石垣からも、象徴的かつ重要な建物であったことが窺われる（沼津市一九八四）。天守台を含むこれら礎石建物は最終段階の城主である天野氏によって建てられた可能性が高く、他の曲輪では明瞭な建物が明らかではないが、本丸では礎石を持つ城門の存在したことも確認されていることから、本来曲輪内部には多数の建物があったものと考えられる。

長浜城　後北条氏の水軍拠点の城として戦国期に築かれたとされる。最高所の第一曲輪ではＳＨ１（三×一間）、ＳＨ２（四×一間以上）、ＳＨ３（四×一間）がほぼ密集する形で建てられ、一部建替え

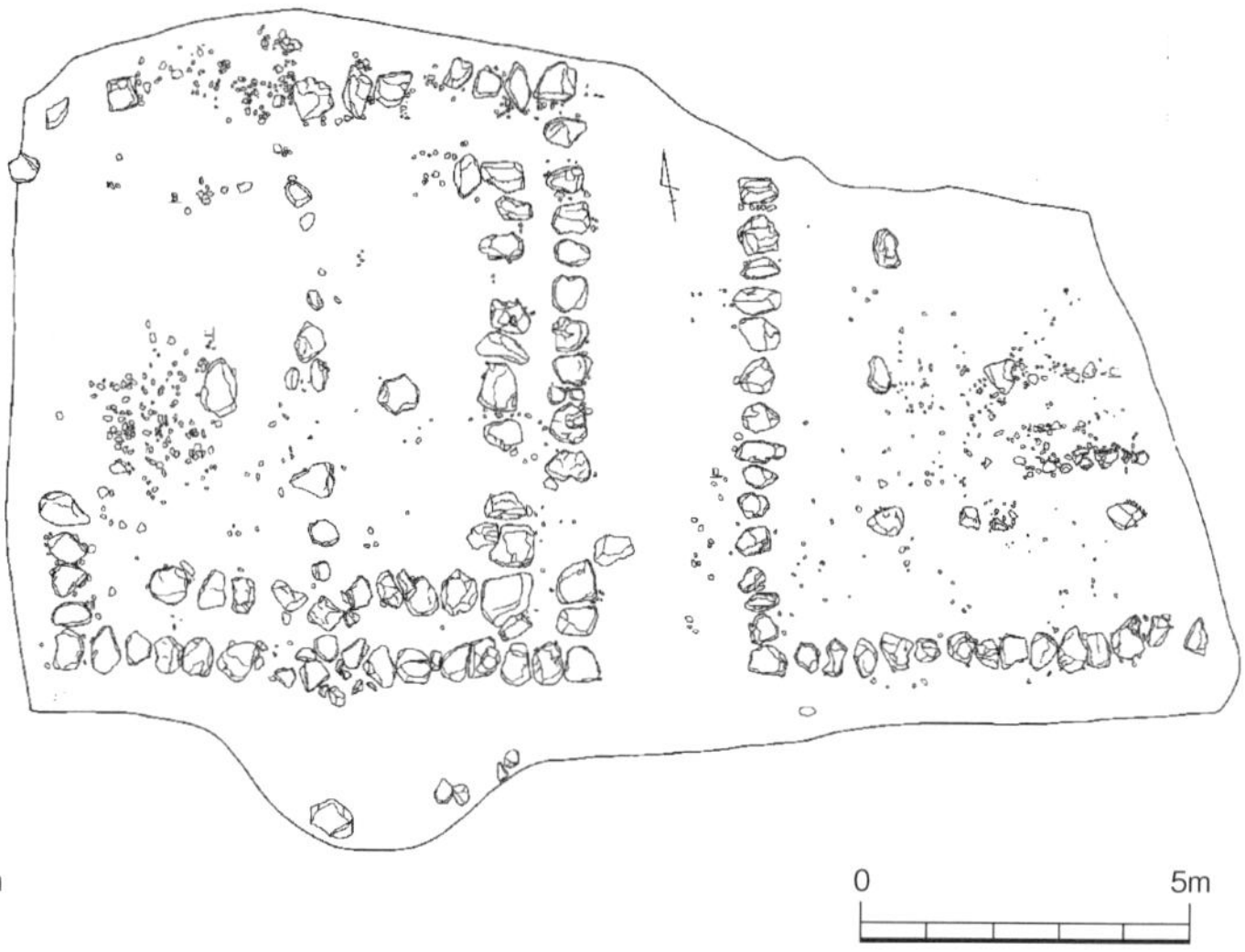

第８図　興国寺城伝天守台建物跡平面図

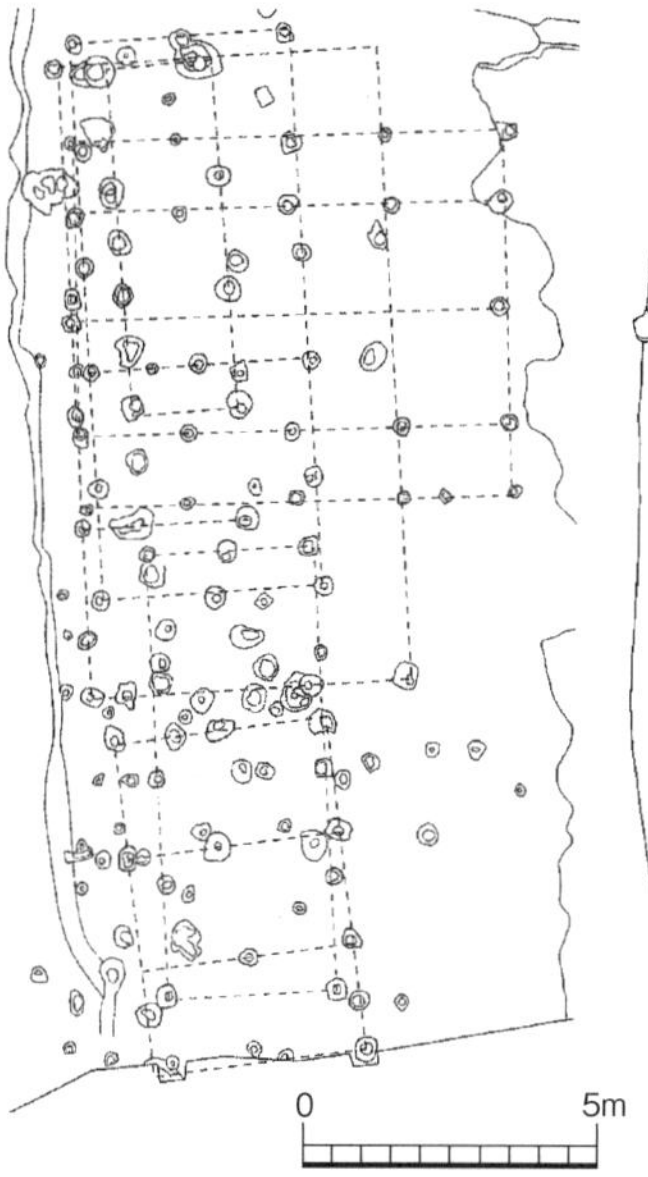

第９図　長浜城第２曲輪建物跡配置図

を伴ったとみられる。一段下がって隣接する第二曲輪では多数の柱穴が密集し、規模については推定であるが、五×一間、七×三間以上、三×一間、四×四間、四×二間、三×二間の六棟があり、少なくとも四時期にわたる建替えがあったものと考えられる。後世の遺構である可能性もあるが、建物群の北西側に隣接して、石敷建物とも考えられる集石遺構ＳＧ１がある。また、曲輪北西端には二×二間以上の竪穴建物ＳＢ２があり、虎口に伴う建物遺構と推定されている（沼津市二〇〇五）。海側となる小曲輪にも、建物の規模・形状は不明ながら、柱穴が多数検出されており、何らかの建物が存在した可能性が高い。出土遺物はそれほど多くはないが、第二曲輪の建替えの状況からも、中心曲輪には長期にわたって使用された建物が存在したと思われる。

山中城　後北条氏が戦国時代末期に小田原城の西方守備のために、東海道を扼する形で築いた、極めて軍事的な山城といえ、実際、豊臣秀吉の小田原攻めの際には激戦地となっている。本丸の東側下段、兵糧庫と呼ばれる曲輪で四×二間の総柱掘立柱建物が検出されている。土坑を含む東西方向に柱穴があり、庇または張出が設けられたとも考えられる。柱穴は浅く、また周辺からは扁平な石が出土しており、礎石建物であった可能性も残る。他の曲輪に建てられた掘立柱建物はほとんどなく、わずかに西櫓で形状が不明瞭な小規模掘立柱建物が検出されている程度である（三島市一九九四）。堀や土塁、虎口といった発達した防御的施設に比して、建物を含む内部施設の多くは地下に痕跡を残さない仮設程度のものと推定され、それは軍事に特化した城であることを示しているものと思われる。

三　曲輪内建物の構造と傾向

静岡県下の曲輪内城郭建物について、構造や規模は判明するものを中心に概観した(第一表)。大きくは拠点的城郭と軍事的城郭という城郭そのものの性格によって差異があるものと思われる。

建物の配置　建物の配置については、千頭峯城、殿谷城、庵原城、山中城のように簡素かつ小規模な建物が単独、あるいは散在するように設けられる事例がある一方、勝間田城、長久保城、長浜城のように比較的規模の大きい建物が複数棟建てられる事例がある。前者については、軍事的な色合いの強い城郭に特徴的なあり方と考えられ、兵の駐屯あるいは戦闘そのものを想定し、堀や土塁といった防御施設や駐屯施設として空間を重視するために建物が少ないことが想定され、あったとしても地山に痕跡が残りにくい仮設施設であったと思われる。後者については、建物が一定期間存在したことを示すように、建替えが行われていることも多く、将兵が居住する拠点的城郭として機能したことから、ある程度恒常的な建物が建てられたことが想定される。城主の居城・居館の場合、長久保城二の曲輪一号家屋址のように、中心的建物が建てられることが多いが、城主の居城であったとみられる勝間田城では建物が多数に上るにも関わらず、突出した建物の存在は確認されていない。勝間田城は十五世紀後葉には建物群は廃絶している可能性が高く、その主体は国人領

主である勝田氏である。それに対して長久保城は織豊期に至っても使用され続けており、徳川氏や中村氏といった大名の支城に位置づけられる城である。拠点的城郭においても、使用時期や築城主体となる大名・城主の兵力や性格によって差異が生じるものと思われる。

また、高根城や千頭峯城では、虎口空間を規制するかのように隣接して建物が建てられ、長浜城では竪穴建物が虎口に伴う建物として検出されている。これは建物が柵や塀と一体的となり、防御施設の一端を担っているものと考えられる。建築物(作事)と土木工事(普請)が密接な関連する一例であり、元亀・天正年間に画期をもつ、防御的施設の発達と軌を一にしていることが窺われる。

建物の構造　掘立柱建物が曲輪内建物の大半を占めており、その多くは側柱建物である。明確な総柱建物は拠点的城郭である長久保城、それも中心的建物である一号家屋址でみられるのみである。建物の規模は二×一～三×一間程度の小規模な建物であり、平面積が五〇㎡を超える建物は拠点的城郭において数例みられるのみである。柱間については一・八～二・〇m、おおむね六尺～六尺五寸程度の寸法の中で納まる傾向はあるものの、臨時的な建物ゆえの現場合わせによったせいか、ばらつく事例も多い。基本的には必要最小限の建物が散在しつつ、曲輪内での必要に応じた配置の中で機能していたと考えられる。

礎石建物は高根城、鳥羽山城、千頭峯城、殿谷城、高天神城、諏訪原城、勝間田城、興国寺城で確認されている。礎石建物が通常、恒常的な建物として認識され、拠点的城郭においての使用が認めら

表1　静岡県下で検出された曲輪内建物

城名	種別	建物名	場所	規模（桁行×梁間）	寸法（m）	面積（㎡）	柱間（m）	備考
高根城	掘立柱	1号建物跡	本曲輪	3×2	5.2×2.9	15.0	1.2～1.8	
	掘立柱	2号建物跡	本曲輪	2×2	3.8×3.8	14.4	1.8	井楼櫓
	礎石	礎石建物跡	本曲輪	4×1	8.2×1.9	15.6	1.8、2.7	外屋付
鳥羽山城	礎石	–	本丸	2×1～	4.5×3.8～	17.1	1.8～2.0	2×2間3棟の可能性あり
	礎石	–	本丸	5×2	9.2×3.8	35.0	1.8～2.0	
笹岡城	礎石	–	主郭	不明	不明	不明	不明	
千頭峯城	掘立柱	–	西曲輪	2×2～	3.8×2.1～	8.0～	0.8～1.9	
	礎石	–	二の曲輪東	不明	不明	不明	不明	
殿谷城	掘立柱	–	一の曲輪	3×1	5.0×5.0	25.0	1.2～1.9	建替え
	掘立柱	–	一の曲輪	2×1	5.0×5.0	25.0	1.2～2.8	建替え
	礎石	–	一の曲輪	不明	5.0×3.0～	15.0～	不明	
高天神城	掘立柱	–	本丸	6×2	10.8×4.7	50.8	1.7～2.0	建替え
	礎石	–	本丸	4×1	7.1×3.3	23.4	1.8～1.9	建替え
	礎石？	–	的場曲輪	不明	11.0×5.0～	55.0～	不明	
比木城山	掘立柱	2号建物跡	二の曲輪	5×2	10.0×3.7	37.0	1.8～2.4	
	掘立柱	3号建物跡	二の曲輪	2×1～	3.7×1.8	6.7	1.8	
勝間田城	掘立柱	SH01	西三の曲輪	3×3	5.7×4.2	23.9	1.0～2.3	浅い竪穴
	掘立柱	SH02	二の曲輪	2×2	4.5×3.7	16.7	1.8～2.3	
	掘立柱	SH03	二の曲輪	3×2	4.7×4.4	20.7	1.3～2.4	
	掘立柱	SH04	二の曲輪	3×2	5.5×3.8	20.9	1.8～2.0	
	掘立柱	SH05	二の曲輪	2×2	3.7×3.2	11.8	1.8～2.0	
	掘立柱	SH06	二の曲輪	2×2	3.8×3.7	14.1	1.7～2.0	
	掘立柱	SH07	二の曲輪	3×2	5.5×3.8	21.0	1.7～2.0	建替え
	掘立柱	SH08	二の曲輪	3×2	4.9×4.4	21.6	1.7×1.9	建替え
	掘立柱	SH09	二の曲輪	3×2	6.0×3.4	20.4	1.7～2.3	
	掘立柱	SH10	二の曲輪	4×2	8.3×4.2	34.7	1.8～2.1	
	掘立柱	SH11	二の曲輪	3×2	5.4×3.5	18.9	1.7～1.9	
	掘立柱	SH12	二の曲輪	4×2	7.5×4.7	35.3	1.8～2.6	
	掘立柱	SH36	北尾根曲輪Ⅰ	3×2	5.1×3.6	18.4	1.1～1.9	建替え
	掘立柱	SH37	北尾根曲輪Ⅰ	3×2	6.7×4.0	26.8	2.1～2.3	建替え
	掘立柱	SH38	北尾根曲輪Ⅰ	3×2	5.5×3.6	19.8	1.7～1.8	
	掘立柱	SH43	東尾根曲輪	2×2	3.9×3.8	14.8	1.7～2.2	
	礎石	SB1	二の曲輪	5×5～	4.9×4.9～	24.0～	0.9～1.3	
諏訪原城	礎石	–	伝天守台	不明	不明	不明	不明	
庵原城	掘立柱	–	曲輪6	2×1	2.7×1.8	4.9	0.8～1.7	
長久保城	掘立柱	1号家屋址	二ノ丸	6×3	9.9×5.4	53.5	0.9～1.9	張出付・総柱
	掘立柱	2号家屋址	二ノ丸	5×2	9.8×4.1	40.2	1.6～2.3	
	掘立柱	3号家屋址	二ノ丸	4×2	9.2×2.8	25.8	2.1～2.4	
	掘立柱	4号家屋址	二ノ丸	4×2	8.4×3.1	26.0	1.5～2.0	
	掘立柱	5号家屋址	二ノ丸	4×1	7.1×3.5	24.9	1.7～1.8	
	掘立柱	6号家屋址	二ノ丸	4×2	8.5×3.5	29.8	1.6～2.1	
興国寺城	礎石	東棟	伝天守台	不明	8.4×7.2	60.5	不明	
	礎石	西棟	伝天守台	不明	8.4×7.8	65.5	不明	
長浜城	掘立柱	第1曲輪	SH1	3×1	3.5×2.5	8.8	1.8～1.9	
	掘立柱	第1曲輪	SH2	4×1～	7.5×2.8～	21.0	1.8～1.9	
	掘立柱	第1曲輪	SH3	4×1	7.4×2.7	20.0	1.4～2.0	
	掘立柱	第2曲輪	–	5×1	9.2×3.8	35.0	1.8～1.9	建替え
	掘立柱	第2曲輪	–	7×3？	10.5×7.5	78.8	不明	建替え
	掘立柱	第2曲輪	–	3×1	5.7×1.8	10.3	1.8～1.9	建替え
	掘立柱	第2曲輪	–	4×4	7.3×6.0	43.8	1.3～2.0	建替え
	掘立柱	第2曲輪	–	4×2	7.4×2.8	20.7	1.4～2.0	建替え
	掘立柱	第2曲輪	–	3×2	5.6×3.6	20.1	1.7～2.0	建替え
	竪穴	第2曲輪	SB2	2×2？	4.6×4.3	19.8	不明	
山中城	掘立柱	兵糧庫	–	4×2	9.3×7.8	72.5	2.8～5.0	
	掘立柱	西櫓	–	不明	不明	不明	不明	

れる一方で、高根城、千頭峯城、殿谷城のような軍事的な色彩の強い山城においても検出されている。これらは、極めて小規模または形状が不明確な場合もあり、多田暢久氏が言及した臨時的な軽量礎石建物であった可能性もある（多田二〇〇一）。拠点的城郭でも礎石建物の使用は極めて少なく、勝間田城や高天神城のように、石敷状となる事例もあることから、特殊な機能を持った建物であった可能性がある。

こうした事例を見ていくと、城郭における礎石建物の導入は、戦国期末期にひとつの画期があるように思われる。兵庫県下の事例を検討した山上雅弘氏は十六世紀後半頃に山城や拠点城郭において多くの建物が礎石構造へと変化するが、掘立柱建物も遅くまで残ると指摘している（山上二〇一二）。静岡県下での同様のあり方を窺うことができ、礎石建物はあくまで客体的であり、主体は依然として掘立柱建物であるものの、先に見たとおり、礎石建物もかなりの数が確認される。礎石建物の単発的な使用は勝間田城の事例からも戦国時代前期まで遡り得る可能性もあるが、本格的な礎石建物の導入は戦国末期～織豊期にかけてとみられる。しかしそれは一様ではなく、曲輪内建物の持つ機能や性格によって段階的に移行していくものと考えられる。

おわりに

以上、静岡県下における城郭建物について、遺構からみえる傾向について若干の検討を行った。拠点的城郭と軍事的城郭では建物のあり方に、恒常性と臨時性に起因する差異が認められることが確認された。冒頭で述べた防御的施設と同様に城郭内建物に関しても、戦国末期にひとつの画期が存在すると考えられる。

城郭を構成する要素は多様であり、それらを様々な角度から分析していくことが城郭研究では求められている。今回、発掘調査で検出された建物遺構を把握することによる、考古学的なアプローチを試みたが、城郭における建物構造ひとつとってもその特性や変遷には多様であり、捉えきれていない課題も多く残る。発掘調査によって得られた成果から読み取れる事実を積み重ねていく。このことが、今後の城郭研究にとってさらに比重を増すものと思われる。

参考文献

加藤理文　二〇一〇「鳥羽山城」・「千頭峯城」『静岡県における戦国山城』静岡県考古学会（第二図出典）
河合修　二〇〇二「建物の規格と組合せ～静岡県の事例から～」『第九回東海考古学フォーラム尾張大会資料集　東海の中世集落を考える』
久野正博・松井一明「遠江笹岡城の再検討」『静岡県考古学研究』静岡県考古学会
多田暢久　二〇〇一「織豊期城郭における軽量礎石建物について―近畿地域の陣城事例を中心に―」『織豊城郭第9号』織豊期城郭研究会
溝口彰啓　二〇〇八「静岡県県下における中世山城遺構の画期について」『静岡県考古学研究』静岡県考古学会
溝口彰啓　二〇一一「勝間田城」『戦国時代の静岡の山城』サンライズ出版

山上雅弘　二〇一二「兵庫県下の礎石建物の普及について」『西国城館研究論集Ⅱ』中国・四国地区城館調査検討会
御前崎市教育委員会　二〇〇五『比木城山遺跡Ⅱ』
掛川市教育委員会　二〇〇九『史跡高天神城跡―本丸ゾーン発掘調査概報―』（第五図出典）
掛川市教育委員会　一九八五『殿谷城址他遺跡発掘調査報告書』（第四図出典）
財団法人静岡県埋蔵文化財調査研究所　二〇一〇『庵原城跡』
長泉町教育委員会他　一九七八『西願寺地区（A地区）・長久保城址（二の丸）』（第七図出典）
島田市教育委員会　二〇一〇『史跡諏訪原城　―平成十六年年度～平成二〇年度発掘調査概略報告書』
沼津市教育委員会　一九八四『興国寺城跡伝天守台跡・伝東船着場跡発掘調査報告書』（第八図出典）
沼津市教育委員会　二〇〇五『史跡長浜城跡発掘調査概報』（第九図出典）
榛原町教育委員会　一九八五～一九九五『勝間田城跡Ⅰ～Ⅷ』（第六図出典）
三ヶ日町教育委員　一九八三『千頭峯城跡』（第三図出典）
水窪町教育委員会　二〇〇二『高根城（久頭郷城）総合研究報告書』（第一図出典）
三島市教育委員会　一九八四・一九八五『史跡山中城跡（第一・第二分冊）』
三島市教育委員会　一九九四『史跡山中城Ⅱ』

〔付記〕小和田先生の著書に初めて触れたのは、中学二年生の時に購入した『駿河今川一族』でした。それ以来、先生の多数にわたる論文・著作によって学ばせていただき、職場あるいは研究会においては、戦国史や城郭に関する様々なご指導、ご教示をいただいております。先生の古稀をお祝いさせていただくとともに、今後の益々のご活躍を祈念いたします。

駿河国東部における戦国期土豪屋敷の様相

戦国期「境目の地」の民衆についての一考察

望月保宏

はじめに

静岡県内では一九七〇年代後半に県教育委員会の指導の下、各市町村において中世城館跡の悉皆調査が進められ、その成果が昭和五十六年(一九八一)に『静岡県の中世城館跡』として刊行された。同報告書の中で小和田哲男氏は、「静岡県城館跡の時代による特色」という一節を執筆しており、平地に築かれた「単濠単郭」の平安末〜鎌倉期の武士の居館及び室町・戦国期の土豪の居館について論究しており、「方一町」が基本的な規模であった前者に対し、後者は小規模なものであったと論じている。(註1)

更に小和田氏は『戦国期東国社会論』で静岡県内の中世土豪居館(屋敷)の遺構についてとり上げ、戦国期において、土豪層の館は「方一町」を基準として設けられていたと説いた。(註2)その後、管見の限りでは静岡県内における土豪屋敷について述べた論稿はほとんどなく、わずかに小野真一氏が静岡・山梨両県にまたがる葛谷城跡の発掘調査報告書の論考において土豪屋敷について述べているのが注目される程度であった。(註3)

その一方で、一九八〇年代から九〇年代にかけて各地で開発等に伴い、少ない件数ではあるが土豪屋敷の発掘調査が行われる一方、各市町村で自治体史の編纂が進められ、今まで漠然としていた土豪屋敷の遺構について少しずつその状況が明らかにされてきた。

これらの成果を受け、静岡県の民間の城郭研究団体である静岡古城研究会では、静岡県東部の沼津市の愛鷹山南麓に点在する土豪屋敷をとり上げ、平成十九年(二〇〇七)に「よみがえる戦国の村―阿野庄と七栗田―」というシンポジウムを同市で開催し、駿河国東部の土豪屋敷の在り方について報告や討論を行った。(註4)また同研究会では同年頃から旧駿河国内における城館跡の調査及び縄張図作成に着手し、愛鷹山南麓以外の地域の土豪屋敷についても調査が進められてきた。(註5)

本稿は、近世以降「駿東郡」ともいった、(註6)旧駿河国東部の小山町・御殿場市・裾野市・長泉町・清水町・沼津市（一部富士市も含む）域の土豪屋敷の遺構について、最近の調査成果も盛り込み、戦国期にしばしば「境目の地」となった同地域の土豪の動きや大名勢力との関係等について、若干の考察を試みようとするものである。

一 駿河国東部（「駿東郡」）の土豪屋敷の遺構

駿河国東部のいわゆる「駿東郡」の地域においては、前述した『静岡県の中世城館跡』の発行に伴う調査に加え、『小山町史』、『裾野市史』、『沼津市史』や『清水町史』の編纂に伴う各市町教育委員会の調査により城館遺構の把握が進み、その一部としての土豪屋敷の遺構は、小山町、御殿場市、裾野市、長泉町、清水町、沼津市（一部富士市東部）で計五十七ヵ所を数える（表、図1—1・1—2、図6—1・6—2参照）。そのうち、現在土塁・堀（主に土塁）遺構が認められるものは二十五ヵ所で、かつて土塁遺構があったことが確認されている屋敷跡の八ヵ所を加えると、三十三ヵ所となる。以下、それぞれの市町に所在する屋敷跡の中で、土塁・堀等の遺構が明確に残る（或いは残っていた）主な屋敷跡について、実際の調査結果等をもとに概観していきたい。(註7)

駿東郡北部（小山町・御殿場市・裾野市域）

旧駿河国の北東に位置する同地域では、小山町の岩田氏屋敷（岩田館）、裾野市の葛山館と周辺の屋敷群・柏木屋敷（境川屋敷）・勝俣氏屋敷が代表的な土豪屋敷跡として挙げられる。

①岩田氏屋敷（岩田館）（表・地図番号3）

標高約三一五mの河岸段丘の北東端に位置している。現在も、子孫の岩田氏の住宅となっているが、宅地及び前面に広がる田畑一帯が中世の屋敷跡であると考えられ、東西約一〇〇m、南北約八〇mの方形状を呈している。館跡の西側から北側にかけて堀城川という小河川が、文字どおり堀のようにめぐっており、東側及び南側についても水路で仕切られ、南側の水路脇にも堀跡が残っている。また、住宅の西側及び南側に、現高約一m、幅約一・五〜二mの土塁がめぐっている（図2）。岩田氏の現当主からの聴き取り調査では、同氏の住宅東側の一角はかつて「城口」とよばれ、屋敷の出入口（大手）があったという。一方、館跡の南側から南東側にかけて「アラヤ」「竹ノ花」「馬場」等の字名が残り、それらの地域も館の一部と考えると、一辺が二〇〇m程度の大規模な居館であったとも推測される。

②葛山館、半田氏屋敷、荻田氏屋敷、岡村氏屋敷（表・地図番号17〜20）

駿河東部で最大の勢力を誇った国人領主であった葛山氏の居館跡は、葛山集落のほぼ中央部、標高約二〇〇mの平坦部に位置し、東西約九七m・南北約一〇四mの規模である。同居館跡はかつて周囲を土塁と空堀に囲まれていたというが、現在空堀は東西の畑地に若

表　「駿東部」における中世土豪屋敷（居館）跡一覧

	名称	所在地		規　模	土塁の有無(有○、かつて有△)	備　考
1	八重山屋敷	小山町	小山字八重山	不明		
2	藤曲氏屋敷		藤曲字宮原	東西約80m×南北約100m(？)		屋敷跡南西の丘陵に土塁・堀切残存
3	湯船堀之内		湯船字下耕地	不明		
4	上野堀之内		上野字堀之内	東西約70m×南北約80m(？)		
5	岩田氏屋敷（岩田館）		菅沼字菅沼	東西約100m×南北約70m	○	
6	打越屋敷（打越館）		吉久保字打越	不明		
7	竹之下堀之内		竹之下字堀之内	不明		
8	竹之下（氏）屋敷		竹之下字城ヶ腰	不明		
9	新柴堀之内		新柴字堀之内	東西約120m×南北約60m(？)		深沢城攻めの際の陣城か？
10	一色堀之内		一色字堀切	東西約200m×南北約100m(？)	○	深沢城攻めの際、土豪屋敷を陣城に改修か？
11	用沢堀之内		用沢字坂本	不明		
12	大雲院土居(深沢氏屋敷？)	御殿場市	深沢西村字寺内	東西約200m×南北約150m(？)	○	深沢城攻めの際、土豪屋敷を陣城に改修か？
13	宝持院土居		東田中沓間字西海道	東西約190m×南北約120m	○	深沢城攻めの際の陣城か？
14	地主屋敷		東山中休場字地主屋敷	約85m×約70m	○	江戸初期(寛文年間)の新田開発の地主屋敷か？
15	上丹屋敷	裾野市	深良字原	約80m四方	○	土塁の一部残存（？）　＊古墳の可能性あり
16	大森（氏）館		深良字堀之内	東西約120m×南北約100m(？)		南に隣接する陣山に土塁等残存
17	葛山（氏）館		葛山中村字新条	東西約97m×南北約104m	○	発掘調査の結果、12世紀～16世紀の遺構・遺物出土
18	半田（氏）屋敷		葛山中村字中条	約100m四方	○	
19	荻田（氏）屋敷		葛山中村字下ナカヤ	東西約50m×南北約80m		
20	岡村（氏）屋敷		葛山中村字上ナカヤ	東西約50m×南北約65m		
21	宮原氏屋敷（宮原館）		葛山字宮原	不明		
22	西島（氏）屋敷		千福字台	東西約100m×南北約80m	○	
23	大畑屋敷群		大畑字殿屋敷・中屋敷	約80m～100m四方　約3ヵ所	○	発掘調査の結果、平安末期～鎌倉時代の集落遺跡あり
24	柏木（氏）屋敷（境川屋敷）		茶畑字境川	東西約117m×南北約120m	○	
25	勝俣（氏）屋敷		麦塚字寛嶂	東西約100m×南北約80m	○	宅地造成により中心部の土塁・堀消滅　東側に土塁残存
26	巨勢氏屋敷(巨勢伊予守館)	長泉町	上土狩字東通	不明		地名・伝承のみ、土豪屋敷ではない可能性あり
27	高橋氏屋敷(竹原土豪屋敷)		竹原字西海道	主郭70m四方+北西郭50m四方×3+南郭50m四方	△	複郭式か
28	高田氏屋敷		本宿字下モ	80m四方	△	
29	岩崎氏屋敷	清水町	八幡字内屋敷	東西約73m×南北約50m	△	
30	海戸屋敷		柿田字海戸	約85m四方	△	
31	高田氏屋敷		玉川字清水	東西約130m×南北約100m	△	
32	杉山氏屋敷		堂庭字札ノ辻	約109m四方	△	
33	杉本氏屋敷		久米田字東方	東西約60m×南北約70m	○	
34	藤泉院土居		戸田字寺中	約70m四方+約50m四方	○	
35	殿ノ前		的場字殿ノ前	不明		地名のみ、土豪屋敷ではない可能性あり
36	星谷氏屋敷	沼津市	大平字小山	東西約50m×南北約70m	○	
37	片岡氏屋敷		大平字吉田	東西約100m×南北約70m	○	
38	堀の内城		大岡中石田新小路	東西約50m×南北約100m	○	陣城か
39	日吉神社遺構		平町	東西約50m×南北約70m	○	複郭式か
40	後藤氏屋敷		西沢田字尾崎	東西約60m×南北約130m	○	複郭式か
41	大嶽氏屋敷(久保の土豪屋敷)		東椎路字久保	東西約50m×南北約90m	○	
42	小屋敷		東椎路字小屋敷	不明		
43	長倉氏屋敷		柳沢字原台坪	不明		
44	小野氏屋敷		柳沢字西側	不明		
45	興津氏屋敷		青野字上岡	不明		
46	青野の栗田氏屋敷		青野字上岡	東西約45m×南北約35m		
47	東原の栗田氏屋敷		東原字金山	不明		
48	井出氏屋敷		井出字北畑	東西約50m×南北約80m	○	
49	阿野氏館		井出字馬場	東西約100m×南北約75m	○	大泉寺境内に阿野全成・時元父子の墓あり
50	井出の栗田氏屋敷		井出字松木	約50m四方（？）		
51	杉山氏屋敷		井出字神田	不明		
52	平沼の栗田氏屋敷		平沼字吹上	東西約35m×南北約50m以上	○	
53	渡辺氏屋敷		平沼字川上	東西約30m×南北約40m	○	
54	森氏屋敷		石川字片下	約30m四方	△	
55	石川の栗田氏屋敷		石川字上ノ原	約55m四方+東西約25m×南北約35m	○	「アラヤ」「タカミ」の二つの屋敷地あり
56	荒久の栗田氏屋敷		石川字荒久	約30m四方	△	
57	船津の栗田氏屋敷	富士市	船津字峯通	東西約100m×南北約130m	○	

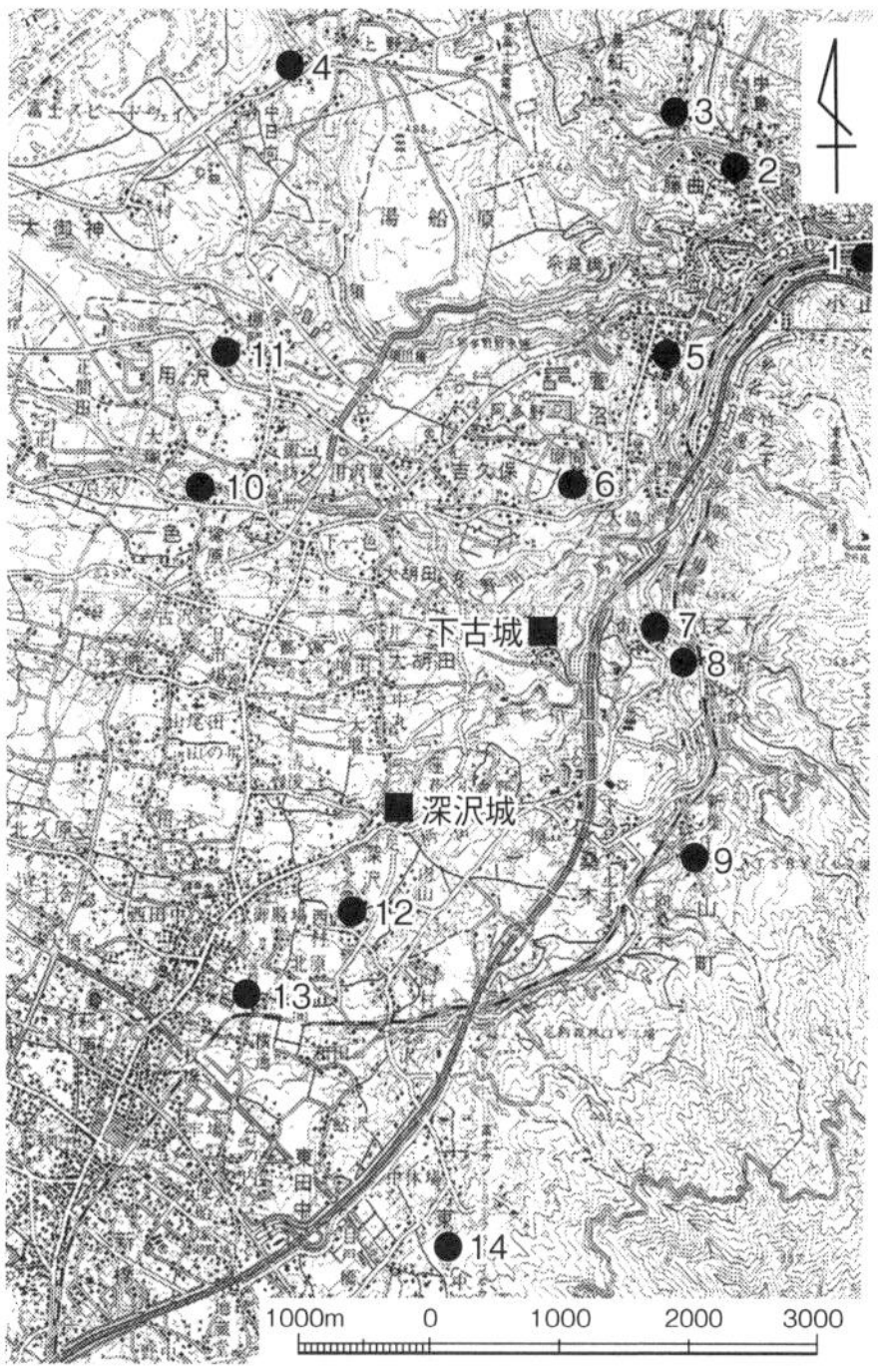

図１－１　駿東郡北部における中世土豪屋敷（居館）跡の分布（小山町・御殿場市）
（国土地理院発行50,000分の１地形図「御殿場」「山中湖」に加筆）
＊地図中の番号は、表の番号に一致

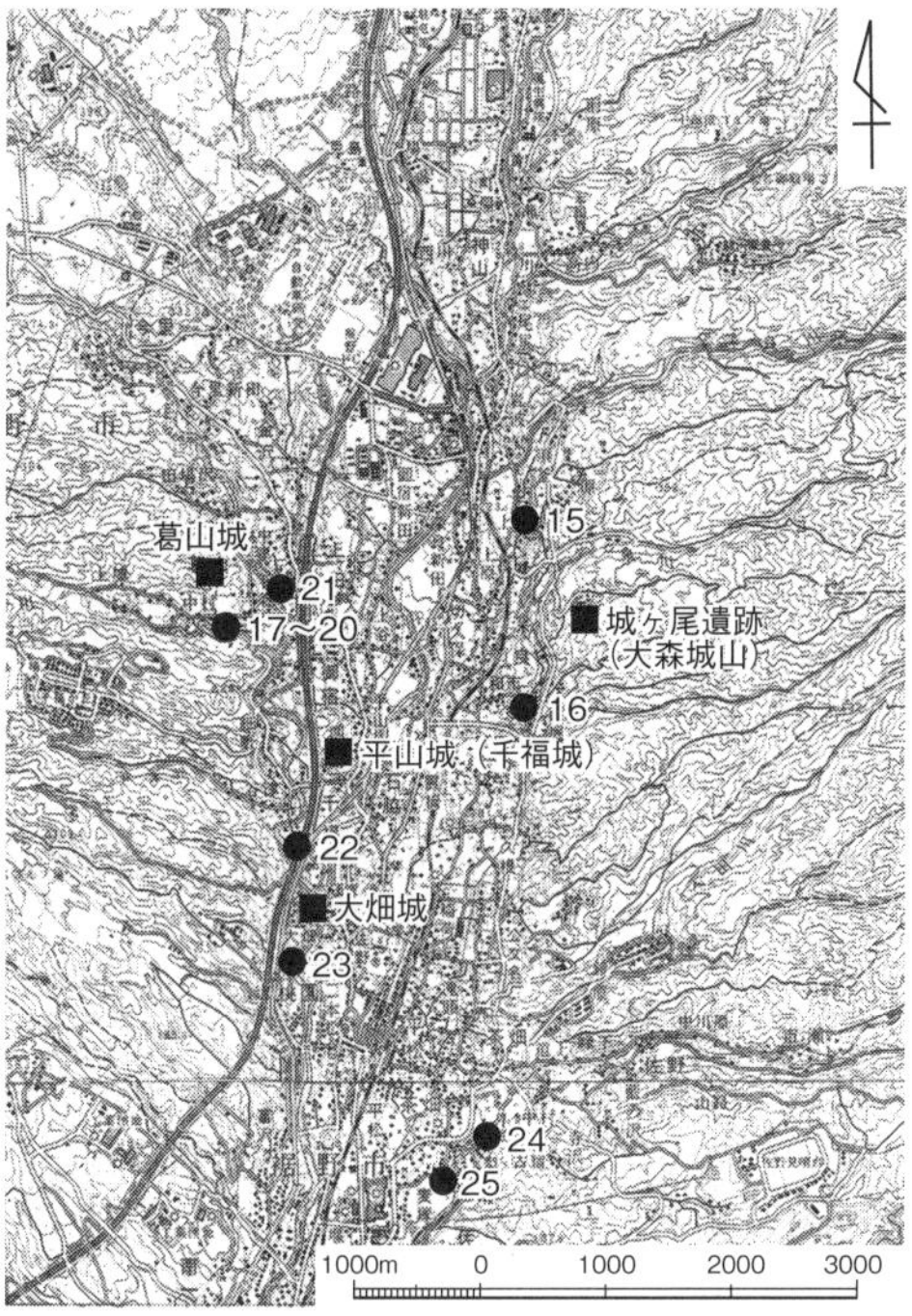

図１－２　駿東郡北部における中世土豪屋敷（居館）跡の分布（裾野市）
（国土地理院発行50,000分の１地形図「御殿場」「沼津」に加筆）
＊地図中の番号は、表の番号に一致

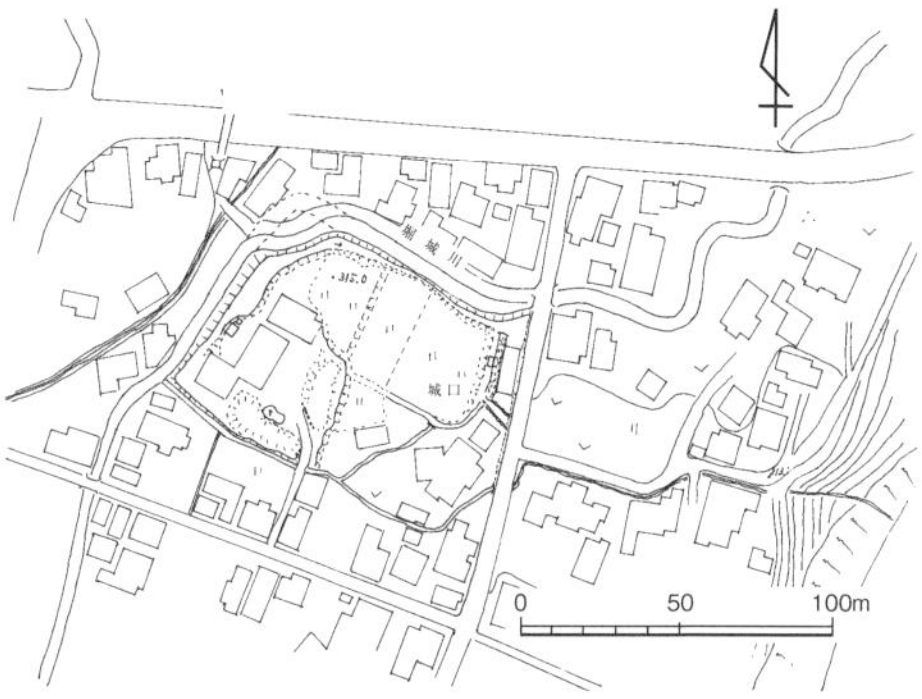

図２　岩田氏屋敷（岩田館）平面図

図３　葛山館周辺平面図　（水野茂氏作図）

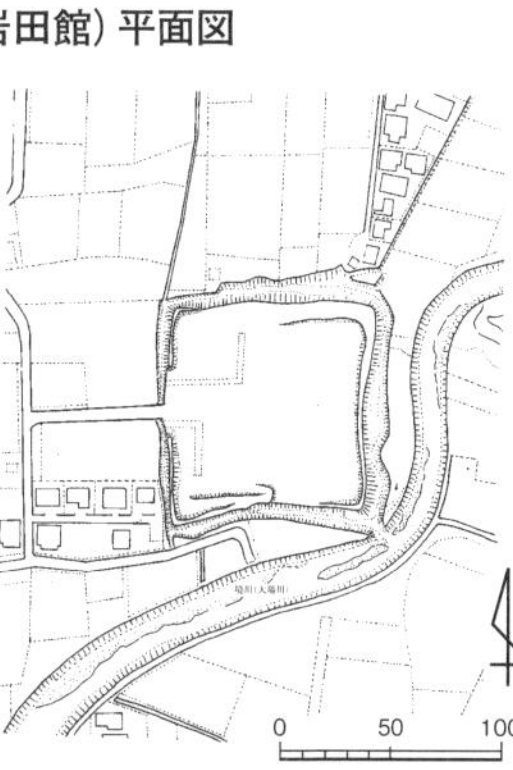

図４　柏木氏屋敷平面図
（水野茂氏作図）

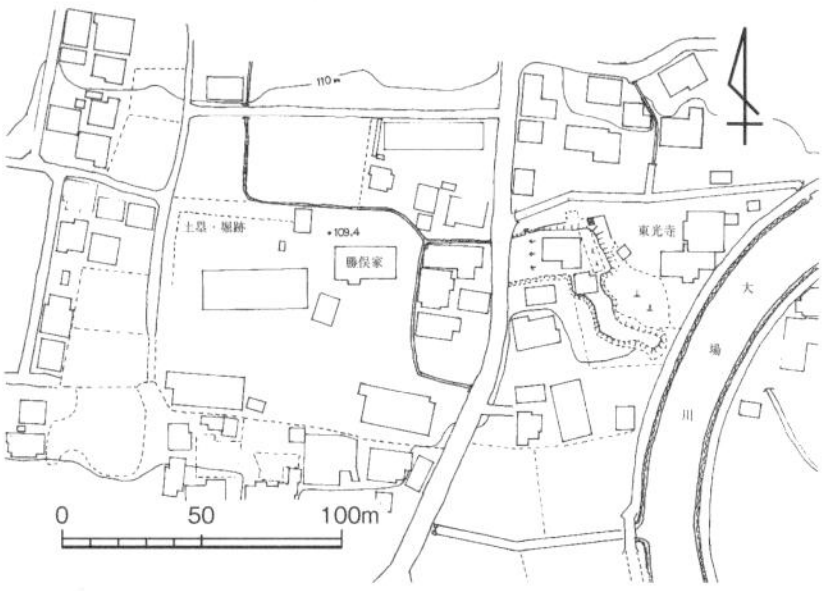

図５－１　勝俣氏屋敷及び周辺遺構平面図

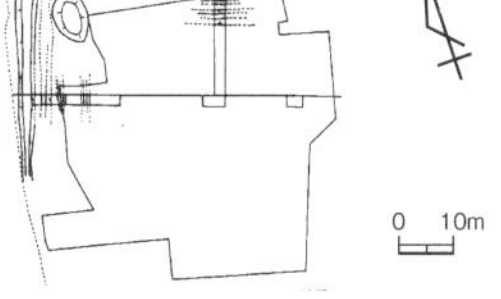

図５－２　勝俣氏屋敷遺構確認調査状況図

干その痕跡を残すのみとなっており、土塁は館跡の四周に、高さと幅を減じた状態で残存している（北側の土塁は道路建設の際に一部破壊され、地元の有志によって復原されたものである）（図３）。土塁は、最も保存状態が良いとされる北西隅（図３中Ⓐ）で上部幅約一・二ｍ、高さ約三・五ｍ、底部幅約一〇ｍを測る。土塁が切れている部分は現在三ヵ所あるが、北東隅と西側北の二ヵ所は後世に開削されたもので、西側南の門址（図３中Ⓑ）が中世からの出入口とされる。土塁の内部は平成元年（一九八九）及び同四年（一九九二）に行われた発掘調査の結果、集石遺構・焼土址・柱穴址・溝状遺構・地下式横穴等の遺構が検出され、遺物も刀子や銀環、中国銭、砥石、鉄滓などとともに、多くの陶磁器及び土師器（かわらけ）が出土した。陶磁器や土師器の年代は十二世紀から十六世紀の長期にわたっており、居館が鎌倉時代から室町時代を経て戦国時代に至るまで連綿と使用され続けていたことがうかがえる。[註8]

葛山館の西隣には家臣の半田氏の屋敷跡（図３中(2)）が存在し、敷地内には現在も子孫の方が居住する住宅がある。規模は約一〇〇ｍ四方の菱形状の平面形で、東側に堀の跡が、北側に土塁状の高まりが認められる。更にその西側には、同じく家臣の荻田氏の屋敷跡（図３中(4)）が、道路を隔てて北側には岡村氏の屋敷跡（図３中(5)）が存在し、現在は荻田氏屋敷の西側に堀の跡とも考えられる遺構（図３中Ⓕ）が認められる以外、遺構は認められないが、かつてはこれらの屋敷跡にも土塁や空堀跡があったと伝えられており、葛山居館と半田・荻田・岡村の各家臣の屋敷がセットになって、連郭式居館の構造をなしていたとも考えられる。[註9]

また、居館跡の北側約三〇〇ｍ、標高約二七〇ｍの山上部分には葛山城跡が存在し、曲輪・土塁・空堀等の遺構が良好に残存しているが、十六世紀の後半、駿河東部に侵攻した武田氏の影響が強い山城遺構であるとされる。[註10]その麓には葛山氏の菩提寺である仙年寺があり、同氏の墓とされる中世の五輪塔・宝篋印塔が多数残っている。

以上のように、葛山館とその周辺の館、そして葛山城と仙年寺の一帯は、居館と詰めの城、寺院など宗教的空間をセットで残している良好な史跡群とされてきたが、同時に存在したかは検討の余地があり、今後の更なる調査・研究の深化が期待される。

③柏木氏屋敷（境川屋敷）（表・地図番号24）

同屋敷跡は、箱根山西麓の沖積平野の一角、標高約一一一ｍの地に位置している。外形は、東西約一一七ｍ、南北約一二〇ｍの方形を呈しており、周囲には幅約五～六ｍの水濠がめぐっており、すぐ東側と南側に接するように境川が流れている。方形の空間の内側には、幅約六～八ｍ、高さ約一～一・五ｍの土塁が、北側と西側、南側の一部は崩れているものの、比較的良好な状態で残存している（図４）。現在の出入口は西側にあるが、当時は南側に出入口があったと考えられ、門の痕跡らしき遺構がみえる。なお、土塁内部は公園整備により改変されており、建物遺構等は不明である。

④勝俣氏屋敷（表・地図番号25）

同屋敷跡は、麦塚集落のほぼ中央部の平坦地、標高約一〇九mに位置し、現在も子孫の勝俣氏の住宅敷地となっている。規模は東西約一〇〇m、南北約八〇mであり、南東隅が道路に面して突出しているような形状をなしている（図5―1）。遺構は、かつて屋敷の北側から北西隅にかけて空堀と土塁の跡が残存し、南側の東半分にも空堀の跡が残っていたというが、平成元年（一九八九）に勝俣氏の敷地内に集合住宅が建設される際に削平され、現在は見ることができない。造成工事に先立ち裾野市教育委員会により発掘調査が行われ、その結果、土塁の規模は現状で底部幅約五m、高さ約一～一・五mを測り、空堀は土塁の内側にあり、幅約五～六m、深さ約一～一・五mの規模であった（図5―2参照）。空堀が土塁の内側にあるのが一般的な中世の土豪屋敷と異なっており、或いは屋敷地を拡張した痕跡なのかも知れない、とのことである。[註11]

また、同屋敷跡と道路を隔てて東側に隣接する東光寺南側から西側の一部にかけて土塁状の高まりが認められる。底部の幅は約五m～一〇m、高さも約一・五～二・五mのかなり大規模な遺構であり、葛山館周辺の例のように、東光寺の一帯は勝俣氏の有力家臣または一族の屋敷跡であった可能性もあり、葛山館と周辺の屋敷群同様連郭式の居館を形成していたことも考えられる。

駿東郡南部（長泉町・清水町・沼津市（一部富士市）域）

旧駿河国の南東部にあたる同地域では、清水町の岩崎氏屋敷・杉本氏屋敷、沼津市の片岡氏屋敷・後藤氏屋敷・井出氏屋敷・阿野氏屋敷、富士市の船津の栗田氏屋敷を主な土豪屋敷の遺跡として挙げることとする。

①岩崎氏屋敷（表・地図番号29）

清水町西部にある八幡神社の北東約八〇m、旧国道一号線南側に存在する。屋敷地には、戦国末期から昭和十年代にかけて十二代にわたり八幡神社の神主を務めた岩崎家が近年まで在住しており、かつては一辺約七〇mの方形居館で土塁・堀が周囲をめぐっていた。明治期に旧国道一号線が屋敷地の北側を通り四分の一ほどが削り取られてしまったが、それでも近年まで東・南・西側に高さ二～三mの土塁と堀が残存していた（図7―1）。

平成九年（一九九七）、店舗建設に伴い発掘調査が行われ、中世～近世にかけての竪穴状遺構や小穴群、陶磁器等が検出された。周囲の土塁も調査され、規模の大きな土塁の中に小規模な土塁・堀跡があったことが断面の層序観察で確認された（図7―2）。[註12]遺構は調査後破壊されてしまい、現在旧状をうかがわせるものはほとんど残っていないが、全面的な発掘調査が行われ、戦国期における土塁・堀の修築の状況や竪穴状遺構等が確認された遺跡として重要な資料を提供している。

②杉本氏屋敷（表・地図番号33）

境川が東側に大きく蛇行する内側の河岸段丘上に立地し、東西約六〇m、南北約七〇mの規模を有する。現在も子孫の杉本氏の住宅

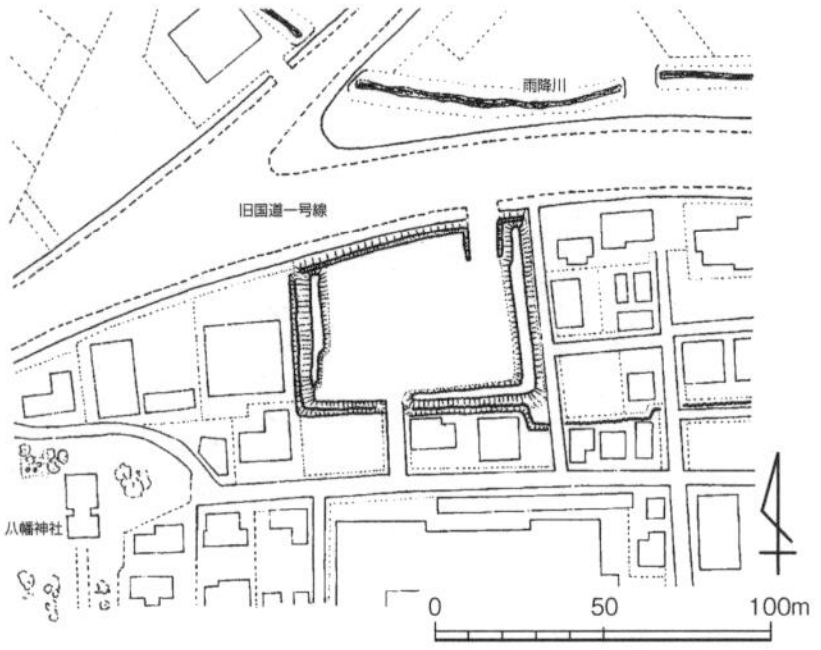

図7－1　岩崎氏屋敷平面図（水野茂氏作図）

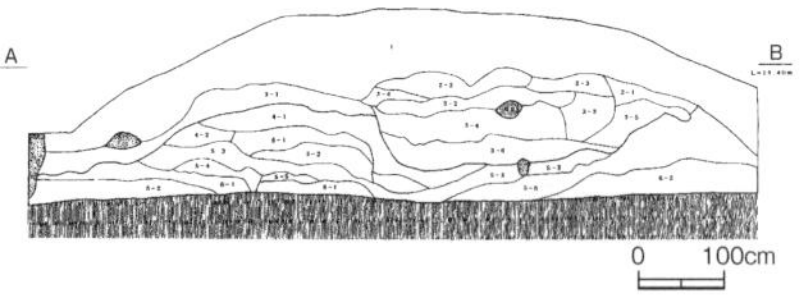

図7－2　岩崎氏屋敷土塁土層断面図

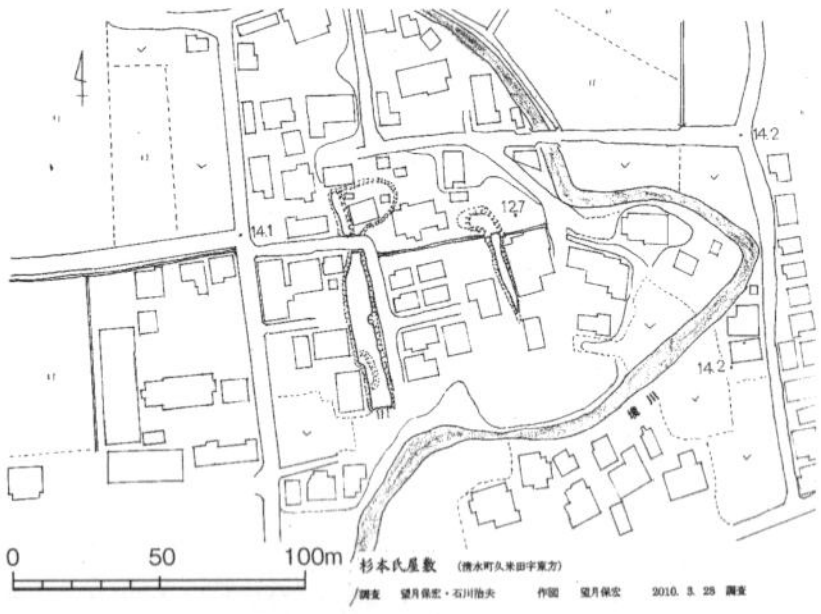

図8　杉本氏屋敷平面図

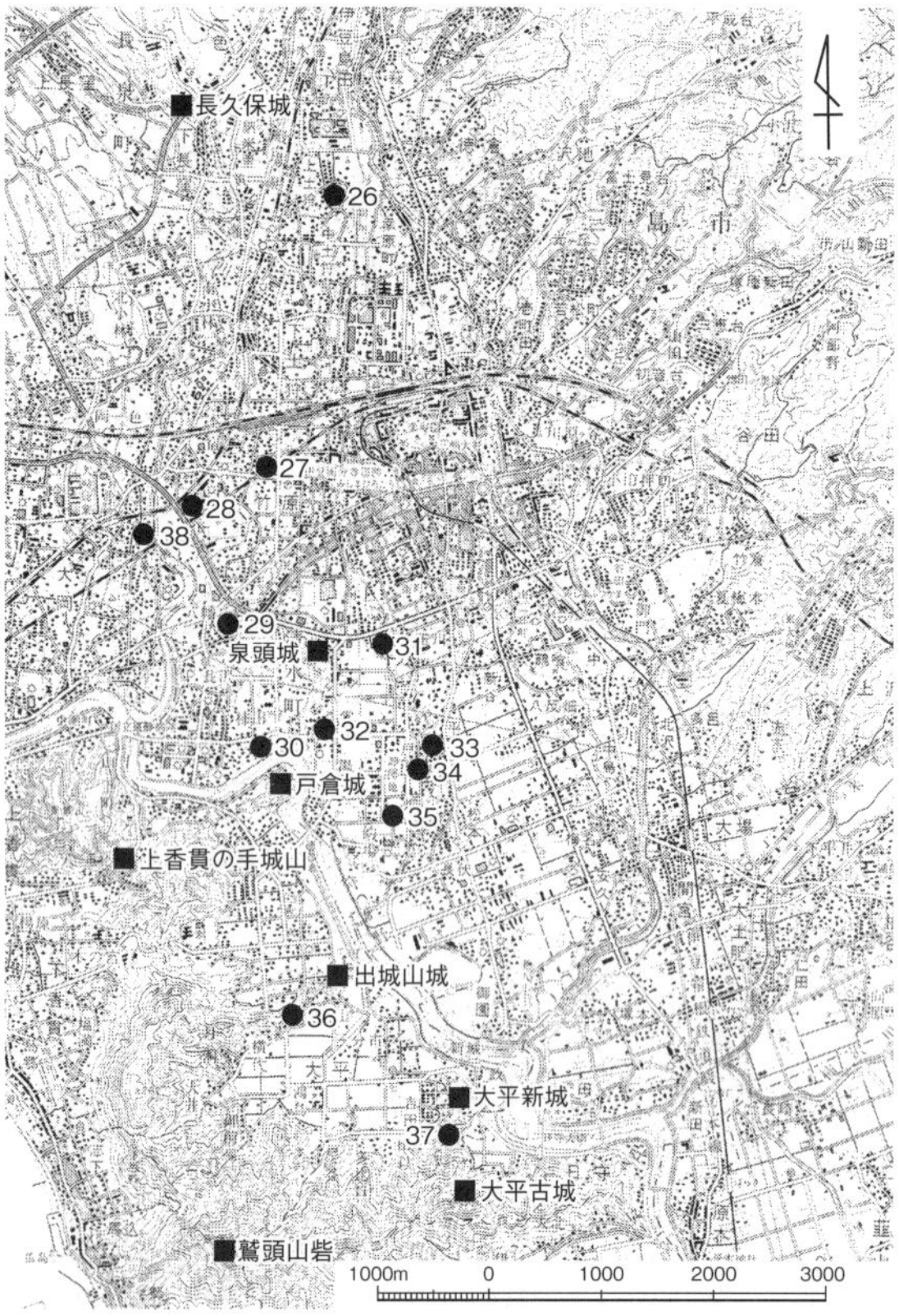

図6－1　駿東郡南部における中世土豪屋敷（居館）跡の分布（黄瀬川～狩野川流域）（国土地理院発行50,000分の１地形図「沼津」に加筆）　＊地図中の番号は、表の番号に一致

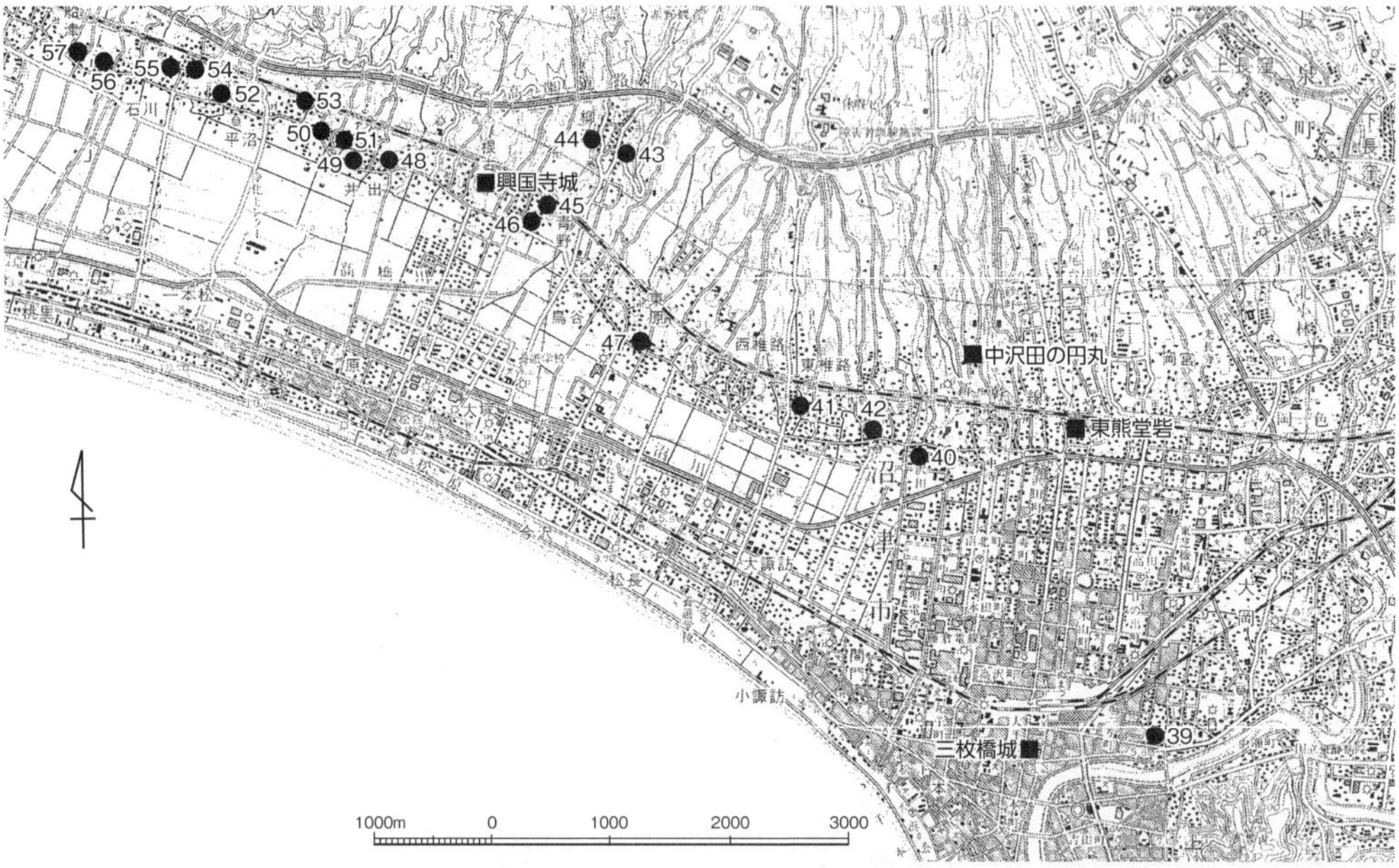

図6－2　駿東郡南部における中世土豪屋敷（居館）跡の分布（愛鷹山南麓）
（国土地理院発行50,000分の１地形図「沼津」に加筆）　＊地図中の番号は、表の番号に一致

があり、その東西に土塁跡が残存している（図８）。西側の土塁は基底部幅約一〇ｍ、高さ約〇・五ｍ、長さ約七〇ｍ、東側の土塁は基底部幅約八ｍ、高さ約一・三ｍ、長さ約六〇ｍで、北側の入り口で左右鉤状に食い違っている。南側は境川に向けて階段状に下がっており、かつての舟着場につながっている。土塁は平成八年（一九九六）の清水町史編纂作業の際に発見され、現在の当主の話によれば、土塁はかつて高さ二ｍ以上あったということである。

③片岡氏屋敷（表・地図番号37）

沼津市南部の大平地区南東部の奥まった谷戸地形に築かれた屋敷である。屋敷地は西半分の平坦域と東半分の丘陵域に分かれており（図９）、平坦域は現在も子孫が居住し改変が著しく、北側に一部土塁の跡が残存するのみである。一方丘陵域には北辺に土塁と堀（竪堀）跡が良好に残っており、南辺にも竪土塁状の小尾根が延び、戦国期の屋敷空間の雰囲気を色濃く伝えている。北辺の土塁の規模は高さ約一～一・五ｍ、幅約一・五～二ｍ、長さは約六〇ｍある。

④後藤氏屋敷（表・地図番号40）

愛鷹山南麓丘陵の末端部に立地しており、現在も後藤家の子孫が居住する住宅の南側に高さ約一～二ｍ、幅約二～三ｍの土塁が東西約五〇ｍにわたって延び、東西の隅で南側に屈曲している（図

図９　片岡氏屋敷平面図
（『沼津市史』資料編　考古　より）

図11　井出氏屋敷（井出館）平面図　（『歴史シンポジム・イン沼津　よみがえる戦国の村―阿野庄と七栗田―』より）

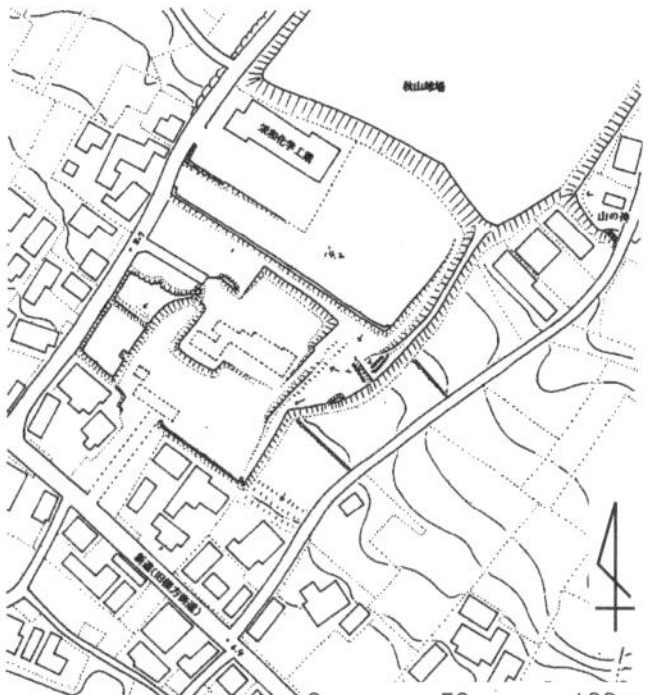

図13　船津の栗田氏屋敷平面図
（『歴史シンポジウム・イン沼津よみがえる戦国の村―阿野庄と七栗田―』より）

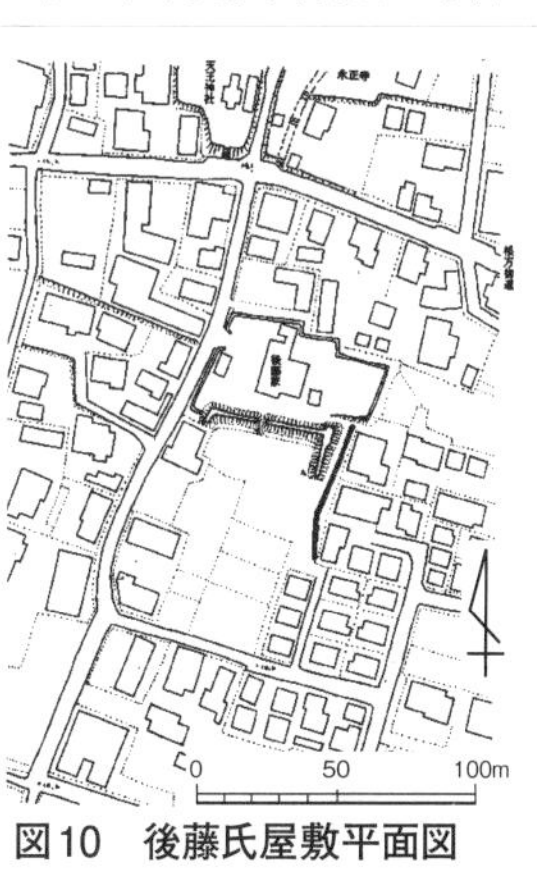

図10　後藤氏屋敷平面図
（『沼津市史』資料編　考古　より）

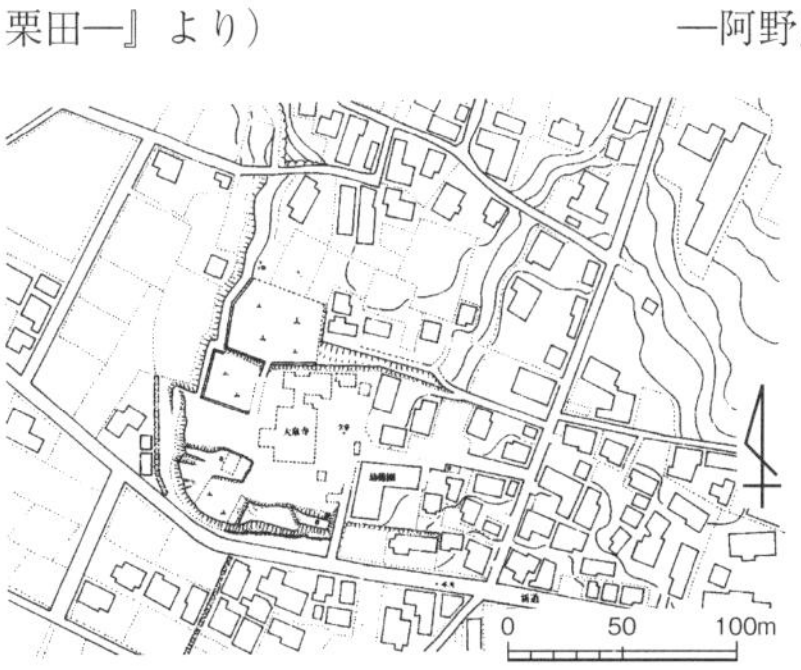

図12　阿野氏館平面図
（『歴史シンポジウム・イン沼津よみがえる戦国の村―阿野庄と七栗田―』より）

10）。隅の部分は土塁がやや厚くなっており、隅櫓の存在をうかがわせる。土塁は、かつては後藤家住宅南側の畑の四周をめぐっていたといわれ、規模は東西約五〇m、南北約九〇mあり、北東隅にはわずかに堀の痕跡も確認できる。土塁の中央部には開口部が設けられており、後藤家住宅周囲にも土塁がめぐっていた可能性が高く、南北に連なる連郭式の構造であったことが考えられる。北側の住宅周辺を加えた場合、東西約六〇m、南北約一三〇mの規模となり、城郭に匹敵する大規模な居館であったと推定される。

⑤井出氏屋敷（表・地図番号48）

愛鷹山から南に延びる丘陵裾部に近い東側に立地し、屋敷地内には現在も井出氏の子孫の住宅がある。屋敷地の規模は東西約四〇～五〇m、南北約八〇mの台形状を呈し、西・北側には高さ約一～二mの土塁が良好な状態で残っている（図11）。西側の土塁は幅二mほどであるが、北側の土塁は幅約一五mの隅櫓状を呈し、土塁上には持仏堂が設けられ、その背後（北側）には「お穴」といわれる直径・深さとも二m以上の竪穴が四基存在している。この穴は、武田氏の駿河侵攻に際し、大石寺（富士宮市）の御本尊・宝物などを隠し置いたという伝承が伝わっている。

⑥阿野氏館（表・地図番号49）

愛鷹山南麓の丘陵西縁部に立地している。源頼朝の弟（義朝の七男）の阿野全成の館跡と伝えられており、同地には彼にゆかりのある大泉寺が建てられている。屋敷地は、同寺や墓地の造成等により改変されているが、東西約一〇〇m、南北約七五mの規模であったと推定される。その南側に街道に面して高さ約三m、基底部幅約一一mの大規模な土塁が残存している（図12）。西側は墓地等により一部削平されているが、高さ約〇・五～二mの土塁が長さ約二〇mにわたって残存しており、二条の堀状の窪地や、街道から館内に入る通路状遺構等も確認できる。これらの遺構はその規模から考えて、阿野全成の生きていた鎌倉時代前期ではなく、戦国時代後期のものと考えられている。

⑦船津の栗田氏屋敷（表・地図番号57）

愛鷹山南麓、富士市東端の船津地区に延びる丘陵先端部に位置し、南側には旧根方街道が走っている。屋敷地は東西約一〇〇m、南北約一三〇mと、周辺の土豪屋敷の中で最大規模を誇っている（図13）。南半には土塁等の遺構が良好に残存し、特に南西辺の土塁は高さ約二m、幅が約一五mと大規模なものである。また反対の東側の土塁は一部削られてしまっているが、幅一〇m以上、南北に約一三〇mの長さで残存している。また北半は工場建設で現在遺構は失われているが、かつては西側に高さ約二m、幅二m以上の土塁が残存していたといわれ、屋敷地の四周が大規模な土塁に囲まれる、城郭に匹敵する施設であったことをうかがわせる。

二　戦国大名勢力と駿河東部の土豪の動向からみた土豪屋敷の「武装化」

以上、前節では、「駿東郡」地域の土豪屋敷の遺構について概観してきた。同地域は古代以来交通の要衝であるとともに、東は相模、南は伊豆、北は甲斐と国境を接する「境目の地」として、しばしば支配勢力の抗争の舞台ともなってきた。特に十五世紀後半～十六世紀末にかけての戦国期においては、今川氏・後北条氏・武田氏といった戦国大名勢力が同地域を舞台に激しい抗争を繰り返しており、在地の土豪たちはその狭間で厳しい対応を迫られることになったことは想像に難くない。このような状況が、土豪屋敷における土塁・堀等の構築にどのような影響を与えたのか、考察を加えてみたい。

近年の他地域の研究では、土塁や空堀などの防禦施設が集落或いは居館の周囲に設けられるのは、その地域の集団間に何らかの軍事的緊張関係が生じたからであろうと考古学的には考えられ、本格的な土塁・堀をもつ居館が出現するのは十五世紀後半以降、それも戦国時代後期になって増加するのではないかと考えられている。（註13）

駿東郡において土豪屋敷（居館）に本格的な土塁・堀（主として土塁）が築かれるようになった時期も、同地域に一定の期間軍事的緊張関係が生じた十五世紀後半以降であると推定され、特にその画期としては、主として次の四つの時期が考えられる。

①今川氏（武田氏も一部支援）と北条氏が河東地域をめぐって争った「河東一乱」の時期（一五三七～一五四五頃）

②今川氏を滅ぼし駿河に侵攻した武田氏と北条氏が争った「第一次甲相合戦」の時期（一五六八～一五七一）

③越後の「御館の乱」をきっかけに対立することになった武田氏と北条氏が主に駿河南東部をめぐって争った「第二次甲相合戦」の時期（一五七九～一五八二）

④織田信長が「本能寺の変」で討たれた後、主に甲斐・信濃の領有をめぐって徳川氏と北条氏が争った「天正壬午の乱」の時期（一五八二）

そのうち、「駿東郡」北部（小山町・御殿場市・裾野市域）においては、②の「第一次甲相合戦」によって葛山氏の同地域での覇権が崩壊した後、同氏を除く土豪たちが屋敷に大規模な土塁や堀を築き始めたのではないかと考えたい。武田信玄の侵攻によって戦国大名今川氏が滅ぼされるまでは、葛山氏は今川氏の「駿河守護」としての権威を背景に、駿河東部に圧倒的な支配力を誇っていた。居館に大規模な土塁・堀を築いていたのも葛山氏だけだった可能性がある（或いは葛山館も「第一次甲相合戦」期に大規模な土塁・堀が築かれた可能性もある）。それが、今川氏の駿河支配が武田軍の侵攻により崩壊し、葛山氏は武田氏に服属したが、駿東郡にはいち早く北条氏が進出したため、葛山氏の駿河東部におけるイニシアチブも崩れてしまった。駿東郡北部の土豪たちの間には極度の軍事的緊張状態が生じ、土豪たちは配下の農民を使って自衛のために土塁・堀を築いたか、或いは屋敷を北条氏や武田氏といった大名に陣所として提供し、

その際土塁・堀が築かれたのではないだろうか。(註14)

一方、駿東郡南部においては、十六世紀前半、葛山氏の支配力は北部に比して強力ではなく、同地域内の有力な土豪が今川氏と個々に主従関係を結んでいた。駿東郡南部では、①の「河東一乱」の時期、河東地域に北条氏が進出し今川氏との抗争が繰り広げられたことを背景に、ある者は北条氏に、ある者は今川氏側について土豪相互の対立が激化し、土塁・堀等の防御施設を築く土豪屋敷が本格的に出現したと考えられる。

その後、②の「第一次甲相合戦」の時期には北条氏と武田氏の抗争が繰り広げられ、駿東郡一帯は一時北条氏が占領し、今川氏に従属してその庇護を受けていた土豪が没落し、北条氏と結びついた土豪が村落の主導権を握ったことが、同時代史料等で明らかにされている。しかし、駿河東部における武田氏の攻勢が強くなると北条氏の支配は不安定となり、駿東郡南部では土塁・堀等を設ける土豪屋敷が更に増加したことが考えられる。元亀二年（一五七一）末の甲相同盟締結後は、狩野川―黄瀬川のラインを境に、西側の愛鷹山南麓は武田氏の支配下に、東側の狩野川西岸～境川流域は北条氏の支配下となり、それぞれの地域の土豪は武田氏あるいは北条氏と支配・従属関係を結んでいったと思われる。

③の「第二次甲相合戦」の時期については、戦場が主として同地域であったことから、有力土豪は武田氏・北条氏それぞれの勢力に従属し、軍役奉仕、城郭普請等の役割を担わされた。土豪たちは大名勢力への従属を以前にも増して強めていき、土塁・堀等の防禦施設を強化したことが、（同時期とは断定できないが）岩崎屋敷の発掘調査の結果からも推定される。同地域は、天正十年（一五八二）三月の武田氏滅亡に伴う「第二次甲相合戦」の終息後も間もなく、④の「天正壬午の乱」に伴う北条氏・徳川氏の対立の場にもなることから、④の時期にも防御施設の強化が進められた可能性が高い。

一方、駿東郡における土豪屋敷の規模の視点から考えると、概ね一辺が一〇〇m以上の大規模な居館と、一辺が五〇～七〇mの中規模の居館、一辺が三〇～四〇m以下の小規模な居館に大別されるが、規模がほぼわかっている土豪屋敷のうち大規模なものは駿東郡北部に比較的多く、南部では大規模なものは少数で、中規模の居館が圧倒的に多く、小規模なものがそれに続くことが、前出の表からうかがえる。

そのうち駿東郡北部や南部の一部でみられる大規模な土豪屋敷は、大規模な土塁や隅櫓遺構、連郭式構造等を有することから、戦時に大名の兵の駐屯地または陣城として使用された可能性もある一方、駿東郡南部で多くみられる中規模・小規模ながら土塁を有する土豪屋敷の存在は、同地域が村落内での有力農民の対立が激しく、彼らは大名勢力と結びついてその庇護を求め、村落の主導権を握ろうと争っていたことを物語っているのではないだろうか。

まとめにかえて

以上、駿河東部地域における土豪屋敷の「武装化（軍事施設化）」

は、駿東郡北部では国人領主葛山氏の支配力が後退した「第一次甲相合戦」の頃、葛山氏以外の土豪屋敷の周囲に土塁・堀をめぐらす等の「武装化」が行われ、駿東郡南部では北部地域よりも早い「河東一乱」期に「武装化」が始まり、その後「第一次甲相合戦」(一五六八～一五七一)、「第二次甲相合戦」(一五七九～一五八二)の頃に著しく進展した、と推論した。以上のような推論は今後、考古学や文献史学、或いは伝承等を詳細に分析し、同地域の戦国期の村落の景観を総合的に復元していく必要があり、他地域の例も参考にしながら検証を積み重ねていかなければならないだろう。今後、先賢諸氏の御教示や御批判を参考にしながら、戦国期における駿河東部地域の土豪屋敷の在り方を通じて、同地域の歴史的特性や、同地域が戦国史に与えた影響等についても考察してみたい。

なお、末尾になったが、今回、土豪屋敷の調査にあたり、快く御自宅の敷地をお見せいただいた御当主の皆様や、その他御協力いただいた地域の皆様に厚く感謝の意を述べるとともに、現地調査に御同行いただき貴重な資料を提供していただいた静岡古城研究会の水野茂会長、石川治夫氏らにもお礼を申し上げて、拙稿の結びとしたいと思う。

註

(1) 小和田哲男「静岡県城館跡の時代による特色」『静岡県の中世城館跡』(静岡県教育委員会)(一九八一)

(2) 小和田哲男「戦国期土豪と城館―今川家臣団の存在形態をさぐる―」『戦国期東国社会論』(戦国史研究会編)(一九九〇)

(3) 小野真一「特論　山静地方における城館の一考察」『―調査報告書―葛谷城と山静地方の城館』(葛谷峠埋蔵文化財発掘調査団ほか)(一九九六)

(4) 同シンポジウムの資料として、静岡古城研究会の水野茂氏・川村晃弘氏らが『歴史シンポジウム・イン沼津　よみがえる戦国の村―阿野庄と七栗田―』(二〇〇七)に研究成果をまとめている。

(5) 静岡古城研究会の調査成果については、同研究会編『静岡県の城跡　中世城郭縄張図集成(中部・駿河国版)』(二〇一二)として刊行されている。

(6) 『清水町史』通史編(二〇〇三)等によれば、旧駿河国のうち、現在の沼津市(愛鷹山南麓)以東を「駿東郡」と称するのは、一般的には江戸時代の十八世紀前半(享保年間頃)以降とされる。それ以前は、天文二十年(一五五一)に今川義元が出した文書に「駿東」の文字が見えるものの、当時一般的な呼称ではなかったとされ、「駿河郡」「河東」というのが一般的であったが、本稿では便宜的に「駿東郡」の呼称を用いることとする。

(7) 以下、土豪屋敷の概観については、静岡県教育委員会『静岡県の中世城館跡』(一九八一)及び静岡古城研究会『静岡県の城跡　中世城郭縄張図集成(中部・駿河国版)』(二〇一二)の他、小山町(『小山町史』第一巻　原始古代中世資料編、一九九〇)、裾野市(『裾野市史』第一巻　資料編　考古、一九九二)、清水町(『清水町史』資料編Ⅱ(考古)、一九九八)、沼津市(『沼津市史』資料編　考古、二〇〇二)の自治体史の資料を参考に記述した。

(8) 裾野市教育委員会市史編さん室『葛山居館跡井戸発掘調査報告書』(一九九〇)及び『葛山居館跡遺構確認調査概報』(一九九三)による。

(9) 葛山居館の北約一五〇mの現在田畑・宅地になっている部分には、やはり葛山氏の重臣の一人であった古池氏の屋敷があったといわれ、半田・荻田・岡村の三氏と併せて、地元では「葛山四天王」といわれている。但し、これら四氏は文献史料では存在が確認できない。

(10) 水野茂「静岡県における武田氏の城郭形態と運用」『戦国期静岡の研究』(静岡県地域史研究会編)(清文堂)(二〇〇一)

(11)『裾野市史』第一巻　資料編　考古(一九九二)に掲載された調査報告による。

(12) 清水町教育委員会『岩崎屋敷跡―店舗建設に伴う埋蔵文化財発掘調査報告書―』一九九八

(13) 橋口定志「東国の武士居館」『戦国の城』(埼玉県立歴史資料館編)(二〇〇五)及び山上雅弘「西日本の平地居館と土塁・堀」『中世後期の方形城館と地域(第25回全国城郭研究者セミナー三重大会資料集)』(二〇〇八)等による。

(14) 表中にある小山町の一色堀之内(10)や御殿場市の大雲院土居(12)については、拙稿「深沢城攻防戦と周辺の城館跡」(『古城』第五四号、二〇〇九)に記述したが、土豪屋敷を陣城として改修した可能性が考えられる。

＊本稿は、静岡古城研究会発行の『古城』第五六号(二〇一一)・第五七号(二〇一三)に掲載された拙稿「戦国期『境目の地』における土豪屋敷の様相―北駿地域の事例を中心に―」「戦国期『境目の地』における土豪屋敷の様相(二)―南駿地域の事例を中心に―」をもとにまとめたものである。紙数の関係上、本稿で詳述できなかった部分については、そちらを参照されたい。

兵庫県内の織豊期石垣事例

山上雅弘

はじめに

兵庫県下において織豊期の城郭石垣といえば姫路城跡と山城である龍野城跡、黒井城跡・岩尾城跡などがよく知られている。これらは初期の織豊系城郭の石垣を検討するうえで基準資料とされ、研究史上では重要な位置を占めている。筆者は昨年、宍粟市において宇野構遺跡の発掘調査をおこない、当該期の城郭石垣を検出し検討の機会を得た。その時点で改めて考えてみると、県下にはこの他にも山麓居館や叶堂城跡のような平城において織豊期の石垣が検出される事例がいくつか存在する。しかし、山城事例に比べると、これらはこれまで紹介されることはあまりないことに気づかされた。そこで本稿では県下の織豊期における山麓居館・平城の城郭石垣を紹介することとした。現段階でこの時期の石垣の特徴や問題点を整理することも重要であると考えたためである。

一　発掘調査によって検出された織豊期段階の石垣

宇野構遺跡（宍粟市・兵庫県まちづくり技術センター二〇一三）

宇野構遺跡は天正八年（一五八〇）に落城した宇野氏の本城、長水城址の麓の居館として伝わるもので、伊水小学校の校庭がその居館であると伝承されている。今回の調査は小学校校庭の東側に立地する比高一五ｍの小丘（標高一五〇ｍ）が対象となった。この小丘もかつて天守公園と呼ばれるなど、居館に関わる場所とされてきた。長水城は宇野氏の本城で、東麓の五十波《いかば》と西南麓の伊水の地に居館がもうけられ、正頼が五十波、嫡子の祐清が伊水を居館としたと伝わる。しかし天正八年の羽柴秀吉による山崎攻めにおいて落城し、居館ともども廃城となったとされてきた。

調査区の立地する小丘はひとつの郭を形成するが、南北四〇ｍ、東西一二～一五ｍほどの広さで、背後が堀切状の鞍部地形となる。

ただし、調査では郭面は後世の削平が著しく遺構面は残されていなかった。この一方、郭の南と西側斜面には織豊形城郭特有の石垣が検出された。検出長は南辺が三・五m、西辺が三五mである。ただし、石材が残るのは基底石から一～三石で、残存部の高さは最大一m前後に止まった。しかし、グリ石が石垣背後の斜面全体に残されるので、元々は郭面まで石垣が存在したものと考えられ、旧状は三m前後（残存部は高さ〇・五～〇・八m）の高さがあったと推定される。南端の隅角部は鋭角気味の矩形で、西辺の中程に一石分、北端側に一・五mほどのそれぞれ入角がある。さらに西辺の北側では石垣ラインが曲線を描くため、シノギ角を意識した可能性がある。

石材は角礫の自然石を用い、技法の特徴としては石材を横位に積むと同時に、控えを長くとる。また、矢穴や刻印は観察されないが控えの長い石材には人工的な割り面をもつ。

傾斜角度は計測可能な個所ではおおむね七〇度前後となる。また、石材は軟岩質のものを用いるが、これは背後に隣接する伊水川から採取されたものと推測される。ただし、割れや表面剥離が進行しており、石垣の石材としては強度不足の印象をもった。グリ石は二〇～三〇cm大が多くを占めるが、築石の石材とほぼ同規模のものも認められ、大小の差が著しい。

一方、今回の調査では十六世紀後半頃の土師器皿、備前焼、瓦、塼、石製品の石臼・茶臼などが出土した。これらは石垣の裏込め層や旧表土から出土したもので、瓦はグリ石層から出土したものが多い。従ってこれらの遺物は石垣が築かれる以前の遺構に由来するも

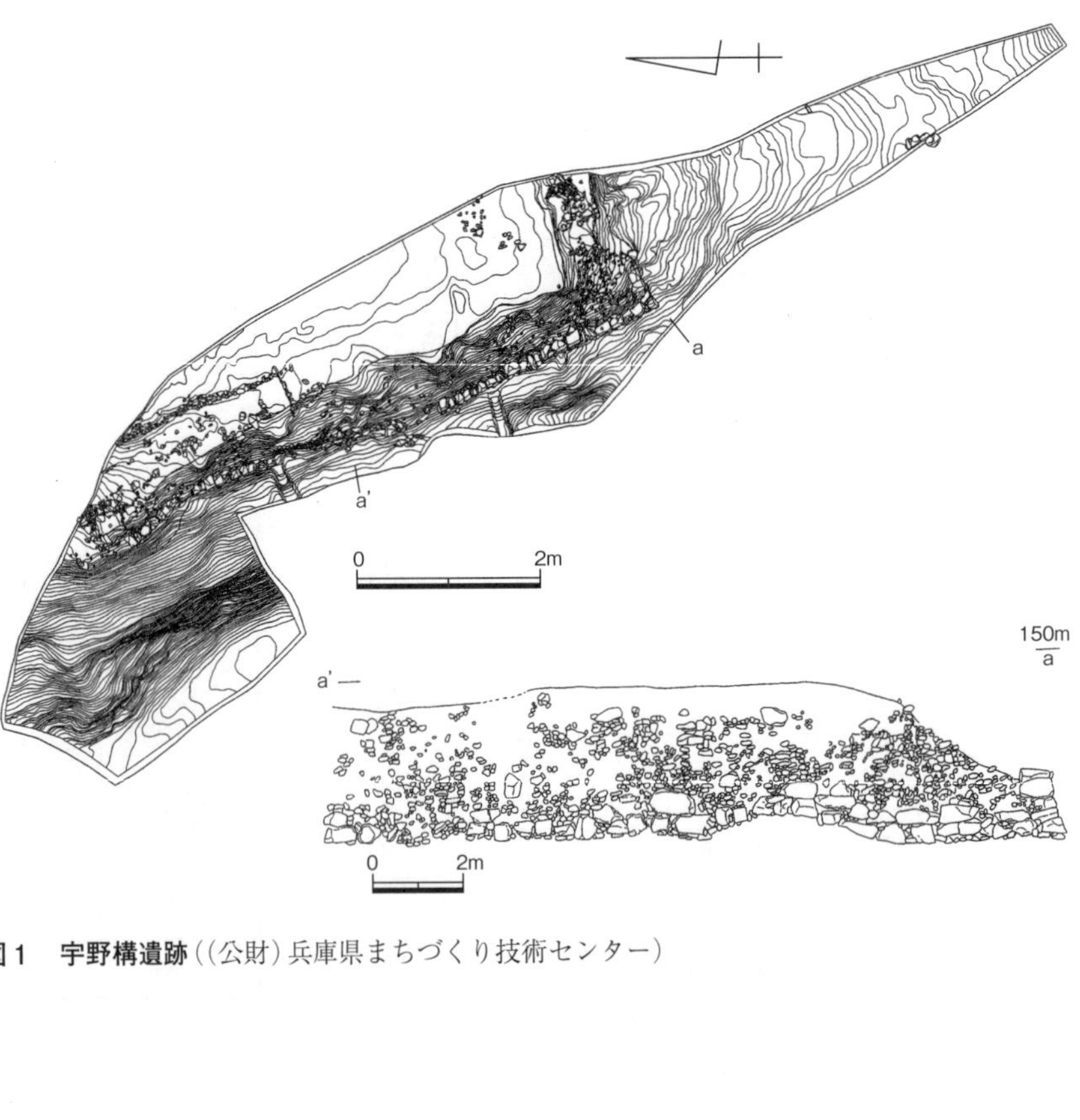

図１　宇野構遺跡（（公財）兵庫県まちづくり技術センター）

のと考えられ、戦国時代末期の宇野氏の遺構が存在したことを証明するものである。

兵庫城跡（神戸市中央区・川上厚志二〇一三）　天正八年に花熊城を落城させた池田恒興が兵庫城を築いた。平成二十三年度の調査（兵庫津遺跡第57次調査・神戸市教育委員会二〇一二）によって初めて天正期の石垣が検出され、築城期の構造が明らかにされた。その後、兵庫城は天正十三年に池田氏の移封に伴って豊臣氏の蔵入地となり、江戸時代には尼崎藩の陣屋、明和六年（一七六九）に上知令によって大坂城代の勤番所がおかれた。本稿では現在調査成果の整理中のため概要のみを記すこととした。

石垣はＥ地区・Ｉ地区・Ｆ地区の三地区で検出された。Ｅ地区は主郭の北東隅と推測されるもので長さ六ｍ、高さ一・五ｍの野面積石垣である。裏込めは幅五〇cm程度と薄く、人頭大の自然石および墓石などの転用石が充填される。Ｉ地区は主郭の南辺中央付近の城内側石垣を検出した。この石垣は長さ一〇ｍ、高さ〇・七ｍで概ね石材二段分が確認された。石材は花崗岩が主体となる自然石で、縦一ｍを超える大きい石材も用いられる。裏込めはやはり幅が狭くグリ石が充填される。転用石は多数が石垣面および裏込めに混じり、鎌倉末～南北朝期の宝篋印塔が含まれる。

Ｆ地区は主郭の南東隅と堀を挟んで馬出側にかかる範囲である。主郭と馬出の堀は幅一五ｍで、両面に石垣が検出されたが馬出側（主郭周囲の堀の対岸）のものは長さ三〇ｍ、高さ一・七ｍで基本的に石材四段分である。転用石には五輪塔地輪・石塔・釘抜き、地覆石などがあり、「文亀四年月日」（一五〇四年）の銘も確認できる。裏込めはやはり幅が狭く川原石とともに五輪塔を打ち欠いたものなどが含まれる。一方、主郭東辺城内側のものは南北一四ｍで、高さは〇・九ｍ、最大で三段分の石材が検出された。

この石垣は外側のものと内側の二列が検出され、背面には裏込め層が確認されグリ石が充填されていた。石垣の控えは〇・八ｍ前後で石垣面に比べ比較的長い。使用する石材も対岸の馬出側に比べると比較的広い。なお、二列の石材のうち外側のものは石垣の前へのずれを防止するための根固めとされる。石材は六甲花崗岩が多いが、基本的には自然石で荒割り石も目立たない。ただ、主郭側では隅角部が見られる馬出側とは印象が異なる。

各地区の概要を述べたがこれらの石垣全体を通して共通する点をまとめると、基本的に野面積であること、刻印・矢穴は確認できない（ただし、矢穴が疑われるものは存在する）。石材間の空隙が広く間詰め石が多い。基本的に横位に石材を組んでいるが完全ではなく部分的に乱積に近くなる部分も認められる。裏込めは五〇cm前後と薄いがグリ石を充填する。胴木は用いず、石垣の角度は七〇度前後であるなどの特徴を持つ。石垣の時期はこれらの諸特徴から天正八年の築城時のものとされている。[註1]

叶堂城跡（南あわじ市・兵庫県教委一九九二）　築城は十六世紀末から慶長五年（一六〇〇）頃までで、石川紀伊守による。城跡は三原川の河口に位置し、標高九・五ｍの独立小丘陵を利用して築城された。丘陵頂部は江戸時代の感応寺再興に伴って改変を受けるが、

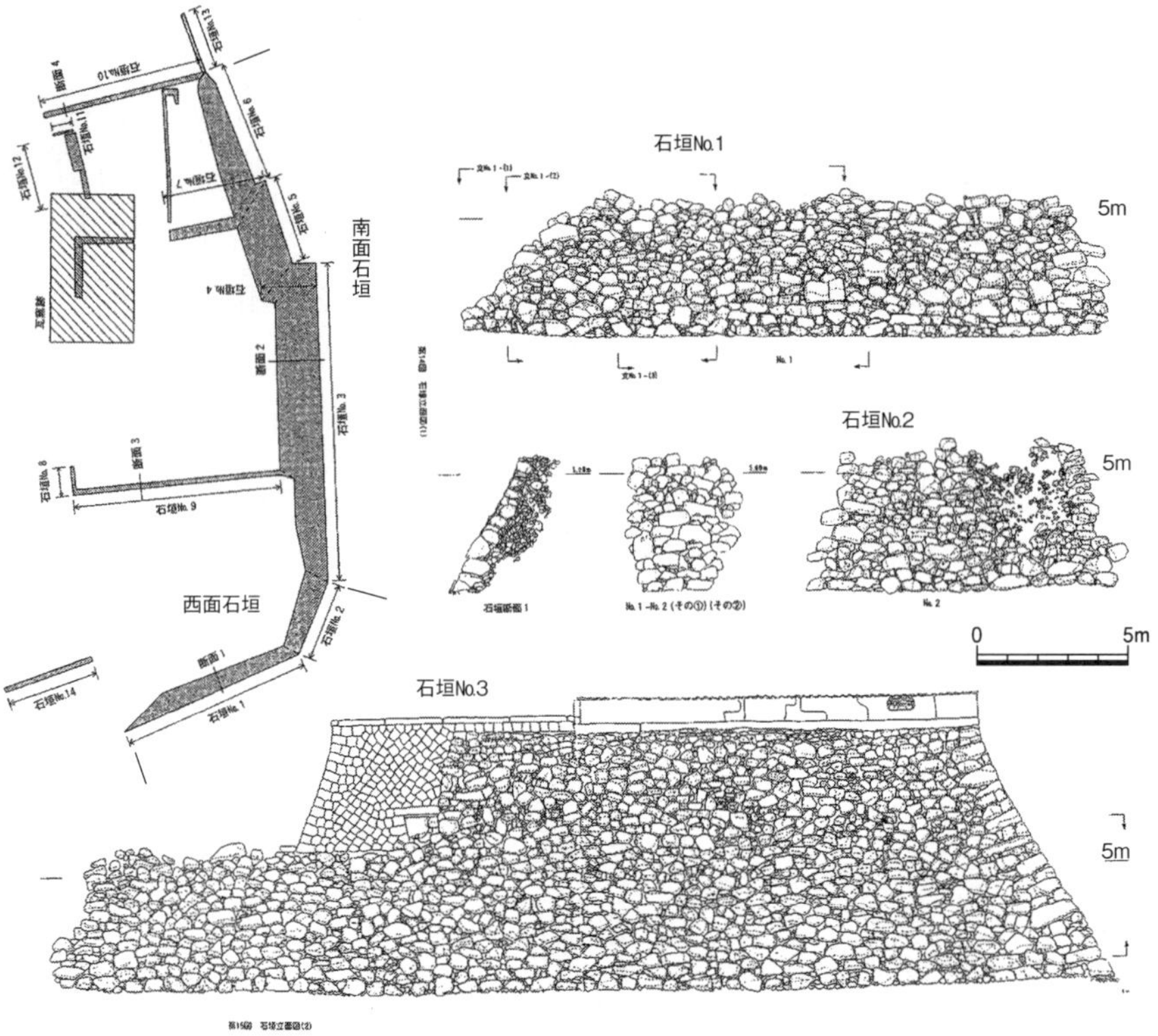

図２　叶堂城跡（兵庫県教育委員会1992より）

斜面の石垣は残されていた。

検出された石垣には積み直し部分も含まれるが、基礎部は概ね築城期のもので、南面石垣（石垣３～６）と西面石垣（石垣１・２）がある。南面石垣は高さ最大で八・三ｍを測り、隅角部は矩形で法を持つ。これに対して西面石垣は最大で四・六ｍ、隅角部はシノギ積みとなる。石垣の角度は南・西面石垣とも六〇度前後でほぼ統一され、南面石垣では矩が見られる。上半は江戸期の積み直しである。石垣は自然石に荒割り石が混じり、全体的には方形を意識した規格性が認められる。築石は基本的に五〇～八〇cm前後の石材が主体を占め、極端に大小のものが混じることは少ない。ただし、技法的には横目地の完全に整わない布積崩しとなる。また、矢穴・刻印は観察されない。このほか、基底および背後を根切り加工することが明らかであるが、胴木は用いられない。隅角部は算木積が完成し角脇石もほぼ定型化する。ただし調整加工しない築石と同等の石材で補っている点が過度期であることを示している。

一方、西面の石垣No.１・２では築石に不規則に巨石が混じり、縦積みが見られる。このほか、下端に三〇～五〇cm前後の小規模な石材が含まれるなど南面とは構造が異なる。シノギ積となる隅角部は算木積を意識するが角脇石が不完全で、石材のずれが大きく割れが認められる。南面と西面で相違が認められるものの、時期としては両者とも慶長初期とされている（北垣一九九二）。

出石城二の丸下層石垣（豊岡市・西尾孝昌ほか二〇一三）[註2]　出石城は戦国時代、山名氏の有子山城を前身とし、織豊期には山城と居館

図３　二の丸古層石垣（南から手前外側に現石垣がある。豊岡市教育委員会提供）

図４　二の丸古層石垣（東から。豊岡市教育委員会提供）

が併存する。その後、慶長五年以降は小出氏の居城となる。調査によって山麓の居館においても織豊期から近世かけて石垣が構築された。これは現石垣の背面に古段階の石垣が二時期に渡って検出されたもので、古石垣は技法から二時期とも慶長初期のものと考えられる。前面の現石垣の石垣A、その石垣の背面に石垣B、さらにその背後に石垣Cがある。石垣Cは虎口側面を構成するもので前面に階段が検出された。石垣Aは算木積が完成するもので「慶長九年小出吉秀築城」期のものと思われる。

石垣Bは現石垣に並行して数m背後に検出された。角礫の自然石が用いられ、方形を意識する石材を中心に構築されるが、技法的には布積崩しとなる。下部に小型の石材が目立つことと、石材間に空間が多く人頭大の間詰め石が密に入る。築石の控えは不明で、背面のグリ石は多量に入る。幅は五〇cm前後と推測される。石垣Cは虎口側面を構成する石垣である。この石垣は大型の石材を立積みして鏡石を意識する。鏡石の右横にも大型の石材を用いるが、周囲は小型の石材が積まれ、石材間の大小が大きい。さらに間詰石も密で小型の石材が多く確認され、アンバランスな印象を持つ。石垣Cも背面にグリ石を入れる。

豊岡城山麓居館（豊岡市・豊岡市教委二〇〇七）　豊岡城跡の北東山麓には織豊期段階から居館が構築され、江戸時代には京極氏の陣屋となる。この居館の発掘調査によって石垣が検出された。石垣は杉原（第2期遺構面）と考えられ、慶長初期頃とされる。

検出された石垣は居館の西辺と北辺の一部で両面の交点には隅角

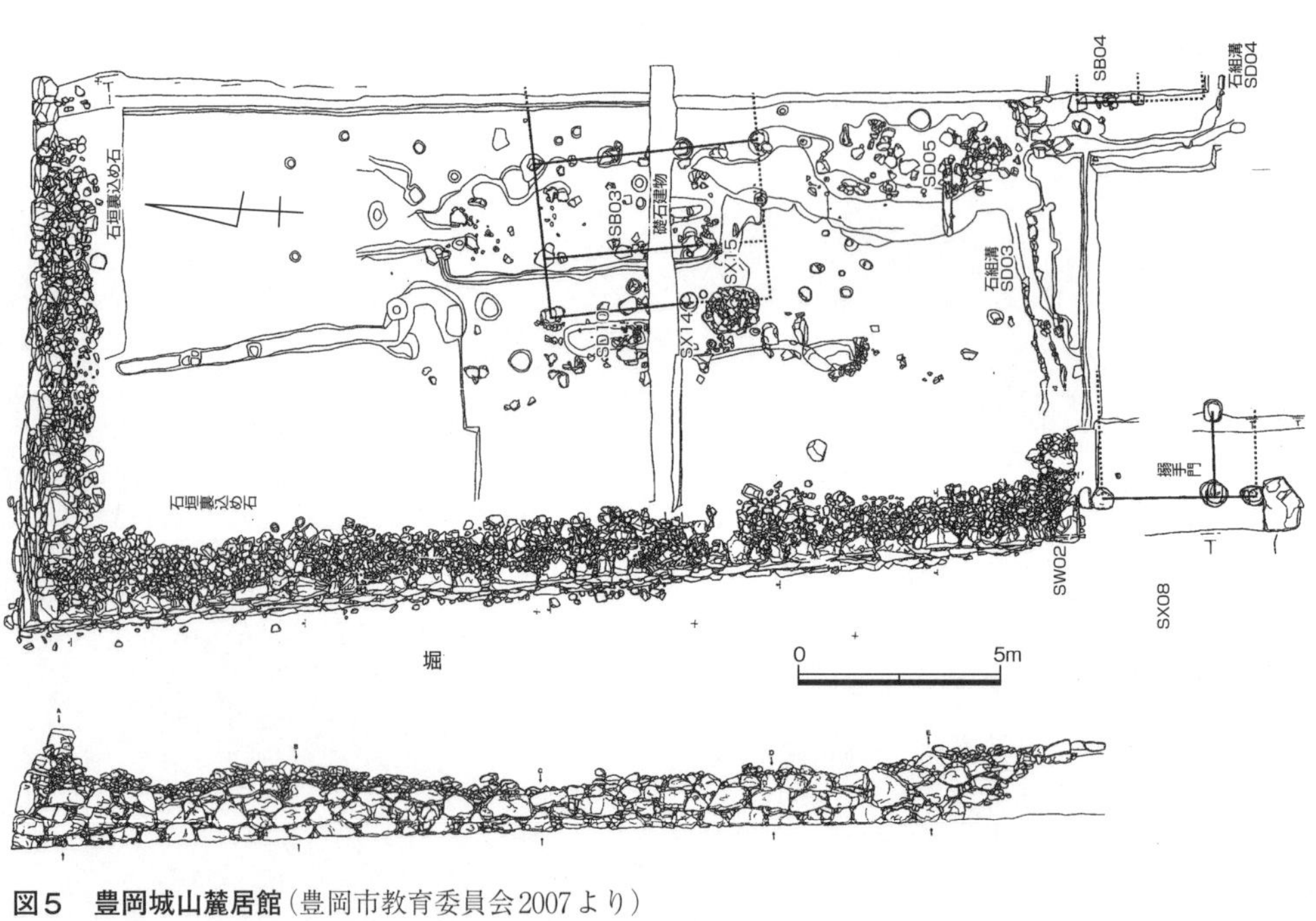

図5　豊岡城山麓居館（豊岡市教育委員会2007より）

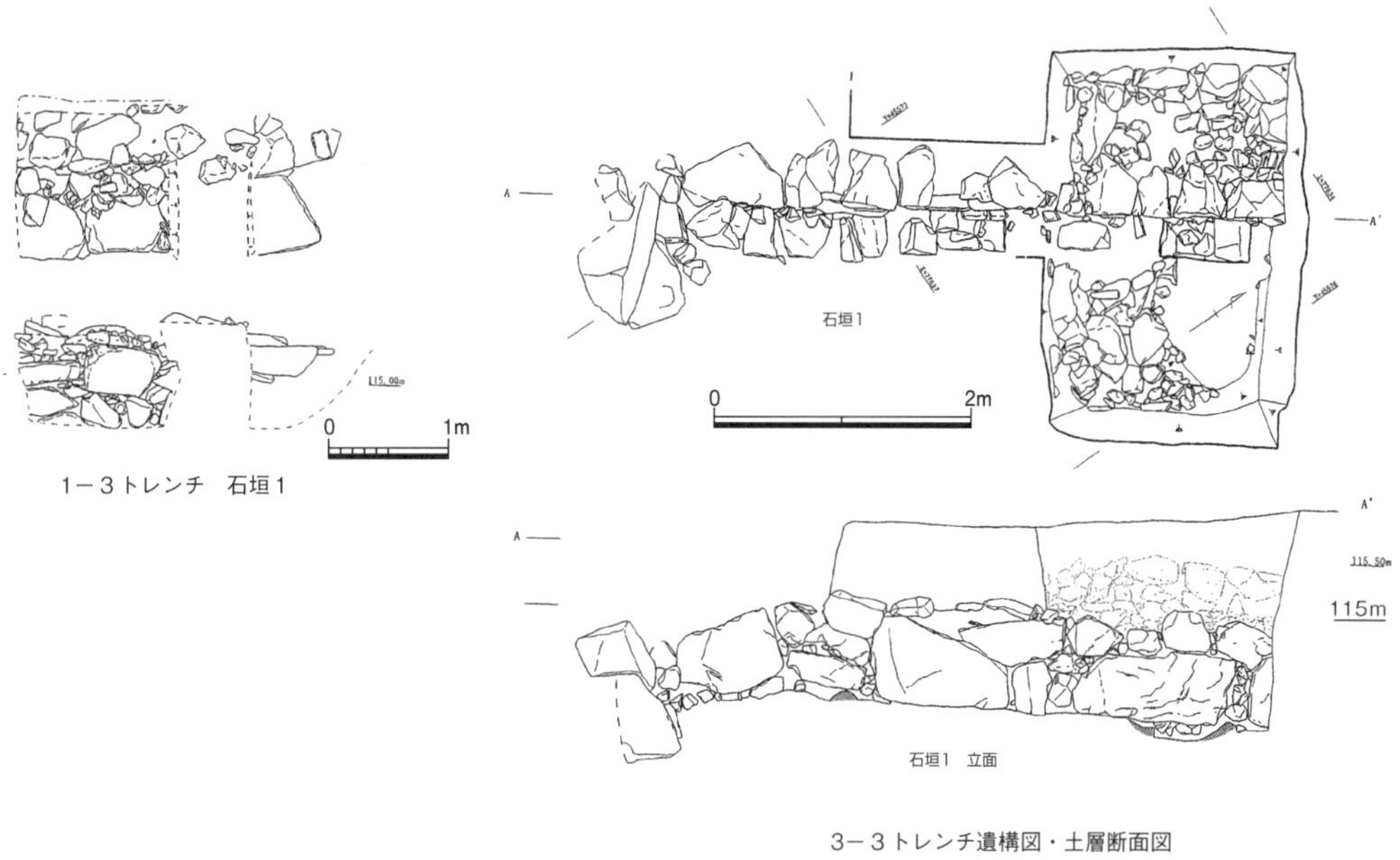

図6　竹田城赤松居館推定地（朝来市教育委員会2009より）

部がある。石垣の背面は造成による盛土で、裏込幅は〇・五m前後でグリ石が充填される。石材は自然石の角礫が中心である。大小差があるが、長さ五〇～六〇cm前後の方形ないし長方形の石材を基本とするようである。部分的に縦積みが見られるが基本的には横位に石材を積む布積み崩しである。隅角部は算木積を意識し、大型の長方形石材を使用するが稚拙である。

竹田城赤松居館推定地（朝来市和田山町、朝来市教委二〇〇三[註3]）竹田城東山麓には市街地背後にあたる高台に居館が構築される。平成十八～二十年度に発掘調査が実施され、慶長期の石垣が検出された。竹田城跡は戦国時代太田垣氏の居城であったが、慶長初期に総石垣の城に改修されたといわれ、織豊時代の城主は赤松広秀とされる。

検出された石垣には石垣1・2があるが、石垣1は虎口を構成するもので、地表面で観察できる石垣2に続く。一方石垣2は居館内部のものと考えられるが詳細は不明である。

石垣1は幅〇・八～一・二m、高さ〇・五m前後の石材を横位に据えている。基底石は大型の石材を用いるが二段目は三〇～五〇cm前後と小型の石材が用いられている。

生野奉行所跡（朝来市生野町、朝来市教委二〇〇七）平成十五年度に公共施設の建設に伴う調査で（第25次調査・生野町教育委員会）生野奉行所の堀および石垣が検出された。石垣は堀の両側の二面があり慶長初期のものとされる。生野奉行所（代官所）は織豊時代に設置された生野銀山の政庁で、堀は大正時代に埋没した。生野銀山は天文十一年（一五四二）以降に開かれ、戦国時代は山名氏、のちに秀吉の支配下に入った。天正十八年（一五九〇）～慶長二年（一五九七）に採掘量がピークに達し、織豊期には豊臣政権の財政を賄う重要な鉱山であった。

検出された堀の幅は約八ｍで、高さは代官所側の東面で約三・四ｍ、西面は高さ約二ｍで、石垣は築石部のみで隅角部はない。西面石垣は、地山より一層上の茶褐色土から根切りし、前面に石垣を構築するが、東面石垣は背後に土塁状の盛土を行い、これを根切り（整形）して裏込め幅を確保する。石材は、東面と西面で大小があるが、基本的に自然石を用い、積み方は「布積み崩し」となる。

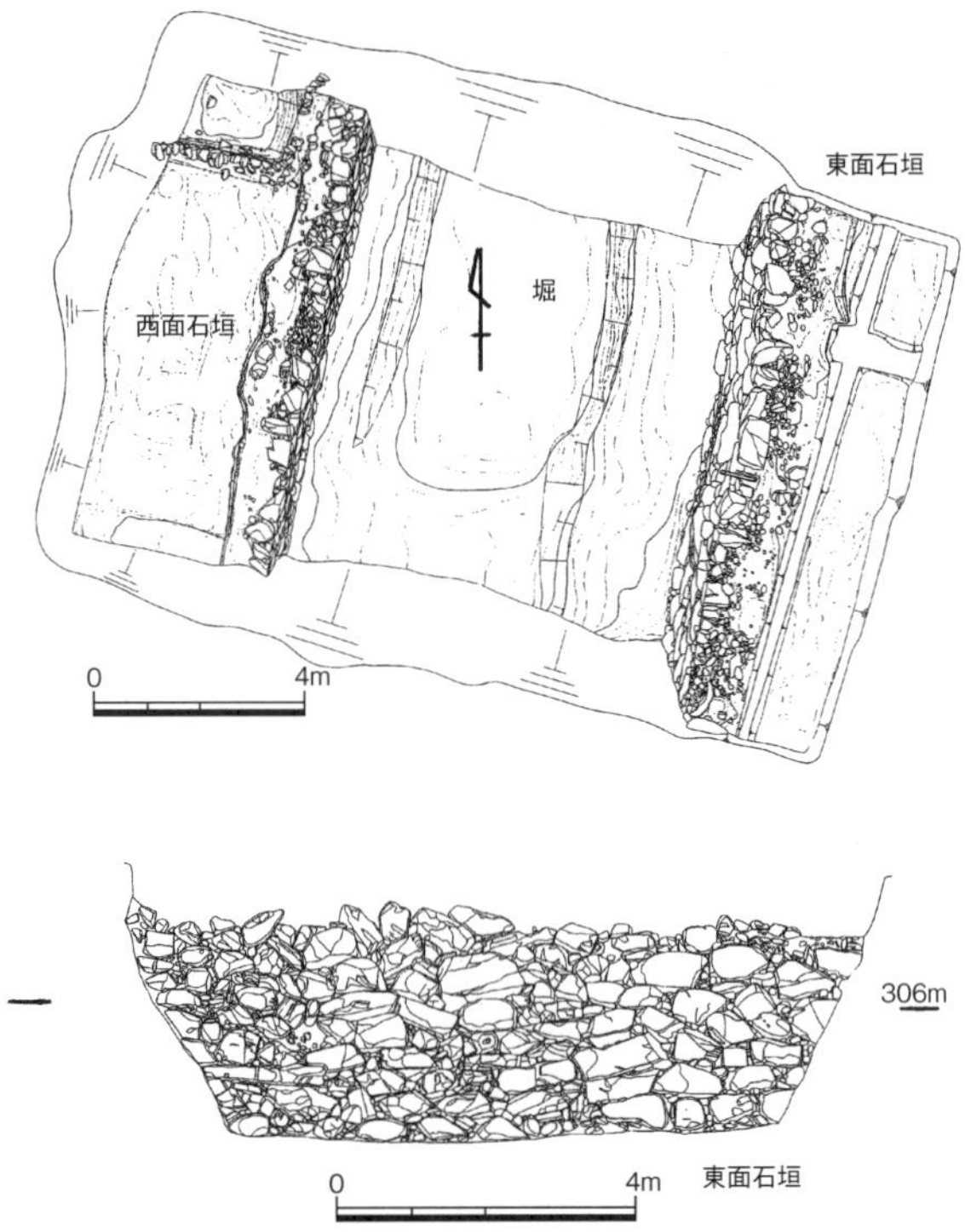

図7　生野奉行所跡（朝来市教育委員会提供）

東面石垣は上段が後世の積み直しである。築石は川石と山石が混在し大小が見られ、不定形な自然石であるが、一部には叩打痕が残される。技法としては築石の長軸を水平にとる傾向がつよい。また、築石には、横幅が二ｍ近い自然石や、小石の上に大石を据えるなど石材の規格性は低い。この特徴から石垣は竹田城に近い慶長期ごろとされる。

西面石垣は使用される築石のいずれもが、同質で石材も規格化の傾向がつよい。ただし、部分的に積み直しが含まれる。石垣の左側では築石の長軸がおおむね水平を保ちかつ精緻である。石垣の時期は慶長期ないし少し降る時期のものと考えられる。

以上から、石垣の構築時期は慶長初期段階と評価される。また、裏込めに竹田城採集瓦と同じ瓦も少量出土することから竹田城との関連も指摘されている。

湯の山御殿（神戸市北区、神戸市教委二〇〇〇）　有馬温泉にある湯の山御殿は平成八～十年に調査が行われ、織豊時代の庭園・湯殿がある平坦地が検出された。この背後には、南側を画す石塁が構築され、周囲に石垣が積まれていた。有馬温泉は織豊時代になると秀吉など有力者が湯治の場所として訪れている。秀吉自身も天正十一年～文禄三年（一五九四）まで都合九回訪れている。

石垣は延長七〇ｍに渡っており、高さは六・五ｍを測る。石塁は上端幅が五～一五ｍで、北端が多聞櫓の櫓台となっていたとされる。ただし、石垣については詳細な調査がないので結論できないが、積み直しの可能性がある部分も認められるので、全体が当時の城郭石垣でない可能性もある。石垣の立面図などがないので、今回は参考資料として紹介する。

二　検討

兵庫県下の平城における織豊期城郭の石垣について紹介してきたが、ここで当該期の石垣について北垣總一郎氏（北垣聰一郎一九八七）・堀口健弐氏（二〇〇二）の研究で確認しておきたい。

北垣氏は隅角部の矩方や反りの発生、石材の規格化などから、戦国末期から織豊期をⅠ期、慶長期〜元和期をⅡ期とし、Ⅰ期を3小期、Ⅱ期を2小期に細分する。Ⅰ期は1を天正年間以前まで、2を天正年間、3を文禄年間、Ⅱ期は1を慶長期、2を元和期に設定する。つまり織豊期はⅠ期の2と3、Ⅱ期の1に該当する。それぞれの画期はⅠ期の1では算木積が未完成であるが、1期の2では算木積が完成し、矩方が定着する。隅角部は長軸を交互に積むが、角脇石の意識がまだ完成しない段階とする。県下では姫路城・龍野城・有子城・岩尾城などがある。3は隅角部の矩方に反りが加味され始める過渡期で、八木城・竹田城・黒井城などをあげる。Ⅱ期の1は反りが定着し、高石垣が本格的になる初期で叶堂城などを例示する。

堀口健弐氏は石垣の隅角部の算木積み・石材加工度・矩と反り・築石の積み方などを多角的な視点から分析し、十八世紀初頭までの石垣をⅣ期に分類する。本稿ではこのうちⅠ期の古相とⅡ期古層までが対象となる。Ⅰ期古相は天正期で算木積が意識されるが完成には至らない段階で、黒井城跡をあげる。新相は文禄期に盛行し慶長前半までの段階で、算木積がほぼ発達の域に達するという。第Ⅱ期古層は慶長期前半で角石に加工石が用いられ、規格化・量産化への萌芽がみられ竹田城跡を例示する。

これらの見解には画期となる時期に相違があるものの、①天正期末〜文禄期、②慶長期の初期に画期を設定する点で共通している。その上で①の画期は算木積みにおける角脇石の成立、②の画期を角石の規格化や築石との差別化、さらに高石垣の完成などにみるようである。一方で矩方はおおむね天正十年にはすでに見られ、慶長期以降に反りが登場するとされる。この他、文禄期〜慶長初期には隅角部を矩形に積まず、いわゆるシノギ角にするものが多いという（北垣一九八七）。これは、隅角部や石材の大型化・規格化が進まない段階での高石垣への模索と推測されるが、隅角部や石材の大型化・規格化などが進展した段階で解消されている。このほか鏡石や巨石を石垣面に廃する意匠的な積み方も目立つとされる（堀口二〇〇二）。

ただ全体を通してこの時期の石垣は、隅角部を除くと石材の加工度にあまり特徴が確認できないことから、隅角部が残存しないと明確な指標がないこと。さらに、石垣の部位による差や、積み方などの技法について比較すべき指標が見つからないなど、詳細な検討には今後に残された課題が多い。

紹介した事例では叶堂城跡の南辺石垣で算木積みが完成し角脇石

が意識されて、反りは明確ではないものの角石や築石の規格化が意識されるなど、唯一、発達した高石垣の構造を持つ。この一方、西側の石垣はシノギ積みとなり角脇石の意識はあるものの定着には至らず、築石も大小の差がある。この点、二つの石垣には発達度に差が見られる。南辺石垣は慶長初期前後が比定され、西辺石垣はこれより古層をもつが、全体的な評価としては南辺石垣の年代前後とされ、時間的な差は短いとされる（北垣一九九二）。出石城二の丸中層石垣でも石材の規格化が進んでおり叶堂城跡に近い時期のものと考えられるが、最古層の石垣は鏡石が用いられるものの石材の大小が著しく積み方も稚拙で、時期的な前後関係を考える上では貴重な成果であるが、出石城跡の経緯から考えると二つの石垣に長い時間差を想定することは困難である。このため二つの石垣は織豊期の中でも文禄～慶長初期に位置付けられる。

宇野構遺跡では隅角部が残るが完成された算木積みでない。この一方、丁寧な根切りと大量のグリ石は三mの高さを維持する工夫として考えられたのであろう。豊岡城山麓居館石垣・竹田城赤松居館推定地は居館周囲を囲む石垣である。出石城二の丸最古層事例は虎口側面の石垣で、いずれも低い石垣である。このためか、積み方や石材の用いられ方にやや乱雑な印象を受ける。さらに豊岡城山麓居館石垣は隅角部も算木を意識するものの石材の長短が未完成である。つまり、今回紹介した事例は叶堂城跡・豊岡城跡古層事例を除くと、石材の大小が大きく、規格化が未発達で稚拙な印象のもので占められる。このため、おおむね織豊期前後の石垣であるということ以外には、その時期的な定点を検討する材料がなかった。

織豊期石垣の遺構から見た個別の時期について乗岡実氏は「織豊系城郭から徳川期石垣に至る石垣は、従来から言われているように野面積み→打ち込みはぎ→切り込みはぎという変遷の方向性や、隅角部における算木積みの発達傾向は大枠として追認できるものの、決して各地でパラレルに変化したものではなく、地域差あるいは同じ城郭内部における地点により差があり、むしろ予想以上に複雑であることが判ってきた…」（乗岡実二〇〇三）と指摘するように石垣個別の技法差が大きい点や、採取される石材によって構築技法に差が生まれる点など多くの課題を抱えている。石材の規格化や隅角石の発達が未発達であることは明らかになってきたが、織豊期での技術的な進展が、直に時間差に結びつかない点はこの時期を考える上で、今後の大きな課題である。

おわりに

織豊期における兵庫県下の平城の石垣を紹介してきたが、その技術的な差は事例個々によって個性を持つ。このためこれらの石垣を時間軸に位置づけることは現段階の研究では、叶堂城跡など文禄～慶長初期の発達した石垣を除くと課題が多いようである。また、今回紹介した事例は高石垣を指向しない部位のものが多い。しかし、これまで城郭石垣の主要部は高石垣を目指すものが大半と考えられ、研究もすべてを高石垣への発達軸の中で説明する傾向がある。しかし、今回検討したいくつかの事例のように、高石垣が求められない石垣も多く存在する。このため、今後は石垣使用部位を類型化し、石垣全体の組列を検討することも求められるだろう。

註

（1）石垣の解釈については天正十三年の秀次による城受け取り前後の可能性も考えられ、幅を持たせるべきではないかという意見もある。

（2）『豊岡市の城館集成Ⅱ』および豊岡市教委潮崎誠氏・宮村良夫氏のご教示による。

（3）『生野代官所跡関連遺跡第25次調査現地説明会資料』および朝来市教委田畑基氏のご教示による。

参考文献

北垣聰一郎一九八七『石垣普請』

堀口健弐二〇〇二「城郭石垣の様式と編年」『中世城郭研究論集』村田修三編

乗岡実二〇〇三「中国における織豊城郭研究10年の現状と課題」『織豊城郭』第10号織豊城郭研究会

兵庫県教育委員会一九九二『叶堂城跡』

北垣聰一郎一九九二「叶堂城の石垣遺構について」『叶堂城跡』兵庫県教育委員会

朝来市教育委員会二〇〇九『竹田城跡』

朝来市教育委員会二〇〇三『生野代官所跡関連遺跡第25次調査現地説明会資料』

兵庫県教育委員会二〇一二『宇野構遺跡現地説明会資料』

豊岡市教育委員会二〇〇七『豊岡城館遺跡発掘調査報告書』

西尾孝昌ほか二〇一三『豊岡市の城館集成Ⅱ』豊岡市歴史文化遺産活用活性化事業実行委員会

川上厚志二〇一三「兵庫津遺跡第57次調査中間報告－兵庫城を中心に－」『ヒストリア』二三四号

神戸市教育委員会二〇〇〇『ゆの山御てん－有馬温泉・湯山遺跡発掘調査の記録－』

〔付記〕小和田先生には兵庫県内の催しで何度かお世話になりました。その節は様々なことをご教示いただきましたが、ご高名な方でありながら気さくな方だという印象が残っています。今後もお元気で活躍されることを祈念いたします。

石神井城の縄張の再検討

八巻孝夫

はじめに

武蔵国における戦国時代初期の城郭の縄張は、その遺存する例が少ないため、ほとんど不明といってよい。とりわけ東京では、江戸開府以来早くから開発が進んだこともあり、その事例は極端に少ない。東京二三区内では、遺構を残す城郭はわずかに四例を数えるにすぎないのである。具体的には、世田谷区に残る世田谷城、奥沢城、板橋区に残る志村城、練馬区に残る石神井城である。(註1)この中でも石神井城は、その主郭がほぼ完全に残っているのが目立つ。そしてその周辺の歴史的な景観も、かなり壊されてはいるが、かつての状況を偲ぶことができる。今回の論考の目的は、この石神井城を素材に戦国時代初期の城郭がどのような縄張と景観だったかを探る試みである。

なお、筆者は石神井城については、「豊島氏の城郭についての覚書」(註2)で縄張について簡単に触れているし、「石神井城の五〇〇年―その遺構の保存・利用と研究史」(註3)で、廃城以後の遺構の使われ方を考察している。しかし、今回は特に石神井城の縄張の検討を中心に再検討してみたい。

一　石神井城の立地と環境

石神井城の所在は、武蔵野台地の東北に位置している。この台地上を多くの中小の川が流れているが、東北の練馬区に限れば白子川、石神井川、中新井川などが、武蔵野段丘面を東流して、より大きな入間川や隅田川と合流している。その中で石神井川は小平市御幸町近くの窪地が水源で、東流して富士見池、三宝寺池などの湧水を合わせていく。(註4)

石神井城は、三宝寺池のほとりにある。この三宝寺池は武蔵野台地の三大湧水池(他の二つは善福寺池、井の頭池)の一つである。

江戸中期以前ではこの湧水池と石神井川は、水の乏しい武蔵野台地のこの一帯では極めて貴重であり、死活的に重要であった。豊島氏にとっても、石神井川の水源の一つを抑えることは、この水系の支配に不可欠であった。

さて、先も述べたように、石神井城は三宝寺池の南岸に直接面している台地の上にある。この地は北は三宝寺池と弁天川（三宝寺川とも。現在はせき止めて石神井池となっている）、南は石神井川に挟まれた東西に細長い舌状台地である。しかし、城は一般に舌状台地の先端に占地するのが普通であるが、この石神井城の場合は、異例にも三宝寺池に面した舌状台地の基部を選んで築城している（図1）。このことは、石神井城の築城の目的がまさに三宝寺池を確保するためであったことを如実に物語っているといってよいだろう。

二　豊島氏と石神井城の歴史

豊島氏は桓武平氏で秩父を本拠とする秩父平氏の一流といわれている。平安時代の末期ごろに、豊島郡を本拠とし、豊島を名乗ったとされている。石神井川と入間川（現在の隅田川）の合流点近くの低地に屋敷（註5）（北区豊島）を構えた。また低地を見下ろす河岸段丘上で古代の豊島郡衙に近い平塚にも屋敷を築いた。この二つの本拠地は、築かれた年代が異なる可能性もあるが、豊島郡の支配に、両輪のように機能したであろう。

豊島氏はこの低湿地である豊島の地の開発に努めて、一応の成果を収めるとともに、陸上交通路の結節点を把握し、入間川の水運にも関与して勢力を拡大した。またその一族は石神井川を遡り、滝野川、板橋、志村、赤塚にそれぞれ本拠を定めて、開発を行なったとされる。もちろん、この豊島一族の分布は石神井川水系の支配を目的としたもので、用水の確保や水上交通の把握を狙っていたといえる。しかし、豊島氏はこのように石神井川の下流域と中流域は、豊島氏宗家と一族により抑えていたが、その源流を抑えていたわけではなかった。源流域は宇多氏の根本所領であったからである。鎌倉時代の末ごろ、宇多氏の石神井郷が、婚姻関係により、豊島氏の一族であり、特に関係の深かった宮城氏に譲り渡された。そして次いで豊島氏に譲られて、ここに石神井川の水系の全体が、豊島氏に握られることとなった。この結果、豊島氏は、今までの本拠の北区豊島と平塚の地を離れ（豊島、平塚の地は確保していたと思われる）、石神井の三宝寺池のほとりに移ることとなったらしい。このころの石神井の豊島氏の本拠には、まだ築城されてはいないので、屋敷といった方がふさわしいものであったろう。

豊島氏は室町末期には山内上杉氏に従って、軍功をあげていたが、古河公方にも従うときもあったらしい。そして、山内上杉氏の家宰である長尾氏の内粉に巻き込まれていく。文明八年（一四七六）、山内上杉氏の家宰の地位継承問題で長尾景春が反乱を起こしてしまう。豊島氏はこの長尾景春との何らかのつながりがあったらしく、この反乱に与同して決起する。この長尾景春の乱の最中の文明九年、豊島氏は太田道灌と江古田原で戦い敗れてしまう。豊島氏は石神井

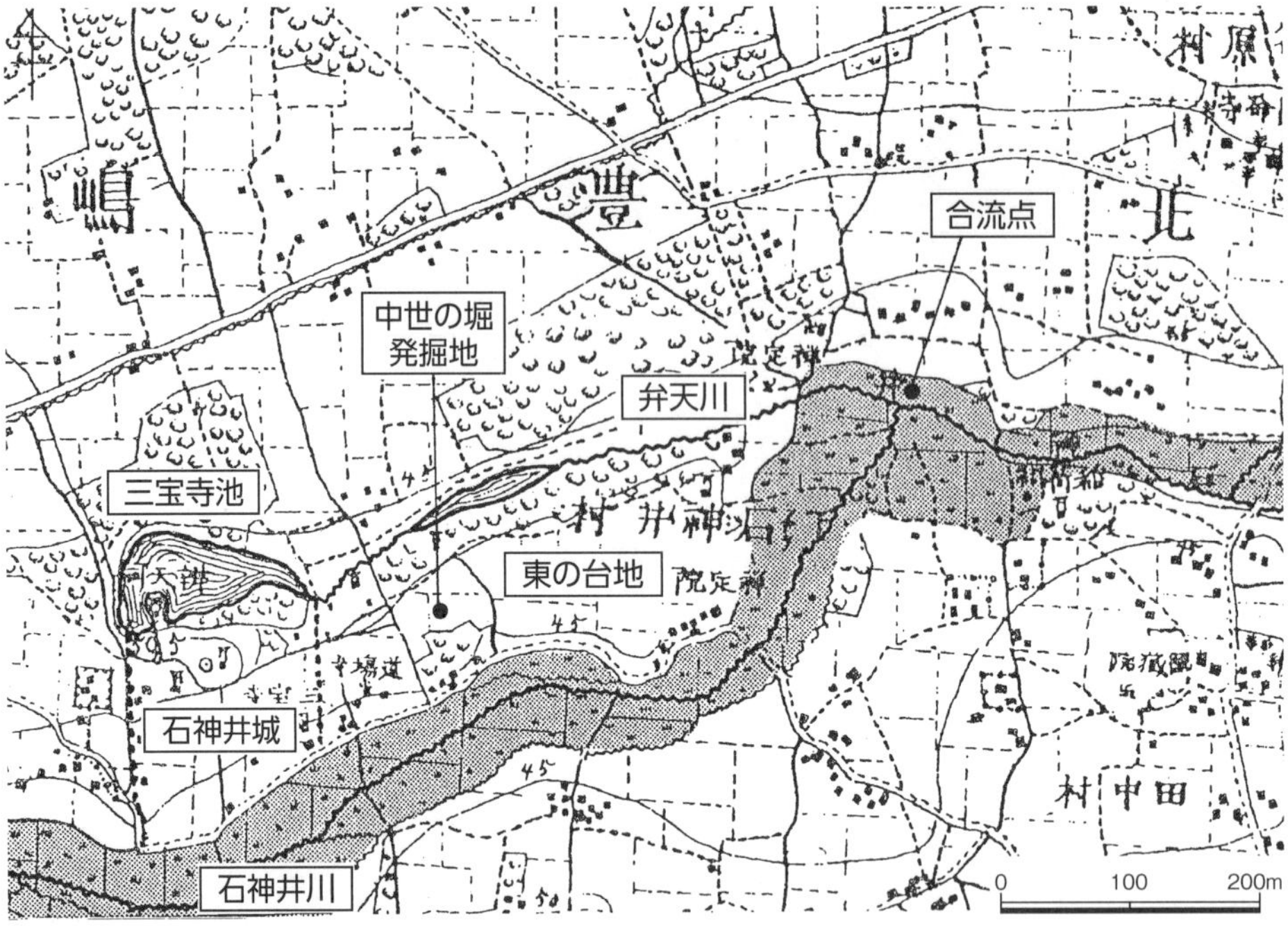

図1　石神井城と周辺（明治13年測量　2万分の1地形図「東京近傍西部」）
※うすあみは明治13年ごろの水田を表わす。室町期はここが湿地帯であっただろう。
※ケイ囲みの地名は全て八巻が新しく記入したものである。また、川など一部は線を太くするなど修正してある。また城域は太い波線で表した。
※地形図は拡大使用（1.4倍）している。方位は北が上である。

城に逃げ込むが、太田軍によって包囲される。結局、太田軍が石神井城の外城に攻め込んだため、ついに豊島氏は城から没落し、実質的に滅亡してしまう。その後、道灌によって石神井城は破却され廃城となった。その後、石神井城が再利用された記録はない。

三　石神井城の遺構

石神井城は先も述べたように三宝寺池の南岸の台地上にある。この台地の南側は、石神井川の本流が東へ向かって流れている。川自体の流れはそれほど幅はないが、広い湿地帯となっていて、少なくとも江戸時代中期から昭和三十年代まで水田が営まれていた。室町期は一部が水田であったにしても、ほとんどが湿地帯であり自然の要害となっていたであろう。また北側も三宝寺池のほとりは一〇m近くの断崖となっていて、これまた要害であった。このように台地は北の三宝寺池と南の石神井川に挟まれているため、西と東を人工の空堀で掘り切れば、城として独立することになる。これをそれぞれ西堀と東堀とする。

西堀と東堀に囲まれた城内がどうなっていたか見てみよう。城内で一番目立つのは、東北の隅にある空堀と土塁に囲まれたほぼ方形の一角である。土塁と空堀はL字形に残っている。ここは江戸時代の地誌の「嘉陵紀行」[註6]によれば、城山の地名があった。ここを曲輪1とする（図2）。

曲輪1の南北に続く土塁、空堀（クランクした先のライン）に対応するように、三宝寺の境内の中に、南北に一直線に土塁・空堀が残っている。昭和三十年代ごろまではよく残っていたが、現在は土塁の面影がわずかに残っているだけである。ここは曲輪1の南隣にあり、三宝寺により早い時期に南面を削られているが、東堀まで曲輪面が延びていた可能性は強い。北、東、西と三方を空堀で囲まれていたと復元できるので、ここを曲輪2とする。

曲輪1と2の西は広大な平地となっている。西堀まで約二〇〇mもある。この間には曲輪を分割するような空堀や土塁はなく、そういった伝承もない。ここを曲輪3とする。この三つの曲輪をそれぞれどのようなものかを詳しく考えてみたい。

曲輪1

この曲輪の周囲のうち西側面は、幅広の土塁と浅い空堀が続く。この土塁・空堀は真中より南寄りで東に大きく曲がる。これは明らかに横矢の折りである。西側面に続く南側面は、土塁に添って窪んだ道路となっているが、これが空堀であったのは間違いない。

北側面は要害となる三宝寺池に面しているため、西側面からの土塁は、高さを減じながらわずかに続くが消滅していく。東側面は民家に面していて、大きく削られている。しかし、東南の角はまだ削り残しの曲輪面が少し残っていて、そこに土塁が南側面から続いている。この土塁もわずかな長さで消滅する。このことからすると、東側面には土塁はほとんど無かったと考えられる。

この曲輪1の空堀は、早く昭和四十二年に発掘されていたが、平成十年、十一年にも発掘されている。その成果をまとめると、深さ約六m、堀の上幅（土塁の基底部から外側の立ち上がりまで）約一二m、堀底の幅約三mを測った。また空堀の形は、堀底が平らで上になると広がるタイプの箱堀である。(註7) この空堀の調査で注目すべきことは、堀が人工的に埋められたのが判明したことであろう。これは空堀の第一段階とされ、豊島氏の滅びた文明九年の落城時と想定されたことである。「底に堆積していた土層の状態から、堀外側の地面を削り、その土を外側から入れる。続いて土塁上部を崩して内側から埋めた。この時点では深さ三m程の堀の形態を保っていた」と報告されている。豊島氏の後に石神井城に入った道灌が、城を破却をするために空堀を埋めた可能性が高い。

一方、土塁の方は裾部の調査が行なわれた。「自然堆積層の黒色土を叩いて固め、さらにローム土を約一五cmの厚さで均し、叩き固めて土塁構築の基盤層を築いていた」し、「土塁の盛土は一五cmほどの木杭を打ち込んで土留めして築いていた」のである。土塁の断ち割り調査が行なわれなかったため、土塁の構造自体は不明だが、「版築状に暗褐色土とローム混じりの土をほぼ交互に盛上げているが、あまり締まった土ではなく、踏み固めたような痕跡も認められなかった」ようである。土塁の基盤層の入念な作業と土塁の盛り方の手法に、かなりの差があるようである。

曲輪内では、ほぼ中央部で三間以上の総柱または庇付建物らしいピット列が確認できた。大型建物になる可能性もあり、豊島氏の屋敷の建物かもしれない発見である。

さて、続いてこの曲輪の問題点を考えてみよう。まず第一に虎口

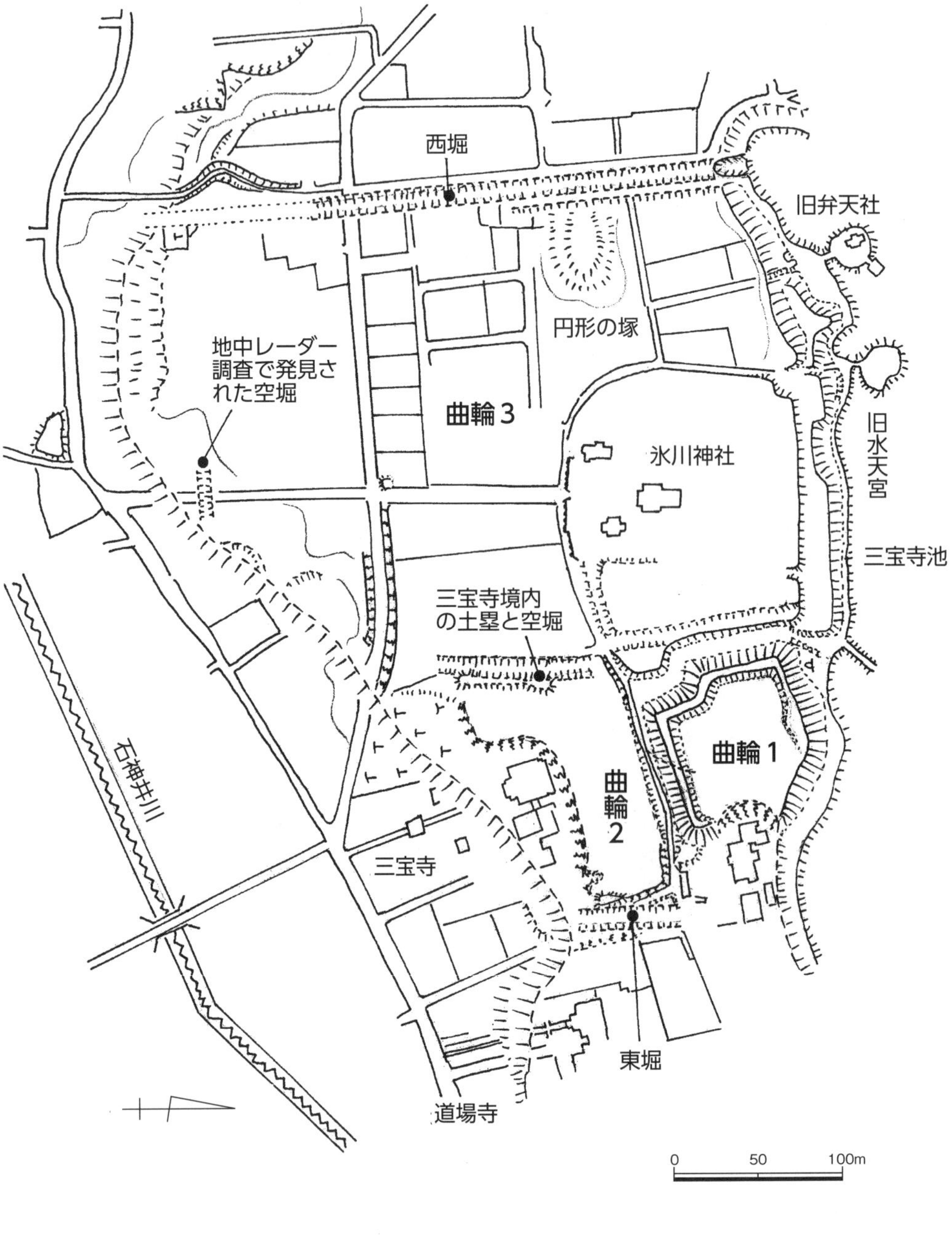

図２　石神井城

※「練馬区石神井台一丁目遺跡調査略報」所収の実測図（昭和30年代の測量図）をもとに、八巻の調査により修正、改変した。従って遺構は、そのほとんどが昭和30年代のものである。

であろう。曲輪1には虎口らしい虎口がないのである。唯一南側面に斜めに曲輪に入る溝状の道があるが、これは近年に造られたものである。これ以外に虎口はないのだが、候補がないわけではない。一つは横矢の折りのところである。一般に横矢の折りは、虎口の木橋などに向けて曲げることが多い。虎口周辺が最も戦闘が激しいと想定されるからである。しかし、該当の土塁に虎口の開口部分はない。子細に表面観察を行っても虎口があった形跡はなさそうである。しかし、空堀が破却により、半分ほど埋められていたことを考えると、ここに虎口があり、それが完全に埋められている可能性もある。これを確かめるには発掘による検証しかないので、機会があれば試みて欲しい箇所である。

もう一つの虎口の候補は、東側面である。ここは曲輪1の下の民家により、早い時期から削られていたようで、現在は湾曲した崖となっている。ここは東を区切る空堀に面したところであるが、この空堀は三宝寺池のほとりまで延びていた可能性がある。[註8]そうすると、曲輪1と空堀の間には、二、三〇mほどの空間ができる。この空間の所に小さな曲輪があるとすれば、曲輪1に入る何らかの施設が(例えば坂虎口などが考えられる)存在した可能性があるのではなかろうか。いずれにしろ、曲輪の東側面は現状では全く壊されてしまっているため、推測に頼る以外は無いのが残念である。

なお、東の城域を区切る東堀は、昭和四十三年に発掘されて、上幅約七m、底幅約〇・七m、深さ約四・三mであったのがわかった。[註9]

さて、この曲輪1は、石神井城の中でどのような位置を占めるか考えてみたい。石神井城の中で発掘した空堀は、この曲輪1の空堀と東と西の城域を定める空堀の三本である。この空堀三本を比べると、曲輪1の空堀は際立って大きいのがわかる。深さは東と西の空堀に比べると倍近い。このことから見ても、最も重要な曲輪であったろう。また曲輪の位置も東に偏在しているが、三宝寺池の流水口に直接面している。石神井川の水系を保持するためには、この流水口の把握は最も重要なことであったろう。またこの台地全体から見ると、台地自体はもっと長く東へ続くが、台地の地形自体はこの曲輪で大きくくびれる上に一端下がり台地の先端のようになっている。そのため城内で最も堅固な場所といえる。こうしたことから、この曲輪1が石神井城の主郭と考えるのが妥当であろう。

曲輪2

曲輪2は、曲輪1の南に隣接する。東は曲輪1と同様に東堀で区切られている。西は曲輪1の堀が東へ曲がるが、一方で規模は小さくなりながら南の三宝寺の境内に続いているのがわかる。この堀は土塁と並走しているので、城のものと考えてよいだろう。この三宝寺境内の堀と土塁は、昭和三十年代までは明瞭に残っていたが、近年になり土塁の上が四国八十八か所の寺の石碑群の建設地となり、かなり破壊されてしまった。現在では石碑群の基壇となって残っているばかりである。また空堀はその工事の影響か、かなり埋められ、現在ではほとんど空堀とはわからなくなっている。昭和三十一年の調査では、土塁は高さ約一・二m、堀は上幅が約五〜八m、深さは約〇・六mであった。[註10]この土塁と空堀は曲輪1の土塁と空堀以外では唯一の存在であっただけに残念なことである。

ところで、この土塁と空堀は、曲輪1の土塁、空堀よりはるかに小さいものであるが、城内の区画の堀、土塁としては十分な大きさを持っていたと思われる。ここは今まで、発掘されたことはない。幸い完全に破壊されたわけではないので、これからの発掘により、その大きさなどを確かめる必要はあるだろう。

この曲輪2は、南の部分が三宝寺の寺域拡大で大きく削られている。石神井城の存続した時期もここは南の石神井川の方向へゆるく傾斜した曲輪であったろう。そのため、落城後の三宝寺の建設にあたり、早い時期から斜面を削って平坦面を造成していったのであろう。

曲輪2の性格はよくわからないが推測はできる。主郭である曲輪1に隣接しているので、かなり重要な役割を果していただろう。空堀と土塁の規模からみると曲輪1より下位で、曲輪3よりは上位の役割であった。豊島氏にごく近い人たちのいた曲輪かもしれない。

曲輪3

曲輪1と2の西側一帯の広大な曲輪が、曲輪3である。曲輪1から西の端となる西堀まで約二〇〇mある。南北は途中から斜面になってしまうが、約三〇〇m近くある。この曲輪の中には、曲輪内を分割するような大きな空堀はない。昭和三十年代の発掘でみつかった小規模な空堀も、近年は城のものと断定はできないものとしている。十七、八世紀頃の地割や境界などの目的で掘削されたと推定されていて、城の遺構ではない可能性が強くなった。[註11]しかし、この曲輪の大きさを考えると、空堀と土塁で曲輪として独立させないまでも、塀、柵列などで使用目的による分割はされていたであろう。

曲輪の北東隅には、氷川神社が鎮座している。氷川神社は水神であり、石神井川の流域にはかなり多く鎮座している。この氷川神社の末社に三宝寺池の中島にある弁天社(現在は厳島神社)と水天宮(現在は水神社)がある。いずれも水神であり、三宝寺池との強い関連が考えられる。氷川神社は豊島氏が武蔵国一ノ宮の氷川神社を勧請したといわれている。往時は城内の別の場所にあったが、豊島氏の没落後に現在地に移ったという。[註12]

この氷川神社の地は、江戸時代の地誌の「嘉陵紀行」[註13]や昭和の地誌『武蔵野歴史地理』[註14]などでも「本丸」ではないかとの説が述べられている。三宝寺池の南岸の中央部にあり、城全体からみても中央になるので、こうした説が出たのであろうが、曲輪1の土塁、空堀からみれば明らかに下位の曲輪となるので、「本丸」ではないことは確実である。

曲輪内は現在では、ほとんど住宅地となっているが、地形が南方向の石神井川に向かって緩い斜面となっている。この斜面上に、東京都の地中レーダー調査で空堀が確認された。氷川神社から南に約二〇〇mほど下がった地点で、東西に延びていたらしい。これが石神井城の遺構とすれば、斜面を東西に区切る横堀があったことになる。[註15]この空堀は、発掘により確めるべきであるが、あったとすれば、石神井川と湿地帯を要害とするだけではなく横堀を入れて防御を強化していたかもしれない。

曲輪Ⅲの西を区切る西堀の空堀と土塁は昭和二十八年まで約五〇mほど遺存していたが、このあたりの住宅開発のため壊され埋められた。しかし、昭和三十二年に発掘され、その規模が確認された。堀幅は約九m、深さ約三・六mの箱堀とその東側に土塁の基底部と思われる堅く踏み固めた部分が発見された(註16)。そして堀の西側斜面上に乱杭と思われるピット列もみつかった。西堀は完全に破壊はされず地中に眠っていたのである。この西堀は台地を南北に輪切りしていたので、全長約二〇〇mはあったであろう。空堀は直線で続いていて、折りはなかった。また、この西堀の北の端で三宝寺池に面する斜面に、竪堀が落ちている。現在では大分不明瞭になってきたが、今でも残っている。

この西堀の虎口について考えてみたい。石神井城の構造からすればいわゆる大手にあたると思われるが、虎口に関する伝承はない。しかし、西堀の中ほどに、かつては円形の塚らしきものがあったという(現存はしない)。高さは約〇・八mで、円径は約四〇mもあったらしい(註17)。これは『新編武蔵風土記稿』(註18)の伝える櫓跡らしき築山の一つだったかもしれない。これが櫓台だったとすると、この近辺に虎口が想定できる可能性がある。

さて、曲輪3はどのように使われていたろうか。広い曲輪なので、家臣たちの家や耕作地などが散在していたという推測もできる。しかし、既にほとんどが住宅地となり、もはや確かめることが難しくなってしまっている。

以上で、曲輪と想定できる1、2、3を見てきた。次に問題になるのは、曲輪1の東に続く台地であろう。この台地が城と関連するかどうかは石神井城にとって重要な意味を持っているからである。

東の台地

東の台地は、主郭の近くの東堀から、約七五〇mほど続く。石神井川と弁天川との合流点はその約二〇〇mほど先である。この台地も全体が城域ではないかとの説が、古くからあった。しかし、そう考えると、台地が不自然なほど長くなり批判的な意見が強かった。それに対し東堀から約一〇〇mほど東を南北に走るバス通りの付近に堀切があったのではないかという説も唱えられた(註19)。しかし、場所的にはちょうど良いにしても、伝承もなく現地でも空堀の気配はない。またこのバス通り以東にも台地は続くが、台地上には城郭を思わす空堀などの遺構は全く存在しない。

ところが、昭和四十七年に堀切推定地に当たるバス通りの東側が発掘された。そこから石神井城に関連すると思われる中世の浅い堀が出土した。堀幅は約四～五m、深さは約五〇～八〇cmあった。そこでその堀に囲まれた三つの方形区画が確認された。大きい区画は、東西約三八mで、南北約四二mほどあった。堀囲みの居宅地かと推定されたが、内側に柱などのピット列はみつからなかった(註20)。

続いて昭和六十二年に、弁天川の水を溜めてできた石神井池に面する台地上で発掘が行なわれた。下水道布設工事に伴うもので、東西約六〇〇m、幅約一・二mでベルト状に発掘したものである。その成果の中で、あるいは石神井城に関連するのではないかとする溝状遺構が五か所で発掘された。もちろん完掘したわけではないので、確証する資料は得られなかった。しかし、報告書では、「舌状台地一帯が、石神井城の城域にかかわる遺構の存在の様相が伺える」とした。つまり東の台地全体が石神井城と関連するのではないかとしたのである。[註21]

　ここで改めて東の台地の性格を考えてみよう。石神井城は三宝寺池と石神井川に挟まれた台地上にあるのは再三述べた。そして重要なことは、三宝寺池の流水による弁天川と石神井川は、東の台地を挟みながら、約一〇〇〇m先で両河川は合流する。そして東の台地はそこで終わる。つまり東の台地は、その基部を石神井城でふさがれた舌状台地で、ちょうど海に突き出た岬のようなものなのである。豊島氏が石神井城を築城した時に、この東の台地の使い方も考えていたはずである。つまりこの東の台地は、天然の堀で囲まれた付属地ともいうべき存在であったのではなかろうか。純粋な城ではなく、その付属部分という位置づけである。この川で囲まれた閉じられた台地に、いくつかの寺社、郎党たちの家、百姓たちの家、畑や水田（豊島氏の直営の田畑か）などの耕作地、牛や馬の放牧地などに使われていたのではないか。閉じられた空間だったので、これだけ長い台地でありながら、堀切などの防御施設を造る必要がなかったのであろう。もちろん軍事的にはこれほど広い空間を保持することは難しい上に、却って不利になるだろう。しかし、石神井川と弁天川ばかりでなく、両河川に伴う広い湿地帯が要害となり、渇水期は別として東、南、北の三方向からの敵をある程度防ぐことができたのであろう。近年になっても大正末の紀行文では、石神井川のあたりは、泥深い田が多く、場所によっては底知らずといわれていたという。[註22]室町期はもちろんどのようになっていたかはわからないが、川の水を水田にはあまり活用できず、江戸期よりはるかに湿地帯が広かったのではなかろうか。

　なお、東の台地が城と関連する空間であったという明確な伝承はないが、昔話として石神井川と弁天川の合流点近くの禅定院の辺りに亀の尾城という出城があったという。[註23]石神井川の湿地帯を臨む地であるが、真偽のほどはわからない。

四　石神井城の縄張を考える

石神井城の曲輪を検討したところで、全体の縄張を考えてみたい。まず空堀の軸線が比較的正確に南北に三本並べていることである。これに直交して東西に一本主郭の南にも入れている。もちろん台地全体がほぼ東西方向へ連なっているためであろうが、そればかりではなさそうである。それは石神井城がきちっとした縄張計画があり、それに基づいて築城されたのではないかということである。もちろん縄張そのものは、単純であるが、三宝寺池の池全体を城で抑えている。そしてその先の東の台地まで考慮して占地しているのは、豊島氏にとって必要なもの全体を確保しているのが見てとれる。それは縄張のまだまだ未発達な時期としては、かなり考えぬかれた縄張であると評価できる。

　また、主郭の空堀と土塁も、この城の廃城期を考えれば早い時期に属する技術が使われている。他の空堀・土塁が全て直線なのに、この主郭の空堀・土塁は、見事な横矢の折りを持つ。虎口に横矢を掛けようとしたのか、弓矢を射るための突出部なのかは、まだ不明だが、この横矢の折りは、年代のある程度わかる遺構の中で最も古い時期に属している。(註24)また空堀は深く大きいし、土塁も高く幅広である。これだけ見れば、戦国中期以降の城と間違えるほどである。ではこうした築城技術は豊島氏が本来持っていたのであろうか。私はこうした技術を豊島氏は他の地域の攻城戦で獲得した可能性があると考えている。豊島氏は、文書で確認できるだけでも、享徳四年（一四五五）の群馬県の高井要害、文明三年（一四七一）の栃木県の赤見城、立林要害（近世の館林城）などの攻城戦で上杉氏より感状を得ている。(註25)これ以外にも攻城戦に参加していたとも思われる。これらの攻城戦で、あくまで推定にすぎないが、どの城かで横矢の折りの効果を知り、石神井城で採用したのではないか。

次に石神井城の構造を考えてみたい。石神井城は曲輪1、2、3の三曲輪で構成されていた可能性が強い。これは太田道灌の築城した江戸城の構造と類似している。道灌の江戸城は子城、中城、外城の三重構造になっていた。(註26)これはこのころの関東の中世城郭には、ある程度共通の形式と思われる。曲輪名は所在地によって違う場合があるが、概ね本丸を本城、内城、実城、根城などと呼んだ。二の曲輪を中城、そして三の曲輪を外城と呼んだらしい。これを石神井城に合てはめれば、曲輪1を実城とか本城と呼び、曲輪2は中城、曲輪3を外城と呼んだ可能性がある。なお、道灌の書状といわれる「道灌状」では「外城攻落」との文言がある。この外城は、とりあえず曲輪3としておきたい。

続いて石神井城の創築の時期を考えたい。まず豊島氏に先行する宇多氏の屋敷であるが、時代は変わっても守るべき三宝寺池は同じなので、三宝寺池の南岸にあったであろう。とすれば、石神井城の曲輪1の場所が屋敷地であった可能性は高い。次いで宮城氏、豊島氏と続くが、宇多氏と同じ場所であったろう。また石神井川との合流点の台地の先端の可能性もあるが、中世では合流点のあたりは広大な湿地帯であり、台地先端では水系を抑えにくいと思われるので、やはり三宝寺池のほとりが好都合であったろう。

こうした豊島氏が屋敷の時代から、現在の城を本格的に築城したのはいつの時代であろうか。史料もなく推定しにくいが、時代と状況を考えると、関東地方で戦国時代の始まる享徳の乱（享徳三年・一四五四）前後に築城されたのではなかろうか。長禄元年（一四五七）には太田道灌が江戸城を築いている。そしてそのころ豊島氏も山内上杉氏や古河公方の間で動揺していた。こうしたことも築城の契機となったのではないか。

そして素朴ではあるが、曲輪1の折りなどと念入りな構造であることや全体の縄張が存在すること、土塁と空堀がかなり大きいことなどからみて、急造の城とは考えにくい。もちろんそれ以前の南北朝期から豊島氏は、関東各地を転戦しており、曲輪1・2の前身となる簡単な城はできあがっていたろうが、享徳の乱による戦闘の激化が曲輪1を改修させ、東堀と西堀を造ることになったのではないか。長尾景春の乱の時には、既にできあがっていた石神井城が、臨戦体制を整えたということであろう。しかし、これも全く史料の裏付けもないので、将来の曲輪1の発掘による成果を期待したい。

おわりに

石神井城はその落城による文明九年で、それ以後使用されていないのがほぼ確実な城郭である。素朴な南北朝期の城郭から複雑な戦国盛期の城郭の中間の位置をしめている。この時期の城郭は、戦国盛期も使用され、改修されたり、幸運にも遺構が遺ったにしてもその後に破壊されてしまっている。そのため、文明年間以前の城の縄張を伝えるものはないといってよい。小机城(神奈川)や世田谷城(東京)などは同時期に存在したであろう城であるが、小机城に関しては遺構が残るものの北条氏の改修によるものであり、文明年間ごろの縄張はうかがえない。世田谷城も宅地開発によりかなり破壊され、それほど縄張をうかがうことはできない。その意味でも石神井城が曲輪1の主郭をほとんど残し、それ以外の遺構はほとんど失なわれているにしても、早い時期から発掘されているため、かなり縄張は復元できるのである。そのため、石神井城は文明ごろの城のモデルになり得るのであり、いわば標準化石とすることができる。

また、推定ではあるが、東の台地が石神井城と強く関連する付属地であったとの考えが正しければ、このころの城にこうした付属地があるのは、石神井城のみの特殊例なのか、それとも広く存在したのか、これから検討する必要があろう。それによりこの時期の城が、どのような縄張と景観を持つかを理解する一歩となるに違いない。(註27)

註

(1) 世田谷城は主郭の周囲をめぐる一部の空堀と曲輪が残っている。また志村城も主郭の一部の空堀が残っているが、石神井城の主郭の空堀のかなりの部分が残存しているのと比べると雲泥の差がある。なお、奥沢城の土塁は改修された可能性があり、検証が必要である。

(2) 八巻孝夫　平成二十一年「豊島氏の城郭についての覚書」『中世城郭研究』二三号　中世城郭研究会

(3) 八巻孝夫　平成二十四年「石神井城の五〇〇年―その遺構の保存・利用と研究史―」『中世城郭研究』二六号　中世城郭研究会

(4) 江戸時代まで石神井川の水源は、三宝寺池と認識され、現在の石神井川の本流は、富士見池（関の溜井）の余流とされていた。それだけ、往時は弁天川の水量が豊富であったのであろう。

(5) 豊島氏の初期の居住地の実像はよくわからないので、とりあえず屋敷とする。なお、豊島氏が屋敷を城郭化したとしても、それを城と称することはなかった可能性がある。

(6) 村尾正靖　文政五年「嘉陵紀行―石神井の道くさ―」。練馬区　昭和五七年『練馬区史　歴史編』一一八四頁

(7) 練馬区教育委員会　平成十六年『甦る中世城郭　石神井城跡発掘調査の記録』八～一〇頁　以下「　」は報告書からの引用である。

(8) この東堀が三宝寺池のほとりまで延びていないと、台地全体を遮断できないし、池の水の流れ出る水口を守ることができなくなる。

(9) 青木一美　昭和五十七年「石神井城址と練馬城址」『続　江戸以前』東京新聞出版局　六〇頁

(10)石神井城跡発掘調査団　昭和四十二年『石神井城跡』六頁。これは発掘によるものではなく、当時の遺構の計測値である。
(11)大河内勉　平成元年「石神井城址―石神井台一丁目遺跡―」『奥田直栄先生追悼集』学習院大学輔仁会史学部　二三三頁
(12)練馬区教育委員会　平成十年『練馬の神社』五二頁。なお、豊島氏は熊野権現を崇敬していたとされるが、現在練馬区内に熊野神社はほとんどない。熊野神社と氷川神社がどのような関係があるかは、これからの検討課題であろう。
(13)註6書　一一八四頁
(14)高橋源一郎　昭和四十六年『武蔵野歴史地理』(復刻版)第一冊　有峰書店　三五八頁
(15)東京都教育委員会　平成十八年「石神井城跡」『東京都の中世城館(主要城館編)』二〇頁
(16)青木一美　昭和三十三年「石神井城跡発掘調査の成果と課題―第二次・第三次・第四次調査概報―」『土』第二号　九頁
(17)榊原松司、青木一美　昭和三十一年「石神井城跡の第一次調査」『西郊文化』第十五、十六輯　五一頁
(18)間宮士信など　文政十一年(一八二八)『新編武蔵風土記稿』。芦田伊人校訂　昭和四十七年『大日本地誌大系　新編武蔵風土記稿』雄山閣二七四頁
(19)平野実　昭和五十年「豊嶋氏の遺跡を訪ねて」『豊嶋氏の研究』(再録。元版は昭和三十五年)名著出版　一八五頁
(20)石神井町池淵遺跡調査団　昭和四十八年『練馬区石神井町池淵遺跡』一三頁
(21)池淵遺跡第四次調査団　平成元年『池淵遺跡第4次調査』練馬区土木部　練馬区遺跡調査会　四九頁
(22)註14の第一冊　三四〇頁。この書の元版の発刊は昭和初年であるが、紀行自体は大正末年である。
(23)加藤嘉平　平成五年『練馬の懐かしい炉端談話』創栄出版　四五頁
(24)註2の拙稿　八〇頁
(25)豊島区立郷土資料館　昭和六十三年『豊島・宮城文書』。高井要害は一三号文書、赤見城は一六号文書、立林要害は一七号文書である。いずれも豊島一族が攻城戦に参加している。
(26)北区史編纂調査会　平成七年『北区史』資料編古代中世2　東京都北区。四六号文書の「梅花無尽蔵」による。
(27)世田谷城に隣接する広大な豪徳寺境内は、外郭の可能性を古くから指摘されていた。ここも城郭の付属地としての可能性も検討する必要があるだろう。

94.「家伝史料『武功夜話』の研究」(『日本歴史』723号) pp.17 ～ 33、2008年８月１日
95.「戦国大名今川氏の軍役」(小和田哲男編『今川氏とその時代』清文堂出版) pp. ３～ 21、2009年３月31日
96.「武田信玄の海津築城と山本勘助」(磯貝正義先生追悼論文集刊行会編『戦国大名武田氏と甲斐の中世』岩田書院) pp.91 ～ 112、2011年９月
97.「戦国三河・牧野一族と今川氏」(『古城』57号) pp. ２～ 13、2013年７月14日
98.「戦国女性史研究の新展開」(『日本史攷究』37号) pp.1 ～ 11、2013年11月

史料集・史料紹介

1．史料紹介「北条早雲文書集・早雲年表」(下山治久と共編、『後北条氏研究』創刊号) pp.126 ～ 138、1971年４月１日
2．史料集『武州鉢形城主北条氏邦文書集』(近藤出版社) pp. １～ 110、1971年10月31日
3．史料集『江州小谷城主浅井氏三代文書集』(浅井家顕彰会) pp. １～ 105、1972年９月３日
4．史料紹介『今川家略記』(駿河古文書会原典シリーズ３) pp. １～ 87、1974年１月１日
5．史料紹介「『三川古文書』所収今川氏文書について」(『駿河の今川氏』２集) pp.101 ～ 141、1977年９月５日
6．史料紹介「雪斎伝記史料校註解説『護国禅師三十三回忌拈香拙語并序』」(『駿河の今川氏』３集) pp.137 ～ 166、1978年12月１日
7．史料紹介「今川義元夫人に関する新史料」(『紙魚』15号、駿河古文書会) pp. １、1989年５月
8．史料紹介「朝比奈一郎氏蔵“朝比奈氏系図”をめぐって」(『韮山町史の栞』17集) pp.13 ～ 20、1994年３月31日
9．史料紹介「佐野氏古文書写」(『地方史静岡』24号) pp.128 ～ 140、1996年３月27日

自治体史

1．『豊島区史』資料編１(豊島区) pp. ５～ 108、1975年３月31日
2．『静岡市史』原始古代中世(静岡市) pp.883 ～ 921、949 ～ 993、1059 ～ 1166、1199 ～ 1238、1981年２月１日
3．『神奈川県史』通史編１原始・古代・中世の内「北条氏の滅亡」(神奈川県) pp.1093 ～ 1126、1981年３月25日
4．『静岡市史』中世・近世史料(静岡市) pp. １～ 598、1981年４月１日
5．『豊島区史』通史編１(豊島区) pp.129 ～ 329、1981年６月30日
6．『掛川市史』中巻(掛川市) pp. ３～ 124、1984年12月18日
7．『浜北市史』通史上巻(浜北市) pp.533 ～ 780、1989年３月31日
8．『引佐町史』上巻(引佐町) pp.417 ～ 654、1991年３月31日
9．『掛川市史』下巻(掛川市) pp.277 ～ 364、589 ～ 616、718 ～ 749、953 ～ 986、1112 ～ 1135、1229 ～ 1248、1368 ～ 1374、1404 ～ 1411、1992年３月30日
10.『韮山町史』第十巻通史Ⅰ pp.553 ～ 856、1995年３月31日
11.『豊田町誌』通史編 pp.183 ～ 304、917 ～ 934、1006 ～ 1019、1101 ～ 1116、1152 ～ 1164、1377 ～ 1380、1996年
12.『静岡県史』通史編２中世の内「氏親の領国経営」「駿遠豆の城郭と縄張り」(静岡県) pp.667 ～ 677、1156 ～ 1173、1997年３月
13.『掛川市史』上巻(掛川市) pp.449 ～ 690、1997年８月25日
14.『掛川市史』資料編古代・中世(掛川市) pp.283 ～ 604、2000年３月15日
15.『浜岡町史』通史編(御前崎市) pp.221 ～ 227、235 ～ 400、2013年３月31日

文・社会科学篇39号）pp.17 ～ 26、1989年３月20日
65. 「戦国期の善得寺」（『善得寺の研究調査報告書』 富士市教育委員会）pp.41 ～ 50、63 ～ 85、123 ～ 187、1989年３月30日
66. 「秀吉の出自と職人集団」（『戦国期職人の系譜』 角川書店）pp.277 ～ 300、1989年４月10日
67. 「元亀・天正の争乱」（『古文書の語る日本史』 ５戦国・織豊、筑摩書房）pp.297 ～ 344、1989年５月30日
68. 「今川・武田両氏間の同盟と非同盟」（『武田氏研究』 ４号）pp.16 ～ 25、1989年６月10日
69. 「戦国争乱期の吉田城とその城主」（『開館十周年記念特別展吉田城と歴代城主』 豊橋市美術博物館）pp.99 ～ 103、1989年９月22日
70. 「小田原合戦」（『小田原城と城下町』 小田原市）pp.172 ～ 179、1990年３月31日
71. 「戦国期土豪と城館―今川家臣団の存在形態をさぐる―」（『戦国期東国社会論』 吉川弘文館）pp.29 ～ 49、1990年12月10日
72. 「北条早雲と大見三人衆」（『地方史静岡』 19号）pp. １ ～ 14、1991年３月31日
73. 「葛谷城の歴史と構造」（『葛谷城調査概報』 葛谷峠埋蔵文化財発掘調査団）pp.18 ～ 22、1991年９月15日
74. 「武田水軍と駿河の海賊城」（『戦国大名武田氏』 名著出版）pp.233 ～ 256、1991年12月15日
75. 「北条氏規に関する基礎的考察」（『韮山町史の栞』 16集）pp. ３ ～ 18、1992年３月21日
76. 「今川一門蒲原氏の研究」（『駿河国蒲原城址発掘調査報告書』 蒲原町）pp.41 ～ 51、1992年５月１日
77. 「戦国の家訓と男女の実情」（『歴史評論』 517号）pp.30 ～ 38、1993年５月１日
78. 「戦国遺跡出土の呪符木簡と『邪兇呪禁法則』」（『王朝の考古学』 雄山閣）pp.325 ～ 338、1995年２月20日
79. 「石塔類の石垣転用に関する一考察」（『城郭史研究』 15号）pp.30 ～ 37、1995年３月30日

80. 「今川氏重臣福島氏の研究―甲州飯田河原の戦いに関連させて―」（『武田氏研究』 15号）pp.19 ～ 33. 1995年５月31日
81. 「北条氏規と豊臣秀吉」（『韮山町史の栞』 20集）pp. ３ ～ 14、1996年３月29日
82. 「葛谷城の歴史学的考察」（『調査報告書葛谷城と山静地方の城館』 葛谷峠埋蔵文化財発掘調査団）pp.85 ～ 92、1996年12月25日
83. 「関ヶ原の記録者板坂卜斎」（『静岡学園短期大学研究報告』 10号）pp.39 ～ 43、1997年３月31日
84. 「天正十八年韮山城籠城戦覚書」（『韮山町史の栞』 21集）pp. ３ ～ 12、1997年３月31日
85. 「戦国大名武田氏の烽火網と白鳥山城」（『調査報告書白鳥山城と万沢・内房郷』 山梨県富沢町教育委員会）pp.74 ～ 77、1997年６月30日
86. 「中世農業と稲作」（『米と日本人』 静岡新聞社）pp.143 ～ 160、1997年９月30日
87. 「戦国女性山木大方の研究」（『韮山町史の栞』 22集）pp. ３ ～ 13、1998年３月31日
88. 「国人領主論―武田・今川領国下の比較研究―」（『武田氏研究』 21号）pp.16 ～ 30、1999年９月30日
89. 「武田信玄の駿河侵攻と今川氏真」（『戦国期静岡の研究』 清文堂出版）pp.239 ～ 265、2001年９月30日
90. 「今川氏重臣天野氏と城郭―“村の城”論の再検討―」（『古城』 50号）pp. １ ～ 17、2004年７月31日
91. 「慶長期駿府城手伝い普請の実態―助役大名毛利家の場合―」（『静岡大学教育学部研究報告』人文・社会科学篇55号）pp. １ ～ 12、2005年３月
92. 「備中兵乱と備中十二城」（『森宏之君追悼城郭論集』 織豊期城郭研究会）pp. ５ ～ 12、2005年７月14日
93. 「天下統一と茶の湯の隆盛」（『裏千家今日庵歴代』 第１巻利休宗易、淡交社）pp. ４ ～ ８、2008年２月17日

37. 「駿河時代の北条早雲」（『熊谷幸次郎先生古稀記念論集　日本史攷究』文献出版）pp.139～166、1981年３月30日
38. 「大名領国制下の支城の史的位置」（『日本城郭大系』別巻Ⅰ城郭研究入門、新人物往来社）pp.173～190、1981年４月15日
39. 「伊豆進攻後の北条早雲」（『神奈川県史研究』45号）pp. 1～14、1981年９月25日
40. 「後北条氏の直轄領と西相模の経営」（『歴史手帖』９巻12号）pp.14～19、1981年12月１日
41. 「戦国期駿豆国境の村落と土豪―『大平年代記』を通して―」（『静岡大学教育学部研究報告』人文・社会科学篇32号）pp.13～28、1982年３月22日
42. 「興国寺城の城郭史上の位置づけ」（『興国寺城跡保存整備基本構想報告書』）pp.63～66、1982年３月31日
43. 「花倉の乱の再検討」（『駿河の今川氏』６集）pp.53～73、1982年５月１日
44. 「戦国城下町の特質」（『講座日本の封建都市』１、文一総合出版）pp.103～122、1982年５月10日
45. 「元和一国一城令以前の城割」（『古城』17号）pp. 1～15、1982年10月17日
46. 「堀越公方の政治的位置―足利政知文書の検討を通して―」（『地方史静岡』11号）pp. 1～17、1983年３月１日
47. 「戦国武士屋代勝永（秀正）考―新発見"屋代文書"の検討を通して―」（『地方史研究』186号）pp.43～57、1983年12月１日
48. 「徳川頼宣に仕えた今川氏の遺臣」（『駿河の今川氏』７集）pp. 137～189、1983年12月10日
49. 「横須賀城跡―歴史と現況―」（『史跡横須賀城跡保存管理計画策定報告書』大須賀町教育委員会）pp. 4～19、1984年３月31日
50. 「戦国大名今川氏の検地方針」（『歴史学研究』529号）pp. 1～16、1984年６月15日
51. 「後北条氏の鉢形領と鉢形城」（『日本城郭史研究叢書』３武蔵野の城館址、名著出版）pp.215～235、1984年７月25日
52. 「戦国大名今川氏の棟別役賦課と免除特権」（『日本歴史』439号）pp.13～29、1984年12月１日
53. 「役としての陣僧・飛脚・陣夫・定夫―戦国大名今川氏発給文書を通して―」（『駿河の今川氏』８集）pp.107～130、1985年３月31日
54. 「守護大名と戦国大名」（『歴史公論』115号）pp.32～38、1985年６月１日
55. 「戦国期の遠江今川氏〔堀越氏〕」（『駿河の今川氏』９集）pp.79～98、1986年２月25日
56. 「後北条水軍の拠点・豆州長浜城」（『沼津市文化財調査報告』38集長浜城跡詳細分布調査報告書）pp.43～47、1986年３月31日
57. 「南北朝の城から戦国の城へ―その発展史的考察―」（『古城』25号）pp. 1～13、1986年10月30日
58. 「後北条氏築城技法の特色―いわゆる障子堀を中心に―」（『郷土神奈川』19号）pp. 9～23、1986年11月27日
59. 「地名・地籍図による城館跡の復原」（『日本考古学論集』８武器・馬具と城柵）pp.450～476、1987年３月１日
※『静岡県の中世城館跡』所収論文を再録
60. 「戦国大名今川氏の知行制―知行宛行状の類型化を通して―」（『地方史静岡』15号）pp. 1～13、1987年３月25日
61. 「静岡県戦国城館跡址の考古学的研究」（『静岡大学教育学部研究報告』人文・社会科学篇37号）pp.37～51、1987年３月31日
62. 「北条早雲の伊豆進攻過程と中伊豆の城―柏久保城と大見城をめぐって―」（『古城』28号）pp. 1～8、1988年４月20日
63. 「戦国史研究における考古学の役割」（『季刊考古学』26号）pp.17～21、1989年２月１日
64. 「今川家臣団崩壊過程の一齣―"遠州忩劇"をめぐって―」（『静岡大学教育学部研究報告』人

pp.51 ～ 61、1967年８月30日
4．「一国一城令の不統一性」（『城郭史研究』３号）pp.29 ～ 42、1968年10月
5．「戦国大名浅井氏の灌漑支配」（『歴史地理学紀要』）11輯）pp.19 ～ 37、1969年
6．「戦国期在地領主の存在形態―大名浅井―国人今井―土豪井戸村―」（『日本史研究』107号）pp.21 ～ 45、1969年９月20日
7．「兵農分離の歴史的前提―戦国大名浅井氏における在城制―」（『史観』80冊）pp. ２～ 20、1969年12月
8．「嶋記録所収文書について―近江天野川流域の戦国誌―」（『古文書研究』３号）pp.40 ～ 61、1970年２月15日
9．「元和一国一城令の施行状況」（『日本史攷究』16号）pp.76 ～ 91、1970年12月
10．「後北条氏研究の成果と課題」（『後北条氏研究』創刊号）pp.105 ～ 125、1971年４月１日
11．「後北条氏奉書式印判状と奉行人」（『神奈川県史研究』14号）pp. ２～ 26、1972年１月25日
12．「戦国期土豪論―北条氏邦の家臣団と村落―」（『日本史研究』125号）pp.40 ～ 61、1972年３月20日
13．「北条氏邦の検地について」（『歴史手帖』創刊号）pp.15 ～ 18、1973年11月１日
14．「戦国期土豪の知行と軍役―後北条氏着到状の紹介を中心として―」（『民衆史研究』12号）pp. １～ 20、1974年５月
15．「概説・今川氏十代」（『駿河の今川氏』１集）pp. ２～ 11、1975年３月13日
16．「後北条氏領国における農民逃亡」（『静岡大学教育学部研究報告』人文・社会科学篇25号）pp.13 ～ 25、1975年３月26日
17．「荘園村落の復元的研究」（『郷土資料の活用』柏書房）pp.115 ～ 131、1975年９月10日
18．「今川氏の代替りと内訌」（『地方史静岡』５号）pp. １～ 20、1975年10月１日
19．「戦国争乱と大名領国制」（『日本史を学ぶ』②中世、有斐閣）pp.264 ～ 277、1975年10月５日
20．「『武徳編年集成』の史的考察」（『武徳編年集成』下巻、名著出版）pp.431 ～ 469、1976年４月１日
21．「戦国家法研究への提言」（『歴史手帖』４巻５号）pp.38 ～ 45、1976年５月１日
22．「後北条氏領国下の農民諸階層―下中村上町分検地帳の再検討―」（『関東戦国史の研究』名著出版）pp.44 ～ 62、1976年７月15日）
23．「戦国大名後北条氏の百姓と侍」（『静岡大学教育学部研究報告』人文・社会科学篇27号）pp.17 ～ 31、1977年３月22日
24．「戦国の盟友・浅井氏と朝倉氏」（『歴史公論』３巻４号）pp.84 ～ 85、1977年４月１日
25．「太原崇孚雪斎研究」（『信濃』29巻５号）pp.23 ～ 36、1977年５月１日
26．「今川義元の印判について」（『歴史手帖』５巻６号）pp.17 ～ 21、1977年６月１日
27．「今川氏と斯波氏の抗争」（『歴史手帖』５巻10号）pp.10 ～ 14、1977年10月１日
28．「城下町安土―近世城下町の先駆―」（『地方文化の日本史⑤地方文化の新展開』文一総合出版）pp.109 ～ 132、1978年１月10日
29．「後北条氏下層家臣の諸形態」（『戦国の兵士と農民』角川書店）pp.31 ～ 54、1978年11月20日
30．「戦国大名今川氏の四分一役」（『地方史静岡』８号）pp. １～ 11、1978年11月30日
31．「今川氏時代の駿府館再論」（『古城』10号）pp １～６、1979年３月31日
32．「今川氏重臣三浦氏の系譜的考察」（『地方史研究大井川』３号）pp. ４～９、1979年12月１日
33．「戦国大名今川氏編年花押譜」（『駿河の今川氏』４集）pp. １～ 12、1979年12月24日
34．「信玄・家康の駿遠分割案と駿遠国境」（『歴史地理学会会報』108号）pp.25 ～ 28、1980年３月１日
35．「今川氏親とその文書」（『日本歴史』385号）pp.33 ～ 46、1980年６月１日
36．「東国戦国大名論―最近の研究動向と今後の課題―」（『戦国史研究』１号）pp. ２～７、1981年２月９日

9. 共編著『角川日本地名大辞典』22静岡県　角川書店　pp. 1～1588、1982年10月8日
10. 共著『家康と駿府城』(小野田護・杉山元衛・黒澤脩と共著)　静岡新聞社　「徳川家康の駿府築城」「黄金時代の駿府城の構造」pp.11～122、1983年4月26日
11. 編著『徳川氏の研究』(戦国大名論集12)　吉川弘文館　pp. 1～507、1983年10月10日
12. 共著『静岡県古城めぐり』(鈴木東洋・関口宏行・長倉智恵雄・見崎鬨雄と共著)　静岡新聞社　pp.22～25、38～46、50～60、103～114、121～125、156～161、216～220、224～229、246～251、1984年7月10日
13. 編著『関ヶ原合戦のすべて』　新人物往来社　「関ヶ原合戦の歴史的意義」「関ヶ原合戦文献目録」pp. 9～30、241～245、1984年10月15日
14. 共編著『戦国大名系譜人名事典』東国編(山本大と共編)　新人物往来社　pp.385～470、1985年11月15日
15. 共編著『戦国大名系譜人名事典』西国編(山本大と共編)　新人物往来社　pp.71～76、105～151、1986年1月10日
16. 編著『図説武田信玄』　立風書房　「武田信玄の生き方風土」pp.161～165、1988年2月10日
17. 共編著『図説織田信長』(宮上茂隆と共編)　河出書房新社　「信長のめざしたもの」「天下布武への道」「信長をめぐる戦国時代の群像」pp. 4～8、33～101、1991年12月20日
18. 編著『今川義元のすべて』　新人物往来社　「今川義元とその時代」pp. 9～31、1994年4月10日
19. 共編著『静岡県姓氏家系大辞典』　角川書店　pp. 1～731、1995年12月8日
20. 共編著『クロニック戦国全史』　講談社　pp. 1～797、1995年12月10日
21. 編著『戦国大名閨閥事典』第1巻　新人物往来社　pp. 1～265、1996年11月15日
22. 編著『戦国大名閨閥事典』第2巻　新人物往来社　pp. 1～276、1996年12月15日
23. 編著『戦国大名閨閥事典』第3巻　新人物往来社　pp. 1～267、1997年1月15日
24. 編著『これで面白くなる!日本の歴史人物エピソード篇』　PHP研究所　pp. 1～220、1998年4月3日
25. 共編著『社会科中学生の歴史』　帝国書院　pp.89～136、2001年3月31日
26. 共著『前田利家と戦国四十人』(共著者池田こういち)　学研　pp. 8～48(小和田執筆分)、2001年11月28日
27. 編著『日本史諸家系図人名辞典』　講談社　pp. 1～739、2003年11月20日
28. 編著『戦国の女性たち―16人の波乱の人生―』　河出書房新社　pp. 1～253、2005年9月30日
29. 編著『山内一豊のすべて』　新人物往来社　pp. 1～275、2005年10月30日
30. 編著『浅井長政のすべて』　新人物往来社　pp. 1～251、2008年8月20日
31. 共著『図説　日本100名城の歩き方』(共著者千田嘉博)　河出書房新社　pp. 1～127、2010年3月30日
32. 編著『浅井三姉妹の真実』　新人物往来社　pp. 1～256、2010年11月9日
33. 編著『静岡県謎解き散歩』　(新人物文庫)　新人物往来社　pp. 1～287、2011年12月7日
34. 共著『〔徹底的に歩く〕織田信長天下布武の足跡』(小和田泰経と共著)　平凡社　pp. 1～144、2012年11月26日
35. 共著『大図解 戦国史』(小和田泰経と共著)　平凡社　pp. 1～175、2014年1月7日

論　文

1. 「城下町囲郭論序説」(『歴史地理学紀要』 9輯)pp.127～146、1967年
2. 「戦国大名今川氏の家臣団構成」(『歴史教育』 15巻8号)pp.64～73、1967年8月1日
3. 「近世城下町絵図の一考察―いわゆる“正保年間”絵図について―」(『地方史研究』 88号)

105.『戦国10大合戦の謎〈愛蔵版〉』ＰＨＰ研究所　pp. 1～239、2008年６月27日
106.『名参謀直江兼続』三笠書房　pp. 1～220、2008年11月10日
107.『戦国の群像』学研　pp. 1～288、2009年５月29日
108.『北政所と淀殿』吉川弘文館　pp. 1～240、2009年６月20日
109.『戦国大名106家　最強の系図』新人物往来社　pp. 1～351、2009年８月14日
110.『歴史ドラマと時代考証』(中経の文庫) 中経出版　pp. 1～287、2010年２月１日
111.『詳細図説信長記』新人物往来社　pp. 1～220、2010年１月20日
112.『詳細図説秀吉記』新人物往来社　pp. 1～220、2010年２月13日
113.『詳細図説家康記』新人物往来社　pp. 1～220、2010年３月14日
114.『お江と戦国武将の妻たち』(角川ソフィア文庫) 角川学芸出版　pp. 1～252、2010年11月25日
　※『賢妻・千代の理由』ＮＨＫ出版 (2005年11月) を増補改題
115.『お江　戦国の姫から徳川の妻へ』角川学芸出版　pp. 1～238、2010年11月25日
116.『戦国三姉妹　茶々・初・江の数奇な生涯』　角川学芸出版　pp. 1～239、2010年11月25日
　※『戦国三姉妹物語』(角川選書) 角川書店 (1997年８月) を増補改題
117.『戦国武将の手紙を読む』(中公新書) 中央公論新社　pp. 1～247、2010年11月25日
118.『苦境を乗り越えた者が生き残る』(日経ビジネス人文庫) 日本経済新聞社　pp. 1～252、2011年３月３日
　※『危機突破の発想』日本経済新聞社 (1992年９月) の文庫化
119.『日本を変えたしずおかの戦い』財団法人静岡文化財団　pp. 1～207、2011年３月29日
120.『城と女と武将たち』(ＮＨＫカルチャーラジオテキスト) ＮＨＫ出版　pp. 1～171、2011年４月１日
121.『黒田如水』(日本評伝選) ミネルヴァ書房　pp. 1～320、2012年１月10日

122.『さかのぼり日本史７戦国―富を制する者が天下を制す―』ＮＨＫ出版　pp. 1～123、2012年２月25日
123.『武将に学ぶ第二の人生』(メディアファクトリー新書) メディアファクトリー　pp. 1～205、2013年２月28日
124.『戦国の城』(学研M文庫) 学研　pp. 1～266、2013年9月24日
　※『戦国の城』(学研新書) 学研 (2007年6月) の文庫化
125.『名軍師ありて、名将あり』ＮＨＫ出版　pp. 1～229、2013年10月25日
126.『黒田官兵衛』(平凡社新書) 平凡社　pp. 1～204、2013年11月15日

共著・編著・共編著

1．編著『日本城郭全集』９巻の内奈良県　人物往来社　pp.219～309、1967年８月30日
2．編著『日本城郭全集』５巻の内静岡県　人物往来社　pp.15～126、1967年12月31日
3．共著『近江の城下町』(共著者助野健太郎) 桜楓社　pp.10～28、64～153、266～291、1971年６月25日
4．編著『戦国文書聚影―浅井氏篇―』　柏書房　pp. 1～45、1974年２月25日
5．共著『静岡県の歴史中世編』(共著者本多隆成)　静岡新聞社　pp.17～37、57～82、129～152、175～218、259～271、1978年11月15日
6．編著『日本城郭大系』第９巻静岡・愛知・岐阜の内「静岡県」　新人物往来社　pp.35～220、1979年６月15日
7．共編著『戦国大名家臣団事典』東国編 (山本大と共編)　新人物往来社　pp.273～350、1981年８月10日
8．共編著『戦国大名家臣団事典』西国編 (山本大と共編)　新人物往来社　pp. 9～40、75～94、1981年８月25日

20日
71.『今川氏家臣団の研究』(小和田哲男著作集第２巻) 清文堂出版　pp. 1 ～ 299、2001年２月20日
72.『武将たちと駿河・遠江』(小和田哲男著作集第３巻) 清文堂出版　pp. 1 ～ 413、2001年７月20日
73.『戦国武将頭の使い方』(知的生き方文庫) 三笠書房　pp. 1 ～ 266、2001年８月10日
74.『「人望」の研究』(ちくま新書) 筑摩書房　pp. 1 ～ 211、2001年８月20日
75.『争乱の地域史―西遠江を中心に―』(小和田哲男著作集第４巻) 清文堂出版　pp. 1 ～ 361、2001年11月20日
76.『中世の伊豆国』(小和田哲男著作集第５巻) 清文堂出版　pp. 1 ～ 420、2002年１月20日
77.『豊臣秀次―「殺生関白」の悲劇―』(ＰＨＰ新書) ＰＨＰ研究所　pp. 1 ～ 249、2002年３月29日
78.『中世城郭史の研究』(小和田哲男著作集第６巻) 清文堂出版　pp. 1 ～ 537、2002年５月20日
79.『名場面でわかる日本の歴史』(知的生き方文庫) 三笠書房　pp. 1 ～ 294、2002年７月10日
※『通勤電車で楽しむ日本史の本』(知的生き方文庫) 三笠書房　(1998年11月) を改題
80.『戦国城下町の研究』(小和田哲男著作集第７巻) 清文堂出版　pp. 1 ～ 418、2002年８月20日
81.『らくらく入門塾日本史講義』ナツメ社　pp. 1 ～ 294、2002年11月１日
82.『日本国宝物語』(ベスト新書) ＫＫベストセラーズ　pp. 1 ～ 254、2002年12月１日
83.『歴史探索入門―史跡・文書の新発見―』(角川選書) pp. 1 ～ 253、2003年５月10日
84.『信長徹底分析十七章』ＫＴＣ中央出版　pp. 1 ～ 245、2003年５月31日
85.『戦うリーダーのための決断学』ＰＨＰ研究所　pp. 1 ～ 242、2003年９月22日
86.『日本史を動かした名言』青春出版社　pp. 1 ～ 269、2004年６月15日
87.『戦国10大合戦の謎』(ＰＨＰ文庫) ＰＨＰ研究所　pp. 1 ～ 251、2004年８月18日
※『戦国10大合戦の謎』ＰＨＰ研究所 (1995年３月) の文庫化
88.『今川義元』(ミネルヴァ日本評伝選) ミネルヴァ書房　pp. 1 ～ 283、2004年９月10日
89.『近江浅井氏の研究』清文堂出版　pp. 1 ～ 342、2005年４月20日
※『近江浅井氏』新人物往来社 (1973年) を改訂増補
90.『山内一豊―負け組からの立身出世学―』(ＰＨＰ新書) ＰＨＰ研究所　pp. 1 ～ 262、2005年10月31日
91.『賢妻・千代の理由』ＮＨＫ出版　pp. 1 ～ 237、2005年11月25日
92.『集中講義織田信長』新潮社　pp. 1 ～ 263、2006年６月１日
※『信長徹底分析十七章』ＫＴＣ中央出版 (2003年５月) の文庫化
93.『戦国武将「凄い生き方」』(知的生き方文庫) 三笠書房　pp. 1 ～ 301、2006年８月10日
※『日本の歴史・合戦おもしろ話』(知的生き方文庫) 三笠書房 (1992年８月) を改題
94.『秀吉の天下統一戦争』吉川弘文館　pp. 1 ～ 269、2006年10月１日
95.『甲陽軍鑑入門』(角川ソフィア文庫) 角川書店　pp. 1 ～ 286、2006年11月25日
96.『駿府の大御所徳川家康』静岡新聞社　pp. 1 ～ 250、2007年４月27日
97.『戦国時代は裏から読むとおもしろい』青春出版社　pp. 1 ～ 235、2007年５月20日
98.『名城と合戦の日本史』　新潮社　pp. 1 ～ 217、2007年５月25日
99.『戦国の城』(学研新書) 学研　pp. 1 ～ 261、2007年６月15日
100.『戦国武将名将のすごい手の内』(知的生き方文庫) 三笠書房　pp. 1 ～ 238、2007年９月10日
101.『戦国軍師の合戦術』(新潮文庫) 新潮社　pp. 1 ～ 286、2007年10月１日
※『呪術と占星の戦国史』(新潮選書) 新潮社 (1998年２月) の文庫化
102.『戦国武将このすごい眼力に学べ』(知的生き方文庫) 三笠書房　pp. 1 ～ 220、2007年12月10日
103.『戦国武将を育てた禅僧たち』新潮社　pp. 1 ～ 221、2007年12月20日
104.『戦国の合戦』　学研　pp. 1 ～ 277、2008年５月30日

39. 『参謀・補佐役・秘書役』ＰＨＰ研究所　pp. 1～212、1992年６月26日
40. 『日本の歴史・合戦おもしろ話』(知的生き方文庫)三笠書房　pp. 1～269、1992年８月10日
41. 『危機突破の発想―戦国武将は知恵で勝つ―』日本経済新聞社　pp. 1～212、1992年９月22日
42. 『戦国今川氏―その文化と謎を探る―』(写真水野茂)静岡新聞社　pp. 1～142、1992年10月29日
43. 『関ヶ原の戦い―勝者の研究敗者の研究―』三笠書房　pp. 1～311、1993年３月25日
44. 『人物篇日本の歴史がわかる本』古代～鎌倉時代(知的生き方文庫)三笠書房　pp. 1～269、1993年11月10日
45. 『人物篇日本の歴史がわかる本』南北朝時代～戦国・江戸時代(知的生き方文庫)三笠書房　pp. 1～269、1993年11月10日
46. 『人物篇日本の歴史がわかる本』江戸時代～近・現代(知的生き方文庫)三笠書房　pp. 1～270、1993年11月10日
47. 『この一冊で「戦国武将」101人がわかる！』(知的生き方文庫)三笠書房　pp. 1～270、1994年６月10日
※『戦国武将ものしり事典』新人物往来社(1976年８月)の文庫化
48. 『戦国10大合戦の謎』ＰＨＰ研究所　pp. 1～220、1995年３月24日
49. 『秀吉のすべてがわかる本』三笠書房　pp. 1～232、1995年５月31日
50. 『太閤記の人々』同文書院　pp. 1～270、1995年９月22日
51. 『なるほど日本史ゼミナール』人物編1.2　日本能率協会マネジメントセンター通信教育事業本部　pp. 1～106、pp. 1～106、1995年10月
52. 『日本の歴史“とっておきの話”』(知的生き方文庫)三笠書房　pp. 1～285、1995年11月10日
※『日本史おもしろこぼれ話』三笠書房(1991年４月)の文庫化

53. 『戦国合戦事典』(ＰＨＰ文庫)ＰＨＰ研究所　pp. 1～449、1996年２月15日
※『戦国合戦事典』三省堂(1984年11月)の文庫化
54. 『この一冊で日本の歴史がわかる！』三笠書房　pp. 1～376、1996年３月20日
55. 『毛利元就知将の戦略・戦術』(知的生き方文庫)三笠書房　pp. 1～252、1996年７月10日
56. 『城と秀吉―戦う城から見せる城へ―』角川書店　pp. 1～206、1996年８月20日
57. 『戦国参謀頭の使い方』(知的生き方文庫)三笠書房　pp. 1～276、1996年９月10日
58. 『石田三成―「知の参謀」の実像―』(ＰＨＰ新書)ＰＨＰ研究所　pp. 1～205、1997年１月６日
59. 『戦国三姉妹物語』(角川選書)角川書店　pp. 1～225、1997年８月30日
60. 『呪術と占星の戦国史』(新潮選書)新潮社　pp. 1～213、1998年２月25日
61. 『明智光秀―つくられた「謀反人」―』(ＰＨＰ新書)ＰＨＰ研究所　pp. 1～238、1998年５月６日
62. 『日本の歴史101の謎』(知的生き方文庫)三笠書房　pp. 1～309、1998年５月10日
※『日本史101の謎』三笠書房(1992年３月)を改題・文庫化
63. 『通勤電車で楽しむ日本史の本』(知的生き方文庫)三笠書房　pp. 1～294、1998年11月10日
64. 『日本人は歴史から何を学ぶべきか』三笠書房　pp. 1～230、1999年４月15日
65. 『「先読み」と「決断」のにんげん日本史』(講談社)pp. 1～268、1999年６月22日
66. 『徳川秀忠―「凡庸な二代目」の功績―』(ＰＨＰ新書)ＰＨＰ研究所　pp. 1～198、1999年12月６日
67. 『関ヶ原から大坂の陣へ』(新人物往来社)pp. 1～246、1999年12月30日
68. 『今川氏の研究』(小和田哲男著作集第１巻)清文堂出版　pp. 1～373、2000年11月20日
69. 『史伝伊達政宗』(Ｍ文庫)学研　pp. 1～333、2000年12月20日
70. 『日本の歴史を騒がせたこんなに困った人たち』(黄金文庫)祥伝社 pp. 1～363、2001年２月

小和田哲男先生著作目録

著書（単著）

1．『“国盗り物語”の旅』サンケイ新聞出版局　pp. 1～238、1972年10月31日
2．『近江浅井氏』（戦国史叢書６）新人物往来社　pp. 1～353、1973年１月10日
3．『戦国大名今川氏の研究と古文書』（駿河古文書会叢書２）pp. 1～70、1974年11月１日
4．『戦国武将ものしり事典』新人物往来社　pp. 1～235、1976年8月30日
5．『戦国大名』（歴史新書）教育社　pp. 1～219、1978年12月20日
6．『小田原評定』（小田原文庫）名著出版　pp. 1～234、1979年２月19日
7．『図録中世文書の基礎知識』柏書房　pp. 1～159、1979年７月21日
8．『城と城下町』（歴史新書）教育社　pp. 1～232、1979年11月20日
9．『戦国武将』（中公新書）中央公論社　pp. 1～214、1981年12月20日
10.『駿河今川一族』新人物往来社　pp. 1～253、1983年１月15日
11.『乱世の論理』（21世紀図書館）ＰＨＰ研究所　pp. 1～186、1983年10月25日
12.『後北条氏研究』吉川弘文館　pp. 1～530、1983年12月20日
13.『誤伝の日本史』日本文芸社　pp. 1～254、1984年７月30日
14.『戦国合戦事典』三省堂　pp. 1～262、1984年11月25日
15.『戦国武将の生き方死に方』新人物往来社　pp. 1～244、1985年５月20日
16.『豊臣秀吉』（中公新書）中央公論社 pp. 1～200、1985年11月25日
17.『伊達政宗―知られざる実像―』講談社　pp. 1～254、1987年５月１日
18.『山田長政―知られざる実像―』講談社　pp. 1～255、1987年８月10日
19.『一冊まるごと徳川家康の本』ＫＫロングセラーズ　pp. 1～228、1987年10月１日
20.『武田信玄―知られざる実像―』講談社　pp. 1～277、1987年12月５日
21.『春日局―知られざる実像―』講談社　pp. 1～265、1988年10月15日
22.『三方ヶ原の戦い』学研　pp. 1～219、1989年１月１日
23.『桶狭間の戦い』学研　pp. 1～191、1989年８月15日
24.『静岡県の城物語』（水野茂写真）静岡新聞社　pp. 1～179、1989年９月26日
25.『北条早雲とその子孫』聖文社　pp. 1～249、1990年６月11日
26.『軍師・参謀』（中公新書）中央公論社　pp. 1～242、1990年６月25日
27.『歴史おもしろかくれ話』（知的生き方文庫）三笠書房　pp. 1～251、1990年12月10日
　※『誤伝の日本史』日本文芸社（1984年７月）の文庫化
28.『日本史小百科武将』近藤出版社　pp. 1～272、1990年12月20日
29.『「国盗り」の組織学』日本経済新聞社　pp. 1～205、1991年４月４日
30.『日本の歴史がわかる本』古代～南北朝時代篇（知的生き方文庫）三笠書房　pp. 1～269、1991年７月10日
31.『日本の歴史がわかる本』室町・戦国～江戸時代篇（知的生き方文庫）三笠書房　pp. 1～262、1991年７月10日
32.『日本の歴史がわかる本』幕末・維新～現代篇（知的生き方文庫）三笠書房　pp. 1～268、1991年７月10日
33.『図説織田信長男の魅力』三笠書房　pp. 1～245、1991年７月31日
34.『織田家の人びと』河出書房新社　pp. 1～202、1991年10月28日
35.『国際情報人信長』集英社　pp. 1～235、1991年11月25日
36.『「戦国乱世」に学ぶ』（ＰＨＰ文庫）ＰＨＰ研究所　pp. 1～202、1992年３月16日
　※『乱世の論理』ＰＨＰ研究所（1983年10月）の文庫化
37.『日本史101の謎』（三笠書房）pp. 1～265、1992年３月31日
38.『戦国の参謀たち』実業之日本社　pp. 1～252、1992年５月12日

小和田哲男先生略年譜

1944(昭和19)年２月１日　静岡市に生まれる。

1962(昭和37)年　18歳　早稲田大学教育学部社会科に入学。日本城郭協会学生研究会の創設に参加。

1966(昭和41)年　22歳　早稲田大学教育学部社会科卒業。卒業論文「城下町成立過程の研究」で、同年の小野梓記念学術賞を受賞。

1967(昭和42)年　23歳　早稲田大学大学院文学研究科日本史学専攻修士課程入学。指導教官荻野三七彦教授。

1969(昭和44)年　25歳　同課程修了。引き続き、早稲田大学大学院文学研究科日本史学専攻博士課程に入学。後北条氏研究会に参加。二代目事務局長となる。

1972(昭和47)年　28歳　同課程修了。東京都豊島区史編纂室主任調査員となる。高橋美智子と結婚。

1973(昭和48)年　29歳　静岡大学教育学部専任講師となる。修士論文が新人物往来社の戦国史叢書の一冊として『近江浅井氏』という書名で刊行される。単著で初の出版。

1976(昭和51)年　32歳　静岡大学教育学部助教授となる。今川氏研究会を発足させ、代表兼事務局長として『駿河の今川氏』を編集･発行する。

1977(昭和52)年　33歳　静岡大学教職員組合書記長となる。

1978(昭和53)年　34歳　国連軍縮特別総会にあたり、NGO代表団の一員としてニューヨークの国連本部に核兵器廃絶要請署名を届ける。

1982(昭和57)年　この年から翌年にかけて、駿府公園内今川氏遺構(今川館址)の保存運動の中心となり、保存をかちとる。

1983(昭和58)年　39歳　『後北条氏研究』を発刊。

1985(昭和60)年　41歳　「戦国大名後北条氏の領国制―後北条氏研究―」により、早稲田大学より文学博士の学位を授与される。

1987(昭和62)年　43歳　静岡大学教育学部教授となる。磐田市の中世墳墓群一の谷遺跡の保存をめざす「一の谷遺跡を考える会」が発足し、その会長となる。

1993(平成５)年　49歳　静岡大学教育学部学生就職委員長となる。

1995(平成７)年　51歳　静岡大学教職員組合委員長となる。

1996(平成８)年　52歳　静岡大学評議員となる(2期4年)。この年のＮＨＫ大河ドラマ「秀吉」の時代考証を担当する。

2000(平成12)年　56歳　静岡大学教育学部部長となる(1期2年)。

2005(平成17)年　61歳　静岡大学附属図書館長となる。

2006(平成18)年　62歳　静岡県地域史研究会会長となる。財団法人日本城郭協会理事に就任する。この年の大河ドラマ「功名が辻」の時代考証を担当する。

2009(平成21)年　65歳　静岡大学教育学部を退職する。静岡大学名誉教授となる。この年の大河ドラマ「天地人」の時代考証を担当する。

2010(平成22)年　66歳　武田氏研究会会長となる。

2011(平成23)年　67歳　この年の大河ドラマ「江～姫たちの戦国～」の時代考証を担当する。

2013(平成25)年　69歳　公益財団法人日本城郭協会の理事長となる。

2014(平成26)年　70歳　この年の大河ドラマ「軍師官兵衛」の時代考証を担当する。

あとがき

二〇一四年NHK大河ドラマ「軍師官兵衛」がスタートしました。いうまでもなく、小和田哲男先生が時代考証を担当なされています。小和田先生が、戦国史研究に残された足跡はあまりに多く枚挙にいとまがありません。大河ドラマの時代考証、「その時歴史は動いた」などに代表されるように、先生のご功績の中で特筆されるべきは、歴史の持つおもしろさを一般市民の方により解りやすい形で広めたことではないでしょうか。近年、「歴女」とか「城ガール」とか、今まで聞いたこともない言葉が巷にあふれ、男性だけでなくむしろ女性の間に歴史好きが増えてきました。そんな歴史好きの方々は、必ず先生の出演なさるテレビを見、そして先生の書かれた本をたずさえて、武将ゆかりの地や城跡を訪ねまわっています。歴史の裾野を広げるために、先生が率先して活動なされてきた成果が、今こうして花開いています。また、先生とご一緒させていただくなかで、いつも見習わなくてはと思うことが、時間の正確さです。ご講演では、必ず決められた時間に閉幕を迎えることになりますし、あれ程多くの原稿を抱えていても、必ず締切前に執筆が終了しています。その姿勢は終始一貫して変わっておりません。本当に、頭が下がるばかりです。

先生が静岡大学を退官なさる折り、大学の教え子たちが中心となって退職記念論集を刊行されました。その刊行記念パーティーの席上で、「古稀記念は私たちに任せてください」とお願いをし、先生に快諾をいただきました。あれから五年、ここに『戦国武将と城』として無事に刊行することができました。今回の論集は、先生と同様に「戦国時代」の研究を志す人たちが集まりました。内容は、戦国史篇と城郭篇の二部構成となっています。論文をお寄せいただいた皆様方に、厚くお礼申し上げます。皆様の日頃からの研究成果を発表いただき、すばらしい内容の論集になりました。また、先生自らの論文までも同時に掲載させていただくことも出来ました。併せて「センゴク」の作者、宮下英樹さんが挿絵を描いてくれました。挿絵の入った記念論集の刊行は、おそらく初めてのことではないでしょうか。これも、先生のご人徳の成せる技でしょうか。本書は、現在第一線でご活躍を続ける皆様方のご尽力を持って、戦国史研究、城郭研究の最前線に立つ内容の論集として完成させていただくことが出来ました。ご協力をいただきました皆様、本当にありがとうございました。

今回の論集刊行にあたって久保田昌希先生を会長に、平野明夫さんと前田利久さんが中心となって戦国史篇の原稿を、中井均さんと私で城郭篇の原稿をまとめさせていただきました。それぞれが本業を抱えるなかで、いたらない部分があったかと思いますが、ご寛恕の程お願いいたします。また、先生の静岡大学の教え子の代表として森田香司さん、先生が名誉顧問を務める静岡古城研究会の望月保宏さんにも様々な場面でご協力をいただきました。感謝申し上げます。

最後に、文献から考古までまったく異なる内容の四十四論文を非常に手際よくまとめていただいたサンライズ出版の岩根治美さんに御礼申し上げます。岩根さんの適切な原稿督促と素早い対応のおかげで助けられた執筆者は私だけではないと思います。

小和田先生に少しでも近づこうと頑張ってきた私どもですが、まだまだ先生の影にすら追いつくことができません。これからも、ご健康に留意され、第一線で活躍されるとともに、私どもへご指導の程よろしくお願いいたします。

春の訪れを待ちわびる三月吉日

執筆者を代表して　加藤理文

執筆者紹介

小和田　哲　男（おわだ　てつお）　静岡大学名誉教授
浅　倉　直　美（あさくら　なおみ）　駒沢大学非常勤講師
厚　地　淳　司（あつち　じゅんじ）　静岡県立御殿場高等学校教諭
石　川　浩　治（いしかわ　こうじ）　愛知中世城郭研究会
伊　藤　一　美（いとう　かずみ）　鎌倉考古学研究所理事
大　嶌　聖　子（おおしま　せいこ）　東京大学史料編纂所
太　田　浩　司（おおた　ひろし）　長浜市長浜城歴史博物館
岡　寺　　　良（おかでら　りょう）　九州歴史資料館
河　西　克　造（かさい　かつぞう）　長野県埋蔵文化財センター
加　藤　　　哲（かとう　あきら）　都立武蔵高等学校非常勤教員
加　藤　理　文（かとう　まさふみ）　織豊期城郭研究会
金　子　浩　之（かねこ　ひろゆき）　伊東市教育委員会
北　垣　聰一郎（きたがき　そういちろう）　石川県金沢城調査研究所 名誉所長
久保田　昌　希（くぼた　まさき）　駒沢大学副学長
小　林　輝久彦（こばやし あきひこ）　静岡県地域史研究会幹事
酒　入　陽　子（さかいり　ようこ）　小山工業高等専門学校一般科准教授
佐々木　健　策（ささき　けんさく）　小田原市文化財課
佐　藤　博　信（さとう　ひろのぶ）　戦国史研究会
下　高　大　輔（しもたか　だいすけ）　織豊期城郭研究会
白　峰　　　旬（しらみね　じゅん）　別府大学文学部史学・文化財学科教授
髙　田　　　徹（たかだ　とおる）　城郭談話会
多　田　暢　久（ただ　のぶひさ）　姫路市立城郭研究室
土　屋　比都司（つちや　ひとし）　静岡県地域史研究会
戸　塚　和　美（とつか　かずみ）　織豊期城郭研究会
中　井　　　均（なかい　ひとし）　滋賀県立大学人間文化学部教授
中　西　裕　樹（なかにし　ゆうき）　高槻市立しろあと歴史館
西　原　雄　大（にしはら　たけひろ）　長浜市長浜城歴史博物館
乗　岡　　　実（のりおか　みのる）　岡山市教育委員会文化財課
萩　原　三　雄（はぎはら　みつお）　帝京大学大学院教授
橋　詰　　　茂（はしづめ　しげる）　徳島文理大学教授
長谷川　弘　道（はせがわ　ひろみち）　実践女子学園中学校高等学校講師
平　野　明　夫（ひらの　あきお）　國學院大學講師
福　島　克　彦（ふくしま　かつひこ）　大山崎町歴史資料館
前　田　利　久（まえだ　としひさ）　清水国際高等学校副教頭
松　井　一　明（まつい　かずあき）　織豊期城郭研究会
三　島　正　之（みしま　まさゆき）　中世城郭研究会
水　島　大　二（みずしま　たいじ）　日本城郭史学会
溝　口　彰　啓（みぞぐち　あきひろ）　織豊期城郭研究会
望　月　保　宏（もちづき　やすひろ）　静岡県立松崎高等学校
森　岡　榮　一（もりおか　えいいち）　長浜市長浜城歴史博物館
森　田　香　司（もりた　こうじ）　静岡県地域史研究会事務局長
山　上　雅　弘（やまがみ　まさひろ）　（公財）兵庫県まちづくり技術センター
八　巻　孝　夫（やまき　たかお）　中世城郭研究会
山　田　邦　明（やまだ　くにあき）　愛知大学文学部教授

挿　絵

宮　下　英　樹（みやした　ひでき）　漫画家

戦国武将と城

小和田哲男先生古稀記念論集

平成二十六年三月十日　初版第一刷発行

編　者　小和田哲男先生古稀記念論集刊行会

発行者　岩根　順子

発行所　サンライズ出版株式会社
滋賀県彦根市鳥居本町六五五－一
電話〇七四九－二二－〇六二七　〒五二二－〇〇〇四

印刷・製本　P－NET信州

ISBN978-4-88325-526-9 C0021　定価はカバーに表示しています